U0647035

社会工作者黄金考点

（中级）社会工作法规与政策

233 网校社会工作者教研组 编

核心考点：总结教材考点，强化重点，快速读薄教材

经典考题：配套考题分析，加速考点理解，提升做题能力

社会科学文献出版社
SOCIAL SCIENCES ACADEMIC PRESS (CHINA)

前　言

党的十六届六中全会做出“建设宏大社会工作人才队伍”的决策部署后，人事部、民政部联合发布了《社会工作者职业水平评价暂行规定》和《助理社会工作师、社会工作师职业水平考试实施办法》，社会工作开始了以职业化和专业化为核心特征的本土实践。

全国社会工作者职业水平考试，是社会工作人才队伍建设的重要环节，是以考促学和人才培养的有力举措。该考试分为助理社会工作师和社会工作师。其中，助理社会工作师考试科目包括《社会工作综合能力（初级）》和《社会工作实务（初级）》两科，考生在一个考试年度内通过全部科目，方可取得助理社会工作职业水平资格证书；社会工作师考试科目包括《社会工作综合能力（中级）》、《社会工作实务（中级）》和《社会工作法规与政策》三科，为滚动考试，考生在连续两个年度内通过全部科目，方可取得社会工作师职业水平资格证书。全国社会工作者职业水平考试既需要考生具备扎实的理论知识，又需要考生具备解决实际案例的能力，是一门难度较大的考试。编写这本教辅用书，旨在帮助考生在复习中不断掌握学习策略、复习方法以及答题技巧，顺利通过考试。

本书依据全国社会工作者职业水平考试大纲编写，具有针对性和指导性，编写特点在于课程内容层次分明，通俗易懂，重点突出，例题搭配恰当。本书每章内容皆包含导学、历年题量/分值分布、知识概览、考点详解以及小结。通过“本章导学”，考生可以了解每章的大概内容，从整体上把握全局，做到心中有数；“历年题量/分值分布”可以帮助考生根据过往考试的实际情况，预测未来的考试趋势并进行有针对性的复习，做到轻重缓急；“本章知识概览”标注了不同考点的备考指数，帮助考生从实际考情出发，做到逐个击破；“考点详解”将教材知识与真题紧密结合，并辅以解题技巧，清晰易懂；“本章小结”对本章的知识进行了简要总结，画龙点睛，可指导考生进行有效复习，做到事半功倍。

最后，祝各位考生取得满意的成绩，顺利通过考试。本书若有不足之处，恳请读者批评指正。（反馈邮箱 2372653588@ qq. com）

扫描二维码，获取本书勘误内容

扫码听课

目　录

第一章　社会工作法规与政策概述

【本章导学】

法规是指国家立法机构和政府行政机关为规范个人和组织的行为、维持社会各方面的运行秩序和对社会各个方面实施有效的管理而制定的各种规范性文件的总称。社会工作的法规，就是社会工作者在从事专业社会工作服务的过程中涉及的国家法律和各级政府制定的法规。为了做好专业性的社会服务工作，社会工作者需要了解各个方面的法规与政策。本章主要介绍我国社会工作法规与政策的一般性原理，包括社会工作法规与政策的基本概念和主要内容、主要类型、层次与类别、社会工作法规与政策制定和实施的一般过程，以及法规与政策在社会工作中的作用。

从近六年考情来看，本章节出题分值较为稳定，分值区间为1～2分，2020年本章节出了1道单项选择题、1道多项选择题。从考点分布来看，本章应着重掌握我国社会工作法规与政策体系及其主要内容。从考试的出题逻辑来看，本章考试题型的构建逻辑为：题目主要考查对社会工作法规与政策体系的理解与掌握，并且逐年重视场景应用，即对具体应用社会工作法规与政策文件进行考查。

【历年题量/分值分布】

	2015年	2016年	2017年	2018年	2019年	2020年
单项选择题	1道	1道	2道	1道	1道	1道
多项选择题	—	—	—	—	—	1道
合计分值	1分	1分	2分	1分	1分	3分

注：单项选择题每题1分，多项选择题每题2分（错选，本题不得分；少选，所选每个选项得0.5分）。

【本章知识概览】

小节	考点	备考指数
第一节　社会工作法规与政策体系	社会工作法规体系	★★★★
	社会政策体系	★★
第二节　社会工作法规与政策的主要内容	我国有关社会建设的一般性法规与政策	★★
	我国促进和规范社会工作发展的法规与政策	★
	我国社会工作主要业务领域中相关的法规与政策	★★
第三节　社会工作法规与政策和社会工作实践的关系	社会工作法规与政策对社会工作实践的作用	★
	社会工作实践对社会工作法规与政策的作用	★

【考点详解】

第一节　社会工作法规与政策体系

【重要考点概览】

小节	主要考点	历年考查点
第一节　社会工作法规与政策体系	社会工作法规体系	2016 年考查单项选择题 2017 年考查单项选择题 2019 年考查单项选择题 2020 年考查多项选择题
	社会工作政策体系	尚未考查

考点一：社会工作法规体系

（一）法规概述

1. 含义

指国家立法机构和政府行政机关为规范个人和组织的行为、维持社会各方面的运行秩序和对社会各个方面实施有效的管理而制定的各种规范性文件的总称。

2. 特点

规范性：以规范化的程序制定和实施；以规范性的方式表述和发布。

强制性：在适用范围内有效执行，由公权力做后盾，日常要遵守，违反要予以纠正或接受惩罚。

（二）法规的主要种类

我国的法规体系是由多个层级、多种类型的法规构成的法规体系，主要包括国家法律、行政法规、地方性法规和国务院部门规章、地方政府规章等。

种类	制定主体	名称/程序
法律	全国人大及其常委会	中华人民共和国××法； 程序：提议—审议—表决—发布
行政法规	国务院	条例、规定、办法
地方性法规	省、自治区、直辖市、较大的市的人大及其常委会，自治州、自治县的人大	实施办法、条例
国务院部门规章	国务院有关部门	规定、办法
地方政府规章	省、自治区、直辖市、较大的市的人民政府	规定、办法

补充知识：

1. 法规的位阶

（1）宪法具有最高的法律效力，一切法律、行政法规、地方性法规、自治条例和单行条例、规章都不得同宪法相抵触。

（2）法律的效力高于行政法规、地方性法规、规章。

（3）行政法规的效力高于地方性法规、规章。

（4）地方性法规的效力高于本级和下级的地方政府规章。

省、自治区的人民政府制定的规章的效力高于本行政区域内的设区的市、自治州的人民政府制定的规章。

（5）部门规章之间、部门规章与地方政府规章之间具有同等效力，在各自的权限范围内施行。

2. 几种不一致情况的处理

（1）同一机关制定的新的一般规定与旧的特别规定不一致时，由制定机关裁决。

（2）地方性法规与部门规章之间对同一事项的规定不一致，不能确定如何适用时，由国务院提出意见，国务院认为应当适用地方性法规的，应当决定在该地方适用地方性法规的规定；认为应当适用部门规章的，应当提请全国人大常委会裁决。

（3）部门规章之间、部门规章与地方政府规章之间对同一事项的规定不一致时，由国务院裁决。

【真题再现】

1. 根据《立法法》，关于我国行政法规的说法，正确的是（　　）。（2019 年真题）

A. 行政法规是行政部门内部管理的规范性文件的总称

B. 行政法规是国务院组成部门制定的有关行政管理方面的规范性文件的总称

C. 行政法规是国务院根据宪法和法律制定的有关行政管理等方面的规范性文件

D. 行政法规是全国人民代表大会或其常务委员会制定的针对行政部门行为的规范

参考答案：C

参考解析：本题考查行政法规的概念。行政法规是指由国务院根据宪法和法律制定的有关行政管理等方面的规范性文件，故选 C。

2. 根据《规章制定程序条例》，下列词语中，可用作国务院部门规章名称的是（　　）。（2016 年真题）

A. 法　　　　B. 条例　　　　C. 暂行条例　　　　D. 办法

参考答案：D

参考解析：本题考查不同层级法规的名称。A 项由全国人大或其常委会制定；B、C 两项都带条例，制定主体为国务院、省级或较大的市的人大及其常委会，以及自治州、自治县的人大及其常委会。国务院部门规章和地方政府规章可称“办法”或“规定”，故选 D 项。

3. 根据《立法法》，下列法规与政策中，属于行政法规的有（　　）。（2017 年真题）

A.《社会救助暂行办法》

B.《老年人权益保障法》

C.《浙江省志愿服务条例》

D.《城市居民最低生活保障条例》

E.《社会工作专业人才队伍建设中长期规划（2011—2020年）》

参考答案：AD

参考解析：本题考查行政法规的名称。从名称判断，法由全国人大及其常委会制定，排除B项，法规是办法、条例、规则和章程等法定文件的总称，故《社会救助暂行办法》《城市居民最低生活保障条例》属于法规，政府规章常用规定、办法、细则等文种，且C项《浙江省志愿服务条例》有明显地域标识，属于地方性政府规章。故选A、D两项。

考点二：社会政策体系

（一）公共政策

（1）含义：指政府或政党为了维护经济与社会正常的运行与发展、处理公共事务和解决社会问题而制定的行动方案和行为准则的总和。

（2）特点：公共性、权威性、价值性、阶级性、社会性的统一。

（3）种类：经济政策、社会政策、文化政策、环境政策、国防政策、外交政策等。

（4）层级：中央政府制定的全国性公共政策和各级政府制定的地方性公共政策。

（5）政策文件：以政府文件的方式发布各项政策，公开发布或内部发布，保密级别。

（二）社会政策

1. 含义

指政府为了满足民生需求、维护社会公平、解决各种社会问题而通过各种方式调动公共资源、促进各项社会事业发展、为民众提供福利性社会服务的政策体系。

2. 主要涉及领域

（1）社会保障（含社会保险、社会救助和社会福利）政策。

（2）医疗卫生政策。

（3）劳动就业政策。

（4）公共教育政策。

（5）住房保障政策。

（6）针对老年人、残疾人、儿童、流动人口等专门对象的权利保护和社会服务政策。

（7）促进公益慈善事业发展、激发社会组织活力的相关政策。

（三）社会政策的主体、对象和类型

1. 主体

指公共政策制定和实施过程中的主动行动者，也就是社会政策的制定者和实施者。具体包括党和国家的政治组织、政府行政部门（最重要的主体）、各类社会组织、全体民众。

主体类型	具体主体	发挥作用
党和国家的政治组织	党、人大、政协	领导、立法、建议、监督
政府行政部门	各级人民政府及相关部门	政策制定、实施、评估
各类社会组织	企事业单位、社会组织	资源补充、直接服务
全体民众	公民	参与

总结：党的领导、政府实施、社会组织补充、全民参与。

2. 对象

指各项社会政策所针对的民众，即社会政策范围中各类社会福利项目的受益人和各项社会服务的接受者。一方面，社会政策向困难群体倾斜；另一方面，具体的社会政策所针对的对象有所不同，如老年人政策主要惠及老年群体，教育政策主要惠及青少年等。

3. 类型

根据社会政策惠及的人群范围和对象的差异性可将社会政策分为两类：（1）普惠型：面向所有民众，提供基本相同的福利待遇或服务；（2）特惠型：为具有某些特殊困难的个人和家庭提供特殊的福利待遇和社会服务。

（四）社会政策的资源调动方式

1. 政府公共财政对各项社会事业的投入（主渠道）

2. 各类社会力量对社会服务和公益事业的投入（补充）

如：

①2016 年 3 月 16 日第十二届全国人民代表大会第四次会议通过了《中华人民共和国慈善法》。

②2017 年 6 月 7 日国务院第 175 次常务会议通过了《志愿服务条例》。

3. 政府和社会力量合作的社会政策资源模式和运行方式

①动员型：政府动员各种社会力量参与社会福利事业，并在其中分担一定的资源供应责任。

②优惠型：政府通过减免税收和其他各种优惠政策鼓励各类社会力量参与社会福利事业。

③购买型：政府购买服务，向参与社会福利事业和其他各类公益活动的社会力量投入资金。

【真题再现】

根据社会政策惠及的人群范围和对象的差异性，可以将社会政策划分为（　　）两种基本模式。(2018 年真题)

A. 整合型和碎片型　　B. 普惠型和特惠型

C. 广义型和狭义型　　D. 政府主导型和民间推动型

参考答案：B

参考解析：本题考查社会政策的类型。一个国家或地区的社会政策因其所惠及的人群范围和对象的差异性而分为普惠型和特惠型两种基本模式。故选 B 项。

第二节　社会工作法规与政策的主要内容

【重要考点概览】

小节	主要考点	历年考查点
第二节　社会工作法规与政策的主要内容	我国有关社会建设的一般性法规与政策	2015 年考查单项选择题 2017 年考查单项选择题 2018 年考查多项选择题 2019 年考查单项选择题 2020 年考查单项选择题
	我国促进和规范社会工作发展的法规与政策	尚未考查
	我国社会工作主要业务领域中相关的法规与政策	尚未考查

考点一：我国有关社会建设的一般性法规与政策

会议	关于社会建设的内容
（一）党的十六届六中全会	构建社会主义和谐社会
（二）党的十七大报告	经济建设、政治建设、文化建设和社会建设（四位一体）
（三）党的十八大报告	增加生态文明建设（五位一体）
（四）党的十八届三中全会	系统论述社会建设的总体目标、要求和具体任务，保障和改善民生、改革收入分配政策、采用“社会治理概念”
（五）党的十八届四中全会	强调保障和改善民生以及推进社会治理创新的法律制度建设
（六）党的十九大	再次强调加强社会建设，全面论述社会建设的主要内容（提高保障和改善民生、加强和创新社会治理）

（七）党的十九大报告关于社会建设的论述

社会建设包括提高保障和改善民生水平、加强和创新社会治理两大方面。党的十九大报告进一步强调了打造共建共治共享的社会治理格局，要求完善党委领导、政府负责、社会协同、公众参与、法治保障的社会治理体制，并且提出了要提高社会治理社会化、法治化、智能化、专业化水平。

（八）党的十九届四中全会对社会建设的论述

2019 年 10 月召开的党的十九届四中全会，通过了《中共中央关于坚持和完善中国特色社会主义制度 推进国家治理体系和治理能力现代化若干重大问题的决定》（以下简称《决定》）。这一重要文件再次强调了民生保障和社会治理，并要求在此方面加强制度建设。

1. 坚持和完善统筹城乡的民生保障制度，满足人民日益增长的美好生活需要

必须健全幼有所育、学有所教、劳有所得、病有所医、老有所养、住有所居、弱

有所扶等方面的国家基本公共服务制度体系。

2. 坚持和完善共建共治共享的社会治理制度，保持社会稳定、维护国家安全

《决定》强调，社会治理是国家治理的重要方面，必须加强和创新社会治理，完善党委领导、政府负责、民主协商、社会协同、公众参与、法治保障、科技支撑的社会治理体系，建设人人有责、人人尽责、人人享有的社会治理共同体。

【真题再现】

1. 党的十九大报告明确提出要加强社会治理制度建设，完善党委领导、政府负责、社会协同、公众参与、法治保障的社会治理体制，提高社会治理（　　）水平。(2020年真题)

A. 社会化、法治化、智能化、专业化

B. 精细化、标准化、规范化、专业化

C. 法治化、专业化、智能化、信息化

D. 公开化、透明化、多元化、体系化

参考答案：A

参考解析：在加强和创新社会治理方面，党的十九大报告进一步强调了打造共建共治共享的社会治理格局，要求完善党委领导、政府负责、社会协同、公众参与、法治保障的社会治理体制，并且提出了要提高社会治理社会化、法治化、智能化、专业化水平。故选A项。

2. 根据《中共中央关于全面深化改革若干重大问题的决定》，下列说法中，属于激发社会组织活力的举措是（　　）。(2015年真题)

A. 行业协会商会类社会组织可免登记直接成立

B. 限期实现事业单位与政府行政主管机关真正脱钩

C. 适合由社会组织提供的公共服务交由社会组织承担

D. 所有依法登记成立的社会组织均纳入政府购买服务的对象

参考答案：C

参考解析：党的十八届三中全会通过的《中共中央关于全面深化改革若干重大问题的决定》提出了要激发社会组织活力，适合由社会组织提供的公共服务和解决的事项，交由社会组织承担；提出了限期实现行业协会、商会与行政机关真正脱钩；提出了行业协会商会类、科技类、公益慈善类、城乡社区服务类社会组织成立时直接依法申请登记的政策原则。故选C项。

考点二：我国促进和规范社会工作发展的法规与政策

（一）《中共中央关于构建社会主义和谐社会若干重大问题的决定》：建设宏大的社会工作人才队伍

（二）《国家中长期人才发展规划纲要（2010—2020年）》：国家六支主体人才队伍之一

（三）《关于加强社会工作专业人才队伍建设的意见》

（四）《社会工作专业人才队伍建设中长期规划（2011—2020年）》

（五）《社会工作者职业水平评价暂行规定》

（六）《助理社会工作师、社会工作师职业水平考试实施办法》

（七）《社会工作者职业水平证书登记办法》

（八）《社会工作者继续教育办法》

注：此部分为相关政策文件知识点汇总，可仅作简单了解。

考点三：我国社会工作主要业务领域中相关的法规与政策

（一）社会救助领域的法规与政策

（二）针对特定人群权益保护和社会服务的法规与政策

（三）婚姻家庭法规与政策

（四）人民调解、信访工作和突发事件应对法规与政策

（五）社区矫正、禁毒和治安管理法规与政策

（六）烈士褒扬和优抚安置法规与政策

（七）城乡基层群众自治和社区建设法规与政策

（八）公益慈善事业与志愿服务法规与政策

（九）社会组织法规与政策

（十）劳动就业和劳动关系法规与政策

（十一）健康与计划生育法规与政策

（十二）社会保险领域法规与政策

注：此部分为对法规与政策后续章节的汇总，可仅作简单了解。

第三节　社会工作法规与政策和社会工作实践的关系

【重要考点概览】

小节	主要考点	历年考查点
第三节　社会工作法规与政策和社会工作实践的关系	社会工作法规与政策对社会工作实践的作用	尚未考查
	社会工作实践对社会工作法规与政策的作用	尚未考查

考点一：社会工作法规与政策对社会工作实践的作用（正向促进）

①为社会工作实践的发展营造良好的环境和提供良好的制度保障。

②为社会工作人才的具体服务工作提供依据和资源。

③推动和规范社会工作人才队伍建设，并提供必要的资源支持。

考点二：社会工作实践对社会工作法规与政策的作用（反向优化）

①专业社会工作人才通过具体服务实践实施社会工作法规与政策。

②社会工作者在实践中发现问题，为社会工作法规与政策的制定、评估、改革和发展提供“一线”信息和建议。

【本章小结】

社会工作是制度化的助人服务体系，因此要求必须按照国家的法律、法规和政策运行。本章主要介绍了我国社会工作法规与政策的一般性原理，包括社会工作法规与政策的基本概念和主要内容、主要类型、层次与类别、社会工作法规与政策制定和实施的一般过程，以及法规与政策在社会工作中的作用。作为《社会工作法规与政策》的开篇章节，本章更侧重知识介绍与框架构建，因此重点在于掌握社会工作法规与政策体系，其他熟知即可。

扫码听课

第二章　社会工作专业人才队伍建设法规与政策

【本章导学】

本章从社会工作专业人才队伍建设、政府购买社会工作服务、推进民办社会工作服务机构发展三个方面介绍我国社会工作发展制度建设的内容，是我国社会工作专业化、职业化、本土化的重要保障。涉及的法规与政策包括《关于加强社会工作专业人才队伍建设的意见》和《社会工作专业人才队伍建设中长期规划（2011—2020年）》，详细介绍了推动社会工作专业岗位开发和专业人才使用的要求，社会工作专业人才队伍建设的战略目标，完善民办社会工作服务机构管理制度的措施，社会工作专业人才队伍建设的重点工程，政府购买社会工作服务的主体、对象及范围。

【历年题量/分值分布】

	2015年	2016年	2017年	2018年	2019年	2020年
单项选择题	1道	1道	2道	1道	1道	1道
多项选择题	—	—	—	1道	1道	1道
合计分值	1分	1分	2分	2分	3分	3分

注：单项选择题每题1分，多项选择题每题2分（错选，本题不得分；少选，所选每个选项得0.5分）。

【本章知识概览】

小节	考点	备考指数
第一节　加强社会工作专业人才队伍建设的法规与政策	加强社会工作专业教育培训的要求	★
	推动社会工作专业岗位开发和专业人才使用的要求	★★★
	推进社会工作专业人才评价和激励工作的要求	★★
第二节　社会工作专业人才队伍建设中长期规划	社会工作专业人才队伍建设的战略目标	★★★
	社会工作专业人才队伍建设的主要任务	★★
	社会工作专业人才队伍建设的体制机制和政策目标	★★
	社会工作专业人才队伍建设的重点工程	★★★
第三节　政府购买社会工作服务的法规与政策	政府购买社会工作服务的主体、对象及范围	★★★
	政府购买社会工作服务的程序与监督管理	★
第四节　推进民办社会工作服务机构发展的法规与政策	加快推进民办社会工作服务机构发展的主要目标	★
	完善民办社会工作服务机构管理制度的措施	★★★
	加强民办社会工作服务机构能力建设的要求	★★

续表

小节	考点	备考指数
第四节　推进民办社会工作服务机构发展的法规与政策	发挥社会工作行业组织功能与作用的要求	★
	建立健全民办社会工作服务机构支持保障体系的作用	★

【考点详解】

第一节　加强社会工作专业人才队伍建设的法规与政策

【重要考点概览】

小节	主要考点	历年考查点
第一节　加强社会工作专业人才队伍建设的法规与政策	加强社会工作专业教育培训的要求	尚未考查
	推动社会工作专业岗位开发和专业人才使用的要求	2015 年考查单项选择题 2018 年考查单项选择题 2020 年考查单项选择题
	推进社会工作专业人才评价和激励工作的要求	2019 年考查多项选择题

考点一：加强社会工作专业教育培训的要求

中央组织部、中央政法委、民政部等十八个部门和组织于 2011 年 11 月联合发布了《关于加强社会工作专业人才队伍建设的意见》，就加强社会工作专业教育培训提出了以下 4 点要求：

1. 统筹规划社会工作专业教育培训

建立教育培训长效机制，合理配置教育培训资源，建立不同层次的教育协调配套、专业培训和知识普及相结合的社会工作专业人才培养体系。

2. 切实加强社会工作专业人才职业道德建设——社会工作专业教育的首要任务

构建中国特色社会工作专业人才职业道德体系：以社会主义核心价值体系为基础，建立以马克思主义指导思想、中国特色社会主义共同理想、以爱国主义为核心的民族精神、以改革创新为核心的时代精神和社会主义荣辱观共同指导下的社会工作专业人才职业道德守则和专业行为规范。

社会工作者的工作理念：以人为本、为民解困、为民服务。

社会工作者的工作作风：扎根基层、注重实践、务实进取、甘于奉献、诚信友爱。

3. 大力开展社会工作专业培训——三项工程、两项培训

	内容	重点任务
三项工程	社会工作服务人才职业能力建设工程	对城乡基层居（村）民自治组织、社区服务组织、公益服务类事业单位、公益慈善类社会组织、基层社会服务部门直接从事社会服务的人员进行大规模、系统化的社会工作专业知识培训，切实提高其职业素质和专业水平

续表

	内容	重点任务
三项工程	实施高层次社会工作专业人才培养工程	培养一批高层次社会工作专业人才，发挥他们在社会工作专业教育、研究与督导等方面的重要作用
	实施社会工作管理人才综合素质提升工程	重点加大社会福利、社会救助、社区服务、残障康复、婚姻家庭、职工帮扶等社会服务机构管理人才培养力度，提高社会工作服务管理的科学化水平

	内容	对象
两项培训	社会工作基础理论、专业知识和方法技能培训	针对涉及社会管理和公共服务工作的部门的干部（领导干部）
	普及社会工作知识	针对基层干部、社区（村）任职大学生

4. 大力发展社会工作专业教育

专业教育与专业培训共同构成了我国社会工作专业人才培养的完整体系，是培养社会工作专业人才的重要渠道，专业培训主要解决“存量”问题，专业教育主要解决“增量”问题，可以通过学科建设、职业教育、学位教育、人才培养基地建设、教学和实践基地建设、支持社会工作相关研究等方面大力发展社会工作专业教育。

考点二：推动社会工作专业岗位开发和专业人才使用的要求

社会工作专业人才队伍建设的根本是社会工作专业岗位开发和专业人才使用，具体要求如下。

1. 研究制定社会工作专业岗位开发设置的政策措施

按照精简效能、按需设置、循序渐进的原则，研究社会工作专业岗位设置范围、数量结构、配备比例、职责任务和任职条件，研究制定社会工作专业岗位开发设置的政策措施，建立健全社会工作专业岗位开发设置的标准体系。

2. 以基层为重点配备社会工作专业人才——第一个重要的用武之地

社会工作专业岗位开发和人才使用的重点在基层，城市社区要注重配备和使用社会工作专业人才，在乡镇和有条件的农村社区探索吸纳和使用社会工作专业人才，在少数民族聚居和信教群众较多的社区根据需要配备政治立场坚定、熟悉民族和宗教事务的社会工作专业人才。

3. 明确相关事业单位社会工作专业岗位——第二个重要的用武之地

社会工作专业岗位	单位主体	举例
明确为主体专业技术岗位	以社会工作服务为主的事业单位	老年人福利机构、残疾人福利和服务机构、儿童福利机构、收养服务机构、妇女儿童援助机构、困难职工帮扶机构、婚姻家庭服务机构、青少年服务机构、社会救助服务和管理机构、优抚安置服务保障机构等

续表

社会工作专业岗位	单位主体	举例
纳入专业技术岗位管理范围	需要开展社会工作服务的单位	学校、医院、人口计生服务机构等

4. 引导相关社会组织吸纳社会工作专业人才——第三个重要的用武之地

通过财政资助、提供服务场所等方式支持和促进民办社会工作服务机构的发展，同时对其加强监督和评估。通过政府购买等方式，引导并鼓励公益慈善类社会组织和民办非企业单位吸纳社会工作专业人才。

5. 加大相关行政部门和群团组织使用社会工作专业人才力度——第四个重要的用武之地

承担社会服务职能的相关行政部门和群团组织要根据事业发展需要逐步使用社会工作专业人才，注重培养和选拔熟悉社会工作、社会政策的优秀人才进入地方及有关部门和单位的领导班子，为县（市、区）、乡（镇、街道）行政机关、人民团体中直接面向人民群众提供社会服务的相关岗位充实社会工作专业人才。

6. 建立社会工作专业人才流动机制，鼓励社会工作者向基层流动

完善社会工作专业人才选拔、流动机制，各级党政机关招录社会工作服务相关职位公务员时，在同等条件下可优先录用具有丰富基层实践经验、善于做群众工作的社会工作专业人才。实施社会工作专业人才服务新农村建设和“三区”计划，鼓励社会工作专业人才到基层建功立业。

7. 建立社会工作专业人才和志愿者队伍联动服务机制

志愿者队伍是社会工作专业人才开展服务的重要补充力量，要培育一支参与广、功能强、作用好的宏大志愿者队伍。建立健全社会工作专业人才和志愿者相互协作、共同开展服务的机制，丰富社会工作专业人才资源，扩展服务范围，提升服务效果。

【真题再现】

1. 根据《关于加强社会工作专业人才队伍建设的意见》，下列事业单位中，可将社会工作专业岗位明确为主体专业技术岗位的是（　　）。(2020 年真题)

A. 职业教育机构　　　　B. 医疗卫生机构

C. 基层文化机构　　　　D. 老年人福利机构

参考答案：D

参考解析：具体来讲，对老年人福利机构、残疾人福利和服务机构、儿童福利机构、收养服务机构、妇女儿童援助机构、困难职工帮扶机构、婚姻家庭服务机构、青少年服务机构、社会救助服务和管理机构、优抚安置服务保障机构等以社会工作服务为主的事业单位，可将社会工作专业岗位明确为主体专业技术岗位。对学校、医院、人口计生服务机构等需要开展社会工作服务的单位，要将社会工作专业岗位纳入专业技术岗位管理范围。故选 D 项。

2.《关于加强社会工作专业人才队伍建设的意见》提出，为了积极推动社会工作专业岗位开发和专业人才使用，应当（　　）。（2018 年真题）

A. 引导机关干部到社会工作机构中挂职

B. 引导相关社会组织吸纳社会工作专业人才

C. 鼓励高校社会工作院系兴办社会工作机构

D. 鼓励高校社会工作专业教师到社会工作机构中兼职

参考答案：B

参考解析：本题考查推动社会工作专业岗位开发和专业人才使用的七个具体要求。为了积极推动社会工作专业岗位开发和专业人才使用，《关于加强社会工作专业人才队伍建设的意见》提出：（1）研究制定社会工作专业岗位开发设置的政策措施；（2）以基层为重点配备社会工作专业人才；（3）明确相关事业单位社会工作专业岗位；（4）引导相关社会组织吸纳社会工作专业人才；（5）加大相关行政部门和群团组织使用社会工作专业人才力度；（6）建立社会工作专业人才流动机制，鼓励社会工作者向基层流动；（7）建立社会工作专业人才和志愿者队伍联动服务机制。

考点三：推进社会工作专业人才评价和激励工作的要求

1. 建立健全社会工作专业人才评价制度

①要建立以岗位职责要求为基础，以品德、能力和业绩为导向，科学化、社会化的社会工作专业人才评价制度；②将取得职业水平证书的社会工作专业人才纳入专业技术人员管理范围；③鼓励基层相关人员参加社会工作职业水平考试，提升职业素质和专业水平；④鼓励用人单位根据工作需要聘用持有职业水平证书的社会工作专业人才。

2. 做好社会工作专业人才薪酬保障工作

在事业单位工作的社会工作专业人才，工资待遇按照国家有关规定执行；在城乡社区、公益慈善类社会组织、民办非企业单位工作的社会工作专业人才，由所在单位合理确定薪酬水平。

3. 建立社会工作专业人才表彰奖励制度

要以党委、政府表彰奖励为导向，以用人单位和社会力量为主体，按照国家有关规定开展表彰奖励活动。

【真题再现】

根据《关于加强社会工作专业人才队伍建设的意见》，加强社会工作专业人才队伍建设的指导思想包括（　　）。（2019 年真题）

A. 以人才培养为基础

B. 以人才使用为根本

C. 以人才评价激励为重点

D. 以人才流动为动力

E. 以政策制度建设为保障

参考答案：ABCE

参考解析：加强社会工作专业人才队伍建设的指导思想包括：高举中国特色社会主义伟大旗帜，以邓小平理论和“三个代表”重要思想为指导，深入贯彻落实科学发展观，立足于我国经济社会发展的客观需要，适应加强和创新社会管理的现实需求，按照实施人才强国战略的总体部署，以人才培养为基础，以人才使用为根本，以人才评价激励为重点，以政策制度建设为保障，努力建设一支高素质的社会工作专业人才队伍，为构建社会主义和谐社会和巩固党的执政基础提供有力的人才支撑。故选 A、B、C、E 四项。

注意：本题考点在教材上虽然没有提及具体的内容，但仍属于社会工作者需要了解的知识，结合真题来看，学员应在考前阅读文件《关于加强社会工作专业人才队伍建设的意见》，进行知识的扩充。

第二节　社会工作专业人才队伍建设中长期规划

【重要考点概览】

小节	主要考点	历年考查点
第二节　社会工作专业人才队伍建设中长期规划	社会工作专业人才队伍建设的战略目标	尚未考查
	社会工作专业人才队伍建设的主要任务	尚未考查
	社会工作专业人才队伍建设的体制机制与政策目标	尚未考查
	社会工作专业人才队伍建设的重点工程	2019 年考查单项选择题

考点一：社会工作专业人才队伍建设的战略目标

到 2020 年，我国社会工作专业人才队伍建设的总体目标：建立健全社会工作专业人才法规、政策和制度体系，造就一支结构合理、素质优良的社会工作专业人才队伍，使之适应构建社会主义和谐社会的要求，满足人民群众日益增长的社会服务需求。

具体目标：

1. 社会工作专业人才队伍规模不断壮大

到 2015 年，社会工作专业人才总量增加到 50 万人，其中具有社会工作师职业水平证书或达到同等能力素质的中级社会工作专业人才达到 5 万人，具有高级社会工作师职业水平证书或达到同等能力素质的高级社会工作专业人才达到 1 万人。到 2020 年，社会工作专业人才总量增加到 145 万人，其中中级社会工作专业人才达到 20 万人、高级社会工作专业人才达到 3 万人。

2. 社会工作专业人才队伍结构不断优化

逐步优化社会工作专业人才队伍的区域结构、城乡结构、领域结构、专业结构、能力结构和年龄结构，形成合理的初、中、高三级人才梯次结构和人才布局，逐步实现社会工作服务在城乡、区域和领域的全覆盖。

3. 社会工作专业人才能力素质不断提升

社会工作专业人才的思想政治和职业道德水平不断提高，专业价值伦理不断强化，专业理论与知识不断丰富，专业方法与技术不断完善，专业实务能力不断增强，综合素质大幅提升。

4. 社会工作专业人才效能不断增强

社会工作专业人才在提供社会服务、解决社会问题、化解社会矛盾、降低社会风险、维护社会稳定、增进公平正义、促进社会和谐等方面的专业作用得到充分发挥。

5. 社会工作专业人才发展环境不断改善

社会工作专业相关法规与政策不断完善，服务和管理网络基本建立，社会工作服务组织数量充足、布局合理、覆盖全面、作用明显，人才队伍机制更加健全。

考点二：社会工作专业人才队伍建设的主要任务

人才类别	发展目标	主要举措
社会工作服务人才	以培养发掘基层社会工作服务人才为重点，以整合、提升、转化现有社会工作从业人员为基础，统筹推进各类社会工作服务人才队伍建设，培养造就一支数量足、结构优、能力强、素质高的社会工作服务人才队伍	第一，制订高层次社会工作服务人才培养计划。 第二，组织实施社会工作服务人才职业能力建设工程，对直接从事社会工作服务人员进行专业知识培训。 第三，实施社会工作信息系统建设工程，研究开发社会工作远程教育培训网络。 第四，建设社会工作服务标准化示范工程，开展民办社会工作服务机构孵化基地建设。 第五，研究制定农村社会工作专业人才发展政策，实施社会工作专业人才服务“三区计划”和新农村建设计划
社会工作管理人才	培养造就一批政治立场坚定，具有宏观视野、战略思维与专业眼光，善于推动事业发展的社会工作行政和行业管理人才。 培养造就一批具有社会使命感、懂运营、会管理、通晓社会服务专业知识的社会工作机构管理人才。 培养造就一批熟练掌握专业督导方法与技术、具备丰富实务经验、善于解决复杂专业问题、能够带动社会工作服务人才成长、推动专业实务发展的社会工作督导人才	第一，加大各类社会工作管理人才培养力度，提高社会工作服务管理的科学化水平，将社会工作行政管理人才纳入党政人才素质能力提升工程。 第二，涉及公共服务和社会管理的有关部门与组织要培养、引进和选拔一批熟悉社会工作理论知识、掌握社会工作方法技术的行政管理人才。 第三，分类制定社会工作专业督导能力素质标准，完善专业督导方法与技术，建立健全社会工作专业督导制度
教育与研究人才	重点培养造就一批理论功底深、实务能力强、系统掌握国内外社会工作法规与政策、能够推动本土社会工作理论和政策实务发展、具备开展国际交流合作能力的社会工作教育与研究人才	第一，组织实施社会工作教育与研究人才培养引进工程。 第二，大力培养社会工作服务人才、管理人才及教育与研究人才。 第三，建设宏大的社会服务志愿者队伍，建立社会工作人才和志愿者队伍联动服务机制

考点三：社会工作专业人才队伍建设的体制机制与政策目标

体制机制与重大政策	目标	主要举措
建立健全社会工作专业人才管理体制机制	按照党管人才原则，建立健全符合社会工作专业人才发展规律、体现中国特色的管理体制机制	（1）坚持党管人才原则，切实加强党对社会工作专业人才队伍建设的领导。 ①组织部门：宏观指导、综合协调。 ②民政部门：管理机构和队伍建设。 （2）加强社会工作专业人才市场培育发展。 （3）推动社会工作发展相关立法，完善法制建设。 （4）制定政府购买社会工作服务政策，建立并逐步完善政府与民办社会工作服务机构的合作机制
建立健全社会工作专业人才培养政策	以国家发展和社会需求为导向，以专业化、职业化为核心，建立健全不同学历层次教育共同发展、专业培训和知识普及有机结合的社会工作专业人才培养政策	（1）研究制定社会工作专业人才教育培训规划，合理配置教育培训资源。 （2）建立科学、规范的社会工作专业教学管理制度： ①着力培养应用型社会工作专业人才。 ②加强实习、实训基地建设。 ③建立科学合理、标准规范的实习督导制度。 ④培养“双师型”队伍和督导教师队伍。 ⑤开发一批社会工作专业精品课程。 （3）完善社会工作专业人才继续教育制度
建立健全社会工作专业人才评价政策	坚持以职业道德、能力和业绩为导向，以社会工作专业人才职业水平评价为基础，逐步完善符合国情、与国际接轨、科学合理的社会工作专业人才评价政策	（1）实施分类管理，研究制定不同社会工作专业人才的能力素质标准以及评价、鉴定办法： ①形成初、中、高三级相衔接的社会工作专业人才职业水平评价体系。 ②建立与国际接轨的职业资格制度。 ③加强职业道德和作风建设。 （2）完善人才考核制度，形成由品德、知识、能力、业绩等要素构成的岗位评价指标体系。在有关事业单位建立健全以聘用合同和岗位职责为依据，以工作绩效为主要内容，以服务对象满意度为基础的考核办法
建立健全社会工作专业人才使用政策	坚持以用为本原则，着眼于发挥社会工作专业人才作用、推动社会工作专业人才合理流动的需要，以开发专职岗位和培育服务载体为重点，以畅通人才流动渠道为保障，逐步完善社会工作专业人才使用政策	（1）建立健全社会组织社会工作岗位开发设置和专业人才使用的政策措施。 ①加大在城市社区的配置力度。 ②逐步实现“一农村一社工”的目标。 ③积极发展民办社会工作服务机构。 ④加大政府购买社会工作服务岗位力度。 ⑤建立社会工作服务机构第三方监督机制。 ⑥加强党对民办社会工作服务机构的领导。 （2）加大相关事业单位社会工作岗位开发和专业人才使用的力度。 ①主体专业技术岗位：老年人福利机构、妇女儿童援助机构等。 ②专业技术岗位：学校、医院、人口计生服务机构等。 （3）研究制定促进社会工作专业人才流动政策
建立健全社会工作专业人才激励保障政策	建立健全有利于社会工作专业人才长期、安心扎根基层、服务一线的激励保障政策	（1）建立健全社会工作专业人才薪酬保障机制，逐步提高社会工作专业人才整体薪酬。 （2）将吸纳一定比例的社会工作专业人才作为评估公益类社会组织的重要指标和政府购买服务的重要条件

考点四：社会工作专业人才队伍建设的重点工程

十大重点工程	具体内容
社工服务人才职业能力建设工程	每年培训 1 万名取得助理社会工作师、社会工作师和高级社会工作师职业水平证书人员。 2015 年：对现有社会工作服务人员进行累计不低于 480 小时专业培训。 2020 年：实现所有在岗社会工作服务人员系统接受良好的专业教育和培训
社工管理人才综合素质提升工程	2020 年：培养 8 万名机构管理人才和 8 万名专业督导人才
社会工作教育与研究人才培养引进工程	2020 年：建立 500 家重点实训基地；培养和引进 3 万名社会工作专业硕士、300 名社会工作专业博士和 3000 名“双师型”专业教师
社会工作知识普及工程	对主管社会服务与管理有关部门或相关工作的地厅（局）级和县（处）级领导干部进行社会工作知识轮训。 对基层服务的相关人员和直接从事社会服务与管理一线人员普及社会工作知识。 对相关专业学生进行社会工作通识教育
社会工作专业人才服务社会主义新农村建设计划	2015 年：在国家扶贫开发工作重点县，培育发展 200 个农村社会工作服务站； 到 2020 年基本实现每个国家扶贫开发工作重点县有一家社会工作服务站，带动培养 5 万名农村社会工作专业人才
社会工作专业人才服务“三区”计划（边远贫困地区、民族地区和革命老区）	为“三区”每年培养 500 名急缺社会工作人才。 每年选派 1000 名社会工作人才到“三区”工作
社会工作专业人才培训基地和教材建设工程	2020 年：重点扶持发展 300 家社会工作专业人才培训基地，其中国家层面发展到 50 家，并纳入国家专业技术人才知识更新工程、国家级继续教育基地建设范围分类制定社会工作培训课程大纲，形成一批针对性、实务性和科学性强的社会工作培训教材
民办社会工作服务机构孵化基地建设工程	建立 50 个国家级民办社会工作服务机构孵化基地。 2020 年：发展 8 万家民办社会工作服务机构
社会工作服务标准化建设示范工程	2020 年：建立 200 个社会工作服务标准化示范地区、1000 个社会工作服务标准化示范单位、2000 个社会工作服务标准化示范社区
社会工作信息系统建设工程	按照分级、属地原则，建设全国社会工作专业人才队伍管理门户网站

【真题再现】

根据《社会工作专业人才队伍建设中长期规划（2011—2020 年）》，到 2020 年，我国要重点扶持发展人才培训基地（　　）家。(2019 年真题)

A. 200　　B. 300　　C. 400　　D. 500

参考答案： B

参考解析： 到 2020 年，我国要重点扶持发展 300 家社会工作专业人才培训基地，其中国家层面发展到 50 家，并纳入国家专业技术人才知识更新工程、国家级继续教育基地建设范围，逐步形成覆盖全国的社会工作培训与继续教育网络。故选 B 项。

第三节　政府购买社会工作服务的法规与政策

【重要考点概览】

小节	主要考点	历年考查点
第三节　政府购买社会工作服务的法规与政策	政府购买社会工作服务的主体、对象及范围	2016 年考查单项选择题
	政府购买社会工作服务的程序与监督管理	2017 年考查单项选择题

考点一：政府购买社会工作服务的主体、对象及范围

	内容	备注
主体	各级政府	各级民政部门：负责本级政府购买社会工作服务的统筹规划、组织实施和绩效评估。 各级财政部门：负责本级政府购买社会工作服务的规划计划审核、经费安排与监督管理。 各有关部门和群团组织：负责本系统、本行业社会工作服务的需求评估、计划申报与实施
对象	社会团体、民办非企业单位、基金会及企事业单位	社会团体、民办非企业单位和基金会：具有独立法人资格，拥有专业团队，具备完善的内部治理结构、健全的规章制度、良好的社会公信力以及较强的公益项目运营管理和社会工作专业服务能力。 企事业单位：具备相应的能力和条件
范围	重点：城市流动人口、农村留守人员、困难群体、特殊人群和受灾群众等	原则：受益广泛、群众急需、服务专业。 流动人口——社会融入计划，农村留守人员——社会保护计划，老年人、残疾人——社会照顾计划，特殊群体社会——关爱计划，受灾群众——生活重建计划

【真题再现】

根据《民政部　财政部关于政府购买社会工作服务的指导意见》，具体负责本级政府购买社会工作服务的统筹规划、组织实施和绩效评估的部门是（　　）。（2016 年真题）

A. 审计部门　　B. 财政部门

C. 民政部门　　D. 人力资源和社会保障部门

参考答案：C

参考解析：本题考查政府购买社会工作服务的主体。各级民政部门具体负责本级政府购买社会工作服务的统筹规划、组织实施和绩效评估；各级财政部门具体负责本级政府购买社会工作服务的规划计划审核、经费安排与监督管理；各有关部门和群团组织负责本系统、本行业社会工作服务的需求评估，向同级民政部门申报社会工作服务计划并具体实施。故选 C 项。

考点二：政府购买社会工作服务的程序与监督管理

（一）政府购买社会工作服务的程序

1. 编制预算

民政部门牵头，预算报同级财政部门审批。

2. 组织购买

一般情况：公开招标。

特殊情况：邀请招标、竞争性谈判（只能从有限范围服务机构购买，或因技术复杂、性质特殊而不能事先计算出价格总额、不能确定具体服务要求的社会工作服务项目，经同级财政部门批准）；单一来源采购（只能从唯一服务提供机构购买的，向社会公示并经同级财政部门批准）。

3. 签订合同

民政部门与服务提供机构订立购买服务合同。

4. 指导实施

财政部门和民政部门指导、督促。

【真题再现】

某市拟通过政府购买方式为失独老人开展社会工作服务，在当地只有一家社会工作服务机构符合条件。根据《民政部　财务部关于政府购买社会工作服务的指导意见》，若该市民政部门采取单一来源采购方式组织采购，则应事先向社会公示并经过同级（　　）部门批准。（2017 年真题）

A. 财政　　B. 审计　　C. 基建　　D. 发展改革

参考答案： A

参考解析： 根据《民政部　财务部关于政府购买社会工作服务的指导意见》，购买社会工作服务，原则上应通过公开招标进行。但在以下两种特殊情况下可酌情处理：一是对只能从有限范围服务机构购买，或因技术复杂、性质特殊而不能确定具体服务要求、不能事先计算出价格总额的社会工作服务项目，经同级财政部门批准，可以采用邀请招标、竞争性谈判的方式购买；二是对只能从唯一服务提供机构购买的，向社会公示并经同级财政部门批准后，可以采取单一来源采购的方式购买。故选 A 项。

（二）政府购买社会工作服务的监督管理

①建立健全监督管理制度。

②切实加强过程监管。

③积极推进第三方评估，建立由购买方、服务对象及第三方组成的综合性评审机制。

④坚持多元评估相结合。

坚持过程评估与结果评估、短期效果评估与长远效果评估、社会效益评估与经济效益评估相结合。

⑤将考评结果与后续政府购买服务挂钩。

⑥建立社会工作服务提供机构征信管理制度。

第四节　推进民办社会工作服务机构发展的法规与政策

【重要考点概览】

小节	主要考点	历年考查点
第四节　推进民办社会工作服务机构发展的法规与政策	加快推进民办社会工作服务机构发展的主要目标	尚未考查
	完善民办社会工作服务机构管理制度的措施	2017 年考查单项选择题 2020 年考查多项选择题
	加强民办社会工作服务机构能力建设的要求	2018 年考查多项选择题
	发挥社会工作行业组织功能与作用的要求	尚未考查
	建立健全民办社会工作服务机构支持保障体系的要求	尚未考查

考点一：加快推进民办社会工作服务机构发展的主要目标

1. 总体目标

到 2020 年，发展 8 万家管理规范、服务专业、作用明显、公信力强的民办社会工作服务机构。

2. 具体目标

①建立健全民办社会工作服务机构发展的政策与制度。（政策环境）

②完善登记服务和监督管理措施。（优化管理）

③加强民办社会工作服务机构能力建设，促进社会工作行业组织发展。（能力建设）

④加快推进政府购买社会工作服务。（资金保障）

考点二：完善民办社会工作服务机构管理制度的措施

1. 改进登记方式

成立民办社会工作服务机构，除应当符合《民办非企业单位登记管理暂行条例》规定的条件外，还要求：①专职工作人员中应有 1/3 以上取得社会工作者职业水平证书或社会工作专业本科及以上学历；②章程中应明确社会工作服务宗旨、范围和方式；③民办社会工作服务机构可直接向民政部门依法申请登记。

2. 强化监督管理

①综合运用年度检查、社会评估、绩效评价、信用建设等监督管理手段。

②建立健全责任追究和行业退出机制。

③充分发挥评估工作的导向、激励和约束作用。

3. 推动信息公开

①主动接受社会监督：真实、准确、完整、及时地向社会公开相关信息。

②实现信息公开与注册登记、申请项目、吸引捐赠的有机衔接。

【真题再现】

1. 根据《民政部关于进一步加快推进民办社会工作服务机构发展的意见》，关于

成立民办社会工作服务机构的说法，正确的是（　　）。(2020 年真题）

A. 成立民办社会工作服务机构，章程中应明确社会工作服务宗旨、范围和方式

B. 成立民办社会工作服务机构，应当符合《民办非企业单位登记管理暂行条例》规定的条件

C. 成立民办社会工作服务机构，负责人应具有 5 年以上专业社会工作服务经历

D. 成立民办社会工作服务机构，应当有 10 名以上专职工作人员

E. 成立民办社会工作服务机构，专职工作人员中应有 1/3 以上取得社会工作者职业水平证书或社会工作专业本科及以上学历

参考答案：ABE

参考解析：成立民办社会工作服务机构，除应当符合《民办非企业单位登记管理暂行条例》规定的条件外，专职工作人员中应有 1/3 以上取得社会工作者职业水平证书或社会工作专业本科及以上学历，章程中应明确社会工作服务宗旨、范围和方式。民办社会工作服务机构可直接向民政部门依法申请登记；鼓励有条件的民办社会工作服务机构向规模化、综合化发展；面向城乡基层设立社会工作服务站点。故选 A、B、E 三项。

2. 根据《民政部关于进一步加快推进民办社会工作服务机构发展的意见》，成立民办社会工作服务机构的专职工作人员中取得社会工作者职业水平证书或社会工作专业本科及以上学历的人数应达到（　　）以上。(2017 年真题）

A. 1/3　　B. 1/4　　C. 1/5　　D. 1/6

参考答案：A

参考解析：除应当符合《民办非企业单位登记管理暂行条例》规定的条件外，还要求专职工作人员中应有 1/3 以上取得社会工作者职业水平证书或社会工作专业本科及以上学历。故选 A 项。

考点三：加强民办社会工作服务机构能力建设的要求

①进一步增强民办社会工作服务机构内部治理能力。

②着力提升民办社会工作服务机构服务水平。

③建立健全民办社会工作服务机构联系志愿者制度。

④加强民办社会工作服务机构党群组织建设。

【真题再现】

根据《民政部关于进一步加快推进民办社会工作服务机构发展的意见》，下列关于加强民办社会工作服务机构能力建设的措施，正确的有（　　）。(2018 年真题）

A. 加强民办社会工作服务机构党群组织建设

B. 着力提升民办社会工作服务机构服务水平

C. 大力推动民办社会工作服务机构市场化发展

D. 建立健全民办社会工作服务机构联系志愿者制度

E. 进一步增强民办社会工作服务机构内部治理能力

参考答案： ABDE

参考解析： 本题考查加强民办社会工作服务机构能力建设的要求。《民政部关于进一步加快推进民办社会工作服务机构发展的意见》提出了以下四点要求：(1) 进一步增强民办社会工作服务机构内部治理能力；(2) 着力提升民办社会工作服务机构服务水平；(3) 建立健全民办社会工作服务机构联系志愿者制度；(4) 加强民办社会工作服务机构党群组织建设。故选 A、B、D、E 四项。

考点四： 发挥社会工作行业组织功能与作用的要求

①支持社会工作行业组织发展。

②推进民办社会工作服务机构行业自律。

③积极做好民办社会工作服务机构行业服务。

考点五： 建立健全民办社会工作服务机构支持保障体系的要求

①加快推进政府购买社会工作服务。

②加大对民办社会工作服务机构扶持力度。

③鼓励社会力量支持和参与民办社会工作服务机构发展。

【本章小结】

近年来，党和国家出台的一系列促进和规范社会工作发展以及与社会工作机构和社会工作者职业活动有关的政策文件，促进和规范了社会工作制度建设、人才队伍建设和机构运行等环节，对社会工作职业的健康发展发挥了保障促进作用。历年考试中对社会工作制度建设、人才队伍建设、机构运行三个方面都有考查，考生应着重掌握社会工作专业岗位开发和专业人才使用、政府购买社会工作服务、推进民办社会工作服务机构建设的内容。

扫码听课

第三章　我国社会救助法规与政策

【本章导学】

社会救助是指国家和社会对由于各种原因陷入生存困境的公民，给予财物接济和生活扶助，以保障其最低生活需要的制度安排。社会救助是我国社会保障的核心内容之一，它包括城乡居民最低生活保障、特困人员供养、灾害救助、医疗救助、教育救助、住房救助、就业救助、临时救助、法律援助与国家司法救助等内容。2020 年 8 月，中共中央办公厅、国务院办公厅印发的《关于改革完善社会救助制度的意见》对加快构建政府主导、社会参与、制度健全、政策衔接、兜底有力的综合救助格局提出具体要求。

各类社会救助法规与政策的适用对象、办理流程、救助方式及动态管理等内容是本章知识的重点，其中城乡最低生活保障政策是重中之重。同时，随着国家民生事业的进一步发展，相应的制度保障体系越来越完善，每节都会有新增内容，考生要重点识记。

【历年题量/分值分布】

	2015 年	2016 年	2017 年	2018 年	2019 年	2020 年
单项选择题	5 道	7 道	6 道	8 道	7 道	5 道
多项选择题	2 道	3 道	4 道	5 道	3 道	3 道
合计分值	9 分	13 分	14 分	18 分	13 分	11 分

注：单项选择题每题 1 分，多项选择题每题 2 分（错选，本题不得分；少选，所选每个选项得 0.5 分）。

【本章知识概览】

小节	考点	备考指数
第一节　社会救助法规与政策的一般规定	社会救助的总体要求	★★★
	社会救助类型和社会力量参与社会救助的规定	★★★★★
	社会救助的监督管理	★★★
	社会救助中的法律责任	★★
第二节　最低生活保障及特困救助法规与政策	最低生活保障制度法规与政策	★★★★★
	特困人员供养法规与政策	★★★★★
	基本生活救助工作绩效评价	★★
第三节　受灾人员救助与医疗救助法规与政策	受灾人员救助法规与政策	★★★
	医疗救助法规与政策	★★★★★

续表

小节	考点	备考指数
第四节　教育救助与住房救助法规与政策	教育救助法规与政策	★★★★
	住房救助法规与政策	★★★
第五节　就业救助、临时救助、法律援助与国家司法救助法规与政策	就业救助法规与政策	★★★★
	临时救助法规与政策	★★★★
	法律援助和国家司法救助法规与政策	★★★★

【考点详解】

第一节　社会救助法规与政策的一般规定

【重要考点概览】

小节	主要考点	历年考查点
第一节　社会救助法规与政策的一般规定	社会救助的总体要求	2015 年考查单项选择题 2020 年考查单项选择题
	社会救助类型和社会力量参与社会救助的规定	2017 年考查单项选择题 2017 年考查多项选择题
	社会救助的监督管理	2017 年考查单项选择题
	社会救助中的法律责任	2019 年考查多项选择题

考点一：社会救助的总体要求

（一）社会救助制度建立原则

①目的：保障公民的基本生活，促进社会公平，维护社会和谐。

②宗旨：稳定坚持托底线、救急难、可持续。

③实施：与其他社会保障制度相衔接。

④水平：救助水平与经济社会发展水平相适应。

⑤工作原则：救助工作遵循公开、公平、公正、及时的原则。

（二）国务院民政部门统筹全国社会救助体系建设

根据国务院机构改革方案，调整后的国务院机构部门将原来属于民政部管理的部分功能剥离出去，组建国家卫生健康委员会、退役军人事务部、应急管理部等部委。

（三）社会救助协调机制

工作主体	工作职责	具体落实
乡镇人民政府、街道办事处	申请受理、调查审核	社会救助经办机构或者经办人员
村民委员会、居民委员会	协助	—
县级以上人民政府	将社会救助纳入国民经济和社会发展规划	政府领导、民政部门牵头、有关部门配合、社会力量参与

（四）社会救助资金

社会救助资金实行专项管理，分账核算，专款专用，任何人不得挤占挪用。

（五）社会救助信息管理

县级以上人民政府应按国家统一规划建立社会救助信息管理系统，实现社会救助信息互联互通、资源共享。

【真题再现】

1. 根据《社会救助暂行办法》，负责社会救助申请受理、调查审核的是（　　）。（2020 年真题）

A. 村民委员会、居民委员会　　B. 乡镇人民政府、街道办事处

C. 县级人民政府民政部门　　D. 县级人民政府财政部门

参考答案：B

参考解析：《社会救助暂行办法》第四条规定：乡镇人民政府、街道办事处负责有关社会救助的申请受理、调查审核，具体工作由社会救助经办机构或者经办人员承担。故选 B 项。

2. 根据《社会救助暂行办法》，社会救助制度坚持（　　）、救急难、可持续，与其他社会保障制度相衔接，社会救助水平与经济社会发展相适应。（2015 年真题）

A. 广覆盖　　B. 低水平　　C. 托底线　　D. 稳增长

参考答案：C

参考解析：《社会救助暂行办法》为社会救助事业发展提供了法律依据，有利于统筹社会救助体系建设，不断完善托底线、救急难、可持续的社会救助制度，形成保障困难群众基本生活的安全网。故选 C 项。

考点二：社会救助类型和社会力量参与社会救助的规定

（一）社会救助的主要类型

①列入《社会救助暂行办法》的包括困难群众基本救助（最低生活保障、特困人员供养）、专项救助（受灾人员救助、医疗救助、教育救助、住房救助、就业救助）以及临时救助。

②未列入《社会救助暂行办法》的但已有相关政策规定的救助类型包括法律援助和司法救助。

（二）社会力量参与社会救助

①参与方式：捐赠、建立帮扶项目、创办服务机构、提供志愿服务。

②单位或者个人参与社会救助按照国家有关规定享受财政补贴、税收优惠、费用减免等政策。

③县级以上地方人民政府可以将社会救助中的具体服务事项通过委托、承包、采购等方式向社会力量购买服务。

④社会工作者为社会救助对象提供社会融入、能力提升、心理疏导等专业服务。

⑤社会救助管理部门及相关机构应当建立社会力量参与社会救助的机制和渠道，

提供社会救助项目和需求信息。

【真题再现】

1. 根据《社会救助暂行办法》，下列关于社会力量参与社会救助的说法，正确的有（　　）。(2017 年真题)

A. 社会力量参与社会救助，按照国家有关规定享受财政补贴、税收优惠、费用减免等政策

B. 县级以上人民政府可以将社会救助中的审批事项通过委托、承包、采购等方式，向社会力量购买服务

C. 国家鼓励单位和个人等社会力量通过捐赠、设立帮扶项目、创办服务机构、提供志愿者服务等方式，参与社会救助

D. 县级人民政府应当发挥社会工作服务机构和社会工作者作用，为社会救助对象提供社会融入、能力提升、心理疏导等专业服务

E. 社会救助管理部门及相关机构应当建立社会力量参与社会救助的机制和渠道，提供社会救助项目和需求信息，为社会力量参与社会救助创造条件、提供便利

参考答案：ACDE

参考解析：B 项错误，审批职责是政府机关的法定职责，不可以向社会力量购买服务。故选 A、C、D、E 四项。

2. 根据《社会救助暂行办法》，社会力量参与社会救助的方式有（　　）。(2017 年真题)

A. 捐赠　　B. 设立帮扶项目

C. 增加财政投入　　D. 创办服务机构

E. 提供志愿服务

参考答案：ABDE

参考解析：本题考查社会力量参与社会救助的方式。国家引导、鼓励单位和个人等社会力量通过捐赠、设立帮扶项目、创办服务机构、提供志愿服务等方式参与社会救助。故选 A、B、D、E 四项。

（三）社会工作服务参与社会救助

服务	内容
社会融入	帮助救助对象调节家庭和社会关系，消除社会歧视，重构社会支持网络，使其更好地适应社区和社会环境
能力提升	帮助救助对象及其家庭转变思想观念，发掘自身潜能，学习谋生技能，发展生计项目，消除救助依赖
心理疏导	帮助救助对象抚慰消极和敌视情绪，缓解其心理压力，矫正其不良行为，改变其负面看法，树立其乐观上进的心态
资源链接	帮助救助对象链接生活、就学、就业、医疗等方面的政府资源与社会资源，组织其他专业力量和志愿者为救助对象提供服务，最大限度地弥补政府资源的不足

续表

服务	内容
宣传倡导	帮助救助对象更加详细、全面地了解政府的社会救助政策，及时、有效地向政府反馈社会救助政策执行的成效与不足，建立健全上情下达、下情上达的信息沟通网络，推动社会救助政策的完善

【真题再现】

根据《社会救助暂行办法》，县级以上地方人民政府应当发挥社会工作服务机构和社会工作者的作用，为社会救助对象提供（　　）等专业服务。(2016 年真题)

A. 法律救助　　B. 申请代理

C. 社会融入　　D. 能力提升

E. 心理疏导

参考答案：CDE

参考解析：本题考查社会救助中的社会工作服务。县级以上地方人民政府应当发挥社会工作服务机构和社会工作者的作用，为社会救助对象提供社会融入、能力提升、心理疏导等专业服务。故选 C、D、E 三项。

考点三：社会救助的监督管理

乡镇人民政府、街道办事处应当建立统一受理社会救助申请的窗口，及时受理、转办申请事项。救助对象的个人信息，除按照规定应当公示的外，社会救助工作人员应予以保密。

申请获得或者已经获得社会救助的家庭或者人员，对社会救助管理部门作出的具体行政行为不服的，可以依法申请行政复议或者提起行政诉讼。

【真题再现】

张某一家享受城市居民最低生活保障待遇。张某儿子最近参加工作，民政部门终止了张某一家的低保待遇。张某认为，虽然儿子已就业，但是家庭收入仍然很低，应继续享受低保待遇。根据《城市居民最低生活保障条例》，张某依法可以（　　）。(2017 年真题)

A. 直接向人民法院提起行政诉讼

B. 申请复查，如对复查结果不服，可越级上访

C. 申请仲裁，如对仲裁裁决不服，可依法提起行政诉讼

D. 申请行政复议，如对复议决定不服，可依法提起行政诉讼

参考答案：D

参考解析：申请获得或者已经获得社会救助的家庭或者人员，对社会救助管理部门作出的具体行政行为不服的，可以依法申请行政复议或者提起行政诉讼。故选 D 项。

考点四：社会救助中的法律责任

违反《社会救助暂行办法》规定将受到各种处罚：

①截留、挤占、挪用、私分社会救助资金、物资的，由有关部门责令追回。

②有违法所得的，没收违法所得，依法给予直接负责的主管人员和其他直接责任人处分。

③采取虚报、隐瞒、伪造等手段，骗取社会救助资金、物资或者服务的，由有关部门决定停止社会救助，责令退回非法获取的救助资金、物资，可以处非法获取的救助款额或者物资价值1倍以上3倍以下的罚款。

④构成违反治安管理行为的，依法给予治安管理处罚。

⑤构成犯罪的，国家将依法追究刑事责任。

【真题再现】

根据《社会救助暂行办法》，对采取虚报、隐瞒、伪造等手段，骗取社会救助资金、物资或者服务的，有关部门可以采取的措施有（　　）。(2019年真题）

A. 停止社会救助

B. 3年内不予受理低保申请

C. 责令提供1个月的社区公益服务

D. 责令退回非法获取的救助资金、物资

E. 处非法获取的救助款额或者物资价值1倍以上3倍以下的罚款

参考答案： ADE

参考解析：《社会救助暂行办法》第六十八条规定：采取虚报、隐瞒、伪造等手段，骗取社会救助资金、物资或者服务的，由有关部门决定停止社会救助，责令退回非法获取的救助资金、物资，可以处非法获取的救助款额或者物资价值1倍以上3倍以下的罚款；构成违反治安管理行为的，依法给予治安管理处罚。故选A、D、E三项。

第二节　最低生活保障及特困救助法规与政策

【重要考点概览】

小节	主要考点	历年考查点
第二节　最低生活保障及特困救助法规与政策	最低生活保障制度法规与政策	2015～2020年考查单项选择题、多项选择题
	特困人员供养法规与政策	2015年考查多项选择题 2016年考查单项选择题 2017年考查单项选择题 2018年考查单项选择题 2020年考查多项选择题
	基本生活救助工作绩效评价	尚未考查

考点一：最低生活保障制度法规与政策

（一）低保对象资格认定

持有当地常住户口的居民，凡共同生活的家庭成员人均收入低于当地低保标准且家庭财产状况符合当地人民政府规定条件的，可以申请低保。

1. 认定低保对象的基本要件：①户籍状况；②家庭收入；③家庭财产。

2. 我国制定最低生活保障标准的方法（补充知识点）：①基本生活费用支出法；②恩格尔系数法；③消费支出比例法。

<table>
<tr><td rowspan="2">家庭成员认定</td><td>1. 共同生活家庭成员
①配偶。
②父母和未成年子女。
③已成年但不能独立生活的子女，包括在校接受本科及以下学历教育的成年子女。
④其他具有法定赡养、扶养、抚养义务关系并长期共同居住的人员</td><td>2. 不计入共同生活家庭成员
①连续3年以上（含3年）脱离家庭独立生活的宗教教职人员。
②在监狱服刑的人员。
③省级人民政府民政部门根据本条原则和有关程序认定的其他人员</td></tr>
<tr><td colspan="2">3. 可以单独提出低保申请的人员
①困难家庭中丧失劳动能力且单独立户的成年重度残疾人。
②脱离家庭、在宗教场所居住3年以上（含3年）的生活困难的宗教教职人员</td></tr>
<tr><td>户籍地认定</td><td colspan="2">①在同一市县辖区内，经常居住地与户籍地不一致的可以向经常居住地乡镇人民政府或街道办事处提出申请（需户籍地提供未享受低保证明）。
②户籍类别相同但家庭成员户口不在一起的家庭，应将户口迁移到一起后再提出申请；不能迁的则在主要家庭成员户籍地申请，同时提供非户籍家庭成员未享受低保证明</td></tr>
<tr><td>家庭财产认定</td><td colspan="2">①银行存款和有价证券。
②机动车辆（残疾人功能性补偿代步机动车辆除外）、船舶。
③房屋。
④债权。
⑤其他财产</td></tr>
<tr><td>家庭可支配收入认定</td><td colspan="2">家庭可支配收入指扣除个人所得税和社会保障性支出后的收入，主要包括如下方面。
1. 工资性收入
指因任职或者受雇而取得的工资、薪金、奖金、劳动分红、津贴、补贴以及与任职或者受雇有关的其他所得等。
2. 家庭经营净（纯）收入
指从事生产、经营及有偿服务活动所得，包括从事种植、养殖、采集及加工等农、林、牧、渔业的生产收入，从事工业、建筑业、手工业、交通运输业、批发和零售贸易业、餐饮业、文教卫生业和社会服务业等经营及有偿服务活动的收入等。
3. 财产性收入
包括动产收入和不动产收入。动产收入是指出让无形资产、特许权等收入，储蓄存款利息、有价证券红利、储蓄性保险投资以及其他股息和红利等收入，集体财产收入分红和其他动产收入等。不动产收入是指转租承包土地经营权、出租或者出让房产以及其他不动产收入等。
4. 转移性收入
指国家、单位、社会团体对居民家庭的各种转移支付和居民家庭间的收入转移，包括赡养费、扶养费、抚养费；离退休金、失业保险金；社会救济金、遗属补助金、赔偿收入；接受遗产收入、接受捐赠（赠送）收入等。
5. 其他应当计入家庭收入的项目</td></tr>
</table>

【真题再现】

1. 老王夫妇与老王的父母、兄妹生活在一起。老王夫妇失业在家，女儿在读高中。老王的哥哥因精神残障一直未婚，老王是哥哥的法定监护人。老王的妹妹在本地工作，为照顾年迈的父母，也搬到老王家同住。老王一家拟申请最低生活保障待遇。根据《最低生活保障审核审批办法（试行）》，下列人员中，应认定为老王共同生活的家庭成员有（　　）。(2020 年真题)

A. 老王的妻子　　B. 老王的女儿

C. 老王的哥哥　　D. 老王的妹妹

E. 老王的父母

参考答案： ABCE

参考解析： 共同生活家庭成员包括：配偶；父母和未成年子女；已成年但不能独立生活的子女，包括在校接受本科及以下学历教育的成年子女；其他具有法定赡养、扶养、抚养义务关系并长期共同居住的人员。故选 A、B、C、E 四项。

2. 老张因生活困境，向所在地的街道办事处申请低保，根据《最低生活保障审核审批办法（试行）》，下列老张的家庭成员中，应计入共同生活家庭成员的有（　　）。(2016 年真题)

A. 老张的父母，与老张弟弟共同居住

B. 老张的配偶 46 岁，下岗失业，与老张共同居住

C. 老张的女儿，20 岁，本科在读，住学校宿舍

D. 老张的儿子，16 岁，正在服刑

E. 老张的大伯，法院指定由老张赡养

参考答案： BCE

参考解析： 本题考查低保对象的共同生活家庭成员。共同生活的家庭成员包括：配偶；父母和未成年子女；已成年但不能独立生活的子女，包括在校接受本科及以下学历教育的成年子女；其他具有法定赡养、扶养、抚养义务关系并长期共同居住的人员。下列人员不计入共同生活的家庭成员：连续 3 年以上（含 3 年）脱离家庭独立生活的宗教教职人员；在监狱服刑的人员；省级人民政府民政部门根据本条原则和有关程序认定的其他人员。故选 B、C、E 三项。

3. 张某是企业职工，收入不高；其妻身体不好，无工作；其母年事已高，多年来一直与其共同居住；其子，24 周岁，在读研究生；其女，19 周岁，大学一年级在校生。张某拟申请低保，根据《最低生活保障审核审批办法（试行）》，应当认定为与张某共同生活的家庭成员是张某的（　　）。(2019 年真题)

A. 妻子、儿子、女儿、母亲

B. 妻子、儿子、母亲

C. 妻子、女儿、母亲

D. 妻子、儿子、女儿

参考答案：C

参考解析：本题考查低保对象的共同生活的家庭成员。共同生活的家庭成员包括：(1) 配偶；(2) 父母和未成年子女；(3) 已成年但不能独立生活的子女，包括在校接受本科及以下学历教育的成年子女；(4) 其他具有法定赡养、扶养、抚养义务关系并长期共同居住的人员。其子 24 周岁，是一名在读研究生，不符合共同生活家庭成员的认定要求。故选 C 项。

4. 根据《最低生活保障审核审批办法（试行）》，家庭经济状况主要指申请人及其家庭成员拥有的全部（　　）收入和家庭财产。(2016 年真题)

A. 可统计　　B. 可支配

C. 可公开　　D. 可继承

参考答案：B

参考解析：本题考查低保申请者的家庭经济状况调查。《社会救助暂行办法》第七条规定：家庭收入是指共同生活的家庭成员在规定期限内的全部可支配收入。故选 B 项。

5. 根据《最低生活保障审核审批办法（试行）》，下列收入中，应计入家庭可支配收入的有（　　）。(2016 年真题)

A. 劳动分红　　B. 种植收入

C. 赔偿收入　　D. 储蓄存款利息

E. 优抚对象抚恤金

参考答案：ABCD

参考解析：本题考查家庭可支配收入。家庭可支配收入主要包括：(1) 工资性收入。指因任职或者受雇而取得的工资、薪金、奖金、劳动分红、津贴、补贴以及与任职或者受雇有关的其他所得等；(2) 家庭经营净（纯）收入。指从事生产、经营及有偿服务活动所得，包括从事种植、养殖、采集及加工等农、林、牧、渔业的生产收入，从事工业、建筑业、手工业、交通运输业、批发和零售贸易业、餐饮业、文教卫生业和社会服务业等经营及有偿服务活动的收入等；(3) 财产性收入。包括动产收入和不动产收入；(4) 转移性收入。包括赡养费、扶养费、抚养费、离退休金、失业保险金，社会救济金、遗属补助金、赔偿收入、接受遗产收入、接受捐赠（赠送）收入等；(5) 其他应当计入家庭收入的项目。故选 A、B、C、D 四项。

6. 进城务工的村民老方因病半年前返乡，利用部分银行存款在村里开了家小卖部：妻子在家种地；儿子今年获得了学校的奖学金。为补贴家用，老方将家里的一间房屋出租，但仍觉得家庭生活困难，提出申请最低生活保障待遇。根据《国务院关于在全国建立农村最低生活保障制度的通知》《最低生活保障审核审批办法（试行）》，老方家的下列收入中，应当计入家庭可支配收入的有（　　）。(2019 年真题)

A. 老方家种地的收入

B. 老方儿子的奖学金

C. 老方家的小卖部收入

D. 老方家的房租收入

E. 老方在银行存款的利息

参考答案：ACDE

参考解析：家庭可支配收入是指扣除缴纳的个人所得税及个人按规定缴纳的社会保障性支出后的收入。主要包括：（1）工资性收入；（2）家庭经营净（纯）收入；（3）财产性收入；（4）转移性收入；（5）其他应当计入家庭收入的项目。故选 A、C、D、E 四项。

（二）低保的审批流程

流程	主体	内容	时限
申请	家庭为单位，以户主的名义；亦可由村/居委会代为申请	向户籍所在地乡镇人民政府/街道办事处提出书面申请	—
信息核查	乡镇人民政府/街道办事处主导，村/居委会协助 调查人员≥2 人/组	信息核对/入户调查/邻里访问/信函索证	应当自受理低保申请之日起 10 个工作日内
民主评议	乡镇人民政府/街道办事处、村/居党组织和村/居委会成员、党员代表、村/居民代表（占比≥2/3）	宣讲政策/介绍情况/现场评议/形成结论/签字确认	信息核查后 5 个工作日内
审核	乡镇人民政府/街道办事处	对申请家庭是否给予低保提出建议意见，在村/居委会公开栏公示	公示期 7 天
审批	县级人民政府民政部门	全面审查申请材料、调查材料和审核意见，入户抽查比例不低于 30%	收到材料 5 个工作日内提出审批意见
		不予批准的，应书面告知申请人或者其代理人并说明理由	作出审批决定 3 日内
		拟批准的低保家庭进行公示。包括申请人姓名、家庭成员、拟保障金额等	公示期 7 天
		无异议的予以审批，发给低保证，从下月起发放低保金（差额补齐）。每月 10 日前发放，农村（金融服务）不发达，可按季发放。对下列人员提高救助水平：	公示期满在 3 个工作日内作出审批决定
		①老年人。 ②未成年人。 ③重度残疾人。 ④重病患者。 ⑤县级以上人民政府确定的其他生活困难人员	公示期满在 3 个工作日内作出审批决定
		有异议的，重新组织调查核实，20 个工作日内审批，并重新公示	—

续表

流程	主体	内容	时限
动态管理	乡镇人民政府/街道办事处	对城市“三无”人员和家庭成员中有重病、重残人员且收入基本无变化的低保家庭	年/次复核
		对短期内家庭经济状况和家庭成员基本情况相对稳定的低保家庭	半年/次复核
		对收入来源不固定、有劳动能力和劳动条件的低保家庭	城市（月） 农村（季）

【真题再现】

1. 根据《社会救助暂行办法》，承担最低生活保障申请受理、调查审核职责的是（　　）。(2017 年真题)

A. 村民委员会、居民委员会

B. 乡镇人民政府、街道办事处

C. 县级人民政府民政部门

D. 县级人民政府人力资源社会保障部门

参考答案： B

参考解析： 乡镇人民政府、街道办事处负责有关社会求助的申请受理、调查审核，具体工作由社会救助经办机构或经办人员承担。故选 B 项。

2. 根据《最低生活保障审核审批办法（试行)》，申请低保时，应当（　　）。(2018 年真题)

A. 以个人为单位，向居住地居民委员会（村民委员会）提出书面申请

B. 以个人为单位，向居住地乡镇人民政府（街道办事处）提出书面申请

C. 以家庭为单位，由户主或其代理人以户主的名义向户籍所在地居民委员会（村民委员会）提出书面申请

D. 以家庭为单位，由户主或其代理人以户主的名义向户籍所在地乡镇人民政府（街道办事处）提出书面申请

参考答案： D

参考解析： 本题考查低保的申请。根据民政部 2012 年印发的《最低生活保障审核审批办法（试行)》的规定，申请低保应当以家庭为单位，由户主或其代理人以户主的名义向户籍所在地乡镇人民政府（街道办事处）提出低保书面申请及其相关材料。故选 D 项。

3. 根据《最低生活保障审核审批办法（试行)》，对申请最低生活保障家庭经济状况调查结果的客观性、真实性进行民主评议时，村/居民代表人数不得少于参加评议总人数的（　　）。(2015 年真题)

A. 三分之一　　B. 二分之一

C. 三分之二　　D. 四分之三

参考答案：C

参考解析：《最低生活保障审核审批办法（试行）》规定，家庭经济状况调查结束后，乡镇人民政府（街道办事处）应当在5个工作日内，在村（居）民委员会的协助下，以村（居）为单位对申请人家庭经济状况调查结果的客观性、真实性进行民主评议。村（居）民代表人数不得少于参加评议总人数的三分之二。故选C项。

4. 居民钱某申请低保，街道办事处对其家庭经济状况调查结果后即将进入民主评议程序。根据《最低生活保障审核审批办法（试行）》，下列关于民主评议的说法，正确的是（　　）。（2017年真题）

A. 民主评议应当以居委会为单位进行

B. 居民代表人数不得少于参加评议总人数的1/2

C. 街道办事处应当在调查结束后10个工作日内进行民主评议

D. 县级人民政府民政部门可以派人参加民主评议

E. 民主评议由街道办事处工作人员、居委会党组织和居委会成员、熟悉钱某情况的党员代表、居民代表参加

参考答案：DE

参考解析：《最低生活保障审核审批办法（试行）》第二十一条规定：家庭经济状况调查结束后，乡镇人民政府（街道办事处）应当在5个工作日内，在村（居）民委员会的协助下，以村（居）为单位对申请人家庭经济状况调查结果的客观性、真实性进行民主评议。民主评议由乡镇人民政府（街道办事处）工作人员、村（居）党组织和村（居）委会成员、熟悉村（居）民情况的党员代表、村（居）民代表等参加。村（居）民代表人数不得少于参加评议总人数的三分之二。有条件的地方，县级人民政府民政部门可以派人参加民主评议。故选D、E两项。

5. 根据《社会救助暂行办法》，乡镇人民政府、街道办事处对申请人的家庭收入状况、财产状况进行调查核实，提出初审意见后，应当在（　　）进行公示。（2015年真题）

A. 申请人所在村、社区

B. 县级人民政府民政部门网站

C. 乡镇人民政府、街道办事处所在地

D. 乡镇人民政府、街道办事处政务公开栏

参考答案：A

参考解析：家庭成员申请有困难的，可以委托村民委员会、居民委员会代为提出申请，乡镇人民政府、街道办事处应当通过入户调查、邻里访问、信函索证、群众评议、信息核查等方式，对申请人的家庭收入状况、财产状况进行调查核实，提出初审意见，在申请人所在村、社区公示后报县级人民政府民政部门审批。故选A项。

6. 根据《最低生活保障审核审批办法（试行）》，县级人民政府民政部门在提出审批意见前，应当全面审查乡镇人民政府、街道办事处上报的申请材料、抽查材料和审

批意见，并按照不低于（　　）的比例入户抽查。（2015 年真题）

A. 10%　　B. 15%

C. 20%　　D. 30%

参考答案：D

参考解析：县级人民政府民政部门在提出审批意见前，应当全面审查乡镇人民政府（街道办事处）上报的申请材料、调查材料和审核意见，并按照不低于 30% 的比例入户抽查。故选 D 项。

7. 某县民政局对拟批准的 10 户低保家庭进行公示，公示期间收到多封来信反映王某家庭拥有多套住房，根据《最低生活保障审核审批办法（试行）》，下列做法中，正确的是（　　）。（2016 年真题）

A. 对其余 9 户家庭在公示期满后 5 个工作日内作出审批决定，无须再公示

B. 对其余 9 户家庭在公示期满后 10 个工作日内作出审批决定，再公示 7 天

C. 对王某家庭重新组织调查核实，在 30 个工作日内作出审批决定，不批准无须再公示

D. 对王某家庭重新组织调查核实，在 20 个工作日内作出审批决定，拟批准则须重新公示

参考答案：D

参考解析：本题考查低保申请的审核审批。县级人民政府民政部门应当对拟批准的低保家庭通过乡镇人民政府（街道办事处）、村（居）民委员会固定的政务公开栏、村（居）务公开栏以及政务大厅设置的电子屏等场所和地点进行公示。对公示有异议的，县级人民政府民政部门应当重新组织调查核实，在 20 个工作日内做出审批决定，并对拟批准的申请重新公示。故选 D 项。

8. 根据《社会救助暂行办法》，对获得最低生活保障后生活仍有困难的老年人、未成年人、重度残疾人和（　　），县级以上地方人民政府应当采取必要措施给予生活保障。（2015 年真题）

A. 孕妇　　B. 失独人员

C. 重病患者　　D. 多胞胎产妇

参考答案：C

参考解析：考虑到低保申请者的情况有所不同，为了保障特别困难的家庭以及其成员的生活水平，对低保家庭中的下列人员，可以采取多种措施提高救助水平：（1）老年人；（2）未成年人；（3）重度残疾人；（4）重病患者；（5）县级以上地方人民政府确定的其他生活困难人员。故选 C 项。

9. 根据《国务院关于进一步加强和改进最低生活保障工作的意见》，我国制定最低生活保障标准的方法有（　　）。（2018 年真题）

A. 基尼系数法

B. 恩格尔系数法

C. 消费支出比例法

D. 人均可支配收入法

E. 基本生活费用支出法

参考答案：BCE

参考解析：本题考查我国最低生活保障标准的测算方法。我国制定最低生活保障标准的方法主要有：(1) 基本生活费用支出法；(2) 恩格尔系数法；(3) 消费支出比例法。故选 B、C、E 三项。

10. 某城市低保家庭夫妻两人均 40 岁，无固定收入来源，不定期外出打零工，根据《最低生活保障审核审批办法（试行）》，该家庭的低保复核（　　）。(2016 年真题)

A. 每年一次

B. 每半年一次

C. 每季度一次

D. 每月一次

参考答案：D

参考解析：本题考查低保的动态管理。考虑到低保家庭的各种情况不同，民政部政策规定：对城市"三无"人员和家庭成员中有重病、重残人员且收入基本无变化的低保家庭，可每年复核一次；对短期内家庭经济状况和家庭成员基本情况相对稳定的低保家庭，可每半年复核一次；对收入来源不固定、有劳动能力和劳动条件的低保家庭，原则上城市按月、农村按季复核。故选 D 项。

11. 根据《最低生活保障审核审批办法（试行）》，乡镇人民政府、街道办事处应当根据低保家庭成员和其家庭经济状况的变化情况进行分类复核，下列关于分类复核的说法，正确的有（　　）。(2017 年真题)

A. 对收入来源不固定、有劳动能力和劳动条件的城市低保家庭，原则上按月复核

B. 对收入来源不固定、有劳动能力和劳动条件的农村低保家庭，原则上按季复核

C. 对短期内家庭经济状况和家庭成员基本情况相对稳定的低保家庭，可每半年复核一次

D. 对家庭成员中有重病、重残人员且收入基本无变化的低保家庭，可每年复核一次

E. 对家庭成员中有在高等院校就读的低保家庭，无须复核

参考答案：ABCD

参考解析：对城市"三无"人员和家庭成员中有重病、重残人员且收入基本无变化的低保家庭，可每年复核一次；对短期内家庭经济状况和家庭成员基本情况相对稳定的低保家庭，可每半年复核一次；对收入来源不固定、有劳动能力和劳动条件的低保家庭，原则上城市按月、农村按季复核。故选 A、B、C、D 四项。

12. 根据《最低生活保障审核审批办法（试行）》，关于低保家庭复核的说法，正确的是（　　）。(2020 年真题)

A. 老陈，城市"三无"人员家庭，可不复核

B. 老张一家，非农业户口，儿子重度残疾，家庭收入基本固定，可每季度复核一次

C. 老林一家，非农业户口，短期内家庭经济状况和家庭成员基本情况相对稳定，可每半年复核一次

D. 老秦一家，农业户口，有劳动能力，家庭收入来源不固定，可每年复核一次

参考答案：C

参考解析：考虑到低保家庭的各种情况不同，民政部政策规定：对城市“三无”人员和家庭成员中有重病、重残人员且收入基本无变化的低保家庭，可每年复核一次；对短期内家庭经济状况和家庭成员基本情况相对稳定的低保家庭，可每半年复核一次；对收入来源不固定、有劳动能力和劳动条件的低保家庭，原则上城市按月、农村按季复核。故选C项。

考点二：特困人员供养法规与政策

（一）特困人员救助范围

城乡老年人、残疾人、16周岁以下未成年人，同时具备以下条件的，应当纳入特困人员救助供养范围：无劳动能力，无生活来源，无法定赡养、抚养、扶养义务人，或法定义务人无履行义务能力。

条件	具体情形
无劳动能力	①60周岁以上的老年人。 ②未满16周岁的未成年人。 ③残疾等级为一、二级的智力、精神残疾人，残疾等级为一级的肢体残疾人。 ④省、自治区、直辖市人民政府规定的其他情形
无生活来源	①收入总和低于当地最低生活保障标准，且财产符合当地特困人员财产状况规定的，认定为无生活来源。 ②财产认定范围为：工资性收入、经营净收入、财产净收入、转移净收入。不包括基础养老金、基本医疗保险等社会保险和高龄津贴等社会福利补贴。特困人员财产状况认定标准由设区的市级以上地方人民政府民政部门制定，并报同级地方人民政府同意
无法定赡养、抚养、扶养义务人，或法定义务人无履行义务能力	①60周岁以上或者重度残疾的最低生活保障对象，且财产符合当地特困人员财产状况规定的。 ②无民事行为能力、被宣告失踪或者在监狱服刑的人员，且财产符合当地特困人员财产状况规定的。 ③省、自治区、直辖市人民政府规定的其他情形
特别说明	未满16周岁的未成年人同时符合特困人员救助供养条件和孤儿认定条件的，应当纳入孤儿基本生活保障范围，不再认定为特困人员

【真题再现】

根据《特困人员认定办法》，下列已依法办理特困人员供养的人员中，应当及时终止供养的是（　　）。(2017年真题)

A. 小华，16周岁，品学兼优，刚刚考入某市重点中学

B. 小丽，19周岁，肢体残疾，刚刚到某福利企业就业

C. 老王，65 周岁，因盗窃罪被判缓刑 2 年

D. 老李，70 周岁，经过康复治疗恢复了生活自理能力

参考答案： B

参考解析： 国家对无劳动能力，无生活来源，无法定赡养、抚养、扶养义务人，或者其法定赡养、抚养、扶养义务人无赡养、抚养、扶养能力的老年人、残疾人以及未满 16 周岁的未成年人，定义为特困人员，由国家提供供养。小丽已经 19 岁，且有了收入，应及时终止供养。故选 B 项。

（二）特困人员救助供养制度的基本原则

1. 坚持托底供养

强化政府托底保障职责，做到应救尽救、应养尽养。

2. 坚持属地管理

县级以上人民政府统筹做好本行政区域内特困人员救助供养工作，分级管理，落实责任，强化管理服务和资金保障，为特困人员提供规范、适度的救助供养服务。

3. 坚持城乡统筹

在政策目标、资金筹集、对象范围、供养标准、经办服务等方面实现城乡统筹，确保城乡特困人员都能获得救助供养服务。

4. 坚持适度保障

立足经济社会发展水平，科学合理制定救助供养标准，加强与其他社会保障制度衔接，实现特困人员救助供养制度保基本、全覆盖、可持续。

5. 坚持社会参与

鼓励、引导、支持社会力量通过承接政府购买服务、慈善捐赠以及提供志愿服务等方式，为特困人员提供服务和帮扶。

（三）特困人员救助流程

流程	具体内容
申请	①由本人向户籍所在地的乡镇人民政府/街道办事处提出书面申请。（可委托村/居委会或他人） ②乡镇人民政府/街道办事处以及村/居委会发现符合条件的人员，应当告知其救助供养政策，并主动帮助无法自主申请的人办理
审核	由乡镇人民政府/街道办事处审核。 ①调查核实：收入状况、财产状况以及其他证明材料。 ②初审意见：20 个工作日内。 ③公示：申请人所在村/社区
审批	由县级人民政府民政部门审批。 ①审查相关材料并随机抽查核实。 ②审批：20 个工作日内。 ③批准并公布；不批准应书面说明理由

续表

流程	具体内容
终止	①特困人员不再符合救助供养条件的： 告知：村/居委会或供养机构。 审核：乡镇人民政府/街道办事处。 核准：县级人民政府民政部门。 公示：特困人员所在村/社区 ②县级人民政府民政部门、乡镇人民政府/街道办事处在工作中发现不再符合救助条件的，应当及时终止救助。 ③满 16 周岁的未成年人仍在接受义务教育或在普通高中、中等职业学校就读的，可继续享有救助供养待遇

【真题再现】

社区社会工作者小李发现社区内一户家庭遭遇变故，该户家庭 65 岁的母亲与 41 岁的儿子共同生活，原儿媳已与儿子离婚并携孙女改嫁外地。现儿子突患罕见肌无力症瘫痪在床，生活不能自理，更无力赡养母亲，小李认为该户家庭中的母亲已符合特困人员供养条件，于是报告当地街道办事处，根据《社会救助暂行办法》，街道办事处在为其办理供养时，正确的做法是（　　）。(2016 年真题)

A. 主动依法办理供养

B. 责成居民委员会代为提出申请

C. 要求该户家庭成员亲自提出书面申请

D. 待该户家庭儿子病情稳定后办理供养

参考答案：A

参考解析：本题考查特困人员供养申请。乡镇人民政府、街道办事处应当及时了解掌握居民的生活情况，发现符合特困供养条件的人员，应当主动为其依法办理供养。故选 A 项。

（四）特困人员救助供养内容、标准和形式

	具体内容
供养内容	1. 提供基本生活条件（实物或者现金） ①供给粮油、副食品、生活用燃料、服装、被褥等日常生活用品。 ②零用钱。 2. 对生活不能自理的给予照料 ①提供日常生活照料。 ②住院期间的必要照料。 3. 提供疾病治疗 ①全额资助参加城乡居民基本医疗保险的个人缴费部分。 ②医疗费经基本医疗保险、大病保险和医疗救助等报销后仍有不足的，由救助供养经费支持。 4. 办理丧葬事宜 ①集中供养——供养服务机构。 ②分散供养——乡镇人民政府/街道办事处委托村/居委会或者亲属。

续表

	具体内容
供养内容	5. 住房救助 ①配租公租房。 ②发放住房租赁补贴。 ③农村危房改造。 6. 教育救助 ①义务教育阶段。 ②高中教育（含中等职业教育）、普通高等教育（适当救助）
供养标准	①确定与调整：省、自治区、直辖市或者设区的市级人民政府。 ②指导：民政部、财政部
供养形式	①分散供养：具备生活自理能力。（乡镇人民政府/街道办事处委托安排） ②集中供养：完全/部分丧失生活自理能力（优先提供）（县级人民政府民政部门）

【真题再现】

1. 根据《社会救助暂行办法》，国家给予特困人员供养，内容包括（　　）。（2015年真题）

A. 提供疾病治疗　　B. 办理丧葬事宜

C. 提供基本生活条件　　D. 提供经济适用住房

E. 对生活不能自理的给予照料

参考答案：ABCE

参考解析：特困人员供养的内容与方式包括：（1）提供基本生活条件；（2）对生活不能自理的给予照料；（3）提供疾病治疗；（4）办理丧葬事宜。故选A、B、C、E四项。

2. 根据《社会救助暂行办法》，下列关于特困人员供养的说法，正确的是（　　）。（2018年真题）

A. 特困人员供养申请须由本人提出，不得委托他人代办

B. 特困人员供养分为集中供养和分散供养两种方式

C. 特困供养人员不可自行选择供养方式，须由乡镇人民政府（街道办事处）视供养人员情况确定

D. 特困供养人员不再符合供养条件的，由乡镇人民政府（街道办事处）核准后，终止供养

参考答案：B

参考解析：本题考查特困人员供养的方式和特困人员供养的审批程序。根据《社会救助暂行办法》第十一条规定，由共同生活的家庭成员向户籍所在地的乡镇人民政府、街道办事处提出书面申请，家庭成员申请有困难的，可以委托村民委员会、居民委员会代为提出申请，故A项错误。特困供养人员可以自行选择供养方式，故C项错误。特困人员不再符合供养条件的，村民委员会、居民委员会或者供养服务机构应当

告知乡镇人民政府、街道办事处，由乡镇人民政府、街道办事处审核并报县级人民政府民政部门核准后，终止供养并予以公示，故 D 项错误。特困供养人员可以在当地的供养服务机构集中供养，也可以在家分散供养。故选 B 项。

3. 村民甲，16 周岁，孤儿，靠打零工为生，生活困难；村民乙，60 周岁，老伴早年去世，生活困难，独子常年在外打工；村民丙，65 周岁，孤身一人，无生活来源；村民丁，50 周岁，重度残疾，无儿无女，与残疾妻子相依为命，夫妻均无劳动能力，生活困难。根据《社会救助暂行办法》《农村五保供养工作条例》，4 人中符合享受特困供养条件的是（　　）。（2018 年真题）

A. 甲、乙　　B. 丙、丁

C. 甲、丙　　D. 乙、丁

参考答案：B

参考解析：本题考查特困供养人员的定义。国家对无劳动能力，无生活来源，无法定赡养、抚养、扶养义务人，或者其法定赡养、抚养、扶养义务人无赡养、抚养、扶养能力的老年人、残疾人以及未满 16 周岁的未成年人，定义为特困人员。原来的农村五保供养人员也属于特困人员。村民甲已满 16 周岁，靠打零工生活，不符合特困人员标准。村民乙有独子，独子在外打工，独子有能力进行赡养，不符合特困人员标准。村民丙孤身一人，无生活来源，符合特困人员标准。村民丁重度残疾，其妻也是残疾人士，夫妻均无劳动能力，也无儿女，符合特困人员标准。故选 B 项。

4. 根据《社会救助暂行办法》。国家给予特困人员供养的内容有（　　）。（2020 年真题）

A. 办理丧葬事宜　　B. 提供交通补贴

C. 提供疾病治疗　　D. 提供基本生活条件

E. 对生活不能自理的给予照料

参考答案：ACDE

参考解析：《社会救助暂行办法》第十五条规定，特困人员供养的内容包括：（1）提供基本生活条件；（2）对生活不能自理的给予照料；（3）提供疾病治疗；（4）办理丧葬事宜。故选 A、C、D、E 四项。

（五）特困人员供养服务机构建设

供养机构类型包括：（1）公建公营模式；（2）探索公建民营模式；（3）探索合建合营模式。

考点三：基本生活救助工作绩效评价

1. 评价范围

（1）最低生活保障。

（2）特困人员救助供养。

（3）临时救助。

2. 评价指标的构成

（1）工作保障。

（2）工作管理。

（3）工作效果。

（4）工作创新。

3. 步骤

（1）自我评价：各省（自治区、直辖市）人民政府民政、财政部门。

（2）实地核查：民政部、财政部。

（3）综合评价：民政部、财政部划定绩效等级。（90 分以上为优秀，70 分以上 90 分以下为合格，70 分以下为不合格）

（4）通报：民政部、财政部表扬（优秀和良好）、约谈（不合格）。

第三节　受灾人员救助与医疗救助法规与政策

【重要考点概览】

小节	主要考点	历年考查点
第三节　受灾人员救助与医疗救助法规与政策	受灾人员救助法规与政策	2016 年考查单项选择题 2019 年考查单项选择题
	医疗救助法规与政策	2017 年考查单项选择题 2018 年考查单项选择题 2019 年考查单项选择题

考点一：受灾人员救助法规与政策

（一）自然灾害救助总则

（1）救助原则：以人为本、政府主导、分级管理、社会互助、受灾群众自救。

（2）救助组织工作实行各级政府行政领导负责制。

①国家减灾委员会：负责组织、领导全国的自然灾害救助工作。

②国务院应急管理部：负责全国的自然灾害救助工作，承担国家减灾的具体工作。

③县级以上人民政府（救助应急综合协调机构）：组织、协调本行政区域救助工作，将自然灾害救助工作纳入国民经济和社会发展规划，救助资金和工作经费纳入财政预算。

④村/居委会、红十字会、慈善会和公募基金会：协助救助工作。

⑤村/居委会、企事业单位：宣传普及应急知识。

（二）自然灾害救助各阶段内容

阶段	具体工作
准备阶段	1. 县级以上地方人民政府及其有关部门工作内容 （1）制定应急预案。内容包括：①救助应急组织指挥体系及其职责；②救灾队伍、资金、物资、设备；③灾害预警预报和灾情信息的报告、处理；④救助应急响应的等级和相应措施；⑤灾后应急救助和居民住房恢复重建措施。 （2）建立健全应急指挥技术支撑系统。（交通/通信） （3）统筹规划设立应急避难场所（标志明显）并及时公告。 （4）灾害救助人员的队伍建设和业务培训。 （5）设立自然灾害救助物资储备库。（自然灾害多发、易发地区） 2. 国务院应急管理部工作内容 制定并实施自然灾害救助物资储备规划和储备库规划。 3. 设区的市级以上人民政府：设立自然灾害救助物资储备库
应急救助阶段	1. 县级以上人民政府（自然灾害救助应急综合协调机构）根据自然灾害预警预报启动预警响应 （1）发布预警，宣传避险常识和技能。 （2）开放应急避难场所，疏散、转移易受灾的群众和财产。 （3）加强安全保障。 （4）做好基本生活救助准备。 2. 自然灾害发生并达到自然灾害救助应急预案启动条件，采取以下一项或多项措施 （1）立即向社会发布政府应对措施和公众防范措施。 （2）紧急转移安置受灾人员。 （3）紧急调拨、运输自救灾应急资金和物资，保障受灾人员基本生活。 （4）抚慰受灾人员，处理遇难人员善后事宜。 （5）组织受灾人员开展自救互救。 （6）分析评估灾情趋势和灾区需求，采取相应的自然灾害救助措施。 （7）组织自然灾害救助捐赠活动。 3. 自然灾害救助应急期间 （1）在本行政区域内紧急征用物资、设备、交通运输工具和场地，救灾工作结束及时归还，并补偿。 （2）对应急救助物资，各交通运输主管部门应当组织优先运输。 （3）建立自然灾害人员伤亡和财产损失报告制度（每日逐级上报灾情）
灾后救助阶段	1. 灾后工作内容 （1）过渡性安置：就地安置与异地安置、政府安置与自行安置相结合。 （2）鼓励并组织受灾群众自救互救，恢复重建。 （3）制定住房重建计划和优惠政策。 ①组织重建或者修缮因灾损毁的居民住房。 ②重点帮扶恢复重建确有困难的家庭。 ③发放补助资金和物资。 ④提供必要的技术支持——重建或者修缮住房。 2. 灾害救助流程（住房恢复重建补助） （1）申请：受灾居民本人申请或者由村/居民小组提名。 （2）评议与公示：村/居委会。 （3）审核：乡镇人民政府/街道办事处。 （4）审批：县级人民政府民政等部门。 3. 提供基本生活救助（自然灾害发生后的当年冬季、次年春季） 4. 制订受灾人员救助工作方案（在每年10月底前）

【真题再现】

自然灾害危险消除后，受灾地区人民政府民政等部门应当及时核实本行政区域内居民住房恢复重建补助对象，给予资金、物资等救助，根据《自然灾害救助条例》，居民住房恢复重建补助对象由受灾人员本人申请或者由（　　）提名。（2016年真题）

A. 村民小组、居民小组

B. 村民委员会、居民委员会

C. 乡镇人民政府、街道办事处

D. 住房建设部门、民族部门

参考答案：A

参考解析：《自然灾害救助条例》第二十条规定，居民住房恢复重建补助对象由受灾人员本人申请或者由村民小组、居民小组提名。经村民委员会、居民委员会民主评议，符合救助条件的，在自然村、社区范围内公示；无异议或者经村民委员会、居民委员会民主评议异议不成立的，由村民委员会、居民委员会将评议意见和有关材料提交乡镇人民政府、街道办事处审核，报县级人民政府民政等部门审批。故选A项。

（三）自然灾害救助款物管理

自然灾害救助款物用途：受灾人员的紧急转移安置、基本生活救助、医疗救助、教育和医疗等公共服务设施以及住房的恢复重建、自然灾害救助物资的采购、储存和运输、因灾遇难人员亲属的抚慰等。

【真题再现】

根据《自然灾害救助条例》，关于某县自然灾害救助款物管理的说法，正确的是（　　）。（2019年真题）

A. 县人民政府可将10%的自然灾害救助款物用于发放志愿者补贴

B. 县人民政府可将自然灾害救助款物用于因灾遇难人员亲属的抚慰

C. 县民政部门可根据实际情况统筹使用企业在救灾中捐赠的定向捐款

D. 县财政部门应依法对自然灾害救助款物的管理使用情况进行监督、检查

参考答案：B

参考解析：《自然灾害救助条例》规定：自然灾害救助款物专款（物）专用，无偿使用。故A项错误。自然灾害救助款物应当用于受灾人员的紧急转移安置、基本生活救助、医疗救助、教育、医疗等公共服务设施和住房的恢复重建、自然灾害救助物资的采购、储存和运输以及因灾遭难人员亲属的抚慰等项支出。县级以上人民政府监察机关、审计机关应当依法对自然灾害救助款物和捐赠款物的管理使用情况进行监督、检查，民政、财政等部门和有关社会组织应当予以配合。故选B项。

（四）社会力量参与救灾工作

1. 基本原则

①政府主导，统筹协调。

②鼓励支持，引导规范。

③效率优先，就近就便。

④自愿参与，自助为主。

2. 社会力量参与救灾工作的重点范围

阶段	内容	
常态减灾阶段	着力提升基层单位、城乡社区的综合减灾能力和公众防灾减灾意识及自救互救技能	开展防灾减灾知识宣传教育和技能培训； 协助做好灾害隐患点的排查和治理； 参与社区灾害风险评估、编制灾害风险隐患分布图、制定救灾应急预案； 协同开展形式多样的救灾应急演练
紧急救援阶段	突出救援效率，引导具有救援专业设备和技能的社会力量有序参与。注重发挥灾区当地社会力量的作用，不提倡其他社会力量在紧急救援阶段自行进入灾区	开展人员搜救； 伤病员紧急运送与救治； 紧急救援物资运输； 受灾人员紧急转移安置； 救灾物资接收发放； 灾害现场清理； 疫病防控； 紧急救援人员后勤服务保障
过渡安置阶段	有序引导社会力量进入灾区，扶助受灾群众恢复生产生活，帮助灾区逐步恢复正常社会秩序	开展受灾群众安置； 伤病员照料； 救灾物资发放； 特殊困难人员扶助； 受灾群众心理抚慰； 环境清理； 卫生防疫
恢复重建阶段	了解重建需求，参与重建工作	参与居民住房、学校、医院等民生重建项目； 参与社区重建； 生计恢复； 心理康复； 防灾减灾工作

3. 支持引导社会力量参与救灾工作的主要任务

完善政策体系；搭建服务平台；加大支持力度；强化信息导向；加强监督管理。

考点二：医疗救助法规与政策

（一）城乡医疗救助对象及形式

地区	对象	形式
城市	①未参加城镇职工医疗保险的低保人员。 ②医疗报销后个人负担仍然较重的人员。 ③其他特殊困难群众	①医疗救助原则：多方筹资、多种方式、量力而行。 ②医疗救助形式：社会力量资助、医疗救助基金补助、医疗机构自愿减免
农村	①农村五保户、农村贫困户家庭成员。 ②其他符合条件的农村贫困农民	①资助参加当地合作医疗。 ②负担较重的给予适当的医疗救助。 ③补助特种传染病救治费

（二）城乡医疗救助的申请与审批程序

地区	程序	具体内容
城市	申请	申请人向户籍所在地居委提出书面申请。填写《城市低保对象医疗救助申请审批表》。最低生活保障家庭成员和特困供养人员的医疗救助，由县级人民政府医疗保障部门直接办理
	审核	街道办事处核查相关材料并签署审核意见
	审批	区（县）医疗保障局核实相关材料，并签署审批意见，核实救助金额
农村	申请	属地化管理。申请人（户主）向村委提出书面申请，填写申请表，村民代表会议评议
	审核	乡镇人民政府调查核实申请表和有关材料
	审批	县级医疗保障部门复审核实，并及时签署审批意见

【真题再现】

根据《社会救助暂行办法》，特困供养人员申请医疗救助，应当向（　　）提出。（2019年真题）

A. 村民委员会、居民委员会　　B. 乡镇人民政府、街道办事处

C. 县级人民政府民政部门　　D. 县级人民政府卫生行政部门

参考答案：C

参考解析：《社会救助暂行办法》第三十条规定，申请医疗救助的，应当向乡镇人民政府、街道办事处提出，经审核、公示后，由县级人民政府民政部门审批。最低生活保障家庭成员和特困供养人员的医疗救助，由县级人民政府民政部门直接办理。故选C项。

（三）城乡医疗救助基金的筹集和管理

县级财政部门建立“城乡医疗救助基金专账”，按照公开、公平、公正、专款专用、收支平衡的原则进行管理和使用。

资金筹集	①公共财政预算和彩票公益金中安排的城乡医疗救助资金。 ②社会各界自愿捐赠的资金。 ③城乡医疗救助基金的利息收入。 ④其他可用于城乡医疗救助的资金
基金的管理	救助方式以住院救助为主，兼顾门诊救助。 基金年终累计结余一般应不超过当年筹集基金总额的15%，可结转下年度继续使用

【真题再现】

1. 根据《城乡医疗救助基金管理办法》，城乡医疗救助基金年终结余资金可以结转下年度继续使用。基金累计结余一般应不超过（　　）。（2017 年真题）

A. 当年筹集资金总额的20%

B. 当年筹集资金总额的15%

C. 累计筹集基金总额的20%

D. 累计筹集基金总额的15%

参考答案：B

参考解析：城乡医疗救助基金年终结余资金可以结转下年度继续使用，基金累计结余一般应不超过当年筹集基金总额的15%。故选 B 项。

2. 某市城乡医疗救助基金 2017 年筹集金额为 1000 万元。根据《城乡医疗救助基金管理办法》，该基金 2017 年底累计结余数额一般不应超过（　　）万元。（2018 年真题）

A. 120　　B. 150　　C. 200　　D. 240

参考答案：B

参考解析：本题考查城乡医疗救助基金的管理。根据《城乡医疗救助基金管理办法》的相关规定，城乡医疗救助基金年终结余资金可结转下年度继续使用，基金累计结余一般应不超过当年筹集基金总额的15%。故选 B 项。

第四节　教育救助与住房救助法规与政策

【重要考点概览】

小节	主要考点	历年考查点
第四节　教育救助与住房救助法规与政策	教育救助法规与政策	2017 年考查多项选择题 2018 年考查单项选择题 2019 年考查单项选择题 2020 年考查多项选择题
	住房救助法规与政策	2018 年考查单项选择题 2019 年考查单项选择题 2020 年考查单项选择题

考点一：教育救助法规与政策

（一）教育救助的含义、形式与标准

1. 含义

按照《社会救助暂行办法》的规定国家对在义务教育阶段就学的最低生活保障家庭成员、特困供养人员给予教育救助；对在高中教育（含中等职业教育）、普通高等教育阶段就学的最低生活保障家庭成员、特困供养人员，以及不能入学接受义务教育的残疾儿童，根据实际情况适当教育救助。

2. 形式与标准

（1）根据不同教育阶段需求，采取减免相关费用、发放助学金、给予生活补助、安排勤工助学等方式实施，保障教育救助对象的基本学习、生活需求。

（2）教育救助标准，由省、自治区、直辖市人民政府根据经济社会发展水平和教育救助对象的基本学习、生活需求确定并公布。

3. 申请

向就读学校提出，按规定程序审核、确认后，由学校按照国家有关规定实施。

（二）未成年人教育救助的对象和工作目标

1. 对象

（1）持有农村五保供养证的未成年人。

（2）属于城市“三无”（无劳动能力、无生活来源、无法定抚养义务人或法定抚养义务人无抚养能力）对象的未成年人。

（3）持有城乡最低生活保障证和农村特困户救助证家庭的未成年子女。

（4）当地政府规定的其他需要教育救助的。

2. 工作目标

（1）对持有农村五保供养证和属于城市“三无”对象的未成年人，基本实现普通中小学免费教育。

（2）对持有城乡最低生活保障证和农村特困户救助证家庭的子女在义务教育阶段基本实现“两免一补”（免杂费、书本费，补助寄宿生活费），高中教育阶段提供必要的学习和生活补助。

（三）未成年人教育救助的程序和重点

1. 救助程序

由本人或监护人提出申请，经村委会（居委会）调查核实，经乡镇人民政府政府、街道办事处审核，由县级民政部门复核、审批。

2. 重点

以救助义务教育阶段特殊困难学生为重点。

（四）高校、高职、中职院校教育救助政策

（1）完善国家奖学金制度。

（2）完善国家助学金制度。

（3）进一步完善和落实国家助学贷款政策。

（4）特定学生免费教育：对教育部直属师范大学新招收的师范生，实行免费教育。

（5）学校的责任：按照国家有关规定从事业收入中足额提取一定比例的经费，用于学费减免、国家助学贷款风险补偿、勤工助学、校内无息借款、校内奖/助学金和特殊困难补助等。

（五）教育救助政策的发展

逐步加快扩大到非义务教育阶段；救助方式不断完善；待遇水平不断提高；教育救助进一步规范化运行。

【真题再现】

1. 根据《社会救助暂行办法》，教育救助应当根据不同教育阶段的需求，采取多种方式保障教育救助对象基本学习、生活需求。下列方式中，属于教育救助的有（　　）。（2017 年真题）

A. 免除学杂费　　B. 安排勤工助学

C. 给予降分录取　　D. 补贴课外培训费

E. 补助课外培训费

参考答案：AB

参考解析：教育救助根据不同教育阶段需求，采取减免相关费用、发放助学金、给予生活补助、安排勤工俭学等方式实施。故选 A、B 两项。

2. 根据《社会救助暂行办法》，关于教育救助的说法，正确的是（　　）。（2019 年真题）

A. 教育救助标准由县级民政部门和教育行政部门共同确定、公布

B. 教育救助应当由申请人向其所在地的民政部门申请

C. 教育救助由申请人就读学校按照国家有关规定实施

D. 教育救助应以减免相关费用、发放助学金的方式实施

参考答案：C

参考解析：教育救助根据不同教育阶段需求，采取减免相关费用、发放助学金、给予生活补助、安排勤工助学等方式实施，故 D 项错误。教育救助标准，由省、自治区、直辖市人民政府根据经济社会发展水平和教育救助对象的基本学习生活需求确定并公布，故 A 项错误。申请教育救助，应当按照国家有关规定向就读学校提出，按规定程序审核、确认后，由学校按照国家有关规定实施，故 B 项错误。故选 C 项。

3. 根据《社会救助暂行办法》，下列人员中，符合教育救助条件的是（　　）。（2018 年真题）

A. 小华，5 周岁，幼儿园学童，特困供养人员子女

B. 小梦，9 周岁，小学生，父母是福利企业残疾职工

C. 小丽，13 周岁，初中生，低保家庭成员

D. 小君，19 周岁，在职夜大学生，低保家庭成员

参考答案： C

参考解析： 本题考查教育救助的对象。国家对义务教育阶段就学的最低生活保障家庭成员、特困供养人员给予教育救助，对在高中教育（含中等职业教育）、普通高等教育阶段就学的最低生活保障家庭成员、特困供养人员，以及不能入学接受义务教育的残疾儿童，根据实际情况给予适当教育救助。C 项小丽既处于义务教育阶段，又是低保家庭成员，符合教育救助的条件。故选 C 项。

4. 最低生活保障家庭成员小王，在某职业高中就读。根据《社会救助暂行办法》，关于小王教育救助的说法，正确的有（　　）。（2020 年真题）

A. 小王应当向就读学校提出教育救助申请

B. 学校可以根据实际需要安排小王勤工助学

C. 教育救助应当保障小王的基本学习、生活需求

D. 民政部门应当根据小王的申请给予教育补助

E. 小王所获得的教育救助金，由其户籍所在地街道办事处统一发放

参考答案： ABC

参考解析：《社会救助暂行办法》第三十六条规定：申请教育救助，应当按照国家有关规定向就读学校提出，按规定程序审核、确认后，由学校按照国家有关规定实施。故 A 项正确。《社会救助暂行办法》第三十四条规定：教育救助根据不同教育阶段需求，采取减免相关费用、发放助学金、给予生活补助、安排勤工助学等方式实施，保障教育救助对象的基本学习、生活需求。故选 A、B、C 三项。

考点二： 住房救助法规与政策

（一）住房救助含义、标准与申请

1. 含义

国家对符合规定标准的住房困难的最低生活保障家庭、分散供养的特困人员，给予住房救助。

2. 形式

配租公共租赁住房、发放住房租赁补贴、农村危房改造等。

3. 标准

困难标准和救助标准，由县级以上地方人民政府根据本行政区域经济社会发展水平、住房价格水平等因素确定并公布。

4. 申请

（1）城镇家庭：经由乡镇人民政府、街道办事处或者直接向县级人民政府住房保障部门提出，经县级人民政府民政部门审核家庭收入、财产状况和县级人民政府住房保障部门审核家庭住房状况并公示，符合申请条件的，由县级人民政府住房保障部门优先给予保障。

（2）农村家庭：按照县级以上人民政府有关规定执行。

5. 救助保障

各级人民政府通过财政投入、用地供应等措施为实施住房救助提供保障。

（二）公共租赁住房和廉租住房并轨政策

（1）调整公共租赁住房年度建设计划。

（2）整合公共租赁住房政府资金渠道。

（3）进一步完善公共租赁住房租金定价机制。

（4）健全公共租赁住房分配管理制度。

（三）城镇住房保障家庭租赁补贴政策

向符合条件的城镇住房困难户提供住房租赁补贴，以帮助他们支付住房租金。

（1）研究制定准入条件。

（2）分档确定补贴标准。

（3）合理确定租赁补贴面积，原则上住房保障家庭应租住中小户型住房，户均租赁补贴面积不超过60平方米，超出部分由住房保障家庭自行承担。

（4）加大政策支持力度。

【真题再现】

1. 李大爷为特困供养人员，被安置在养老院集中供养。某日，李大爷听说还有住房救助政策，便准备申请。根据《社会救助暂行办法》，关于李大爷住房救助申请的说法，正确的是（　　）。(2020年真题)

A. 李大爷符合公共租赁住房申请条件

B. 李大爷符合领取住房租赁补贴条件

C. 李大爷符合领取农村危房改造补贴条件

D. 李大爷不符合住房救助申请条件

参考答案：D

参考解析：国家对符合规定标准的住房困难的最低生活保障家庭、分散供养的特困人员，给予住房救助。故选D项。

2. 根据《公共租赁住房管理办法》，关于公共租赁住房申请的说法，正确的是（　　）。(2019年真题)

A. 申请公共租赁住房具体条件由省级人民政府民政部门根据本地实际情况确定

B. 申请人应在户籍所在地申请公共租赁住房

C. 申请人户籍所在地乡镇人民政府、街道办事处应审核申请人提交的材料，审核结果应当予以公示

D. 申请人对审核结果有异议，可以向市、县级人民政府住房保障部门申请复核

参考答案：D

参考解析：住房困难标准和救助标准，由县级以上地方人民政府根据本行政区域经济社会发展水平，住房价格水平等因素确定并公布。故A项错误。城镇家庭申请住房救助的，应当经由乡镇人民政府、街道办事处或者直接向县级人民政府住房保障部

门提出，经县级人民政府民政部门审核家庭收入、财产状况和县级人民政府住房保障部门审核家庭住房状况并公示后，对符合申请条件的申请人，由县级人民政府住房保障部门优先给予保障。农村家庭申请住房救助的。按照县级以上人民政府有关规定执行。故B、C两项错误。《公共租赁住房管理办法》第九条规定：申请人对审核结果有异议，可以向市、县级人民政府住房保障主管部门申请复核。市、县级人民政府住房保障主管部门应当会同有关部门进行复核，并在15个工作日内将复核结果书面告知申请人。故选D项。

3. 夏某一家享受城市低保待遇，因住房困难通过街道办事处向区人民政府住房保障部门提交了住房救助申请。根据《社会救助暂行办法》，在审核阶段，应由（　　）审核确认其家庭收入、财产状况。（2018年真题）

A. 社区居民委员会　　　　B. 街道办事处

C. 区人民政府民政部门　　D. 区人民政府住房保障部门

参考答案：C

参考解析：本题考查住房救助的申请。城镇家庭申请住房救助的，应当经由乡镇人民政府、街道办事处或者直接向县级人民政府住房保障部门提出，经县级人民政府民政部门审核家庭收入、财产状况和县级人民政府住房保障部门审核家庭住房状况并公示后，对符合条件的申请人，由县级人民政府住房保障部门优先给予保障。故选C项。

4. 根据《社会救助暂行办法》，国家对符合规定标准的住房困难最低生活保障家庭、分散供养的特困人员，给予住房救助，下列关于住房救助方式的说法，正确的是（　　）。（2016年真题）

A. 配租经济适用房　　　　B. 帮助搭建临时住房

C. 发放住房租赁补贴　　　D. 降低购房贷款首付比例

参考答案：C

参考解析：本题考查住房救助的方式。国家对符合规定标准的住房困难的最低生活保障家庭、分散供养的特困人员，给予住房救助。住房救助通过配租公共租赁住房、发放住房租赁补贴、农村危房改造等方式实施。故选C项。

第五节　就业救助、临时救助、法律援助与国家司法救助法规与政策

【重要考点概览】

小节	主要考点	历年考查点
第五节　就业救助、临时救助、法律援助与国家司法救助政策	就业救助法规与政策	2017年考查单项选择题 2018年考查多项选择题 2020年考查单项选择题

续表

小节	主要考点	历年考查点
第五节　就业救助、临时救助、法律援助与国家司法救助政策	临时救助法规与政策	2016 年考查单项选择题 2018 年考查多项选择题 2019 年考查单项选择题 2020 年考查单项选择题
	法律援助与国家司法救助法规与政策	2017 年考查单项选择题 2018 年考查多项选择题 2019 年考查单项选择题、多项选择题

考点一：就业救助法规与政策

（一）含义

（1）国家对最低生活保障家庭中有劳动能力并处于失业状态的成员，通过贷款贴息、社会保险补贴、岗位补贴、培训补贴、费用减免、公益性岗位安置等办法，给予就业救助。

（2）最低生活保障家庭有劳动能力的成员均处于失业状态的，县级以上地方人民政府应当确保该家庭至少有一人就业。

（二）申请与批准

（1）向住所地街道、社区公共就业服务机构提出申请。

（2）最低生活保障家庭中有劳动能力但未就业的成员，应当接受人力资源社会保障等有关部门介绍的工作；无正当理由，连续 3 次拒绝接受介绍的与其健康状况、劳动能力等相适应的工作的，县级人民政府民政部门应当决定减发或者停发其本人的最低生活保障金。

（3）吸纳就业救助对象的用人单位，享受社会保险补贴、税收优惠、小额担保贷款等就业扶持政策。

【真题再现】

1. 根据《社会救助暂行办法》，关于就业救助的说法，正确的是（　　）。（2020 年真题）

A. 公共就业服务机构为就业救助对象提供职业介绍服务应当按规定合理收取费用

B. 吸纳就业救助对象的用人单位享受免征企业所得税、免除行政事业性收费的待遇

C. 就业救助对象拒绝接受介绍的工作，民政部门可以取消其最低生活保障待遇并收回已发放的低保金

D. 就业救助的方式包括贷款贴息、社会保险补贴、岗位补贴、培训补贴、费用减免、公益性岗位安置等

参考答案：D

参考解析：申请就业救助的，应当向住所地街道、社区公共就业服务机构提出，公共就业服务机构核实后予以登记，并免费提供就业岗位信息、职业介绍、职业指导

等就业服务，故A项错误。吸纳就业救助对象的用人单位，按照国家有关规定享受社会保险补贴、税收优惠、小额担保贷款等就业扶持政策，故B项错误。最低生活保障家庭中有劳动能力但未就业的成员，应当接受人力资源社会保障等有关部门介绍的工作；无正当理由，连续3次拒绝接受介绍的与其健康状况、劳动能力等相适应的工作的，县级人民政府民政部门应当决定减发或者停发其本人的最低生活保障金，故C项错误。故选D项。

2. 国家对最低生活保障家庭中有劳动能力，并处于失业状态的成员，给予就业帮助。根据《社会救助暂行办法》，下列措施中不属于就业救助的是（　　）。（2017年真题）

A. 费用减免　　B. 岗位补贴

C. 培训补贴　　D. 发放失业保证金

参考答案：D

参考解析：国家对最低生活保障家庭中有劳动能力并处于失业状态的成员，通过贷款贴息、社会保险补贴、岗位补贴、培训补贴、费用减免、公益性岗位等办法，给予就业救助。故选D项。

3. 某企业在一年时间内聘用了多名有劳动能力、处于失业状态的低保家庭成员。根据《社会救助暂行办法》，该企业可以享受的就业扶持政策有（　　）。（2018年真题）

A. 税收优惠　　B. 住房补贴

C. 社会保险补贴　　D. 小额担保贷款

E. 减免残疾人就业保障金

参考答案：ACD

参考解析：本题考查《社会救助暂行办法》的相关规定。吸纳就业救助对象的用人单位，按照国家有关规定享受社会保险补贴、税收优惠、小额担保贷款等就业扶持政策。故选A、C、D三项。

考点二：临时救助法规与政策

（一）临时救助概述

	具体内容
含义	国家对遭遇突发事件、意外伤害、重大疾病或其他特殊原因导致基本生活陷入困境，其他社会救助制度暂时无法覆盖或救助之后基本生活暂时仍有严重困难的家庭或个人给予的应急性、过渡性的救助
性质	①应急性；②过渡性
总体要求	①应救尽救、及时救助。 ②适度救助。 ③政策公开、过程透明、结果公正。 ④制度衔接，形成合力。 ⑤资源统筹，政府救助、社会帮扶、家庭自救有机结合

续表

	具体内容
对象	①家庭对象：因疾病、意外等原因导致基本生活出现严重困难的家庭；因生活必需品支出突然增加超出家庭承受能力，导致基本生活出现严重困难的低保家庭。 ②个人对象：因遭遇火灾、交通事故、突发重大疾病，或其他特殊困难，暂时无法得到家庭支持，导致基本生活陷入困境的个人。 ③无户籍限制，只要符合条件均可在居住地申请临时救助
申请、受理	（1）申请主体：家庭、个人或委托他人。 （2）受理机构：所在地乡镇人民政府（街道办事处）。 ①具有本地户籍或居住证的，由当地乡镇人民政府（街道办事处）受理。 ②其他情况：协助向县级人民政府设立的救助管理机构申请；没有救助管理机构的，向县级人民政府民政部门申请救助。 （3）申请材料：按规定提交相关证明材料，无正当理由，乡镇人民政府（街道办事处）不得拒绝受理；情况紧急时，可先行受理；特殊情况下，“主动发现受理”
审核、审批	除一般程序外，还规定了紧急程序。紧急程序规定，对于情况紧急、需立即采取措施以防止造成无法挽回的损失或无法改变的严重后果的，应先行救助。紧急情况解除之后，应按规定补齐审核、审批手续
救助方式与救助标准	①方式：发放临时救助金、发放实物、提供转介服务。 ②标准：要与当地经济社会发展水平相适应
工作机制和配套措施	1. 工作机制 ①建立“一门受理、协同办理”机制。 ②加快建立社会救助信息共享机制。 ③建立健全社会力量参与机制。 ④不断完善临时救助资金筹集机制。 2. 配套措施 加强组织领导、加强能力建设、加强监督管理、加强政策宣传

（二）进一步加强和改进临时救助工作的最新规定

①细化明确对象范围和类别。

②优化审核审批程序。

③科学制定救助标准。

④拓展完善救助方式。

⑤加强与慈善救助的衔接。

【真题再现】

1. 根据《国务院关于全面建立临时救助制度的通知》，关于临时救助的说法，正确的是（　　）。(2020 年真题)

A. 临时救助申请须本人提出，不得委托他人

B. 对于持有当地居住证的个人提出的临时救助申请，由当地乡镇人民政府（街道办事处）受理

C. 申请人提供相应证明材料后，方可受理临时救助申请

D. 临时救助金应当支付到救助对象个人账户，不得直接发放现金

参考答案： B

参考解析： 鉴于临时救助对象和困难情形具有复杂性，《国务院关于全面建立临时救助制度的通知》（以下简称《通知》）对临时救助的申请受理规定了较为多样化的方式。凡认为符合救助条件的城乡居民家庭或个人均可以向所在地乡镇人民政府（街道办事处）提出临时救助申请，同时也可以委托其他人代为申请，故A项错误。对于具有本地户籍、持有当地居住证的，由当地乡镇人民政府（街道办事处）受理，故B项正确；对于上述情形以外的，当地乡镇人民政府（街道办事处）应当协助其向县级人民政府设立的救助管理机构申请救助；当地县级人民政府没有设立救助管理机构的，乡镇人民政府（街道办事处）应当协助其向县级人民政府民政部门申请救助。申请临时救助，应按规定提交相关证明材料，无正当理由，乡镇人民政府（街道办事处）不得拒绝受理；因情况紧急无法在申请时提供相关证明材料的，乡镇人民政府（街道办事处）可先行受理，故C项错误。《通知》规定，对符合条件的救助对象，可采取发放临时救助金、发放实物、提供转介服务的方式提供临时救助，并对各种救助方式的具体办法做了规定，故D项错误。故选B项。

2. 根据《国务院关于全面建立临时救助制度的通知》，下列人员中，属于临时救助对象的是（　　）。(2018年真题)

A. 刘某，65周岁，退休工资低，患多种慢性疾病

B. 宋某，35周岁，突发重大疾病，家庭无力负担医疗费，基本生活陷入困境

C. 张某，20周岁，低保家庭成员，有劳动能力但处于失业状态

D. 朱某，12周岁，因智力残疾不能接受义务教育

参考答案： B

参考解析： 宋某突发重大疾病，暂时无法获得家庭支持，基本生活陷入困境，符合临时救助对象的要求。故选B项。

3. 根据《社会救助暂行办法》，下列人员中，国家应给予疾病应急救助的是（　　）。(2019年真题)

A. 甲，享受最低生活保障待遇，患慢性肾病

B. 乙，身份无法查实，突发疾病，生命垂危

C. 丙，某物流公司职员，出差途中遭遇车祸

D. 丁，特困供养人员，腿脚不便，生活不能自理

参考答案： B

参考解析：《社会救助暂行办法》第三十二条规定了国家建立疾病应急救助制度，对需要急救但身份不明或者无力支付急救费用的急重危伤病患者给予救助。符合规定的急救费用由疾病应急救助基金支付。故选B项。

4. 根据《国务院关于全面建立临时救助制度的通知》，临时救助要着眼于解决基本生活困难、摆脱临时困境，既要尽力而为，又要量力而行，这一要求体现的是（　　）。(2016年真题)

A. 公开透明　　B. 适度救助

C. 资源统筹　　D. 制度衔接

参考答案：B

参考解析：本题考查临时救助的总体要求。临时救助工作要坚持应救尽救，确保有困难的群众都能求助有门，并按规定得到及时救助；坚持适度救助，着眼于解决基本生活困难、摆脱临时困境，既要尽力而为，又要量力而行；坚持公开公正，做到政策公开、过程透明、结果公正；坚持制度衔接，加强各项救助、保障制度的衔接配合，形成整体合力；坚持资源统筹，政府救助、社会帮扶、家庭自救有机结合。故选 B 项。

（三）流浪乞讨人员救助的对象、形式与内容

	具体内容
救助对象	对生活无着的流浪乞讨人员提供临时食宿、急病救治、协助返回等救助
救助形式	①主要为救助站救助。 ②县级以上城市人民政府应当根据需要设立流浪乞讨人员救助站。 ③救助站应当根据受助人员的情况确定救助期限，一般不超过 10 天；因特殊情况需要延长的，报上级民政主管部门备案
救助内容	①提供符合食品卫生要求的食物。 ②提供符合基本条件的住处。 ③对在站内突发急病的，及时送医院救治。 ④帮助与其亲属或者所在单位联系。 ⑤对没有交通费返回其住所地或者所在单位的，提供乘车凭证

（四）流浪乞讨人员救助的程序

（1）流浪乞讨人员向救助站提出求助需求。（自愿原则）

（2）救助站核实流浪乞讨人员的基本情况。

（3）救助站决定是否实行救助，并对属于救助对象的及时安排救助。

（4）终止救助。

①临时性社会救助措施，一般不超过 10 天。

②终止救助的情形：受助人员故意提供虚假个人情况；受助人员自愿放弃救助离开，救助站不得限制；受助人员擅自离开救助站的，视同放弃救助。

（五）关于加强生活无着落的流浪乞讨人员身份查询和照料安置工作的最新要求

①加强身份查询工作：建立身份快速查询机制、寻亲服务机制和身份查询长效机制。

②建立多元化照料安置渠道：开展站内照料服务、站外托养服务、纳入特困人员供养和做好滞留未成年人救助保护工作。

【真题再现】

1. 根据《城市生活无着落的流浪乞讨人员救助管理办法实施细则》，救助站应当

终止救助的情形有（　　）。（2018 年真题）

A. 未经事先告知，擅自离开救助站的

B. 救助期已满，无正当理由不愿离站的

C. 辱骂救助站工作人员和其他受助人员的

D. 故意提供虚假个人情况，被救助站发现的

E. 以救助站饮食不合胃口为由，故意扰乱就餐秩序的

参考答案：ABD

参考解析：本题考查终止救助的情形。《城市生活无着落的流浪乞讨人员救助管理办法实施细则》规定，救助站已经实施救助或者救助期满，受助人员应当离开救助站。对无正当理由不愿意离站的受助人员，救助站应当终止救助。除此之外，在以下三种情况下，救助站应当终止救助：（1）救助站发现流浪乞讨人员故意提供虚假个人情况的，应当终止救助；（2）流浪乞讨人员自愿放弃救助离开救助站的，救助站不得限制；（3）流浪乞讨人员擅自离开救助站的，视同放弃救助，救助站应当终止救助。故选 A、B、D 三项。

2. 小皮，13 岁，从甲市流浪到乙市，后在乙市救助保护机构帮助下返回甲市。甲市的救助保护机构到小皮家进行调查评估，发现小皮母亲已去世，父亲有监护能力，但经反复教育仍拒绝履行监护责任。根据《国务院办公厅关于加强和改进流浪未成年人救助保护工作的意见》，甲市救助保护机构可以采取的措施是（　　）。（2019 年真题）

A. 直接承担对小皮的监护责任

B. 委托其他人对小皮代为监护

C. 要求当地居委会承担对小皮的监护责任

D. 向人民法院申请撤销小皮父亲的监护人资格，并依法另行指定监护人

参考答案：D

参考解析：流出地救助保护机构要对流浪未成年人的家庭监护情况进行调查评估；对确无监护能力的，由救助保护机构协助监护人及时委托其他人员代为监护；对拒不履行监护责任，经反复教育不改的，由救助保护机构向人民法院申请撤销其监护人资格，依法另行指定监护人。故选 D 项。

★ 考点三：法律援助与国家司法救助法规与政策

（一）法律援助与司法救助的定义

①法律援助是指为了保障经济困难公民获得必要的法律服务，政府提供给他们的法律咨询、代理、刑事辩护等无偿法律服务。

②国家司法救助是指对受到侵害但无法获得有效赔偿的当事人，由国家给予适当经济资助，帮助他们摆脱生活困境的制度。

（二）法律援助的政策

1. 法律援助的对象与范围

援助类型	情形
代理	需要代理下列事项，因经济困难没有委托代理人的，可以向法律援助机构申请法律援助： ①依法请求国家赔偿的。 ②请求给予社会保险待遇或者最低生活保障待遇的。 ③请求发给抚恤金、救济金的。 ④请求给付赡养费、抚养费、扶养费的。 ⑤请求支付劳动报酬的。 ⑥主张因见义勇为行为产生的民事权益的
刑事辩护	刑事诉讼中有下列情形之一的，公民可以向法律援助机构申请法律援助： ①犯罪嫌疑人在被侦查机关第一次讯问后或者采取强制措施之日起，因经济困难没有聘请律师的。 ②公诉案件中的被害人及其法定代理人或者近亲属，自案件移送审查起诉之日起，因经济困难没有委托诉讼代理人的。 ③自诉案件的自诉人及其法定代理人，自案件被人民法院受理之日起，因经济困难没有委托诉讼代理人的
公诉	①公诉人出庭公诉的案件，被告人因经济困难或者其他原因没有委托辩护人，人民法院为被告人指定辩护时，法律援助机构应当提供法律援助。 ②被告人是视力、听力、语言有障碍的残疾人或者未成年人而没有委托辩护人的。 ③被告人可能被判处死刑而没有委托辩护人的，人民法院为被告人指定辩护时，法律援助机构应当提供法律援助，无须对被告人进行经济状况的审查

2. 法律援助的申请程序

（1）申请机关。

①公诉情形由人民法院指定辩护，不需要申请。

②代理情形：向义务人所在地（被申请人所在地）法律援助机构提出申请。

③刑事辩护情形：向审理案件的人民法院所在地的法律援助机构提出申请。

（2）需提交材料：身份证明；代理申请人提交有代理权的证明；经济困难的证明；案件材料。

（3）申请形式：应当采用书面形式；书面申请确有困难的，可口头申请，相关人员书面记录。

3. 法律援助的审查程序

①法律援助机构进行审查：可以要求申请人作出必要的补充或者说明，申请人未按要求做出补充或者说明的，视为撤销申请；认为需要查证的，由法律援助机构向有关机关、单位查证。

②符合法律援助条件的，法律援助机构应当及时决定提供法律援助；不符合法律援助条件的，应当书面告知申请人理由。

【真题再现】

1. 赵某在外地出差途中。遇见钱某、孙某和李某殴打一游客，上前制止，被三人打伤，花去医疗费5000元。赵某的行为被认定为见义勇为。赵某欲向法院起诉三人支付医疗费，但因生活困难无钱聘请律师，准备申请法律救援。根据《法律援助条例》，应当受理赵某法律援助申请的是（　　）的法律援助机构。(2017年真题)

A. 赵某所住地　　B. 赵某户籍地

C. 事件发生地　　D. 钱某、孙某或李某住所地

参考答案：D

参考解析：主张因见义勇为行为产生的民事权益的，向被请求人住所地的法律援助机构提出申请，本题中，请求人是赵某，被请求人是钱某、孙某或李某。故选D项。

2. 某法律援助机构对人民法院指定辩护的被告人提供法律援助。根据《法律援助条例》，下列被告人中，无须审查其经济状况，就应当提供法律援助的有（　　）。(2018年真题)

A. 李某，盲人　　B. 杨某，双腿残疾

C. 曲某，17周岁　　D. 孔某，65周岁

E. 吕某，可能被判处死刑

参考答案：ACE

参考解析：本题考查法律援助的相关规定。被告人是盲、聋、哑人或者未成年人而没有委托辩护人的，或者被告人可能被判处死刑而没有委托辩护人的，人民法院为被告人指定辩护时，法律援助机构应当提供法律援助，无须对被告人进行经济状况的审查。故选A、C、E三项。

3. 根据《法律援助条例》，下列人员向不同地方的法律援助机构提出法律援助申请，符合规定的是（　　）。(2019年真题)

A. 李某，居住在甲地，儿子住所地在乙地，因儿子拒付赡养费，李某向甲地法律援助机构提出法律援助申请

B. 王某，居住在甲地，乙地某机关对其有国家赔偿义务，因国家赔偿问题，王某向甲地法律援助机构提出法律援助申请

C. 楚某，父母离异，随母亲落户甲地，父亲住所地在乙地，因父亲拖欠抚养费，楚某向乙地法律援助机构提出法律援助申请

D. 赵某，居住在甲地并受聘于甲地某公司，户籍地为乙地，因公司支出劳动报酬问题，赵某向乙地法律援助机构提出法律援助申请

参考答案：C

参考解析：公民因经济困难没有委托代理人即代理申请法律援助时，应当按照下列规定提出：第一，请求国家赔偿的，向赔偿义务机关所在地的法律援助机构提出申请，故B项错误；第二，请求给予社会保险待遇、最低生活保障待遇或者请求发给抚恤金、救济金的，向提供社会保险待遇、最低生活保障待遇或者发给抚恤金、救济金

的义务机关所在地的法律援助机构提出申请；第三，请求给付赡养费、抚养费、扶养费的，向给付赡养费、抚养费、扶养费的义务人住所地的法律援助机构提出申请，故A项错误；第四，请求支付劳动报酬的，向支付劳动报酬的义务人住所地的法律援助机构提出申请，故D项错误；第五，主张因见义勇为行为产生的民事权益的，向被请求人住所地的法律援助机构提出申请。故选C项。

4. 根据《法律援助条例》，下列经法律援助机构审查核实的案件中。应当终止法律援助的有（　　）。（2019年真题）

A. 甲案，案情复杂

B. 乙案，耗时较长

C. 丙案，被人民法院终止审理

D. 丁案，当事人要求终止法律援助

E. 戊案，当事人申请法律援助后又自行委托了律师

参考答案：CDE

参考解析：办理法律援助案件的人员遇有下列情形之一的，应当向法律援助机构报告，法律援助机构经审查核实的，应当终止该项法律援助：第一，受援人的经济收入状况发生变化，不再符合法律援助条件的；第二，案件终止审理或者已被撤销的；第三，受援人又自行委托律师或者其他代理人的；第四，受援人要求终止法律援助的。故选C、D、E三项。

（三）国家司法救助政策

基本原则	辅助性救助；公正救助；及时救助；属地救助
救助对象	1. 应当予以救助的人员 ①刑事案件被害人受到犯罪侵害，致使重伤或严重残疾，因案件无法侦破造成生活困难的；或者因加害人死亡或没有赔偿能力，无法经过诉讼获得赔偿，造成生活困难的。 ②刑事案件被害人受到犯罪侵害危及生命，急需救治，无力承担医疗救治费用的。 ③刑事案件被害人受到犯罪侵害而死亡，因案件无法侦破造成依靠其收入为主要生活来源的近亲属生活困难的。或者因加害人死亡或没有赔偿能力，依靠被害人收入为主要生活来源的近亲属无法经过诉讼获得赔偿，造成生活困难的。 ④刑事案件被害人受到犯罪侵害，致使财产遭受重大损失，因案件无法侦破造成生活困难的。或者因加害死亡或没有赔偿能力，无法经过诉讼获得赔偿，造成生活困难的。 ⑤举报人、证人、鉴定人因举报、作证、鉴定受到打击报复，致使人身受到伤害或财产受到重大损失，无法经过诉讼获得赔偿，造成生活困难的。 ⑥追索赡养费、扶养费、抚育费等，因被执行人没有履行能力，造成申请执行人生活困难的。 ⑦对道路交通事故等民事侵权行为造成人身伤害，无法通过诉讼获得赔偿，造成生活困难的。 ⑧党委、政法委和政法各单位根据实际情况，认为需要救助的其他人员。 ⑨涉法涉诉信访人，其诉求具有一定合理性，但通过法律途径难以解决，且生活困难，愿意接受国家司法救助后息诉息访的，可参照执行。 2. 不予救助的情形 ①对案件发生有重大过错的。 ②无正当理由，拒绝配合查明犯罪事实的。 ③故意作虚伪陈述或者伪造证据，妨害刑事诉讼的

续表

救助对象	④在诉讼中主动放弃民事赔偿请求或拒绝加害责任人及其近亲属赔偿的。 ⑤生活困难非案件原因所导致的。 ⑥通过社会救助措施，已经得到合理补偿、救助的。 ⑦对社会组织、法人，不予救助
救助方式	①主要是支付救助金。 ②与其他社会救助相衔接。 ③探索建立刑事案件伤员急救“绿色通道”、对遭受严重心理创伤的被害人实施心理治疗、对行动不便的受害人提供社会工作帮助等
救助标准	①根据当地经济社会发展水平制定具体救助标准，以案件管辖地上一年度职工月平均工资为基准，一般在36个月的工资总额之内。 ②损失特别重大、生活特别困难，需适当突破救助限额的，应严格审核控制，救助金额不得超过人民法院依法应当判决的赔偿数额

【本章小结】

社会救助是一项托底线、救急难、保民生的基础性制度安排。改革开放以来，我国社会救助制度不断完善，形成了以最低生活保障、特困人员救助供养、灾害救助、医疗救助、住房救助、教育救助、就业救助、临时救助和国家司法援助为主体，以社会力量参与为补充的制度体系。

历年考试本章都占很大比重，各项救助政策的适用对象、救助内容、办理流程都是出题的重点，包括记忆型、理解型和应用型题目。因此，考生除熟识相关知识外，还应该通过真题练习巩固所学知识，提高解决实际问题的能力。

扫码听课

第四章　我国特定人群权益保护法规与政策

【本章导学】

特定人群是指由于生理、年龄、性别等因素影响而使其在生活、工作、社会参与等方面陷入弱势或者不利处境的老年人、妇女、未成年、残疾人，这类人群也是社会工作实践重点关心和保护的人群，因此本章内容对社会工作实务具有较强的指导意义。

我国特定人群权益保护法规与政策主要包括《老年人权益保障法》《妇女权益保障法》《未成年人权益保障法》《残疾人权益保障法》等，介绍了老年人权益保护的主要内容、妇女权益保护的主要内容、未成年人权益保护的内容及方法、残疾人权益保护的内容4个方面。考生要重点关注老年人的家庭赡养与扶养、妇女的政治权利及婚姻家庭权益、未成年人不良行为和犯罪预防与矫治、残疾人的康复权等内容，其中特殊儿童保护与救助新增了困境儿童保障、残疾儿童康复救助制度、事实无人抚养儿童保障3个方面的内容。

【历年题量/分值分布】

	2015年	2016年	2017年	2018年	2019年	2020年
单项选择题	4道	6道	5道	4道	3道	4道
多项选择题	1道	1道	—	—	2道	2道
合计分值	6分	8分	5分	4分	7分	8分

注：单项选择题每题1分，多项选择题每题2分（错选，本题不得分；少选，所选每个选项得0.5分）。

【本章知识概览】

小节	考点	备考指数
第一节　老年人权益保护的法规与政策	老年人权益的主要内容	★★★★★
	老年人权益保障的法律责任	★
第二节　妇女权益保护的法规与政策	妇女权益的主要内容	★★★★★
	妇女权益保护的法律责任	★
第三节　未成年人权益保护的法规与政策	未成年人权益的主要内容	★★
	保障未成年人权益的方法	★★
	未成年人不良行为和犯罪的预防与矫治	★★★★
	特殊儿童保护	★★★★★
第四节　残疾人权益保护的法规与政策	残疾人权益的主要内容	★★★★★
	残疾人权益保障的法律责任	★

【考点详解】

第一节　老年人权益保护的法规与政策

【重要考点概览】

小节	主要考点	历年考查点
第一节　老年人权益保护的法规与政策	老年人权益的主要内容	2015 年考查单项选择题 2016 年考查单项选择题 2017 年考查单项选择题 2018 年考查单项选择题 2020 年考查多项选择题
	老年人权益保障的法律责任	尚未考查

考点一：老年人权益的主要内容

国家建立多层次的社会保障体系，逐步提高对老年人的保障水平，建立和完善以居家为基础、社区为依托、机构为支撑的社会养老服务体系。

（一）家庭赡养与扶养

家庭赡养与扶养	具体内容
家庭赡养	①护理与照料。 ②住房。（修缮义务、不得侵占老人房屋） ③承包地。（委托他人耕种的收益归老年人所有） ④精神慰藉。（不得忽视、冷落老年人，关心老人的精神需求） 注意：赡养人的赡养义务是一项法定责任，赡养人不得以放弃继承权或者其他理由，拒绝履行赡养义务
扶养与监护	扶养义务人：配偶，由兄、姐扶养的弟、妹成年后，有负担能力的，对年老**无赡养人**的兄、姐有扶养的义务。 监护人确定：事先确定（协商）、法律规定
婚姻	不得干涉老人婚姻自由
财产与继承	老人的继承权/财产权不容侵犯
赡养协议	赡养协议的内容不得违反法律的规定和老年人意愿，赡养人、扶养人不履行赡养、扶养义务的，基层群众性自治组织、老年人组织或者赡养人、扶养人所在单位应当督促其履行
家庭养老政策支持	国家鼓励家庭成员与老年人共同生活或者就近居住

【真题再现】

1. 父母去世后，老夏把未成年的弟弟抚养成人，老夏夫妇育有一子一女，均已结婚生子、生活富裕。老夏现年事已高，丧失劳动能力。根据《老年人权益保障法》，下列人员中，对老夏有赡养或抚养义务的是（　　）。（2020 年真题）

A. 儿子　　B. 儿媳　　C. 女儿　　D. 弟弟　　E. 女婿

参考答案：AC

参考解析：《老年人权益保障法》第十四条规定：赡养人应当履行对老年人经济上供养、生活上照料和精神上慰藉的义务，照顾老年人的特殊需要。赡养人是指老年人的子女以及其他依法负有赡养义务的人。赡养人的配偶应当协助赡养人履行赡养义务。B、E两项不是法定的赡养人，故不选。《老年人权益保障法》第二十三条规定：老年人与配偶有相互扶养的义务。由兄、姐扶养的弟、妹成年后，有负担能力的，对年老无赡养人的兄、姐有扶养的义务。D项不选。故应选A、C两项。

2. 老王丧偶后由儿子赡养。近期老王经人介绍认识经济条件较好的老陈，两人感情发展顺利，准备结婚，但小王不赞成父亲再婚。根据《老年人权益保障法》，下列说法正确的是（　　）。(2015年真题)

A. 未经小王的同意，老王不能再婚

B. 小王对老王的赡养义务不因老王再婚而解除

C. 老王若再婚后去世，老陈无权继承老王的遗产

D. 因老陈经济条件好，老王再婚后，小王可以不用赡养老王

参考答案：B

参考解析：子女或者其他亲属不得干涉老年人离婚、再婚及婚后的生活，A项错误。赡养人的赡养义务不因老年人的婚姻关系变化而消除，B项正确。老年人有依法继承父母、配偶、子女或者其他亲属遗产的权利，C项错误。赡养人的赡养义务是一项法定责任，赡养人不得以放弃继承权或者其他理由，拒绝履行赡养义务，D项错误。故选B项。

3. 东北某村赵老汉62岁，身体硬朗。平时自己耕种承包田，其独子小赵在深圳工作多年，今年春节时小赵回老家将父亲接到深圳共同生活，同时委托自己在老家的中学同学欧阳耕种父亲的承包田，根据《老年人权益保障法》，老赵承包田今年的收益应当（　　）。(2016年真题)

A. 归老赵所有

B. 归小赵所有

C. 归欧阳所有

D. 由欧阳与小赵协商分配

参考答案：A

参考解析：赡养人有义务耕种或者委托他人耕种老年人承包的田地，照管或者委托他人照管老年人的林木和牲畜等，收益归老年人所有。故选A项。

4. 根据《老年人权益保障法》，下列关于家庭赡养说法，正确的是（　　）。(2017年真题)

A. 赡养人表示放弃继承权的，可以不再履行赡养老人的义务

B. 赡养人有义务耕种老年人承包的田地，照顾老年人的林木和牲畜，收益归赡养人所有

C. 经老人同意，赡养人之间可以就履行赡养义务签订协议，基层派出所监督协议的履行

D. 赡养人不履行赡养义务的，基层群众性自治组织、老年人组织或者赡养人所在单位应当督促其履行

参考答案： D

参考解析： 根据《老年人权益保障法》的规定，赡养人的赡养义务是一项法定责任，赡养人不得以放弃继承权或者其他理由拒绝履行赡养义务，A 项错误。承包地、林木、牲畜的收益应归老年人所有，B 项错误。签订赡养义务协议的，基层群众性自治组织、老年人组织或者赡养人所在单位监督协议的履行，C 项错误。故选 D 项。

（二）社会保障

社会保险：基本养老保险、基本医疗保险、最低生活保障。

护理保障：建立健全经济困难的高龄、失能等老年人补贴制度。

社会救助：供养“三无”老人、救助生活无着落老人。

住房保障：实施廉租住房、公租房、危旧房屋改造应当优先照顾符合条件的老年人。

社会福利：高龄（80 岁以上）津贴、计划生育家庭老年人扶助、发展慈善事业。

社会扶养：遗赠扶养、其他扶助。

保障措施：按时足额支付养老金、医疗保险，并适时提高养老保障水平。

（三）社会服务

发展目标	①到 2020 年，以居家为基础、社区为依托、机构为补充、医养相结合的养老服务体系更加健全。 ②符合标准的日间照料中心、老年人活动中心等服务设施覆盖所有城市社区，90% 以上的乡镇和 60% 以上的农村社区建立包括养老服务在内的社区综合服务设施和站点。 ③政府运营的养老床位占当地养老床位总数的比例不超过 50%。 ④到 2022 年，养老机构护理型床位占比不低于 50%
主要任务	（1）大力发展居家养老服务网络。 （2）加强社区养老服务设施建设。 ①必须按照人均用地不少于 0.1 平方米的标准，分区、分级规划设置养老服务设施。 ②新建城区和新建居住（小）区按要求配套建设养老服务设施，并与住宅同步规划、同步建设、同步验收、同步交付使用。 ③老城区和已建成居住（小）区无养老服务设施或现有设施未达到规划要求的，通过购置、置换、租赁等方式建设。 ④到 2022 年，力争所有街道至少建有一个具备综合功能的社区养老服务机构，有条件的乡镇也要积极建设具备综合功能的社区养老服务机构，社区日间照料机构覆盖率达到 90% 以上。 （3）推动养老机构提质增效。 （4）加强农村养老服务。2022 年底前，每个县至少建有一所以农村特困失能、残疾老年人专业照护为主的县级层面特困人员供养服务设施（如敬老院）。 （5）推进医养结合。 （6）加强老年人健康促进和疾病预防。（基层医疗卫生机构为辖区内 65 周岁以上老年人建立健康档案，开展健康管理服务。） （7）发展老年医疗与康复护理服务。 （8）加强老年人精神关爱

【真题再现】

1. 某市现有人口 50 万人，根据《国务院关于加快发展养老服务业的意见》，该市

在制定城市总体规划和控制性详细规划时，必须按照不少于（　　）万平方米的用地标准，规划设置养老服务设施。(2016 年真题)

A. 5　　B. 10　　C. 15　　D. 25

参考答案： A

参考解析： 各地在制定城市总体规划、控制性详细规划时．必须按照人均用地不少于0.1 平方米的标准，分区分级规划设置养老服务设施。故选 A 项。

2. 某市计划到“十三五”时期全市养老床位总数达到 4 万张。根据《“十三五”国家老龄事业发展和养老体系建设规划》对政府运营的养老床位占当地养老床位总数的比例的规定，该市政府运营的养老床位规划数量最多不超过（　　）。(2018 年真题)

A. 1.2 万张　　B. 1.6 万张　　C. 2 万张　　D. 2.4 万张

参考答案： C

参考解析：《“十三五”国家老龄事业发展和养老体系建设规划》规定，政府运营的养老床位占当地养老床位总数的比例不超过50%。因此该市政府运营的床位不超过2 万张。故选 C 项。

（四）社会优待

社会服务优待：及时、便利地领取养老金、结算医疗费；依法优先办理房屋权属关系变更、户口迁移，并询问其真实意思。

法律服务优待：因维护自身权益且面临生活困难时，可以缓交、减交或者免交诉讼费；法律援助。

医疗服务优待：就医绿色通道、义诊、设立家庭病床。

公共服务优待：优待和照顾——城市公共交通、公路、铁路、水路和航空客运；免费或者优惠开放——博物馆、美术馆、科技馆、纪念馆、公共图书馆、文化馆；农村老年人不承担兴办公益事业的筹劳义务。

（五）宜居环境

宜居环境规划：公共基础设施、生活服务设施、医疗卫生设施和文化体育设施建设考虑老人需要。

宜居环境建设：无障碍设施建设和改造、营造安全绿色便利生活环境。

（六）参与社会发展

培育积极老龄观、加强老年人力资源开发、发展老年志愿服务、引导基层老年社会组织规范发展。

考点二：老年人权益保障的法律责任

主体	违法行为	法律责任
政府部门及其工作人员	不履行保护老年人合法权益职责的部门或者组织	批评教育，责令改正
	政府工作人员违法失职，致使老年人合法权益受到损害的	责令改正，依法给予处分；构成犯罪的，依法追究刑事责任

续表

主体	违法行为	法律责任
家庭和社会成员	老年人与家庭成员因赡养、扶养或者住房、财产等发生纠纷	人民调解委员会/有关组织调解：化解矛盾和纠纷，批评教育过错方。 人民法院诉讼：优先执行老人追索赡养费、扶养费的申请
	干涉老年人婚姻自由，对老年人负有赡养义务、扶养义务而拒绝赡养、扶养，虐待老年人或者对老年人实施家庭暴力的。 家庭成员盗窃、诈骗、抢夺、侵占、勒索、故意损毁老年人财物的。 侮辱、诽谤老年人的	批评教育；违反治安管理行为的，给予治安管理处罚；构成犯罪的，依法追究刑事责任
养老机构	养老机构及其工作人员侵害老年人人身和财产权益，或者未按照约定提供服务的	承担民事责任；给予行政处罚；构成犯罪的，依法追究刑事责任
	对养老机构负有管理和监督职责的部门及其工作人员滥用职权、玩忽职守、徇私舞弊的	对责任人员依法给予处分；构成犯罪的，追究刑事责任
其他社会组织和个人	不按规定优待老年人	责令改正
	涉及老年人的工程不符合国家规定的标准或者无障碍设施所有人、管理人未尽到维护和管理职责的	责令改正；造成损害的，承担民事责任；给予行政处罚；构成犯罪的，依法追究刑事责任

第二节　妇女权益保护的法规与政策

【重要考点概览】

小节	主要考点	历年考查点
第二节　妇女权益保护的法规与政策	妇女权益的主要内容	2015 年考查单项选择题、多项选择题 2019 年考查单项选择题
	妇女权益保护的法律责任	尚未考查

考点一：妇女权益的主要内容

政治权利	①参与公共事务管理。妇女权益保障方面的政策与法规要充分吸收妇女意见。 ②选举和被选举权。各级人大及村/居委会中都应该有适当妇女名额。 ③妇女干部培养与选拔。有适当数量妇女担任领导成员
文化教育权益	教育机会平等。 教育权利保障。 继续教育和职业教育。 文化权利平等

续表

劳动与社会保障权益	女职工录用。禁止录用未满16周岁的女性未成年人，劳动（聘用）合同或者服务协议中不得规定限制女职工结婚、生育的内容。 薪酬待遇和职务晋升。（男女平等，同工同酬） 劳动保护。 社会保障
财产权益	土地承包。（与男子平等） 财产继承。（与男子平等）丧偶妇女对公、婆尽了主要赡养义务的，作为公、婆的第一顺序法定继承人，其继承权不受子女代位继承影响
人身权利	人身自由权。（禁止非法拘禁妇女、禁止非法搜查妇女身体） 生命健康权。 防止性侵害。 人格权
婚姻家庭权益	①婚姻自主权。女方在怀孕期间、分娩后1年内或者终止妊娠后6个月内，男方不得提出离婚；女方提出离婚的，或者人民法院认为确有必要受理男方离婚请求的，不在此限。 ②反对家庭暴力。 ③家庭财产权。 ④子女监护权。父亲死亡、丧失行为能力或者有其他情形不能担任未成年子女的监护人的，母亲的监护权任何人不得干涉。 ⑤生育权

【真题再现】

1. 根据《妇女权益保障法》，公安、民政、司法行政等部门以及城乡基层群众性自治组织、社会团体，应当在各自的职责范围内预防和制止家庭暴力，依法为受害妇女提供救助。这项规定旨在保障妇女的（　　）。（2015年真题）

A. 劳动就业权利　　B. 婚姻家庭权益

C. 财产平等权利　　D. 社会保障权益

参考答案： B

参考解析：《妇女权益保障法》规定，国家保障妇女享有与男子平等的婚姻家庭权利。这些权益包括婚姻自主权、生育权、反对家庭暴力、家庭财产权和子女监护权。故选B项。

2. 根据《妇女权益保障法》，下列人员中，不得提出离婚的有（　　）。（2019年真题）

A. 李某，妻子怀孕5个月

B. 贾某，妻子正在住院治疗

C. 陈某，妻子失业3个月

D. 蔡某，妻子终止妊娠5个月

E. 何某，妻子分娩10个月

参考答案：ADE

参考解析：女方在怀孕期间、分娩后 1 年内或终止妊娠后 6 个月内，男方不得提出离婚；女方提出离婚的，或人民法院认为确有必要受理男方离婚请求的，不在此限。该规定是为了保护妇女和婴儿、胎儿的身心健康，是在一定条件下对男方离婚请求权的一种限制。注意，这一限制不是禁止男方提出离婚要求，只是在时间上予以限制而已。故选 A、D、E 三项。

考点二：妇女权益保护的法律责任

妇女维护自己合法权益的方式	①侵害妇女在农村集体经济组织中权益的，由乡镇人民政府依法调解；可以依法申请仲裁，或者通过诉讼。 ②对妇女实施性骚扰或者家庭暴力，构成违反治安管理行为的，受害人可以提请公安机关对违法行为人依法给予行政处罚，也可以依法向人民法院提起民事诉讼。 ③对有经济困难的妇女依法提供法律援助或者司法救助服务
妇女组织责任	①妇女组织应该维护妇女的合法权益。 ②妇女组织应该为受害妇女提供诉讼帮助。 ③妇女联合会或者相关妇女组织对侵害特定妇女群体利益的行为，可以通过大众传播媒介揭露、批评，并有权要求有关部门依法查处
侵害妇女权益的法律责任	①责令改正，行政处分：对侵害妇女权益的行为不予查处、侵害妇女文化教育权益、劳动和社会保障权益、人身和财产权益以及婚姻家庭权益的。 ②行政处分：国家机关及其工作人员未依法履行职责，对侵害妇女权益的行为未及时制止或者未给予受害妇女必要帮助，造成严重后果的。 ③责令改正并行政处罚：通过大众传播媒介或者其他方式贬低损害妇女人格的

【真题再现】

徐某，女，外贸公司职员。工作期间，公司老板丁某经常对徐某实施性骚扰。根据《妇女权益保障法》，徐某可以采取的维权措施包括（　　）。（2015 年真题）

A. 向当地妇女组织投诉

B. 依法向人民法院提起刑事诉讼

C. 依法向人民法院提起民事诉讼

D. 提请公安机关依法给予丁某行政处罚

E. 提请公安机关吊销该外贸公司营业执照

参考答案：ACD

参考解析：对妇女实施性骚扰或者家庭暴力，构成违反治安管理行为的，受害人可以提请公安机关对违法行为人依法给予行政处罚，也可以依法向人民法院提起民事诉讼。妇女的合法权益受到侵害的，可以向妇女组织投诉。故选 A、C、D 三项。

第三节 未成年人权益保护的法规与政策

【重要考点概览】

小节	主要考点	历年考查点
第三节 未成年人权益保护的法规与政策	未成年人权益的主要内容	尚未考查
	保障未成年人权益的方法	2016 年考查单项选择题 2020 年考查单项选择题、多项选择题
	未成年人不良行为和犯罪的预防与矫治	2018 年考查单项选择题
	特殊儿童保护	2015 年考查单项选择题 2017 年考查单项选择题 2018 年考查单项选择题 2019 年考查多项选择题

考点一：未成年人权益的主要内容

1. 生存权：生存权是未成年人最基本的权利，禁止对未成年人实施家庭暴力；禁止虐待、遗弃未成年人；禁止溺婴和其他残害婴儿的行为；不得歧视女性未成年人或者有残疾的未成年人。

2. 发展权：在营养、衣着和住房方面享受确保他们发展所需的生活条件是未成年人的基本权益。

3. 受保护权：免受可能遇到的伤害、破坏或有害的影响。

4. 参与权：参加各种社会生活和与自身利益相关的社会活动。

5. 受教育权：必须使适龄未成年人依法入学接受并完成义务教育。

考点二：保障未成年人权益的方法

家庭保护	1. 监护和抚养 ①创造良好、和睦的家庭环境，学习家庭教育知识。 ②父母因外出务工或者其他原因不能履行监护职责的，应当委托有监护能力的其他成年人代为监护。 ③禁止实施家庭暴力，禁止虐待、遗弃未成年人，禁止溺婴、残害婴儿，不得歧视女性未成年人或者残疾未成年人。 ④未成年人的父母或者其他监护人不得使未满十六周岁的未成年人脱离监护单独生活。 2. 关爱与引导 以健康的思想、良好的品行和适当的方法教育和影响未成年人。 3. 教育培养 使适龄未成年人依法入学接受并完成义务教育。 4. 民主尊重 不得允许或者迫使未成年人结婚，不得为未成年人订立婚约
学校保护	①实施素质教育。 ②关爱与尊重。 ③开展成长教育。

续表

学校保护	④确保健康与安全。 ⑤对有严重不良行为的未成年学生实施专门教育
社会保护	①创造良好的社会文化环境。 ②维护受教育权。 ③为未成年人提供多样化的活动场所。 ④为未成年人提供丰富健康的文化产品。 ⑤预防网瘾。 ⑥为未成年人提供安全的消费和娱乐产品。 ⑦净化未成年人的生活环境。学校、幼儿园周边不得设置营业性娱乐场所、酒吧、互联网上网服务营业场所等不适宜未成年人活动的场所。营业性歌舞娱乐场所、酒吧、互联网上网服务营业场所等不适宜未成年人活动场所的经营者，不得允许未成年人进入；游艺娱乐场所设置的电子游戏设备，除国家法定节假日外，不得向未成年人提供。经营者应当在显著位置设置未成年人禁入、限入标志；对难以判明是否是未成年人的，应当要求其出示身份证件。 ⑧为未成年人实施特殊的劳动保护。任何组织或者个人不得招用未满 16 周岁的未成年人，国家另有规定除外。营业性娱乐场所、酒吧、互联网上网服务营业场所等不适宜未成年人活动的场所不得招用已满十六周岁的未成年人。 ⑨尊重未成年人的隐私。 ⑩保护未成年人的人身与生命安全。 ⑪为特殊需要的未成年人提供社会救助。 ⑫加强卫生保健与预防疾病。 ⑬支持鼓励发展幼儿教育。 ⑭保护未成年人的智力成果与名誉权。 ⑮为完成义务教育不再升学的未成年人提供职业教育
网络保护	①加强未成年人网络素养宣传教育，保障未成年人在网络空间的合法权益。 ②提供安全、健康的网络环境。 ③加强对未成年人使用网络行为的引导和监督，预防未成年人沉迷网络。 ④任何组织或者个人不得对未成年人实施网络欺凌行为
政府保护	①专设机构或人员，负责承担未成年人保护工作。 ②开展家庭教育知识宣传服务，保障未成年人受教育的权利。 ③落实校园安全责任，建立突发事件的报告、处置和协调机制。 ④建立和改善适合未成年人的活动场所和设施。 ⑤提供卫生保健服务。 ⑥监护和抚养。对临时监护的未成年人，民政部门可以采取委托亲属抚养、家庭寄养等方式进行安置，也可以交由未成年人救助保护机构或者儿童福利机构进行收留、抚养
司法保护	①及时审理侵害未成年人合法权益案件。 ②对司法活动中的未成年人提供法律援助或司法救助。 ③在继承与离婚案件中保护未成年人的继承权和受遗赠权。 ④依法强化父母或监护人的监护与抚养责任。 ⑤涉及未成年人的案件审理适应未成年人身心发展特点。 a. 讯问未成年犯罪嫌疑人，未成年证人、被害人，应当通知其法定代理人或者其成年亲属、所在学校的代表等合适成年人到场。未成年被害人、证人是女性的，应当由女性工作人员进行。 b. 公安机关、人民检察院、人民法院、司法行政部门以及其他组织和个人不得披露有关案件中未成年人的姓名、影像、住所、就读学校以及其他可能识别出其身份的信息，但查找失踪、被拐卖未成年人等情形除外。 ⑥对违法犯罪的未成年人，实行教育、感化、挽救的方针，坚持教育为主、惩罚为辅的原则

【真题再现】

1. 小林，17 岁，独自一人在农村老家生活和学习。父母外出务工，无法履行对小林的监护职责。根据《未成年人保护法》，关于对小林监护职责的说法，正确的是（　　）。（2020 年真题）

A. 小林父母应当委托有监护能力的其他成年人代为监护

B. 小林父母可以不委托监护人，但要保证小林的生活学习费用

C. 如果小林父母没有委托监护人，应当由小林所在学校承担监护职责

D. 如果小林父母没有委托监护人，应当由小林所在的村民委员会承担监护职责

参考答案：A

参考解析：《未成年人保护法》第二十二条规定：未成年人的父母或者其他监护人因外出务工等原因在一定期限内不能完全履行监护职责的，应当委托具有照护能力的完全民事行为能力人代为照护；无正当理由的，不得委托他人代为照护。故选 A 项。

2. 根据《未成年人保护法》，不得允许未成年人进入的场所有（　　）。（2020 年真题）

A. 私人美术馆

B. 营业性网吧

C. 营业性歌舞厅

D. 营业性游乐场

E. 经营性电影院

参考答案：BC

参考解析：《未成年人保护法》第五十八条规定：学校、幼儿园周边不得设置营业性娱乐场所、酒吧、互联网上网服务营业场所等不适宜未成年人活动的场所。营业性歌舞娱乐场所、酒吧、互联网上网服务营业场所等不适宜未成年人活动场所的经营者，不得允许未成年人进入；游艺娱乐场所设置的电子游戏设备，除国家法定节假日外，不得向未成年人提供。经营者应当在显著位置设置未成年人禁入、限入标志；对难以判明是否是未成年人的，应当要求其出示身份证件。故选 B、C 两项。

3. 根据《未成年人保护法》，对违法犯罪的未成年人，实行教育、感化、挽救的方针，坚持（　　）的原则。（2016 年真题）

A. 教育为主、劳动为辅

B. 感化为主、挽救为辅

C. 教育为主、惩罚为辅

D. 劳动为主、惩罚为辅

参考答案：C

参考解析：根据《未成年人保护法》，对违法犯罪的未成年人，实行教育、感化、挽救的方针，坚持教育为主、惩罚为辅的原则。故选 C 项。

考点三：未成年人不良行为和犯罪的预防与矫治

（一）预防未成年人犯罪的教育

①对未成年人加强理想、道德、法制和爱国主义、集体主义、社会主义教育。

②对达到义务教育年龄的未成年人，同时进行预防犯罪的法制教育，树立遵纪守法和防范违法犯罪的意识。

（二）对未成年人不良行为的预防和严重不良行为的矫治

	界定标准	预防措施/矫治措施
不良行为	①旷课，夜不归宿。 ②携带管制刀具。 ③打架斗殴，辱骂他人。 ④强行向他人索要财物。 ⑤偷窃、故意毁坏财物。 ⑥参与赌博或者变相赌博。 ⑦观看、收听色情、淫秽的音像制品、读物等。 ⑧进入法律、法规规定未成年人不适宜进入的营业性歌舞厅等场所。 ⑨其他严重违背社会公德的不良行为	①对未成年人的教育与监控——父母或其他监护人和学校联合。 ②学校教育与管理——开展讲座、座谈、培训，介绍教育方法。 ③社会环境监控与管理。 禁止在中小学校附近开办营业性歌舞厅、营业性电子游戏场所以及其他未成年人不适宜进入的场所。营业性歌舞厅以及其他未成年人不适宜进入的场所，应当设置明显的未成年人禁止进入标志，不得允许未成年人进入。营业性电子游戏场所在国家法定节假日外，不得允许未成年人进入，并应当设置明显的未成年人禁止进入标志。 ④传媒与出版物管理——不得出版、出售、出租、提供和渲染危害未成年人身心健康的内容
严重不良行为	①纠集他人结伙滋事，扰乱治安。 ②携带管制刀具，屡教不改。 ③多次拦截殴打他人或者强行索要他人财物。 ④传播淫秽的读物或者音像制品等。 ⑤进行淫乱或者色情、卖淫活动。 ⑥多次偷窃。 ⑦参与赌博，屡教不改。 ⑧吸食、注射毒品。 ⑨其他严重危害社会的行为	①工读学校矫治。 由父母或者其他监护人，或者原所在学校提出申请，经教育行政部门批准。 ②司法矫治。 治安处罚：不满 14 周岁或情节特别轻微的免予处罚的，可以予以训诫。 不满 16 周岁不予刑事处罚的，责令父母或者其他监护人严加管教；在必要时可收容教养。 ③社会包容。 任何单位和个人不得歧视工读学校的未成年人

【真题再现】

小明，13 周岁，多次盗窃，构成严重不良行为。根据《预防未成年人犯罪法》，下列对小明严重不良行为进行矫治的方法，错误的是（　　）。（2018 年真题）

A. 公安机关依法对小明予以训诫

B. 公安机关责令小明父母严加管教

C. 公安机关强制将小明送进工读学校

D. 工读学校应对小明加强法治教育

参考答案：C

参考解析：本题考查对未成年人有严重不良行为的矫治的方法，主要包括：工读学校矫治、司法矫治、社会包容。工读学校矫治，应当由父母或者其他监护人，或者原所在学校提出申请，经教育行政部门批准。故选 C 项。

（三）对未成年人重新犯罪的预防

1. 未成年人（未满18周岁）犯罪案件不公开审理和报道。

2. 对未成年人罪犯分别关押、分别管理、分别教育。

3. 对犯罪未成年人开展法制教育、义务教育和职业技术教育。

4. 对违法犯罪未成年人进行社会帮教和权利维护。

（四）预防未成年人犯罪的法律责任

主体	法律责任
未成年人父母或其他监护人责任	①训诫并责令其严加管教：父母或者监护人放任未成年人有不良行为或者严重不良行为的。 ②责令立即改正：让不满16周岁的未成年人脱离监护单独居住的
公安机关的工作人员责任	①行政处分：针对有人教唆、胁迫、引诱未成年人违法犯罪不及时查处或者采取措施，严重不负责任的。 ②刑事责任：构成犯罪的
出版者责任	①没收出版物和违法所得、罚款（处违法所得3倍以上10倍以下）：出版诱发未成年人违法犯罪，危害未成年人身心健康的出版物。 ②责令停业整顿，或者吊销许可证：情节严重的
销售者责任	没收、罚款：非法销售出版物
传播者责任	罚款、没收违法所得、吊销执照：播放非法音像制品
营业性场所责任	①责令改正、给予警告、责令停业整顿、罚款、没收违法所得：让未成年人进入或不设置禁入标志。 ②吊销营业执照：情节严重的
教唆、胁迫、引诱者责任	治安处罚、刑事责任：教唆、胁迫、引诱未成年人

★ 考点四：特殊儿童保护

（一）孤儿的安置与保障

安置方式（基于有利于孤儿身心成长的原则）	①亲属抚养——祖父母、外祖父母、兄、姐抚养。 ②机构养育——民政部门儿童福利机构抚养。（有条件的可提供家庭式养育，如在社区购买或租住房屋，让儿童居住在社区） ③家庭寄养——有抚养意愿和抚养能力的家庭抚养。 ④依法收养——办理收养登记
权益保障	①基本生活保障：国家建立孤儿基本生活保障制度，确立合理的孤儿基本生活最低养育标准并建立孤儿基本生活最低养育标准自然增长机制。 ②医疗康复保障：将孤儿纳入城镇居民基本医疗保险、新型农村合作医疗、城乡医疗救助等制度覆盖范围，适当提高救助水平，参保（合）费用可通过城乡医疗救助制度解决。 ③教育保障：家庭经济困难的学龄前孤儿到学前教育机构接受教育的，由当地政府予以资助。义务教育阶段的孤儿寄宿生全面纳入生活补助范围。 ④就业保障：有劳动能力的，帮助就业，提供职业培训补贴、职业技能鉴定补贴、免费职业介绍、职业介绍补贴和社会保险补贴等；就业困难的，优先安排其到政府开发的公益性岗位就业。

续表

权益保障	⑤住房保障：无住房：农村孤儿成年后纳入农村危房改造计划优先予以资助，城市的孤儿成年后优先安排城市廉租住房或其他保障性住房。 有房产：监护人要帮助其做好房屋的维修和保护工作

【真题再现】

1. 小萌，7 岁，父母因遭遇车祸双亡，当地民政部门依法将小萌安置在市儿童福利院。该福利院为了促进小萌和其他孤儿融入社区，在附近小区租了一套单元房，为孩子们提供家庭式养育。根据《国务院办公厅关于加强孤儿保障工作的意见》，小萌的安置方法属于（　　）。（2017 年真题）

A. 家庭寄养　　B. 依法收养

C. 机构养育　　D. 亲属抚养

参考答案： C

参考解析： 机构养育指，对没有亲属和其他监护人抚养的孤儿，经依法公告后由民政部门设立的儿童福利机构收留抚养。有条件的儿童福利机构可在社区购买、租赁房屋，或在机构内部建造单元式居所，为孤儿提供家庭式养育。公安部门应及时为孤儿办理儿童福利机构集体户口。题目中福利院租了一套单元房提供家庭式养育，安置方法仍属于机构养育。故选 C 项。

2. 小亮，12 周岁，父母双亡，被县民政局认定为孤儿。爷爷是其唯一在世的亲人，身体健康，经济宽裕。根据《国务院办公厅关于加强孤儿保障工作的意见》等有关规定，小亮应当由（　　）抚养。（2018 年真题）

A. 爷爷　　B. 居民委员会

C. 儿童福利机构　　D. 父母所在单位

参考答案： A

参考解析： 本题考查孤儿的安置方式。孤儿的安置方式有：（1）亲属抚养；（2）机构养育；（3）家庭寄养；（4）依法收养。在亲属抚养方式中，孤儿的祖父母、外祖父母、兄、姐要依法承担抚养义务、履行监护职责；鼓励关系密切的其他亲属、朋友担任孤儿的监护人；没有前述监护人的，未成年人的父、母所在单位或者未成年人住所地的居民委员会、村民委员会或者民政部门担任监护人。故选 A 项。

3. 根据《国务院办公厅关于加强孤儿保障工作的意见》，地方各级政府要按照有利于孤儿身心健康成长的原则，采取（　　）的方式，妥善安置孤儿。（2019 年真题）

A. 亲属抚养　　B. 机构养育

C. 家庭寄养　　D. 依法收养

E. 单位代养

参考答案： ABCD

参考解析：《国务院办公厅关于加强孤儿保障工作的意见》指出要拓展安置渠道，

妥善安置孤儿。孤儿是指失去父母、查找不到生父母的未满18周岁的未成年人，由地方县级以上民政部门依据有关规定和条件认定。地方各级政府要按照有利于孤儿身心健康成长的原则，采取多种方式，拓展孤儿安置渠道，妥善安置孤儿。主要包括：(1) 亲属抚养；(2) 机构养育；(3) 家庭寄养；(4) 依法收养，故选 A、B、C、D 四项。

（二）流浪未成年人救助保护

1. 救助原则

（1）未成年人权益保护优先。

（2）救助保护和教育矫治并重。

（3）源头预防和综合治理。

（4）政府主导和社会参与。

2. 救助措施

（1）实行积极主动的救助保护。

（2）打击拐卖未成年人犯罪。

（3）帮助流浪未成年人及时回归家庭。

（4）做好流浪未成年人的教育矫治。

（三）困境儿童保障

1. 基本原则

（1）坚持家庭尽责。家庭是第一责任主体。

（2）坚持政府主导。积极立法，政策配套。

（3）坚持社会参与。培育社会组织，动员企业和志愿者。

（4）坚持分类保障。

2. 困境儿童分类保障

（1）保障基本生活。结合孤儿安置、特困供养、低保及临时救助等措施保障基本生活。

（2）保障基本医疗。全额补贴或部分资助参加城乡居民医疗保险、提升医疗保障力度。

（3）强化教育保障。保障完成义务教育。

（4）落实监护责任。

（5）加强残疾儿童福利服务。逐步实现免费手术、配置康复辅助器具和康复训练。

（四）留守儿童关爱保护

相关规定	具体内容
基本原则	坚持家庭尽责、坚持政府主导、坚持全民关爱、坚持标本兼治
完善关爱服务体系	①强化家庭监护主体责任。不得让不满16周岁的儿童脱离监护单独居住生活。 ②落实县、乡镇人民政府和村/居委会职责。乡镇人民政府、街道办事处设置“儿童督导员”，村/居委会优先安排女性委员担任“儿童主任”，负责儿童关爱保护服务工作。

续表

相关规定	具体内容
完善关爱服务体系	③加大教育部门和学校关爱保护力度。督促并保障完成义务教育，加强心理健康教育，发现并纠正心理问题和不良行为。 ④发挥群团组织关爱服务优势。工、青、妇提供假期日间照料、课后辅导、心理疏导服务。 ⑤推动社会力量积极参与。培育社会组织；通过政府购买服务开展监护指导、心理疏导、行为矫治、社会融入和家庭关系调适等专业服务。 ⑥发挥社会工作作用。构建社会工作服务机构，壮大人才队伍，建设社会工作服务站
建立健全救助保护机制	①建立强制报告机制。儿童工作者在工作中发现侵害儿童权益的行为，应当第一时间报告公安机关。 ②完善应急处置机制。 ③健全评估帮扶机制。 ④强化监护干预机制。 将农村留守儿童置于无人监管状态，拒不履行监护职责6个月以上导致农村留守儿童生活无着的，或者实施家庭暴力、虐待或遗弃农村留守儿童导致其身心健康严重受损的，近亲属、村（居）委会或民政部门可以向人民法院申请撤销监护人资格，另行指定监护人
逐步减少儿童留守现象	①为农民工家庭提供更多帮扶支持。推进农民工市民化，支持农民工未成年子女接受义务教育。 ②引导扶持农民工返乡创业就业

【真题再现】

张某夫妇染上毒品，对10岁的儿子小强不闻不问，不履行监护职责，经多次教育仍不改正。根据《未成年人保护法》，有关机关或个人可以依法申请对小强的监护问题做出处理。下列处理中，正确的是（　　）。（2017年真题）

A. 人民法院可以撤销张某夫妇监护人资格，指定居委会监督张某夫妇抚养小强

B. 人民法院可以撤销张某夫妇监护人资格，另行指定小强的监护人

C. 民政部门可以撤销张某夫妇监护人资格，指定居委会监督张某夫妇抚养小强

D. 民政部门可以撤销张某夫妇监护人资格，另行指定小强的监护人

参考答案：B

参考解析：父母或者其他监护人不履行监护职责或者侵害被监护的未成年人的合法权益，经教育仍不改的，人民法院可以根据有关人员或者有关单位的申请，撤销其监护人的资格，依法另行指定监护人。被撤销监护资格的父母应当依法继续负担抚养费用。故选B项。

（五）残疾儿童康复救助制度

救助对象	①0～6岁视力、听力、言语、肢体、智力等残疾儿童和孤独症儿童。 ②城乡最低生活保障家庭、建档立卡贫困户家庭的残疾儿童和儿童福利机构收留抚养的残疾儿童。 ③残疾孤儿、纳入特困人员供养范围的残疾儿童。 ④其他经济困难家庭的残疾儿童

续表

救助程序	**申请**：向县级残联组织提出申请，可委托他人申请（无户籍限制）。 **审核**：残联组织与民政、扶贫部门进行相关信息比对后做出决定。 **救助**：残疾儿童监护人可自主选择定点康复机构。必要时，由地级以上地方残联组织和卫生健康部门指定医疗、康复机构做进一步诊断、康复需求评估。 **结算**：结算方法和结算周期由县残联组织与同级财政部门商量确定

（六）事实无人抚养儿童保障

事实无人抚养儿童的界定	①父母双方均符合重残、重病、服刑在押、强制隔离戒毒、被执行其他限制人身自由的措施、失联情形之一的儿童。 ②父母一方死亡或失踪，另一方符合重残、重病、服刑在押、强制隔离戒毒、被执行其他限制人身自由的措施、失联情形之一的儿童
救助流程	①**申请**。填写《事实无人抚养儿童基本生活补贴申请表》，向户籍所在地乡镇人民政府、街道办事处提出申请。也可由所在村/居委会提出申请。 ②**查验**。乡镇人民政府、街道办事处应当在15个工作日内做出查验结论。（不公示） ③**确认**。县级民政部门应当15个工作日内做出确认。次月起纳入保障范围。 ④**终止**。不再符合条件的，乡镇人民政府、街道办事处应当及时终止其保障资格
保障重点	1. **基本生活保障** ①最低生活保障金、特困人员救助供养金或者困难残疾人生活补贴未达到事实无人抚养儿童基本生活保障补贴标准的，进行补差发放。 ②事实无人抚养儿童基本生活补贴不计入家庭收入。 ③已全额领取事实无人抚养儿童补贴的残疾儿童不享受困难残疾人生活补贴。 2. **医疗康复保障** 符合条件的事实无人抚养儿童可同时享受重度残疾人护理补贴及康复救助。 3. **教育资助救助** 落实助学金、减免学费政策。做好教育安置。 4. **督促落实监护责任** ①帮助流浪儿童寻亲返家，教育、督促其父母及其他监护人履行抚养义务。 ②将流浪儿童纳入重点关爱对象，每季度至少回访一次，以防其再次流浪。 5. **优化关爱服务机制** ①完善法律援助机制，维护残疾儿童权益。 ②推进残疾事实无人抚养儿童康复、教育服务，提高保障水平和服务能力。 ③加强精神关爱，培养健康心理和健全人格

第四节　残疾人权益保护的法规与政策

【重要考点概览】

小节	主要考点	历年考查点
第四节　残疾人权益保护的法规与政策	残疾人权益的主要内容	2015年考查单项选择题 2019年考查单项选择题 2020年考查单项选择题
	残疾人权益保障的法律责任	尚未考查

考点一：残疾人权益的主要内容

权益	内容
康复	**总体方针**。以社区康复为基础，康复机构为骨干，残疾人家庭为依托；以实用、易行、受益广的康复内容为重点，为残疾人提供综合性的康复服务；优先开展残疾儿童抢救性治疗和康复，实行康复与教育相结合；发展符合康复要求的科学技术，鼓励自主创新，加强康复新技术的研究、开发和应用，为残疾人提供有效的康复服务
教育	1. **总体方针** 发展残疾人教育事业，实行普及与提高相结合、以普及为重点的方针，保障义务教育，着重发展职业教育，积极开展学前教育，逐步发展高级中等以上教育。 2. **义务教育** （1）支持普通学校中配备必要的设备和专门从事残疾人教育的教师及专业人员，指定其招收残疾儿童、少年接受义务教育。 （2）加强义务教育特殊教育学校建设，并配备必要的教学、康复仪器设备。 3. **职业教育** 残疾人职业教育由普通职业教育机构和特殊职业教育机构实施，以普通职业教育机构为主，普通职业培训机构应当积极招收残疾人入学。 4. **学前教育** 县级人民政府及其教育行政部门、民政部门等有关部门应当支持普通幼儿园创造条件招收残疾幼儿；支持特殊教育学校和具备办学条件的残疾儿童福利机构、残疾儿童康复机构等实施学前教育。 5. **普通高级中等以上教育及继续教育** 普通高级中等学校、高等学校、继续教育机构应当招收符合国家规定的录取标准的残疾考生入学。设区的市级以上地方人民政府可以根据实际情况举办实施高级中等以上教育的特殊教育学校，支持高等学校设置特殊教育学院或者相关专业，提高残疾人的受教育水平
劳动就业	1 **就业方式** （1）集中与分散相结合。 （2）集中使用残疾人的用人单位中从事全日制工作的残疾人职工，应当占本单位在职职工总数的25%以上。 （3）用人单位安排残疾人就业的比例不得低于本单位在职职工总数的1.5%。用人单位安排残疾人就业达不到规定比例的，应当缴纳残疾人就业保障金。 2. **就业促进** （1）对残疾人福利性企业事业组织和残疾人个体户，实行税收减免政策。 （2）政府有关部门应当确定一定数额残疾人用工指标。 （3）申请从事个体工商业的残疾人，优先核发营业执照。 3. **就业保护和培训** （1）不得歧视残疾人就业。 （2）不得因其残疾而拒绝接收国家分配的残疾毕业生。 （3）为残疾职工提供适应其特点的劳动条件和劳动保护。 （4）对残疾职工进行岗位技术培训，提高其劳动技能和技术水平
文化生活	（1）开发反映残疾人生活的广播、电影、电视、报刊、图书。 （2）编写和出版盲文读物、盲人有声读物、聋人读物、智障人读物。 （3）开办电视手语节目，在部分影视作品中增加字幕、解说。 （4）组织和扶持残疾人开展群众性文化、体育、娱乐活动，举办特殊艺术演出和特殊体育运动会，参加重大国际性比赛和交流。 （5）文化、体育、娱乐和其他公共活动场所，为残疾人提供方便和照顾。 （6）有计划地兴办残疾人活动场所
社会保障	1. **社会保险与社会救助** （1）对生活确有困难的残疾人，按照国家有关规定给予社会保险补贴。

续表

<table>
<tr><th>权益</th><th>内容</th></tr>
<tr><td>社会保障</td><td>（2）给予生活困难的残疾人生活、教育、住房和其他社会救助。
（3）救助贫困残疾人基本医疗、康复服务、必要的辅助器具的配置和更换。
2. 困难残疾人生活补贴和重度残疾人护理补贴
（1）两项补贴对象：困难残疾人生活补贴——低保家庭中的残疾人；重度残疾人护理补贴——残疾等级被评定为一级、二级且需要长期照护（持续6个月以上）的重度残疾人。
（2）补贴方式：省级人民政府确定并适时调整。
（3）补贴方式：采取现金形式按月发放。
（4）政策衔接：符合条件的残疾人，可同时申领“两项补贴”，残疾人两项补贴不计入城乡最低生活保障家庭的收入，领取工伤保险生活护理费、纳入特困人员供养保障的残疾人不享受残疾人两项补贴。
（5）申领程序和管理办法：
①申请：残疾人自愿书面申请。
②受理/初审：街道办事处/乡镇政府。
③审核：县残联。
④审定：县级人民政府民政部门。
⑤计发：财政部门于申请当月计发补贴。
⑥管理：动态管理，定期复核。
3. 法律援助
残疾人法律救助工作站设在同级残联。残疾人可以通过书面或者口头形式申请法律救助。经济困难的残疾人，侵犯残疾人群体利益，案情复杂、涉及面广、社会影响较大的求助申请应该直接给予援助。
4. 残疾人供养和托养
（1）残疾人托养体系建设。
（2）残疾人托养服务管理。民间资本可按照经营目的，自主申办营利性或非营利性残疾人托养服务机构，同等性质的托养服务机构实行同样的优惠政策和扶助措施。
（3）残疾人托养服务政策扶持。
（4）残疾人托养服务专业化建设。开展残疾人托养服务人员职业培训和技能鉴定工作，促进其职业化和专业化；拓展残疾人托养服务内容；培育和完善残疾人托养服务行业协会。
5. 残疾人公共服务
（1）搭乘公共交通工具，应当根据实际情况给予便利和优惠。
（2）可以免费携带随身必备的辅助器具。
（3）盲人持有效证件免费乘坐公共交通工具。
（4）盲人读物邮件免费寄递。
（5）提倡电信、广播电视服务对盲人、听力残疾人、言语残疾人给予优惠。
（6）各级人民政府应当逐步增加对残疾人的其他照顾和扶助</td></tr>
<tr><td>无障碍环境</td><td>1. 无障碍设施规划与建设
2. 无障碍信息交流
（1）为残疾人获取公共信息提供便利。
（2）研制、开发适合残疾人使用的信息交流技术和产品。
（3）为盲人考生提供盲文试卷、电子试卷或者由专门工作人员协助。
3. 无障碍公共空间
（1）为残疾人提供语音和文字提示、手语、盲文等信息交流服务，并提供优先服务和辅助性服务。
（2）公共交通工具应当逐步达到无障碍设施的要求。
（3）有条件的公共停车场应当为残疾人设置专用停车位。
4. 无障碍政治参与
应当为盲人提供盲文选票</td></tr>
</table>

续表

权益	内容
农村残疾人扶贫开发	1. **任务目标** 到2020年，稳定实现农村残疾人不愁吃、不愁穿，全面保障平等享受基本医疗、基本养老、教育、住房和康复服务。 2. **政策保障** （1）落实针对残疾人的法律法规、优惠政策和扶助规定。 （2）加大资金投入。 （3）完善金融服务。 （4）在养老保险、医疗救助、危房改造和居家无障碍改造、困难家庭救助、生产扶持等方面对农村残疾人实施多项特别扶持措施。 （5）在新农村建设及重大工程中，照顾贫困残疾人利益。 （6）在土地承包经营权流转政策中，切实维护贫困残疾人合法权益。 3. **扶持措施** （1）发挥康复扶贫贷款作用、创新扶贫方式。 （2）开展农村实用技术培训。 （3）扶持农村残疾人就业创业。 （4）动员社会各界参与残疾人扶贫

【真题再现】

1. 根据《残疾人保障法》，残疾人康复工作以（　　）为基础，康复机构为骨干，残疾人家庭为依托。(2015年真题)

A. 单位康复　　B. 社区康复

C. 专科医院康复　　D. 综合医院康复

参考答案： B

参考解析： 康复工作应当从实际出发，将现代康复技术与传统康复技术相结合；以社区康复为基础，康复机构为骨干，残疾人家庭为依托；以实用、易行、受益广的康复内容为重点，优先开展残疾儿童抢救性治疗和康复；发展符合康复要求的科学技术，鼓励自主创新，加强康复新技术的研究、开发和应用，为残疾人提供有效的康复服务。故选B项。

2. 某市拟兴办一家残疾人福利企业，配备职工200人。根据《残疾人就业条例》，该企业中从事全日制工作的残疾人职工至少应有（　　）。(2019年真题)

A. 20　　B. 40　　C. 50　　D. 100

参考答案： C

参考解析： 政府和社会举办残疾人福利企业、盲人按摩机构和其他福利性单位，集中安排残疾人就业、集中使用残疾人的用人单位中从事全日制工作的残疾人职工，应当占本单位在职职工总数的25%以上。该企业为残疾人福利企业，故其至少安排残疾人职工200＊25%＝50人。故选C项。

考点二： 残疾人权益保障的法律责任

1. 残疾人组织责任

（1）残疾人的合法权益受到侵害的，可以向残疾人组织投诉。

（2）残疾人组织对残疾人通过诉讼维护其合法权益需要帮助的，应当给予支持。

（3）残疾人组织对侵害特定残疾人群体利益的行为，有权要求有关部门依法查处。

2. 侵害残疾人的合法权益的法律责任

违法行为	法律责任
以大众传播媒介或者其他方式贬低、损害残疾人人格	责令改正、行政处罚
拒不接收残疾学生入学	责令改正、处分
职工和招用等方面歧视残疾人	责令改正、提起诉讼
供养、托养机构及其工作人员侮辱、虐待、遗弃残疾人	行政处分、行政处罚
无障碍设施工程建设标准不合格	责令改正

3. 行政执法人员责任

违法行为	法律责任
对侵害残疾人权益行为的申诉、控告、检举，推诿、拖延、压制、不予查处，或者对提出申诉、控告、检举的人进行打击报复	责令改正、行政处分
未依法履行职责，对侵害残疾人权益的行为未及时制止或者未给予受害残疾人必要帮助，造成严重后果	行政处分

【本章小结】

我国特定人群权益保护法规与政策主要是对老年人、妇女、未成年人及残疾人的特定权利进行保护的内容。这部分很多内容涉及平时的生活常识，若在平时的工作生活中注意理解，则本章难度不大。梳理近年来考试的情况，本章的考试分值较为固定，应用型考试题目越来越多。考生可以通过“真题再现”来充分把握考点。

扫码听课

第五章　我国婚姻家庭法规与政策

【本章导学】

我国的婚姻家庭法是规定婚姻家庭关系的发生和终止，以及婚姻家庭主体之间、其他近亲属之间的权利义务的法律规范的总和。婚姻家庭法是民法中的一项基本法律，明确了家庭中婚姻关系、父母与子女的关系及其他家庭成员之间的关系的成立、效力和终止；明确了家庭关系中各方的权利和义务。

2020 年 5 月 28 日，十三届全国人大三次会议表决通过了《中华人民共和国民法典》，自 2021 年 1 月 1 日起正式施行。《中华人民共和国婚姻法》《中华人民共和国继承法》《中华人民共和国民法通则》《中华人民共和国收养法》《中华人民共和国民法总则》同时废止。本章内容被收录在《民法典》的第五编和第六编，考生可以结合该法典相关内容备考。

【历年题量/分值分布】

	2015 年	2016 年	2017 年	2018 年	2019 年	2020 年
单项选择题	6 道	5 道	8 道	5 道	4 道	4 道
多项选择题	4 道	2 道	2 道	—	2 道	2 道
合计分值	14 分	9 分	12 分	5 分	8 分	8 分

注：单项选择题每题 1 分，多项选择题每题 2 分（错选，本题不得分；少选，所选每个选项得 0.5 分）。

【本章知识概览】

小节	考点	备考指数
第一节　婚姻家庭关系法规与政策	婚姻缔结的法律规定	★★★★
	夫妻间的权利义务	★★★
	父母子女间的权利义务	★★★
	其他家庭成员间的权利义务	★★★
	离婚的法律规定	★★
第二节　收养关系法规与政策	收养关系的成立	★★★★★
	收养的效力	★★★
	收养关系的解除	★★★★
第三节　财产继承法规与政策	继承的一般规定	★★★★
	继承权的丧失、接受和放弃	★★★★

续表

小节	考点	备考指数
第三节　财产继承法规与政策	法定继承	★★★
	遗嘱继承	★★★★★
	遗产的处理	★★★★★

【考点详解】

第一节　婚姻家庭关系法规与政策

【重要考点概览】

小节	主要考点	历年考查点
第一节　婚姻家庭关系法规与政策	婚姻缔结的法律规定	2015～2020年连续考查单项选择题
	夫妻间的权利义务	2015年考查单项选择题 2018年考查单项选择题 2020年考查单项选择题
	父母子女间的权利义务	2015年考查单项选择题 2020年考查单项选择题
	其他家庭成员间的权利义务	尚未考查
	离婚的法律规定	尚未考查

考点一：婚姻缔结的法律规定

1. 结婚的必备条件

①必须男女双方完全自愿。

②必须达到法定婚龄。（男不早于22周岁，女不早于20周岁）

③必须符合一夫一妻的基本原则。（禁止重婚）

④要求结婚的男女双方亲自到婚姻登记机关申请结婚登记。

2. 结婚的禁止条件

禁止直系血亲和三代以内旁系血亲结婚。

【真题再现】

根据《婚姻法》（现为《民法典》婚姻编），下列条件中，属于结婚必备条件的是（　　）。（2016年真题）

A. 双方父母同意　　B. 达到法定婚龄

C. 具有夫妻生活能力　　D. 男女双方完全自愿

E. 符合一夫一妻的基本原则

参考答案：BDE

参考解析：本题考查结婚的必备条件。结婚的必备条件有：（1）必须男女双方完全自愿；（2）必须达到法定婚龄；（3）必须符合一夫一妻的基本原则；（4）要求结婚的男女双方亲自到婚姻登记机关申请结婚登记。故选 B、D、E 三项。

3. 无效婚姻

有下列情形之一的，婚姻无效：①重婚；②有禁止结婚的亲属关系；③未到法定婚龄。

4. 可撤销婚姻

（1）因胁迫结婚的，受胁迫的一方可以向人民法院请求撤销婚姻。

①请求撤销婚姻的，应当自胁迫行为终止之日起一年内提出。

②被非法限制人身自由的当事人请求撤销婚姻的，应当自恢复人身自由之日起一年内提出。

（2）一方患有重大疾病的，应当在结婚登记前如实告知另一方；不如实告知的，另一方可以向人民法院请求撤销婚姻。请求撤销婚姻的，应当自知道或者应当知道撤销事由之日起一年内提出。

5. 无效或可撤销婚姻的法律后果

（1）无效的或者被撤销的婚姻自始没有法律约束力，当事人不具有夫妻的权利和义务。

（2）同居期间所得的财产，由当事人协议处理；协议不成的，由人民法院根据照顾无过错方的原则判决。

（3）对重婚导致的无效婚姻的财产处理，不得侵害合法婚姻当事人的财产权益。

（4）当事人所生的子女，适用本法关于父母子女的规定。

（5）婚姻无效或者被撤销的，无过错方有权请求损害赔偿。

【真题再现】

1. 根据《婚姻法》（现为《民法典》婚姻编），下列婚姻中，属于可撤销的是（　　）。（2015 年真题）

A. 重婚　　　　B. 近亲婚姻

C. 受欺诈缔结的婚姻　　　　D. 受胁迫缔结的婚姻

参考答案：D

参考解析：可撤销婚姻，是指已经成立的婚姻因违反结婚的条件（主要指私益要件），经撤销权人申请，由有权机关依法予以撤销的婚姻。《民法典》规定，因胁迫结婚的，受胁迫的一方可以向人民法院请求撤销婚姻。请求撤销婚姻的，应当自胁迫行为终止之日起一年内提出。被非法限制人身自由的当事人请求撤销婚姻的，应当自恢复人身自由之日起一年内提出。一方患有重大疾病的，应当在结婚登记前如实告知另一方；不如实告知的，另一方可以向人民法院请求撤销婚姻。故选 D 项。

2. 根据《婚姻法》（现为《民法典》婚姻编），下列情形中，属于无效婚姻的是（　　）。（2019 年真题）

A. 未到法定婚龄的

B. 因胁迫结婚的

C. 因欺骗结婚的

D. 婚前患有医学上认为不应当结婚的疾病，婚后已治愈的

参考答案：A

参考解析：本题考查无效婚姻的种类。《民法典》规定，有下列情形之一的，婚姻无效：（一）重婚；（二）有禁止结婚的亲属关系；（三）未到法定婚龄。故选 A 项。

考点二：夫妻间的权利义务

1. 夫妻间的权利义务

①家庭地位平等。

②姓名权：夫妻双方都有各自使用自己姓名的权利。

③参加生产、工作、学习和社会活动的自由。

④平等享有对未成年子女抚养、教育和保护的权利，共同承担对未成年子女抚养、教育和保护的义务。

⑤夫妻有相互扶养的义务。需要扶养的一方，在另一方不履行扶养义务时，有要求其给付扶养费的权利。

⑥夫妻一方因家庭日常生活需要而实施的民事法律行为，对夫妻双方发生效力，但是夫妻一方与相对人另有约定的除外。夫妻之间对一方可以实施的民事法律行为范围的限制，不得对抗善意相对人。

⑦夫妻有相互继承遗产的权利。

2. 夫妻的共同财产

夫妻在婚姻关系存续期间所得的下列财产，为夫妻的共同财产，归夫妻共同所有：

①工资、奖金、劳务报酬。

②生产、经营、投资的收益。

③知识产权的收益。

④继承或者受赠的财产，但是《民法典》第一千零六十三条第三项规定（遗嘱或者赠与合同中确定只归一方的财产）的除外。

⑤其他应当归共同所有的财产。

夫妻对共同财产，有平等的处理权。

【真题再现】

1. 根据《婚姻法》（现为《民法典》婚姻编）及相关司法解释，下列婚姻关系存续期间所得但未做约定的财产中，归夫妻共同所有的是（　　）。（2020 年真题）

A. 一方生产、经营的收益

B. 一方专用的生活必需品

C. 一方父母出全资购买并登记在出资人子女名下的房产

D. 一方因身体受到伤害获得的医疗费、残疾人生活补助费

参考答案：A

参考解析：B、C、D 三项为夫妻一方的财产。夫妻在婚姻关系存续期间所得的下列财产，为夫妻的共同财产，归夫妻共同所有：（一）工资、奖金、劳务报酬；（二）生产、经营、投资的收益；（三）知识产权的收益；（四）继承或受赠的财产，但是《民法典》第一千零六十三条第三项规定的除外；（五）其他应当归共同所有的财产。故选A 项。

2. 小张和小王 2009 年结婚。根据《婚姻法》（现为《民法典》婚姻家庭编）及有关规定，小张所得的下列属于夫妻共同财产的是（　　）。（2015 年真题）

A. 2014 年小张因车祸受伤所得的医疗费 15 万元

B. 小张婚前个人存款在 2014 年取得的银行利息 5.5 万元

C. 小张用婚前个人存款于 2012 年投资建厂取得的收益 25 万元

D. 小张父亲于 2012 年去世．去世前立遗嘱留给小张的遗产 12 万元

参考答案：C

参考解析：《民法典》第一千零六十二条规定，夫妻在婚姻关系存续期间所得的下列财产，为夫妻的共同财产，归夫妻共同所有：（一）工资、奖金、劳务报酬；（二）生产、经营、投资的收益；（三）知识产权的收益；（四）继承或者受赠的财产，但是本法第一千零六十三条第三项规定的除外；（五）其他应当归共同所有的财产。《民法典》第一千零六十三条规定，下列财产为夫妻一方的个人财产：（一）一方的婚前财产；（二）一方因受到人身损害获得的赔偿或者补偿；（三）遗嘱或者赠与合同中确定只归一方的财产；（四）一方专用的生活用品；（五）其他应当归一方的财产。故选C 项。

3. 夫妻一方的个人特有财产

下列财产为夫妻一方的个人财产：

①一方的婚前财产。

②一方因受到人身损害获得的赔偿或者补偿。

③遗嘱或者赠与合同中确定只归一方的财产。

④一方专用的生活用品。

⑤其他应当归一方的财产。

4. 夫妻共同债务

①夫妻双方共同签名或者夫妻一方事后追认等共同意思表示所负的债务，以及夫妻一方在婚姻关系存续期间以个人名义为家庭日常生活需要所负的债务，属于夫妻共同债务。

②夫妻一方在婚姻关系存续期间以个人名义超出家庭日常生活需要所负的债务，不属于夫妻共同债务；但是，债权人能够证明该债务用于夫妻共同生活、共同生产经营或者基于夫妻双方共同意思表示的除外。

③男女双方可以约定婚姻关系存续期间所得的财产以及婚前财产归各自所有、共同所有或者部分各自所有、部分共同所有。约定应当采用书面形式。没有约定或者约

定不明确的，适用《民法典》第一千零六十二条、第一千零六十三条的规定。

④夫妻对婚姻关系存续期间所得的财产以及婚前财产的约定，对双方具有法律约束力。

⑤夫妻对婚姻关系存续期间所得的财产约定归各自所有，夫或者妻一方对外所负的债务，相对人知道该约定的，以夫或者妻一方的个人财产清偿。

5. 夫妻分割共同财产

婚姻关系存续期间，有下列情形之一的，夫妻一方可以向人民法院请求分割共同财产：

①一方有隐藏、转移、变卖、毁损、挥霍夫妻共同财产或者伪造夫妻共同债务等严重损害夫妻共同财产利益的行为。

②一方负有法定扶养义务的人患重大疾病需要医治，另一方不同意支付相关医疗费用。

考点三：父母子女间的权利义务

①父母不履行抚养义务的，未成年子女或者不能独立生活的成年子女，有要求父母给付抚养费的权利。

成年子女不履行赡养义务的，缺乏劳动能力或者生活困难的父母，有要求成年子女给付赡养费的权利。

②父母有教育、保护未成年子女的权利和义务。未成年子女造成他人损害的，父母应当依法承担民事责任。

③子女应当尊重父母的婚姻权利，不得干涉父母离婚、再婚以及婚后的生活。子女对父母的赡养义务，不因父母的婚姻关系变化而终止。

④父母和子女有相互继承遗产的权利。

⑤非婚生子女享有与婚生子女同等的权利，任何组织或者个人不得加以危害和歧视。

不直接抚养非婚生子女的生父或者生母，应当负担未成年子女或者不能独立生活的成年子女的抚养费。

⑥继父母与继子女间，不得虐待或者歧视。

继父或者继母和受其抚养教育的继子女间的权利义务关系，适用本法关于父母子女关系的规定。

⑦对亲子关系有异议且有正当理由的，父或者母可以向人民法院提起诉讼，请求确认或者否认亲子关系。

对亲子关系有异议且有正当理由的，成年子女可以向人民法院提起诉讼，请求确认亲子关系。

考点四：其他家庭成员间的权利义务

①有负担能力的祖父母、外祖父母，对于父母已经死亡或者父母无力抚养的未成年孙子女、外孙子女，有抚养的义务。

有负担能力的孙子女、外孙子女，对于子女已经死亡或者子女无力赡养的祖父母、外祖父母，有赡养的义务。

②有负担能力的兄、姐，对于父母已经死亡或者父母无力抚养的未成年弟、妹，有扶养的义务。

由兄、姐扶养长大的有负担能力的弟、妹，对于缺乏劳动能力又缺乏生活来源的兄、姐，有扶养的义务。

考点五： 离婚的法律规定

1. 登记离婚

①夫妻双方自愿离婚的，应当签订书面离婚协议，并亲自到婚姻登记机关申请离婚登记。

②离婚协议应当载明双方自愿离婚的意思表示和对子女抚养、财产以及债务处理等事项协商一致的意见。

③自婚姻登记机关收到离婚登记申请之日起三十日内，任何一方不愿意离婚的，可以向婚姻登记机关撤回离婚登记申请。

期限届满后三十日内，双方应当亲自到婚姻登记机关申请发给离婚证；未申请的，视为撤回离婚登记申请。

④婚姻登记机关查明双方确实是自愿离婚，并已经对子女抚养、财产以及债务处理等事项协商一致的，予以登记，发给离婚证。

2. 诉讼离婚

人民法院审理离婚案件，应当进行调解；如果感情确已破裂，调解无效的，应当准予离婚。

有下列情形之一，调解无效的，应当准予离婚：

①重婚或者与他人同居。

②实施家庭暴力或者虐待、遗弃家庭成员。

③有赌博、吸毒等恶习屡教不改。

④因感情不和分居满二年。

⑤其他导致夫妻感情破裂的情形。

一方被宣告失踪，另一方提起离婚诉讼的，应当准予离婚。

经人民法院判决不准离婚后，双方又分居满一年，一方再次提起离婚诉讼的，应当准予离婚。

3. 诉讼离婚的特别规定

①现役军人的配偶要求离婚，应当征得军人同意，但是军人一方有重大过错的除外。

②女方在怀孕期间、分娩后一年内或者终止妊娠后六个月内，男方不得提出离婚；但是，女方提出离婚或者人民法院认为确有必要受理男方离婚请求的除外。

4. 离婚的法律后果

①离婚后，男女双方自愿恢复婚姻关系的，应当到婚姻登记机关重新进行结婚登记。

②父母与子女间的关系，不因父母离婚而消除。离婚后，子女无论由父或者母直接抚养，仍是父母双方的子女。

③离婚后，父母对于子女仍有抚养、教育、保护的权利和义务。

④离婚后，不满两周岁的子女，以由母亲直接抚养为原则。已满两周岁的子女，父母双方对抚养问题协议不成的，由人民法院根据双方的具体情况，按照最有利于未成年子女的原则判决。子女已满八周岁的，应当尊重其真实意愿。

⑤离婚后，子女由一方直接抚养的，另一方应当负担部分或者全部抚养费。负担费用的多少和期限的长短，由双方协议；协议不成的，由人民法院判决。前款规定的协议或者判决，不妨碍子女在必要时向父母任何一方提出超过协议或者判决原定数额的合理要求。

⑥离婚后，不直接抚养子女的父或者母，有探望子女的权利，另一方有协助的义务。行使探望权利的方式、时间由当事人协议；协议不成的，由人民法院判决。

⑦父或者母探望子女，不利于子女身心健康的，由人民法院依法中止探望；中止的事由消失后，应当恢复探望。

⑧离婚时，夫妻的共同财产由双方协议处理；协议不成的，由人民法院根据财产的具体情况，按照照顾子女、女方和无过错方权益的原则判决。对夫或者妻在家庭土地承包经营中享有的权益等，应当依法予以保护。

⑨夫妻一方因抚育子女、照料老年人、协助另一方工作等负担较多义务的，离婚时有权向另一方请求补偿，另一方应当给予补偿。具体办法由双方协议；协议不成的，由人民法院判决。

⑩离婚时，夫妻共同债务应当共同偿还。共同财产不足清偿或者财产归各自所有的，由双方协议清偿；协议不成的，由人民法院判决。

⑪离婚时，如果一方生活困难，有负担能力的另一方应当给予适当帮助。具体办法由双方协议；协议不成的，由人民法院判决。

⑫有下列情形之一，导致离婚的，无过错方有权请求损害赔偿：重婚；与他人同居；实施家庭暴力；虐待、遗弃家庭成员；有其他重大过错。

⑬夫妻一方隐藏、转移、变卖、毁损、挥霍夫妻共同财产，或者伪造夫妻共同债务企图侵占另一方财产的，在离婚分割夫妻共同财产时，对该方可以少分或者不分。离婚后，另一方发现有上述行为的，可以向人民法院提起诉讼，请求再次分割夫妻共同财产。

第二节　收养关系法规与政策

【重要考点概览】

小节	主要考点	历年考查点
第二节　收养关系法规与政策	收养关系的成立	2015 年考查单项选择题、多项选择题 2016 年考查单项选择题 2017 年考查单项选择题 2018 年考查单项选择题 2019 年考查单项选择题 2020 年考查单项选择题
	收养的效力	2017 年考查单项选择题 2020 年考查多项选择题
	收养关系的解除	2016 年考查单项选择题

考点一：收养关系的成立

1. 一般收养关系成立的条件

一般收养关系	具体内容
被收养人的条件（未成年人）	①丧失父母的孤儿。 ②查找不到生父母的未成年人。 ③生父母有特殊困难无力抚养的子女
送养人的条件（个人、组织）	①孤儿的监护人。 ②儿童福利机构。 ③有特殊困难无力抚养子女的生父母。 注意：配偶一方死亡，另一方送养未成年子女的，死亡一方的父母有优先抚养的权利
收养人的条件（同时具备）	①无子女或者只有一名子女。 ②有抚养、教育和保护被收养人的能力。 ③未患有在医学上认为不应当收养子女的疾病。 ④无不利于被收养人健康成长的违法犯罪记录。 ⑤年满三十周岁
监护人送养	①未成年人的父母均不具备完全民事行为能力且可能严重危害该未成年人的，该未成年人的监护人可以将其送养。 ②监护人送养孤儿的，应当征得有抚养义务的人同意。有抚养义务的人不同意送养、监护人不愿意继续履行监护职责的，应当依照《民法典》规定另行确定监护人
生父母送养	生父母送养子女，应当双方共同送养。生父母一方不明或者查找不到的，可以单方送养
注意：收养人收养与送养人送养，应当双方自愿。收养八周岁以上未成年人的，应当征得被收养人的同意	

【真题再现】

1. 小丁夫妇结婚 15 年，不能生育，欲收养一名子女。根据《收养法》（现为《民法典》婚姻家庭编），小丁夫妻可以收养的是（　　）。（2015 年真题）

A. 小明，3岁，被遗弃，查找不到父母

B. 小军，已满18岁，父母双方均去世

C. 小西，11岁，父母离异，父亲不愿独自抚养

D. 小兰，6岁，父亲去世，母亲改嫁

参考答案：A

参考解析：《民法典》第一千零九十三条规定，下列未成年人，可以被收养：（一）丧失父母的孤儿；（二）查找不到生父母的未成年人；（三）生父母有特殊困难无力抚养的子女。故选A项。

2. 根据《收养法》（现为《民法典》婚姻家庭编），生父母送养子女，须符合的条件包括（　　）。（2015年真题）

A. 生父母自愿送养

B. 生父母双方共同送养

C. 生父母有特殊困难无力抚养子女

D. 生父母患有传染性疾病在传染期内

E. 生父母一方不明或查找不到的，可以单方送养

参考答案：BCE

参考解析：《民法典》第一千零九十四条规定，下列个人、组织可以做送养人：（一）孤儿的监护人；（二）儿童福利机构；（三）有特殊困难无力抚养子女的生父母。《民法典》第一千零九十七条规定：生父母送养子女，应当双方共同送养。生父母一方不明或者查找不到的，可以单方送养。故选B、C、E三项。

3. 根据《收养法》（现为《民法典》婚姻家庭编），监护人送养未成年孤儿的，须征得有抚养义务的人同意。有抚养义务的人不同意送养，监护人不愿意继续履行监护职责的，应当依法（　　）。（2017年真题）

A. 变更监护人

B. 由社会福利机构抚养

C. 由有抚养义务的人抚养

D. 由有抚养义务的人收养

参考答案：A

参考解析：《民法典》第一千零九十六条规定，监护人送养孤儿的，应当征得有抚养义务的人同意。有抚养义务的人不同意送养、监护人不愿意继续履行监护职责的，应当依照本法第一编的规定另行确定监护人。故选A项。

4. 根据《收养法》（现为《民法典》婚姻家庭编），下列关于收养人应具备条件的说法，正确的是（　　）。（2018年真题）

A. 收养人应当年满28周岁

B. 收养残疾儿童的，可以不受收养人无子女的限制

C. 无配偶的男性收养女性的，应当与被收养人年龄相差30周岁以上

D. 收养生父母有特殊困难无力抚养的子女，可以不受收养1名的限制

参考答案：B

参考解析：本题考查收养成立的条件。《民法典》第一千零九十八条规定，收养人应当同时具备下列条件：（一）无子女或者只有一名子女；（二）有抚养、教育和保护被收养人的能力；（三）未患有在医学上认为不应当收养子女的疾病；（四）无不利于被收养人健康成长的违法犯罪记录；（五）年满三十周岁。A项错误。

《民法典》第一千一百条规定，无子女的收养人可以收养两名子女；有子女的收养人只能收养一名子女。收养孤儿、残疾未成年人或者儿童福利机构抚养的查找不到生父母的未成年人，可以不受前款和收养人无子女或者只有一名子女的限制。B项正确，D项错误。

《民法典》第一千一百零二条规定，无配偶者收养异性子女的，收养人与被收养人的年龄应当相差四十周岁以上。C项错误。故选B项。

2. 特殊收养关系成立的条件

特殊收养关系	具体内容
收养三代以内旁系同辈血亲的子女	可以不受以下条件的限制： ①生父母有特殊困难无力抚养的子女。（被收养人人的条件） ②有特殊困难无力抚养子女的生父母。（送养人的条件） ③无配偶者收养异性子女的，收养人与被收养人的年龄应当相差四十周岁以上（收养人的条件）
无子女的收养人	可以收养两名子女
有子女的收养人	只能收养一名子女
收养孤儿、残疾未成年人或者儿童福利机构抚养的查找不到生父母的未成年人	不受以下限制： ①无子女或者只有一名子女。 ②无子女的收养人可以收养两名子女；有子女的收养人只能收养一名子女
有配偶者收养子女	应当夫妻共同收养
无配偶者收养异性子女的	收养人与被收养人的年龄应当相差四十周岁以上
继父或者继母经继子女的生父母同意，可以收养继子女	不受以下条件的限制： ①生父母有特殊困难无力抚养的子女。（被收养人的条件） ②有特殊困难无力抚养子女的生父母。（送养人的条件） ③收养人同时具备的条件。 ④无子女的收养人可以收养两名子女；有子女的收养人只能收养一名子女

【真题再现】

1. 根据《收养法》（现为《民法典》婚姻家庭编）规定，收养子女，可以不受收养人无子女和收养一名限制的情形是（　　）。（2015年真题）

A. 收养孤儿

B. 无配偶男性收养女童

C. 收养三代以内同辈旁系血亲的子女

D. 收养生父母有特殊困难无力抚养的儿童

参考答案：A

参考解析：收养孤儿、残疾未成年人或者儿童福利机构抚养的查找不到生父母的未成年人，可以不受收养人无子女和收养一名的限制。故选 A 项。

2. 女孩小丽，孤儿，5 岁，生活在社会福利机构。根据《收养法》（现为《民法典》婚姻家庭编），下列具有抚养教育能力的人员中，可以收养小丽的是（　　）。（2019 年真题）

A. 赵某，男，未婚，38 岁，已收养一子

B. 钱某，女，离婚，38 岁，已收养一女

C. 孙某，男，已婚，28 岁，育有一子

D. 李某，女，离婚，28 岁，无子女

参考答案：B

参考解析：《民法典》第一千零九十八条规定，收养人应当同时具备下列条件：（一）无子女或者只有一名子女；（二）有抚养、教育和保护被收养人的能力；（三）未患有在医学上认为不应当收养子女的疾病；（四）无不利于被收养人健康成长的违法犯罪记录；（五）年满三十周岁。C、D 项错误。《民法典》第一千一百零一条规定，有配偶者收养子女，应当夫妻共同收养。《民法典》第一千一百零二条规定，无配偶者收养异性子女的，收养人与被收养人的年龄应当相差四十周岁以上。A 项错误。故选 B 项。

3. 根据《收养法》（现为《民法典》婚姻家庭编），收养关系成立的必经程序是（　　）。（2020 年真题）

A. 订立收养协议　　B. 办理收养公证

C. 办理收养登记　　D. 办理户口登记

参考答案：C

参考解析：办理收养登记是收养关系成立的必经程序。收养应当向县级以上人民政府民政部门登记。收养关系自登记之日起成立。故选 C 项。

3. 办理收养成立的机关

收养应当向县级以上人民政府民政部门登记。收养查找不到生父母的未成年人的，办理登记的民政部门应当在登记前予以公告。县级以上人民政府民政部门应当依法进行收养评估。

4. 收养关系成立的时间

收养关系自登记之日起成立。

收养关系当事人愿意签订收养协议的，可以签订收养协议。

收养关系当事人各方或者一方要求办理收养公证的，应当办理收养公证。

5. 外国人收养我国未成人的相关规定

外国人依法可以在中华人民共和国收养子女。外国人在中华人民共和国收养子女，应当经其所在国主管机关依照该国法律审查同意。收养人应当提供由其所在国有权机

构出具的有关其年龄、婚姻、职业、财产、健康、有无受过刑事处罚等状况的证明材料，并与送养人签订书面协议，亲自向省、自治区、直辖市人民政府民政部门登记。

证明材料应当经收养人所在国外交机关或者外交机关授权的机构认证，并经中华人民共和国驻该国使领馆认证，但是国家另有规定的除外。

考点二：收养的效力

1. 养子女与养父母及其近亲属的拟制效力

自收养关系成立之日起，养父母与养子女间的权利义务关系，适用《民法典》关于父母子女关系的规定。

养子女与养父母的近亲属间的权利义务关系，适用《民法典》关于子女与父母的近亲属关系的规定。

2. 养子女与生父母及其近亲属的消解效力

养子女与生父母以及其他近亲属间的权利义务关系，因收养关系的成立而消除。

3. 收养行为的无效

无效的收养行为自始没有法律约束力。

【真题再现】

根据《收养法》（现为《民法典》婚姻家庭编），收养人在被收养人成年以前，不得解除收养关系。自收养关系成立之日起，养父母和养子女之间的权利义务关系，适用法律关于（　　）的规定。（2017 年真题）

A. 寄养关系　　　　B. 托养关系

C. 亲属抚养关系　　　　D. 父母子女关系

参考答案：D

参考解析：《民法典》第一千一百一十一条规定，自收养关系成立之日起，养父母与养子女间的权利义务关系，适用本法关于父母子女关系的规定；养子女与养父母的近亲属间的权利义务关系，适用本法关于子女与父母的近亲属关系的规定。养子女与生父母以及其他近亲属间的权利义务关系，因收养关系的成立而消除。故选 D 项。

考点三：收养关系的解除

1. 协议解除

收养人在被收养人成年以前，不得解除收养关系，但是收养人、送养人双方协议解除的除外。养子女八周岁以上的，应当征得本人同意。

2. 诉讼解除

①养子女未成年的解除。

收养人不履行抚养义务，有虐待、遗弃等侵害未成年养子女合法权益行为的，送养人有权要求解除养父母与养子女间的收养关系。送养人、收养人不能达成解除收养关系协议的，可以向人民法院提起诉讼。

②养子女成年的解除。

养父母与成年养子女关系恶化、无法共同生活的，可以协议解除收养关系。不能达成协议的，可以向人民法院提起诉讼。

3. 收养解除的程序

当事人协议解除收养关系的，应当到民政部门办理解除收养关系登记。

4. 收养解除的法律效果

①养子女与养父母及其他近亲属关系终止。

收养关系解除后，养子女与养父母以及其他近亲属间的权利义务关系即行消除，与生父母以及其他近亲属间的权利义务关系自行恢复。但是，成年养子女与生父母以及其他近亲属间的权利义务关系是否恢复，可以协商确定。

②成年养子女对养父母的经济补偿。

收养关系解除后，经养父母抚养的成年养子女，对缺乏劳动能力又缺乏生活来源的养父母，应当给付生活费。

因养子女成年后虐待、遗弃养父母而解除收养关系的，养父母可以要求养子女补偿收养期间支出的抚养费。

③生父母对养父母的经济补偿。

生父母要求解除收养关系的，养父母可以要求生父母适当补偿收养期间支出的抚养费；但是，因养父母虐待、遗弃养子女而解除收养关系的除外。

【真题再现】

1. 根据《收养法》（现为《民法典》婚姻家庭编），关于收养关系解除的说法，正确的有（　　）。（2020 年真题）

A. 收养人在被收养人成年以前，不得解除收养关系，但收养人，送养人双方协议解除的除外

B. 养父母与成年养子女关系恶化，无法共同生活的，可以协议解除收养关系

C. 收养关系解除后，养子女与养父母及其他近亲属的权利义务关系即行消除

D. 收养关系解除后，养子女与生父母及其他近亲属的权利义务关系经人民法院裁判后恢复

E. 收养关系解除后，经养父母抚养成年的养子女，对缺乏劳动能力又缺乏生活来源的养父母，应当给付生活费

参考答案：ABCE

参考解析：《民法典》第一千一百一十四条规定，收养人在被收养人成年以前，不得解除收养关系，但是收养人、送养人双方协议解除的除外。养子女八周岁以上的，应当征得本人同意。A 项正确。《民法典》第一千一百一十五条规定，养父母与成年养子女关系恶化、无法共同生活的，可以协议解除收养关系。不能达成协议的，可以向人民法院提起诉讼。B 项正确。《民法典》第一千一百一十七条规定，收养关系解除后，养子女与养父母以及其他近亲属间的权利义务关系即行消除，与生父母以及其他近亲属间的权利义务关系自行恢复。但是，成年养子女与生父母以及其他近亲属间的权利义务关系是否恢复，可以协商确定。C 项正确，D 项错误。《民法典》第一千一百

一十八条规定，收养关系解除后，经养父母抚养的成年养子女，对缺乏劳动能力又缺乏生活来源的养父母，应当给付生活费。因养子女成年后虐待、遗弃养父母而解除收养关系的，养父母可以要求养子女补偿收养期间支出的抚养费。E项正确。故选A、B、C、E四项。

2. 小王现年30周岁，因与养父母感情恶化，依法解除了收养关系，养父母有稳定的收入来源，根据《收养法》（现为《民法典》婚姻家庭编），下列关于小王与养父母收养关系解除效力的说法，正确的是（　　）。（2016年真题）

A. 养父母有权要求小王继续履行赡养义务

B. 小王与养父母的父母子女权利义务关系即行消除

C. 小王应当全额补偿父母收养期间支出的教育费

D. 只要小王每月给付养父母生活费，仍可继承养父母的遗产

参考答案：B

参考解析：本题考查收养解除的法律效力。《民法典》第一千一百一十七条规定，收养关系解除后，养子女与养父母以及其他近亲属间的权利义务关系即行消除，与生父母以及其他近亲属间的权利义务关系自行恢复。但是，成年养子女与生父母以及其他近亲属间的权利义务关系是否恢复，可以协商确定。《民法典》第一千一百一十八条规定，收养关系解除后，经养父母抚养的成年养子女，对缺乏劳动能力又缺乏生活来源的养父母，应当给付生活费。因养子女成年后虐待、遗弃养父母而解除收养关系的，养父母可以要求养子女补偿收养期间支出的抚养费。故选B项。

第三节　财产继承法规与政策

【重要考点概览】

小节	主要考点	历年考查点
第三节　财产继承法规与政策	继承的一般规定	2018年考查单项选择题
	继承权的丧失、接受和放弃	2015年考查单项选择题 2017年考查单项选择题 2019年考查单项选择题
	法定继承	2016年考查单项选择题 2020年考查单项选择题
	遗嘱继承	2015年考查单项选择题 2016年考查单项选择题 2018年考查单项选择题 2020年考查多项选择题
	遗产的处理	2015年考查多项选择题 2017年考查单项选择题、多项选择题 2019年考查单项选择题、多项选择题 2020年考查单项选择题

考点一：继承的一般规定

1. 继承的开始

（1）继承从被继承人死亡时开始。（自然死亡和宣告死亡）

（2）自然人有下列情形之一的，利害关系人可以向人民法院申请宣告该自然人死亡：

①下落不明满四年。

②因意外事件，下落不明满二年。

③因意外事件下落不明，经有关机关证明该自然人不可能生存的，申请宣告死亡不受二年时间的限制。

（3）死亡时间的确定。

①被宣告死亡的人，人民法院宣告死亡的判决作出之日视为其死亡的日期；因意外事件下落不明宣告死亡的，意外事件发生之日视为其死亡的日期。

②相互有继承关系的数人在同一事件中死亡，难以确定死亡时间的，推定没有其他继承人的人先死亡；都有其他继承人，辈分不同的，推定长辈先死亡；辈分相同的，推定同时死亡，相互不发生继承。

2. 继承的通知

①继承开始后，知道被继承人死亡的继承人应当及时通知其他继承人和遗嘱执行人。

②继承人中无人知道被继承人死亡或者知道被继承人死亡而不能通知的，由被继承人生前所在单位或者住所地的居民委员会、村民委员会负责通知。

3. 遗产分割原则

①先遗嘱继承，后法定继承。继承开始后，按照法定继承办理；有遗嘱的，按照遗嘱继承或者遗赠办理；有遗赠扶养协议的，按照协议办理。

②保留胎儿继承份额。遗产分割时，应当保留胎儿的继承份额。胎儿娩出时是死体的，保留的份额按照法定继承办理。

③互谅互让、协商分割。继承人应当本着互谅互让、和睦团结的精神，协商处理继承问题。遗产分割的时间、办法和份额，由继承人协商确定；协商不成的，可以由人民调解委员会调解或者向人民法院提起诉讼。

④遗产分割应当有利于生产和生活需要，不损害遗产的效用。不宜分割的遗产，可以采取折价、适当补偿或者共有等方法处理。

注意：

①继承开始后，继承人于遗产分割前死亡，并没有放弃继承的，该继承人应当继承的遗产转给其继承人，但是遗嘱另有安排的除外。

②夫妻共同所有的财产，除有约定的外，遗产分割时，应当先将共同所有的财产的一半分出为配偶所有，其余的为被继承人的遗产。

【真题再现】

根据《继承法》（现为《民法典》继承编），关于继承开始的说法，正确的是（　　）。（2019 年真题）

A. 被继承人被宣告死亡时，继承开始

B. 被继承人被宣告失踪时，继承开始

C. 被继承人下落不明满 3 年继承开始

D. 被继承人因意外事故下落不明满 1 年继承开始

参考答案：A

参考解析：《民法典》第一千一百二十一条规定，继承从被继承人死亡时开始。相互有继承关系的数人在同一事件中死亡，难以确定死亡时间的，推定没有其他继承人的人先死亡。都有其他继承人，辈分不同的，推定长辈先死亡；辈分相同的，推定同时死亡，相互不发生继承。故选 A 项。

考点二：继承权的丧失、接受和放弃

1. 继承的接受与放弃

继承开始后，继承人放弃继承的，应当在遗产处理前，以书面形式作出放弃继承的表示；没有表示的，视为接受继承。

2. 遗赠的接受与放弃

受遗赠人应当在知道受遗赠后六十日内，作出接受或者放弃受遗赠的表示；到期没有表示的，视为放弃受遗赠。

3. 继承权的丧失

继承人有下列行为之一的，丧失继承权：

①故意杀害被继承人。

②为争夺遗产而杀害其他继承人。

③遗弃被继承人，或者虐待被继承人情节严重。

④伪造、篡改、隐匿或者销毁遗嘱，情节严重。

⑤以欺诈、胁迫手段迫使或者妨碍被继承人设立、变更或者撤回遗嘱，情节严重。

继承人有第③~⑤项行为，确有悔改表现，被继承人表示宽恕或者事后在遗嘱中将其列为继承人的，该继承人不丧失继承权。

受遗赠人有第①~⑤项规定行为的，丧失受遗赠权。

【真题再现】

1. 根据《继承法》（现为《民法典》继承编），下列继承人的行为中，导致继承人丧失继承权的行为是（　　）。（2015 年真题）

A. 藏匿遗嘱　　B. 遗弃被继承人

C. 谩骂羞辱被继承人　　D. 因拆迁补偿款纠纷杀害其他继承人

参考答案：B

参考解析：《民法典》第一千一百二十五条规定，继承人有下列行为之一的，丧失

继承权：（一）故意杀害被继承人；（二）为争夺遗产而杀害其他继承人；（三）遗弃被继承人，或者虐待被继承人情节严重；（四）伪造、篡改、隐匿或者销毁遗嘱，情节严重；（五）以欺诈、胁迫手段迫使或者妨碍被继承人设立、变更或者撤回遗嘱，情节严重。D 项因拆迁补偿款纠纷而不是因争夺遗产而杀害其他继承人，D 项错误。故选 B 项。

2. 根据《继承法》（现为《民法典》继承编），下列继承人的行为中，导致继承人丧失继承权的情形是（　　）。（2019 年真题）

A. 销毁遗嘱，情节严重的　　B. 故意伤害其他继承人的

C. 过失致被继承人死亡的　　D. 虐待被继承人，情节轻微的

参考答案：A

参考解析：《民法典》第一千一百二十五条规定，继承人有下列行为之一的，丧失继承权：（一）故意杀害被继承人；（二）为争夺遗产而杀害其他继承人；（三）遗弃被继承人，或者虐待被继承人情节严重；（四）伪造、篡改、隐匿或者销毁遗嘱，情节严重；（五）以欺诈、胁迫手段迫使或者妨碍被继承人设立、变更或者撤回遗嘱，情节严重。故选 A 项。

考点三：法定继承

1. 法定继承的范围和顺序

①第一顺序：配偶、子女、父母。

②第二顺序：兄弟姐妹、祖父母、外祖父母。

③丧偶儿媳对公婆，丧偶女婿对岳父母，尽了主要赡养义务的，作为第一顺序继承人。

④继承开始后，由第一顺序继承人继承，第二顺序继承人不继承；没有第一顺序继承人继承的，由第二顺序继承人继承。

⑤子女，包括婚生子女、非婚生子女、养子女和有扶养关系的继子女。

父母，包括生父母、养父母和有扶养关系的继父母。

兄弟姐妹，包括同父母的兄弟姐妹、同父异母或者同母异父的兄弟姐妹、养兄弟姐妹、有扶养关系的继兄弟姐妹。

2. 代为继承

①被继承人的子女先于被继承人死亡的，由被继承人的子女的直系晚辈血亲代位继承。

②被继承人的兄弟姐妹先于被继承人死亡的，由被继承人的兄弟姐妹的子女代位继承。

③代位继承人一般只能继承被代位继承人有权继承的遗产份额。

3. 法定继承遗产的分配原则

①同一顺序继承人继承遗产的份额，一般应当均等。继承人协商同意的，也可以不均等。

②对生活有特殊困难又缺乏劳动能力的继承人，分配遗产时，应当予以照顾。

③对被继承人尽了主要扶养义务或者与被继承人共同生活的继承人，分配遗产时，可以多分。

④有扶养能力和有扶养条件的继承人，不尽扶养义务的，分配遗产时，应当不分或者少分。

⑤对继承人以外的依靠被继承人扶养的人，或者继承人以外的对被继承人扶养较多的人，可以分给适当的遗产。

注意：

①遗嘱应当为缺乏劳动能力又没有生活来源的继承人保留必要的遗产份额。

②夫妻一方死亡后另一方再婚的，有权处分所继承的财产，任何组织或者个人不得干涉。

【真题再现】

1. 根据《继承法》（现为《民法典》继承编），夫妻一方死亡，另一方再婚且不赡养死亡一方父母，对所继承的死亡一方的遗产（　　）。（2017 年真题）

A. 再婚一方无权处分　　B. 再婚一方有权处分

C. 按转继承重新处分　　D. 按法定继承重新处分

参考答案：B

参考解析：《民法典》第一千一百五十七条规定，夫妻一方死亡后另一方再婚的，有权处分所继承的财产，任何组织或者个人不得干涉。因继承已经完成，再婚一方有权处分。故选 B 项。

2. 老周有大周、小周两个儿子，小周在年幼时被他人依法收养。2009 年，离异多年的老周与王某再婚，王某有一个已成年的儿子小利。2015 年 6 月，大周及其子均得病去世，留下老周曾孙小明，老周于 2015 年 11 月去世，无遗嘱，根据《继承法》（现为《民法典》继承编），老周下列亲人中，有权继承老周遗产的是（　　）。（2016 年真题）

A. 小周、王某　　B. 小周、小明　　C. 小明、王某　　D. 小利、王某

参考答案：C

参考解析：本题考查法定继承人的范围。小周因被他人依法收养，故无权继承老周的遗产。老周再婚时，继子小利已成年，与老周无抚养关系，故小利也无权继承老周遗产。大周及其子均得病去世，故原本由他们继承的遗产通过代位继承由小明继承。有权继承老周遗产的人是其配偶王某和小明。故选 C 项。

3. 根据《继承法》（现为《民法典》继承编），下列关于代位继承的说法，正确的是（　　）。（2018 年真题）

A. 甲的儿子乙先于甲死亡，甲死亡后，乙的无抚养教育关系的继子可代位继承甲的遗产

B. 甲的儿子乙先于甲死亡，甲死亡后，乙的非婚生女儿可代位继承甲的遗产

C. 甲的女儿丙先于甲死亡，甲死亡后，丙的丈夫可代位继承甲的遗产

D. 甲的女儿丙先于甲死亡，甲死亡后，丙的解除收养关系的养子可代位继承甲的遗产

参考答案：B

参考解析：本题考查代位继承。《民法典》第一千一百二十八条规定，被继承人的子女先于被继承人死亡的，由被继承人的子女的直系晚辈血亲代位继承。被继承人的兄弟姐妹先于被继承人死亡的，由被继承人的兄弟姐妹的子女代位继承。代位继承人一般只能继承被代位继承人有权继承的遗产份额。A 项中继子、C 项中丙的丈夫、D 项中养子均不属于被继承子女的晚辈直系血亲。故选 B 项。

4. 根据《继承法》（现为《民法典》继承编），关于法定继承的说法，正确的是（　　）。（2020 年真题）

A. 第二顺序继承人包括祖父母、外祖父母、孙子女、外孙子女和兄弟姐妹

B. 丧偶儿媳对公、婆尽了主要赡养义务的，作为第二顺序继承人

C. 继承人以外的、对被继承人扶养较多的人，可以继承被继承人的遗产

D. 继承开始后，如果没有第一顺序继承人继承，由第二顺序继承人继承

参考答案：D

参考解析：《民法典》第一千一百二十七条规定，遗产按照下列顺序继承：①第一顺序：配偶、子女、父母。②第二顺序：兄弟姐妹、祖父母、外祖父母。A 项错误。继承开始后，由第一顺序继承人继承，第二顺序继承人不继承；没有第一顺序继承人继承的，由第二顺序继承人继承。D 项正确。《民法典》第一千一百二十九条规定，丧偶儿媳对公婆，丧偶女婿对岳父母，尽了主要赡养义务的，作为第一顺序继承人。B 项错误。《民法典》第一千一百三十一条规定，对继承人以外的依靠被继承人扶养的人，或者继承人以外的对被继承人扶养较多的人，可以分给适当的遗产。C 项错误。故选 D 项。

5. 根据《继承法》（现为《民法典》继承编），关于法定继承中遗产不均等分配的说法，正确的是（　　）。（2019 年真题）

A. 对被继承人尽了主要扶养义务的继承人，分配遗产时，可以多分

B. 对生活有特殊困难的缺乏劳动能力的继承人，分配遗产时，应当予以照顾

C. 对有扶养能力和扶养条件但不尽扶养义务的继承人，分配遗产时，应当不分或者少分

D. 对代位继承人，分配遗产时，应当少分

E. 继承人协商同意的，分配遗产时，可以不均等

参考答案：ABCE

参考解析：《民法典》第一千一百三十条规定，同一顺序继承人继承遗产的份额，一般应当均等。对生活有特殊困难又缺乏劳动能力的继承人，分配遗产时，应当予以照顾。对被继承人尽了主要扶养义务或者与被继承人共同生活的继承人，分配遗产时，

可以多分。有扶养能力和有扶养条件的继承人，不尽扶养义务的，分配遗产时，应当不分或者少分。继承人协商同意的，也可以不均等。故选 A、B、C、E 四项。

6. 根据《继承法》（现为《民法典》继承编），关于法定继承遗产分割的说法，正确的是（　　）。（2020 年真题）

A. 继承人协商同意的，可以不均等继承

B. 丧偶儿媳、女婿，应当继承其配偶应得份额

C. 代位继承人继承的份额应当少于其他法定继承人

D. 被继承人的遗产应当由被继承人的配偶继承一半

参考答案： A

参考解析：《民法典》第一千一百三十条规定，同一顺序继承人继承遗产的份额，一般应当均等。对生活有特殊困难又缺乏劳动能力的继承人，分配遗产时，应当予以照顾。对被继承人尽了主要扶养义务或者与被继承人共同生活的继承人，分配遗产时，可以多分。有扶养能力和有扶养条件的继承人，不尽扶养义务的，分配遗产时，应当不分或者少分。继承人协商同意的，也可以不均等。故选 A 项。

★ 考点四：遗嘱继承

1. 遗嘱的订立

①自然人可以立遗嘱将个人财产指定由法定继承人中的一人或者数人继承。

②自然人可以立遗嘱将个人财产赠与国家、集体或者法定继承人以外的组织、个人。

③自然人可以依法设立遗嘱信托。

2. 遗嘱的形式

①自书遗嘱：由遗嘱人亲笔书写，签名，注明年、月、日。

②代书遗嘱：应当有两个以上见证人在场见证，由其中一人代书，并由遗嘱人、代书人和其他见证人签名，注明年、月、日。

③打印遗嘱：应当有两个以上见证人在场见证。遗嘱人和见证人应当在遗嘱每一页签名，注明年、月、日。

④录音录像遗嘱：以录音录像形式立的遗嘱，应当有两个以上见证人在场见证。遗嘱人和见证人应当在录音录像中记录其姓名或者肖像，以及年、月、日。

⑤口头遗嘱：遗嘱人在危急情况下，可以立口头遗嘱。口头遗嘱应当有两个以上见证人在场见证。危急情况消除后，遗嘱人能够以书面或者录音录像形式立遗嘱的，所立的口头遗嘱无效。

⑥公证遗嘱：由遗嘱人经公证机构办理。

3. 遗嘱见证人

下列人员不能作为遗嘱见证人：

①无民事行为能力人、限制民事行为能力人以及其他不具有见证能力的人。

②继承人、受遗赠人。

③与继承人、受遗赠人有利害关系的人。

4. 遗嘱的效力

立有数份遗嘱，内容相抵触的，以最后的遗嘱为准。

5. 遗嘱的无效

①无民事行为能力人或者限制民事行为能力人所立的遗嘱无效。

②遗嘱必须表示遗嘱人的真实意思，受欺诈、胁迫所立的遗嘱无效。

③伪造的遗嘱无效。

④遗嘱被篡改的，篡改的内容无效。

【真题再现】

1. 根据《继承法》（现为《民法典》继承编），下列关于口头遗嘱的说法，正确的是（　　）。（2015 年真题）

A. 口头遗嘱可以撤销公证遗嘱

B. 在危急情况下可以立口头遗嘱

C. 限制行为能力人所立口头遗嘱有效

D. 限制行为能力人可以作为口头遗嘱的见证人

参考答案：B

参考解析：《民法典》第一千一百三十八条规定，遗嘱人在危急情况下，可以立口头遗嘱。口头遗嘱应当有两个以上见证人在场见证。危急情况消除后，遗嘱人能够以书面或者录音录像形式立遗嘱的，所立的口头遗嘱无效。故选 B 项。

2. 老马早年丧妻，有两子一女，2015 年 5 月，老马去世，其生前分别于 2009 年、2011 年、2013 年先后依法订立自书遗嘱、公证遗嘱和代书遗嘱各一份，将自己的一套住房处分给不同的子女，三份遗嘱相互冲突，根据《继承法》（现为《民法典》继承编），老马的住房继承应当按照（　　）办理。（2016 年真题）

A. 自书遗嘱　　B. 公证遗嘱　　C. 代书遗嘱　　D. 法定继承

参考答案：C

参考解析：本题考查遗嘱的效力。《民法典》第一千一百四十二条规定，立有数份遗嘱，内容相抵触的，以最后的遗嘱为准。故选 C 项。

3. 根据《继承法》（现为《民法典》继承编），下列遗嘱中，应认定有效的是（　　）。（2018 年真题）

A. 小芸，15 周岁，遭遇车祸弥留之际口头订立的遗嘱

B. 小强，38 周岁，精神病发病且不能完全辨认自己行为时亲笔书写的遗嘱

C. 老汪，59 周岁，通过录音订立的遗嘱，其间无见证人在场

D. 老齐，76 周岁，亲笔书写并签名订立的遗嘱，其间无见证人在场

参考答案：D

参考解析：《民法典》第一千一百四十三条规定，无民事行为能力人或者限制民事行为能力人所立的遗嘱无效。遗嘱必须表示遗嘱人的真实意思，受欺诈、胁迫所立的

遗嘱无效。伪造的遗嘱无效。遗嘱被篡改的，篡改的内容无效。A 项小芸 15 周岁，不具有完全的民事行为能力。B 项小强立遗嘱是在精神病发病期间，不能完全辨认自己行为时亲笔书写的遗嘱。C 项老汪选择录音订立遗嘱，《民法典》第一千一百三十七条规定，以录音录像形式立的遗嘱，应当有两个以上见证人在场见证。D 项老齐具有完全民事行为能力，亲笔书写的遗嘱属于自书遗嘱，不需要见证人，且具有签名，形式合法。故选 D 项。

4. 根据《继承法》（现为《民法典》继承编），下列遗嘱中，应认定为无效的是（　　）。（2020 年真题）

A. 遗嘱人独自以录音形式所立的遗嘱

B. 遗嘱人经人代书并由两名继承人见证所立的遗嘱

C. 遗嘱人受欺骗所立的遗嘱

D. 遗嘱人亲笔书写、签名并注明年月日所立的遗嘱

E. 限制民事行为能力人所立的遗嘱

参考答案： ACE

参考解析：《民法典》第一千一百四十三条规定，无民事行为能力人或者限制民事行为能力人所立的遗嘱无效。遗嘱必须表示遗嘱人的真实意思，受欺诈、胁迫所立的遗嘱无效。伪造的遗嘱无效。遗嘱被篡改的，篡改的内容无效。《民法典》第一千一百三十七条规定，以录音录像形式立的遗嘱，应当有两个以上见证人在场见证。遗嘱人和见证人应当在录音录像中记录其姓名或者肖像，以及年、月、日。故选 A、C、E 三项。

★ 考点五：遗产的处理

1. 遗产管理人

①继承开始后，遗嘱执行人为遗产管理人。

②没有遗嘱执行人的，继承人应当及时推选遗产管理人。

③继承人未推选的，由继承人共同担任遗产管理人。

④没有继承人或者继承人均放弃继承的，由被继承人生前住所地的民政部门或者村民委员会担任遗产管理人。

2. 遗产管理人的职责

①清理遗产并制作遗产清单。

②向继承人报告遗产情况。

③采取必要措施防止遗产毁损、灭失。

④处理被继承人的债权债务。

⑤按照遗嘱或者依照法律规定分割遗产。

⑥实施与管理遗产有关的其他必要行为。

注意：遗产管理人可以依照法律规定或者按照约定获得报酬。

3. 遗产按照法定继承办理的情形

有下列情形之一的，遗产中的有关部分按照法定继承办理：

①遗嘱继承人放弃继承或者受遗赠人放弃受遗赠。

②遗嘱继承人丧失继承权或者受遗赠人丧失受遗赠权。

③遗嘱继承人、受遗赠人先于遗嘱人死亡或者终止。

④遗嘱无效部分所涉及的遗产。

⑤遗嘱未处分的遗产。

4. 被继承人债务的清偿

①分割遗产，应当清偿被继承人依法应当缴纳的税款和债务；但是，应当为缺乏劳动能力又没有生活来源的继承人保留必要的遗产。

②继承人以所得遗产实际价值为限清偿被继承人依法应当缴纳的税款和债务。超过遗产实际价值部分，继承人自愿偿还的不在此限。

③执行遗赠不得妨碍清偿遗赠人依法应当缴纳的税款和债务。

④既有法定继承又有遗嘱继承、遗赠的，由法定继承人清偿被继承人依法应当缴纳的税款和债务；超过法定继承遗产实际价值部分，由遗嘱继承人和受遗赠人按比例以所得遗产清偿。

5. 无人继承又无人受遗赠的遗产的处理

①无人继承又无人受遗赠的遗产，归国家所有，用于公益事业。

②死者生前是集体所有制组织成员的，归所在集体所有制组织所有。

【真题再现】

1. 根据《继承法》（现为《民法典》继承编），下列关于遗赠的说法，错误的是（　　）。（2018 年真题）

A. 遗赠人须有遗嘱能力，且遗嘱必须是遗赠人的真实意思表示

B. 受遗赠人先于遗嘱人死亡的，遗产的有关部分应按法定继承办理

C. 受遗赠人在知道受遗赠后两个月内，没有表示接受或者放弃受遗赠的，应视为放弃受遗赠

D. 执行遗赠可免于清偿遗赠人依法应当缴纳的税款和债务

参考答案： D

参考解析：《民法典》第一千一百五十四条规定，有下列情形之一的，遗产中的有关部分按照法定继承办理：（一）遗嘱继承人放弃继承或者受遗赠人放弃受遗赠；（二）遗嘱继承人丧失继承权或者受遗赠人丧失受遗赠权；（三）遗嘱继承人、受遗赠人先于遗嘱人死亡或者终止；（四）遗嘱无效部分所涉及的遗产；（五）遗嘱未处分的遗产。《民法典》第一千一百二十四条规定，受遗赠人应当在知道受遗赠后六十日内，作出接受或者放弃受遗赠的表示；到期没有表示的，视为放弃受遗赠。《民法典》第一千一百四十三条规定，无民事行为能力人或者限制民事行为能力人所立的遗嘱无效。遗嘱必须表示遗嘱人的真实意思，受欺诈、胁迫所立的遗嘱无效。伪造的遗嘱无效。

遗嘱被篡改的，篡改的内容无效。《民法典》第一千一百六十二条规定，执行遗赠不得妨碍清偿遗赠人依法应当缴纳的税款和债务。故选 D 项。

2. 根据《继承法》（现为《民法典》继承编），继承人继承遗产，应当清偿被继承人依法应当缴纳的税款和债务，缴纳税款和清偿债务以（　　）为限。(2017 年真题)

A. 继承人财产的实际价值　　B. 被继承人遗产的实际价值

C. 税款和债务的实际额度　　D. 被继承人遗嘱确定的清偿额度

参考答案： B

参考解析：《民法典》第一千一百六十一条规定，继承人以所得遗产实际价值为限清偿被继承人依法应当缴纳的税款和债务。超过遗产实际价值部分，继承人自愿偿还的不在此限。故选 B 项。

【本章小结】

本章属于我国民法相关内容范畴，考查《中华人民共和国民法典》的内容。(1) 婚姻。婚姻缔结与终止条件和程序，婚后夫妻关系（权利义务）、子女关系及其他家庭成员之间关系，离婚财产分割、经济帮助、损害赔偿、子女抚养与探视等。(2) 收养。收养登记的条件和程序，收养的拟制效力、解消效力以及收养无效的原因，收养解除的条件和程序，收养解除后的法律效力等。(3) 继承。继承的三种形式（遗嘱、遗赠以及法定继承），继承人范围和顺序，遗产的范围、分割，债务清偿等。

回顾近年来考试情况，本章出题的比重较大，题型以应用型为主，要求考生在熟知考点的基础上做出情境判断。婚姻缔结与终止登记相关法规、送养法规以及遗产继承等法规内容对于社会工作实践具有非常强的指导作用，因此常常成为考查的热点知识。考生可以利用过往真题充分把握出题规律，提升备考效率。

扫码听课

第六章　我国人民调解、信访工作和突发事件应对法规与政策

【本章导学】

本章主要介绍人民调解、信访工作和突发事件应对的法规与政策的主要内容，涉及法规包括：《中华人民共和国人民调解法》《信访条例》《中华人民共和国突发事件应对法》等。

人民调解制度是中国共产党领导人民依靠群众解决民间纠纷的，在人民调解委员会主持下，以国家的法律、法规、规章、政策和社会公德为依据，对民间纠纷当事人进行说服教育、规劝疏导，促使纠纷各方当事人互谅互让，平等协商，自愿达成协议，消除纷争的一种群众自治活动。

信访工作是党和政府密切联系群众、倾听群众意见、接受群众监督的一种重要方式，是社会主义和谐社会建设的重要手段之一。本章在畅通信访渠道、创新信访工作机制、维护信访秩序、强化工作责任四个方面都进行了介绍。

突发事件应急处理法规与政策规范了突发事件应对原则和突发事件应对过程与方法，对于预防和减少突发事件，控制、减轻和消除突发事件引起的严重社会危害具有重要意义。

【历年题量/分值分布】

	2015 年	2016 年	2017 年	2018 年	2019 年	2020 年
单项选择题	3 道	3 道	2 道	3 道	3 道	5 道
多项选择题	2 道	1 道	1 道	—	1 道	1 道
合计分值	7 分	5 分	4 分	3 分	5 分	7 分

注：单项选择题每题 1 分，多项选择题每题 2 分（错选，本题不得分；少选，所选每个选项得 0.5 分）。

【本章知识概览】

小节	考点	备考指数
第一节　人民调解法规与政策	人民调解的概念和原则	★★★
	当事人在调解中的权利和义务	★★★★★
	人民调解的程序	★★
	调解协议的内容、效力及确认	★★★★
第二节　信访工作法规与政策	信访工作的机构和渠道	★★
	信访事项的提出、受理、办理和督办	★★★★★

续表

小节	考点	备考指数
第二节　信访工作法规与政策	信访制度改革	★★★★
第三节　突发事件应对法规与政策	突发事件的类型、分级与应对原则	★★
	突发事件应急管理体制	★★
	突发事件应对的过程与方法	★★★★★
	突发事件的法律责任	★

【考点详解】

第一节　人民调解法规与政策

【重要考点概览】

小节	主要考点	历年考查点
第一节　人民调解法规与政策	人民调解的概念和原则	2019 年考查单项选择题
	当事人在调解中的权利和义务	2015 年考查单项选择题 2017 年考查单项选择题
	人民调解的程序	2015 年考查单项选择题
	调解协议的内容、效力及确认	2015 年考查多项选择题 2016 年考查单项选择题 2018 年考查单项选择题 2020 年考查单项选择题

考点一：人民调解的概念和原则

1. 人民调解的概念

人民群众进行自我管理、自我服务、自我约束、自我教育的群众性自治活动。

2. 人民调解的意义

①进一步做好群众工作。

②加强和创新社会治理。

③维护社会和谐稳定。

3. 人民调解的原则

①依法调解。

②自愿平等。

③尊重当事人权利。

【真题再现】

根据《人民调解法》，在人民调解工作中，当事人一方明确拒绝调解的，人民调解委员会不得调解。这体现了人民调解的（　　）原则。（2019 年真题）

A. 公正　　B. 自愿　　C. 平等　　D. 公开

参考答案：B

参考解析：人民调解委员会调解纠纷，必须出于双方当事人的自愿。当事人接受调解，人民调解委员会就予以受理；如果当事人不同意某个调解委员的调解，就应当尊重当事人的意愿，更换调解委员；如果当事人根本不同意人民调解委员会调解，就不得硬性调解或者强迫调解。故选B项。

考点二：当事人在调解中的权利和义务

1. 当事人在人民调解活动中的权利

①选择或者接受人民调解员。

②接受调解、拒绝调解或者要求终止调解。

③要求调解公开进行或者不公开进行。

④自主表达意愿、自愿达成调解协议。

2. 当事人在人民调解活动中的义务

①如实陈述纠纷事实。

②遵守调解现场秩序，尊重人民调解员。

③尊重对方当事人行使权利。

【真题再现】

1. 范某和王某发生邻里纠纷，有矛盾激化的可能，人民调解委员会派人民调解员小冯去调解。根据《人民调解法》，下列做法错误的是（　　）。（2015年真题）

A. 范某和王某提出要求更换调解员小冯

B. 王某因个人原因，提出终止调解的意愿

C. 范某要求再增加一名人民调解员进行调解

D. 小冯出于邻里和睦的考虑，阻止范某向人民法院提起诉讼

参考答案：D

参考解析：尊重当事人的权利，不得因调解而阻止当事人依法通过仲裁、行政、司法等途径维护自己的权利，这是调解工作必须遵守的第三个原则，也是人民调解的保障。故选D项。

2. 根据《人民调解法》，下列关于当事人在调解中的权利和义务的说法，正确的是（　　）。（2017年真题）

A. 当事人应当如实陈述纠纷事实

B. 当事人如接受调解，不得终止

C. 当事人可以选择自己信任的调解员

D. 当事人应当尊重对方当事人行使权利

E. 调解是否公开，要尊重当事人的意愿

参考答案：ACDE

参考解析：人民调解要遵循依法调解原则、自愿平等原则和尊重当事人权利的原

则。自愿平等原则是人民调解的基础。故选 A、C、D、E 项。

考点三：人民调解的程序

程序	具体内容	
受理纠纷	申请调解	一方或者双方当事人申请。 以简便易行为原则：可以口头也可以书面
	主动调解	纠纷受理的基本来源和重要形式：主动受理。 分类登记：受理/不受理
调查研究	①纠纷产生的原因、争执的焦点和发展的过程。 ②了解当事人的意见和要求。 ③现场查访。（现场勘验笔录） ④向其他知情人了解情况	
进行调解	①指定或者由当事人选择一名或者数名人民调解员进行调解。 ②在征得同意后，可以邀请当事人的亲属、邻里、同事、具有专门知识、特定经验的人员或者有关社会组织的人员参与调解	
结束调解	①达成调解。 ②调解不成，告知其他途径——仲裁、行政、司法。 ③记录、存档、预防矛盾激化、报告公安机关——可能引起治安案件、刑事案件的纠纷	

【真题再现】

张某和老李发生邻里纠纷。在接受调解过程中，张某情绪非常激动，扬言要拿刀砍人。人民调解员小王担心事态恶化，欲采取措施。根据《人民调解法》，小王应当采取的措施是（　　）。(2015 年真题)

A. 通知张某的亲属　　B. 向张某工作单位报告

C. 通知张某居住地委员会　　D. 向张某居住地派出所报告

参考答案：D

参考解析：人民调解员在调解纠纷过程中，发现纠纷有可能激化的，应当采取有针对性的预防措施；对有可能引起治安案件、刑事案件的纠纷，应当及时向当地公安机关或者其他有关部门报告。而派出所作为公安系统的基层组织，是上级公安机关的派出机构。故选 D 项。

考点四：调解协议的内容、效力及确认

1. 调解协议的内容（口头或者书面皆可）

①当事人的基本情况。

②纠纷的主要事实、争议事项以及当事人的责任。

③当事人达成调解协议的内容，履行的方式、期限。

2. 调解协议的效力

①生效：自各方当事人签名、盖章或者捺指印，人民调解员签名并加盖人民调解委员会印章之日起。

②具有法律约束力。

③若履行协议或者对内容有争议的，可向法院诉讼。

3. 调解协议的确认

①调解协议生效 30 日内共同向人民法院申请司法确认。（双方当事人认为有必要的）

②司法确认法院确认有效：一方不履行，可以向法院申请强制执行。

③法院确认无效：变更或达成新的协议，也可以诉讼。

【真题再现】

1. 根据《人民调解法》，经人民调解委员会达成的调解协议（　　）。（2018 年真题）

A. 具有法律约束力

B. 公证后具有法律约束力

C. 由一方当事人申请司法确认后具有法律约束力

D. 由双方当事人申请司法确认后具有法律约束力

参考答案：A

参考解析：本题考查人民调解协议的法律效力问题。经人民调解委员会调解达成的调解协议，具有法律约束力，当事人应当按照约定履行。故选 A 项。

2. 根据《人民调解法》，下列关于经人民调解委员会调解达成的调解协议的说法，正确的是（　　）。（2015 年真题）

A. 人民法院依法确认调解协议无效的，当事人可以向人民法院提起诉讼

B. 双方当事人可自调解协议生效之日起 60 日内向人民法院申请司法确认

C. 调解协议书需由双方当事人向人民法院申请司法确认后，才具有法律约束力

D. 当事人之间就调解协议的履行发生争议的，一方当事人可以向人民法院提起诉讼

E. 当事人认为无须制作调解协议书的，可采取口头协议方式，人民调解员应当记录协议内容

参考答案：ADE

参考解析：B 项，经人民调解委员会调解达成调解协议后，双方当事人认为有必要的，可以自调解协议生效之日起 30 日内共同向人民法院申请司法确认；C 项，经人民调解委员会调解达成的调解协议，具有法律约束力，当事人应当按照约定履行。故选 A、D、E 三项。

3. 小张与邻居小王因楼道堆物引发争执，小张在未取得小王同意的情况下，擅自将小王堆放在楼道内的旧报纸和空饮料瓶清除出楼道，导致矛盾进一步升级，二人所在社区调解委员会主任老杨得知后立即派出调解员小姜前去调解。根据《人民调解法》，下列关于该争执调解的说法，正确的是（　　）。（2016 年真题）

A. 小张、小王应接受小姜调解

B. 小姜可直接邀请楼里其他邻居参与调解

C. 小王认为小姜偏袒小张，可以申请由老杨来调解

D. 小张、小王达成口头协议后，小姜应为其制作调解协议书

参考答案：C

参考解析：A 项，当事人可以接受人民调解委员会的调解，也可以拒绝调解；B 项，邀请他人参加调解需要征得当事人同意；C 项，当事人既可以接受人民调解委员会指定的调解员，也可以选择自己喜欢和信任的调解员。D 项错误，经人民调解委员会调解达成调解协议的，可以制作调解协议书。当事人认为无须制作调解协议书的，可以采取口头协议方式，人民调解员应当记录协议内容。故选 C 项。

4. 根据《人民调解法》，关于调解协议的说法，正确的是（　　）。(2020 年真题)

A. 达成调解协议前，当事人不得要求终止调解

B. 经人民调解委员会调解达成的调解协议具有法律约束力

C. 调解协议书自双方当事人签名、盖章或者捺指印起生效

D. 调解协议书生效后，当事人之间就调解协议内容发生争议的，人民调解委员会应当再次调解

参考答案：B

参考解析：《人民调解法》第二十三条规定，当事人在人民调解活动中享有下列权利：（一）选择或者接受人民调解员；（二）接受调解、拒绝调解或者要求终止调解；（三）要求调解公开进行或者不公开进行；（四）自主表达意愿、自愿达成调解协议。调解协议书自各方当事人签名、盖章或者捺指印，人民调解员签名并加盖人民调解委员会印章之日起生效。调解协议书由当事人各执一份，人民调解委员会留存一份。

《人民调解法》第三十二条规定，经人民调解委员会调解达成调解协议后，当事人之间就调解协议的履行或者调解协议的内容发生争议的，一方当事人可以向人民法院提起诉讼。故选 B 项。

第二节　信访工作法规与政策

【重要考点概览】

小节	主要考点	历年考查点
第二节　信访工作法规与政策	信访工作的机构和渠道	2015 年考查单项选择题 2020 年考查单项选择题
	信访事项的提出、受理、办理和督办	2015 年考查多项选择题 2016 年考查单项选择题 2017 年考查单项选择题 2018 年考查单项选择题 2019 年考查单项选择题
	信访制度改革	尚未考查

考点一：信访工作的机构和渠道

1. 信访工作的概念

信访，是指公民、法人或者其他组织采用书信、电子邮件、传真、电话、走访等形式，向各级人民政府、县级以上人民政府工作部门反映情况，提出建议、意见或者投诉请求，依法由有关行政机关处理的活动。

【真题再现】

根据《信访条例》，下列人员的行为，属于信访的是（　　）。

A. 老王因不满公司辞退决定，向劳动仲裁委员会申请仲裁

B. 老李在某社交平台抱怨小区物业公司对宠物扰民放任不管

C. 老张因不服某政府部门处罚决定，向人民法院提起行政诉讼

D. 老赵通过市政府市民热线投诉某村民委员会主任对公益岗位的安排不合理

参考答案：D

参考解析：《信访条例》第二条规定，本条例所称信访，是指公民、法人或者其他组织采用书信、电子邮件、传真、电话、走访等形式，向各级人民政府、县级以上人民政府工作部门反映情况，提出建议、意见或者投诉请求，依法由有关行政机关处理的活动。故选D项。

2. 信访工作的机构

（1）原则：属地管理，分级负责，谁主管、谁负责，依法、及时，就地解决问题与疏导教育相结合。

（2）县级以上人民政府设立专门信访工作机构，主要职责如下：

①受理、交办、转送信访人提出信访事项。

②承办上级和本级人民政府交由处理的信访事项。

③协调处理重要信访事项。

④督促检查信访事项的处理。

⑤研究、分析信访情况，开展调查研究，及时向本级人民政府提出完善政策和改进工作的建议。

⑥对本级其他工作部门和下级信访工作机构的信访工作进行指导。

3. 信访的渠道

①向社会公布信访有关的信息。（法律、规章，处理程序，接待方式）

②建立行政机关负责人信访接待日制度：省级领导干部每半年至少1天、市厅级领导干部每季度至少1天、县（市、区、旗）领导干部每月至少1天、乡镇（街道）领导干部每周至少1天到信访接待场所，省、市及其工作部门领导干部一般不接待越级上访。在坚持定点接访的同时，更多采取重点约访、专题接访、带案下访、下基层接访、领导包案等方式，把行政资源集中用于解决重大疑难复杂问题、检验施政得失、完善政策措施、加强督查问效上。

③建立信访信息系统。（全国到地方）

④政府主导，社会参与。（社会团体、法援机构、志愿者）

【真题再现】

根据《关于创新群众工作方法解决信访突出问题的意见》，乡镇（街道）领导干部每（　　）至少1天到信访接待场所接待群众来访。（2015年真题）

A. 周　　B. 月　　C. 季度　　D. 半年

参考答案： A

参考解析： 省级领导每半年至少1天、市厅级领导干部每季度至少1天、县（市、区、旗）领导干部每月至少1天、乡镇（街道）领导干部每周至少1天到信访接待场所，按照属地管理、分级负责的原则接待群众来访，省、市及其工作部门领导干部一般不接待越级上访。故选A项。

考点二： 信访事项的提出、受理、办理和督办

1. 信访事项的提出

信访人对下列组织、人员的职务行为反映情况，提出建议、意见，或者不服下列组织、人员的职务行为，可以向有关行政机关提出信访事项：

①行政机关及其工作人员。

②法律、法规授权的具有管理公共事务职能的组织及其工作人员。

③提供公共服务的企业、事业单位及其工作人员。

④社会团体或者其他企业、事业单位中由国家行政机关任命、派出的人员。

⑤村民委员会、居民委员会及其成员。

特别事项：

①应通过诉讼、仲裁、行政复议等途径解决的，信访人应当依照有关法律、行政法规规定的程序向有关机关提出。

②对各级人大以及县级以上各级人大常委会、人民法院、人民检察院职权范围内的信访事项，信访人应当分别向有关的人大及其常委会、人民法院、人民检察院提出。

注意事项：

采用多人走访形式提出共同的信访事项的，应当推选代表，代表人数不得超过5人。

行为约束：

①在国家机关办公场所周围、公共场所非法聚集，围堵、冲击国家机关，拦截公务车辆，或者堵塞、阻断交通。

②携带危险物品、管制器具。

③侮辱、殴打、威胁国家机关工作人员，或者非法限制他人人身自由的。

④在信访接待场所滞留、滋事，或者将生活不能自理的人弃留在信访接待场所的。

⑤煽动、串联、胁迫、以财物诱使、幕后操纵他人信访或者以信访为名借机敛财的。

⑥扰乱公共秩序、妨害国家和公共安全的其他行为。

【真题再现】

1. 甲市某小区周边商业配套设施不到位，生活极其不便，该小区的几十户居民准备推选居民代表，采用走访的形式向甲市人民政府反映情况，根据《信访条例》，下列他们拟推选走访代表的人数，符合规定的有（　　）。（2016 年真题）

A. 2　　B. 3　　C. 5　　D. 6　　E. 7

参考答案：ABC

参考解析：本题考查信访事项的提出。多人采用走访形式提出共同的信访事项的，应当推选代表，代表人数不得超过 5 人。故选 A、B、C 三项。

2. 根据《信访条例》，下列关于信访事项的说法，正确的是（　　）。（2015 年真题）

A. 信访人提出信访事项，一般应当采用书信、电子邮件、传真等书面形式

B. 信访人提出投诉请求的，应写明信访人的姓名（名称），住址和请求、事实、理由

C. 多人采用走访形式提出共同信访事项的，应推选代表，代表人数不得超过 3 人

D. 信访人采用走访形式提出信访事项的，应当到有关机关设立或者指定的接待场所提出

E. 信访事件已经受理或者正在办理的，信访人在规定期限内向受理、办理机关的上级机关再提出同一信访事项的，该上级机关不予受理

参考答案：ABDE

参考解析：多人采用走访形式提出共同的信访事项的，应当推选代表，代表人数不得超过 5 人，C 项错误。故选 A、B、D、E 四项。

3. 根据《信访条例》，下列信访人的行为中，正确的是（　　）。（2017 年真题）

A. 钱某与本村村民 6 人共同就征地补偿问题到信访工作机构走访

B. 魏某因对村民委员会选举结果不满，串联其他村民到信访机构走访

C. 冯某就本村村委会主任贪腐问题前往乡人民政府信访接待场所走访

D. 王某为达到信访目的，将生活不能自理的母亲弃留在信访接待场所

参考答案：C

参考解析：多人采用走访形式提出共同的信访事项的，应当推选代表，代表人数不得超过 5 人，A 项错误；信访人在信访过程中不得有煽动、串联、胁迫等行为，B 项错误；不得将生活不能自理的人弃留在信访接待场所，D 项错误。故选 C 项。

2. 信访事项的受理

（1）受理期限：15 日内。

（2）处理方式。

①不予受理并告知程序：对人大及常委会、人民法院、人民检察院职权范围内的信访事项，对已经或应当通过诉讼、仲裁、行政复议等法定途径解决的，不予受理，并告知向相应的有关机关提出。

②转送本级：本级部门处理事项。情况重大或紧急的，报请本级人民政府。

③转送下级行政机关，抄送下级政府：涉及下级行政机关或者其工作人员。

④要求反馈结果的信访事项：15 日内决定是否受理并书面告知信访人。

⑤涉及两个及以上部门的信访事项：可协商受理，协商不成由上级指定。

⑥受理机关分立、合并、撤销的：由继续行使职权机关受理。职责不清的，由本级人民政府或者其指定的机关受理。

⑦组织或者个人发现可能造成社会影响的重大、紧急信访事项和信访信息时，可以就近向有关行政机关报告。行政机关报本级政府和上级主管部门。

【真题再现】

1. 某市信访部门收到群众提出的信访事项并进行了登记，根据《信访条例》，下列对这些事项处理的方式中，正确的是（　　）。(2019 年真题)

A. 属于依法通过诉讼、仲裁、行政复议等法定途径解决的，不予受理，但应告知信访人依法向有关机关提出

B. 属于由本级人民政府处理的，书面通知信访人向本级政府提出

C. 属于由本级人民政府其他部门处理的，书面告知信访人向有关部门提出

D. 涉及下级行政机关的，书面通知信访人向下级人民政府信访工作机构提出

参考答案：A

参考解析：对依照法定职责属于本级人民政府或者其工作部门处理决定的信访事项，应当转送有权处理的行政机关；情况重大、紧急的，应当及时提出建议，报请本级人民政府决定。B、C 项错误。信访事项涉及下级行政机关或者其工作人员的，按照“属地管理、分级负责，谁主管、谁负责”的原则，直接转送有权处理的行政机关，并抄送下级人民政府信访工作机构。D 项错误。故选 A 项。

2. 老李向某县甲局提出信访事项，涉及甲、乙两局。甲局认为该事项应由乙局受理，但乙局对此有异议。根据《信访条例》，该信访事项应由（　　）受理。(2018 年真题)

A. 甲局　　　　B. 甲局和乙局共同

C. 该县人民法院指定的机关　　　　D. 该县人民政府指定的机关

参考答案：D

参考解析：本题考查信访事项受理。涉及两个或者两个以上行政机关的信访事项，由所涉及的行政机关协商受理；受理有争议的，由其共同的上一级行政机关决定受理机关。故选 D 项。

3. 信访事项的办理

①60 日内办结；情况复杂的，可延长 30 日，并告知信访人延期理由。

②复查：信访人对处理意见不服的，可在 30 日内请求上级机关复查。

③复查意见：复查机关 30 日内提出复查意见，并予以书面答复。

④复核：对复查意见不服的，可在 30 日内向复查机关的上级机关请求复核。

⑤复核意见：复核机关在30日内提出复核意见。

⑥不再受理：信访人对复核意见不服，仍然以同一事实和理由提出信访请求的，各级人民政府信访工作机构和其他行政机关不再受理。

【真题再现】

根据《信访条例》，下列关于信访事项办理的说法，正确的是（　　）。（2016年真题）

A. 信访事项应当自受理之日起90日内办结

B. 信访事项依法延长办理期限不得超过30日

C. 信访人对处理意见不服的，可以自收到书面答复之日起30日内请求复核

D. 收到复核请求的行政机关应当自收到复核请求之日起15日内提出复核意见

参考答案：B

参考解析：本题考查信访事项的办理。A项，信访事项应当自受理之日起60日内办结；情况复杂的，经本行政机关负责人批准，可以适当延长办理期限，但延长期限不得超过30日，并告知信访人延期理由。C项，信访人对行政机关作出的信访事项处理意见不服的，可以自收到书面答复之日起30日内请求原办理行政机关的上一级行政机关复查；信访人对复查意见不服的，可以自收到书面答复之日起30日内向复查机关的上一级行政机关请求复核。D项，收到复核请求的行政机关应当自收到复核请求之日起30日内提出复核意见。故选B项。

考点三：信访制度改革

1. 预防和减少信访问题发生

①加大保障和改善民生力度。

②提高科学民主决策水平。

③坚持依法办事。

④改进工作作风。

2. 畅通和拓宽信访渠道

①健全公开透明的诉求表达和办理方式。

②突出领导干部接访下访重点。

③完善联合接访运行方式。

④充分发挥法定诉求表达渠道作用。

3. 依法规范信访工作

①完善信访联席会议制度。

②健全解决特殊疑难信访问题工作机制。

③健全统筹督查督办信访事项工作机制。

④健全科学合理的信访工作考核评价体系。

⑤健全经常性教育疏导机制。

4. 全面夯实基层基础

①健全基层组织网络。

②组织动员社会力量参与。

③加大社会矛盾纠纷排查化解工作力度。

5. 切实加强组织领导

①严格落实信访工作责任。

②强化舆论引导。

③加强信访干部队伍建设。

6. 改革涉法涉诉信访工作机制，依法处理涉法涉诉信访问题

（1）总体思路

把解决涉法涉诉信访问题纳入法治轨道，由政法机关依法按程序处理，依法纠正执法差错，依法保障合法权益，依法维护公正结论，保护合法信访、制止违法闹访，努力实现案结事了、息诉息访，实现维护人民群众合法权益与维护司法权威的统一。

（2）具体要求

①实行诉讼与信访分离制度。

②建立涉法涉诉信访事项导入司法程序机制。

③要严格落实依法按程序办理制度。

④建立涉法涉诉信访依法终结制度。

⑤健全国家司法救助制度。

第三节　突发事件应对法规与政策

【重要考点概览】

小节	主要考点	历年考查点
第三节　突发事件应对法规与政策	突发事件的类型、分级与应对原则	尚未考查
	突发事件应急管理体制	2018 年考查单项选择题 2019 年考查单项选择题
	突发事件应对的过程与方法	2016 年考查单项选择题 2017 年考查单项选择题 2019 年考查多项选择题
	突发事件的法律责任	尚未考查

★ **考点一**：突发事件的类型、分级与应对原则

类型：自然灾害、事故灾难、公共卫生事件、社会安全事件。

分级：特别重大、重大、较大和一般。

应对原则：预防为主、预防与应急相结合。

考点二：突发事件应急管理体制

应急管理体制：统一领导、综合协调、分类管理、分级负责、属地管理。

层级	相关机构	工作内容
国家	国务院（总理领导）	研究、决定和部署特别重大突发事件的应对工作
	国家突发事件应急指挥机构	负责应对工作
	工作组	指挥有关工作
地方	突发事件应急指挥机构	领导/协调本级/下级政府应对突发事件
	县级以上人民政府	本区域内突发事件应急救援和处置工作
	共同上级或各自上级政府	跨区域突发事件应急处置工作

【真题再现】

1. 某危险品运输船只突发沉船事故，有危险品流入河道内。事发地点属甲市乙县辖区，事发后甲市乙县立即采取应急处置措施。然而，被污染水域已扩大到下游本省丙市丁县。根据《突发事件应对法》，该突发事件应对工作应当由（　　）。（2018 年真题）

A. 乙县负责，丁县配合　　B. 乙县和丁县共同负责

C. 甲市负责，丙市配合　　D. 甲市和丙市共同负责

参考答案：D

参考解析：本题考查突发事件的应急管理体制。县级人民政府对本行政区域内突发事件的应对工作负责。涉及两个以上行政区域的，由有关行政区域共同的上一级人民政府负责，或者由各有关行政区域的上一级人民政府共同负责。故选 D 项。

2. 甲县乙镇某道路在建设施工过程中，突发煤气管道破裂，煤气泄漏，对周边群众人身及财产安全造成严重威胁。根据《突发事件应对法》，该突发事件当由（　　）负责。（2019 年真题）

A. 甲县人民政府　　B. 甲县煤气公司

C. 甲县消防部门　　D. 乙镇人民政府

参考答案：A

参考解析：突发事件发生后，发生地县级人民政府应当立即采取措施控制事态发展，组织开展应急救援和处置工作，并立即向上级人民政府报告，必要时可以越级上报。突发事件发生地县级人民政府不能消除或者不能有效控制突发事件引起的严重社会危害的，应当及时向上级人民政府报告。故选 A 项。

考点三：突发事件应对的过程与方法

1. 预防和应急准备

①建立健全突发事件应急预案体系。

②建立健全安全管理制度。

③建立健全突发事件应急管理培训制度。

④建立健全应急物资储备保障制度，完善重要应急物资的监管、生产、储备、调拨和紧急配送体系。

⑤建立健全应急通信保障体系。

⑥整合应急资源——设立专业应急救援队伍、鼓励捐赠。

2. 监测与预警

①建立全国统一的突发事件信息系统。

②建立健全突发事件监测制度。

③建立健全突发事件预警制度——一级、二级、三级和四级，分别用红色、橙色、黄色和蓝色标示，一级红色为最高级别。

3. 应急处置与救援

（1）自然灾害事故灾难公共卫生事件的应急处置措施。

①组织营救和救治受害人员，疏散、撤离并妥善安置受到威胁的人员。

②迅速控制危险源，标明危险区域，封锁危险场所，划定警戒区，实行交通管制。

③立即抢修被损坏的交通、通信、供水、排水、供电、供气、供热等公共设施，向受到危害的人员提供避难场所和生活必需品，实施医疗救护和卫生防疫。

④禁止或者限制使用有关设备、设施，关闭或者限制使用有关场所，中止人员密集的活动或者可能导致危害扩大的生产经营活动。

⑤启用本级人民政府设置的财政预备费和储备的应急救援物资，必要时调用其他急需物资、设备、设施、工具。

⑥组织公民参加应急救援和处置工作，要求具有特定专长的人员提供服务。

⑦保障食品、饮用水、燃料等生活必需品的供应。

⑧从严惩处扰乱市场秩序的行为，稳定市场价格，维护市场秩序。

⑨从严惩处扰乱社会秩序的行为，维护社会治安。

⑩采取防止发生次生、衍生事件的必要措施。

（2）社会安全事件的应急处置措施。

①强制隔离使用器械相互对抗或者以暴力行为参与冲突的当事人，妥善解决现场纠纷和争端，控制事态发展。

②控制特定区域内的建筑物、交通工具、设备、设施以及燃料、燃气、电力、水的供应。

③封锁有关场所、道路，查验现场人员的身份证件，限制有关公共场所内的活动。

④加强对易受冲击的核心机关和单位的警卫，在国家机关、军事机关、通讯社、广播电台、电视台、外国驻华使领馆等单位附近设置临时警戒线。

⑤法律、行政法规和国务院规定的其他必要措施。

（3）严重危害社会治安秩序事件时。

公安机关应当立即出动警力，根据现场情况依法采取相应的强制性措施，尽快使社会秩序恢复正常。

（4）严重影响国民经济正常运行时。

国务院或者国务院授权的有关主管部门可以采取保障、控制等必要的应急措施，保障人民群众的基本生活需要，最大限度地减轻突发事件的影响。

4. 事后恢复与重建

①防止次生/衍生事件。

②评估损失。

③制订恢复重建计划。

④修复公共设施——交通、通信、供水、排水、供电、供气、供热。

⑤恢复社会治安。

⑥请求上级支持——资金、物资支持和技术指导。

⑦制订并实施善后计划——救助、补偿、抚慰、抚恤、安置。

【真题再现】

1. 根据《突发事件应对法》，关于应急救援队伍建设的说法，正确的是（　　）。（2019 年真题）

A. 县级人民政府应当整合应急资源，建立或者确定综合性应急救援队伍

B. 县级人民政府有关部门可以根据实际需要设置专业应急救援队伍

C. 企业应当建立由本单位职工组成的专职或者兼职应急救援队伍

D. 村（居）民委员会应当建立社区专职应急救援队伍

E. 中小学应当建立由学生组成的兼职应急救援队伍

参考答案：ABC

参考解析：整合应急资源。人民政府有关部门可以根据实际需要设立专业应急救援队伍。县级以上人民政府及其有关部门可以建立由成年志愿者组成的应急救援队伍。单位应当建立由本单位职工组成的专职或者兼职应急救援队伍。县级以上人民政府应当加强专业应急救援队伍与非专业应急救援队伍的合作，联合培训、联合演练，提高合成应急、协同应急的能力。故选 A、B、C 三项。

2. 根据《突发事件应急预案管理办法》，下列关于突发事件应急预案管理的说法中，正确的是（　　）。（2017 年真题）

A. 专项应急预案至少每 5 年进行一次演练

B. 编制应急预案应当在开展风险评估和应急资源调查基础上进行

C. 政府部门在应急预案印发 30 个工作日后报送本级人民政府备案

D. 政府及其部门应急预案分为专项应急预案、单位和基层组织应急预案两类

参考答案：B

参考解析：专项应急预案至少每 3 年进行一次演练，A 项错误。政府部门在应急预案印发 20 个工作日内报送本级人民政府备案，C 项错误。应急预案按照制定主体划分，分为政府及其部门应急预案、单位和基层组织应急预案两大类，D 项错误。应急预案

编制要依据有关法律、行政法规和制度，紧密结合实际，合理确定内容，切实提高针对性、实用性和可操作性。故选 B 项。

3. 某足球联赛决赛后，双方球迷发生恶性群殴事件，致使数名球迷受伤，近万名观众滞留现场，所在区人民政府及有关部门获悉后立即着手采取应急处置措施，根据《突发事件应对法》，公安机关应采取的应急处置措施是（　　）。（2016 年真题）

A. 保障食品、饮用水等基本生活必需品的供应

B. 从严惩处哄抢财物、干扰破坏应急处置工作的行为

C. 强制隔离以暴力行为参与冲突的当事人，妥善解决现场纠纷和争端

D. 组织公民参加应急救援和处置工作，要求具有特定专长的人员提供服务

参考答案：C

参考解析：本题考查突发社会安全事件的应急处置。社会安全事件发生后，组织处置工作的人民政府应当立即组织有关部门并由公安机关针对事件的性质和特点，依照有关法律、行政法规和国家其他有关规定，采取下列一项或者多项应急处置措施。(1) 强制隔离使用器械相互对抗或者以暴力行为参与冲突的当事人，妥善解决现场纠纷和争端，控制事态发展。(2) 对特定区域内的建筑物、交通工具、设备、设施以及燃料、燃气、电力、水的供应进行控制。(3) 封锁有关场所、道路，查验现场人员的身份证件，限制有关公共场所内的活动。(4) 加强对易受冲击的核心机关和单位的警卫，在国家机关、军事机关、通讯社、广播电台、电视台、外国驻华使领馆等单位附近设置临时警戒线。(5) 法律、行政法规和国务院规定的其他必要措施。故选 C 项。

★ 考点四：突发事件的法律责任

违法主体	违法行为	法律责任	处罚主体
地方各级政府和有关部门	在预防、报告、预警发布、处置阶段不服从领导，恢复重建阶段失职、渎职，不及时归还被征用财产或未给予补偿	责令改正； 行政处分	上级行政机关 监察机关
单位	未采取相关预防预警制度导致事件发生或者处置不力	责令停产停业； 暂扣或者吊销许可证或者营业执照； 罚款 5 万 ~20 万元； 治安处罚	当地政府 公安机关
其他违法单位、个人、行政主管部门及其工作人员	编造并传播相关不实信息	责令改正、给予警告； 暂停其业务、吊销其执业许可证； 行政处分、治安处罚	当地政府 公安机关

【本章小结】

本章考点为人民调解法规与政策、信访工作法规与政策、突发事件应对法规与政策三个部分。人民调解重点了解其原则，当事人的权利和义务，是否公开、自愿

签订协议的权利，调解协议的效力及确认；信访部分关注信访事项的提出、受理、办理和督办；突发事件应对部分关注突发事件应急管理体制、突发事件应对的过程与方法等内容。

扫码听课

第七章　我国社区矫正、禁毒和治安管理处罚法规与政策

【本章导学】

我国社区矫正、禁毒和治安管理处罚法规与政策中，包括了社区矫正法规与政策、禁毒法规与政策、治安管理处罚法规与政策三大部分，涉及法规有《中华人民共和国社区矫正法》《中华人民共和国禁毒法》《中华人民共和国治安管理处罚法》等。

2020 年 7 月 1 日实施的《中华人民共和国社区矫正法》明确规定了社区矫正机构、人员和职责，决定和接收，监督管理，教育帮扶，解除和终止，未成年人社区矫正特别规定等内容，有力地促进了社区矫正对象顺利融入社会，预防和减少犯罪。

《中华人民共和国禁毒法》对禁毒宣传、毒品管制、戒毒措施都进行了明确规定，对预防和惩治毒品违法犯罪行为、保护公民身心健康、维护社会稳定有重要意义。

《中华人民共和国治安管理处罚法》明确规定了治安管理处罚的种类和适用、违反治安管理的行为和处罚及治安管理处罚程序等内容，为维护社会治安秩序，保障公共安全，保护公民、法人和其他组织的合法权益提供了法律依据。

【历年题量/分值分布】

	2015 年	2016 年	2017 年	2018 年	2019 年	2020 年
单项选择题	3 道	4 道	4 道	3 道	4 道	2 道
多项选择题	1 道	1 道	1 道	1 道	1 道	—
合计分值	5 分	6 分	6 分	5 分	6 分	2 分

注：单项选择题每题 1 分，多项选择题每题 2 分（错选，本题不得分；少选，所选每个选项得 0.5 分）。

【本章知识概览】

小节	考点	备考指数
第一节　社区矫正法规与政策	总则	★
	社区矫正机构、人员和职责	★
	决定和接收	★
	监督管理	★★★★
	教育帮扶	★★
	解除和终止	★★★
	未成年人社区矫正	★★★
	社区矫正的法律责任	★

续表

小节	考点	备考指数
第二节　禁毒法规与政策	禁毒工作的总体要求	★
	毒品管制	★★★
	吸毒成瘾认定及其检测程序规定	★★★★
	戒毒措施	★★★★★
	禁毒的法律责任	★
	禁毒社会工作者队伍建设	★★★★
第三节　治安管理处罚法规与政策	治安管理处罚的种类和适用	★★★★★
	治安管理处罚程序	★★★
	治安管理执法监督	★★★

【考点详解】

第一节　社区矫正法规与政策

【重要考点概览】

小节	主要考点	历年考查点
第一节　社区矫正法规与政策	总则	尚未考查
	社区矫正机构、人员和职责	尚未考查
	决定和接收	尚未考查
	监督管理	2016 年考查单项选择题 2019 年考查单项选择题 2020 年考查单项选择题
	教育帮扶	2017 年考查多项选择题
	解除和终止	2017 年考查多项选择题
	未成年人社区矫正	2017 年考查单项选择题
	社区矫正的法律责任	尚未考查

★ 考点一：总则

1. 社区矫正适用对象

①被判处管制的。

②宣告缓刑、假释的。

③暂予监外执行的。

2. 基本原则

监督管理与教育帮扶相结合、专门机关与社会力量相结合、分类管理、个别化矫正。

3. 社区矫正对象的权利和义务

①社区矫正对象应当依法接受社区矫正，服从监督管理。

②社区矫正工作应当依法进行，尊重和保障人权。社区矫正对象依法享有的人身权利、财产权利和其他权利不受侵犯，在就业、就学和享受社会保障等方面不受歧视。

4. 支持与保障

①各级人民政府应当将社区矫正经费列入本级政府预算。

②村/居委会、其他社会组织协助社区矫正机构开展工作的经费列入社区矫正机构本级政府预算。

③表彰、奖励在社区矫正工作中做出突出贡献的组织、个人。

考点二：社区矫正机构、人员和职责

1. 社区矫正委员会及各方职责

①国务院司法行政部门：主管全国的社区矫正工作。

②县级以上地方人民政府司法行政部门：主管本行政区域内的社区矫正工作。

③社区矫正委员会：负责统筹协调和指导本行政区域内的社区矫正工作。

④人民检察院：对社区矫正工作实行法律监督。

2. 社区矫正机构

①县级以上地方人民政府根据需要设置社区矫正机构，负责社区矫正工作的具体实施。

②社区矫正机构的设置和撤销，由县级以上地方人民政府司法行政部门提出。

③司法所根据社区矫正机构委托，承担社区矫正工作。

3. 人员

①配备具有法律等专业知识的专门国家工作人员，履行监督管理、教育帮扶等执法职责。

②社区矫正机构根据需要，组织具有法律、教育、心理、社会工作等专业知识或者实践经验的社会工作者开展社区矫正相关工作。

③居民委员会、村民委员会依法协助社区矫正机构做好社区矫正工作。

④社区矫正对象的监护人、家庭成员，所在单位或者就读学校的人员应当协助社区矫正机构做好社区矫正工作。

⑤国家鼓励、支持企业事业单位、社会组织、志愿者等社会力量依法参与社区矫正工作。

考点三：决定和接收

1. 决定

相关规定	具体内容
社区矫正执行地	1. 社区矫正决定机关：判处管制、宣告缓刑、裁定假释、决定或者批准暂予监外执行时应当确定社区矫正执行地。 2. 执行地为社区矫正对象的居住地；存在多个地方居住的，一般为经常居住地；居住地、经常居住地无法确定或者不适宜执行社区矫正的，社区矫正决定机关应当根据有利于社区矫正对象接受矫正、更好地融入社会的原则，确定执行地

续表

相关规定	具体内容
社区矫正决定机关	依法判处管制、宣告缓刑、裁定假释、决定暂予监外执行的人民法院和依法批准暂予监外执行的监狱管理机关、公安机关
调查评估	社区矫正决定机关根据需要，委托社区矫正机构或者有关社会组织对被告人或者罪犯的社会危险性和对所居住社区的影响，进行调查评估，提出意见，供决定社区矫正时参考。居民委员会、村民委员会等组织应当提供必要的协助
程序规定	1. 社区矫正的事由：罪刑法定。 2. 社区矫正决定机关应当对社区矫正对象进行教育，告知其在社区矫正期间应当遵守的规定以及违反规定的法律后果，责令其按时报到
时限规定	1. 社区矫正决定机关应当自判决、裁定或者决定生效之日起5日内通知执行地社区矫正机构，并在10日内送达有关法律文书，同时抄送人民检察院和执行地公安机关。 2. 社区矫正决定地与执行地不在同一地方的，由执行地社区矫正机构将法律文书转送所在地的人民检察院、公安机关

2. 接收

（1）时限规定。

①人民法院判处管制、宣告缓刑、裁定假释的社区矫正对象，应当自判决、裁定生效之日起10日内到执行地社区矫正机构报到。

②人民法院决定暂予监外执行的社区矫正对象，由看守所或者执行取保候审、监视居住的公安机关自收到决定之日起10日内将社区矫正对象移送社区矫正机构。

③监狱管理机关、公安机关批准暂予监外执行的社区矫正对象，由监狱或者看守所自收到批准决定之日起10日内将社区矫正对象移送社区矫正机构。

（2）接收与宣告。

社区矫正机构应当依法接收社区矫正对象，核对法律文书、核实身份、办理接收登记、建立档案，并宣告社区矫正对象的犯罪事实、执行社区矫正的期限以及应当遵守的规定。

考点四：监督管理

1. 矫正方案的制定

社区矫正机构应根据矫正对象的特点和情况制定矫正方案，并根据社区矫正对象的表现等情况相应调整。

2. 矫正小组

①社区矫正机构应当根据社区矫正对象的情况，为其确定矫正小组，负责落实相应的矫正方案。

②矫正小组由司法所、居民委员会、村民委员会的人员，社区矫正对象的监护人、家庭成员，所在单位或者就读学校的人员以及社会工作者、志愿者等组成。

③社区矫正对象为女性的，矫正小组中应有女性成员。

3. 动态掌控

①通过通信联络、信息化核查、实地查访等方式核实矫正对象的活动情况和行为表现。

②保护社区矫正对象的身份信息和个人隐私。

4. 社区矫正对象跨市、县活动及执行地变更规定

①社区矫正对象离开所居住的市、县或者迁居，应当报经社区矫正机构批准。

②对于因正常工作和生活需要经常性跨市、县活动的，可以根据情况，简化批准程序和方式。

③变更执行地的（社区矫正对象迁居），社区矫正机构应当按照有关规定作出变更决定。社区矫正机构作出变更决定后，应当通知社区矫正决定机关和变更后的社区矫正机构，并将有关法律文书抄送变更后的社区矫正机构。变更后的社区矫正机构应当将法律文书转送所在地的人民检察院、公安机关。

5. 电子定位监管

使用电子定位装置的适用情形（经县级司法行政部门负责人批准，满足其一）：

①违反人民法院禁止令的。

②无正当理由，未经批准离开所居住的市、县的。

③拒不按照规定报告自己的活动情况，被给予警告的。

④违反监督管理规定，被给予治安管理处罚的。

⑤拟提请撤销缓刑、假释或者暂予监外执行收监执行的。

注意：

使用电子定位装置的期限不得超过 3 个月。对于不需要继续使用的，应当及时解除；对于期限届满后，经评估仍有必要继续使用的，经过批准，期限可以延长，每次不得超过 3 个月。

6. 矫正对象失联处理

①立即组织查找，公安机关等有关单位和人员应当予以协助。

②立即制止正在实施违反监督管理规定的行为或者违反人民法院禁止令等违法行为，制止无效的由公安机关到场处置。

③社区矫正对象有被限制人身自由情形的，有关机关应当及时通知社区矫正机构。

7. 减刑

①社区矫正对象符合刑法规定的减刑条件的，社区矫正机构应当向社区矫正执行地的中级以上人民法院提出减刑建议，并将减刑建议书抄送同级人民检察院。

②人民法院应当在收到社区矫正机构的减刑建议书后 30 日内作出裁定，并将裁定书送达社区矫正机构，同时抄送人民检察院、公安机关。

【真题再现】

1. 根据《社区矫正实施办法》，关于矫正方案调整的说法，正确的是（　　）。（2019 年真题）

A. 矫正方案应由司法所每半年调整一次

B. 矫正方案应根据矫正方案的实施效果适时予以调整

C. 矫正方案调整应当经社区矫正人员本人或其监护人同意

D. 矫正方案应由矫正小组根据矫正人员表现定期予以调整

参考答案：B

参考解析：《社区矫正实施办法》规定，司法所应当为社区矫正人员制订矫正方案，在对社区矫正人员被判处的刑罚种类、犯罪情况、悔罪表现、个性特征和生活环境等情况进行综合评估的基础上，制定有针对性的监管、教育和帮助措施。矫正方案应根据矫正方案的实施效果，适时予以调整。故选 B 项。

2. 根据《社区矫正实施办法》，社区矫正人员减刑应当由其居住地（　　）裁定。(2019 年真题)

A. 基层人民法院

B. 中级人民法院

C. 县级司法行政机关

D. 地（市）级司法行政机关

参考答案：B

参考解析：《社区矫正实施办法》规定，社区矫正人员符合法定减刑条件的，由居住地县级司法行政机关提出减刑建议书并附相关证明材料，经地（市）级司法行政机关审核同意后提请社区矫正人员居住地的中级人民法院裁定。故选 B 项。

3. 社区矫正人员小刘，女，19 周岁，患有多种疾病，无业，沉迷上网。根据《社区矫正实施办法》，司法所为小刘确定专门的矫正小组，小组成员中必须有（　　）。(2016 年真题)

A. 女性人员

B. 医护人员

C. 就业援助人员

D. 心理咨询人员

参考答案：A

参考解析：本题考查社区矫正小组。社区矫正人员为女性的，矫正小组应当有女性成员。故选 A 项。

4. 根据《社区矫正法》，社区矫正对象符合刑法规定的减刑条件的，应当由（　　）提出减刑建议。(2020 年真题)

A. 村（居）民委员会

B. 社区矫正机构

C. 派出所

D. 基层人民法院

参考答案：B

参考解析：《社区矫正法》规定：社区矫正对象符合刑法规定的减刑条件的，社区矫正机构应当向社区矫正执行地的中级以上人民法院提出减刑建议，并将减刑建议书抄送同级人民检察院。故选 B 项。

考点五：教育帮扶

1. 县级以上地方人民政府及其有关部门

提供必要的场所和条件，组织动员社会力量参与教育帮扶工作。

2. 社区矫正机构

①对矫正对象进行法治、道德等教育，增强其法治观念，提高其道德素质和悔罪意识。

②协调有关部门和单位，依法对就业困难的社区矫正对象开展职业技能培训、就业指导，帮助社区矫正对象中的在校学生完成学业。

③公开择优购买（或项目委托方式）社区矫正社会工作服务或者其他社会服务，为社区矫正对象在教育、心理辅导、职业技能培训、社会关系改善等方面提供必要的帮扶。

④引导志愿者和社区群众，利用社区资源，采取多种形式，对有特殊困难的社区矫正对象进行必要的教育帮扶。

⑤根据社区矫正对象的个人特长，组织其参加公益活动，修复社会关系，培养社会责任感。

3. 社区矫正对象的监护人、家庭成员，所在单位或就读学校的人员

协助社区矫正机构做好对社区矫正对象的教育。

4. 企业事业单位、社会组织

为社区矫正对象提供就业岗位和职业技能培训。招用符合条件的社区矫正对象的企业，按照规定享受国家优惠政策。

5. 鼓励引导社会力量参与社区矫正工作

①引导政府向社会力量购买社区矫正社会工作服务。

②鼓励引导社会组织参与社区矫正工作。

③发挥基层群众性自治组织的作用。

④鼓励企事业单位参与社区矫正工作。

⑤切实加强社区矫正志愿者队伍建设。

⑥进一步加强矫正小组建设。

【真题再现】

根据《关于组织社会力量参与社区矫正工作的意见》，下列关于社会力量参与社区矫正工作的说法，正确的是（　　）。（2017 年真题）

A. 加强社区矫正志愿者队伍建设

B. 发挥基层群众性自治组织的作用

C. 鼓励企业事业单位参与社区矫正工作

D. 建立社会组织主导下的社区矫正工作格局

E. 引导政府向社会力量购买社区矫正社会工作服务

参考答案：ABCE

参考解析：根据《关于组织社会力量参与社区矫正工作的意见》，D 项错误，应为鼓励、引导社会组织参与社区矫正工作。故选 A、B、C、E 四项。

考点六：解除和终止

1. 社区矫正解除

发放解除社区矫正证明书，并通知社区矫正决定机关、所在地的人民检察院、公安机关。

2. 社区矫正终止

①被裁定撤销缓刑、假释。

②被决定收监执行。

③社区矫正对象死亡的。

3. 撤销缓刑、假释的规定

撤销机关：人民法院。

①对在考验期限内犯新罪或者发现判决宣告以前还有其他罪没有判决的，应由审理该案件的人民法院撤销缓刑、假释，并书面通知原审人民法院和执行地社区矫正机构。

②对于有第二款规定以外的其他需要撤销缓刑、假释情形的，社区矫正机构应当向原审人民法院或者执行地人民法院提出撤销缓刑、假释建议（说明理由，提供证据），并将建议书抄送人民检察院。

③人民法院在收到社区矫正机构撤销缓刑、假释建议书后30日内作出裁定，将裁定书送达社区矫正机构和公安机关，并抄送人民检察院。

逮捕：

①被提请撤销缓刑、假释的社区矫正对象可能逃跑或者可能发生社会危险的，社区矫正机构可以在提出撤销缓刑、假释建议的同时，提请人民法院决定对其予以逮捕。

②人民法院应当在48小时内作出是否逮捕的决定。

结果：

①决定逮捕的，由公安机关执行。逮捕后的羁押期限不得超过30日。

②裁定撤销缓刑、假释的，公安机关应当及时将社区矫正对象送交监狱或者看守所执行。执行以前被逮捕的，羁押1日折抵刑期1日。

③裁定不予撤销缓刑、假释的，对被逮捕的社区矫正对象，公安机关应当立即予以释放。

4. 暂予监外执行社区矫正对象的收监

①存在收监情形的，社区矫正机构向执行地或者原社区矫正决定机关提出收监执行建议，抄送人民检察院。

②社区矫正决定机关30日内作出决定，将决定书送达社区矫正机构和公安机关，并抄送人民检察院。

③人民法院、公安机关对暂予监外执行的社区矫正对象决定收监执行的，由公安机关立即将社区矫正对象送交监狱或者看守所收监执行。

④监狱管理机关对暂予监外执行的社区矫正对象决定收监执行的，监狱应当立即

将社区矫正对象收监执行。

考点七：未成年人社区矫正

1. 未成年人社区矫正方案

①对未成年人的社区矫正，应当与成年人分别进行。

②社区矫正机构为未成年社区矫正对象确定矫正小组，应当吸收熟悉未成年人身心特点的人员参加。

2. 未成年人社区矫正对象监护人责任

未成年社区矫正对象的监护人应当履行监护责任，承担抚养、管教等义务。

3. 未成年人社区矫正对象信息管理规定

收集到的未成年人信息应当予以保密。

4. 未成年人社区矫正对象就学就业规定

①未成年社区矫正对象的监护人应当依法保证其按时入学接受并完成义务教育。

②年满16周岁的社区矫正对象有就业意愿的，社区矫正机构可以协调有关部门和单位为其提供职业技能培训，给予就业指导和帮助。

5. 未成年人社区矫正的社会参与

鼓励社会组织参与未成年人社区矫正工作。

6. 未成年人社区矫正对象的非歧视规定

①未成年社区矫正对象在复学、升学、就业等方面依法享有与其他未成年人同等的权利，任何单位和个人不得歧视。

②未成年社区矫正对象在社区矫正期间年满18周岁的，继续按照未成年人社区矫正有关规定执行。

【真题再现】

根据《社区矫正实施办法》，下列对未成年人实施社区矫正的说法中，正确的是(　　)。(2017年真题)

A. 对未成年人的社区矫正应当与成年人分别进行

B. 未成年人的社区矫正应当由其就读学校负责实施

C. 未成年社区矫正人员的矫正小组应当有法官参加

D. 未成年社区矫正人员的矫正宣告应当公开进行

参考答案：A

参考解析：对未成年人的社区矫正应当与成年人分别进行，A项正确；未成年人的矫正宣告不公开进行；矫正小组应当有熟悉青少年成长特点的人员参加；社区矫正由司法机关负责实施，B、C、D三项错误。故选A项。

考点八：社区矫正的法律责任

对象	违法行为	法律后果	
社区矫正对象	违反监督管理规定行为	按规定给予处罚	
	殴打、威胁、侮辱、骚扰、报复社区矫正机构工作人员	不构成犯罪	治安管理处罚
		构成犯罪	追究刑事责任
工作人员和其他国家工作人员	①利用职务或者工作便利索取、收受贿赂的。 ②不履行法定职责的。 ③体罚、虐待社区矫正对象，或者违反法律规定限制或者变相限制社区矫正对象的人身自由的。 ④泄露社区矫正工作秘密或者其他依法应当保密的信息的。 ⑤对依法申诉、控告或者检举的社区矫正对象进行打击报复的。 ⑥有其他违纪违法行为的	不构成犯罪	给予处分
		构成犯罪	追究刑事责任

第二节　禁毒法规与政策

【重要考点概览】

小节	主要考点	历年考查点
第二节　禁毒法规与政策	禁毒工作的总体要求	尚未考查
	毒品管制	2015 年考查单项选择题
	吸毒成瘾认定及其检测程序规定	2017 年考查单项选择题 2019 年考查单项选择题
	戒毒措施	2016 年考查单项选择题 2017 年考查单项选择题 2018 年考查单项选择题 2019 年考查多项选择题 2020 年考查单项选择题
	禁毒的法律责任	尚未考查
	禁毒社会工作者队伍建设	尚未考查

考点一：禁毒工作的总体要求

禁毒方针：预防为主，综合治理，禁种、禁制、禁贩、禁吸并举。

禁毒组织：国务院设立国家禁毒委员会负责全国禁毒工作；地方各级政府设立禁毒委员会，负责本区域禁毒工作。

禁毒主体：全社会。

经费保障：县级以上各级人民政府应当将禁毒工作纳入国民经济和社会发展规划，并将禁毒经费列入本级财政预算。

考点二：毒品管制

1. 原植物种植管制

（1）种植管制。

①禁止非法种植罂粟、古柯植物、大麻植物以及国家规定管制的可以用于提炼加工毒品的其他原植物。

②禁止走私或者非法买卖、运输、携带、持有未经灭活的毒品原植物种子或者幼苗。

（2）发现非法种植毒品原植物应采取的措施。

①地方各级人民政府应当立即采取措施予以制止、铲除。

②村民委员会、居民委员会应当及时予以制止、铲除，并向当地公安机关报告。

（3）场所管制：未经许可，不得擅自进入（可强行带离）。

2. 麻醉药品、精神药品及易制毒化学品管制

（1）实行许可制度。

①对麻醉药品和精神药品的实验研究、生产、经营、使用、储存、运输实行许可和查验制度。

②对易制毒化学品的生产、经营、购买、运输实行许可制度。

③对麻醉药品、精神药品和易制毒化学品的进口、出口实行许可制度。

（2）禁止制度。

①禁止非法生产、买卖、运输、储存、提供、持有、使用麻醉药品、精神药品和易制毒化学品。

②禁止走私麻醉药品、精神药品和易制毒化学品。

③禁止非法传授麻醉药品、精神药品和易制毒化学品的制造方法。

3. 毒品查缉

①公安机关、海关、邮政企业加强毒品检查，娱乐场所建立巡察制度。

②反洗钱行政主管部门依法加强对可疑毒品犯罪资金的监测。

③建立健全毒品监测和禁毒信息系统，开展毒品监测和禁毒信息的收集、分析、使用、交流工作。

【真题再现】

根据《禁毒法》，下列关于禁毒工作的说法，错误的是（　　）。（2015 年真题）

A. 禁毒工作经费由中央财政全额保障

B. 国家鼓励对禁毒工作的社会捐赠，并依法给予税收优惠

C. 国家对麻醉药品、精神药品和易制毒化学品的进口、出口实行许可制度

D. 国家鼓励公民举报毒品违法犯罪行为，各级人民政府和有关部门应对举报有功人员给予表彰和奖励

参考答案：A

参考解析：县级以上各级人民政府应当将禁毒工作纳入国民经济和社会发展规划，并将禁毒经费列入本级财政预算。故选 A 项。

★考点三：吸毒成瘾认定及其检测程序规定

1. 吸毒成瘾认定

类型	认定情形
吸毒成瘾（同时具备）	①经人体生物样本检测证明其体内含有毒品成分。 ②有证据证明其有使用毒品行为。 ③有戒断症状或者有证据证明吸毒史，包括曾经因使用毒品被公安机关查处或者曾经进行自愿戒毒等情形
吸毒成瘾严重（满足其一）	①曾经被责令社区戒毒、强制隔离戒毒（含《禁毒法》实施以前被强制戒毒或者劳教戒毒）、社区康复或者参加过戒毒药物维持治疗，再次吸食、注射毒品的。 ②有证据证明其采取注射方式使用毒品或者多次使用两类以上毒品的。 ③有证据证明其使用毒品后伴有聚众淫乱、自伤自残或者暴力侵犯他人人身、财产安全等行为的

2. 吸毒检测程序

（1）对象

①涉嫌吸毒的人员。

②被决定执行强制隔离戒毒的人员。

③被公安机关责令接受社区戒毒和社区康复的人员。

④戒毒康复场所内的戒毒康复人员。

（2）样本采集要求

①样本：尿液、血液或者毛发。

②样本采集、送检、检测应当由两名以上工作人员进行。

③采集女性尿液检测样本，由女性工作人员进行。

④现场检测结果为阳性的，应当分别保存在A、B两个样本专用器材中并编号，由采集人和被采集人共同签字封存，在低温条件下保存，保存期为两个月。

⑤被检测人员拒绝接受检测的，经县级以上公安机关或者其派出机构负责人批准，可以对其进行强制检测。

（3）吸毒检测形式

检测形式	检测机构	具体检测步骤/内容
现场检测	县级以上公安机关或者其派出机构	①出具由检测人签名并加盖检测的公安机关或者其派出机构的印章的检测报告。 ②检测结果当场通知被检测人并由被检测人在检测报告上签名，拒不签名的在检测报告上注明。 ③被检测人对现场检测结果有异议的，可在被告知结果之日起3日内向现场检测的公安机关提出实验室检测申请。 ④公安机关应当在接到申请3日内作出是否同意决定，并将结果告知被检测人

续表

检测形式	检测机构	具体检测步骤/内容
实验室检测	县级以上公安机关指定的取得检验鉴定机构资格的实验室或者有资质的医疗机构	①作出实验室检测决定后3日内，将A样本送交指定的具有检验鉴定资格的实验室或者有资质的医疗机构。 ②5日内出具实验室检测报告，由检测人签名并加盖检测机构公章后，送委托实验室检测的公安机关。 ③公安机关应当在24小时内将检测结果告知被检测人。 ④被检测人对检测结果有异议的，可在3日内提出实验室复检申请。 ⑤公安机关3日内作出是否同意进行的决定，并将结果告知被检测人
实验室复检	县级以上公安机关指定的取得检验鉴定机构资格的实验室	①作出复检决定后的3日内，将B样本送交具有检验鉴定资格的实验室。 ②实验室5日内出具检测报告，由检测人签名并加盖专用鉴定章后，送委托实验室复检的公安机关。 ③公安机关在24小时内将检测结果告知被检测人。 ④若样本不符合检测条件的，报县级以上公安机关或者其派出机构负责人批准后，由公安机关根据检测机构的意见，重新采集检测样本
注意：实验室检测和实验室复检不得由同一检测机构进行		

【真题再现】

1. 根据《吸毒检测程序规定》，关于吸毒检测样本采集的说法，正确的是（　　）。（2019年真题）

A. 检测样本采集须征得被检测人的同意

B. 公安机关采集样本应当由两名以上工作人员进行

C. 采集女性被检测人血液检测样本，应当由女性工作人员进行

D. 采集的检测样本经现场检测结果为阴性的，应在低温条件下保存一个月

参考答案：B

参考解析：公安机关采集、送检、检测样本，应当由两名以上工作人员进行；采集女性被检测人尿液检测样本，应当由女性工作人员进行。采集的检测样本经现场检测结果为阳性的，应当分别保存在A、B两个样本专用器材中并编号，由采集人和被采集人共同签字封存，在低温条件下保存，保存期为两个月。故选B项。

2. 根据《吸毒检测程序规定》，被检测人对现场检测结果有异议的，可以在被告知检测结果之日起3日内，向现场检测的公安机关提出（　　）申请。（2017年真题）

A. 现场复检　　B. 行政复议

C. 行政申诉　　D. 实验室检测

参考答案：D

参考解析：被检测人对现场检测结果有异议的，可以在被告知检测结果之日起3日内，向现场检测的公安机关提出实验室检测申请。故选D项。

考点四：戒毒措施

<table>
<tr><th>戒毒措施</th><th colspan="2">具体内容</th></tr>
<tr><td>社区戒毒</td><td colspan="2">①社区戒毒的期限：3 年。
②社区戒毒的地点：户籍地或有固定住所的居住地。
③负责机关：街道办事处、乡镇人民政府负责社区戒毒工作，公安机关和司法行政、卫生行政、民政等部门提供指导和协助。
④对无职业且缺乏就业能力的戒毒人员，提供必要的职业技能培训、就业指导和就业援助。
⑤戒毒人员签订并自觉履行社区戒毒协议，根据公安机关的要求，定期接受检测。
⑥批评、教育违反社区戒毒协议的戒毒人员，对严重违反协议或者在社区戒毒期间又吸食、注射毒品的，应当及时向公安机关报告</td></tr>
<tr><td>自愿戒毒及戒毒医疗机构</td><td colspan="2">①设置戒毒医疗机构或者医疗机构从事戒毒治疗业务的报所在地的省、自治区、直辖市人民政府卫生行政部门批准，并报同级公安机关备案。
②戒毒治疗应当遵守国务院卫生行政部门制定的戒毒治疗规范，接受卫生行政部门的监督检查。
③戒毒治疗不得以营利为目的。戒毒治疗的药品、医疗器械和治疗方法不得做广告。戒毒治疗收取费用的，应当按照省、自治区、直辖市人民政府价格主管部门会同卫生行政部门制定的收费标准执行。
④医疗机构根据戒毒治疗的需要，可以对接受戒毒治疗的戒毒人员进行身体和所携带物品的检查；对在治疗期间有人身危险的，可以采取必要的临时保护性约束措施。
⑤发现接受戒毒治疗的戒毒人员在治疗期间吸食、注射毒品的，医疗机构应当及时向公安机关报告</td></tr>
<tr><td rowspan="5">强制隔离戒毒</td><td>适用对象</td><td>①拒绝接受社区戒毒的。
②在社区戒毒期间吸食、注射毒品的。
③严重违反社区戒毒协议的。
④经社区戒毒、强制隔离戒毒后复吸的。
⑤吸毒成瘾严重，社区戒毒难以戒除毒瘾的人员。
⑥自愿接受强制隔离戒毒，经公安机关同意</td></tr>
<tr><td>不适用对象</td><td>①怀孕的妇女。
②正在哺乳自己不满 1 周岁婴儿的妇女</td></tr>
<tr><td>可以不适用</td><td>不满 16 周岁的未成年人吸毒成瘾的</td></tr>
<tr><td>戒毒期限</td><td>2 年（执行 1 年后经诊断评估合格者可提前解除），最长可以延长 1 年</td></tr>
<tr><td>相关规定</td><td>①强制隔离戒毒决定书，在执行强制隔离戒毒前送达被决定人，24 小时以内通知被决定人的家属、所在单位和户籍所在地公安派出所。
②强制隔离戒毒场所可以对戒毒人员进行职业技能培训。
③组织戒毒人员参加必要的生产劳动，应当支付劳动报酬。
④强制隔离戒毒场所管理人员应当对强制隔离戒毒场所以外的人员交给戒毒人员的物品和邮件进行检查，防止夹带毒品，依法保护戒毒人员的通信自由和通信秘密。
⑤戒毒人员经强制隔离戒毒场所批准，可以外出探视配偶、直系亲属。
⑥强制隔离戒毒所应当坚持戒毒治疗与教育康复相结合的方针，遵循依法、严格、科学、文明管理的原则，实现管理规范化、治疗医院化、康复多样化、帮教社会化、建设标准化</td></tr>
<tr><td>社区康复</td><td colspan="2">①社区康复最长不超过 3 年。
②戒毒康复场所组织戒毒人员参加生产劳动的，应当支付劳动报酬。
③戒毒人员在入学、就业、享受社会保障等方面不受歧视。
④鼓励社会力量依法开办的公益性戒毒康复场所</td></tr>
</table>

【真题再现】

1. 根据《禁毒法》，对吸毒成瘾人员，公安机关可责令其接受社区戒毒。社区戒毒的期限是（　　）。(2018 年真题)

A. 6 个月　　B. 1 年　　C. 2 年　　D. 3 年

参考答案： D

参考解析： 本题考查戒毒措施。《禁毒法》规定，对吸毒成瘾人员，公安机关可以责令其接受社区戒毒，同时通知吸毒人员户籍所在地或者现居住地的城市街道办事处、乡镇人民政府，社区戒毒的期限为 3 年。故选 D 项。

2. 根据《禁毒法》，强制隔离戒毒的最长期限为（　　）年。(2016 年真题)

A. 3　　B. 4　　C. 5　　D. 6

参考答案： A

参考解析：《禁毒法》规定强制隔离戒毒的期限一般为两年，最长不超过三年。故选 A 项。

3. 小张吸毒成瘾，在家人劝说下自愿接受强制隔离戒毒，经公安机关同意后，进入某强制隔离戒毒所戒毒，根据《戒毒法》，小张接受强制隔离戒毒的期限不少于（　　）个月。(2017 年真题)

A. 12　　B. 15　　C. 18　　D. 24

参考答案： A

参考解析：《禁毒法》第四十七条规定：强制隔离戒毒的期限为二年。执行强制隔离戒毒一年后，经诊断评估，对于戒毒情况良好的戒毒人员，强制隔离戒毒场所可以提出提前解除强制隔离戒毒的意见，报强制隔离戒毒的决定机关批准。故选 A 项。

4. 戒毒人员小王在社区戒毒期间严重违反社区戒毒协议，再次吸食、注射毒品。根据《禁毒法》，此时参与社区戒毒的工作人员应当及时（　　）。(2016 年真题)

A. 通知小王亲属　　B. 通知社区居委会

C. 向公安机关报告　　D. 向司法行政部门报告

参考答案： C

参考解析： 本题考查社区戒毒。对违反社区戒毒协议的戒毒人员，参与社区戒毒的工作人员应当进行批评、教育；对严重违反社区戒毒协议或者在社区戒毒期间又吸食、注射毒品的，应当及时向公安机关报告。故选 C 项。

5. 根据《禁毒法》，下列吸毒成瘾人员中，适用强制隔离戒毒的是（　　）。(2019 年真题)

A. 小强，17 周岁，高中学生

B. 小张，25 周岁，患有传染性疾病

C. 小赵，28 周岁，怀孕 6 个月

D. 老王，45 周岁，残疾人

E. 老李，65 周岁，患有慢性疾病

参考答案：ABDE

参考解析：《禁毒法》规定，吸毒成瘾人员有下列情形之一的，由县级以上人民政府公安机关作出强制隔离戒毒的决定：（1）拒绝接受社区戒毒的；（2）在社区戒毒期间吸食、注射毒品的；（3）严重违反社区戒毒协议的；（4）经社区戒毒、强制隔离戒毒后再次吸食、注射毒品的。怀孕或者正在哺乳自己不满1周岁婴儿的妇女吸毒成瘾的，不适用强制隔离戒毒。不满16周岁的未成年人吸毒成瘾的，可以不适用强制隔离戒毒。故选A、B、D、E四项。

6. 根据《禁毒法》，设置戒毒医疗机构应当符合国务院卫生行政部门规定的条件，报所在地的省、自治区、直辖市人民政府（　　）批准，并报同级公安机关备案。（2020年真题）

A. 民政部门　　B. 卫生行政部门

C. 司法行政部门　　D. 市场监督管理部门

参考答案：B

参考解析：设置戒毒医疗机构或者医疗机构从事戒毒治疗业务的，应当符合国务院卫生行政部门规定的条件，报所在地的省、自治区、直辖市人民政府卫生行政部门批准，并报同级公安机关备案。戒毒治疗应当遵守国务院卫生行政部门制定的戒毒治疗规范，接受卫生行政部门的监督检查。故选B项。

考点五：禁毒的法律责任

违法行为	法律责任	
容留他人吸食、注射毒品或者介绍买卖毒品的	构成犯罪的	依法追究刑事责任
	尚不构成犯罪的	由公安机关处10日以上15日以下拘留，可以并处3000元以下罚款
	情节较轻的	处5日以下拘留或者500元以下罚款
主动到公安机关登记或到有资质的医疗机构接受戒毒治疗的	不予处罚	
吸食、注射毒品的	依法给予治安管理处罚	

考点六：禁毒社会工作者队伍建设

1. 加强禁毒社会工作者队伍建设的总体规划

①充分认识加强禁毒社会工作者队伍建设的重要意义：加强禁毒社会工作者队伍建设，是增强禁毒工作专业力量、完善禁毒工作队伍结构、推进禁毒工作社会化的重要途径，是健全禁毒社会服务体系、创新禁毒社会服务方式、提升禁毒社会服务水平的有力手段，是推进毒品问题治理体系和治理能力现代化的必然要求。

②切实增强责任感和紧迫感：切实认识到禁毒社会工作队伍建设中存在的问题，如基础薄弱、体制机制不完善、人员队伍能力不足、人员数量缺口大等，切实加强禁

毒社会工作人才队伍的建设，完善体制机制，健全相应的法规，提升禁毒社会工作者的专业能力，增强责任感。

③任务目标：到2020年禁毒社会工作者总量达到10万人，禁毒社会工作服务城乡、区域和领域基本覆盖。

2. 明确禁毒社会工作者的职责任务

①提供戒毒康复服务。

②开展帮扶救助服务。

③参与禁毒宣传教育。

④协助开展有关禁毒管理事务。

3. 培养壮大禁毒社会工作者队伍

①加强禁毒社会工作专业教育。

②加强禁毒社会工作岗位培训和继续教育。

③规范禁毒社会工作者职业评价。

④优化禁毒社会工作者配备使用。

⑤强化禁毒社会工作者职业保障。

4. 建立健全禁毒社会工作服务制度

①建立健全政府购买禁毒社会工作服务制度。

②建立健全禁毒社会工作服务标准规范。

③建立健全禁毒社会工作服务协同机制。

5. 加强对禁毒社会工作者队伍建设的组织领导

①明确责任分工。

②加大资金投入。

③完善政策法规。

④加强宣传示范。

第三节　治安管理处罚法规与政策

【重要考点概览】

小节	主要考点	历年考查点
第三节　治安管理处罚法规与政策	治安管理处罚的种类和适用	2016年考查单项选择题 2017年考查单项选择题 2019年考查单项选择题 2020年考查多项选择题
	治安管理处罚程序	2015年考查多项选择题 2018年考查单项选择题
	治安管理执法监督	尚未考查

考点一：治安管理处罚的种类和适用

1. 治安管理处罚的种类

①警告；②罚款；③行政拘留；④吊销公安机关发放的许可证。

特殊：针对违反治安管理的外国人，可以附加适用限期出境或者驱逐出境。

2. 部分特别人员违反治安管理的适用

①不满 14 周岁——不处罚，责令监护人严加管教。

②已满 14 周岁不满 18 周岁——从轻或减轻处罚。

③精神病人——在不能辨认或者不能控制自己行为的时候违反治安管理的，不予处罚，责令其监护人严加看管和治疗。

④间歇性的精神病人——精神正常的时候违反治安管理的，给予处罚。

⑤盲人或者又聋又哑的人——从轻、减轻或者不予处罚。

⑥醉酒——给予处罚，有对本人危险/威胁他人安全的要约束到酒醒。

注意：存在两种以上违法行为，分别决定，合并执行。行政拘留合并执行期限不超过 20 日。

3. 减轻处罚或不予处罚的情形（满足其一）

①情节特别轻微的。

②主动消除或者减轻违法后果，并取得被侵害人谅解的。

③出于他人胁迫或者诱骗的。

④主动投案，向公安机关如实陈述自己的违法行为的。

⑤有立功表现的。

4. 从重处罚的情形（满足其一）

①有较严重后果的。

②教唆、胁迫、诱骗他人违反治安管理的。

③对报案人、控告人、举报人、证人打击报复的。

④6 个月内曾受过治安管理处罚的。

5. 免予行政处罚的情形（满足其一）

①已满 14 周岁不满 16 周岁的。

②已满 16 周岁不满 18 周岁，初次违反治安管理的。

③70 周岁以上的。

④怀孕或者哺乳自己不满 1 周岁婴儿的。

6. 时效

①违反治安管理行为在 6 个月内未被公安机关发现的，不再处罚。

②期限从违反治安管理行为发生之日起计算。

③违反治安管理行为有连续或者继续状态的，从行为终了之日起计算。

【真题再现】

1. 根据《治安管理处罚法》，下列违反治安管理行为人中，依法应当给予行政拘

留处罚，但不执行行政拘留处罚的是（　　）。（2019 年真题）

A. 冯某，男，17 岁，多次违反治安管理

B. 陈某，男，20 岁，初次违反治安管理

C. 楚某，女，30 岁，有一个一岁半的女儿

D. 魏某，女，72 岁，独居老人

参考答案： D

参考解析： 违反治安管理行为人有下列情形之一，依法应当给予行政拘留处罚的，不执行行政拘留处罚：①已满 14 周岁不满 16 周岁的；②已满 16 周岁不满 18 周岁，初次违反治安管理的；③70 周岁以上的；④怀孕或者哺乳自己不满 1 周岁婴儿的。故选 D 项。

2. 小刚违反治安管理时不满 14 周岁，根据《治安管理处罚法》，下列对小刚的治安处罚措施，正确的是（　　）。（2016 年真题）

A. 从重处罚，同时处罚其监护人

B. 从轻处罚，但应从重处罚其监护人

C. 减轻处罚，同时责令其监护人严加管教

D. 不予处罚，但应责令其监护人严加管教

参考答案： D

参考解析： 本题考查部分特别人员违反治安管理的适用。《治安管理处罚法》规定，已满 14 周岁不满 18 周岁的人违反治安管理的，从轻或者减轻处罚；不满 14 周岁的人违反治安管理的，不予处罚，但是应当责令其监护人严加管教。故选 D 项。

3. 根据《治安管理处罚法》，下列违反治安管理行为人中，依法应当给予行政拘留处罚但不执行行政拘留处罚的是（　　）。（2020 年真题）

A. 刘某，15 岁，高一学生

B. 吴某，17 岁，3 个月前曾接受过治安管理处罚

C. 周某，27 岁，怀孕 5 个月

D. 冯某，35 岁，哺乳自己不满 1 周岁的女儿

E. 韩某，65 岁，行动不便

参考答案： ACD

参考解析： 违反治安管理行为人有下列情形之一，依法应当给予行政拘留处罚的，不执行行政拘留处罚：①已满 14 周岁不满 16 周岁的；②已满 16 周岁不满 18 周岁，初次违反治安管理的；③70 周岁以上的；④怀孕或者哺乳自己不满 1 周岁婴儿的。故选 A、C、D 三项。

★ 考点二：治安管理处罚程序

1. 调查

（1）基本原则

依法进行。严禁刑讯逼供或者采用威胁、引诱、欺骗等非法手段收集证据。以非法手段收集的证据不得作为处罚的根据。

（2）保密义务

对办案时涉及的国家秘密、商业秘密或者个人隐私，应当予以保密。

（3）回避情形（满足其一）

①是本案当事人或者当事人的近亲属的。

②本人或者其近亲属与本案有利害关系的。

③与本案当事人有其他关系。

④可能影响案件公正处理的。

（4）传唤及决定权限

①传唤证传唤：经公安机关办案部门负责人批准。

②口头传唤：出示工作证，在询问笔录中注明。（针对现场发现违法人员）

③强制传唤：无正当理由不接受传唤或者逃避传唤的人。

（5）询问

①询问查证的时间不得超过 8 小时，情况复杂，可能适用行政拘留处罚的，询问查证的时间不得超过 24 小时。

②询问不满 16 岁的违反治安管理行为人，应当通知其父母或者其他监护人到场。

③询问聋哑人的，应当有通晓手语的人提供帮助。

④询问不通晓当地通用的语言文字人的，应当配备翻译人员。

（6）检查

①检查时，人民警察不得少于 2 人。（出示工作证件和县级以上人民政府公安机关开具的相关检查证明文件）

②确有必要当场检查，出示工作证件。（检查住所要出示县级以上人民政府公安机关开具的相关检查证明文件）

③检查妇女的身体，应当由女性工作人员进行。

（7）扣押

①对与案件无关的物品，不得扣押。

②对扣押的物品，当场开列清单一式二份。

③满 6 个月无人对扣押财产主张权利或者无法查清权利人的，应当公开拍卖或者按照国家有关规定处理，所得款项上缴国库。

2. 决定

（1）决定机关

县级以上人民政府公安机关。（警告、500 元以下的罚款可以由公安机关下辖派出所决定）

（2）时间折抵

①处罚前已经采取强制措施限制人身自由的时间，应当折抵。

②限制人身自由 1 日，折抵行政拘留 1 日。

（3）治安管理处罚决定书（当场宣告和交付或 2 日内送达被处罚人）

①被处罚人的姓名、性别、年龄，身份证件的名称和号码、住址。

②违法事实和证据。

③处罚的种类和依据。

④处罚的执行方式和期限。

⑤对处罚决定不服，申请行政复议、提起行政诉讼的途径和期限。

⑥作出处罚决定的公安机关的名称和作出决定的日期。

（4）听证适用

吊销许可证以及处2000元以上罚款的治安管理处罚决定前，违反治安管理行为人有权要求举行听证。

（5）办案期限

①自受理之日起不得超过30日。（为了查明案情进行鉴定的期间，不计入）

②案情重大、复杂的，经上一级公安机关批准，可以延长30日。

（6）当场处罚的适用

①行为事实清楚、证据确凿，处警告或者200元以下罚款的。

②出示工作证件，填写处罚决定书。（被处罚人的姓名、违法行为、处罚依据、罚款数额、时间、地点以及公安机关名称，经办警察的签名或盖章）

③当场作出治安管理处罚决定的，经办的人民警察应当24小时内报所属公安机关备案。

3. 执行

执行罚款适用	收到罚款处罚决定书15日内，到指定的银行缴纳罚款	
	可以现场收缴情形	①被处50元以下罚款，被处罚人对罚款无异议的。 ②被处罚人向指定的银行缴纳罚款确有困难。 ③被处罚人在当地没有固定住所，事后难以执行的。 注意：人民警察应该出具省、自治区、直辖市人民政府财政部门统一制发的罚款收据，且自收缴罚款之日起2日内交至所属的公安机关，公安机关2日内缴付指定的银行
暂缓行政拘留	适用情形	①被处罚人不服行政拘留处罚的，申请行政复议、提起行政诉讼的。 ②暂缓执行行政拘留不致发生社会危险的，由被处罚人或者其近亲属提出担保人或者缴纳每日200元的保证金
	担保人的条件	①与本案无牵连。 ②享有政治权利，人身自由未受到限制。 ③在当地有常住户口和固定住所。 ④有能力履行担保义务

【真题再现】

1. 某公安院校开展案例教学，设定了下面一些公安机关办案人员办理治安案件调查取证的情节，其中符合《治安管理处罚法》规定的做法是（　　）。（2018年真题）

A. 由于案情特殊，办案人员未将张某的传唤原因和处所告知其家属

B. 因为案情复杂，办案人员决定将李某的询问查证时间延长至36小时

C. 办案人员询问14周岁的违反治安管理行为人何某时，未通知其监护人到场

D. 办案人员询问违反治安管理行为的聋哑人蒋某时，请了一位手语老师来帮忙

参考答案：D

参考解析：本题考查《治安管理处罚法》的有关规定。《治安管理处罚法》规定，对违反治安管理行为人，公安机关传唤后应当及时询问查证，查证时间不得超过8小时。情况复杂、依照《治安管理处罚法》规定可能适用行政拘留处罚规定的，询问查证时间不得超过24小时，公安机关应当及时将传唤的原因和处所通知被传唤人家属。询问不满16周岁的违反治安管理行为人，应当通知其父母或者其他监护人到场。询问聋哑的违反治安管理行为人、被侵害人或者其他见证人，应当有通晓手语的人提供帮助，并在笔录上注明。故选D项。

2. 根据《治安管理处罚法》，公安机关对违反治安管理行为有关的场所可以进行检查。检查时，人民警察应遵守的规定包括（　　）。（2015年真题）

A. 不得少于2人

B. 出示工作证件

C. 出示派出所开具的出警证明文件

D. 有至少1名居（村）委会委员陪同

E. 出示县级以上人民政府公安机关开具的检查证明文件

参考答案：ABE

参考解析：《治安管理处罚法》规定，公安机关对于违反治安管理行为有关的场所、物品、人身可以进行检查。检查时，人民警察不得少于2人，并应当出示工作证件和县级以上人民政府公安机关开具的检查证明文件。故选A、B、E三项。

★ 考点三：治安管理执法监督

1. 公安机关及某人民警察办理治安案件的要求

①文明执法，不得徇私舞弊。

②禁止对违反治安管理行为人打骂、虐待或者侮辱。

③自觉接受社会和公民的监督。

④实行罚款决定与罚款收缴分离，收缴的罚款全部上缴国库。

2. 法律责任

违法行为	法律责任
①刑讯逼供、体罚、虐待、侮辱他人的。 ②超过询问查证的时间限制人身自由的。 ③不执行罚款决定与罚款收缴分离制度，或者不按规定将罚没的财物上缴国库或者依法处理的。 ④私分、侵占、挪用、故意损毁收缴、扣押的财物的。 ⑤违反规定使用或者不及时返还被侵害人财物的	依法给予行政处分（满足其一）；构成犯罪的，依法追究刑事责任

续表

违法行为	法律责任
⑥违反规定不及时退还保证金的。 ⑦利用职务上的便利收受他人财物或者谋取其他利益的。 ⑧当场收缴罚款不出具罚款收据或者不如实填写罚款数额的。 ⑨接到要求制止违反治安管理行为的报警后，不及时出警的。 ⑩在查处违反治安管理活动时，为违法犯罪行为人通风报信的。 ⑪有徇私舞弊、滥用职权，不依法履行法定职责的其他情形的	依法给予行政处分（满足其一）；构成犯罪的，依法追究刑事责任
违法行使职权，侵犯公民、法人和其他组织合法权益的	民事责任（赔礼道歉）；赔偿责任（造成损害）

【本章小结】

我国在社区矫正、禁毒和治安管理处罚方面的法规与政策分别对社区服刑人员、吸毒人员以及违反治安管理人员的行为及其处置进行了规定。本章考试要点包括社区矫正的适用范围（即被判处管制、缓刑、监外执行、假释、剥夺政治权利等刑罚的罪犯）、社区矫正对象的监督管理、解矫宣告以及矫正终止、未成年人社区矫正的特殊规定；禁毒工作总体要求、戒毒措施（4 类）和法律责任；治安管理处罚的种类、适用及程序。

回顾近年来考试情况，本章考查内容以记忆型为主。考生同时也需要注意本章内容相较以往有较大程度的修改，尤其是社区矫正和禁毒相关法规，考生要注意识别。

扫码听课

第八章　我国烈士褒扬与优抚安置法规与政策

【本章导学】

本章内容面向对我国革命和国防牺牲、贡献的军人及其家属进行的优待、抚恤、褒扬和退役安置等工作，涵盖烈士褒扬、军人抚恤优待、退役士兵安置、军队离退休干部安置四个部分。涉及法律法规包括《烈士褒扬条例》《军人抚恤优待条例》《中华人民共和国兵役法》《退役士兵安置条例》《军队离休退休干部服务管理办法》等。

2018 年 4 月成立中华人民共和国退役军人事务部。同时，《中华人民共和国退役军人保障法》将于 2021 年 1 月 1 日起施行，明确了退役军人移交接收、退役安置、教育培训、就业创业、抚恤优待、褒扬激励、服务管理、法律责任相关内容。

【历年题量/分值分布】

	2015 年	2016 年	2017 年	2018 年	2019 年	2020 年
单项选择题	5 道	5 道	4 道	5 道	5 道	4 道
多项选择题	2 道	1 道	2 道	1 道	1 道	2 道
合计分值	9 分	7 分	8 分	7 分	7 分	8 分

注：单项选择题每题 1 分，多项选择题每题 2 分（错选，本题不得分；少选，所选每个选项得 0.5 分）。

【本章知识概览】

小节	考点	备考指数
第一节　烈士褒扬法规与政策	烈士评定	★★★★
	烈士褒扬金和烈士遗属抚恤优待	★★★★★
	烈士纪念设施的保护和管理	★★★★
	烈士安葬和烈士纪念日	★★
	烈士荣誉保护	★★★★
第二节　军人抚恤优待法规与政策	抚恤优待对象的认定	★
	死亡抚恤的具体规定	★★
	残疾抚恤的具体规定	★★★★★
	优待的具体内容	★★
	依照、参照军人抚恤执行的其他情形	★★
	烈属、军属和退役军人等家庭悬挂光荣牌	★★★★
第三节　退役士兵安置法规与政策	退役士兵安置基本原则	★★★
	退役士兵移交和接收	★★

续表

小节	考点	备考指数
第三节　退役士兵安置法规与政策	退役士兵安置主要方式	★★★★★
	退役士兵保险关系的接续	★★
第四节　军队离退休干部安置法规与政策	军队干部离休、退休的条件和待遇	★
	军队干部退休安置办法	★
	军休干部服务管理的主要内容	★★★★★

【考点详解】

第一节　烈士褒扬法规与政策

【重要考点概览】

小节	主要考点	历年考查点
第一节　烈士褒扬法规与政策	烈士评定	2015 年考查单项选择题、多项选择题 2016 年考查单项选择题 2020 年考查多项选择题
	烈士褒扬金和烈士遗属抚恤优待	2016 年考查多项选择题 2017 年考查单项选择题 2018 年考查单项选择题 2019 年考查单项选择题 2020 年考查单项选择题
	烈士纪念设施的保护和管理	2015 年考查多项选择题 2016 年考查单项选择题
	烈士安葬和烈士纪念日	2020 年考查单项选择题
	烈士荣誉保护	尚未考查

★ 考点一：烈士评定

1. 评定对象、标准、评定机关

对象	评定标准	评定机关		备注
		提出评定烈士报告的机关	审查评定机关	
公民	①在依法查处违法犯罪行为、执行国家安全工作任务、执行反恐怖任务和处置突发事件中牺牲的。 ②抢险救灾或者其他为了抢救、保护国家财产、集体财产、公民生命财产牺牲的	县级人民政府	省、自治区、直辖市人民政府	送国务院退役军人事务部门备案

续表

<table>
<tr><th rowspan="2">对象</th><th rowspan="2">评定标准</th><th colspan="2">评定机关</th><th rowspan="2">备注</th></tr>
<tr><th>提出评定烈士报告的机关</th><th>审查评定机关</th></tr>
<tr><td rowspan="3">公民</td><td>①在执行外交任务或者国家派遣的对外援助、维持国际和平任务中牺牲的。
②在执行武器装备科研试验任务中牺牲的</td><td>国务院有关部门</td><td>国务院退役军人事务部门</td><td>—</td></tr>
<tr><td>其他牺牲情节特别突出，堪为楷模的</td><td>县级人民政府</td><td>国务院退役军人事务部门（省、自治区、直辖市人民政府先审查）</td><td>双重审查</td></tr>
<tr><td colspan="4">注意：评定为烈士的由死者生前所在工作单位、死者遗属或者事件发生地的组织、公民向死者生前工作单位所在地、死者遗属户口所在地或者事件发生地的县级人民政府退役军人事务部门提供有关死者牺牲情节的材料，由收到材料的县级人民政府退役军人事务部门调查核实后提出评定烈士的报告，报本级人民政府审核</td></tr>
</table>

<table>
<tr><th>对象</th><th>评定标准</th><th>批准机关</th></tr>
<tr><td rowspan="2">现役军人</td><td>①对敌作战死亡，或者对敌作战负伤在医疗终结前因伤死亡的。
②因执行任务遭敌人或者犯罪分子杀害，或者被俘、被捕后不屈，遭敌人杀害或者被折磨致死的。
③为抢救和保护国家财产、人民生命财产或者执行反恐怖任务和处置突发事件死亡的。
④因执行军事演习、战备航行飞行、空降和导弹发射训练、试航试飞任务以及参加武器装备科研试验死亡的。
⑤在执行外交任务或者国家派遣的对外援助、维持国际和平任务中牺牲的。
⑥其他死难情节特别突出，堪为楷模的。
注意：现役军人在执行对敌作战、边海防执勤或者抢险救灾任务中失踪，经法定程序宣告死亡的，按照烈士对待</td><td>①因战死亡——军队团级以上单位政治机关。
②非因战死亡——军队军级以上单位政治机关。
③其他死难情节特别突出，堪为楷模的——中央军委政治工作部</td></tr>
<tr><td colspan="2">注意：军队评定的烈士，由中央军事委员会政治工作部送国务院退役军人事务部门备案</td></tr>
</table>

2. 烈士名单呈报

评定为烈士的，由国务院退役军人事务部门负责将烈士名单呈报党和国家功勋荣誉表彰工作委员会。

3. 烈士证书的发放

（1）制发：以党和国家功勋荣誉表彰工作委员会办公室名义制发。

（2）颁授：县级以上人民政府每年在烈士纪念日（9 月 30 日）举行颁授仪式，向烈士遗属颁授烈士证书。

（3）持证人顺序：先协商，协商不通的，按照父母（抚养人）、配偶、子女（长子女）、兄弟姐妹（年长优先）。

【真题再现】

1. 甲县某研究所职工小李在执行武器装备科研实验任务中牺牲。根据《烈士褒扬条例》，有权为小李提出评定烈士报告的单位或部门是（　　）。(2015 年真题)

A. 甲县人民政府　　B. 甲县民政部门

C. 国务院有关部门　　D. 小李生前所在的单位

参考答案：C

参考解析：《烈士褒扬条例》第八条规定，公民牺牲符合下列情形之一的，评定为烈士：①在依法查处违法犯罪行为、执行国家安全工作任务、执行反恐怖任务和处置突发事件中牺牲的；②抢险救灾或者其他为了抢救、保护国家财产、集体财产、公民生命财产牺牲的；③在执行外交任务或者国家派遣的对外援助、维持国际和平任务中牺牲的；④在执行武器装备科研试验任务中牺牲的；⑤其他牺牲情节特别突出，堪为楷模的。属于以上第③项、第④项规定情形的，由国务院有关部门提出评定烈士的报告，送国务院退役军人事务部门审查评定。本题中，小李符合上述第④项的情形，因此有权为小李提出评定烈士报告的是国务院有关部门。故选 C 项。

2. 根据《军人抚恤优待条例》，现役军人死亡，应批准为烈士或者按照烈士对待的情形有（　　）。(2015 年真题)

A. 因执行任务遭犯罪分子杀害的

B. 在执行任务中因病猝然死亡的

C. 受国家派遣在维持国家和平任务中牺牲的

D. 在抢险救灾任务中失踪，经法定程序宣告死亡的

E. 在边海执勤任务中失踪，经法定程序宣告死亡的

参考答案：ACDE

参考解析：B 属于因公牺牲。AC 属于应批准为烈士，DE 属于按照烈士对待。

3. 宋某从甲市某高校社会工作专业毕业后，进入该市“爱联盟”社会工作服务中心工作，同时还是该市志愿者协会注册志愿者。2019 年 3 月，宋某参加甲市志愿者协会活动，到乙市开展精准扶贫志愿服务，其间为抢救落水儿童献出生命。群众提议为宋某申报烈士。根据《烈士褒扬条例》，为宋某申报烈士，由（　　）向主管部门提供宋某牺牲情节的材料。(2020 年真题)

A. 宋某的妻子　　B. 甲市志愿者协会

C. 被救儿童的父母　　D. 宋某毕业的高校

E. “爱联盟”社会工作服务中心

参考答案：ACE

参考解析：《烈士褒扬条例》第九条规定，申报烈士的，由死者生前所在工作单位、死者遗属或者事件发生地的组织、公民向死者生前工作单位所在地、死者遗属户口所在地或者事件发生地的县级人民政府退役军人事务部门提供有关死者牺牲情节的材料，由收到材料的县级人民政府退役军人事务部门调查核实后提出评定烈士的报告，

报本级人民政府审核。故选 A、C、E 三项。

4.《中华人民共和国烈士证明书》由烈士遗属户口所在地的县级人民政府民政部门向烈士遗属颁发，烈士遗属中的持证人由烈士遗属协商确定，协商不通的，（　　）。（2016 年真题）

A. 由县级人民政府民政部门代为妥善保管

B. 按配偶、子女、父母（抚养人）顺序确定持证人

C. 按子女、配偶、父母（抚养人）顺序确定持证人

D. 按父母（抚养人）、配偶、子女顺序确定持证人

参考答案：D

参考解析：烈士遗属中的持证人由烈士遗属协商确定，协商不通的，按照下列顺序确定持证人：父母（抚养人）、配偶、子女。有多个子女的，由长子女持证。无前述亲属的，由烈士兄弟姐妹持证，有多个兄弟姐妹的发给年长的兄弟姐妹。以上亲属均没有的，不发烈士证书。故选 D 项。

考点二：烈士褒扬金和烈士遗属抚恤优待

1. 烈士褒扬金

	发放标准	发放机关	备注
烈士褒扬金	烈士牺牲时上一年度全国城镇居民人均可支配收入的 30 倍	由领取烈士证书的烈士遗属户口所在地县级人民政府退役军人事务部门	发放顺序：发给烈士的父母或者抚养人、配偶、子女；没有父母或者抚养人、配偶、子女的，发给烈士未满 18 周岁的兄弟姐妹和已满 18 周岁但无生活来源且由烈士生前供养的兄弟姐妹
一次性抚恤金	为烈士牺牲时上一年度全国城镇居民人均可支配收入的 20 倍，加 40 个月的中国人民解放军排职少尉军官工资	县级人民政府退役军人事务部门	属于《军人抚恤优待条例》以及相关规定适用范围的，还享受因公牺牲一次性抚恤金； 属于《工伤保险条例》以及相关规定适用范围的，还享受一次性工亡补助金以及相当于烈士本人 40 个月工资的烈士遗属特别补助金
定期抚恤金	参照全国城乡居民家庭人均收入水平确定	其户口所在地的县级人民政府退役军人事务部门发给定期抚恤金领取证，凭证领取定期抚恤金	领取条件： ①无劳动能力和生活来源，收入水平低于当地居民平均生活水平的烈士的父母、抚养人、配偶。 ②未满 18 周岁，或者已满 18 周岁但因残疾或者正在上学而无生活来源的烈士子女。 ③由烈士生前供养的未满 18 周岁，或者已满 18 周岁但因正在上学而无生活来源的兄弟姐妹

【真题再现】

1. 根据《烈士褒扬条例》，烈士褒扬金标准最低为烈士牺牲时上一年度全国城镇居民人均可支配收入的（　　）倍。（2018 年真题）

A. 10　　B. 20　　C. 30　　D. 40

参考答案：C

参考解析：本题考查烈士褒扬金标准。根据《烈士褒扬条例》的规定，烈士褒扬金标准为烈士牺牲时上一年度全国城镇居民人均可支配收入的30倍。战时，参战牺牲的烈士褒扬金标准可以适当提高。故选C项。

2. 烈士岳某，牺牲前为进城务工人员，妻子为镇中心小学教师，两人育有一子。岳某父母常年在外打工，8年前离婚。父母离婚后，岳某和妹妹由父亲抚养，与奶奶共同生活。奶奶现已70岁仍在照顾岳某妹妹的日常生活。根据《烈士褒扬条例》，岳某的烈士褒扬金应发放给岳某的（　　）。（2019年真题）

A. 奶奶、父亲、母亲、妻子

B. 奶奶、父亲、妻子、妹妹

C. 父亲、母亲、妻子、妹妹

D. 父亲、母亲、妻子、儿子

参考答案：D

参考解析：烈士褒扬金由领取烈士证书的烈士遗属户口所在地县级人民政府退役军人事务部门发给烈士的父母或者抚养人、配偶、子女；没有父母或者抚养人、配偶、子女的，发给烈士未满18周岁的兄弟姐妹和已满18周岁但无生活来源且由烈士生前供养的兄弟姐妹。故选D项。

2. 烈士遗属抚恤优待

（1）医疗优待：省、自治区、直辖市人民政府确定标准。

（2）入伍优待：优先安排。

（3）教育优待（烈士子女）。

①学前教育、义务教育——优待。

②公办幼儿园——免交保教费。

③报考普通高中、中等职业学校、高等学校研究生——优先录取。

④报考高等学校本、专科的——降低分数要求投档。

⑤就读公办学校——免交学费、杂费，享受助学政策。

（4）就业优待。

①符合就业条件——优先提供就业服务。

②经济性裁员时——优先留用。

③从事个体经营的——优先办理证照，享受优惠政策。

（5）住房优待。

①承租廉租房、购买经济适用住房——优先、优惠照顾。

②住房有困难——由当地人民政府帮助解决。

（6）供养优待。

男年满60周岁、女年满55周岁的孤老烈士遗属本人自愿的，可以在光荣院、敬老院集中供养。各类社会福利机构应当优先接收烈士遗属。

【真题再现】

1. 空军飞行员李海，2014 年在执行试飞任务中牺牲，被评定为烈士，李海未婚，其父母年事已高，收入低于当地居民平均生活水平，根据《烈士褒扬条例》和《军人抚恤优待条例》，李海的父母应当享受的抚恤待遇有（　　）。(2016 年真题)

A. 烈士褒扬金　　B. 一次性抚恤金

C. 一次性工亡补助金　　D. 烈士遗属定期抚恤金

E. 因公牺牲军人遗属定期抚恤金

参考答案：ABD

参考解析：本题考查烈士遗属的抚恤优待。依照《军人抚恤优待条例》的规定，现役军人死亡被批准为烈士的，依照《烈士褒扬条例》的规定发给烈士遗属烈士褒扬金。除此之外，对烈士、因公牺牲军人、病故军人遗属的抚恤还有两种类型，即一次性抚恤金和定期抚恤金。故选 A、B、D 三项。

2. 根据《烈士褒扬条例》，烈士子女在报考（　　）时，可以按照国家有关政策降低分数要求投档。(2019 年真题)

A. 普通高中　　B. 中等职业学校

C. 高等学校本、专科　　D. 高等学校研究生

参考答案：C

参考解析：烈士子女报考普通高中、中等职业学校、高等学校研究生的，在同等条件下优先录取；报考高等学校本、专科的，可以按照国家有关规定降低分数要求投档；在公办学校就读的，免交学费、杂费，并享受国家规定的各项助学政策。故选 C 项。

★ 考点三：烈士纪念设施的保护和管理

未经批准，不得迁移烈士纪念设施。确需迁移烈士纪念设施的，须经原批准等级的人民政府同意，并报上一级人民政府的退役军人事务部门备案。迁移国家级烈士纪念设施的，应当由所在地省级人民政府报国务院批准。

可以申报国家级烈士纪念设施的条件（符合其中之一即可）：

①为纪念在革命斗争、保卫祖国和建设祖国等各个历史时期的重大事件、重要战役和主要革命根据地斗争中牺牲的烈士而修建的烈士纪念设施。

②为纪念在全国有重要影响的著名烈士而修建的烈士纪念设施。

③为纪念在中国革命斗争中牺牲的知名国际友人而修建的纪念设施。

④位于革命老区、少数民族地区的规模较大的烈士纪念设施。

★ 考点四：烈士安葬和烈士纪念日

1. 烈士的安葬

①安葬烈士应当尊重少数民族的丧葬习俗，遵守国家殡葬管理有关规定。

②烈士在烈士陵园或者烈士集中安葬墓区安葬后，原则上不迁葬。

③对未在烈士陵园或者烈士集中安葬墓区安葬的，县级以上人民政府可以根据实

际情况并征得烈士遗属同意，迁入烈士陵园或者烈士集中安葬墓区。

④确定烈士安葬地和安排烈士安葬活动，应当征求烈士遗属意见。

⑤烈士骨灰盒或者灵柩应当覆盖中华人民共和国国旗。需要覆盖中国共产党党旗或者中国人民解放军军旗的，按照有关规定执行。国旗、党旗、军旗不同时覆盖，安葬后由烈士纪念设施保护单位保存。

⑥烈士可以在牺牲地、生前户口所在地、遗属户口所在地或者生前工作单位所在地安葬。烈士安葬地确定后，就近在烈士陵园或者烈士集中安葬墓区安葬烈士。

2. 烈士纪念日

每年的 9 月 30 日为烈士纪念日。

【真题再现】

1. 根据《英雄烈士保护法》，每年（　　）为烈士纪念日，国家在首都北京天安门广场人民英雄纪念碑前举行纪念仪式。（2020 年真题）

A. 4 月 5 日　　B. 8 月 1 日　　C. 9 月 30 日　　D. 10 月 1 日

参考答案： C

参考解析： 为了弘扬烈士精神，缅怀烈士功绩，培养公民的爱国主义、集体主义精神和社会主义道德风尚，培育和践行社会主义核心价值观，增强中华民族的凝聚力，激发实现中华民族伟大复兴中国梦的强大精神力量，第十二届全国人民代表大会常务委员会第十次会议决定：将 9 月 30 日设立为烈士纪念日。每年的 9 月 30 日国家举行纪念烈士活动。故选 C 项。

2. 根据《烈士褒扬条例》和《烈士安葬办法》，下列关于烈士安葬的说法，正确的是（　　）。（2015 年真题）

A. 安葬烈士应当尊重少数民族的丧葬习俗

B. 确定烈士安葬地应当征求烈士遗属的意见

C. 先于烈士死亡的配偶可与烈士在烈士陵园合葬

D. 烈士骨灰盒或者灵柩应当覆盖中国人民解放军军旗

E. 烈士在烈士陵园或者烈士集中安葬墓区安葬后原则上不迁葬

参考答案： ABE

参考解析： C 项错误，烈士陵园、烈士集中安葬墓区是国家建立的专门安葬、纪念、宣传烈士的重要场所；D 项错误，烈士骨灰盒或者灵柩应当覆盖中华人民共和国国旗。故选 A、B、E 三项。

★ 考点五：烈士荣誉保护

英雄烈士的姓名、肖像、名誉、荣誉受法律保护，禁止歪曲、丑化、亵渎、否定英雄烈士事迹和精神。

对侵害英雄烈士的行为，近亲属可以向人民法院提起诉讼，法律援助机构应当提供法律援助。没有近亲属或者近亲属不提起诉讼的，由检察机关提起诉讼。

第二节　军人抚恤优待法规与政策

【重要考点概览】

小节	主要考点	历年考查点
第二节　军人抚恤优待法规与政策	抚恤优待对象的认定	尚未考查
	死亡抚恤的具体规定	2016 年考查单项选择题
	残疾抚恤的具体规定	2016 年考查单项选择题 2017 年考查单项选择题 2018 年考查单项选择题 2020 年考查单项选择题
	优待的具体内容	2019 年考查单项选择题
	依照、参照军人抚恤执行的其他情形	尚未考查
	烈属、军属和退役军人等家庭悬挂光荣牌	尚未考查

考点一：抚恤优待对象的认定

现役军人	军官、文职干部、士官和义务兵
残疾军人	因战、因公、因病（限于义务兵和初级士官）取得《残疾军人证》
复员军人	1954 年 10 月 31 日之前入伍后经批准从部队复员的人员
退伍军人	1954 年 11 月 1 日以后参加中国人民解放军、持有退伍或复员军人证件的人员
烈士遗属	烈士的父母（抚养人）、配偶、子女、兄弟姐妹
因公牺牲军人遗属	因公牺牲军人的父母（抚养人）、配偶、子女、兄弟姐妹
病故军人遗属	病故军人的父母（抚养人）、配偶、子女、兄弟姐妹
现役军人家属	现役军人的父母、配偶、子女、兄弟姐妹、军人自幼曾依靠其抚养长大现在又必须依靠军人生活的其他亲属

考点二：死亡抚恤的具体规定

1. 现役军人死亡性质的认定

死亡性质认定	认定标准
烈士	见上节内容
因公牺牲	①在执行任务中或者在上下班途中，由于意外事件死亡的。 ②被认定为因战、因公致残后因旧伤复发死亡的。 ③因患职业病死亡的。 ④在执行任务中或者在工作岗位上因病猝然死亡，或者因医疗事故死亡的。 ⑤其他因公死亡的
	注意：现役军人在执行对敌作战、边海防执勤或者抢险救灾以外的其他任务中失踪，经法定程序宣告死亡的，按照因公牺牲对待

续表

<table>
<tr><th>死亡性质认定</th><th>认定标准</th></tr>
<tr><td rowspan="2">病故</td><td>因其他疾病死亡的（非职业病、医疗事故、工作期间因病猝死）</td></tr>
<tr><td>注意：现役军人非执行任务死亡或者失踪，经法定程序宣告死亡的，按照病故对待</td></tr>
</table>

2. 死亡抚恤待遇

（1）一次性抚恤金

<table>
<tr><th></th><th>分类</th><th>标准</th><th>发放顺序</th></tr>
<tr><td rowspan="5">一次性抚恤金（货币形式给予其遗属的一次性物质抚慰）</td><td>烈士</td><td rowspan="2">上一年度全国城镇居民人均可支配收入的 20 倍，加本人生前 40 个月的基本工资</td><td rowspan="3">军人死亡前有遗嘱的，按遗嘱载明的顺序发放，无遗嘱的按下列顺序发放：（1）第一顺序：父母（抚养人）、配偶、子女。（2）第二顺序：未满 18 周岁的兄弟姐妹和已满 18 周岁但无生活费来源且由该军人生前供养的兄弟姐妹</td></tr>
<tr><td>因公牺牲</td></tr>
<tr><td>病故</td><td>上一年度全国城镇居民人均可支配收入的 2 倍，加本人生前 40 个月的基本工资</td></tr>
<tr><td colspan="2">注意：月收入低于排职少尉军官工资标准的，按照排职少尉军官工资标准计算</td><td>注意：领取抚恤金的数额，协商确定，可均等也可不均等</td></tr>
<tr><td colspan="3">增发标准：中央军委荣誉称号增发 35%；军区级单位荣誉称号增发 30%；一等功增发 25%；二等功增发 15%；三等功增发 5%。多次获得荣誉称号或者立功的，按照其中最高等级奖励的增发比例增发</td></tr>
</table>

（2）定期抚恤金

	发放对象	发放起止时间	发放标准
定期抚恤金	烈士遗属、因公牺牲军人遗属、病故军人遗属，且符合以下条件之一的： ①父母（抚养人）、配偶无劳动能力、无生活费来源或者收入水平低于当地居民平均生活水平的。 ②子女未满 18 周岁或者已满 18 周岁但因上学或者残疾无生活费来源的。 ③兄弟姐妹未满 18 周岁或者已满 18 周岁但因上学无生活费来源且由该军人生前供养的	从批准为烈士、确认为因公牺牲军人和病故军人之日起发放。遗属死亡的，增发 6 个月原遗属享受的定期抚恤金作为丧葬补助费，同时注销其领取定期抚恤金的证件	参照城乡居民家庭人均收入水平确定

【真题再现】

1. 小李服现役期间病故，生前没有立功也未获得荣誉称号。根据《军人抚恤优待条例》，小李的遗属可以领取一次性抚恤金，标准是上一年度全国城镇居民人均可支配收入的（　　）倍加本人 40 个月的工资。（2018 年真题）

A. 2　　B. 3　　C. 20　　D. 30

参考答案：A

参考解析：本题考查一次性抚恤金。根据《军人抚恤优待条例》的规定，现役军人死亡，根据其死亡性质和死亡时的月工资标准，由县级人民政府退役军人事务部门发给其遗属一次性抚恤金，标准是：烈士和因公牺牲的，为上一年度全国城镇居民人均可支配收入的20倍，加本人40个月的工资；病故的，为上一年度全国城镇居民人均可支配收入的2倍，加本人40个月的工资。故选A项。

2. 根据《军人抚恤优待条例》，获得荣誉称号或者立功的烈士、因公牺牲军人、病故军人，其遗属在应当享受的一次性抚恤金的基础上，由县级人民政府退役军人事务部门按照一定比例增发一次性抚恤金，增发比例根据荣誉称号和立功等级有所不同，多次获得荣誉称号或者立功的，其遗属由县级人民政府退役军人事务部门按照（　　）增发比例，增发一次性抚恤金。（2016年真题）

A. 平均　　B. 累加　　C. 最高　　D. 最低

参考答案：C

参考解析：获得荣誉称号或者立功的烈士、因公牺牲军人、病故军人，其遗属在应当享受的一次性抚恤金的基础上，由县级人民政府退役军人事务部门按照下列比例增发一次性抚恤金：（1）获得中央军事委员会授予荣誉称号的，增发35%；（2）获得军队军区级单位授予荣誉称号的，增发30%；（3）立一等功的，增发25%；（4）立二等功的，增发15%；（5）立三等功的，增发5%。多次获得荣誉称号或者立功的烈士、因公牺牲军人、病故军人，其遗属由县级人民政府退役军人事务部门按照其中最高等级奖励的增发比例，增发一次性抚恤金。故选C项。

考点三：残疾抚恤的具体规定

残疾抚恤相关规定	具体内容
抚恤对象	（1）残疾等级被评定为一级至十级，因战、因公致残的现役军人。 （2）残疾等级被评定为一级至六级，因病致残的义务兵和初级士官
抚恤金发放机关	（1）退出现役的——县级人民政府退役军人事务部门。 （2）服现役的——所在部队（经军队军级以上单位批准）
等级认定	十级，一级最重，十级最轻
抚恤标准	参照全国职工平均工资水平确定，具体由国务院退役军人事务部门会同国务院财政部门规定
遗属抚恤待遇	（1）因旧伤复发死亡的因战、因公致残的退役军人：县级人民政府退役军人事务部门按照因公牺牲军人的抚恤金标准发给其遗属一次性抚恤金，其遗属享受因公牺牲军人遗属抚恤待遇。 （2）因病死亡的因战、因公、因病致残的退役军人：对其遗属增发12个月的残疾抚恤金，作为丧葬补助费，一级至四级因病死亡的因战、因公致残的残疾军人，遗属享受病故军人遗属抚恤待遇
国家供养	（1）一级至四级残疾军人：国家供养终身。（集中供养、分散安置） （2）分散安置——发给护理费，标准如下。 ①因战、因公一级和二级残疾的，为当地职工月平均工资的50%。 ②因战、因公三级和四级残疾的，为当地职工月平均工资的40%。 ③因病一级至四级残疾的，为当地职工月平均工资的30%

续表

残疾抚恤相关规定	具体内容
配制辅助器械（假肢、代步三轮车等）	（1）正在服现役的，由军队军级以上单位负责解决。 （2）退出现役的，由省级人民政府退役军人事务部门负责解决

【真题再现】

1. 林某，于甲省乙县应征入伍，在一次武器装备科研试验中受伤致残。军队相关部门为其配制了假肢并安排了康复训练。康复训练结束后，林某继续服役。现因工作生活需要，林某需要配置代步三轮车。根据《军人抚恤优待条例》，林某的代步三轮车由（　　）负责解决。(2020 年真题)

A. 林某所在部队师级单位　　B. 林某所在部队军级以上单位

C. 甲省人民政府民政部门　　D. 乙县人民政府民政部门

参考答案：B

参考解析：本题考查残疾军人抚恤中的配置辅助器械。残疾军人需要配置假肢、代步三轮车等辅助器械，正在服现役的，由军队军级以上单位负责解决；退出现役的，由省级人民政府退役军人事务部门负责解决。故选 B 项。

2. 因战三级残疾军人程云，退役后旧伤复发，病情加重，向住所地县退役军人事务部门申请调整残疾等级，县退役军人事务部门将相关材料逐级上报省退役军人事务部，省退役军人事务部作出准予调整程云残疾等级为一级的决定，该决定已送达县退役军人事务部门但未送达程云本人时，程云因旧伤复发去世，根据《军人抚恤优待条例》，县退役军人事务部门对程云及其遗属正确的处理方式是（　　）。(2016 年真题)

A. 确认程云为病故，其遗属享受病故军人遗属抚恤待遇

B. 确定程云为因公牺牲，其遗属享受因公牺牲军人遗属抚恤待遇

C. 给予程云因战致残一级军人抚恤，由其遗属代为享受，期限为 12 个月

D. 继续给予程云因战致残三级军人抚恤，由其遗属代为享受，期限为 18 个月

参考答案：B

参考解析：本题考查残疾军人抚恤的标准及待遇。退出现役的因战、因公致残的残疾军人因旧伤复发死亡的，由县级人民政府退役军人事务部门按照因公牺牲军人的抚恤金标准发给其遗属一次性抚恤金，其遗属享受因公牺牲军人遗属抚恤待遇。故选 B 项。

考点四：优待的具体内容

类型	内容
义务兵和初级士官享受的相关优待	（1）义务兵服役期间，发给优待金，不低于当地平均生活水平。 （2）义务兵和初级士官入伍前是国家机关、社会团体、企业事业单位职工（含合同制人员）的，退出现役后，允许其复工复职，并享受不低于本单位同岗位（工种）、同工龄职工的各项待遇；服现役期间，其家属继续享受该单位职工家属的有关福利待遇

续表

类型	内容
义务兵和初级士官享受的相关优待	(3) 义务兵和初级士官入伍前的承包地（山、林）等，应当保留；服现役期间，除依照国家有关规定和承包合同的约定缴纳有关税费外，免除其他负担。 (4) 义务兵从部队发出的平信，免费邮递
医疗优待	(1) 国家保障1~6级残疾军人的医疗费用，由所在医疗保险统筹地区社会保险经办机构单独列账管理。 (2) 7~10级残疾军人旧伤复发的医疗费用。 ①已经参加工伤保险的，由工伤保险基金支付。 ②未参加工伤保险，有工作的由工作单位解决，没有工作的由当地县级以上人民政府负责解决。 ③7~10级残疾军人旧伤复发以外的医疗费用，未参加医疗保险且本人支付有困难的，由当地县级以上人民政府酌情给予补助。 (3) 残疾军人、复员军人、带病回乡退伍军人以及因公牺牲军人遗属、病故军人遗属享受医疗优惠待遇。具体办法由省、自治区、直辖市人民政府规定
单位待遇	(1) 在国家机关、社会团体、企业事业单位工作的残疾军人，享受与所在单位工伤人员同等的生活福利和医疗待遇。 (2) 所在单位不得因其残疾将其辞退、解聘或者解除劳动关系
交通优待	(1) 现役军人优先购票乘坐火车、轮船、长途公共汽车以及民航班机；残疾军人享受票价50%优待（半价）。 (2) 残疾军人免费乘坐市内公共汽车、电车和轨道交通工具。现役军人享受优待
参观游览优待	军人参观游览公园、博物馆、名胜古迹享受优待
入伍优待	因公牺牲军人、病故军人的子女、兄弟姐妹，优先批准服现役
教育、考录优待	(1) 义务兵和初级士官报考国家公务员、高等学校和中等职业学校，优先录取。 (2) 残疾军人、因公牺牲军人子女、1~4级残疾军人的子女入学优先录取；优先享受助学政策。 (3) 现役军人子女入公办中小学校、幼儿园和托儿所，在同等条件下优先接收
住房优待	残疾军人、复员军人、带病回乡退伍军人、因公牺牲军人遗属、病故军人遗属承租、购买住房依照有关规定享受优先、优惠待遇。居住农村的抚恤优待对象住房有困难的，由地方人民政府帮助解决
家属安置优待	(1) 经师（旅）级以上单位批准随军家属由当地公安机关办理落户手续。 (2) 随军前有工作的，当地人社部门接收、安置。 (3) 随军前没有工作的，当地人民政府根据情况安置。 (4) 对自谋职业的，减免有关费用。 (5) 符合条件无法随军的家属，当地人民政府保障其生活不低于当地平均生活水平
复员军人定期定量补助	当地人民政府退役军人事务部门定期定量补助生活困难复员军人，保障其生活不低于当地平均水平
疗养优待	(1) 国家集中供养孤老和生活不能自理的抚恤优待对象。 (2) 各类社会福利机构应当优先接收抚恤优待对象

★考点五：依照、参照军人抚恤执行的其他情形

1. 军队离休、退休干部和退休士官

2. 参战参训的非现役军人

3. 国家机关工作人员

4. 其他社会人员

（1）为维护社会治安同违法犯罪分子进行斗争致残的人员。

（2）为抢救和保护国家财产、人民生命财产致残的人员。

（3）法律、行政法规规定应当由退役军人事务部门负责伤残抚恤的其他人员。

考点六：烈属、军属和退役军人等家庭悬挂光荣牌

光荣牌称号：光荣之家。

设计：国务院退役军人事务部。

制作：省级人民政府退役军人事务主管部门。

对象：烈士遗属、因公牺牲军人遗属、病故军人遗属家庭和现役军人、退役军人家庭。

时间：每年建军节或春节前进行。

第三节　退役士兵安置法规与政策

【重要考点概览】

小节	主要考点	历年考查点
第三节　退役士兵安置法规与政策	退役士兵安置基本原则	2015 年考查单项选择题 2019 年考查单项选择题 2020 年考查多项选择题
	退役士兵移交和接收	尚未考查
	退役士兵安置主要方式	2015 年考查单项选择题 2017 年考查单项选择题 2018 年考查单项选择题、多项选择题
	退役士兵保险关系的接续	2019 年考查单项选择题

考点一：退役士兵安置基本原则

国家建立健全以扶持就业为主，自主就业、安排工作、退休、供养以及继续完成学业等多种方式相结合的士兵退出现役安置制度，妥善安置退役士兵。

【真题再现】

1. 根据《中华人民共和国兵役法》，为妥善安置退役士兵，国家建立健全以扶持就业为主，（　　）等多种方式相结合的退役士兵安置制度。（2020 年真题）

A. 自主就业　　　　B. 安排工作

C. 退休　　　　D. 供养

E. 保送读研

参考答案：ABCD

参考解析：《兵役法》规定：国家建立健全以扶持就业为主，自主就业、安排工作、退休、供养以及继续完成学业等多种方式相结合的士兵退出现役安置制度。故选A、B、C、D四项。

2. 根据《退役士兵安置条例》，国家建立健全以（　　）为主，多种方式相结合的退役士兵安置制度，妥善安置退役士兵。（2019年真题）

A. 扶持就业　　B. 自主就业

C. 安排工作　　D. 分散供养

参考答案：A

参考解析：《退役士兵安置条例》第三条规定，国家建立健全以扶持就业为主，自主就业、安排工作、退休、供养等多种方式相结合的退役士兵安置制度，妥善安置退役士兵。故选A项。

考点二：退役士兵移交和接收

报到	自主就业：30日内到安置地主管部门报到。 安排工作：在规定的时间内到规定的安置地主管部门报到。 退休、供养：到规定的安置地主管部门报到。 退役士兵超过规定报到时间30天（无正当理由）的，视为放弃安置
档案移交、落户	退役士兵发生与服役有关的问题，由其原部队负责处理；发生与安置有关的问题，由安置地人民政府负责处理

考点三：退役士兵安置主要方式

方式	对象	内容
自主就业	①退役义务兵。 ②服现役不满12年的士官	①一次性退役金。（免征个人所得税） ②职业教育和技能培训。（民政部门具体组织，退役1年内免费参加，费用由县级以上人民政府承担） ③免费提供就业指导与服务。 ④个体经营享受税收优惠，工商登记免收3年行政事业性收费。 ⑤保留土地承包经营权。 ⑥复工复职、退役2年内复学入学、考录（优先录取）
安排工作	①士官服现役满12年。 ②服现役期间平时荣获二等功以上或者战时荣获三等功以上奖励的。 ③因战致残（5～8级）。 ④烈士子女	①属地管理原则。 ②开出介绍信1个月内安排上岗，签订不少于3年劳动合同，裁员优先留用。 ③非因退役士兵本人原因，用人单位不安排上岗，从开出介绍信的当月按照不低于本单位同等条件人员平均工资80%的标准逐月发放生活费直至上岗。 ④服现役年限和符合本条例规定的待安排工作时间计算为工龄，享受所在单位同等条件人员的工资、福利待遇

续表

方式	对象	内容
退休安置	中级以上士官符合以下条件之一的： ①满55周岁。 ②服役满30年。 ③因战因公致残（1～6级）。 ④因病基本丧失工作能力（经军队医院、军级以上卫生部门确认）	①因战致残（5～6级），本人可自愿放弃退休安置，可以依照安排工作的规定办理。 ②因战、因公致残（1～4级），本人自愿放弃退休安置的，可以选择由国家供养
供养	1～4级残疾义务兵和初级士官退役	①分散供养与集中供养相结合。 ②分散安置按经济适用住房平均价格和60㎡的建筑面积确定。没有经济适用住房的地区按照普通商品住房价格确定

【真题再现】

1. 士官小马，服役期间因战致6级残疾，2014年6月退役时选择由甲市人民政府安排工作。同年7月1日小马持退役士兵安置主管部门出具的介绍信到当地某国企报到。根据《退役士兵安置条例》，下列关于小马工作安排的说法，正确的是（　　）。（2015年真题）

A. 该国企应当与其签订无固定期限劳动合同

B. 该国企应当在2014年9月1日前安排其上岗

C. 小马享受与该国企工伤员工同等的生活福利和医疗待遇

D. 若该国企无法及时安排小马上岗，应给予其每月2000元的生活费

参考答案：C

参考解析：承担安排退役士兵工作任务的单位应当按时完成所在地人民政府下达的安排退役士兵工作任务，在退役士兵安置工作主管部门开出介绍信1个月内安排退役士兵上岗，并与退役士兵依法签订期限不少于3年的劳动合同或者聘用合同，故A、B项错误。由人民政府安排工作的退役士兵，服现役年限和符合本条例规定的待安排工作时间计算为工龄，享受所在单位同等条件人员的工资、福利待遇。C项正确。非因退役士兵本人原因，接收单位未按照规定安排退役士兵上岗的，应当从所在地人民政府退役士兵安置工作主管部门开出介绍信的当月起，按照不低于本单位同等条件人员平均工资80%的标准逐月发给退役士兵生活费至其上岗为止。D项错误。故选C项。

2. 根据《退役士兵安置条例》，安置地县级以上人民政府应当按照（　　）管理的原则，对符合安排工作条件的退役士兵进行安置，保障其第一次就业。（2018年真题）

A. 属地　　B. 层级　　C. 条块　　D. 垂直

参考答案：A

参考解析：本题考查退役士兵安置的主要方式。根据《退役士兵安置条例》第三十三条规定，安置地县级以上地方人民政府应当按照属地管理的原则，对符合安排工作条件的退役士兵进行安置，保障其第一次就业。故选 A 项。

3. 根据《退役士兵安置条例》，下列关于退役士兵教育培训的说法中，正确的是（　　）。（2017 年真题）

A. 自主就业的退役士兵，在退役 2 年内免费参加职业教育和技能培训

B. 退役士兵职业教育和技能培训所需费用，由县级以上人民政府民政部门负担

C. 自主就业退役士兵的职业教育和技能培训经费列入县级以上人民政府财政预算

D. 县级以上人民政府教育主管部门应当组织有需要的退役士兵参加职业教育和技能培训

参考答案：C

参考解析：退役士兵退役 1 年内参加职业教育和技能培训的，费用由县级以上人民政府承担，A、B 项错误；退役士兵职业教育和技能培训由民政部门具体组织，D 项错误。故选 C 项。

考点四：退役士兵保险关系的接续

1. 养老保险

服现役年限视同职工基本养老保险缴费年限，并与实际缴费年限合并计算。

2. 医疗保险

实行工龄视同参加基本医疗保险缴费年限规定的地区，退役士兵的服现役年限视同参保缴费年限。

3. 失业保险

其服现役年限视同失业保险缴费年限，并与实际缴费年限合并计算。

第四节　军队离退休干部安置法规与政策

【重要考点概览】

小节	主要考点	历年考查点
第四节　军队离退休干部安置法规与政策	军队干部离休、退休的条件和待遇	2015 年考查单项选择题
	军队干部退休安置办法	2015 年考查单项选择题
	军休干部服务管理的主要内容	2016 年考查单项选择题 2017 年考查多项选择题 2018 年考查单项选择题 2019 年考查多项选择题 2020 年考查单项选择题

考点一：军队干部离休、退休的条件和待遇

1. 退休条件

男年满 55 周岁、女年满 50 周岁或因战、因公致残，积劳成疾，基本丧失工作能力

的现役干部。

2. 政治待遇

①阅读文件，听报告。

②参加重大节日和庆祝纪念活动，参加社会活动。

③授予离休干部《离休干部荣誉证》、功勋荣誉章，担任荣誉职务等。

④军队离休干部逝世后骨灰盒可覆盖军旗。

⑤党员军队离休、退休干部逝世后骨灰盒可覆盖党旗。

3. 生活待遇

①离休干部：离休费、副食品价格补贴、生活补贴、粮油调价补贴、教龄护龄补贴、探亲路费、防暑降温费、保留福利补贴、保留伙食补贴、少数民族补贴、政府特殊津贴、残废金（伤残保健金）、生活补贴、住房补贴、护理费、住院伙食补助费、电话补贴、水电补贴、军粮差价补贴、冬季取暖补贴、军人职业补贴、早期回国定居专家生活津贴、地区生活补贴、交通费、荣誉金、公勤费、服装费。

②退休干部：退休费、副食品价格补贴、生活补贴、粮油调价补偿、教护龄补贴、探亲路费、防暑降温费、保留福利补助、保留伙食补贴、少数民族补贴、政府特殊津贴、残废金（伤残保健金）、生活补贴、住房补贴、护理费、住院伙食补助费、电话补助费、水电补贴、军粮差价补贴、冬季取暖补贴、军人职业津贴、早期回国定居专家生活津贴。

4. 住房

采取统建、分建、购买、自建（指回农村安置的）等办法解决。

考点二：军队干部退休安置办法

退休后，军以上政治机关填发退休干部证明书和介绍信，并将个人档案材料移交退休安置地退役军人事务部门。

交接工作由军以上单位到安置地区退役军人事务部门办理。

军队退休干部和部分离休干部移交地方后，由退役军人事务部门管理。

服务管理原则：基本政治待遇不变，生活待遇还要略为从优，由民政部门专门机构组织实施服务管理工作。

【真题再现】

根据《军队离退休干部休养所暂行规定》，军队离退休干部移交地方后，负责安置管理的部门是（　　）。（2015 年真题）

A. 人力资源社会保障部门　　B. 老干部管理部门

C. 退役军人事务部门　　D. 组织部门

参考答案：C

参考解析：根据国务院和中央军委规定，军队退休干部和部分离休干部（主要是解放战争时期入伍的团职以下和抗日战争时期入伍的营职以下以及相当职级的离休干部）移交地方后，由退役军人事务部门管理。故选 C 项。

★ 考点三：军休干部服务管理的主要内容

1. 军休干部服务管理基本原则

政治关心、生活照顾、服务为先、依法管理。

2. 军休干部服务管理机构

退役军人事务部门根据安置管理工作需要，按照统筹规划、合理布局、精干高效、便于服务的原则设置、调整服务管理机构。

职能：

①按时发放离退休费和津贴补贴。

②落实医疗、交通、探亲等待遇。

③建立健康档案，开展医疗保健知识普及活动。

④组织开展文化体育活动，引导和鼓励军休干部参与社会文化活动。

⑤定期了解军休干部情况和需求，提供必要的关心照顾。

⑥协助办理军休干部去世后的丧葬事宜，落实遗属待遇。

⑦加强思想政治工作，开展学习宣传活动。

⑧组织开展文明创建活动，参与社会公益活动。

3. 军休干部管理委员会

军休干部管理委员会是在服务管理机构内军休干部自我教育、自我管理、自我服务的群众性组织。

服务管理机构内设有军休干部管理委员会的，服务管理机构应当加强对军休干部管理委员会的指导，按照有关规定组织开展活动，发挥军休干部管理委员会的作用，定期听取军休干部管理委员会工作情况报告，研究解决其反映的问题。

【真题再现】

1. 根据《军队离休退休干部服务管理办法》，军休干部管理委员会是在服务管理机构内（　　）。(2020 年真题)

A. 由地方政府部门设立的服务管理军休干部的机构

B. 由军队政治机关设立的服务管理军休干部的部门

C. 军休干部自愿组成，为实现会员共同意愿的社会团体

D. 军休干部自我教育、自我管理、自我服务的群众性组织

参考答案：D

参考解析：军休干部管理委员会是在服务管理机构内军休干部自我教育、自我管理、自我服务的群众性组织。故选 D 项。

2. 老梁，残疾军人，退休安置在某地军队离休退休干部休养所，根据《军队离休退休干部服务管理办法》，下列服务保障工作中，不属于该休养所提供的是（　　）。(2016 年真题)

A. 按时发放退休费　　B. 及时评定残疾等级

C. 定期了解个性需求　　D. 引导参与社会文化活动

参考答案：B

参考解析：本题考查军休干部服务管理内容。服务管理机构应当做好以下服务保障工作：（1）按时发放军休干部离退休费和津贴补贴；（2）按规定落实军休干部医疗、交通、探亲等待遇，帮助符合条件的军休干部落实优抚待遇；（3）协调做好军休干部的医疗保障工作，建立健康档案，开展医疗保健知识普及活动，引导军休干部科学保健、健康养生；（4）组织开展适宜军休干部的文化体育活动，引导和鼓励军休干部参与社会文化活动；（5）定期了解军休干部情况和需求，提供必要的关心照顾；（6）协助办理军休干部去世后的丧葬事宜，按照政策规定落实遗属待遇。B 项属于人民政府退役军人事务部门的职能。故选 B 项。

3. 根据《军队离休退休干部服务管理办法》，下列关于军休干部管理委员会的说法，正确的是（　　）。（2017 年真题）

A. 服务管理机构应当设立军休干部管理委员会

B. 服务管理机构应当加强对军休干部管理委员会的指导

C. 军休干部管理委员会是服务管理机构做好工作的参谋和助手

D. 军休干部管理委员会的成员由服务管理机构全体工作人员推选产生

E. 军休干部管理委员会是在服务管理机构内军休干部自我教育、自我管理、自我服务的群众性组织

参考答案：ABCE

参考解析：军休干部管理委员会是在服务管理机构内军休干部自我教育、自我管理、自我服务的群众性组织。服务管理机构内设有军休干部管理委员会的，服务管理机构应当加强对军休干部管理委员会的指导，按照有关规定组织开展活动，发挥军休干部管理委员会的作用，定期听取军休干部管理委员会工作情况报告，研究解决其反映的问题。故选 A、B、C、E 四项。

【本章小结】

社会优抚安置对鼓舞军队士气、焕发爱国精神、保证国家稳定与发展、繁荣社会经济、促进社会稳定等方面有着重要作用。本章重点介绍了烈士评定标准，烈士褒扬金、一次性抚恤金以及定期抚恤金发放标准；明确了军人抚恤优待的对象、内容、标准等内容；退役士兵安置原则、移交和接收安置方式、保险关系的接续；军队离休退休干部安置条件和待遇、安置办法、服务管理等内容。

分析本章历年考题发现，基本保持 5 个单项选择题、1 个多项选择题的题量。本章涉及数字多，容易出现计算题，因此考生应对褒扬金、抚恤金、退役安置的条件等内容予以重点关注，避免混淆记忆。

扫码听课

第九章　我国城乡基层群众自治和社区建设法规与政策

【本章导学】

中共十七大将“基层群众自治制度”首次写入党代会报告，正式与人民代表大会制度、中国共产党领导的多党合作和政治协商制度、民族区域自治制度一起，纳入了中国特色政治制度范畴。党的十八届三中全会提出：全面深化改革的总目标是完善和发展中国特色社会主义制度，推进国家治理体系和治理能力现代化。基层群众自治制度，作为我国政治民主的一项重要内容，是中国特色社会主义基本政治制度之一，完善和发展基层群众自治制度，充分释放其制度活力和能量，则成为国家治理现代化的题中应有之义和必经之路。本章涉及法律法规包括：《中华人民共和国城市居民委员会组织法》《中华人民共和国村民委员会组织法》《民政部关于在全国推进城市社区建设的意见》《社区志愿服务方案（2014 年）》等。

城乡基层群众自治是依照宪法和法律，由居民（村民）选举的成员组成居民（村民）委员会，实行自我管理、自我教育、自我服务、自我监督的制度，施行的范围主要集中在农村社区和城市社区。社区是社会工作实践的重要领域，系统掌握社区建设和社区服务的法规与政策，有利于指导社会工作人员做好社区相关工作。

【历年题量/分值分布】

	2015 年	2016 年	2017 年	2018 年	2019 年	2020 年
单项选择题	7 道	7 道	3 道	3 道	3 道	5 道
多项选择题	2 道	2 道	2 道	—	1 道	—
合计分值	11 分	11 分	7 分	3 分	5 分	5 分

注：单项选择题每题 1 分，多项选择题每题 2 分（错选，本题不得分；少选，所选每个选项得 0.5 分）。

【本章知识概览】

小节	考点	备考指数
第一节　城市社区居民自治法规与政策	居委会的性质、组织设置和主要职能	★★★★★
	居民自治的基本内容	★★★★
	居委会与政府组织以及相关组织的关系	★★★★
第二节　农村村民自治法规与政策	村民委员会的性质、结构和主要职能	★★★★
	村民委员会选举	★★★★★

续表

小节	考点	备考指数
第二节　农村村民自治法规与政策	村民（代表）会议和民主管理、民主监督	★★★★
	村委会与党政组织以及驻村单位的关系	★★
第三节　城乡社区建设法规与政策	城市社区建设法规与政策	★★★★
	农村社区建设试点工作	★
第四节　城乡社区治理和服务法规与政策	城乡社区治理	★
	城乡社区服务	★★★★

【考点详解】

第一节　城市社区居民自治法规与政策

【重要考点概览】

小节	主要考点	历年考查点
第一节　城市社区居民自治法规与政策	居委会的性质、组织设置和主要职能	2015 年考查单项选择题 2016 年考查单项选择题 2017 年考查单项选择题、多项选择题 2019 年考查多项选择题 2020 年考查单项选择题
	居民自治的基本内容	2015 年考查单项选择题 2016 年考查单项选择题 2019 年考查单项选择题 2020 年考查单项选择题
	居委会与政府组织以及相关组织的关系	2015 年考查多项选择题 2016 年考查多项选择题

★ 考点一：居委会的性质、组织设置和主要职能

1. 居委会的性质和主要特点

性质：是居民自我管理、自我教育、自我服务的基层群众性自治组织。

特征：群众性、自治性、地域性。

2. 居委会的组织设置

①居委会的设立、撤销、规模调整——由不设区的市、市辖区的人民政府决定。

②新建住宅区居民入住率达到 50% 的，应成立社区居委会，在此之前应成立居民小组或由相邻的社区居委会代管。

③居民委员会可以分设若干居民小组，小组长由居民小组推选。

3. 居委会的工作人员

①居委会由主任、副主任和委员共 5 ~ 9 人组成。

②每年至少对社区居委会主任培训一次，其他成员每2年至少接受培训一次。

③辖区人口较多、社区管理和服务任务较重的社区居民委员会可适当增加若干社区专职工作人员。

居民委员会可以设置下属的委员会，社区居民委员会下属的委员会和居民小组的负责人可以由社区居民推选产生，也可以由社区居民委员会成员或社区专职工作人员经过民主程序兼任。

4. 居委会的主要职能

（1）依法组织居民开展自治活动。

（2）依法协助城市基层人民政府或其派出机关开展工作。

①需要居委会协助工作，应当经市、市辖区的人民政府或者它的派出机关同意并统一安排。

②基层人民政府及其职能部门、街道办事处职责范围内的事项，不得转嫁给社区居委会。

③需要社区居委会协助的事项，应当为社区居委会提供必要的经费和工作条件。

④凡委托给社区居委会办理的有关服务事项，应当实行“权随责走、费随事转”。

（3）依法、依规组织开展有关监督活动。

【真题再现】

1. 根据《关于加强和改进城市社区居民委员会建设工作的意见》，新建住宅区居民入住率达到（　　）的，应及时成立社区居民委员会。(2016年真题)

A. 20%　　　B. 30%　　　C. 40%　　　D. 50%

参考答案：D

参考解析：本题考查居民委员会的组织设置。新建住宅区居民入住率达到50%的，应及时成立社区居民委员会，在此之前应成立居民小组或由相邻的社区居民委员会代管，实现对社区居民的全员管理和无缝隙管理。故选D项。

2. 某社区居民委员会为了推进居民自治，根据居民居住状况分设了20个居民小组。根据《城市居民委员会组织法》，居民小组组长应由（　　）。(2020年真题)

A. 居民小组推选产生　　　B. 户代表会议协商产生

C. 居民代表会议推选产生　　　D. 居民会议选举产生

参考答案：A

参考解析：《城市居民委员会组织法》第十四条规定，居民委员会可以分设若干居民小组，小组长由居民小组推选。故选A项。

3. 根据《城市居民委员会组织法》，下列居委会组成人数符合规定的有（　　）。(2017年真题)

A. 3人　　　B. 5人　　　C. 7人　　　D. 9人　　　E. 11人

参考答案：BCD

参考解析：《城市居民委员会组织法》规定，居民委员会由主任、副主任和委员共

5～9 人组成。故选 B、C、D 三项。

4. 根据《关于加强与改进城市社区居民委员会建设工作的意见》，下列关于社区居民委员会建设的说法中，正确的是（　　）。（2017 年真题）

A. 社区居民委员会是街道办事处下设机构

B. 社区居民委员会可以设置下层的委员会

C. 社区居民委员会的成员应由社区专职工作人员担任

D. 新建住宅区居民入住率达到 30%，应及时成立社区居民委员会

参考答案： B

参考解析： 居民委员会是基层群众自治性组织，不是街道办事处下设机构，A 项错误；居民委员会成员主要从居民中选举产生，在必要的情况下，可以适当增加若干社区专职工作人员，C 项错误；新建住宅区居民入住率达到 50%，应及时成立社区居民委员会，D 项错误。居民委员会可以设置下属的委员会。故选 B 项。

5. 某市体育局拟对城区居民参加体育活动情况进行调查统计，建立数据模型，以便调整体育场所、设施布局。根据《城市居民委员会组织法》，该项需要全市各居民委员会协助进行调查统计的工作，应当经（　　）同意并统一安排。（2015 年真题）

A. 市公安局　　　　B. 市体育局

C. 市统计局　　　　D. 市人民政府或其派出机关

参考答案： D

参考解析：《城市居民委员会组织法》规定，市、市辖区的人民政府有关部门，需要居民委员会或者它的下属委员会协助进行的工作，应当经市、市辖区的人民政府或者它的派出机关同意并统一安排。故选 D 项。

★ 考点二：居民自治的基本内容

1. 民主选举

基本内容：五个民主即民主选举、民主协商、民主决策、民主管理、民主监督。

程序：居民委员会的主任、副主任和委员由居民选举产生。

任期：居民委员会每届任期 5 年，其成员可以连选连任。

选举和被选举条件：年满 18 周岁的本居住地区居民，不分民族、种族、性别、职业、家庭出身、宗教信仰、受教育程度、财产状况、居住期限，都有选举权和被选举权。（依法被剥夺政治权利的人除外）

选举方式（趋势：间接选举向直接选举过渡）：

①直接选举：本居住地区全体有选举权的居民选举。

②间接选举：每户派代表选举、每个居民小组选举代表 2～3 人选举。

2. 民主协商

协商的程序：提出协商议题，确定协商主体—通报协商内容及相关信息—开展协商，形成意见—组织实施协商成果，反馈落实情况。

注意：①对涉及面广、关注度高的事项，要经过专题议事会、民主听证会等程序

进行协商。通过协商无法解决或存在较大争议的问题或事项，应当提交村（居）民会议或村（居）民代表会议决定。②跨村（社区）协商的协商程序，由乡镇、街道党委（党工委）研究确定。

3. 民主决策、民主管理、民主监督

居民会议召集和主持：由居委会召集和主持，居委会向居民会议负责并报告工作。有1/5的18周岁以上的居民、1/5以上的户或者1/3以上的居民小组提议，应当召集居民会议。

居民会议的组成：由18周岁以上的居民组成。

居民会议的举行：必须由全体18周岁以上的居民、户的代表或者居民小组选举的代表的过半数出席，才能举行。

居民会议的职能：

①讨论决定涉及全体居民利益的重要问题。

②撤换和补选居民委员会成员。

③讨论制定居民公约。（需备案，居委会监督执行）

④讨论决定办理本居住地区公益事业所需的费用。（向居民、受益单位自愿筹集）

【真题再现】

1. 根据《城市居民委员会组织法》，社区居民委员会每届任期（　　）年，其成员可以连选连任。（2016年真题）

A. 2　　B. 3　　C. 4　　D. 5

参考答案：D

参考解析：《城市居民委员会组织法》规定，居民委员会每届任期五年，其成员可以连选连任。故选D项。

2. 根据《城市居民委员会组织法》，召集和主持居民会议的主体是（　　）。（2020年真题）

A. 社区党组织　　B. 居民委员会

C. 业主委员会　　D. 街道办事处

参考答案：B

参考解析：居民会议由居民委员会召集和主持，居民委员会向居民会议负责并报告工作。故选B项。

3. 根据《城市居民委员会组织法》，产生居民委员会主任、副主任和委员的方式有（　　）。（2019年真题）

A. 由本居住地区每户派代表选举产生

B. 由本居住地区全体有选举权的居民选举产生

C. 由本居住地区半数以上的居民和驻社区单位代表选举产生

D. 根据居民意见，由每个居民小组选举代表2~3人选举产生

E. 根据居民意见，由每个居民小组和业主委员会推举代表选举产生

参考答案：ABD

参考解析：《城市居民委员会组织法》提出了民主选举产生居民委员会主任、副主任和委员的具体方式：一是由本居住地区全体有选举权的居民选举产生，也就是人们通常所说的“直接选举”；二是可以由每户派代表选举产生；三是根据居民意见，也可以由每个居民小组选举代表2～3人选举产生。故选A、B、D三项。

考点三：居委会与政府组织以及相关组织的关系

1. 与政府组织的关系

①协助不设区的市、市辖区的人民政府或者它的派出机关开展工作，并由其拨付工作经费。（工作人员报酬标准原则上不低于上年度当地社会平均工资水平）

②居委会办公用房，由当地人民政府统筹解决。

③政府有关部门对居委会的工作给予指导、支持和帮助。

2. 与社区党组织的关系

①居委会要自觉接受社区党组织的领导。

②社区党组织要支持和保障社区居委会充分行使职权，及时帮助解决社区居委会工作中存在的困难和问题。提倡社区党组织班子成员与社区居委会成员交叉任职。

3. 与社区业主组织和物业服务企业的关系

①居委会指导、支持、监督社区业主组织和物业服务企业的工作。

②业主大会、业主委员会和物业服务企业应当接受居委会的指导和监督。

4. 与社区社会组织的关系

①支持社会组织和社区志愿者参与社区管理和服务。

②积极培育社区服务性、公益性、互助性社会组织。

5. 与驻社区单位的关系

①驻在社区范围内的机关、团体、部队、企业事业组织，不参与所在地的居民委员会具体工作，但应支持居委会的工作。

②建立社区党组织、社区居委会、驻社区单位联席会议制度，建立健全社区居委会与驻社区单位协商议事制度，定期研究资源共享、社区共建事项。

【真题再现】

1. 某部队甲部驻在某市曙光居民委员会地域内。根据《城市居民委员会组织法》，下列有关甲部与曙光居民委员会关系的说法，正确的是（　　）。（2015年真题）

A. 甲部不能参加曙光居民委员会

B. 甲部军人不能参加曙光居民委员会

C. 甲部随军家属能参加曙光居民委员会

D. 甲部不受曙光居民委员会居民公约约束

E. 甲部应曙光居民委员会要求应当派代表参加与其有关问题的会议

参考答案：ACE

参考解析：《城市居民委员会组织法》第十九条规定：机关、团体、部队、企业事业组织，不参加所在地的居民委员会，但是应当支持所在地的居民委员会的工作。所在地的居民委员会讨论与这些单位有关的问题，需要他们参加会议时，他们应当派代表参加，并且遵守居民委员会的有关决定和居民公约。前款所列单位的职工及家属、军人及随军家属，参加居住地区的居民委员会。故选 A、C、E 项。

2. 某社区居民委员会正在制定工作经费预算，根据《关于加强和改进城市社区居民委员会建设工作的意见》，下列费用中，可向街道办事处申请纳入财务预算的有（　　）。（2016 年真题）

A. 工作经费　　B. 人员报酬

C. 居民互助经费　　D. 服务设施建设经费

E. 社区信息化建设经费

参考答案：ABDE

参考解析：本题考查城市社区居民委员会与政府组织的关系。《关于加强和改进城市社区居民委员会建设工作的意见》明确提出，要将城市社区居民委员会的工作经费、人员报酬以及服务设施和社区信息化建设等项经费纳入财务预算。故选 A、B、D、E 项。

第二节　农村村民自治法规与政策

【重要考点概览】

小节	主要考点	历年考查点
第二节　农村村民自治法规与政策	村民委员会的性质、结构和主要职能	2015 年考查单项选择题 2016 年考查多项选择题
	村民委员会选举	2016 年考查单项选择题 2017 年考查单项选择题、多项选择题 2018 年考查单项选择题 2020 年考查单项选择题
	村民（代表）会议和民主管理、民主监督	2015 年考查单项选择题、多项选择题 2019 年考查单项选择题
	村委会与党政组织以及驻村单位的关系	2015 年考查单项选择题

考点一：村民委员会的性质、结构和主要职能

性质：是村民自我管理、自我教育、自我服务的基层群众性自治组织。

设立、撤销、范围调整：由乡、民族乡、镇的人民政府提出，经村民会议讨论同意，报县级人民政府批准。

产生方式：由村民直接选举产生，任何组织或者个人不得指定、委派或者撤换村民委员会成员。

任期：5 年，连选连任。

成员：村委会由主任、副主任和委员共3～7人组成，其中应当有妇女成员。

村务监督机构：

①村务监督委员会。（负责民主理财、监督村务公开）

②村民委员会成员及其近亲属不得担任村务监督机构成员。

③村务监督机构成员向村民会议和村民代表会议负责，可以列席村民委员会会议。

村委会的主要职能：

①支持和组织村民发展各种形式的合作经济和其他经济。

②管理本村属于村农民集体所有的土地和其他财产。

③宣传宪法、法律、法规和国家的政策，促进村民团结互助。

④支持服务性、公益性、互助性社会组织依法开展活动，推动农村社区建设。

⑤办理本村的公共事务和公益事业，调解民间纠纷，协助维护社会治安。

⑥协助乡（民族乡）、镇人民政府开展工作。

【真题再现】

1. 根据《村民委员会组织法》，村民委员会是村民（　　）的基层群众性自治组织。（2016年真题）

A. 自我管理　　B. 自我发展

C. 自我教育　　D. 自我服务

E. 自我协商

参考答案：ACD

参考解析：本题考查村民委员会的性质。我国农村的村民委员会是村民自我管理、自我教育、自我服务的基层群众性自治组织。故选A、C、D三项。

2. 根据《村民委员会组织法》，村民委员会的设立、撤销、范围调整，由乡镇人民政府提出，经（　　）讨论同意，报县级人民政府批准。（2015年真题）

A. 村民会议　　B. 村党支部

C. 村民委员会　　D. 村民代表会议

参考答案：A

参考解析：村民委员会的设立、撤销、范围调整，由乡、民族乡、镇的人民政府提出，经村民会议讨论同意，报县级人民政府批准。故选A项。

考点二：村民委员会选举

1. 村民选举委员会

村民委员会的选举，由村民选举委员会主持。

成员：由主任、委员构成，人数不少于3人，以奇数为宜。

产生：村民会议、村民代表会议或者各村民小组会议推选产生。

任期：自推选组成之日起，至新老村民委员会工作移交后终止。

注意：

①村民之间有近亲属关系的，不宜同时担任村民选举委员会成员。

②村民选举委员会成员被提名为村民委员会成员候选人，应当退出村民选举委员会。

2. 选民登记

选民确认（年满18周岁，未被剥夺政治权利的村民）：

①户籍在本村并且在本村居住的村民。

②户籍在本村，不在本村居住，本人表示参加选举的村民。

③户籍不在本村，在本村居住一年以上，经本人申请，村民会议或者村民代表会议同意。

注意：

①选民只能在一个地方登记参加选举。

②经村民选举委员会告知，本人书面表示不参加选举的，不列入参加选举的村民名单。

名单的公布：由村民选举委员会在选举日的20日前公布，有异议的，自名单公布之日起5日内申诉，村民选举委员会自收到申诉之日起3日内作出处理决定，并公布处理结果。

发放参选证：村民选举委员会在选举前发放参选证，村民凭参选证领取选票。

3. 候选人确定（也可无候选人，一次投票确定村委会成员）

人数：候选人名额应当多于应选名额，候选人中应当有适当的妇女名额。

产生：选民直接提名，得票多者当选。

4. 选举竞争和投票选举

（1）选举竞争。

原则：三公原则——公开、公平、公正。

见面提问：村民选举委员会组织候选人与村民见面，候选人介绍履职设想，回答村民提问。

候选人选举竞争材料和竞职陈述内容：包括候选人的基本情况、竞争职位及理由、治村设想、对待当选与落选的态度。

（2）投票选举。

方法：无记名投票、公开计票，选举结果应当当场公布。

方式：①召开选举大会，集中统一投票；②设立投票站，自由投票。③委托投票。

委托人：选举期间外出不能投票登记的选民。

被委托人：本村有选举权的近亲属。

委托方式：办理书面委托手续。

人数限制：每一登记参加选举的村民接受委托投票不得超过3人。

人员限制：提名为村民委员会候选人的，不得接受委托；受委托人不得再委托他人。

5. 选举有效性确认和确认当选

（1）选举有效性确认。

选举有效：过半有效，即有登记参加选举的村民过半数投票，选举有效。

选举无效：村民选举委员会未按照法定程序产生的；候选人的产生不符合法律规定的；参加投票的村民人数未过登记参加选举的村民半数的；违反差额选举原则，采取等额选举的；收回的选票多于发出选票的；没有公开唱票、计票的；没有当场公布选举结果的；其他违反法律、法规有关选举程序规定的。

（2）确认当选。

一般情况，过半当选，即候选人获得参加投票的村民过半数的选票，始得当选。候选人过半人数超出应选名额，得票多当选。票数相等，重新投票，得票多当选。

特殊规定，村委会主任、副主任的当选人中没有妇女，委员的候选人中有妇女获得过半数选票的，首先确定得票最多的妇女当选委员；委员的候选人中没有妇女获得过半数选票的，从应选名额中确定一个名额另行选举。

（3）当选证书的发放。

当选之日起10日内由县级人民政府主管部门或者乡级人民政府，向新当选的成员颁发统一印制的当选证书。

6. 另行选举和后续工作

另行选举条件：村委会当选人不足应选名额的，不足名额另行选举。

另行选举时间：选举日当日或选举日后10日内进行，具体由村民选举委员会确定。

候选人确定：第一次投票未当选的人员得票多的为候选人。

当选：以得票多的当选，但得票数不得少于已投选票数的1/3。

特殊情况说明：另行选举，应选职位仍未选足，但村委会成员已选足3人的，不足职位可以空缺；主任未选出的，由副主任主持工作；主任、副主任都未选出的，由村民代表会议在当选的委员中推选1人主持工作。

选举后续工作：新老委员会在10日内完成工作移交，由村民选举委员会主持，乡人民政府监督。

7. 村民委员会成员的罢免和补选

（1）罢免。

启动罢免程序：本村1/5以上有选举权的村民或者1/3以上的村民代表联名，可提出罢免要求，启动罢免程序。

罢免程序/步骤：书面向村委会提出罢免要求，说明罢免理由→召开村民代表会议，审议罢免要求→被罢免对象进行申辩或者书面提出申辩意见→召开村民会议，进行投票表决→公布罢免结果。

罢免：双过半，即有登记参加选举的村民过半数投票，并须经投票的村民过半数通过。

（2）补选。

补选的村委会成员的任期到本届村委会任期届满。

【真题再现】

1. 江湾村正在登记参加村民委员会选举的村民名单，根据《村民委员会组织法》，

下列人员中，应当列入此名单的是（　　）。(2016 年真题)

A. 小虎，17 周岁，户籍在本村，居住在本村，本人表示愿意参加选举

B. 兰花，27 周岁，户籍不在本村，嫁到本村半年，申请参加选举，村民代表大会不同意

C. 张数，37 周岁，户籍在本村，经商致富后定居外地，经选举委员会与其联系，无明确答复

D. 郑仁，47 周岁，户籍不在本村，三年前来村居住，申请参加选举，村民代表会议同意

参考答案： D

参考解析： 本题考查关于选民登记的相关规定。《村民委员会组织法》规定，年满 18 周岁的村民都有选举权和被选举权。（但是，依照法律被剥夺政治权利的人除外）为了保障广大村民依法行使选举权利，村民委员会选举前，应当对下列人员进行登记，列入参加选举的村民名单：(1) 户籍在本村并且在本村居住的村民；(2) 户籍在本村，不在本村居住，本人表示参加选举的村民；(3) 户籍不在本村，在本村居住一年以上，本人申请参加选举，并且经村民会议或者村民代表会议同意参加选举的公民。故选 D 项。

2. 某村有村民代表 60 名，该村村委会擅自将石灰石开采权转让给无相关资质企业，开采导致地面明显沉降，村民住房开裂损坏，村民在开展维权的同时，拟联名罢免村委会成员，根据《村民委员会组织法》，该村（　　）名以上的村民代表联名，即可提出罢免村民委员会成员的要求，启动罢免程序。(2016 年真题)

A. 5　　B. 10　　C. 15　　D. 20

参考答案： D

参考解析： 本题考查村民委员会成员的罢免。本村 1/5 以上有选举权的村民或者 1/3 以上的村民代表联名，可以提出罢免村民委员会成员的要求，启动罢免程序。故选 D 项。

3. 某村拟举行村民委员会选举，该村村民老赵与其数名在县城打工的亲戚均登记参加选举。亲戚们因工作繁忙无法回村投票，委托老赵代为投票。根据《村民委员会选举规程》，老赵最多可以接受（　　）名近亲属委托代为投票。(2018 年真题)

A. 1　　B. 2　　C. 3　　D. 4

参考答案： C

参考解析： 本题考查委托投票。登记参加选举的村民，选举期间外出不能参加投票的，可以委托本村有选举权的近亲属代为投票。每一登记参加选举的村民接受委托投票不得超过 3 人。故选 C 项。

4. 某村正在进行村民委员会选举前的选民登记工作，根据《村民委员会组织法》，户籍在该村的下列人员中，应当列入选民名单的是（　　）。(2017 年真题)

A. 小刘，17 岁，居住在该村

B. 小王，26 岁，居住在县城，本人表示不参加选举

C. 小张，35 岁，居住在邻村且参加了邻村的选举，仍表示要参加本次选举

D. 老杨，75 岁，骨折后在乡养老院住养

参考答案： D

参考解析： 年满 18 岁的村民才有选举权和被选举权。村民委员会选举前，应当对下列人员进行登记，列入参加选举的村民名单：一是户籍在本村并且在本村居住的村民；二是户籍在本村，不在本村居住，本人表示参加选举的村民；三是户籍不在本村，在本村居住一年以上，本人申请参加选举，并且经村民会议或者村民代表会议同意参加选举的公民。选举权不得重复行使。故选 D 项。

5. 根据《村民委员会组织法》，下列关于村民委员会选举的说法，正确的有（　　）。(2017 年真题)

A. 候选人的名额应当等于或多于应选名额

B. 有登记参加选举的村民超过三分之一投票选举有效

C. 候选人获得参加投票的村民超过三分之一的选票始得当选

D. 选举村民委员会有登记参加选举的村民直接提名候选人

E. 村民选举委员会应当组织候选人与村民见面，由候选人介绍履行职责的设想回答村民提出的问题

参考答案： DE

参考解析： 候选人的名额应当多于应选名额，A 项错误；有登记参加选举的村民过半数投票，选举有效，B 项错误；候选人获得参加投票的村民过半数的选票当选，C 项错误。故选 D、E 两项。

6. 根据《村民委员会组织法》，村民委员会的选举，由（　　）主持。(2020 年真题)

A. 乡镇人民政府　　　　B. 上届村民委员会

C. 村务监督机构　　　　D. 村民选举委员会

参考答案： D

参考解析： 村民委员会的选举，由村民选举委员会主持。故选 D 项。

考点三： 村民（代表）会议和民主管理、民主监督

1. 村民会议、村民代表会议、村民小组会议

	村民会议	村民代表会议	村民小组会议
组成	本村 18 周岁以上的村民组成	村民代表会议由村民委员会成员和村民代表组成。 村民代表占组成人员的 4/5 以上，妇女村民代表应当占组成人员的 1/3 以上	本村民小组 18 周岁以上的村民组成

续表

	村民会议	村民代表会议	村民小组会议
召集	由村民委员会召集		—
召集条件	有 1/10 以上的村民或者 1/3 以上的村民代表提议，应当召集村民会议	有 1/5 以上的村民代表提议，应当召集村民代表会议	
召开条件	应当有本村 18 周岁以上村民的过半数，或者本村 2/3 以上的户的代表参加	村民代表会议有 2/3 以上的组成人员参加方可召开；每季度召开一次	应当有 2/3 以上本村民小组的村民（18 周岁以上），或者本村民小组 2/3 以上的户的代表参加
通知村民	召集村民会议，应当提前 10 天通知村民	—	—
产生	—	由村民按每 5～15 户推选 1 人或由各村民小组推选若干人	村民小组组长由村民小组会议推选
任期	—	任期 5 年，连选连任	
会议有效	经到会人员的过半数同意		
负责对象	是村民自治的决策机构，向村民会议、村民代表会议负责并报告工作	村民代表向其推选户或者村民小组负责，接受村民监督	所作决定及实施情况应当及时向本村民小组的村民公布
职责	①审议村民委员会的年度工作报告（或授权村民代表会议审议），评议其工作，撤销或变更村委会或村民代表会议的不当决定。 ②讨论决定涉及村民利益的重要事项。 ③制定和修改村民自治章程、村规民约（需备案）	讨论决定村民会议授权的事项	讨论决定属于村民小组的集体所有的土地、企业和其他财产的经营管理以及公益事项的办理

【真题再现】

根据《村民委员会组织法》，村民会议由村民委员会召集。有 1/10 以上的村民或 1/3 以上的村民代表提议，应当召集村民会议。召集村民会议，应当提前（　　）天通知村民。(2015 年真题)

A. 3　　B. 5　　C. 8　　D. 10

参考答案：D

参考解析：本题考查《村民委员会组织法》第二十一条：召集村民会议，应当提前 10 天通知村民。故选 D 项。

2. 民主管理和民主监督

(1) 村务公开事项。

主要内容：①村民会议、村民代表会议讨论决定的事项及其实施情况；②国家计划生育政策的落实方案；③政府拨付和接受社会捐赠的救灾救助、补贴补助等资金、物资的管理使用情况；④村民委员会协助人民政府开展工作的情况；⑤涉及本村村民利益，村民普遍关心的其他事项。

公布时间：①一般事项至少每季度公布一次；②集体财务往来较多的，每月公布一次财务收支情况；③涉及村民利益的重大事项应当随时公布。

（2）民主评议事项。

评议对象：村委会成员以及由村民或者村集体承担误工补贴的聘用人员。

评议的主体：村务监督机构主持，村民会议或村民代表会议进行评议。

评议周期：每年至少进行一次。

影响结果：村委会成员连续两次被评议不称职的，其职务终止。

（3）经济责任审计。(任期和离任审计)

组织部门：县级人民政府农业部门、财政部门或者乡、民族乡、镇的人民政府。

结果公布：离任经济责任审计结果应当在下一届村民委员会选举之前公布。

审计内容：本村财务收支情况；本村债权债务情况；政府拨付和接受社会捐赠的资金、物资管理使用情况；本村生产经营和建设项目的发包管理以及公益事业建设项目招标投标情况；本村资金管理使用以及本村集体资产、资源的承包、租赁、担保、出让情况，征地补偿费的使用、分配情况；本村 1/5 以上的村民要求审计的其他事项。

【真题再现】

1. 小李是乡人民政府工作人员，在全乡村民委员会换届选举前，负责组织对甲、乙、丙三个村的村民委员会成员进行离任审计。根据《村民委员会组织法》，下列事项中，属于法定审计事项的有（　　）。(2015 年真题)

A. 甲村财务收支情况

B. 丙村债权债务情况

C. 甲村征地补偿费的使用、分配情况

D. 乙村村民委员会主任家庭承包果园收支情况

E. 丙村 1/6 的村民要求审计的族谱修缮集资款使用情况

参考答案：ABC

参考解析：村民委员会成员实行任期和离任经济责任审计。审计事项包括：本村财务收支情况；本村债权债务情况；政府拨付和接受社会捐赠的资金、物资管理使用情况；本村生产经营和建设项目的发包管理以及公益事业建设项目招标投标情况；本村资金管理使用以及本村集体资产、资源的承包、租赁、担保、出让情况，征地补偿费的使用、分配情况；本村 1/5 以上的村民要求审计的其他事项。故选 A、B、C 项。

2. 根据《村民委员会组织法》，村民委员会成员应当接受村民会议或者村民代表会对其履行职责情况的民主评议，民主评议由（　　）主持。(2019 年真题)

A. 乡镇人民政府　　B. 村级党组织

C. 村务监督机构　　D. 村民选举委员会

参考答案：C

参考解析：村民委员会成员以及由村民或者村集体承担误工补贴的聘用人员，应当接受村民会议或者村民代表会议对其履行职责情况的民主评议。民主评议每年至少进行一次，由村务监督机构主持。并且规定村民委员会成员连续两次被评议不称职的，其职务终止。故选C项。

考点四： 村委会与党政组织以及驻村单位的关系

1. 与村级党组织的关系

①村“两委”成员交叉任职，书记主任“一肩挑”。

村务监督委员会主任一般由党员担任，可以由非村民委员会成员的村党组织班子成员兼任。村民委员会成员、村民代表中党员应当占一定比例。

②村级重大事项决策实行“四议两公开”。

四议：村党组织提议、村“两委”会议商议、党员大会审议、村民会议或者村民代表会议决议。

两公开：决议公开、实施结果公开。

③抓好村“两委”换届选举工作。

坚决防止和查处以贿选等不正当手段影响、控制村“两委”换届选举的行为，严厉打击干扰破坏村“两委”换届选举的黑恶势力、宗族势力。

④发挥党员在乡村治理中的先锋模范作用。

组织党员在议事决策中宣传党的主张，执行党组织决定。推动党员在乡村治理中带头示范，带动群众全面参与。

2. 与政府组织的关系

村民委员会协助乡、民族乡、镇的人民政府开展工作；乡、民族乡、镇的人民政府对村民委员会的工作给予指导、支持和帮助。

基层政府组织不得干预依法属于村民自治范围内的事项。

3. 与驻村单位的关系

进驻农村的机关、团体、部队、国有及国有控股企业、事业单位及其人员应当通过多种形式参与农村社区建设，并遵守有关村规民约。

第三节　城乡社区建设法规与政策

【重要考点概览】

小节	主要考点	历年考查点
第三节　城乡社区建设法规与政策	城市社区建设法规与政策	2016年考查单项选择题 2019年考查单项选择题
	农村社区建设试点工作	尚未考查

考点一： 城市社区建设法规与政策

1. 社区建设的特征

(1) 整合性：社区建设的本质属性，整合社区资源和社区力量共同解决社区问题，合力推进社区发展。

（2）综合性：全方位建设社区。

（3）党的领导和政府的推动及社会广泛参与：在党领导和政府的推动下各类社区力量共同参与、共同建设社区。

2. 城市社区建设的任务

（1）城市社区党的建设。

①确保社区党组织有资源有能力为群众服务。

②增强街道社区党组织政治功能和战斗力。

③增强“四个意识”，坚定“四个自信”，做到“两个维护”。

④推进街道社区党建、单位党建、行业党建互联互动。

⑤扩大新兴领域党建有效覆盖。

⑥健全党组织领导下的社区居民自治机制。

⑦领导群团组织和社会组织参与基层治理。

⑧做实网格党建，促进精细化治理。

（2）城市社区综合服务设施建设。

①将社区综合性服务设施建设纳入城市规划，每百户居民拥有面积不低于30㎡。

②新建住宅小区和旧城区连片改造居民区将公共服务设施配套建设纳入建设工程规划设计方案。

③老城区和已建成居住区没有社区居委会工作用房和居民公益性服务设施的或者不能满足需要的，由区（县、市）人民政府负责建设，也可以从其他社区设施中调剂置换，或者以购买、租借等方式解决，所需资金由地方各级人民政府统筹解决。

④提倡“一室多用”，提高使用效益。社区居委会办公服务设施的供暖、水电、燃气、电信等费用按照当地居民使用价格收取。

（3）城市社区信息化建设。

①增强社区信息化应用能力，实现一号申请、一窗受理、一网通办，强化“一门式”服务模式的社区应用。

②整合社区公共服务信息资源，实现“数据一次采集，资源多方共享”。

【真题再现】

1. 根据《关于加强和改进城市社区居民委员会建设工作的意见》，居民委员会服务设施的供暖、水电、煤气、电信等费用，应按照当地（　　）使用价格标准收取。（2019年真题）

A. 工业　　B. 商业　　C. 农业　　D. 居民

参考答案：D

参考解析：提倡“一室多用”，提高使用效益。社区居民委员会办公服务设施的供暖、水电、燃气、电信等费用应按照当地居民使用价格标准收取。故选D项。

2. 根据《关于加强和改进城市社区居民委员会建设工作的意见》，已建成居住区没有居民公益服务设施或不能满足需要的，可通过新建、调剂、置换、租借等方式解

决，所需资金由（　　）统筹解决。(2016 年真题)

A. 社区居委会　　B. 街道办事处

C. 地方各级人民政府　　D. 中央人民政府

参考答案：C

参考解析：本题考查社区综合服务设施建设。老城区和已建成居住区没有社区居民委员会工作用房和居民公益性服务设施的或者不能满足需要的，由区（县、市）人民政府负责建设，也可以从其他社区设施中调剂置换，或者以购买、租借等方式解决，所需资金由地方各级人民政府统筹解决。

考点二：农村社区建设试点工作

①完善在村党组织领导下、以村民自治为基础的农村社区治理机制。

②促进流动人口有效参与农村社区服务管理。

③畅通多元主体参与农村社区建设渠道。

④推进农村社区法治建设。

⑤改善农村社区人居环境。

⑥加强组织领导。

⑦加强分类指导。

第四节　城乡社区治理和服务法规与政策

【重要考点概览】

小节	主要考点	历年考查点
第四节　城乡社区治理和服务法规与政策	城乡社区治理	2020 年考查单项选择题
	城乡社区服务	2015 年考查单项选择题 2016 年考查单项选择题 2017 年考查单项选择题 2018 年考查单项选择题 2019 年考查单项选择题

考点一：城乡社区治理

1. 健全完善城乡社区治理体系

①充分发挥基层党组织领导核心作用。

加强和改进街道（乡镇）、城乡社区党组织对社区各类组织和各项工作的领导，确保党的路线方针政策在城乡社区全面贯彻落实。

②有效发挥基层政府主导作用。

按照条块结合、以块为主的原则，制定区县职能部门、街道办事处（乡镇政府）在社区治理方面的权责清单；依法厘清街道办事处（乡镇政府）和基层群众性自治组织权责边界，明确基层群众性自治组织承担的社区工作事项清单以及协助政府的社区工作事项清单；上述社区工作事项之外的其他事项，街道办事处（乡镇政府）可通过向基层群众性自治组织等购买服务方式提供。

③注重发挥基层群众性自治组织基础作用。

加强基层群众性自治组织规范化建设，合理确定其管辖范围和规模，增强基层群众性自治组织开展社区协商、服务社区居民的能力，充分发挥自治章程、村规民约、居民公约在城乡社区治理中的积极作用。

④统筹发挥社会力量协同作用。

制定完善各项扶持政策，大力发展和培育社区社会组织，推动三社联动（社区、社工、社会组织），积极引导驻社区机关企事业单位、其他社会力量和市场主体参与社区治理。

2. 不断提升城乡社区治理水平

①增强社区居民参与能力。

支持和帮助居民群众养成协商意识、掌握协商方法，提高社区居民议事协商能力。

②提高社区服务供给能力。

将城乡社区服务纳入政府购买服务指导性目录，完善政府购买服务政策措施，加快城乡社区公共服务体系建设，创新城乡社区公共服务供给方式，推行首问负责、一窗受理、全程代办、服务承诺等制度。

③强化社区文化引领能力。

积极发展社区教育，建立健全城乡一体的社区教育网络，推进学习型社区建设。

④增强社区依法办事能力。

深入开展法治宣传教育和法律进社区活动，推进被覆盖城乡居民的公共法律服务体系建设。

⑤提升社区矛盾预防化解能力。

完善利益表达机制，完善党员干部直接联系群众制度，完善心理疏导机制，完善矛盾纠纷调处机制，加强城乡社区治安防控网建设，提高社区治安综合治理水平。

⑥增强社区信息化应用能力。

提高社区信息基础设施和技术装备水平，加快社区公共服务综合信息平台建设，实现一号申请、一窗受理、一网通办，强化“一门式”服务模式的社区应用。

3. 着力补齐城乡社区治理短板

①改善社区人居环境。

②加快社区综合服务设施建设。

③优化社区资源配置。

④推进社区减负增效。

⑤改进社区物业服务管理。

4. 强化城乡社区治理的组织保障

①完善领导体制和工作机制。

②加大资金投入力度。

③加强社区工作者队伍建设。

④完善政策标准体系和激励宣传机制。

【真题再现】

根据《中共中央、国务院关于加强和完善城乡社区治理的意见》，对于基层群众性自治组织承担的社区工作事项清单和协助政府的社区工作事项清单之外的其他事项，街道办事处（乡镇政府）可通过向基层群众性自治组织等（　　）方式提供。（2020年真题）

A. 购买服务　　B. 转移职能　　C. 协商共治　　D. 分派任务

参考答案： A

参考解析：《中共中央、国务院关于加强和完善城乡社区治理的意见》指出要有效发挥基层政府主导作用。各省（自治区、直辖市）按照条块结合、以块为主的原则，制定区县职能部门、街道办事处（乡镇政府）在社区治理方面的权责清单；依法厘清街道办事处（乡镇政府）和基层群众性自治组织权责边界，明确基层群众性自治组织承担的社区工作事项清单以及协助政府的社区工作事项清单；上述社区工作事项之外的其他事项，街道办事处（乡镇政府）可通过向基层群众性自治组织等购买服务方式提供。故选 A 项。

考点二： 城乡社区服务

1. 中国特色社区服务内涵外延

①兼有“福利服务”和“方便人民生活”双重任务。

②形成党委政府主导、社会广泛参与的发展合力。

③满足各类社区成员日益增长的物质文化需要，提高人们的生活水平和生活质量。

2. 社区公共服务

①推进社区就业服务。

②推进社区救助和社会保障服务。

③推进社区卫生和计划生育服务。

④推进社区文化、教育、体育服务。

⑤着力提升农村社区公共服务供给水平。

3. 社区社会工作服务和志愿服务

（1）社区社会工作服务的主要任务

①大规模培养和使用社区社会工作专业人才队伍。

②不断拓宽社区社会工作服务平台。

③分类推进社区社会工作服务。

④建立健全社区、社会组织和社会工作专业人才联动服务机制。

⑤建立健全社区社会工作专业人才引领志愿者服务机制。

（2）社区志愿服务

①发展社区志愿服务组织和志愿者队伍。

②开展社区志愿服务活动。

③建立社区志愿服务记录制度。

④建立社区志愿服务激励保障机制。（建立志愿者星级认定制度，志愿服务累计达到 100 小时、300 小时、600 小时、1000 小时和 1500 小时的志愿者，可依次认定为一至五星级志愿者）

⑤培训社区志愿者。

【真题再现】

根据《民政部、财政部关于加快推进社区社会工作服务的意见》，加快推进社区社会工作服务的主要任务之一是建立健全社区、社会组织和（　　）联动服务机制。（2015 年真题）

A. 社会治安　　　　B. 社会保障

C. 社区志愿者　　　　D. 社会工作专业人才

参考答案： D

参考解析： 三社联动，指的是社区、社会组织和社会工作专业人才联动。根据《民政部、财政部关于加快推进社区社会工作服务的意见》，加快推进社区社会工作服务的主要任务之一是建立健全社区、社会组织和社会工作专业人才联动服务机制。故选 D 项。

【本章小结】

城乡基层群众自治和社区建设法规与政策主要在于规范农村社区和城市社区治理和服务的相关内容。本章难点包括基层选举流程、村（居）委会组成及职责、村民（小组）会议召开及职责。由于涉及数字比例较多，容易混淆，比如 1/5 以上有选举权的村民或者 1/3 以上村民代表联名可以提出罢免村民委员的要求；1/5 以上村民代表提议，应该召集村民代表会议；2/3 以上村民代表出席方可召开村民代表会议等。因此建议考生仔细对比，加深记忆。另外，根据新修订的《村民委员会组织法》《城市居民委员会组织法》，村（居）民委员会任期由 3 年改为 5 年，考生要注意。

扫码听课

第十章　我国公益慈善事业与志愿服务法规与政策

【本章导学】

公益慈善事业是政府主导下的社会保障体系的一种必要的补充，是党和国家重要的制度安排，是推动社会进步的第三种力量和实现社会财富再分配的重要手段。个人或组织在政府的倡导或帮助、扶持下，自愿通过捐赠和志愿服务方式帮助社会中遇到灾难或不幸的人。志愿服务作为公益慈善事业的重要组成部分之一，是社会文明程度的重要标志和践行社会主义核心价值观的重要载体。本章涉及的法律法规主要有：《中华人民共和国公益事业捐赠法》《中华人民共和国信托法》《彩票管理办法》《志愿服务条例》《中华人民共和国慈善法》等。

随着我国公益事业不断发展，相关法律法规相继出台，本章的考试比重也有所上升，《慈善法》相关内容、公益捐赠相关内容、志愿服务相关内容是历年考试重点，考生要重点识记。

【历年题量/分值分布】

	2015 年	2016 年	2017 年	2018 年	2019 年	2020 年
单项选择题	2 道	2 道	4 道	4 道	6 道	4 道
多项选择题	1 道	1 道	—	2 道	1 道	1 道
合计分值	4 分	4 分	4 分	8 分	8 分	6 分

注：单项选择题每题 1 分，多项选择题每题 2 分（错选，本题不得分；少选，所选每个选项得 0.5 分）。

【本章知识概览】

小节	考点	备考指数
第一节　公益慈善事业法规与政策	公益慈善事业的界定及公益慈善组织的分类	★
	公益慈善事业募捐与捐赠的规定	★★★★★
	公益慈善信托的规定	★★★★
	彩票管理的规定	★★
第二节　志愿服务法规与政策	志愿服务的界定与特征	★★
	志愿服务中的权利与义务	★★
	志愿服务组织管理规定	★★★★★
	志愿服务基金的规定	★

【考点详解】

第一节　公益慈善事业法规与政策

【重要考点概览】

小节	主要考点	历年考查点
第一节　公益慈善事业法规与政策	公益慈善事业的界定及公益慈善组织的分类	尚未考查
	公益慈善事业募捐与捐赠的规定	2015年考查单项选择题 2016年考查单项选择题 2017年考查单项选择题 2018年考查单项选择题、多项选择题 2019年考查单项选择题 2020年考查单项选择题
	公益慈善信托的规定	2015年考查单项选择题 2017年考查单项选择题
	彩票管理的规定	2016年考查多项选择题

考点一：公益慈善事业的界定及公益慈善组织的分类

公益事业与慈善事业均是为社会公众谋福利的事业。

（一）公益慈善事业的界定

1. 公益事业的界定

公益事业是指非营利的下列事项：

（1）救助灾害、救济贫困、扶助残疾人等困难的社会群体和个人的活动。

（2）教育、科学、文化、卫生、体育事业。

（3）环境保护、社会公共设施建设。

（4）促进社会发展和进步的其他社会公共和福利事业。

2. 慈善事业的界定

（1）狭义：社会救济与社会救助事业。

（2）广义：既包含狭义的社会救济与社会救助事业，还包含教育、医疗、健康、科学、文化社会福利等多领域中的互助及志愿服务。

（二）公益慈善组织的分类

1. 公益组织分类

（1）公益性社会团体：以发展公益事业为宗旨的基金会、慈善组织等社会团体。

（2）公益性非营利事业单位：从事公益事业的不以营利为目的的教育机构、科研机构、医疗卫生机构、社会公共文化机构、社会公共体育机构和社会福利机构等。

2. 慈善组织分类

（1）以面向社会开展慈善活动为宗旨的非营利性组织，可以采取基金会、社会团体、社会服务机构等组织形式。

（2）条件：①以开展慈善活动为宗旨；②不以营利为目的；③有自己的名称和住所；④有组织章程；⑤有必要的财产；⑥有符合条件的组织机构和负责人；⑦法律、行政法规规定的其他条件。

考点二：公益慈善事业募捐与捐赠的规定

（一）慈善募捐

包括公开募捐和定向募捐。

1. 公开募捐（面向社会公众）

①资格：开展公开募捐，应当取得公开募捐资格，并获得公开募捐资格证书。

②方式：在公共场所设置募捐箱；义演、义赛、义卖、义展、义拍、慈善晚会等；通过广播、电视、报刊、互联网等媒体发布募捐信息；以及其他公开募捐方式。

③通过互联网开展公开募捐的，应当在国务院民政部门统一或者指定的慈善信息平台发布募捐信息，并可以同时在其网站发布募捐信息。

2. 定向募捐（面向特定对象）

①范围：在发起人、理事会成员和会员等特定对象的范围内进行，说明募捐目的、款物用途等事项。

②资格：自登记之日起就可以开展。

③不得采取或变相采取《慈善法》规定的公开募捐方式。

④不具有公开募捐资格的组织或者个人基于慈善目的的需要开展公开募捐活动，可以与具有公开募捐资格的慈善组织合作，由该慈善组织开展公开募捐并管理募得款物。

【真题再现】

1. 根据《慈善组织信息公开办法》，慈善组织应当将其接受捐赠的金额和用途在（　　）上向社会公开。(2020 年真题)

A. 民政部门提供的统一的信息平台　　B. 业务主管部门的门户网站

C. 慈善组织自己的移动客户端　　D. 慈善组织自己的官方公众号

参考答案：A

参考解析：《慈善组织信息公开办法》第三条规定，慈善组织应当依照有关法律法规和本办法规定，在民政部门提供的统一的信息平台（以下简称统一信息平台），向社会公开下列信息：（一）本办法规定的基本信息；（二）年度工作报告和财务会计报告；（三）公开募捐情况；（四）慈善项目有关情况；（五）慈善信托有关情况；（六）重大资产变动及投资、重大交换交易及资金往来、关联交易行为等情况；（七）法律法规要求公开的其他信息。故选 A 项。

2. 国内某大学于 2005 年经登记成立校友基金会，多年来一直利用校友捐款开展公益服务，社会反响良好。2019 年，该校友基金会拟通过互联网开展公开募捐。根据《慈善法》，关于该基金会公开募捐的说法，正确的是（　　）。(2019 年真题)

A. 该基金会在该大学官网发布募捐信息后，可开展公开募捐活动

B. 该基金会于《慈善法》公布前设立，可直接开展公开募捐活动

C. 该基金会报经上级教育行政部门同意后，可开展公开募捐活动

D. 该基金会经认定为慈善组织并取得公开募捐资格后，可开展公开募捐活动

参考答案： D

参考解析：《慈善法》第二十二条规定，慈善组织开展公开募捐，应当取得公开募捐资格。故选 D 项。

（二）公益慈善捐赠中的权利义务关系

1. 捐赠人的权利

（1）自愿：包括捐赠行为的自愿性和信息公开的自愿性。

（2）自主：①可自由选择募捐主体；②捐赠财产的使用尊重捐赠人的意愿，不得挪作他用；③对捐赠的公益事业工程项目可以留名纪念。

（3）知情：①查询捐赠财产的使用、管理情况，提出意见和建议；②知晓公益事业工程项目竣工、资金使用、工程质量验收情况。

（4）监督：①捐赠人可以与受赠人就捐赠财产的种类、质量、数量和用途等内容订立捐赠协议；②捐赠人有权决定捐赠的数量、用途和方式；③捐赠人捐赠财产兴建公益事业工程项目，应订立捐赠协议，约定工程项目的资金、建设、管理和使用；④捐赠人要求签订书面捐赠协议的，应当与捐赠人签订，内容包括捐赠人与慈善组织名称，捐赠财产的种类、数量、质量、用途、交付时间等；⑤受赠人与捐赠人订立了捐赠协议的，应按照协议约定的用途使用捐赠财产，不得擅自改变捐赠财产的用途，如果确需改变用途的，应当征得捐赠人的同意。

2. 捐赠人的义务

①遵守法律、法规，不得违背社会公德，不得损害公共利益和其他公民的合法权益。

②不得指定捐赠人的利害关系人作为受益人。

③履行捐赠义务。

④捐赠财产应当是其有权处分的合法财产。

⑤捐赠的财产包括：货币、实物、房屋、有价证券、股权、知识产权等有形和无形财产。

⑥捐赠人捐赠的实物应当具有使用价值，符合安全、卫生、环保等标准。捐赠人捐赠本企业产品的，应当依法承担产品质量责任和义务。

⑦捐赠协议不得随意撤销。

3. 受赠人的权利

（1）受赠财产的给付请求权。

具有救灾、扶贫等社会公益、道德义务性质的赠与合同或者经过公证的赠与合同，赠与人不交付赠与的财产的，受赠人可以要求交付。

（2）受赠财产的保护权。

公益性社会团体受赠的财产及其增值为社会公共财产，受国家法律保护，任何单

位和个人不得侵占、挪用和损毁。

（3）受赠财产的处置权。

①对于不易储存、运输和超过实际需要的受赠财产，受赠人可以变卖，所取得的全部收入，应当用于捐赠目的。

②县级以上人民政府及其部门可以将受赠财产转交公益慈善组织，也可以按捐赠人意愿分发或者兴办公益事业，但不得以本机关为受益对象。

4. 受赠人的义务

（1）妥善管理受赠财物。

①登记造册，妥善保管。

②合法安全有效积极实现捐赠财产保值增值。

③建立健全财务会计制度和受赠财产使用制度，加强受赠财产管理。

（2）定向使用受赠财产。

①对于接受的救助灾害的捐赠财产，应当及时用于救助活动。

②受赠的财产应当用于资助公益活动和事业，不得挪作他用。

③受赠人与捐赠人订立了捐赠协议的，应按照协议约定的用途使用捐赠财产，不得擅自改变捐赠财产的用途，如果确需改变用途的，应当征得捐赠人的同意。

④受赠人未征得捐赠人许可，擅自改变捐赠财产性质、用途的，由县级以上人民政府有关部门责令改正，给予警告。拒不改正的，经征求捐赠人意见，捐赠财产交由与其宗旨相同或相似的公益性社会团体或者公益性非营利性事业单位管理。

（3）告知公开并接受监督。

①对于捐赠人，负有出具收据和接受查询的义务。

②对于政府相关部门，要按时报告，并接受监督。

③对于社会，要公开并接受监督。

（4）协助捐赠人办理捐赠相关手续。

①对境外捐赠物。境外捐赠人捐赠的财产，由受赠人按国家有关规定办理入境手续；捐赠实行许可证的物品，由受赠人按国家规定办理许可证申领手续，海关凭许可证验放、监管。

②对捐赠的公益事业项目。捐赠的公益事业工程项目由受赠单位按照国家有关规定办理项目审批手续。

【真题再现】

1. 张某承诺向某慈善组织捐赠 10 万元，并签订了书面捐赠协议，但后来拒不交付。根据《慈善法》，若这笔捐赠款项在协议中约定用于（　　），该慈善组织可依法向人民法院申请支付令。（2018 年真题）

A. 促进教育　　　　B. 防治污染

C. 扶贫、济困　　　　D. 恤病、优抚

E. 事故灾难救助

参考答案：CE

参考解析：本题考查捐赠人的义务。具有救灾、扶贫等社会公益、道德义务性质的赠与合同或者经过公证的赠与合同，不可以撤销赠与，慈善组织可依法申请支付令。故选 C、E 两项。

2. 企业家沈某向遭受地质灾害的家乡捐赠 20 万元为灾民购买食品，与县人民政府签订了捐赠协议。根据《公益事业捐赠法》与《合同法》有关规定，沈某下列做法中，错误的是（　　）。(2015 年真题)

A. 撤销 20 万元的捐赠

B. 查询捐赠款到位后的使用情况

C. 同意将 20 万元改用于购买灾民急需的衣物

D. 接受当地县人民政府对其捐赠行为的公开表彰

参考答案：A

参考解析：《合同法》第 186 条规定：赠与人在赠与财产的权利转移之前可以撤销赠与。具有救灾、扶贫等社会公益、道德义务性质的赠与合同或者经过公证的赠与合同，不适用前款规定。故选 A 项。

（三）关于公益事业工程项目的捐赠

捐赠人捐赠财产兴建公益事业工程项目的：

①订立协议。

②按章办理。

③竣工通报。

④留名纪念。

⑤优惠支持。

（四）捐赠财产的管理使用

①票据：受赠人应当出具合法收据，并将受赠财产登记造册。

②使用：公募基金会每年用于从事章程规定的公益事业支出，不得低于上一年总收入的 70%；非公募基金会每年用于从事章程规定的公益事业支出，不得低于上一年基金余额的 8%。

③管理：建章立制，保值增值，接受监督。

④成本：厉行节约，降低管理成本，工作人员的工资和办公费用从利息等收入中按照国家规定的标准开支。

⑤《慈善法》第五十二条　慈善组织的财产应当根据章程和捐赠协议的规定全部用于慈善目的，不得在发起人、捐赠人以及慈善组织成员中分配。

⑥《慈善法》第五十三条　慈善组织对募集的财产，应登记造册，严格管理，专款专用。

⑦《慈善法》第五十四条　慈善组织为实现财产保值、增值进行投资的，应当遵循合法、安全、有效的原则，投资取得收益应当全部用于慈善目的。

【真题再现】

1. 根据《公益事业捐赠法》，下列受赠人的做法，正确的是（　　）。（2018 年真题）

A. 某集团向甲村捐资改善村民饮水条件，甲村用此款偿还修路贷款

B. 某民营企业家向乙大学捐资兴建体育馆并提出以其本人名字命名，乙大学同意后未经报批直接公布

C. 进城务工青年向丙基金会捐赠 200 元，丙基金会向该青年通告捐款使用情况

D. 某海外老华侨匿名向丁市博物馆捐赠 100 万元，丁市政府查实捐赠人后，未征求老华侨意见直接对老华侨公开表彰

参考答案：C

参考解析：本题考查公益事业的捐赠规定。《公益事业捐赠法》第八条规定："对捐赠人进行公开表彰，应当事先征求捐赠人的意见。"第十四条规定："捐赠人单独捐赠的工程项目或者主要由捐赠人出资兴建的工程项目，可以由捐赠人提出工程项目的名称，报县级以上人民政府批准。"第十八条规定："受赠人与捐赠人订立了捐赠协议的，应当按照协议约定的用途使用捐赠财产，不得擅自改变捐赠财产的用途。"第二十一条规定："捐赠人有权向受赠人查询捐赠财产的使用、管理情况。"故选 C 项。

2. 某集团董事长与某慈善组织负责人商谈后决定，拟举办一场大型文艺演出，承诺将所有收入捐赠给该慈善组织的"关爱留守儿童"公益项目，同时做了一些口头约定。根据《慈善法》，下列口头约定中，错误的是（　　）。（2017 年真题）

A. 举办活动前，双方应当签订捐赠协议

B. 举办活动中，可以置放集团烟草产品广告牌

C. 活动结束后，该集团应按协议履行捐赠义务

D. 活动结束后，捐赠情况应及时向社会公开

参考答案：B

参考解析：置放集团烟草产品广告牌违反了《慈善法》的相关规定。故选 B 项。

（五）公益性捐赠税前扣除规定

1. 税收优惠政策规定

国家鼓励对捐赠人（自然人、法人、其他组织）在税收方面给予优惠。

（1）企业所得税。

①企业通过公益性社会团体或者县级以上人民政府及其部门，用于公益事业的捐赠支出，在年度利润总额 12% 以内的部分，准予在计算应纳税所得额时扣除。

②企业慈善捐赠支出超过法律规定的准予在计算企业所得税应纳税所得额时当年扣除的部分，允许结转以后三年内在计算应纳税所得额时扣除。

（2）个人所得税。

①个人将其所得对教育、扶贫、济困等公益慈善事业进行捐赠，捐赠额未超过纳税义务人申报的应纳税所得额 30% 的部分，可以从其应纳税所得额中扣除；国务院规

定对公益慈善事业捐赠实行全额税前扣除的，从其规定。

②个人通过社会团体、国家机关向公益事业的捐赠支出，按照现行税收法律、行政法规及相关政策规定准予在所得税税前扣除。

（3）进口关税和进口环节的增值税。

①境外捐赠用于慈善活动的物资，依法减征或者免征进口关税和进口环节增值税。

②境外向公益性社会团体和公益性非营利的事业单位捐赠的用于公益事业的物资，依照法律、行政法规的规定减征或者免征进口关税和进口环节的增值税。

【真题再现】

1. 根据《企业所得税法》《个人所得税实施条例》和《全国性社会团体公益性捐赠税前扣除资格初审暂行办法》，下列捐赠中，捐赠人可以获得应纳税所得额扣除税收优惠的是（　　）。(2016 年真题)

A. 某企业向某“自行车骑行协会”捐赠 30 万元

B. 某家电企业法人代表向某“电商经理人联谊会”捐赠 20 万元

C. 某企业向青少年发展基金会捐赠“留守儿童暑假看妈妈”活动经费 60 万元，该企业年利润 7000 万元

D. 某企业高级管理人员资助一名贫困大学生每月 500 元生活费，其同年已经向灾区捐款 10 万元，该捐赠人年应纳税所得额为 30 万元

参考答案： C

参考解析： 本题考查公益性捐赠税前扣除规定。《全国性社会团体公益性捐赠税前扣除资格初审暂行办法》中，对经民政部批准登记的社会团体法人，明确规定了“不属于”公益性捐赠税前扣除资格的认定范围的 4 类社会团体：（1）以企业、事业单位为会员主体和服务对象的行业协会、商会等行业性社会团体；（2）以从事同一职业或者具有相同职务称谓、职业资格或者执业资格的自然人为会员主体和服务对象的职业性、专业性社会团体；（3）以具有相同或者相近的教育背景、职业经历、兴趣爱好的自然人为会员主体和服务对象的联谊性、联合性社会团体；（4）经批准参照公务员管理，工作人员工资福利由国家财政拨款，业务活动由国家财政资金支持的社会团体。故 A、B 项不享受税收优惠。捐赠额未超过纳税义务人申报的应纳税所得额 30% 的部分，可以从其应纳税所得额中扣除，故 D 项也不享受税收优惠。故选 C 项。

2. 2015 年，泽恩集团年度利润总额是 5000 万元，当年，泽恩集团向某公募基金会公益项目捐赠 500 万元，向某非公募基金会公益项目捐赠 300 万元。根据《公益事业捐赠法》和《企业所得税法》，泽恩集团当年应纳税所得额为（　　）万元。(2017 年真题)

A. 4200　　B. 4400　　C. 4500　　D. 4700

参考答案： B

参考解析：《企业所得税法》第九条规定，企业发生的公益性捐赠支出，在年度利润总额 12% 以内的部分，准予在计算应纳税所得额时扣除。由题可知，5000 * 12% =

600 万元，5000 - 600 = 4400 万元。故选 B 项。

2. 资格认定与取消

（1）资格认定：主体符合条件；申请前 3 年内未受到行政处罚（警告或单次 1 万元以下罚款除外）；年检达到标准。

（2）资格取消。

①年度检查不合格或最近一次社会组织评估等级低于 3A 的。

②在申请公益性捐赠税前扣除资格时有弄虚作假行为的。

③存在偷税行为或为他人偷税提供便利的。

④存在违反该组织章程的活动，或者接受的捐赠款项用于组织章程规定用途之外的支出等情况的。

⑤受到税务机关和登记管理机关给予的行政处罚（警告或单次 1 万元以下罚款除外）。

（3）存在资格取消第①项情形的，1 年内不得重新申请公益性捐赠税前扣除资格；存在资格取消第②③④⑤项情形的，3 年内不得重新申请公益性捐赠税前扣除资格。

3. 申请审核程序与要求

（1）程序：申请—初步审核—审核确认—定期公布。

（2）要求。

①报送材料（申请报告；登记证书复印件；组织章程；年度财务审计报告；年度检查结论、社会组织评估结论）。

②捐赠资产价值确认：货币资产按实际金额计算；非货币性资产按公允价值计算。

考点三：公益慈善信托的规定

（一）公益信托的界定

公益信托是指为了下列公共利益目的之一而设立的信托：①救济贫困，救助灾民；③扶助残疾人；④发展教育、科技、文化、艺术、体育事业；⑤发展医疗卫生事业；⑥发展环境保护事业，维护生态环境；⑦发展其他社会公益事业。

（二）公益慈善信托的设立与终止

1. 设立

（1）一般性规定：①必须有合法的信托目的；②必须有确定的委托人合法所有的信托财产；③应当采取书面形式设立信托。

（2）特殊规定：①应当经有关公益事业的管理机构批准。②设立慈善信托、确定受托人和监察人，应当采取书面形式。受托人应当在慈善信托文件签订之日起 7 日内，将相关文件向受托人所在地县级以上人民政府民政部门备案。

2. 终止

（1）一般性规定，有以下情形之一即终止：①信托文件规定的终止事由发生；②信托的存续违反信托目的；③信托目的已经实现或者不能实现；④信托当事人协商同意；⑤信托被撤销；⑥信托被解除。

（2）关于终止的特别规定：①受托人应当于终止事由发生之日起15日内，将终止事由和终止日期报告公益事业管理机构。②受托人作出的处理信托事务的清算报告，应当经信托监察人认可后，报公益事业管理机构核准，并由受托人予以公告。

（三）受托人的权利与义务

权利与义务	内容
权利	①取得报酬的权利。 ②优先受偿的权利：垫付财产。 ③起诉权利：公益事业管理机构违反本法规定的，委托人、受托人或者受益人有权向人民法院起诉
义务	①履职义务：受托人未经批准，不得辞任。 ②接受检查义务：处理公益信托事务的情况及财产状况。 ③报告公告义务：至少每年一次。 ④定向处理信托财产义务：公益信托终止，没有信托财产权利归属人或者信托财产权利归属人是不特定的社会公众的，经公益事业管理机构批准，受托人应当将信托财产用于与原公益目的相近似的目的，或者将信托财产转移给具有近似目的的公益组织或者其他公益信托

（四）信托监察人的权利与义务

①实施法律行为的权利和义务。

②认可报告的权利和义务。

【真题再现】

1. 根据《信托法》，下列关于公益信托的受托人的说法，正确的是（　　）。（2015年真题）

A. 受托人从事信托活动应当是无偿的

B. 受托人不得委托他人代为处理信托事务

C. 受托人未经公益事业管理机构批准不得辞任

D. 受托人无权向人民法院起诉公益事业管理机构的违法行为

参考答案：C

参考解析：A项，《信托法》第三十五条规定，受托人有权依照信托文件的约定取得报酬。信托文件未作事先约定的，经信托当事人协商同意，可以作出补充约定；未作事先约定和补充约定的，不得收取报酬。B项，《信托法》第三十条规定，受托人应当自己处理信托事务，但信托文件另有规定或者有不得已事由的，可以委托他人代为处理。D项，《信托法》第七十三条规定，公益事业管理机构违反本法规定的，委托人、受托人或者受益人有权向人民法院起诉。故选C项。

2. 律师李某是某公益信托项目受托人，根据《信托法》，下列关于李某行为的说法中，正确的是（　　）。（2017年真题）

A. 李某不得辞去该项目受托人

B. 李某不得在该项目中获取报酬

C. 李某应当接受公益事业管理机构对其个人财产的检查

D. 李某应当在该信托项目终止 15 日内，向公益事业管理机构报告终止事由

参考答案：D

参考解析：公益信托受托人有取得报酬的权力、优先受偿的权力及起诉的权力。公益信托的受托人未经公益事业管理机构批准，不得辞任。公益事业管理机构应当检查受托人处理公益信托事务的情况及财产情况。公益信托终止的，受托人应当于终止事由发生之日起 15 日内，将终止事由和终止日期报告公益事业管理机构。故选 D 项。

考点四：彩票管理的规定

彩票是为筹集社会公益资金，促进社会公益事业发展而特许发行、依法销售，自然人自愿购买，并按照特定规则获得中奖机会的凭证。

（一）彩票管理部门的职责

形式	职责
财政监管	①国务院财政部门负责全国的彩票监督管理工作。 ②省、自治区、直辖市人民政府财政部门负责本行政区域的彩票监督管理工作
“民”“体”分管	①“民”指民政部门，“体”指体育部门。 ②国务院民政部门、体育行政部门按照各自的职责分别负责全国的福利彩票、体育彩票管理工作。 ③省级政府民政部门、体育行政部门按照各自的职责分别负责本行政区域的福利彩票、体育彩票管理工作
“公”“监”维护	①“公”指公安机关，“监”指市场监督管理部门。 ②县级以上各级人民政府公安机关和县级以上市场监督管理部门，在各自的职责范围内，依法查处非法彩票，维护彩票市场秩序
“发”“销”分责	①“发”指彩票发行机构，“销”指彩票销售机构。 ②福利彩票发行机构、体育彩票发行机构，按照“统一发行、统一管理、统一标准”的原则，分别负责全国的福利彩票、体育彩票的发行和组织销售工作。 ③福利彩票销售机构、体育彩票销售机构，在福利彩票发行机构、体育彩票发行机构的统一组织下，分别负责本行政区域的福利彩票、体育彩票销售工作

（二）彩票的发行与销售管理

1. 彩票发行

国务院特许发行福利彩票、体育彩票。未经国务院特许，禁止发行其他彩票；禁止在中华人民共和国境内发行、销售境外彩票。

	内容
严格程序	彩票发行机构申请开设、变更、停止彩票品种，应当经国务院民政部门或者国务院体育行政部门审核同意，向国务院财政部门提交申请；国务院财政部门对申请进行审查并作出书面决定

续表

	内容
明确时限	对彩票品种的开设、变更、停止申请，国务院财政部门应当在 90、45、10 个工作日内，对申请进行审查并作出书面决定
信息公开	彩票发行机构应当在开设、变更、停止的 10 个自然日前，向社会公告

2. 彩票销售

	规定
彩票代销者	①一般代销者：个人或独立法人；资金；场所；近 5 年内无刑事处罚记录和不良商业信用记录。 ②互联网代销者：独立法人；注册资本不低于 5000 万元人民币；场所和安保措施；组织机构健全；近 5 年内无犯罪记录和不良商业信用记录；取得相关互联网信息服务经营许可证。 ③电话代销者：注册资本不低于 1000 万元人民币；取得相关增值电信业务经营许可证
彩票投注专用设备	①彩票销售机构应当为彩票代销者配置彩票投注专用设备。 ②彩票投注专用设备属于彩票销售机构所有，彩票代销者不得转借、出租、出售
销售行为	①不得进行虚假性、误导性宣传。 ②不得以诋毁同业者等手段进行不正当竞争。 ③不得向未成年人销售彩票。 ④禁止以赊销或者信用方式销售彩票。 ⑤电话代销要与购买者签订服务协议；禁止电话跨省销售彩票。 ⑥互联网代销者，要向购买者发送购买信息。 ⑦销毁彩票需由彩票发行机构报国务院财政部门批准后，在国务院民政部门或者国务院体育行政部门的监督下销毁。 ⑧彩票销售原始数据保存期限，自封存之日起不得少于 60 个月
彩票购买者	①成年人。 ②互联网购买彩票应使用本人的银行借记卡并与投注账户绑定。 ③电话购买彩票应开设投注账户，且每个有效身份证件仅限注册一个电话销售彩票投注账户

（三）彩票开奖与兑奖管理

1. 开奖

公开公正、及时公告。

2. 兑奖

①彩票中奖者应当自开奖之日起 60 个自然日内，持中奖彩票到指定的地点兑奖。

②彩票发行机构、彩票销售机构、彩票代销者：按规则规程兑奖；奖金以人民币一次性兑付；不得向未成年人兑奖；保密义务；尊重中奖者意愿，不得以任何理由和方式要求彩票中奖者捐赠中奖奖金。

【真题再现】

根据《彩票管理条例》和《彩票管理实施细则》，彩票中奖奖金可以（　　）形式一次性兑付。(2016 年真题)

A. 人民币现金　　　　　　B. 外币现金

C. 人民币现金支票　　　　D. 外币现金支票

E. 实物

参考答案： AC

参考解析： 本题考查彩票的兑奖。彩票中奖奖金应当以人民币现金或者现金支票形式一次性兑付。故选 A、C 两项。

（四）彩票公益金的管理使用

	具体内容
定义	按照规定比例从彩票发行销售收入中提取的，专项用于社会福利、体育等社会公益事业的资金；彩票公益金纳入政府性基金预算管理，专款专用，结余结转下年继续使用
收缴	①彩票销售机构按月上缴：按照每月彩票销售额据实结算后分别上缴中央财政和省级财政；逾期未兑奖的奖金由彩票销售机构上缴省级财政，全部留归地方使用。 ②上缴中央财政的彩票公益金，由财政部驻各省、自治区、直辖市财政监察专员办事处负责执收；西藏自治区应上缴中央财政的彩票公益金，由西藏自治区财政厅负责执收。 ③上缴省级财政的彩票公益金，由各省、自治区、直辖市人民政府财政部门负责执收
分配和使用	①上缴中央财政的公益金，用于社会福利事业、体育事业、补充全国社会保障基金和国务院批准的其他专项公益事业，具体使用管理办法由财政部会同民政部、国家体育总局等有关部门制定。 ②上缴省级财政的公益金，由省级财政部门商民政、体育行政等有关部门研究确定分配原则。 ③省级以上公益金使用部门每年 3 月底前向同级财政部门报告上年度使用情况。 ④加大对社会服务志愿者队伍建设支持力度
宣传与公告	①资助的设施设备或公益活动，显著标明“彩票公益金资助——中国福利彩票和中国体育彩票”标识。 ②财政部每年 8 月底前，向社会公告上一年度全国筹集、分配和使用情况；省级财政部门每年 6 月底前，向社会公告上一年度本行政区域内彩票公益金的筹集、分配和使用情况。 ③省级以上民政、体育行政等彩票公益金使用部门单位，每年 6 月底前，向社会公告上一年度本部门单位彩票公益金的使用规模、资助项目、执行情况和实际效果

第二节　志愿服务法规与政策

【重要考点概览】

小节	主要考点	历年考查点
第二节　志愿服务法规与政策	志愿服务的界定与特征	2018 年考查单项选择题
	志愿服务中的权利与义务	2019 年考查多项选择题 2020 年考查单项选择题
	志愿服务组织管理规定	2015 年考查多项选择题 2016 年考查单项选择题 2017 年考查单项选择题 2018 年考查多项选择题 2019 年考查单项选择题
	志愿服务基金的规定	尚未考查

考点一：志愿服务的界定与特征

（一）相关概念界定

1. 志愿服务

不以获得报酬为目的，自愿奉献时间和智力、体力、技能等，帮助他人、服务社会的公益行为。

2. 志愿者

是指不以物质报酬为目的，利用自己的时间、技能等资源，自愿为国家、社会和他人提供服务的人。

3. 志愿服务组织

依法成立，以开展志愿服务为宗旨的非营利性组织，可以采取社会团体、社会服务机构、基金会等组织形式。

（二）志愿服务的基本特征

①自愿性；②无偿性；③公益性。

考点二：志愿服务中的权利与义务

（一）志愿服务组织的权利与义务

权利/义务	内容
权利	①招募志愿者。 ②与志愿者、志愿服务对象签订协议。 ③对志愿者参加志愿服务活动的情况进行记录。 ④给予适当的补贴。 ⑤通过接受社会捐赠、资助等形式，筹集开展志愿服务活动的经费。 ⑥其他依法享有的权利
义务	①制定工作和评价制度，建立服务档案。 ②核实信息并予以答复。 ③招募登记培训管理考核表彰志愿者。 ④说明志愿服务过程中可能的风险。 ⑤组织实施志愿服务活动。 ⑥筹集使用和管理活动资金、物资。 ⑦维护保障志愿者权益；安排参与涉及人身危险的活动应购买人身意外伤害保险。 ⑧如实记录志愿者参与志愿服务情况。 ⑨尊重志愿者和服务对象人格尊严，未经同意不得公开或泄露信息；不得侵害隐私，不得收取或者变相收取报酬。 ⑩开展应对突发事件的志愿服务活动需接受政府统一指挥。 ⑪组织开展志愿服务宣传交流与合作。 ⑫报告公开受赠财务使用情况。 ⑬志愿服务组织章程规定的其他职责。 ⑭其他法定义务

（二）志愿者的权利与义务

权利/义务	内容
权利	①获得与志愿服务有关的信息以及可能发生的风险。 ②自愿。 ③获得志愿服务必需的条件和必要的保障。 ④获得志愿服务活动所需专门知识、技能的相关培训。 ⑤拒绝超出约定范围的志愿服务。 ⑥请求志愿服务组织帮助解决在志愿服务活动中遇到的问题。 ⑦困难时优先获得志愿服务组织和其他志愿者提供的服务。 ⑧未经志愿者本人同意不得公开或者泄露其有关信息。 ⑨对志愿服务组织进行监督，提出批评和建议。 ⑩退出志愿服务组织。 ⑪其他依法享有的权利
义务	①遵守志愿服务活动的管理规定。 ②参加志愿服务所需的教育和培训。 ③按照约定提供志愿服务。 ④按照规定佩戴和使用志愿服务标识。 ⑤维护志愿者、志愿服务组织的形象和声誉，传播志愿服务理念。 ⑥不得向志愿服务对象收取报酬。 ⑦尊重志愿服务对象，保守在参与志愿服务活动过程中获悉的隐私、秘密或者其他依法受保护的信息。 ⑧不得损害志愿服务对象的合法权益。 ⑨不得利用志愿者身份从事与志愿服务活动宗旨、目的不符的行为。 ⑩法律、法规及志愿服务组织章程规定的其他义务

【真题再现】

1. 某社会服务机构开展农村留守老人关爱服务，需要招募几名志愿者为患有白内障的老人进行义诊。根据《志愿服务条例》，该机构此次招募志愿者的下列做法中，错误的是（　　）。（2020 年真题）

A. 在招募海报中写明开展服务的内容、时间、地点等信息

B. 向报名的志愿者说明服务中可能存在的风险

C. 招募未接触过相关医学知识的大学一年级新生

D. 直接与某志愿服务组织合作，由志愿服务组织负责招募志愿者

参考答案：C

参考解析：《志愿服务条例》第十二条规定，志愿服务组织可以招募志愿者开展志愿服务活动；招募时，应当说明与志愿服务有关的真实、准确、完整的信息以及在志愿服务过程中可能发生的风险。A、B 项正确。《志愿服务条例》第十五条规定，志愿服务组织安排志愿者参与志愿服务活动，应当与志愿者的年龄、知识、技能和身体状况相适应，不得要求志愿者提供超出其能力的志愿服务。C 项错误。《志愿服务条例》

第四十一条规定，基层群众性自治组织、公益活动举办单位和公共服务机构开展公益活动，需要志愿者提供志愿服务的，可以与志愿服务组织合作，由志愿服务组织招募志愿者，也可以自行招募志愿者。D项正确。故选C项。

2. 根据《志愿服务条例》，志愿服务组织在组织志愿者参加志愿服务时，应尽的义务有（　　）。(2019年真题)

A. 做好志愿服务记录工作

B. 对志愿者开展相关岗前培训

C. 根据志愿服务时长发放津贴、补贴

D. 向报名的志愿者说明服务中可能发生的风险

E. 安排与志愿者的年龄、知识、技能和身体状况相适应的活动

参考答案：ABDE

参考解析：志愿者的日常管理主要包括以下几方面的内容：（1）建立健全注册志愿者档案或信息管理系统；（2）尊重志愿者本人的意愿，根据其时间、能力等条件，安排从事相应的志愿服务活动；（3）提供相关的信息和安全、卫生等必要的条件或者保障；（4）签订志愿服务协议；（5）为志愿者办理必要的保险；（6）提供志愿服务相关技能等方面的培训和督导；（7）志愿服务记录；（8）对拒不履行义务的，注册机构可取消其注册志愿者身份；（9）其他必要的管理工作。故选A、B、D、E四项。

3. 根据《志愿服务条例》，下列关于志愿者的说法，正确的是（　　）。(2018年真题)

A. 志愿者的年龄不得低于18周岁

B. 志愿者必须通过志愿服务组织注册

C. 志愿者因故不能按照约定提供志愿服务，应当及时告知志愿服务组织或志愿服务对象

D. 志愿者参加志愿服务活动不得从志愿服务组织领取补贴，但可向志愿服务对象收取适当费用

参考答案：C

参考解析：本题考查志愿服务的相关概念。限制民事行为能力人，可以参加与其年龄、智力状况相适应的志愿服务活动，但应当征得其监护人的同意或者由监护人陪同，A项志愿者的年龄不得低于18周岁，说法错误。志愿者应当按照约定提供志愿服务；志愿者因故不能按照约定提供志愿服务的，应当及时告知志愿服务组织或者志愿服务对象。不得向志愿服务对象收取报酬，因此D项说法错误。故选C项。

考点三：志愿服务组织管理规定

（一）志愿者招募注册

1. 招募、注册的规定

招募/注册	规定
招募	①基层群众性自治组织、公益活动举办单位和公共服务机构开展公益活动的，需要志愿者提供服务的，可以招募志愿者或委托志愿服务组织招募志愿者。 ②经常性招募与应急性招募相结合、社会化招募和组织化招募并举。 ③需注意方面：志愿者的民事行为能力；志愿者的基本技能和身体素质；公布与志愿服务项目有关的真实、准确、完整的信息；明确告知在志愿服务过程中可能出现的风险；明确招募地域范围；对志愿者的个人信息保密，未经志愿者本人同意，不得公开或者向第三方提供；招募境外志愿者依照国家有关规定执行；遵守相关法律法规的其他规定
注册	①全面推行社会服务志愿者注册登记制度，鼓励参加志愿服务人员登记成为注册志愿者。 ②到 2020 年，注册社会服务志愿者占居民总数的比例达到 10%。 ③流程：申请人自愿提出申请；志愿服务组织进行审核；审核合格，注册机构向申请人颁发注册志愿者证章；可根据实际需要，为注册志愿者编制管理服务号码

2. 志愿服务协议的规定

（1）书面志愿服务协议签订的情形。

若有下列情况发生，应当签订书面协议：

①可能危及人身安全、身心健康的。

②连续 3 个月以上专职服务的。

③为大型社会活动提供志愿服务的。

④组织志愿者在志愿服务组织所隶属行政区域以外开展志愿服务活动的。

⑤志愿服务活动涉及外籍人员的。

⑥任何一方要求签订书面协议的。

（2）书面服务协议的内容。

书面协议应包含下列条款：

①志愿服务的内容、时间和地点。

②参加志愿服务的条件。

③志愿者的培训。

④志愿服务成本的分担。

⑤风险保障措施。

⑥志愿者责任的免除。

⑦协议的变更和解除。

⑧争议解决方式。

⑨需要明确的其他事项。

（二）志愿者培训管理

1. 教育培训

具体包括：理念和内涵；知识技能；志愿者权利义务；志愿服务的风险和安全知识；其他必要的教育培训内容。

2. 日常管理

具体包括：建立健全注册志愿者档案或信息管理系统；尊重志愿者意愿安排志愿服务活动；提供相关信息和保障；签订志愿服务协议；为志愿者办理必要保险；提供相关技能培训；志愿服务记录；对拒不履行义务的志愿者取消其注册身份；其他必要的管理工作。

（三）志愿服务记录制度

1. 志愿服务记录基本原则

及时、完整、准确、安全。

2. 志愿服务记录主要内容

①志愿者的个人基本信息；②志愿服务信息；③培训信息；④表彰奖励信息；⑤被投诉信息。

3. 志愿服务记录基本程序；

①采集。

②公示（不得少于 3 个工作日）。

4. 志愿服务记录的管理和使用

①保存与保密（未经本人同意不得公开或向第三人公开）。

②转移和共享（经本人同意可以转移和共享）。

③提供证明（志愿者有需要的，应如实提供）。

④报送和发布（县级以上人民政府民政部门）。

（四）志愿服务激励保障制度

包括星级评定制度、嘉许回馈制度、权益保障制度和一些促进措施，具体内容如下。

1. 星级评定制度

一星——累计达到 100 小时。

二星——累计达到 300 小时。

三星——累计达到 600 小时。

四星——累计达到 1000 小时。

五星——累计达到 1500 小时。

2. 嘉许回馈制度

志愿者利用参加志愿服务的工时，换取一定的社区服务，同时在就学、就业、就医等方面享受优惠或优待。

3. 权益保障制度

因志愿服务受到损害，有权根据民事法律关系主张权利、要求赔偿、受到资助。

4. 促进措施

①地方政府制定促进志愿服务事业发展的政策和措施。

②国家鼓励相关组织为开展志愿服务提供场所和其他便利条件。

③学校、家庭和社会应当培养青少年的志愿服务意识和能力。

④各级政府及其有关部门可通过购买服务等方式，支持志愿服务运营管理。

⑤自然人、法人和其他组织捐赠财产用于志愿服务的，依法享受税收优惠。

⑥做出突出贡献的志愿者组织和个人，地方政府和部门予以表彰和奖励。

⑦地方政府鼓励公共服务机构等对有良好志愿服务记录的志愿者给予优待。

⑧地方政府建立健全志愿服务统计和发布制度。

⑨媒体应当积极开展志愿服务宣传活动，传播志愿服务文化，弘扬志愿服务精神。

【真题再现】

1. 星光志愿者协会选派大学生志愿者小王到某敬老院开展志愿服务，根据《志愿服务记录办法》，下列该协会对小王志愿服务的做法中，正确的是（　　）。（2019 年真题）

A. 协会为保护小王工作积极性，没有记录其被投诉信息

B. 协会将小王往返敬老院的交通时间计算在志愿服务时间内

C. 协会向小王收取 50 元志愿服务记录保存费

D. 协会为小王出具了志愿服务证明，以方便其就业

参考答案：D

参考解析：《志愿服务记录办法》第十七条规定："志愿者需要查询本人志愿服务记录或者因升学、入伍、就业等原因需要出具本人，参加志愿服务证明的，志愿者组织、公益慈善类组织和社会服务机构应当及时如实提供。志愿服务证明应当载明当事人的志愿者身份、志愿服务时间和内容。"故选 D 项。

2. 高某，北京某高校毕业后应征入伍，在驻拉萨某部服役。在校期间，高某参加志愿服务累计 230 小时，到拉萨又参加志愿服务 80 小时。根据《志愿服务记录方法》，下列关于高某志愿服务的说法中，正确的是（　　）。（2017 年真题）

A. 拉萨的志愿者组织可以认定高某为二星级志愿者

B. 拉萨的志愿者组织可以向北京志愿者组织提供高某志愿服务记录

C. 高某志愿服务记录应当记录其服务技能、兴趣爱好、婚姻状况

D. 北京的志愿者组织应当及时将高某志愿服务记录转移至拉萨志愿组织

参考答案：A

参考解析：未经志愿者本人同意，不得公开或者向第三方提供志愿服务记录，B、D 项错误。志愿服务记录应当记载志愿者的个人基本信息、志愿服务信息、培训信息、表彰奖励信息、被投诉信息等内容，C 项错误。参加志愿服务时间累计达到 300 小时

的，认定为二星志愿者。故选 A 项。

3. 根据《志愿者服务记录办法》，下列关于志愿服务记录的说法，正确的是（　　）。(2016 年真题)

A. 志愿者服务时间是指志愿者提供志愿服务的时间，包括往返交通时间

B. 志愿者服务组织将志愿服务信息记入志愿服务记录前，应向社会公示不少于 2 个工作日

C. 志愿服务机构组织注销志愿者身份后，该志愿者志愿服务记录应自注销之日起，由原志愿服务组织保存 1 年

D. 鼓励城市公共交通、博物馆、体育场馆、旅游景点等设施和场所对有良好志愿服务记录的志愿者免费或优待优惠

参考答案：D

参考解析：本题考查志愿服务记录。A 项，志愿服务时间是指志愿者实际提供志愿服务的时间，以小时为计量单位，不包括往返交通时间。B 项，志愿者组织、公益慈善类组织和社会服务机构将志愿服务信息记入志愿服务记录前，应当在本组织或机构内进行公示，接受社会监督，公示时间不得少于 3 个工作日。C 项，志愿服务记录应当长期妥善保存。故选 D 项。

4. 老李经常参加社区组织的治安巡逻志愿服务活动。根据《志愿服务记录办法》，老李的下列信息，应当被记录的有（　　）。(2018 年真题)

A. 老李的身份证号码

B. 参加治安巡逻志愿服务培训的学时

C. 参加治安巡逻志愿服务的具体日期

D. 从住处到治安巡逻志愿服务场所往返交通时间

E. 因治安巡逻志愿服务所获得的表彰奖励

参考答案：ABCE

参考解析：本题考查《志愿者服务记录办法》的相关规定。《志愿服务记录办法》第五条规定，志愿服务记录应当记载志愿者的个人基本信息、志愿服务信息、培训信息、表彰奖励信息、投诉信息等内容。志愿者个人基本信息应当包括性别、出生年月、身份证号、服务技能、联系方式等。培训信息应当包括志愿者参加志愿服务有关知识和服务技能培训的内容、组织者、日期、地点、学时等。志愿服务信息应当包括志愿者参加志愿服务活动（项目）的名称、日期、地点、服务对象、服务内容、服务时间、服务质量评价、活动（项目）的负责人、记录人等。志愿服务时间是指志愿者实际提供志愿服务的时间，以小时为计量单位，不包括往返交通时间。志愿者因志愿服务表现突出、获得表彰奖励的，志愿者组织、公益慈善类组织和社会服务机构应当及时予以记录。故选 A、B、C、E 四项。

5. 根据《志愿服务条例》，下列部门或组织中，负责志愿服务行政管理工作的是（　　）。(2019 年真题)

A. 民政部门　　　　　　　　　　　　B. 共青团组织

C. 精神文明建设指导部门　　　　　　D. 志愿服务行业性组织

参考答案： A

参考解析： 民政部门负责志愿服务行政管理工作。故选 A 项。

考点四： 志愿服务基金的规定

1. 志愿服务基金的来源

①社会捐赠。

②政府支持。

③基金增值收益。

④其他合法收入。

2. 志愿服务基金的管理使用

①资助志愿服务项目。

②宣传志愿服务理念。

③培训志愿者。

④救助因从事志愿服务活动受到侵害造成生活困难的志愿者。

⑤奖励做出突出贡献的志愿服务组织和志愿者。

⑥用于与志愿服务事业发展有关的其他事项。

【本章小结】

近两年，《中华人民共和国慈善法》和《志愿服务条例》的出台，对我国公益慈善事业的发展发挥了良好的指导作用，规范了公益募捐、慈善捐赠激励机制、公益慈善组织监督管理机制、慈善信托与慈善财产、彩票管理、志愿服务组织和志愿者的权利与义务等内容。考生需要重点了解捐赠人和受赠人的权利、义务，公益性捐赠税前扣除规定，志愿者的权利与义务，志愿服务组织管理规定等内容。

分析历年考题，彩票管理、捐赠人和受赠人的权利及义务的考查情况逐步减少，而公益性捐赠税前扣除规定、志愿者管理、《慈善法》等内容的出现频次逐步增高，考生要重点关注。

扫码听课

第十一章　我国社会组织法规与政策

【本章导学】

党的十八届三中全会关于《中共中央关于全面深化改革若干重大问题的决定》明确提出："激发社会组织活力。正确处理政府和社会关系，加快实施政社分开，推进社会组织明确权责、依法自治、发挥作用。适合由社会组织提供的公共服务和解决的事项，交由社会组织承担。"这充分肯定了社会组织在社会治理中的作用。社会组织作用于社会工作实践的重要主体，主要包括：社会团体、民办非企业单位和基金会。

作为我国社会主义市场经济的重要组成部分，近年来，党和国家出台了一系列有关社会组织管理的法规与政策，主要包括：《社会团体登记管理条例》《民办非企业单位登记管理暂行条例》《基金会管理条例》《社会组织评估管理办法》等。

【历年题量/分值分布】

	2015 年	2016 年	2017 年	2018 年	2019 年	2020 年
单项选择题	5 道	4 道	5 道	7 道	5 道	5 道
多项选择题	1 道	2 道	2 道	—	1 道	—
合计分值	7 分	8 分	9 分	7 分	7 分	5 分

注：单项选择题每题 1 分，多项选择题每题 2 分（错选，本题不得分；少选，所选每个选项得 0.5 分）。

【本章知识概览】

小节	考点	备考指数
第一节　社会团体管理法规与政策	社会团体成立登记	★★★
	社会团队的管理	★★★★★
	社会团体终止	★
	行业协会商会与行政机关脱钩的政策	★
第二节　民办非企业单位管理法规与政策	民办非企业成立登记	★★★★
	民办非企业单位的管理	★★★
	民办非企业单位的终止	★
第三节　基金会管理法规与政策	基金会的设立	★★★
	基金会的治理结构	★★★★★
	基金会的管理	★★★★★
	基金会的终止	★★

续表

小节	考点	备考指数
第四节　社区社会组织管理法规与政策	社区社会组织的发展重点	★
	社区社会组织的培育措施	

【考点详解】

第一节　社会团体管理法规与政策

【重要考点概览】

小节	主要考点	历年考查点
第一节　社会团体管理法规与政策	社会团体成立登记	2015 年考查单项选择题 2018 年考查单项选择题
	社会团队的管理	2015 年考查单项选择题 2016 年考查单项选择题、多项选择题 2017 年考查单项选择题 2018 年考查单项选择题 2019 年考查单项选择题 2020 年考查单项选择题
	社会团体终止	尚未考查
	行业协会商会与行政机关脱钩的政策	尚未考查

考点一：社会团体成立登记

1. 免予登记的社会团体

（1）机关、团体、企业事业单位内部经本单位批准成立、在本单位内部活动的社会团体，如高校的社团、企业内部的篮球爱好小组等。

（2）参加中国人民政治协商会议的人民团体。

中华全国总工会、中国共产主义青年团、中华全国妇女联合会、中国科学技术协会、中华全国归国华侨联合会、中华全国台湾同胞联谊会、中华全国青年联合会、中华全国工商业联合会。

（3）由国务院机构编制管理机关核定，并经国务院批准免予登记的团体：

中国文学艺术界联合会、中国作家协会、中华全国新闻工作者协会、中国人民对外友好协会、中国人民外交学会、中国国际贸易促进委员会、中国残疾人联合会、宋庆龄基金会、中国法学会、中国红十字会总会、中国职工思想政治工作研究会、欧美同学会、黄埔军校同学会、中华职业教育社。

（4）其他免予登记的社会团体。

中国文联所属的 11 个文艺家协会（中国戏曲家协会、中国电影家协会、中国音乐家协会、中国美术家协会、中国曲艺家协会、中国舞蹈家协会、中国民间文艺家协会、中国摄影家协会、中国书法家协会、中国杂技家协会、中国电视家协会），以及省、自治区、直辖市作协、文联（不含文联所属文艺家协会），可以免予社团登记。

2. 社会团体的成立条件

①会员的数量

会员类型	数量要求	备注
单位会员	30 个以上	国家机关不得作为单位会员加入社会团体
个人会员	50 个以上	
个人会员、单位会员混合	50 个以上	

②名称规范

须符合法律、法规的规定，不得违背社会道德风尚。

须与社会团体的业务范围、成员分布、活动地域相一致，准确反映社会团体的特征。

注意：地方性的社会团体的名称不得冠以“中国”“全国”“中华”等字样；全国性的社会团体的名称必须需经过批准才能冠以“中国”“全国”“中华”等字样。

③专职工作人员：必须有与其业务活动相适应的专职工作人员。

④活动资金

类型	活动资金
全国性社会团体	10 万元以上
地方性社会团体	3 万元以上
跨行政区域社会团体	3 万元以上

⑤有固定的住所。

⑥有独立承担民事责任的能力。

3. 社会团体的登记管理

①全国性的社会团体——国务院登记管理机关负责。

②地方性的社会团体——所在地人民政府的登记管理机关负责。

③跨行政区域的社会团体——所跨行政区域共同的上一级人民政府登记管理机关负责。

4. 社会团体的登记程序

①申请——发起人申请，经业务主管单位审查同意。

②提交资料——申请书、业务主管单位的批准文件、验资报告、场所使用权证明、章程草案、发起人和拟任负责人的基本情况和身份证明。

③登记/不予登记——收到有效文件 60 日内作出。

④登记——发给《社会团体法人登记证书》。

⑤不予登记——说明理由。

不予登记情形：申请筹备时弄虚作假；其宗旨、业务范围有悖于社会道德风尚，有损于国家利益、社会公共利益或其他组织和公民的合法权益；在同一行政区域内已有业务范围相同或者相似的社会团体；发起人、拟任负责人正在或者曾经受到剥夺政治权利的刑事处罚；不具有完全民事行为能力等法律规定的禁止情形。

5. 社会团体的章程

社会团体的章程须明确的事项：

①名称、住所，宗旨、业务范围和活动地域。

②会员资格及其权利、义务。

③民主的组织管理制度及执行机构的产生程序。

④负责人的条件和产生、罢免负责人的程序。

⑤资产管理和使用的原则。

⑥章程的修改程序、终止程序和终止后资产的处理。

【真题再现】

1. 根据《社会团体登记管理条例》，申请筹备成立社会团体应当提交有关文件。下列文件中，发起人应当向登记管理机关提交的是（　　）。（2015 年真题）

A. 章程草案　　B. 可行性报告

C. 银行存款证明　　D. 工作人员构成情况

参考答案：A

参考解析：申请成立社会团体，应当经业务主管单位审查同意。由发起人向登记管理机关申请筹备。申请筹备时，须向登记管理机关提交筹备申请书、业务主管单位的批准文件、验资报告、场所使用权证明、章程草案、发起人和拟任负责人的基本情况和身份证明等文件。故选 A 项。

2. 根据《社会团体登记管理条例》，下列拟成立的协会，会员数量符合社会团体成立条件的是（　　）。（2018 年真题）

A. 甲协会，已有个人会员 62 名，无单位会员

B. 乙协会，已有单位会员 28 名，无个人会员

C. 丙协会，已有个人会员 36 名，单位会员 12 个

D. 丁协会，已有个人会员 29 名，单位会员 16 个

参考答案：A

参考解析：本题考查社会团体的成立条件。社会团体的会员数量要求：如果会员全部为单位会员，则会员数应在 30 个以上；如果会员全部由个人会员组成，则会员数应在 50 个以上；如果会员由个人会员和单位会员混合组成，则会员总数不得少于 50 个。故选 A 项。

考点二：社会团体的管理

1. 登记事项管理

（1）社会团体分支机构、代表机构。

①社会团体不得设立地域性的分支机构。

②社会团体的分支机构也不得再设立分支机构。

③社会团体的分支机构、代表机构不具有法人资格，不得另行制定章程，名称不得以各类法人组织的名称命名。

④社会团体不得以设立分支机构、代表机构的名义收取或变相收取管理费、赞助费等，不得将上述机构委托其他组织运营，确保分支机构、代表机构依法办事，按章程开展活动。

（2）变更登记。

①社会团体登记事项：名称、住所、宗旨、业务范围、活动地域、法定代表人、活动资金和业务主管单位。

②登记事项变更申请：自业务主管单位审查同意之日起 30 日内，向登记管理机关申请变更登记。

③章程修改核准：自业务主管单位审查同意之日起 30 日内，报登记管理机关核准。

④负责人变更备案：社会团体换届产生新一届理事长/会长、副理事长/副会长、秘书长，无论是否发生人员、职务变动，均应及时到登记管理机关办理负责人变更备案手续。

⑤章程修改程序：征求意见——业务主管单位和登记管理机关（书面形式）；审议——会员大会（会员代表大会）；核准——登记管理机关。

【真题再现】

1. 根据《民政部关于贯彻落实国务院取消全国性社会团体分支机构、代表机构登记行政审批项目的决定有关问题的通知》，关于社会团体分支机构的说法，正确的是（　　）。（2020 年真题）

A. 社会团体可在分支机构下再设立分支机构

B. 社会团体可以设立分支机构的名义收取管理费

C. 社会团体的分支机构不得以法人组织的名称命名

D. 社会团体的分支机构可根据需要结合实际制订章程

参考答案：C

参考解析：社会团体的分支机构、代表机构是社会团体的组成部分，不具有法人资格，不得另行制定章程，在社会团体授权的范围内开展活动、发展会员，法律责任由设立该分支机构、代表机构的社会团体承担。故 D 项错误。社会团体不得设立地域性分支机构，不得在分支机构、代表机构下再设立分支机构、代表机构。故 A 项错误。社会团体的分支机构、代表机构名称不得以各类法人组织的名称命名，不得在名称中使用“中国”“中华”“全国”“国家”等字样，开展活动应当使用冠有所属社会团体名称的规范全称。故 C 项正确。社会团体应当建立健全管理制度，切实加强对其分支机构、代表机构的监督管理。社会团体应当将分支机构、代表机构的财务、账户纳入社会团体统一管理，不得以设立分支机构、代表机构的名义收取或变相收取管理费、赞助费等，不得将上述机构委托其他组织运营，确保分支机构、代表机构依法办事，按章程开展活动。故 B 项错误。故选 C 项。

2. 根据《民政部关于贯彻落实国务院取消全国性社会团体分支机构、代表机构登记行政审批项目的决定有关问题的通知》，下列关于全国性社会团体分支机构的说法中，正确的有（　　）。（2016 年真题）

A. 社会团体的分支机构不得另行制定章程

B. 社会团体的分支机构下不得再设立分支机构

C. 社会团体为加强管理，可以向分支机构收取管理费

D. 社会团体可以将分支机构委托其他组织运营，但要确保其按章程开展活动

E. 社会团体的分支机构名称中可以使用“中国”等字样

参考答案：AB

参考解析：本题考查社会团体分支机构的设立。社会团体的分支机构、代表机构名称不得以各类法人组织的名称命名，不得在名称中使用“中国”“中华”“全国”“国家”等字样，开展活动应当使用冠有所属社会团体名称的规范全称。故 E 项错误。社会团体应当将分支机构、代表机构的财务、账户纳入社会团体统一管理，不得以设立分支机构、代表机构的名义收取或变相收取管理费、赞助费等，故 C 项错误。社会团体不得将上述机构委托其他组织运营，确保分支机构、代表机构依法办事，按章程开展活动。故 D 项错误。故选 A、B 两项。

3. 根据《社会团体登记管理条例》，下列社会团体的变动事项中，应向登记管理机关申请变更登记的是（　　）。（2019 年真题）

A. 甲社会团体中设立常务理事会

B. 乙社会团体的一名副理事长辞职

C. 丙社会团体将住所从城中心搬至城郊

D. 社会团体的会员由 50 个增加到 60 个

参考答案：C

参考解析：《社会团体登记管理条例》第十二条规定，社会团体登记事项包括：名称、住所、宗旨、业务范围、活动地域、法定代表人、活动资金和业务主管单位。《社会团体登记管理条例》第十八条规定，社会团体的登记事项需要变更的，应当自业务主管单位审查同意之日起 30 日内，向登记管理机关申请变更登记。故选 C 项。

4. 某社会团体近期进行了换届。根据《民政部关于社会团体登记管理有关问题的通知》，下列人员中无须向登记管理机关办理备案手续的是（　　）。（2020 年真题）

A. 新当选会长的甲　　　　B. 新当选副会长的乙

C. 继续担任秘书长的丙　　　　D. 继续担任常务副秘书长的丁

参考答案：D

参考解析：社会团体负责人备案，按照“一届一备、变更必备”的原则进行。社会团体换届产生新一届理事长（会长）、副理事长（副会长）、秘书长后，无论是否发生人员、职务变动，均应按照相关规定，及时到登记管理机关办理负责人变更备案手续。故选D项。

2. 财务制度

（1）依法建账。

社会团体凭《社会团体法人登记证书》申请刻制印章，开立银行账户，并将印章式样和银行账号报登记管理机关备案。

（2）规范会计行为。

（3）接受审计监督。

资产如果来源于国家拨款或者社会捐赠、资助，应当接受审计机关的监督

在换届或者更换法定代表人之前，登记管理机关、业务主管单位应当组织对其进行财务审计

（4）依法管理资产。

①资产来源合法。

社会团体资金来源：捐赠人的捐赠、会员缴纳的会费、向服务对象收取的服务费。

其中，社会团体会费的相关规定如下：

收取会费的主体：经社会团体登记管理机关批准成立的社会团体，可以向个人会员和单位会员收取会费。

会费标准制定原则：会费标准合理、额度明确，不得具有浮动性。

会费标准制定或者修改程序：应当召开会员大会或者会员代表大会，应当有2/3以上会员或者会员代表出席，并经出席会员或者会员代表1/2以上表决通过，表决采取无记名投票方式进行。

会费公布：应当自通过会费标准决议之日起30日内，将决议向全体会员公开。

会费凭证：财政部和省（自治区、直辖市）财政部门印（监）制的社会团体会费收据。

②资产用途合法。

社会团体的经费及其他合法收入必须用于章程规定的业务活动，不得在会员间分配。

接受的捐赠、资助，必须符合章程规定的宗旨和业务范围，必须根据与捐赠人、资助人约定的期限、方式和合法用途使用。

应当向业务主管单位报告接受、使用捐赠、资助的有关情况，并应当将有关情况以适当方式向社会公布。

专职工作人员的工资和保险福利待遇需参照国家对事业单位的有关规定执行。

【真题再现】

根据民政部、财政部《关于取消社会团体会费标准备案规范会费管理的通知》，下列社会团体会费管理的做法，正确的是（　）。(2018 年真题)

A. 某行业协会规定单位会员缴纳会费标准在10%以内浮动

B. 某学会召开理事会修改会费标准，经1/2以上理事表决通过

C. 某商会在通过会费标准决议的60日后，将决议向全体会员公开

D. 某联合会会员代表大会对会费修改方案表决采取无记名投票方式进行

参考答案：D

参考解析：本题考查社会团体管理的财务制度。根据民政部、财政部《关于取消社会团体会费标准备案规范会费管理的通知》的规定：第一，经社会团体登记管理机关批准成立的社会团体，可以向个人会员和单位会员收取会费；第二，会费标准的额度应当明确，不得具有浮动性；（A 项错误）第三，社会团体制定或者修改会费标准，应当召开会员大会或者会员代表大会，应当有2/3以上会员或者会员代表出席，并经出席会员或者会员代表1/2以上表决通过，表决采取无记名投票方式进行；（B 项错误，D 项正确）第四，社会团体应当自通过会费标准决议之日起30日内，将决议向全体会员公开。(C 项错误）故选 D 项。

3. 税收政策

（1）非营利组织（社会团体、基金会、社会服务机构等）免税资格认定条件（同时满足)。

①依法登记成立。

②从事公益性或者非营利性活动。

③取得的收入除用于与该组织有关的、合理的支出外，全部用于登记核定章程规定的公益性或者非营利性事业。

④财产及其孳息不用于分配，但不包括合理的工资薪金支出。

⑤按照登记核定或章程规定，该组织注销后的剩余财产用于公益性或者非营利性目的，或者由登记管理机关转赠给予与该组织性质、宗旨相同的组织，并向社会公告。

⑥投入人对投入该组织的财产不保留或者享有任何财产权利。

⑦工作人员工资福利开支控制在规定的比例内，不变相分配该组织的财产。(工作人员平均工资薪金水平不得超过当地同行业同类组织平均工资水平的两倍)

⑧对取得的应纳税收入及其有关的成本、费用、损失应与免税收入及其有关的成本、费用、损失分别核算。

（2）申请报送材料。

①申请报告。

②事业单位、社会团体、基金会、社会服务组织章程或宗教活动场所、宗教院校的管理制度。

③非营利组织注册登记证件的复印件。

④上一年度的资金来源及使用情况、公益活动和非营利活动的明细情况。

⑤上一年度的工资薪金情况专项报告，包括薪酬制度、工作人员整体平均工资薪金水平、工资福利占总支出比例、重要人员工资薪金信息（至少包括工资薪金水平排名前 10 的人员）。

⑥具有资质的中介机构鉴证的上一年度的财务报表和审计报告。

⑦登记管理机关出具的上一年度符合相关法律法规和国家政策的事业发展情况或非营利活动的材料。

⑧财政、税务部门要求提供的其他材料。

注意：当年新设立或登记的非营利组织，不需要提供第⑥、⑦项规定的材料。

（3）税收优惠资格有效期。

5 年，免税优惠资格期满后 6 个月内提出复审申请。（不复审或复审不合格，取消资格）

免税条件发生变化的，应当自发生变化之日起 15 日内向主管税务机关报告。

（4）免税资格的取消情形。

①登记管理机关在后续管理中发现非营利组织不符合相关法律法规和国家政策。

②在申请认定过程中提供虚假信息。

③纳税信用等级为税务部门评定的 C 级或 D 级的。

④通过关联交易或非关联交易和服务活动，变相转移、隐匿、分配该组织财产。

⑤被登记管理机关列入严重违法失信名单的。

⑥从事非法政治活动。

第一种：取消资格次年起一年内不再受理（①～⑤）。

第二种：取消后不再受理（⑥）。

4. 年检与评估

（1）社会团体年检。

时间：每年 3 月 31 日前向业务主管单位报送上一年度的工作报告，业务主管单位初审同意后，于 5 月 31 日前报送登记管理机关，接受年度检查。

工作报告内容：①本社会团体遵守法律法规和国家政策的情况；②依照《社会团体登记管理条例》履行登记手续的情况；③按照章程开展活动的情况；④人员和机构变动的情况以及财务管理的情况等。

（2）评估（社会团体、基金会、民办非企业单位）。

申请评估必备条件（满足其一）：

①取得社会组织登记证书满两年，未参加过社会组织评估的。

②获得的评估等级满 5 年有效期的。

不予评估的情形（存在其一即不予评估）：

①未参加上年度年度检查。

②上年度年度检查不合格或者连续两年基本合格。

③上年度受到有关政府部门行政处罚或者行政处罚尚未执行完毕。

④正在被有关政府部门或者司法机关立案调查。

⑤其他不符合评估条件的。

评估内容：基础条件、内部治理、工作绩效、社会评价。

评估结果：5个等级。（由高至低依次为5A级、4A级、3A级、2A级、1A级）

评估等级有效期：5年，评估等级有效期满前2年，社会组织可以申请重新评估。

评估等级影响：3A级以上可以优先接受政府职能转移、优先获得政府购买服务、优先获得政府奖励（公益性社会团体还可以申请公益性捐赠税前扣除资格）。4A级以上社会组织可以简化年度检查程序。

【真题再现】

1. 根据《社会组织评估管理办法》，社会组织的评估等级有效期为（　　）年。（2016年真题）

A. 5　　B. 6　　C. 7　　D. 8

参考答案：A

参考解析：根据《社会组织评估管理办法》的规定，社会组织的评估等级有效期为5年。故选A项。

2. 根据《社会组织评估管理办法》。关于社会组织评估等级管理的说法，正确的有（　　）。（2019年真题）

A. 甲社会团体获得4A级评估等级，可优先获得政府奖励

B. 乙基金会获得4A级评估等级，可优先获得政府购买服务

C. 丙社会团体获得4A级评估等级，可优先接受政府职能转移

D. 丁民办非企业单位获得4A级评估等级，可在年度检查时简化程序

E. 戊基金会获得4A级评估等级，可自动获得公益性捐赠税前扣除资格

参考答案：ABCD

参考解析：《社会组织评估管理办法》第二十八条规定，社会组织评估等级有效期为5年。获得3A以上评估等级的社会组织，可以优先接受政府职能转移，可以优先获得政府购买服务，可以优先获得政府奖励。获得3A以上评估等级的基金会、慈善组织等公益性社会团体可以按照规定申请公益性捐赠税前扣除资格。获得4A以上评估等级的社会组织在年度检查时，可以简化年度检查程序。故选A、B、C、D项。

3. 根据《财政部、税务总局关于非营利组织免税资格认定管理有关问题的通知》，关于非营利组织免税资格的说法，正确的是（　　）。（2020年真题）

A. 非营利组织免税优惠资格的有效期为3年

B. 社会团体享受免税的资格由其所在地市场监督管理部门审核确认并公布

C. 纳税信用等级由税务部门评定为C级的民办非企业单位，其免税资格应予以取消

D. 获得免税资格的基金会，工作人员平均工资薪金水平不得超过税务登记所在地

的市级以上地区的同行业同类组织平均工资水平的1.5倍

参考答案：C

参考解析：非营利组织免税优惠资格的有效期为5年，A项错误。工作人员工资福利开支控制在规定的比例内，不变相分配该组织的财产，其中，工作人员福利须按照国家有关规定执行，工作人员平均工资薪金水平不得超过税务登记所在地的地市级（含地市级）以上地区的同行业同类组织平均工资水平的两倍，D项错误。经省级（含省级）以上登记管理机关批准设立或登记的非营利组织，凡符合规定条件的，应向其所在地省级税务主管机关提出免税资格申请，并提供本通知规定的相关材料；经地市级或县级登记管理机关批准设立或登记的非营利组织，凡符合规定条件的，分别向其所在地的地市级或县级税务主管机关提出免税资格申请，并提供本通知规定的相关材料。财政、税务部门按照上述管理权限，对非营利组织享受免税的资格联合进行审核确认，并定期予以公布，B项错误。故选C项。

考点三：社会团体终止

1. 注销登记

（1）注销条件（经业务主管单位审查同意）：

①章程规定的宗旨已完成。

②社会团体自行解散。

③社会团体出现分立、合并等情形致其终止时。

（2）注销登记的程序：

①成立清算组织，完成清算。

②清算结束15日内，向登记管理机关提交法定代表人签署的注销登记申请书、业务主管单位的审查文件和清算报告书，办理注销登记。

③注销，发放注销证明文件，收缴登记证书、印章和财务凭证。

2. 撤销登记

导致撤销登记的情形：

①在申请登记时弄虚作假，骗取社会团体登记。

②自取得《社会团体法人登记证书》之日起1年未开展活动。

③社会团体严重违规。

④社会团体的活动违反其他法律、法规，有关国家机关认为应当撤销登记的，由登记管理机关撤销登记。

社会团体有下列情形之一的，由登记管理机关给予警告，责令改正，可以限期停止活动，并可以责令撤换直接负责的主管人员；情节严重的，予以撤销登记；构成犯罪的，依法追究其刑事责任。

①涂改、出租、出借《社会团体法人登记证书》，或者出租、出借社会团体印章的。

②超出章程规定的宗旨和业务范围进行活动的。

③拒不接受或者不按照规定接受监督检查的。

④不按照规定办理变更登记的。

⑤违反规定设立分支机构、代表机构，或者对分支机构、代表机构疏于管理，造成严重后果的。

⑥从事营利性的经营活动的。

⑦侵占、私分、挪用社会团体资产或者所接受的捐赠、资助的。

⑧违反国家有关规定收取费用、筹集资金或者接受、使用捐赠、资助的。

前款规定的行为有违法经营额或者违法所得的，予以没收，可以并处违法经营额1倍以上3倍以下或者违法所得3倍以上5倍以下的罚款。

考点四：行业协会商会与行政机关脱钩的政策

1. 基本原则

四个坚持：①坚持社会化、市场化改革方向；②坚持法制化、非营利原则；③坚持服务发展、释放市场活力；④坚持试点先行、分步稳妥推进。

2. 脱钩任务和措施

五分离、五规范：①机构分离，规范综合监管关系；②职能分离，规范行政委托和职责分工关系；③资产财务分离，规范财产关系；④人员管理分离，规范用人关系；⑤党建、外事等事项分离，规范管理关系。

3. 实施行动

（1）具体行动：①按照去行政化的原则，落实“五分离、五规范”的改革要求；②加快转变政府职能，创新管埋方式；③坚持“应脱尽脱”的改革原则；④坚持落实主管单位的主体责任；⑤坚持协同推进的工作机制。

（2）党建工作要求：①完善党建工作管理体制和工作机制；②扩大党的组织覆盖和工作覆盖；③充分发挥行业协会商会党组织作用；④加强行业协会商会党风廉政建设。

（3）完善综合监管体制：①完善登记管理；②加强资产监管；③规范收费管理；④强化行业指导与管理；⑤加强信用监管。

第二节　民办非企业单位管理法规与政策

【重要考点概览】

小节	主要考点	历年考查点
第二节　民办非企业单位管理法规与政策	民办非企业成立登记	2016年考查单项选择题 2018年考查单项选择题 2019年考查单项选择题
	民办非企业单位的管理	2017年考查单项选择题 2019年考查多项选择题
	民办非企业单位的终止	尚未考查

考点一：民办非企业成立登记

1. 民办非企业类别

（1）行业分类

①教育事业（民办幼儿园，民办小学、中学、大学，民办专修（进修）学院或学校，民办培训（补习）学校或中心等）。

②卫生事业（民办门诊部（所）、医院，民办康复、疗养院）。

③文化事业（民办艺术表演团体、美术馆、画院、名人纪念馆等）。

④科技事业（民办科学研究院，民办科技传播或普及中心等）。

⑤体育事业（民办体育俱乐部，民办体育场、馆、学校等）。

⑥劳动事业（民办职业培训学校或中心，民办职业介绍所等）。

⑦民政事业（民办福利院、敬老院、托老所、老年公寓、民办社区服务站/中心等）。

⑧社会中介服务业（民办信息咨询调查中心、人才交流中心等）。

⑨法律服务业。

（2）民事责任分类

①民办非企业单位（个体）：个人出资且担任民办非企业单位负责人。

②民办非企业单位（合伙）：两人或两人以上合伙举办。

③民办非企业单位（法人）：两人或两人以上举办且具备法人条件的；由企业事业单位、社会团体和其他社会力量举办的或由上述组织与个人共同举办。

【真题再现】

根据《民办非企业单位登记暂行办法》，下列民办非企业单位中，应当申请法人登记的是（　　）。(2016 年真题)

A. 企业与个人共同举办的　　B. 三人举办签订合伙协议的

C. 个人出资举办且担任负责人的　　D. 两人举办且共同承担连带责任的

参考答案：A

参考解析：本题考查民办非企业单位成立登记。根据《民办非企业单位登记暂行办法》的规定：个人出资且担任民办非企业单位负责人的，可申请办理民办非企业单位（个体）登记；两人或两人以上合伙举办的，可申请办理民办非企业单位（合伙）登记；两人或两人以上举办且具备法人条件的，可申请办理民办非企业单位（法人）登记。需要注意的是：由企业事业单位、社会团体和其他社会力量举办的或由上述组织与个人共同举办的，应当申请民办非企业单位（法人）登记。故选 A 项。

2. 民办非企业成立条件

①有与其业务活动相适应的从业人员。

②必要的场所（须有产权证明或 1 年期以上的使用权证明）。

③规范的名称（民办非企业单位的名称应当符合国务院民政部门的规定，不得冠以“中国”“全国”“中华”等字样，一般依次由四部分组成：行政区域的名称、字号

（任意名）、行（事）业或业务领域、组织形式）。

④有与其业务活动相适应的合法财产（国有资产不超过1/3）。

【真题再现】

1. 老张申请登记成立一家民办非企业单位，初步拟定了4个名称。根据《民办非企业单位名称管理暂行规定》，下列老张拟定的名称中，符合规定的是（　　）。（2018年真题）

A. 中国民办教育研究院　　B. 北京市民办教育研究院

C. 北京市东城区民办教育研究院　　D. 北京市东城区星辰民办教育研究院

参考答案：D

参考解析：本题考查民办非企业单位名称。民办非企业单位的名称应当符合国务院民政部门的规定，不得冠以“中国”“全国”“中华”等字样，一般依次由四部分组成：行政区域的名称、字号（任意名）、行（事）业或业务领域、组织形式。故选D项。

2. 根据《民办非企业单位登记暂行办法》，下列情形中，符合民办非企业单位申请登记条件的是（　　）。（2018年真题）

A. 拟定名称中带有“中华”字样的

B. 章程草案中载明盈利不得分配的

C. 活动场所使用权期限尚有9个月的

D. 机构合法财产中国有资产份额为2/5的

参考答案：B

参考解析：本题考查民办非企业单位的申请条件。民办非企业单位的名称应当符合国务院民政部门的规定，不得冠以“中国”“全国”“中华”等字样。A项名称不符合。有与其业务活动相适应的合法财产，民办非企业单位开办资金必须是货币资金且国有资产不得超过1/3，D项错误。民办非企业单位的活动场所须有产权证明或1年期以上的使用权证明，C项只有9个月，不符合题意。章程草案或合伙协议中须载明该单位的盈利不得分配。故选B项。

3. 登记程序

（1）申请登记材料

登记申请书：①举办者单位名称或申请人姓名；②拟任法定代表人或单位负责人的基本情况；③住所情况；④开办资金情况；⑤申请登记理由等。

业务主管单位的批准文件：章程草案（须载明该单位的盈利不得分配，解体时财产不得私分）、资金情况、拟任法定代表人/负责人基本情况、场所设备等的审查结论。

场所使用权证明：有产权的活动场所或1年以上使用权。

验资报告：由会计师事务所或其他有验资资格的机构出具。

拟任法定代表人或单位负责人的基本情况、身份证明：姓名、性别、民族、年龄、目前人事关系所在单位、有无受到剥夺政治权利的刑事处罚等。

（2）审查登记

不予登记（书面通知，说明理由）：

①根据证明申请成立的民办非企业单位的宗旨、业务范围有悖于社会道德风尚，有损于国家利益、社会公共利益或其他组织和公民的合法权益。

②在申请成立时弄虚作假。

③在同一行政区域内已有业务范围相同或者相似的民办非企业单位，没有必要成立。

④拟任负责人正在或者曾经受到剥夺政治权利的刑事处罚，或者不具有完全民事行为能力。

⑤有法律、行政法规禁止的其他情形。

准予登记（书面通知）：

发放民办非企业单位登记证书（个体、法人、合伙）。

证书有效期——副本的有效期为4年。

【真题再现】

根据《民办非企业单位登记管理暂行条例》，设立非营利性民办教育类服务机构应当依法到所在地县级以上地方人民政府（　　）部门申请办理登记。（2019年真题）

A. 工商　　B. 税务　　C. 民政　　D. 教育

参考答案：C

参考解析：国务院民政部门和县级以上地方各级人民政府民政部门是本级人民政府的民办非企业单位登记管理机关。故选C项。

考点二：民办非企业单位的管理

1. 变更登记

变更登记的事项：住所、业务范围、法定代表人或单位负责人、开办资金、业务主管单位等登记事项。

申请时间：自业务主管单位审查同意之日起30日内向登记管理机关申请变更登记。

注意：变更业务主管单位须在原业务主管单位出具不再担任业务主管的文件之日起90日内找到新的业务主管单位，寻找期间有原业务主管单位继续履行监督职责。

登记管理机关审核时间：收到民办非企业单位申请变更登记的全部有效文件之日起60日内，作出准予变更（收回旧证发新证）或不准予变更的决定，并书面通知民办非企业单位。

2. 财务制度

①依法建账。

②规范会计行为。

③接受审计监督。（一是民办非企业资产来源属于国家资助或者社会捐赠、资助时，应当接受审计机关的监督；二是民办非企业单位变更法定代表人或者负责人时，登记管理机关、业务主管单位应当组织对其进行财务审计。）

④依法管理资产。(来源合法、用途合法)

3. 税收政策

①民办非企业单位取得的生产、经营所得和其他所得，应当缴纳企业所得税。

②民办非企业单位的下列收入项目可以免征企业所得税：一是经国务院、省级人民政府批准，并纳入财政预算管理或财政预算外资金专户管理的行政事业性收费；二是民办非企业单位取得的各级政府资助；三是社会各界的捐赠收入。

注意：以上收入项目均须提供相应的证明文件，方能免除所得税。

4. 年检和评估

(1) 评估内容：基础条件、内部治理、业务活动和诚信建设、社会评价。

(2) 年检范围：经核准登记的民办非企业，都需要接受年检。但截至上年度 12 月 31 日，成立登记时间未超过 6 个月（上一年 7 月 1 日以后登记成立的）的民办非企业单位，不参加当年的年检。

(3) 年检内容。

①民办非企业单位遵守法律法规和国家政策情况。

②登记事项变动及履行登记手续情况。

③按照章程开展活动情况。

④财务状况，资金来源和使用情况。

⑤机构变动和人员聘用情况。

⑥其他需要检查的情况。

(4) 年检程序。

①领取或下载《民办非企业单位年检报告书》及其他有关材料。

②每年 3 月 31 日前向业务主管单位报送年检材料，经业务主管单位出具初审意见后，于 5 月 31 日前报送登记管理机关。

③登记管理机关审查年检材料。

④登记管理机关作出年检结论（年检合格、年检基本合格和年检不合格），发布年检结论公告。

(5) 年检效力：对“年检基本合格”和“年检不合格”的民办非企业单位，令其进行整改，整改期限为 3 个月；对“年检不合格”的民办非企业单位，可以责令其在整改期间停止活动（停止活动期间封存其登记证书、印章和财务凭证）。

【真题再现】

某培智学校是一所民办学校，办理了民办非企业单位登记。根据《民办非企业单位登记管理暂行条例》，该学校的下列收入中，应当接受审计机关监督的是（　　）。(2017 年真题)

A. 来自社会捐赠的收入　　B. 提供咨询服务的收入

C. 组织教师编写出版教材的收入　　D. 转让自主知识产权取得的收入

参考答案：A

参考解析：本题考查民办非企业单位财务制度中的接受审计监督。这有两种情形：一是民办非企业资产的来源属于国家资助或者社会捐赠、资助时，应当接受审计机关的监督；二是民办非企业单位变更法定代表人或者负责人时，登记管理机关、业务主管单位应当组织对其进行财务审计。故选 A 项。

考点三：民办非企业单位的终止

1. 注销登记

（1）民办非企业单位有下列情况之一的，必须申请注销登记。

①章程规定的解散事由出现。

②不再具备条例第八条规定条件的。（第八条　经审核准予登记的，登记管理机关应当书面通知民办非企业单位，并根据其依法承担民事责任的不同方式，分别发给《民办非企业单位（法人）登记证书》《民办非企业单位（合伙）登记证书》或《民办非企业单位（个体）登记证书》。对不予登记的，登记管理机关应当书面通知申请单位或个人。

民办非企业单位可凭据登记证书依照有关规定办理组织机构代码和税务登记、刻制印章、开立银行账户，在核准的业务范围内开展活动。）

③宗旨发生根本变化的。

④由于其他变更原因，出现与原登记管理机关管辖范围不一致的。

⑤作为分立母体的民办非企业单位因分立而解散的。

⑥作为合并源的民办非企业单位因合并而解散的。

⑦民办非企业单位原业务主管单位不再担当其业务主管单位，且在 90 日内找不到新的业务主管单位的。

⑧有关行政管理机关根据法律、行政法规规定认为需要注销的。

⑨其他原因需要解散的。

（2）注销程序。

①成立清算组织：完成清算工作。

②注销申请：自完成清算之日起 15 日内，向登记管理机关提交注销登记申请书、业务主管单位的审查文件、清算报告、民办非企业单位登记证书（正、副本）及民办非企业单位的印章和财务凭证等文件，办理注销登记。

③注销登记：发给民办非企业单位注销证明文件，收缴登记证书、印章和财务凭证。

2. 撤销登记

撤销登记的适用情形：

①在申请登记时弄虚作假，骗取登记。

②业务主管单位撤销批准。

③严重违规的。

④违反其他法律、法规，有关国家机关认为应当撤销登记的。

其中，严重违规情形包括：

①设立分支机构。

②从事营利性的经营活动。

③涂改、出租、出借《民办非企业单位登记证书》。

④出租、出借民办非企业单位印章。

⑤超出其章程规定的宗旨和业务范围进行活动。

⑥不按照规定办理变更登记。

⑦侵占、私分、挪用民办非企业单位的资产或者所接受的捐赠、资助。

⑧违反国家有关规定收取费用、筹集资金或者接受使用捐赠、资助。

⑨拒不接受或者不按照规定接受监督检查。

⑩连续 2 年不参加年检或连续 2 年“年检不合格”。

第三节　基金会管理法规与政策

【重要考点概览】

小节	主要考点	历年考查点
第三节　基金会管理法规与政策	基金会的设立	2016 年考查单项选择题 2018 年考查单项选择题
	基金会的治理结构	2015 年考查单项选择题 2018 年考查单项选择题 2017 年考查单项选择题、多项选择题 2019 年考查单项选择题 2020 年考查单项选择题
	基金会的管理	2015 年考查多项选择题 2016 年考查单项选择题 2018 年考查单项选择题
	基金会的终止	2018 年考查单项选择题 2019 年考查单项选择题

考点一：基金会的设立

1. 基金会的分类及其设立条件

(1) 基金会成立条件

①有特定的公益目的。

②有规范的名称、章程、组织机构。

③与开展活动相适应的专职工作人员。

④有固定的住所。

⑤能够独立承担民事责任。

⑥原始基金必须为到账货币资金。(全国性公募基金会的原始基金不低于 800 万元

人民币，地方性公募基金会的原始基金不低于 400 万元人民币，非公募基金会的原始基金不低于 200 万元人民币。）

（2）基金会的类型

①公募基金会。（按照地域范围，可分为全国性公募基金会和地方性公募基金会）

②非公募基金会。（不能面向公众募捐）

（3）《慈善法》相关规定

慈善组织公开募捐，应当取得公开募捐资格。（依法登记满 2 年的慈善组织，可以向其登记的民政部门申请公开募捐资格）

【真题再现】

1. 根据《基金会管理条例》，公募基金会分为全国性公募基金会与地方性公募基金会，其区分的依据是基金会（　　）。（2016 年真题）

A. 业务活动的范围　　B. 募捐的地域范围

C. 收入来源的范围　　D. 理事会成员的范围

参考答案：B

参考解析：《基金会管理条例》从地域范围的角度将公募基金会分为全国性公募基金会、地方性公募基金会。故选 B 项。

2. 根据《基金会管理条例》，下列关于基金会原始基金的说法，正确的是（　　）。（2018 年真题）

A. 全国性公募基金会的原始基金不得低于 800 万元人民币

B. 地方性公募基金会的原始基金不得低于 600 万元人民币

C. 非公募基金会的原始基金不得低于 400 万元人民币

D. 基金会的原始基金可以包括货币资产和非货币资产

参考答案：A

参考解析：本题考查基金会的设立条件。原始基金必须为到账货币基金，且应达到规定的额度。全国性公募基金会的原始基金不低于 800 万元人民币，地方性公募基金会的原始基金不低于 400 万元人民币，非公募基金会的原始基金不低于 200 万元人民币。故选 A 项。

2. 设立基金会的申请与登记

（1）申请设立基金会。

①申请书。

②章程草案。（明确基金会的公益性质，不得规定使特定自然人、法人或者其他组织受益）

③验资证明和住所证明。

④理事名单及身份证明，以及拟任理事长、副理事长、秘书长的简历。

⑤业务主管单位同意设立的文件。

（2）登记要求。

登记管理机关应当自收到全部有效申请文件之日起60日内，作出准予或者不予登记的决定。

①准予登记——发给基金会法人登记证书。

②不予登记——书面说明理由。

（3）关于基金会章程。

基金会章程应当载明的事项，包括名称及住所，设立宗旨和公益活动的业务范围，原始基金数额，理事会的组成、职权和议事规则，理事的资格、产生程序和任期，法定代表人的职责，监事的职责、资格、产生程序和任期，财务会计报告的编制、审定制度，财产的管理、使用制度，基金会的终止条件、程序和终止后财产的处理等。

3. 境外基金会代表机构的设立

①经业务主管单位同意。

②提交相关资料：申请书、基金会在境外依法登记成立的证明、基金会章程、拟设代表机构负责人身份证明及简历、住所证明、业务主管单位同意在中国内地设立代表机构的文件。

③登记管理机关60日内（收到全部文件之日起）作出准予或不予登记的决定。

注意：准予登记的境外基金会代表机构，可以从事符合中国公益事业性质的公益活动，但不得在中国境内组织募捐、接受捐赠。

考点二：基金会的治理结构

基金会法人治理的组织保证——理事会、监事会。理事会是基金会的决策机构。

1. 理事会的组成

理事会规模：5~25人。

理事任期：章程规定，每届不超过5年，连选连任。

理事选任限制：

①用私人财产设立的非公募基金会，相互间有近亲属关系的基金会理事，总数不得超过理事总人数的1/3。

②其他基金会，具有近亲属关系的不得同时在理事会任职。

③未在基金会担任专职工作的理事不得从基金会获取报酬，在基金会领取报酬的理事不得超过理事总人数的1/3。

理事会人员架构：设理事长、副理事长、秘书长，从理事中选举。

注意：基金会理事长、副理事长和秘书长不得由现职国家工作人员兼任，但不包括已从领导岗位上退下来尚未办理离退休手续的工作人员，也不包括离开行政工作岗位专门从事基金会工作的工作人员。

现职国家工作人员范围：

包括党的机关、人大机关、政府机关、政协机关、审判机关和检察机关中的现职工作人员，以及法律、法规授权行使行政管理职能的其他机构的工作人员。

法定代表人：理事长，理事长不得同时担任其他组织的法定代表人。

注意：公募基金会和原始基金来自中国内地的非公募基金会，应当由内地居民担任法定代表人（理事长）。

2. 理事会的职责

理事会会议：每年至少召开两次。

召开条件：理事会会议须有 2/3 以上理事出席方能召开。

决议有效条件：一般情况，理事会决议须经出席理事过半数通过方为有效；特殊情况，须经出席理事表决，2/3 以上通过方为有效。其中，特殊情况指：①章程的修改；②选举或罢免理事长、副理事长、秘书长；③章程规定的重大募捐、投资活动；④基金会的分立、合并。

3. 理事会决策规定

基金会理事遇有个人利益与基金会利益关联时，不得参与相关事宜的决策。

理事会违反法律法规的规定和章程规定决策不当，致使基金会遭受财产损失的，参与决策的理事应当承担相应的赔偿责任。

4. 监事及其职责

基金会设监事。关于监事，有如下规定。

①监事任期与理事任期相同（5 年）。

②理事、理事的近亲属和基金会财会人员不得兼任监事。

③监事不得从基金会获取报酬。

④监事及其近亲属不得与其所在的基金会有任何交易行为。

监事的职责：

①依照章程规定的程序检查基金会财务和会计资料，监督理事会遵守法律和章程的情况。

②列席理事会会议，有权向理事会提出质询和建议。

③向登记管理机关、业务主管单位以及税务、会计主管部门反映情况。

【真题再现】

1. 根据《基金会管理条例》，基金会的决策机构是（　　）。（2018 年真题）

A. 董事会　　　　B. 监事会

C. 理事会　　　　D. 会员代表大会

参考答案： C

参考解析： 本题考查基金会的治理机构。根据《基金会管理条例》的规定，基金会设理事会。理事会是基金会的决策机构，依法行使章程规定的职权。故选 C 项。

2. 根据《基金会管理条例》关于基金会理事的说法正确的是（　　）。（2019 年真题）

A. 基金会理事会的理事人数为 5～30 人

B. 具有近亲属关系的理事不得同时在理事会任职

C. 理事每届任期不得超过 5 年，连任不得超过两届

D. 在基金会领取报酬的理事不得超过理事总人数的 1/3

参考答案：D

参考解析：关于理事会的组成，有如下规定。(1) 理事会的规模为 5 ~ 25 人（A 项错误）。(2) 理事任期由章程规定，但每届任期不得超过 5 年。理事任届期满，连选可以连任（C 项错误）。(3) 理事选任限制。用私人财产设立的非公募基金会，相互间有近亲属关系的基金会理事，总数不得超过理事总人数的 1/3（B 项错误）；其他基金会，具有近亲属关系的不得同时在理事会任职。未在基金会担任专职工作的理事不得从基金会获取报酬，在基金会领取报酬的理事不得超过理事总人数的 1/3（D 项正确）。(4) 理事会设理事长、副理事长和秘书长，从理事中选举产生。故选 D 项。

3. 某基金会召开理事会，对章程修改一事进行表决。该基金会共有理事 18 名，出席该次理事会的理事为 15 名。根据《基金会管理条例》，在表决中至少有（　　）名理事同意，该章程修改方为有效。(2019 年真题)

A. 7　　B. 8　　C. 9　　D. 10

参考答案：D

参考解析：下列重要事项的决议，须经出席理事表决，2/3 以上通过方为有效：(1) 章程的修改；(2) 选举或者罢免理事长、副理事长、秘书长；(3) 章程规定的重大募捐、投资活动；(4) 基金会的分立、合并。结合题干属于章程的修改，且出席的理事为 15 名，15 × (2/3) = 10。故选 D 项。

4. 根据《基金会管理条例》，基金会监事的下列行为中，正确的有（　　）。(2017 年真题)

A. 监事甲，从基金会领取必要的薪酬和工作经费

B. 监事乙，依照章程规定的程序检查基金会会计资料

C. 监事丙，连任基金会两任监事，任期和理事任期相同

D. 监事丁，将一笔教学仪器捐赠的合理性向理事会提出质询

E. 监事戊，将本人的小汽车以明显低于市场的价格出售给基金会

参考答案：BCD

参考解析：监事任期与理事任期相同，C 项正确。监事不得从基金会获取报酬，A 项错误。监事及其近亲属不得与其所在的基金会有任何交易行为，E 项错误。监事的职责主要包括：监事依照章程规定的程序检查基金会财务和会计资料监督理事会遵守法律和章程的情况，B 项正确；监事列席理事会会议，有权向理事会提出质询和建议，并应当向登记管理机关、业务主管单位及税务、会计主管部门反映情况，D 项正确。故选 B、C、D 三项。

5. 根据《基金会管理条例》，下列基金会存在的情形中，符合规定的是（　　）。(2017 年真题)

A. 某地方性公募基金会有理事 15 人，其中领取报酬的有 6 人

B. 某基金会章程规定理事任期为 3 年，该基金会中某理事连任 3 届

C. 某全国性公募基金会的理事长，同时担任某有限公司的法定代表人

D. 基金会为用私人财产设立的非公募基金会，理事 9 人，其中相互间有近亲关系的有 4 人

参考答案：B

参考解析：基金会兼职人员不能领取报酬，专职领取报酬的人员不得超过理事总人数的 1/3，A 项错误。基金会理事每届任期不得超过 5 年，任期满可以连选连任，B 项正确。理事长是基金会的法定代表人，不能同时担任其他组织的法定代表人，C 项错误。私人财产设立的非公募基金会，具有近亲属关系的总数不得超过总理事人数的 1/3，D 项错误。故选 B 项。

6. 根据《基金会管理条例》及相关规定，下列人员的兼职行为中，符合规定的选项是（　　）。（2015 年真题）

A. 某政府机关现职工作人员兼职基金会理事长

B. 某政协机关现职工作人员兼职基金会秘书长

C. 某监察机关现职工作人员兼职基金会副理事长

D. 某人大机关现职工作人员兼职基金会分支机构负责人

参考答案：D

参考解析：为了保证基金会的公益性和民间性，基金会理事长、副理事长和秘书长不得由现职国家工作人员兼任。《关于现职国家工作人员不得兼任基金会负责人有关问题的通知》中规定，现职国家工作人员范围包括党的机关、人大机关、政府机关、政协机关、审判机关和检察机关中的现职工作人员，以及法律、法规授权行使行政管理职能的其他机构的工作人员，但不包括上述机关和机构中已从领导岗位上退下来尚未办理离退休手续的工作人员，也不包括上述机关和机构中离开行政工作岗位专门从事基金会工作的工作人员。故选 D 项。

7. 根据《基金会管理条例》，下列基金会中，理事会人数符合规定的是（　　）。（2020 年真题）

A. 甲基金会，理事人数 3 人

B. 乙基金会，理事人数 5 人

C. 丙基金会，理事人数 30 人

D. 丁基金会，理事人数 50 人

参考答案：B

参考解析：理事会的规模为 5 ~25 人。故选 B 项。

考点三：基金会的管理

1. 基金会财产的管理

①依法办理税务登记。

②在章程规定的宗旨和公益活动的业务范围内组织募捐、接受捐赠，及时公布相

关信息。

③任何单位和个人不得私分、侵占、挪用基金会的财产及其他收入，接受捐赠的物资无法用于符合其宗旨的用途时，可以依法拍卖或变卖，所得收入用于捐赠目的。

④公募基金会每年用于从事章程规定的公益事业支出，不得低于上一年总收入的70%；非公募基金会每年用于从事章程规定的公益事业支出，不得低于上一年基金余额的8%。基金会工作人员工资福利和行政办公支出不得超过当年总支出的10%。

⑤具有公开募捐资格的基金会开展慈善活动的年度支出，不得低于上一年总收入的70%或者前三年收入平均数额的70%；年度管理费用不得超过当年总支出的10%。

⑥基金会开展公益资助项目，应当向社会公布所开展的公益资助项目种类以及申请、评审程序、评审结果、资金使用情况。

2. 基金会的审计制度

（1）年度审计：每年3月31日前向登记管理机关报送上一年度年度财务会计报告和审计报告，接受年度检查；同时公布年度财务会计报告。

（2）离任审计：法定代表人变更时，应当向登记管理机关提交变更登记申请表和法定代表人登记表；全国性的基金会办理法定代表人变更登记，应当向民政部一次性提交变更登记申请表和法定代表人登记表。

（3）专项审计：基金会开展以下活动的，应当实施专项审计，在活动结束后向登记管理机关报送经注册会计师审计的专项审计报告，并向社会公布。

①重大公益项目：一是当年该项目的捐赠收入占基金会当年捐赠总收入的1/5以上且金额超过人民币50万元的；二是当年该项目的支出占基金会当年总支出的1/5以上且金额超过人民币50万元的；三是持续时间超过3年的。

②因参与处理自然灾害等突发事件需要开展的募捐活动。

③登记管理机关要求进行专项审计的其他活动。

3. 基金会的年检和评估（评估与社会团体相同）

年检时间：基金会、境外基金会代表机构于每年3月31日前向登记管理机关报送经业务主管单位审查同意的上一年度工作报告。

年度工作报告内容：财务会计报告、注册会计师审计报告、开展募捐、接受捐赠、提供资助等活动的情况以及人员和机构的变动情况等。

【真题再现】

1. 根据《关于加强和完善基金会注册会计审计制度的通知》，下列重大公益项目中，应当实施专项审计的是（　　）。（2016年真题）

A. 甲基金会通过义卖义演获得22万用于帮助留守儿童，该收入超过基金会当年捐赠总收入的1/5

B. 乙基金会对预防艾滋病项目支出33万元，该支出超过基金会当年总支出的1/5

C. 丙基金会接受企业捐赠44万元用于古村落文化保护，该收入超过基金会当年捐赠总收入的1/5

D. 丁基金会对帮扶救助失独老人项目支出55万元，该支出超过基金会当年总支出的1/5

参考答案：D

参考解析：本题考查基金会的专项审计。重大公益项目，有下列3种情形之一的，应当实施专项审计：（1）当年该项目的捐赠收入占基金会当年捐赠总收入的1/5以上且金额超过人民币50万元的；（A、C项错误）（2）当年该项目的支出占基金会当年总支出的1/5以上且金额超过人民币50万元的；（B项错误，D项正确）（3）持续时间超过3年的。

2. 根据《关于非营利组织免税资格认定管理有关问题的通知》，下列属于基金会申请免税资格认定条件的说法，正确的有（　　）。（2015年真题）

A. 基金会申请前年度的检查结论为"基本合格"

B. 投入人对投入基金会的财产不保留任何财产权利

C. 基金会对取得的应纳税收入与免税收入分别核算

D. 基金会注销后的剩余财产用于公益性或者非营利性目的

E. 基金会工作人员平均工资薪金水平不得超过上年度税务登记所在地人均工资水平2倍

参考答案：BCDE

参考解析：A项，除当年新设立或登记的社会组织外，社会组织申请前年度的检查结论为"合格"。故选B、C、D、E四项。

考点四：基金会的终止

1. 注销登记

（1）适用情形。

①基金会、境外基金会代表机构按照章程规定终止。

②基金会、境外基金会代表机构无法按照章程规定的宗旨继续从事公益活动等。

注意：基金会撤销其分支机构、代表机构的，也应当向登记管理机关办理分支机构、代表机构的注销登记。

（2）注销程序。

①成立清算组织，完成清算工作。

②清算结束之日起15日内办理注销登记。

注意：基金会注销的，其分支机构、代表机构同时注销；基金会注销后的剩余财产应当按照章程的规定用于公益目的。无法按照章程规定处理的，由登记管理机关组织捐赠给予与该基金会性质、宗旨相同的社会公益组织，并向社会公告。

2. 撤销登记

撤销登记的适用情形：

①在申请登记时弄虚作假骗取登记的。

②自取得登记证书之日起12个月内未按章程规定开展活动的。

③符合注销条件，不按照《基金会管理条例》的规定办理注销登记仍继续开展活动的。

④基金会、境外基金会代表机构连续2年不接受年检的。

⑤严重违规的。

其中，严重违规的情形包括：

①未按照章程规定的宗旨和公益活动的业务范围进行活动。

②在填制会计凭证、登记会计账簿、编制财务会计报告中弄虚作假。

③不按照规定办理变更登记。

④未按规定完成公益事业支出额度。

⑤未按规定接受年度检查或者年度检查“不合格”。

⑥不履行信息公布义务或者公布虚假信息。

【真题再现】

根据《基金会管理条例》，对基金会注销后剩余财产的下列处置措施中，正确的是(　　)。(2019年真题)

A. 上交登记管理机关

B. 上交业务主管单位

C. 退还基金会的发起人或捐赠人

D. 按照章程的规定用于公益目的

参考答案：D

参考解析：基金会注销后的剩余财产应当按照章程的规定用于公益目的，无法按照章程规定处理的，由登记管理机关组织捐赠给予与该基金会性质、宗旨相同的社会公益组织，并向社会公告。故选D项。

第四节　社区社会组织管理法规与政策

【重要考点概览】

小节	主要考点	历年考查点
第四节　社区社会组织管理法规与政策	社区社会组织的发展重点	尚未考查
	社区社会组织的培育措施	尚未考查

考点一：社区社会组织的发展重点

1. 发展重点

加快发展生活服务类、公益慈善类和居民互助类社区社会组织，重点培育为老年人、妇女、儿童、残疾人、失业人员、农民工、服刑人员或强制戒毒等限制自由人员的未成年子女、困难家庭、严重精神障碍患者、有不良行为青少年、社区矫正人员等特定群体服务的社区社会组织。

2. 总体要求

以满足群众需求为导向，以鼓励扶持为重点，以能力提升为基础，引导社区社会组织健康有序发展，充分发挥社区社会组织提供服务、反映诉求、规范行为的积极作用。

3. 具体目标

到2020年，城市社区平均拥有不少于10个社区社会组织，农村社区平均拥有不少于5个社区社会组织。

考点二：社区社会组织的培育措施

1. 大力培育发展社区社会组织的要求

①降低准入门槛。

②积极扶持发展。（为社区社会组织提供组织运作、活动场地、活动经费、人才队伍等方面支持。）

③增强服务功能。（建立社区社会组织与社区建设、社会工作联动机制，把社区社会组织建设成为增强社区自治和服务功能、吸纳社会工作人才的重要载体。）

2. 加大对社区社会组织培育扶持力度的措施

①实施分类管理。（符合登记条件的，到民政部登记，未达到登记条件的由街道办事处/乡镇政府实施管理。）

②明确发展重点。（加快发展生活服务类、公益慈善类和居民互助类社区社会组织。）

③加大扶持力度。（加大资金支持力度，推动政府资金、社会资金等资金资源向农村社区社会组织和服务项目倾斜。）

④促进能力提升。（加强社区社会组织人才培养，推动建立专业社会工作者与社区社会组织联系协作机制，强化社区社会组织项目开发能力，推进社区社会组织品牌建设，提升其服务绩效和社会公信力。）

3. 增强社区社会组织的服务功能

①提供社区服务。（为社区居民提供多种形式的生活服务，发扬邻里互助的传统，增强农村居民自我服务能力。）

②扩大居民参与。（动员社区居民参与社区公共事务，有序参与基层自治实践，鼓励社区社会组织参与制定自治章程、居民公约和村规民约。）

③培育社区文化。（鼓励社区社会组织参与社区楷模、文明家庭等社区创建活动，弘扬优秀传统文化，形成良好社区氛围。）

④促进社区和谐。（支持社区社会组织参与社区纠纷调解，指导社区社会组织参与群防群治，积极参与平安社区建设。）

4. 对社区社会组织的管理服务

①加强党的领导。（加强对社区社会组织各项工作的领导，组织和协调社区社会组织参与城乡社区共驻共建活动。）

②加强工作指导。(指导社区社会组织建立必要的制度规范和服务规范，及时提醒和帮助纠正存在问题的社会组织。)

③做好组织宣传。(总结先进经验，加大对社区社会组织优秀典型、先进事迹的表扬、奖励和宣传。)

【本章小结】

本章介绍了三类社会组织的成立条件、登记管理、财税管理以及终止。在成立登记方面，明确介绍了注册资金、名称规范、登记程序的要求。社会团体登记还对会员数量提出了要求。在日常管理方面，社会组织免税登记办理、年检和评估，社会团体分支机构管理、基金会治理结构（理事会、监事会职责）、财务审计等都是考试的重点。社会组织终止分为注销登记和撤销登记两种情形，同时对社会组织终止后的剩余财产管理做出了明确规定。

扫码听课

第十二章　我国劳动就业和劳动关系法规与政策

【本章导学】

在由计划经济体制向社会主义市场经济体制转变的过程中，我国的就业制度和就业机制发生了重大变化，国家改变了计划经济体制下统包统配的就业制度，逐步过渡为市场经济条件下的市场就业，实行国家促进就业、市场调节就业和劳动者自主择业的市场就业新机制。因此，相应法律行规的出台有利于规范就业市场劳动关系，促进形成健康、有序的社会主义市场经济劳动就业体制。本章涉及的法律法规有：《中华人民共和国就业促进法》《中华人民共和国劳动法》《中华人民共和国劳动合同法》《中华人民共和国劳动争议调解仲裁法》《集体合同规定》等。

【历年题量/分值分布】

	2015 年	2016 年	2017 年	2018 年	2019 年	2020 年
单项选择题	8 道	8 道	9 道	9 道	8 道	8 道
多项选择题	3 道	3 道	2 道	4 道	3 道	2 道
合计分值	14 分	14 分	13 分	17 分	14 分	12 分

注：单项选择题每题 1 分，多项选择题每题 2 分（错选，本题不得分；少选，所选每个选项得 0.5 分）。

【本章知识概览】

小节	考点	备考指数
第一节　促进就业的法规与政策	促进就业的原则及政策支持	★★★★
	就业服务与就业援助	★★★
第二节　劳动合同的规定	劳动合同的订立	★★★★★
	劳动合同的履行原则和变更	★
	劳动合同的解除和终止	★★★★★
	集体合同、劳务派遣和非全日制用工的规定	★★★★
第三节　工资、工作时间和休息休假	工资分配、支付与最低工资保障制度	★★★★
	工作时间和休息休假的规定	★★★★★
第四节　劳动保护与职业培训的规定	劳动保护的规定	★★★★
	职业培训的规定	★★
第五节　劳动保障监察和劳动争议处理	劳动保障监察的规定	★★★★
	劳动争议处理的规定	★★★★

续表

小节	考点	备考指数
第六节　构建和谐劳动关系法规与政策	构建和谐劳动关系的体制机制	★
	建立劳动人事争议裁审衔接机制	★
	集体合同制度	★★★★

【考点详解】

第一节　促进就业的法规与政策

【重要考点概览】

小节	主要考点	历年考查点
第一节　促进就业的法规与政策	促进就业的原则及政策支持	2016年考查单项选择题 2017年考查单项选择题 2019年考查单项选择题
	就业服务与就业援助	2015年考查单项选择题 2016年考查单项选择题

考点一：促进就业的原则及政策支持

1. 促进就业的原则

（1）国家促进就业原则——促进就业是国家的责任。

（2）平等就业和自主择业原则——劳动者就业不因民族、种族、性别、宗教信仰等不同而受歧视。

（3）照顾特殊和困难群体就业原则——妇女享有与男子平等的就业权利，残疾人、少数民族人员和退役军人在就业过程中应给予特殊照顾。

（4）禁止16周岁以下未成年人就业原则——文艺、体育和特种工艺单位招用未满16周岁的未成年人，必须依照国家有关规定，履行审批手续，并保障其接受义务教育的权利。已满16周岁不满18周岁的未成年人只能从事与其身体的成长发育程度相适应的劳动，且用人单位应对其进行特殊劳动保护。

【真题再现】

1. 根据《劳动法》《就业促进法》，下列企业招用员工的做法中，正确的是（　　）。（2019年真题）

A. 甲企业招聘财务主管人员，只招收男性

B. 乙企业招聘矿山井下作业员，只招收男性

C. 丙企业录用女职工，在劳动合同中规定其25岁以前不结婚

D. 丁企业录用女职工，在劳动合同中规定其入职3年内不生育

参考答案：B

参考解析：根据《劳动法》的规定，妇女享有与男子平等的就业权利。在录用职工时，除国家规定的不适合妇女的工种或者岗位外，用人单位不得以性别为由拒绝录用妇女或者提高对妇女的录用标准（A 项错误）。用人单位录用女职工，不得在劳动合同中规定限制女职工结婚、生育的内容（C、D 项错误）。故选 B 项。

补充女职工禁忌从事的劳动范围：（1）矿山井下作业；（2）森林业伐木、归楞及流放作业；（3）《体力劳动强度分级》标准中第Ⅳ级体力劳动强度的作业；（4）建筑业脚手架的组装和拆除作业，以及电力、电信行业的高处架线作业；（5）连续负重（指每小时负重次数在六次以上）每次负重超过二十公斤，间断负重每次负重超过二十五公斤的作业。

2. 某食品厂在成品包装工招聘广告中要求：求职者应年满 18 周岁，为非传染病病原携带者，男性求职者优先，录用时签订 3 年以上劳动合同，该招工广告中违背《就业促进法》原则的内容是关于（　　）的要求。（2016 年真题）

A. 男性优先　　B. 合同期限

C. 求职者年龄　　D. 非传染病病原携带者

参考答案：A

参考解析：本题考查平等就业。国家保障妇女享有与男子平等的劳动权利。用人单位招用人员，除国家规定的不适合妇女的工种或者岗位外，不得以性别为由拒绝录用妇女或者提高对妇女的录用标准。故选 A 项。

2. 政策支持

通过产业政策促进就业	①县级以上人民政府统筹协调产业政策与就业政策。 ②国家鼓励企业兴办产业或者拓展经营，增加就业岗位。 ③发展国内外贸易和经济合作。 ④县级以上人民政府安排投资时，带动就业
通过财政政策促进就业	①县级以上人民政府在财政预算中安排就业专项资金用于促进就业工作。 ②就业专项资金用于职业介绍、职业培训、公益性岗位、职业技能鉴定、特定就业政策和社会保险等的补贴，小额贷款担保基金和微利项目的小额担保贷款贴息，以及扶持公共就业服务等
通过失业保险制度促进就业	国家建立健全失业保险制度，依法确保失业人员的基本生活，并促进其实现就业
通过优惠政策促进就业	①吸纳符合国家规定条件的失业人员达到规定要求的企业。 ②失业人员创办的中小企业。 ③安置残疾人员达到规定比例或者集中使用残疾人的企业。 ④从事个体经营的符合国家规定条件的失业人员。 ⑤从事个体经营的残疾人。 ⑥国务院规定给予税收优惠的其他企业、人员。 注：从事个体经营的残疾人以及符合国家规定条件的失业人员，有关部门应当在经营场地等方面给予照顾，免除行政事业性收费
通过金融政策促进就业	鼓励金融机构加大对中小企业的信贷支持，对自主创业人员在一定期限内给予小额信贷等扶持

续表

通过统筹兼顾促进就业	①国家实行城乡统筹的就业政策，建立健全城乡劳动者平等就业的制度。 ②推进小城镇建设和加快县域经济发展，引导农业富余劳动力就地就近转移就业。 ③县级以上地方人民政府引导农业富余劳动力有序向城市异地转移就业。 ④国家支持区域经济发展，鼓励区域协作，统筹协调不同地区就业的均衡增长。 ⑤各级人民政府统筹做好城镇新增劳动力就业、农业富余劳动力转移就业和失业人员就业工作
通过就业服务促进就业	①逐步完善和实施与非全日制用工等灵活就业相适应的劳动和社会保险政策。 ②地方各级人民政府和有关部门应当为失业人员从事个体经营者提供政策咨询、就业培训和开业指导等服务

【真题再现】

根据《就业促进法》，下列企业中，依法享受税收优惠的是（　　）。（2017 年真题）

A. 退休人员创办的中小企业　　B. 农民工创办的中小企业

C. 失业人员创办的中小企业　　D. 辞职人员创办的中小企业

参考答案： C

参考解析： 本题考查国家促进就业的优惠政策。依法享受税收优惠的是：（1）吸纳符合国家规定条件的失业人员达到规定要求的企业；（2）失业人员创办的中小企业；（3）安置残疾人员达到规定比例或者集中使用残疾人的企业；（4）从事个体经营的符合国家规定条件的失业人员；（5）从事个体经营的残疾人；（6）国务院规定给予税收优惠的其他企业、人员。故选 C 项。

★ 考点二：就业服务与就业援助

1. 公共就业服务

公共就业服务是政府的责任，公共就业服务机构不得从事经营性活动，服务经费纳入同级财政预算。

（1）为求职者免费提供如下服务。

①就业政策法规咨询。

②职业供求信息、市场工资指导价位信息和职业培训信息发布。

③职业指导和职业介绍。

④对就业困难人员实施就业援助。

⑤办理就业登记、失业登记等事务。

⑥其他公共就业服务。

（2）为用人单位提供以下服务。

①招聘用人指导服务。

②代理招聘服务。

③跨地区人员招聘服务。

④企业人力资源管理咨询等专业性服务。

⑤劳动保障事务代理服务。

⑥为满足用人单位需求开发的其他就业服务项目。

（3）职业指导工作。

①向劳动者和用人单位提供国家有关劳动保障的法律法规和政策、人力资源市场状况咨询。

②帮助劳动者了解职业状况，掌握求职方法，确定择业方向，增强择业能力。

③向劳动者提出培训建议，为其提供职业培训相关信息。

④开展对劳动者个人职业素质和特点的测试，并对其职业能力进行评价。

⑤对妇女、残疾人、少数民族人员及退出现役的军人等就业群体提供专门的职业指导服务。

⑥对大中专学校、职业院校、技工学校学生的职业指导工作提供咨询和服务。

⑦对准备从事个体劳动或开办私营企业的劳动者提供创业咨询服务。

⑧为用人单位提供选择招聘方法、确定用人条件和标准等方面的招聘用人指导。

⑨为职业培训机构确立培训方向和专业设置等提供咨询参考。

【真题再现】

根据《就业服务与就业管理规定》，下列就业服务中，应当由公共就业服务机构免费提供的是（　　）。（2015 年真题）

A. 为劳动者提供职业介绍服务

B. 为劳动者提供职业培训服务

C. 为用人单位提供代理招聘服务

D. 为用人单位提供劳动保障事务代理服务

参考答案：A

参考解析：公共就业服务机构为劳动者免费提供下列服务：（1）就业政策法规咨询；（2）职业供求信息、市场工资指导价位信息和职业培训信息发布；（3）职业指导和职业介绍；（4）对就业困难人员实施就业援助；（5）办理就业登记、失业登记等事务；（6）其他公共就业服务。故选 A 项。

2. 职业中介机构

（1）职业中介机构设立条件。

①有明确的章程和管理制度。

②有开展业务必备的固定场所、办公设施和一定数额的开办资金。

③有一定数量具备相应职业资格的专职工作人员。

④法律、法规规定的其他条件。

（2）设立职业中介机构，应当向当地县级以上劳动保障行政部门提出申请，并提交下列文件。

①设立申请书。

②机构章程和管理制度草案。

③场所使用权证明。

④拟任负责人的基本情况、身份证明。

⑤具备相应职业资格的专职工作人员的相关证明。

⑥工商营业执照（副本）。

⑦法律、法规规定的其他文件。

劳动保障行政部门接到设立职业中介机构的申请后，应当自受理申请之日起 20 日内审理完毕。对符合条件的，应当予以批准；不予批准的，应当说明理由。劳动保障行政部门对经批准设立的职业中介机构实行年度审验。

（3）职业中介机构业务内容。

①为劳动者介绍用人单位。

②为用人单位和居民家庭推荐劳动者。

③开展职业指导、人力资源管理咨询服务。

④收集和发布职业供求信息。

⑤根据国家有关规定从事互联网职业信息服务。

⑥组织职业招聘洽谈会。

⑦经劳动保障行政部门核准的其他服务项目。

（4）职业中介机构不得有下列行为。

①提供虚假就业信息。

②发布的就业信息中包含歧视性内容。

③伪造、涂改、转让职业中介许可证。

④为无合法证照的用人单位提供职业中介服务。

⑤介绍未满 16 周岁的未成年人就业。

⑥为无合法身份证件的劳动者提供职业中介服务。

⑦介绍劳动者从事法律、法规禁止从事的职业。

⑧扣押劳动者的居民身份证和其他证件，或者向劳动者收取押金。

⑨以暴力、胁迫、欺诈等方式进行职业中介活动。

⑩超出核准的业务范围经营。

⑪其他违反法律、法规规定的行为。

【真题再现】

老张来到某职业中介机构求职，工作人员对老张说，介绍成功后需支付 100 元中介费，如不成功仅需支付 20 元服务费。为保证收到中介费或服务费，工作人员要求老张先交 100 元押金，并扣押了老张的身份证。根据《就业促进法》，下列关于该职业中介机构的说法，正确的是（　　）。（2016 年真题）

A. 不得收取押金，亦不可收取服务费

B. 不得收取押金，亦不可扣押身份证

C. 不得收取服务费，可暂时扣押身份证

D. 不得收取中介费，可收取适当的押金

参考答案：B

参考解析：本题考查职业中介机构的行为。职业中介机构不得扣押劳动者的居民身份证和其他证件，或者向劳动者收取押金。故选 B 项。

3. 劳动力调查、登记制度

①用人单位应当于招录用之日起 30 日内办理登记手续。

②用人单位与职工终止或者解除劳动关系后，应当于 15 日内办理登记手续。

③劳动者从事个体经营或灵活就业的，由本人在街道、乡镇公共就业服务机构办理就业登记。

④在法定劳动年龄内，有劳动能力、就业要求、处于无业状态的城镇常住人员，可以到常住地公共就业服务机构进行失业登记。

4. 就业援助

就业援助的对象	①就业困难人员：因身体状况、技能水平、家庭因素、失去土地等原因难以实现就业，以及连续失业未能实现就业的人员。 ②“零就业”家庭：家庭人员均处于失业状况的城市居民家庭
就业援助的措施	①公共就业服务机构应当落实各项就业扶持政策、提供就业岗位信息、组织技能培训等有针对性的就业服务和公益性岗位援助。 ②公益性岗位上安置的就业困难人员，按照国家规定给予岗位补贴。 ③公共就业服务机构应当建立“零就业”家庭即时岗位援助制度，确保“零就业”家庭至少有 1 人实现就业

第二节　劳动合同的规定

【重要考点概览】

小节	主要考点	历年考查点
第二节　劳动合同的规定	劳动合同的订立	2015 年考查单项选择题 2016 年考查单项选择题 2017 年考查单项选择题、多项选择题 2019 年考查单项选择题
	劳动合同的履行原则和变更	尚未考查
	劳动合同的解除和终止	2016 年考查多项选择题 2017 年考查单项选择题 2019 年考查多项选择题
	集体合同、劳务派遣和非全日制用工的规定	2016 年考查单项选择题 2017 年考查单项选择题、多项选择题

考点一：劳动合同的订立

1. 劳动合同的订立原则及种类

订立的原则	①平等自愿原则。 ②协商一致原则。 ③合法公平原则。 ④诚实信用原则
合同的种类	(1) 按照劳动合同的期限分类：固定期限劳动合同、无固定期限劳动合同、以完成一定工作任务为期限的劳动合同。 (2) 下列情形之一，应当订立无固定期限劳动合同。 ①在用人单位连续工作满 10 年以上。 ②用人单位初次实行劳动合同制度或者国有企业改制重新订立劳动合同时，劳动者在该用人单位连续工作满 10 年且距法定退休年龄不足 10 年的。 ③连续订立二次固定期限劳动合同，劳动者没有以下情形且续订劳动合同的：严重违反用人单位的规章制度的；严重失职，营私舞弊，给用人单位造成重大损害的；劳动者同时与其他用人单位建立劳动关系，对完成本单位的工作任务造成严重影响，或者经用人单位提出，拒不改正的；劳动者患病或者非因工负伤，在规定的医疗期满后不能从事原工作，也不能从事由用人单位另行安排的工作的；劳动者不能胜任工作，经过培训或者调整工作岗位，仍不能胜任工作的。 ④用人单位自用工之日起满 1 年不与劳动者订立书面劳动合同的，视为用人单位与劳动者已订立无固定期限劳动合同

【真题再现】

根据《劳动合同法》，下列关于当事人订立无固定期限劳动合同的做法，错误的是(　　)。(2015 年真题)

A. 赵某与应聘公司协商一致订立了无固定期限劳动合同

B. 钱某在某公司连续工作满十年，与该公司订立了无固定期限劳动合同

C. 孙某在某国有企业连续工作满十年，距法定退休年龄还有九年。该企业改制重新订立劳动合同，与孙某订立无固定期限劳动合同

D. 李某与某公司第二次固定期限劳动合同到期，李某提出续订时，公司无理由拒绝与李某订立无固定期限劳动合同

参考答案：D

参考解析：《劳动合同法》规定："有下列情形之一，劳动者提出或者同意续订、订立劳动合同的，除劳动者提出订立固定期限劳动合同外，应当订立无固定期限劳动合同：……（三）连续订立二次固定期限劳动合同，且劳动者没有本法第三十九条和第四十条第一项、第二项规定的情形，续订劳动合同的。"D 项中的"公司无理由拒绝续订"是错误的。故选 D 项。

2. 劳动合同的内容

必备条款	①用人单位的名称、住所和法定代表人或者主要负责人。 ②劳动者的姓名、住址和居民身份证或者其他有效身份证件号码。

续表

必备条款	③劳动合同期限。 ④工作内容和工作地点。 ⑤工作时间和休息休假。 ⑥劳动报酬。 ⑦社会保险。 ⑧劳动保护、劳动条件和职业危害防护。 ⑨法律、法规规定应当纳入劳动合同的其他事项
约定条款	试用期、培训、保守秘密、补充保险和福利待遇等
试用期约定	①3 个月≤劳动合同期限 <1 年，试用期 <1 个月。 ②1 年≤劳动合同期限 <3 年，试用期 <2 个月。 ③3 年以上固定期限和无固定期限的劳动合同，试用期 <6 个月。 ④同一用人单位与同一劳动者只能约定一次试用期。 ⑤以完成一定工作任务为期限的劳动合同或者劳动合同期限不满 3 个月的，不得约定试用期。 ⑥试用期包含在劳动合同期限内。 ⑦劳动合同仅约定试用期的，试用期不成立，该期限为劳动合同期限。 ⑧在试用期的工资不得低于本单位相同岗位最低档工资或者劳动合同约定工资的 80%，并不得低于用人单位所在地的最低工资标准
专项培训约定	①劳动者违反服务期约定的，应当按照约定向用人单位支付违约金。 ②违约金的数额不得超过用人单位提供的培训费用。 ③用人单位要求劳动者支付的违约金不得超过服务期尚未履行部分所应分摊的培训费用
保守商业秘密	①竞业限制人员：限于用人单位的高级管理人员、高级技术人员和其他负有保密义务的人员。 ②竞业限制人员到与本单位生产或者经营同类产品、从事同类业务的有竞争关系的其他用人单位，或者自己开业生产、经营的竞业限制期限，不得超过 2 年

【真题再现】

1. 根据《劳动合同法》，（　　）属于劳动合同必备条款。（2017 年真题）

A. 试用期　　B. 技能培训　　C. 福利待遇　　D. 社会保险

参考答案：D

参考解析：本题考查劳动合同必备条款。劳动合同必备条款包括：（1）用人单位的名称、住所、法定代表人或者是主要负责人；（2）劳动者的姓名、住址和居民身份证或者其他有效身份证件号码；（3）劳动合同期限；（4）工作内容和工作地点；（5）工作时间和休息休假；（6）劳动报酬；（7）社会保险；（8）劳动保护、劳动条件和职业危害防护；（9）法律、法规规定的应当纳入劳动合同的其他事项。故选 D 项。

2. 某公司与王某订立了为期两年半的劳动合同。根据《劳动合同法》，该公司与王某约定试用期不得超过（　　）个月。（2017 年真题）

A. 2　　B. 3　　C. 4　　D. 5

参考答案：A

参考解析：订立的劳动合同期限在一年以上不满三年的，试用期不得超过 2 个月。故选 A 项。

3. 劳动合同的法律效力

无效劳动合同的种类	①在违背真实意思的情况下订立或者变更劳动合同的。 ②用人单位免除自己的法定责任、排除劳动者权利的。 ③违反法律、行政法规强制性规定的。 注意：法律效力：无效的劳动合同，没有法律约束力；部分无效的劳动合同，部分有效；劳动合同被确认无效，劳动者已付出劳动的，用人单位应向劳动者支付劳动报酬
无效劳动合同的确认和处理	（1）对劳动合同的无效或者部分无效有争议的，由劳动争议仲裁机构或者人民法院确认。 （2）对无效劳动合同的处理。 ①撤销合同：全部无效的劳动合同应予以撤销。 ②修改合同：对部分无效的劳动合同应依法予以修改。 ③赔偿损失：由于用人单位的原因订立的无效合同，对劳动者造成损害的，应当承担赔偿责任。无效劳动合同给对方造成损害的，有过错的一方应当承担赔偿责任

【真题再现】

1. 黄某虚构在大型跨国公司从事研发的经历，应聘某高科技公司研发部门负责人并签订了劳动合同。一段时间后，黄某工作表现一般，其虚构工作经历的事被揭穿，公司遂主张双方签订的劳动合同无效，并要求黄某支付违约金。根据《劳动合同法》，关于黄某与该公司劳动合同的说法，正确的是（　　）。（2019 年真题）

A. 黄某可以解除劳动合同并获得公司的经济补偿

B. 黄某凭借虚构经历签订劳动合同，应向公司支付违约金

C. 黄某与公司签订的劳动合同应当认定无效或部分无效

D. 黄某可以要求公司继续履行劳动合同，公司应当继续履行

参考答案：C

参考解析：《劳动合同法》第二十六条规定，下列劳动合同无效或者部分无效：（1）以欺诈、胁迫的手段或者乘人之危，使对方在违背真实意思的情况下订立或者变更劳动合同的；（2）用人单位免除自己的法定责任、排除劳动者权利的；（3）违反法律、行政法规强制性规定的。故选 C 项。

2. 黄某伪造学历一事被发现，其与公司签订的劳动合同被确认无效，黄某主张公司应支付其劳动报酬。根据《劳动合同法》，下列关于公司向黄某支付其工作期间劳动报酬的说法，正确的是（　　）。（2016 年真题）

A. 公司可不支付劳动报酬

B. 公司应当按照当地最低工资

C. 公司无须支付黄某劳动报酬，且可要求黄某赔偿损失

D. 公司应当参照本单位相同或相近岗位劳动者的劳动报酬向黄某支付劳动报酬

参考答案：D

参考解析：本题考查无效劳动合同。劳动合同被确认无效，劳动者已付出劳动的，用人单位应当向劳动者支付劳动报酬。劳动报酬的数额，参照本单位相同或者相近岗

位劳动者的劳动报酬确定。故选 D 项。

3. 根据《劳动合同法》，下列情形中，劳动者应当按照约定向用人单位支付违约金的有（　　）。(2017 年真题)

A. 违反竞业限制约定的

B. 因过错导致劳动合同无效的

C. 给用人单位声誉造成恶劣影响的

D. 接受专业技术培训后违反服务期约定的

E. 违反规章制度给用人单位造成严重损失的

参考答案： ACDE

参考解析： 本题考查劳动者应当依照约定向用人单位支付违约金的条件。根据《劳动合同法实施细则》，有下列情形之一，用人单位与劳动者解除约定服务期的劳动合同的，劳动者应当按照劳动合同的约定向用人单位支付违约金：(1) 劳动者严重违反用人单位的规章制度的；(2) 劳动者严重失职，营私舞弊，给用人单位造成重大损害的；(3) 劳动者同时与其他用人单位建立劳动关系，对完成本单位的工作任务造成严重影响，或者经用人单位提出，拒不改正的；(4) 劳动者以欺诈、胁迫的手段或者乘人之危，使用人单位在违背真实意思的情况下订立或者变更劳动合同的；(5) 劳动者被依法追究刑事责任的。因此，劳动者违反服务期约定的，应当按照约定向用人单位支付违约金。劳动者违反竞业限制约定的，应当按照约定向用人单位支付违约金。故选 A、C、D、E 项。

★ 考点二：劳动合同的履行原则和变更

劳动合同的履行原则	①实际履行原则：劳动合同双方当事人必须亲自履行各自的义务，不能由第三方代替履行。 ②全面履行原则：劳动合同双方当事人必须按照合同的规定全面履行各自的义务。 ③合作履行原则：劳动合同双方当事人在履行合同过程中应相互配合、友好合作
劳动合同的变更	①协商一致。 ②采用书面形式。 ③不得违反法律和行政法规的规定

★ 考点三：劳动合同的解除与终止

1. 双方当事人协商解除劳动合同与劳动者提前解除劳动合同

双方当事人协商解除劳动合同	用人单位与劳动者协商一致，可以解除劳动合同
劳动者提前解除劳动合同	(1) 提前告知义务。 ①劳动者提前 30 日以书面形式通知用人单位，可以解除劳动合同。 ②劳动者在试用期内提前 3 日通知用人单位，可以解除劳动合同。 注意：用人单位以暴力、威胁等手段强迫劳动者劳动的，或者用人单位违章指挥、强令冒险作业危及劳动者人身安全的，劳动者可以立即解除劳动合同，无须事先告知用人单位。

续表

劳动者提前解除劳动合同	（2）用人单位有过错，劳动者可以解除劳动合同的情形： ①未按照劳动合同约定提供劳动保护或者劳动条件的。 ②未及时足额支付劳动报酬的。 ③未依法为劳动者缴纳社会保险费的。 ④用人单位的规章制度违反法律、法规的规定，损害劳动者权益的。 ⑤以欺诈、胁迫的手段或者乘人之危，使对方在违背真实意思的情况下订立或者变更劳动合同的。 ⑥法律、行政法规规定劳动者可以解除劳动合同的其他情形。 注意：劳动者违法解除劳动合同，或者违反劳动合同中约定的保密义务、竞业限制，给用人单位造成损失的，应当承担赔偿责任

【真题再现】

根据《劳动合同法》，下列情形中，劳动者可以立即解除劳动合同无须事先告知用人单位的是（　　）。（2017 年真题）

A. 用人单位未及时足额支付劳动者报酬的

B. 用人单位未依法为劳动者缴纳社会保险费的

C. 用人单位未按劳动合同约定提供劳动保护或劳动条件的

D. 用人单位违章指挥、强令冒险作业危及劳动者人身安全的

参考答案：D

参考解析：用人单位违章指挥、强令冒险作业危及劳动者人身安全的，劳动者可以立即解除劳动合同无须事先告知用人单位。故选 D 项。

2. 用人单位提前解除劳动合同

（1）劳动者有下列情形之一的，用人单位可以解除劳动合同。

①在试用期间被证明不符合录用条件的。

②严重违反用人单位的规章制度的。

③严重失职，营私舞弊，给用人单位造成重大损害的。

④劳动者同时与其他用人单位建立劳动关系，对完成本单位的工作任务造成严重影响，或者经用人单位提出，拒不改正的。

⑤以欺诈、胁迫的手段或者乘人之危，使对方在违背真实意思的情况下订立或者变更劳动合同的。

⑥被依法追究刑事责任的。

（2）有下列情形之一的用人单位提前 30 日以书面形式通知劳动者本人或者额外支付劳动者 1 个月工资后，可以解除劳动合同。

①劳动者患病或者非因工负伤，在规定的医疗期满后不能从事原工作，也不能从事由用人单位另行安排的工作的。

②劳动者不能胜任工作，经过培训或者调整工作岗位，仍不能胜任工作的。

③劳动合同订立时所依据的客观情况发生重大变化，致使劳动合同无法履行，经用人单位与劳动者协商，未能就变更劳动合同内容达成协议的。

（3）有下列情形之一，需要裁减人员 20 人以上或者裁减不足 20 人但占企业职工总数 10% 以上的，用人单位提前 30 日向工会或者全体职工说明情况，听取工会或者职工的意见后，裁减人员方案经向劳动行政部门报告，可以裁减人员。

①依照企业破产法规定进行重整的。

②生产经营发生严重困难的。

③企业转产、重大技术革新或者经营方式调整，经变更劳动合同后，仍需裁减人员的。

④其他因劳动合同订立时所依据的客观经济情况发生重大变化，致使劳动合同无法履行的。

裁减人员时，应当优先留用下列人员：

①与本单位订立较长期限的固定期限劳动合同的。

②与本单位订立无固定期限劳动合同的。

③家庭无其他就业人员，有需要扶养的老人或者未成年人的。

用人单位依照规定裁减人员，在 6 个月内重新招用人员的，应当通知被裁减的人员，并在同等条件下优先招用被裁减的人员。

（4）用人单位不得解除劳动合同的情形。

①从事接触职业病危害作业的劳动者未进行离岗前职业健康检查，或者疑似职业病病人在诊断或者医学观察期间的。

②在本单位患职业病或者因工作负伤并被确认丧失或者部分丧失劳动能力的。

③患病或者非因工负伤，在规定的医疗期内的。

④女职工在孕期、产期、哺乳期的。

⑤在本单位连续工作满 15 年，且距法定退休年龄不足 5 年的。

⑥法律、行政法规规定的其他情形。

【真题再现】

1. 老张今年 57 岁，自 2001 年以来一直在某公司工作，与公司签订的劳动合同将于 2017 年 7 月底到期，老张希望与公司续签合同，公司因他年纪偏大、知识更新滞后、难以适应新的业务要求，通知他到期终止合同。根据《劳动合同法》，下列关于老张与劳动合同的说法，正确的是（　　）。（2017 年真题）

A. 公司可以终止与老张的劳动合同，但应向其支付经济赔偿

B. 公司可以终止与老张的劳动合同，且无须向其支付经济赔偿

C. 公司不得终止与老张的劳动合同，也不得变更老张的工作岗位

D. 公司不得终止与老张的劳动合同，但经协商可以变更老张的工作岗位

参考答案： D

参考解析： 老张今年 57 岁，自 2001 年以来一直在某公司工作，算起来在本单位已经连续工作满 15 年，且距法定退休年龄不足 5 年，用人单位不得解除劳动合同。故选 D 项。

2. 根据《劳动合同法》，关于单位裁员的说法，正确的有（　　）。(2019 年真题)

A. 不得裁减患病且在规定医疗期内的职工

B. 不得裁减在该单位连续工作满 10 年的职工

C. 不得裁减处于孕期、产期、哺乳期的女职工

D. 不得裁减家中有需要赡养的老人或者抚养的未成年人的职工

B. 应优先留用与本单位订立无固定期限劳动合同的职工

参考答案：ACE

参考解析：本题考查用人单位不得解除劳动合同的情形。《劳动合同法》第 42 条规定，劳动者有下列情形之一的，用人单位不得依照本法第四十条、第四十一条的规定解除劳动合同：①从事接触职业病危害作业的劳动者未进行离岗前职业健康检查，或者疑似职业病病人在诊断或者医学观察期间的；②在本单位患职业病或者因工负伤并被确认丧失或者部分丧失劳动能力的；③患病或者非因工负伤，在规定的医疗期内的；④女职工在孕期、产期、哺乳期的；⑤在本单位连续工作满 15 年，且距法定退休年龄不足 5 年的；⑥法律、行政法规规定的其他情形。《劳动合同法》第四十一条规定，裁减人员时，应当优先留用下列人员：①与本单位订立较长期限的固定期限劳动合同的；②与本单位订立无固定期限劳动合同的；③家庭无其他就业人员，有需要扶养的老人或者未成年人的。故选 A、C、E 三项。

(5) 工会职权。

①用人单位解除劳动合同，工会认为不适当的，有权提出意见。

②如果用人单位违反法律、法规或者劳动合同，工会有权要求重新处理。

③劳动者申请仲裁或者提起诉讼的，工会应当依法给予支持和帮助。

④用人单位单方解除劳动合同，应当事先将理由通知工会。

⑤用人单位违反法律、行政法规规定或者劳动合同约定的，工会有权要求用人单位纠正。

⑥用人单位应当研究工会的意见，并将处理结果书面通知工会。

3. 用人单位对劳动者的经济补偿

(1) 用人单位应当向劳动者支付经济补偿的情形：

①用人单位未及时足额支付劳动报酬，劳动者解除劳动合同的。

②用人单位未依法为劳动者缴纳社会保险费，劳动者解除劳动合同的。

③用人单位的规章制度违反法律、法规的规定，损害劳动者权益，劳动者解除劳动合同的。

④用人单位以欺诈、胁迫的手段或者乘人之危，使劳动者在违背真实意思的情况下订立或者变更劳动合同，致使劳动合同无效的。

⑤用人单位免除自己的法定责任、排除劳动者权利，致使劳动合同无效的。

⑥用人单位违反法律、行政法规强制性规定，致使劳动合同无效的。

⑦用人单位以暴力、威胁或者非法限制人身自由的手段强迫劳动者劳动的，或者

用人单位违章指挥、强令冒险作业危及劳动者人身安全，劳动者解除劳动合同的。

⑧用人单位依照《劳动合同法》第三十六条规定向劳动者提出解除劳动合同并与劳动者协商一致解除劳动合同的。

⑨用人单位依照企业破产法规定进行重整，并依据《劳动合同法》第四十一条第一款规定裁减人员解除劳动合同的。

⑩用人单位生产经营发生严重困难，依据《劳动合同法》第四十一条第一款规定裁减人员解除劳动合同的。

⑪用人单位转产、重大技术革新或者经营方式调整，经变更劳动合同后，仍需裁减人员，依据《劳动合同法》第四十一条第一款规定裁减人员解除劳动合同的。

⑫其他因劳动合同订立时所依据的客观经济情况发生重大变化，致使劳动合同无法履行，用人单位依据《劳动合同法》第四十一条第一款规定裁减人员解除劳动合同的。

⑬除用人单位维持或者提高劳动合同约定条件续订劳动合同，劳动者不同意续订的情形外，劳动合同期满，终止规定期限劳动合同的。

⑭因用人单位被依法宣告破产终止劳动合同的。

⑮因用人单位被吊销营业执照、责令关闭、撤销或者用人单位决定提前解散终止的。

⑯法律、行政法规规定的其他情形。

（2）经济补偿的标准。

经济补偿按劳动者在本单位工作的年限，每满 1 年支付 1 个月工资的标准向劳动者支付。6 个月以上不满 1 年的，按 1 年计算；不满 6 个月的，向劳动者支付半个月工资的经济补偿。

劳动者月工资（劳动者在劳动合同解除或者终止前 12 个月的平均工资）高于用人单位所在直辖市、设区的市级人民政府公布的本地区上年度职工月平均工资 3 倍的，向其支付经济补偿的标准按职工月平均工资 3 倍的数额支付，向其支付经济补偿的年限最高不超过 12 年。

【真题再现】

1. 肖某以生病为由向公司请假，并附医院证明，因请假手续齐备，公司予以批准，后经调查发现，肖某生病是假，为竞争对手做企划案是真，公司认为肖某的行为已严重违反公司规章制度，拟解除劳动合同。根据《劳动合同法》，下列关于该公司对肖某事件处理的说法中，正确的有（　　）。(2016 年真题)

A. 该公司解除劳动合同，应当事先将理由通知工会

B. 该公司须提前 30 日通知肖某，方可解除劳动合同

C. 该公司可以随时解除劳动合同，且无须支付经济补偿金

D. 该公司不得解除劳动合同，但可要求肖某支付经济补偿金

E. 该公司解除劳动合同，应当事先将理由通知劳动行政部门

参考答案：AC

参考解析：本题考查用人单位提前解除劳动合同的情形。劳动者有下列情形之一的，用人单位可以解除劳动合同：(1) 在试用期间被证明不符合录用条件的；(2) 严重违反用人单位的规章制度的；(3) 严重失职，营私舞弊，给用人单位造成重大损害的；(4) 劳动者同时与其他用人单位建立劳动关系，对完成本单位的工作任务造成严重影响，或者经用人单位提出，拒不改正的；(5) 因《劳动合同法》第二十六条第一款第一项规定的情形致使劳动合同无效的；(6) 被依法追究刑事责任的。用人单位解除劳动合同，应当事先将理由通知工会。故选 A、C 两项。

2. 某广告公司招聘一名部门经理，要求有研究生学历。吴某应聘成功并签订了为期 3 年的劳动合同。一年后，吴某因一次工作失误引起公司对其学历水平的怀疑。公司经调查发现吴某研究生学历证书系伪造，遂解除了劳动合同。根据《劳动合同法》，下列关于是否向吴某支付经济补偿金的说法，正确的是（　　）。(2017 年真题)

A. 公司无须向吴某支付经济补偿金

B. 公司应当按吴某 1 个月工资标准支付经济补偿金

C. 公司应当按吴某 2 个月工资标准支付经济补偿金

D. 公司应当按吴某 3 个月工资标准支付经济补偿金

参考答案：A

参考解析：本题考查用人单位解除劳动合同的经济补偿金问题。吴某系学历造假，公司依法解除劳动合同，无须支付经济补偿金。故选 A 项。

4. 劳动合同终止

劳动合同终止的情形	①劳动合同期满的。 ②劳动者开始依法享受基本养老保险待遇的。 ③劳动者死亡，或者被人民法院宣告死亡或者宣告失踪的。 ④用人单位被依法宣告破产的。 ⑤用人单位被吊销营业执照、责令关闭、撤销或者用人单位决定提前解散的。 ⑥法律、行政法规规定的其他情形
劳动合同解除或终止的手续	①用人单位应当在解除或者终止劳动合同时出具解除或者终止劳动合同的证明，并在 15 日内为劳动者办理档案和社会保险关系转移手续。 ②用人单位应当向劳动者支付经济补偿的，在办结工作交接时支付。用人单位对已经解除或者终止的劳动合同的文本，至少保存 2 年备查

考点四：集体合同、劳务派遣和非全日制用工的规定

1. 集体合同

集体合同的内容	(1) 集体合同的内容：劳动报酬、工作时间、休息休假、劳动安全卫生、保险福利等。 (2) 集体合同的类别。 ①职工与用人单位可以订立劳动安全卫生、女职工权益保护、工资调整机制等专项集体合同。 ②在县级以下区域内，建筑业、采矿业、餐饮服务业等行业可以由工会与企业方面代表订立行业性集体合同，或者订立区域性集体合同

续表

集体合同的效力	（1）集体合同生效的条件： ①劳动行政部门自收到集体合同文本之日起15日内未提出异议的，集体合同即行生效。 ②行业性、区域性集体合同对当地本行业、本区域的用人单位和劳动者具有约束力。 （2）集体合同中的劳动标准： ①集体合同中劳动报酬和劳动条件等标准不得低于当地人民政府规定的最低标准。 ②用人单位与劳动者订立的劳动合同中劳动报酬和劳动条件等标准不得低于集体合同规定的标准
工会的作用	①用人单位违反集体合同，侵犯职工劳动权益的，工会可以依法要求用人单位承担责任。 ②因履行集体合同发生争议，经协商解决不成的，工会可以依法申请仲裁、提起诉讼

【真题再现】

1. 某公司与职工一方经协商一致形成集体合同草案，拟提交职工代表大会讨论通过，根据《集体合同规定》，下列通过集体合同草案的情形中，符合规定的是（　　）。(2016年真题)

A. 1/2以上职工代表出席，出席职工代表半数以上同意

B. 1/2以上职工代表出席，全体职工代表半数以上同意

C. 2/3以上职工代表出席，出席职工代表半数以上同意

D. 2/3以上职工代表出席，全体职工代表半数以上同意

参考答案：D

参考解析：本题考查集体合同的订立。职工代表大会或者全体职工讨论集体合同草案或专项集体合同草案，应当有2/3以上职工代表或者职工出席，且须经全体职工代表半数以上或者全体职工半数以上同意，集体合同草案或专项集体合同草案方获通过。故选D项。

2. 某企业与职工签订了一份集体合同。根据《集体合同规定》，下列关于该集体合同的说法，正确的是（　　）。(2017年真题)

A. 该集体合同应由企业报送县级以上工会审查后，方能生效

B. 如该企业被兼并致使集体合同无法履行，可以变更或解除该合同

C. 集体协商过程中发生争议，双方可以向县级以上工会提出协调处理申请

D. 因履行该集体合同发生的争议，双方协商解决不成，可以直接向人民法院提起诉讼

参考答案：B

参考解析：本题考查集体合同的相关规定。集体合同订立后，应当报送劳动行政部门；劳动行政部门自收到集体合同文本之日起15日内未提出异议的，集体合同即行生效，A项错误。用人单位因被兼并、解散、破产等原因，致使集体合同无法履行，可以变更或解除集体合同，B项正确。集体协商过程中发生争议，双方当事人不能协商解决的，当事人一方或双方可以书面向劳动保障行政部门提出协调处理申请，C项错误。因履行集体合同发生的争议，当事人协商解决不成的，可以依法向劳动争议仲

裁委员会申请仲裁，D 项错误。故选 B 项。

2. 劳务派遣

劳务派遣业务经营条件	①注册资本不得少于人民币 200 万元。 ②有与开展业务相适应的固定的经营场所和设施。 ③有符合法律、行政法规规定的劳务派遣管理制度。 ④法律、行政法规规定的其他条件
劳务派遣用工范围和用工比例	劳务派遣用工只能在临时性、辅助性或者替代性的工作岗位上实施。使用的被派遣劳动者数量不得超过用工总量的 10%。 ①临时性工作岗位是指存续时间不超过 6 个月的岗位。 ②辅助性工作岗位是指为主营业务岗位提供服务的非主营业务岗位。 ③替代性工作岗位是指用工单位的劳动者因脱产学习、休假等原因无法工作的一定期间内，可以由其他劳动者替代工作的岗位
劳务派遣协议	①劳务派遣单位应当与被派遣劳动者订立 2 年以上的固定期限劳动合同。 ②按月支付劳动报酬。 ③被派遣劳动者在无工作期间，劳务派遣单位应当按照所在地人民政府规定的最低工资标准，按月向其支付报酬

【真题再现】

根据《劳动法》，下列关于劳务派遣的说法，正确的有（　　）。(2017 年真题)

A. 劳务派遣单位和用工单位可以向被派遣劳动者收取适当费用

B. 劳务派遣用工只能在临时性、辅助性和替代性的工作岗位上的实施

C. 用工单位给被派遣劳动者造成损害的，劳务派遣单位和用工单位承担连带赔偿责任

D. 劳务派遣单位应当向被派遣劳动者按月支付劳动报酬，不能订立固定期限合同

E. 被派遣劳动者在无工作期间，劳务派遣单位应当按照所在地人民政府规定的最低工资标准，向其按月支付报酬

参考答案：BCE

参考解析：劳动合同关系存在于劳务派遣单位与被派遣劳动者之间，用工单位不可以向被派遣劳动者收取费用，A 项错误；劳务派遣单位应当与被派遣劳动者订立 2 年以上的固定期限劳动合同，按月支付劳动报酬，D 项错误。故选 B、C、E 三项。

3. 非全日制用工

非全日制用工，是指以小时计酬为主，劳动者在同一用人单位一般平均每日工作时间不超过 4 小时，每周工作时间累计不超过 24 小时的用工形式。

①非全日制用工双方当事人可以订立口头协议。

②从事非全日制用工的劳动者可以与一个或者一个以上用人单位订立劳动合同，后订立的劳动合同不得影响先订立的劳动合同的履行。

③非全日制用工双方当事人不得约定试用期，任何一方都可以随时通知对方终止用工。

④终止用工，用人单位不向劳动者支付经济补偿。

⑤非全日制用工小时计酬标准不得低于用人单位所在地人民政府规定的最低小时工资标准。

⑥非全日制用工劳动报酬结算支付周期最长不得超过15天。

【真题再现】

老陈与某公司签订用工协议如下：老陈为非全日制临时工，每天工作6小时，每周工作6天，工资按月发放，期限半年，试用期2个月。公司负责人告知老陈，双方是劳务关系，所签协议是劳务合同。协议期满后，双方未续签，但老陈仍在公司工作，公司也按月向其支付工资。两个月后的一天，公司通知老陈：双方的用工协议早已到期，从明天起就不用来上班了。老陈不服，遂向公司讨要说法。根据《劳动合同法》和《劳动合同法实施条例》，下列关于此用工关系的说法，正确的有（　　）。（2017年真题）

A. 公司雇用老陈事实上是全日制用工

B. “试用期2个月”的条款不符合法律规定

C. “双方是劳务关系”的说法不成立，双方是劳动关系

D. 公司应当向老陈支付赔偿金

E. 公司应当向老陈支付经济补偿金

参考答案：ABCE

参考解析：本题考查非全日制用工的相关规定。非全日制用工，是指以小时计酬为主，劳动者在同一用人单位一般平均每日工作时间不超过4小时，每周工作时间累计不超过24小时的用工形式。非全日制用工双方当事人不得约定试用期，工资必须在15日内发放一次。题目中，临时工老陈的每天工作时间超时，工资每月发放一次，且有固定期限。且《劳动合同法》规定，劳动合同期限超过3个月不满1年的，试用期不得超过1个月。故选A、B、C、E四项。

第三节　工资、工作时间和休息休假

【重要考点概览】

小节	主要考点	历年考查点
第三节　工资、工作时间和休息休假	工资分配、支付与最低工资保障制度	2017年考查多项选择题 2019年考查单项选择题 2020年考查单项选择题
	工作时间和休息休假的规定	2015年考查单项选择题 2016年考查多项选择题 2017年考查单项选择题 2018年考查单项选择题 2019年考查多项选择题

考点一：工资分配、支付与最低工资保障制度

工资分配原则	按劳分配原则，同工同酬。工资水平在经济发展的基础上逐步提高
工资水平和工资支付	①工资应当以货币形式按月支付给劳动者本人。 ②劳动者在法定休假日和婚丧假期间以及依法参加社会活动期间，用人单位应当依法支付工资
最低工资保障制度	（1）分类。 ①月最低工资标准：全日制就业劳动者 ②小时最低工资标准：非全日制就业劳动者 （2）最低工资标准确定。 ①劳动者本人及平均赡养人口的最低生活费用。 ②社会平均工资水平。 ③劳动生产率。 ④就业状况。 ⑤地区之间经济发展水平的差异。 （3）最低工资标准的其他规定。 ①省、自治区、直辖市劳动保障行政部门应将本地区最低工资标准方案报省、自治区、直辖市人民政府批准，并在批准后7日内在当地政府公报上和至少一种全地区性报纸上发布。 ②省、自治区、直辖市劳动保障行政部门应在发布后10日内将最低工资标准报劳动保障部。 ③最低工资标准每两年至少调整一次

【真题再现】

1. 根据《劳动法》《职工带薪年休假》，关于企业向员工支付工资的说法，正确的是（　　）。（2019年真题）

A. 企业可按月也可按季度向员工支付工资

B. 企业应当以货币或实物形式向员工支付工资

C. 员工在婚假期间，企业应当依法支付工资

D. 企业经员工同意来安排年休假的，应按员工日工资的200%支付工资

参考答案：C

参考解析：根据《劳动法》的有关规定，用人单位根据本单位的生产经营特点和经济效益，依法自主确定本单位的工资分配方式和工资水平。工资应当以货币形式按月支付给劳动者本人。不得克扣或者无故拖欠劳动者的工资。劳动者在法定休假日和婚丧假期间以及依法参加社会活动期间，用人单位应当依法支付工资。故选C项。

2. 根据《最低工资规定》，最低工资标准每（　　）年至少调整一次。（2019年真题）

A. 1　　　　B. 2

C. 3　　　　D. 5

参考答案：B

参考解析：最低工资标准发布实施后，上述因素发生变化，应当适时调整。最低

工资标准每两年至少调整一次。故选 B 项。

3. 根据《最低工资规定》，关于最低工资标准的说法，正确的是（　　）。（2020 年真题）

A. 最低工资标准应由县级人民政府确定

B. 最低工资标准一般采用月最低工资标准和小时最低工资标准的形式

C. 最低工资标准不得低于当地上年度职工月平均工资的 30%

D. 最低工资标准至少每年调整一次

参考答案：B

参考解析：《劳动法》规定，国家实行最低工资保障制度。最低工资的具体标准由省、自治区、直辖市人民政府规定，报国务院备案（A、C 项错误）。用人单位支付劳动者的工资不得低于当地最低工资标准。最低工资标准至少每两年调整一次（D 项错误）。最低工资标准一般采取月最低工资标准和小时最低工资标准的形式（B 项正确）。月最低工资标准适用于全日制就业劳动者，小时最低工资标准适用于非全日制就业劳动者。故选 B 项。

4. 根据《劳动法》，地方人民政府确定和调整最低工资标准应当考虑的有（　　）。（2017 年真题）

A. 就业状况　　B. 劳动生产率

C. 企业利润增长情况　　D. 社会平均工资水平

E. 劳动者本人及平均赡养人口的最低生活费用

参考答案：ABDE

参考解析：确定和调整最低工资标准应当综合参考下列因素：就业状况、劳动生产率、社会平均工资水平、劳动者本人及平均赡养人口的最低生活费用、地区之间经济发展水平的差异。故选 A、B、D、E 四项。

考点二：工作时间和休息休假的规定

工作时间	1. 标准工作日制度 职工每日工作 8 小时，每周工作 40 小时。 2. 延长工作时间的规定 （1）每日加班一般不超过 1 小时，特殊情况下每日不得超过 3 小时，每月不得超过 36 小时。 下列情况不受上述限制： ①发生自然灾害、事故或者因其他原因，威胁劳动者生命健康和财产安全，需要紧急处理的。 ②生产设备、交通运输线路、公共设施发生故障，影响生产和公众利益，必须及时抢修的。 ③法律、行政法规规定的其他情形。 （2）延长工作时间的工资支付。 ①若是工作时间，支付不低于 150% 的工资。 ②若是休息日（不安排补休），支付不低于 200% 的工资。 ③若是法定休假日，支付不低于 300% 的工资
休息休假	①公休假日：保证劳动者每周至少休息 1 日。 ②法定节日：用人单位在元旦、春节、国际劳动节、国庆节及法律法规规定的其他休假节日期间

续表

休息休假	安排劳动者休假。 3. 年休假 （1）劳动者连续工作1年以上的，享受带薪年休假。 （2）职工在年休假期间享受与正常工作期间相同的工资收入。 （3）1年≤累计工作时间<不满10年的，年休假5天。 （4）10年≤累计工作时间<不满20年的，年休假10天。 （5）累计工作≥20年，年休假15天

【真题再现】

1. 根据《劳动法》，关于某自来水公司延长员工工作时间的说法，正确的有（　　）。（2019年真题）

A. 在供水旺季可以延长员工工作时间，但每月不得超过40小时

B. 因供水设施发生故障致大面积停水时，该公司可要求员工每日延长工作时间5小时

C. 该公司安排员工延长工作时间，应支付不低于劳动者正常工作时间工资的150%的工资报酬

D. 该公司安排员工休息日工作又不能安排补休，应支付不低于劳动者正常工作时间工资的200%的工资报酬

E. 该公司安排员工在国庆节工作，应支付不低于劳动者正常工作时间工资的300%的工资报酬

参考答案：BCDE

参考解析：《劳动法》第41条规定，用人单位由于生产经营需要，经与工会和劳动者协商后可以延长工作时间，一般每日不得超过1小时；因特殊原因需要延长工作时间的，在保障劳动者身体健康的条件下延长工作时间每日不得超过3小时，但是每月不得超过36小时。用人单位延长工作时间，应当按照下列标准支付高于劳动者正常工作时间工资的工资报酬：①安排劳动者延长工作时间的，支付不低于工资的150%的工资报酬；②休息日安排劳动者工作又不能安排补休的，支付不低于工资的200%的工资报酬；③法定休假日安排劳动者工作的，支付不低于工资的300%的工资报酬。《劳动法》第42条规定，有下列情形之一的，延长工作时间不受《劳动法》第41条规定的限制：（1）发生自然灾害、事故或者因其他原因，威胁劳动者生命健康和财产安全，需要紧急处理的；（2）生产设备、交通运输线路、公共设施发生故障，影响生产和公众利益，必须及时抢修的；（3）法律、行政法规规定的其他情形。故选B、C、D、E四项。

2. 根据《劳动法》，下列公司对员工工作时间的安排，符合规定的是（　　）。（2018年真题）

A. 甲公司每周工作7天，每天工作6小时

B. 乙公司每周工作6天，每天工作6.5小时

C. 丙公司每周工作 5 天，每天加班 2.5 小时

D. 丁公司每周工作 5 天，每月加班 50 小时

参考答案：B

参考解析：本题考查劳动者的工作时间。国家实行劳动者每日工作时间 8 小时、每周工作时间 40 小时的工时制度。用人单位应当保证劳动者每周至少休息 1 日，因此 A 项错误，B 项正确。因特殊原因需要延长工作时间的，在保障劳动者身体健康的条件下延长工作时间每日不得超过 3 小时，每月不得超过 36 小时，因此 C、D 项错误。故选 B 项。

3. 下列用人单位给付加班人员工资报酬的做法，符合《劳动法》规定的是（　　）。（2017 年真题）

A. 甲工厂在工人临近下班时接到紧急任务，需赶工加班，加班时间按工资的 120% 给予加班人员工资报酬

B. 乙公司在休息日安排职员加班又不能安排补休，按工资的 150% 给予加班人员工资报酬

C. 丙物业公司安排社区保安在“五一”国际劳动节上班，按工资的 250% 给予加班人员工资报酬

D. 丁环卫队安排环卫工人在正月初一清扫道路，按工资的 300% 给予加班人员工资报酬

参考答案：D

参考解析：本题考查延长工作时间的工资支付。用人单位延长工作时间，应当按照下列标准支付高于劳动者正常工作时间工资的工资报酬：（1）安排延长工作时间的，支付不低于工资的 150% 的工资报酬；（2）休息日安排劳动者工作又不能安排补休的，支付不低于工资的 200% 的工资报酬；（3）法定休假日安排劳动者工作的，支付不低于工资的 300% 的工资报酬。故选 D 项。

4. 下列关于工作时间、休息休假的说法，正确的有（　　）。（2016 年真题）

A. 用人单位应当保证劳动者每周至少休息 1 日

B. 企业董事会可自行决定实行非标准工时制度

C. 劳动者连续工作一年以上的，享受带薪年休假

D. 用人单位由于生产经营需要，经与工会和劳动者协商可以延长工期

E. 用人单位因特殊原因可以延长劳动时间，最多每月 36 小时

参考答案：ACD

参考解析：本题考查工作时间和休息休假的规定。B 项，企业因生产特点不能实行标准工时制度的。经劳动行政部门批准，可以实行其他工作和休息办法。E 项，因特殊原因需要延长工作时间的，在保障劳动者身体健康的条件下延长工作时间每日不得超过 3 小时，但是每月不得超过 36 小时。故选 A、C、D 三项。

第四节　劳动保护与职业培训的规定

【重要考点概览】

小节	主要考点	历年考查点
第四节　劳动保护与职业培训的规定	劳动保护的规定	2016 年考查单项选择题 2018 年考查单项选择题 2019 年考查单项选择题 2020 年考查单项选择题
	职业培训的规定	2015 年考查单项选择题

考点一：劳动保护的规定

1. 劳动安全卫生

（1）用人单位的责任。

①对劳动者进行劳动安全卫生教育，减少职业危害。

②用人单位必须为劳动者提供必要的劳动防护用品。

③对从事有职业危害作业的劳动者应当定期进行健康检查。

（2）劳动者的权利和责任。

①从事特种作业的劳动者必须经过专门培训并取得特种作业资格。

②劳动者在劳动过程中必须严格遵守安全操作规程。

③劳动者对用人单位管理人员违章指挥、强令冒险作业，有权拒绝执行。

④对危害生命安全和身体健康的行为，有权提出批评、检举和控告。

（3）国家建立伤亡事故和职业病统计报告及处理制度。

县级以上各级人民政府劳动行政部门、有关部门和用人单位应当依法对劳动者在劳动过程中发生的伤亡事故和劳动者的职业病状况，进行统计、报告和处理。

2. 女职工和未成年工特殊保护

女职工的特殊保护	（1）对妇女劳动就业方面的保护。 妇女享有与男子平等的就业权利；女职工在孕期、产期、哺乳期内，用人单位一般不得解除劳动合同。 （2）实行男女同工同酬。 用人单位不得因女职工怀孕、生育、哺乳降低其基本工资、予以辞退、与其解除劳动合同。 （3）合理安排女职工的工种和工作。 禁止安排女职工从事矿山井下、国家规定的第四级体力劳动强度的劳动和其他禁忌从事的劳动。 （4）对女职工实行“四期”保护。 经期保护、孕期保护、产期保护和哺乳期保护。 （5）对怀孕 7 个月以上的女职工，用人单位不得延长劳动时间或者安排夜班劳动，并应当在劳动时间内安排一定的休息时间。 （6）女职工生育享受 98 天产假，其中产前可以休假 15 天；难产的，增加产假 15 天；生育多胞胎的，每多生育 1 个婴儿，增加产假 15 天。女职工怀孕未满 4 个月流产的，享受 15 天产假；怀孕满 4 个月流产的，享受 42 天产假

续表

未成年工（16～18周岁）的特殊保护	（1）禁止用人单位招用未满16周岁的未成年人。 文艺、体育和特种工艺单位招用未满16周岁的未成年人，必须依照国家有关规定，履行审批手续，并保障其接受义务教育的权利。 （2）用人单位不得安排未成年工从事矿山井下、有毒有害、国家规定的第四级体力劳动强度的劳动和其他禁忌从事的劳动，用人单位应当对未成年工定期进行健康检查

【真题再现】

1. 根据《女职工劳动保护特别规定》，关于女职工产假的说法，正确的是（　　）。（2019年真题）

A. 女职工生育双胞胎的，增加10天产假

B. 女职工怀孕3个月流产的，享受15天产假

C. 女职工怀孕6个月流产的，享受30天产假

D. 女职工生育享受98天产假，难产的，再增加5天产假

参考答案：B

参考解析：女职工生育享受98天产假，其中产前可以休假15天；难产的，增加产假15天；生育多胞胎的，每多生育1个婴儿，增加产假15天。女职工怀孕未满4个月流产的，享受15天产假；怀孕满4个月流产的，享受42天产假。故选B项。

2. 根据《女职工劳动保护特别规定》，企业对下列女职工的劳动时间安排，正确的（　　）。（2020年真题）

A. 小丽，怀孕5个月流产，企业准予其享受15天产假

B. 小莲，怀孕7个月，在劳动时间内进行产前检查，企业将产检所需时间折半计入劳动时间

C. 小琴，怀孕8个月，企业安排其每周加班5个小时

D. 小芳，哺乳6个月大的儿子，企业在其每天劳动时间内安排1小时哺乳时间

参考答案：D

参考解析：女职工怀孕未满4个月流产的，享受15天产假；怀孕满4个月流产的，享受42天产假。A项错误。对怀孕7个月以上的女职工，用人单位不得延长劳动时间或者安排夜班劳动，并应当在劳动时间内安排一定的休息时间。C项错误。怀孕女职工在劳动时间内进行产前检查，所需时间计入劳动时间。B项错误。用人单位应当在每天的劳动时间内为哺乳期女职工安排1小时哺乳时间；女职工生育多胞胎的，每多哺乳1个婴儿每天增加1小时哺乳时间。故选D项。

3. 2015年5月，刚满16周岁的小明被某煤矿招聘为办公室打字员，双方签订为期3年的劳动合同。2016年5月，煤矿因效益不好精减非生产部门工作人员，安排小明下井从事采掘工作，小明予以拒绝；随后煤矿又安排小明到重粉尘车间，也被小明拒绝。根据《劳动法》，下列说法正确的是（　　）。（2016年真题）

A. 第一次拒绝于法无据，第二次拒绝于法有据

B. 第一次拒绝于法有据，第二次拒绝于法无据

C. 小明两次拒绝均于法有据，煤矿应安排其他适当工作

D. 调动小明工作属于煤矿用工自主权范围，小明应服从安排

参考答案：C

参考解析：本题考查未成年工的特殊保护。用人单位不得安排未成年工从事矿山井下、有毒有害、国家规定的第四级体力劳动强度的劳动和其他禁忌从事的劳动。故选C项。

考点二：职业培训的规定

1. 就业前职业培训

（1）县级以上地方人民政府对有就业要求的初高中毕业生实行一定期限的职业教育和培训，使其取得相应的职业资格或者掌握职业技能。

（2）从事技术工种的劳动者，上岗前必须经过培训。

2. 在职培训

用人单位在使用劳动力的同时，负有对劳动者进行职业培训的义务。

第五节　劳动保障监察和劳动争议处理

【重要考点概览】

小节	主要考点	历年考查点
第五节　劳动保障监察和劳动争议处理	劳动保障监察的规定	2016年考查单项选择题 2017年考查单项选择题 2019年考查单项选择题
	劳动争议处理的规定	2015年考查单项选择题 2016年考查多项选择题 2017年考查多项选择题

考点一：劳动保障监察的规定

监察原则	（1）保护劳动者权益（首要原则）。 （2）公正、公开、高效、便民的原则。 （3）坚持教育与处罚相结合。 （4）接受社会监督
监察对象范围	（1）企业和个体工商户。 （2）职业介绍机构。 （3）职业技能培训机构。 （4）职业技能考核鉴定机构
监察机构	（1）国务院劳动保障行政部门：主管全国的劳动保障监察工作。 （2）县级以上地方各级人民政府劳动保障行政部门：主管本行政区域内的劳动保障监察工作。

续表

监察机构	（3）县级以上各级人民政府有关部门：根据各自职责，支持、协助劳动保障行政部门的劳动保障监察工作。 （4）县级、设区的市级人民政府劳动保障行政部门可以委托符合监察执法条件的组织实施劳动保障监察
监察职责	（1）宣传劳动保障法律、法规和规章，督促用人单位贯彻执行。 （2）检查用人单位遵守劳动保障法律、法规和规章的情况。 （3）受理对违反劳动保障法律、法规或者规章的行为的举报、投诉。 （4）依法纠正和查处违反劳动保障法律、法规或者规章的行为
监察事项	（1）用人单位制定内部劳动保障规章制度的情况。 （2）用人单位与劳动者订立劳动合同的情况。 （3）用人单位遵守禁止使用童工规定的情况。 （4）用人单位遵守女职工和未成年工特殊劳动保护规定的情况。 （5）用人单位遵守工作时间和休息休假规定的情况。 （6）用人单位支付劳动者工资和执行最低工资标准的情况。 （7）用人单位参加各项社会保险和缴纳社会保险费的情况。 （8）职业介绍机构、职业技能培训机构和职业技能考核鉴定机构遵守国家有关职业介绍、职业技能培训和职业技能考核鉴定的规定的情况。 （9）法律法规规定的其他劳动保障监察事项
实施监察	（1）劳动保障监察的管辖。 ①地域管辖（最主要的管辖方式）：用人单位用工所在地的县级或者设区的市级劳动保障行政部门管辖。 ②级别管辖：上级劳动保障行政部门可以调查处理下级劳动保障行政部门管辖的案件。省、自治区、直辖市人民政府可以对劳动保障监察的管辖制定具体办法。 ③指定管辖：对劳动保障监察管辖发生争议的，报请共同的上一级劳动保障行政部门指定管辖。 （2）劳动保障监察的形式。 ①日常巡视检查。 ②审查用人单位按照要求报送的书面材料。 ③接受举报投诉。 （3）劳动保障监察的措施。 ①进入用人单位的劳动场所进行检查。 ②就调查、检查事项询问有关人员。 ③要求用人单位提供与调查、检查事项相关的文件资料，作出解释和说明，必要时可以发出调查询问书。 ④采取记录、录音、录像、照相或者复制等方式收集有关情况和资料。 ⑤委托会计师事务所对用人单位工资支付、缴纳社会保险费的情况进行审计。 ⑥法律、法规规定可以由劳动保障行政部门采取的其他调查、检查措施。 （4）劳动保障监察的程序。 ①劳动保障监察员：进行调查、检查，不得少于两人，应当佩戴劳动保障监察标志、出示劳动保障监察证件。 ②调查期限：自立案之日起 60 个工作日内完成；情况复杂的，经批准可以延长 30 个工作日。 ③处理方式：根据情形有行政处罚、行政处理等。 ④告知：作出行政处罚或者行政处理决定，应当告知用人单位依法享有申请行政复议或者提起行政诉讼的权利。 ⑤时效期限：违法、违规行为在两年内未被劳动保障行政部门发现，也未被举报、投诉的，劳动保障行政部门不再查处

【真题再现】

1. 根据《劳动保障监察条例》，用人单位的下列情况，属于劳动保障监察事项的是（　　）。(2017 年真题)

A. 建立工会组织的情况　　B. 缴纳职工住房公积金的情况

C. 缴纳残疾人就业保障金的情况　　D. 与劳动者订立劳动合同的情况

参考答案：D

参考解析：本题考查劳动保障监察事项。劳动保障行政部门对下列事项实施劳动保障监察：(1) 用人单位制定内部劳动保障规章制度的情况；(2) 用人单位与劳动者订立劳动合同的情况；(3) 用人单位遵守禁止使用童工规定的情况；(4) 用人单位遵守女职工和未成年工特殊劳动保护规定的情况；(5) 用人单位遵守工作时间和休息休假规定的情况；(6) 用人单位支付劳动者工资和执行最低工资标准的情况；(7) 用人单位参加各项社会保险和缴纳社会保险费的情况；(8) 职业介绍机构、职业技能培训机构和职业技能考核鉴定机构遵守国家有关职业介绍、职业技能培训和职业技能考核鉴定的规定的情况；(9) 法律、法规规定的其他劳动保障监察事项。故选 D 项。

2. 劳动保障行政部门有权对违反劳动保障法律、法规或者规章的行为调查，根据《劳动保障监察条例》，调查应当自立案之日起（　　）个工作日完成；对情况复杂的，经批准可适当延长。(2016 年真题)

A. 60　　B. 70　　C. 80　　D. 90

参考答案：A

参考解析：本题考查劳动保障监察的调查期限。劳动保障行政部门对违反劳动保障法律、法规或者规章的行为的调查，应当自立案之日起 60 个工作日内完成；对情况复杂的，经劳动保障行政部门负责人批准，可以延长 30 个工作日。故选 A 项。

3. 乔某应聘到某企业工作，双方约定试用期三个月，试用期间月工资 4000 元，但该企业以各种理由拖欠乔某工资。试用期一结束，乔某辞职，该企业仍不支付其工资，乔某到劳动保障监察部门投诉，劳动保障监察部门责令该企业 30 日内支付乔某工资，但该企业拒不执行。根据《劳动保障监察条例》，该企业除了向乔某支付所欠工资外还应加付（　　）赔偿金。(2019 年真题)

A. 2000 元以上 4000 元以下　　B. 4000 元以上 6000 元以下

C. 6000 元以上 12000 元以下　　D. 12000 元以上 18000 元以下

参考答案：C

参考解析：《劳动保障监察条例》第二十六条规定，用人单位有下列行为之一的，由劳动保障行政部门分别责令限期支付劳动者的工资报酬、劳动者工资低于当地最低工资标准的差额或者解除劳动合同的经济补偿；逾期不支付的，责令用人单位按照应付金额 50% 以上 1 倍以下的标准计算，向劳动者加付赔偿金。乔某试用期是三个月，每月工资是 4000 元，共拖欠 $3 \times 4000 = 12000$ 元。故选 C 项。

4. 根据《劳动保障监察条例》下列事项中，属于劳动保障行政部门实施劳动保障

监察范围的是（　　）。(2020年真题)

A. 机关工会维护职工权益的情况

B. 企业代扣代缴员工个人所得税的情况

C. 基金会为员工购买意外伤害保险的情况

D. 公司遵守工作时间和休息休假规定的情况

参考答案：D

参考解析：劳动保障行政部门对下列事项实施劳动保障监察：（1）用人单位制定内部劳动保障规章制度的情况；（2）用人单位与劳动者订立劳动合同的情况；（3）用人单位遵守禁止使用童工规定的情况；（4）用人单位遵守女职工和未成年工特殊劳动保护规定的情况；（5）用人单位遵守工作时间和休息休假规定的情况；（6）用人单位支付劳动者工资和执行最低工资标准的情况；（7）用人单位参加各项社会保险和缴纳社会保险费的情况；（8）职业介绍机构、职业技能培训机构和职业技能考核鉴定机构遵守国家有关职业介绍、职业技能培训和职业技能考核鉴定的规定的情况；（9）法律法规规定的其他劳动保障监察事项。故选D项。

考点二：劳动争议处理的规定

劳动争议处理的原则	合法、公正、及时、着重调解原则
劳动争议处理范围	（1）因确认劳动关系发生的争议。 （2）因订立、履行、变更、解除和终止劳动合同发生的争议。 （3）因除名、辞退和离职发生的争议。 （4）因工作时间、休息休假、社会保险、福利、培训以及劳动保护发生的争议。 （5）因劳动报酬、工伤医疗费、经济补偿或者赔偿金等发生的争议。 （6）法律、法规规定的其他劳动争议
劳动争议处理机构	（1）劳动争议调解组织。（如企业劳动争议调解委员会、基层人民调解委员会） 适用情形：不愿协商、协商不成、达成和解不履行。 （2）劳动争议仲裁委员会。 适用情形：不愿调解、调解不成或者达成调解不履行。 （3）人民法院。 适用情形：对仲裁裁决不服
劳动争议调解	（1）劳动争议调解的原则。 ①自愿原则。 ②民主说服原则。 （2）劳动争议调解的程序、期限与效力。 ①申请：书面申请、口头申请均可。 ②效力：调解协议书由双方当事人签名或者盖章，经调解员签名并加盖调解组织印章后生效，对双方当事人具有约束力，当事人应当履行。 ③期限：自劳动争议调解组织收到调解申请之日起15日内未达成调解协议的，当事人可以依法申请仲裁。 ④达成调解协议后，一方当事人在协议约定期限内不履行调解协议的；另一方当事人可以依法申请仲裁。 注意：因支付拖欠劳动报酬、工伤医疗费、经济补偿或者赔偿金事项达成调解协议，用人单位在协议约定期限内不履行的，劳动者可以持调解协议书依法向人民法院申请支付令

续表

劳动争议仲裁	（1）劳动争议仲裁的原则。 ①着重调解的原则：仲裁庭在作出裁决前，应先行调解。 ②及时迅速原则：仲裁庭裁决劳动争议案件，应当自劳动争议仲裁委员会受理仲裁申请之日起45日内结束。延长期限不得超过15日。逾期未作出仲裁裁决的，当事人可以向人民法院提起诉讼。 ③区分举证责任原则：发生劳动争议，当事人对自己提出的主张，有责任提供证据。与争议事项有关的证据属于用人单位掌握管理的，用人单位应当提供；用人单位不提供的，应当承担不利后果。 （2）劳动争议仲裁庭。 ①一般仲裁庭：由3名仲裁员组成，设首席仲裁员。首席仲裁员由仲裁委员会主任或授权办事机构负责人指定产生，其他两名仲裁员由劳动争议案件当事人或劳动仲裁委员会选定产生。 ②简易仲裁庭：由一名仲裁员组成独任仲裁庭，处理简单劳动争议案件。简单劳动争议案件是指事实清楚、情节认定容易、适用法律明确的案件。 （3）劳动争议仲裁员任职条件。 ①曾任审判员的。 ②从事法律研究、教学工作并具有中级以上职称的。 ③具有法律知识、从事人力资源管理或者工会等专业工作满5年的。 ④律师执业满3年的。 （4）仲裁员的职责。 参加仲裁庭；有权向当事人及有关单位调查取证；进行调解工作；审查申诉人的撤诉请求；参加仲裁庭合议，对案件提出裁决意见；对案件涉及的秘密和个人隐私应当保密等
劳动争议案件的审理	（1）劳动争议案件的管辖。 劳动争议由劳动合同履行地或者用人单位所在地的劳动争议仲裁委员会管辖，优先劳动合同履行地。 （2）劳动仲裁的申请和受理。 ①仲裁申请：书面仲裁申请。 ②时效：劳动争议申请仲裁的时效期间为1年。 ③受理时限：收到仲裁申请之日起5日内。 ④劳动争议仲裁委员会受理仲裁申请后，在5日内将仲裁申请书副本送达被申请人。 ⑤被申请人收到仲裁申请书副本后，应当在10日内向劳动争议仲裁委员会提交答辩书。 ⑥劳动争议仲裁委员会收到答辩书后，应当在5日内将答辩书副本送达申请人

【真题再现】

1. 根据《劳动争议调解仲裁法》，可以担任劳动争议仲裁员的人员有（　　）。（2017年真题）

A. 老陈，退休审判员　　B. 老张，居委会主任

C. 老王，大学法学专业教授　　D. 小武，已执业5年的律师

E. 小丁，法学本科毕业后在某县总工会从事专业工作满5年

参考答案：ACDE

参考解析：本题考查劳动争议仲裁员的条件。劳动争议仲裁委员会应当设仲裁员名册。仲裁员应当公道正派，并符合下列条件之一：（1）曾任审判员的；（2）从事法律研究、教学工作并具有中级以上职称的；（3）具有法律知识、从事人力资源管理或

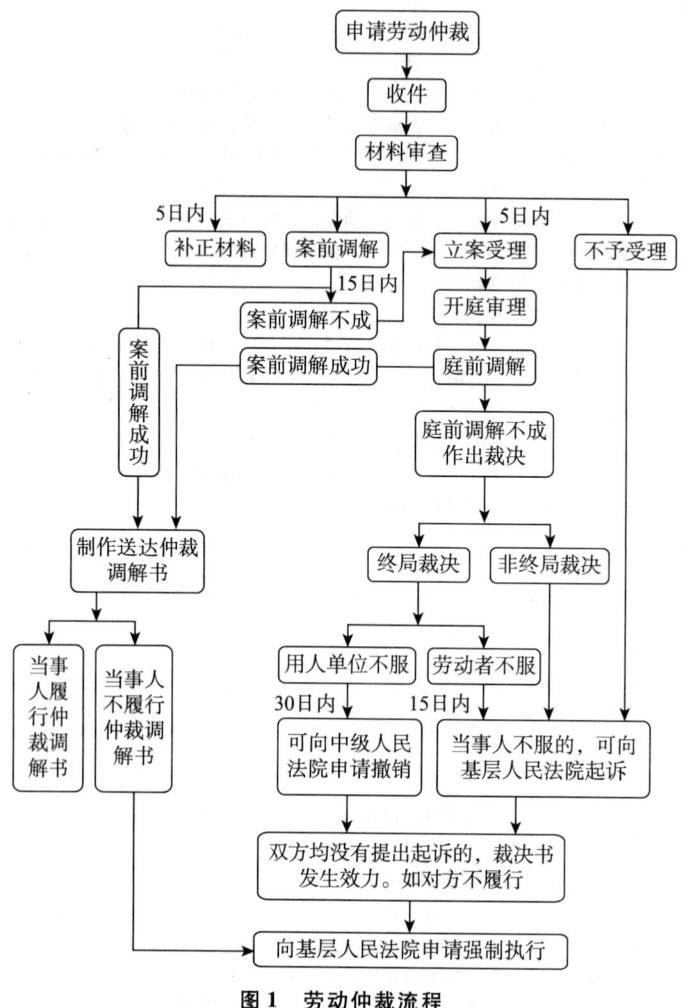

图1　劳动仲裁流程

者工会等专业工作满5年的；(4) 律师执业满3年的。故选A、C、D、E四项。

2. 根据《劳动争议调解仲裁法》，下列关于劳动争议开庭和裁决的说法，正确的有（　　）。(2016年真题)

A. 当事人有正当理由的，可以在开庭3日前请求延期开庭

B. 仲裁庭对专门性问题认为需要鉴定的，可以直接指定鉴定机构

C. 劳动争议仲裁委员会应当在受理仲裁之日起5日内将仲裁的组成情况书面通知当事人

D. 被申请人收到书面通知，无正当理由拒不到庭或者未经仲裁庭同意中途退庭的，可以视为撤回仲裁申请

E. 劳动者无法提供由用人单位掌握管理的与仲裁请求有关的证据，仲裁庭可以要求用人单位在指定期限内提供

参考答案：ACE

参考解析：本题考查劳动争议的开庭和裁决。B 项，仲裁庭对专门性问题认为需要鉴定的，可以交由当事人约定的鉴定机构鉴定；当事人没有约定或者无法达成约定的，由仲裁庭指定的鉴定机构鉴定。D 项，申请人收到书面通知，无正当理由拒不到庭或者未经仲裁庭同意中途退庭的，可以视为撤回仲裁申请；被申请人收到书面通知，无正当理由拒不到庭或者未经仲裁庭同意中途退庭的，可以缺席裁决。故选 A、C、E 三项。

3. 根据《劳动争议调解仲裁法》和《劳动保障监察条例》，下列关于劳动仲裁、监察时效期间的说法，正确的是（　　）。(2015 年真题)

A. 劳动争议申请仲裁的时效期间为 60 天

B. 当事人对仲裁裁决不服的，可以自收到仲裁裁决书之日起 60 日内向人民法院提起诉讼

C. 仲裁庭裁决劳动争议案件，除案情复杂需要延期的外，应当自劳动争议仲裁委员会受理仲裁申请之日起 60 日内结束

D. 劳动保障行政部门对违反劳动保障法律、法规或者规章的行为的调查，除情况复杂需要延期的外，应当自立案之日起 60 个工作日内完成

参考答案：D

参考解析：A 项，劳动争议申请仲裁的时效期间为 1 年；B 项，当事人对仲裁裁决不服的，可以自收到仲裁裁决书之日起 15 日内向人民法院提起诉讼；C 项，仲裁庭裁决劳动争议案件，应当自劳动争议仲裁委员会受理仲裁申请之日起 45 日内结束。案情复杂需要延期的，经劳动争议仲裁委员会主任批准，可以延期并书面通知当事人，但是延长期限不得超过 15 日。故选 D 项。

4. 根据《劳动争议调解仲裁法》，下列争议中，属于劳动争议的有（　　）。(2015 年真题)

A. 因职称晋升发生的争议

B. 因企业改制发生的争议

C. 因确认劳动关系发生的争议

D. 因除名、辞退、辞职发生的争议

E. 因工作时间、休息休假发生的争议

参考答案：CDE

参考解析：根据《劳动争议调解仲裁法》第二条，我国劳动争议调解仲裁的范围包括：因确认劳动关系发生的争议；因订立、履行、变更、解除和终止劳动合同发生的争议；因除名、辞退和辞职、离职发生的争议；因工作时间、休息休假、社会保险、福利、培训以及劳动保护发生的争议；因劳动报酬、工伤医疗费、经济补偿或者赔偿金等发生的争议；法律、行政法规规定的其他劳动争议。故选 C、D、E 三项。

第六节　构建和谐劳动关系法规与政策

【重要考点概览】

小节	主要考点	历年考查点
第六节　构建和谐劳动关系法规与政策	构建和谐劳动关系的体制机制	尚未考查
	建立劳动人事争议裁审衔接机制	尚未考查
	集体合同制度	2015 年考查单项选择题 2017 年考查单项选择题 2019 年考查单项选择题、多项选择题 2020 年考查单项选择题

考点一：构建和谐劳动关系的体制机制

健全劳动关系协调机制	1. 全面实行劳动合同制度 2. 推行集体协商和集体合同制度 3. 健全协调劳动关系三方机制 建立健全由人力资源社会保障部门会同工会和企业联合会、工商业联合会等企业代表组织组成的三方机制，根据实际需要推动工业园区、乡镇（街道）和产业系统建立三方机制
加强企业民主管理制度建设	1. 健全企业民主管理制度 完善以职工代表大会为基本形式的企业民主管理制度，推进企业普遍建立职工代表大会，针对不同所有制企业，探索符合各自特点的职工代表大会形式、权限和职能。在中小企业集中的地方，可以建立区域性、行业性职工代表大会。 2. 推进厂务公开制度化、规范化 进一步提高厂务公开建制率，加强国有企业改制重组过程中的厂务公开，积极稳妥推进非公有制企业厂务公开制度建设。 3. 推行职工董事、职工监事制度 按照公司法的规定，在公司制企业建立职工董事、职工监事制度。依法规范职工董事、职工监事履职规则。在董事会、监事会研究决定公司重大问题时，职工董事、职工监事应充分发表意见，反映职工合理诉求，维护职工和公司合法权益
健全劳动关系矛盾调处机制	1. 健全劳动保障监察制度 建立健全违法行为预警防控机制，完善多部门综合治理和监察执法与刑事司法联动机制，严厉打击使用童工、强迫劳动、拒不支付劳动报酬等违法犯罪行为。加强劳动保障诚信评价制度建设，建立健全企业诚信档案。 2. 健全劳动争议调解仲裁机制 坚持预防为主、基层为主、调解为主的工作方针，加强企业劳动争议调解委员会建设，健全人民调解、行政调解、仲裁调解、司法调解联动工作体系，充分发挥协商、调解在处理劳动争议中的基础性作用。 3. 完善劳动关系群体性事件预防和应急处置机制 加强对劳动关系形势的分析研判，建立劳动关系群体性纠纷的经常性排查和动态监测预警制度，及时发现和积极解决劳动关系领域的苗头性、倾向性问题，有效防范群体性事件

考点二：建立劳动人事争议裁审衔接机制

统一裁审受理范围和法律适用标准	1. 逐步统一裁审受理范围：各地劳动人事争议仲裁委员会和人民法院要按照《中华人民共和国劳动争议调解仲裁法》等法律规定，逐步统一社会保险争议、人事争议等争议的受理范围。 2. 逐步统一裁审法律适用标准 各地仲裁委员会和人民法院要严格按照法律规定处理劳动人事争议，对于法律规定不明确等原因造成裁审法律适用标准不一致的突出问题，由人力资源和社会保障部与最高人民法院按照《中华人民共和国立法法》有关规定，通过制定司法解释或指导意见等形式明确统一的法律适用标准
规范裁审程序衔接	1. 规范受理程序衔接 （1）对未经仲裁程序直接起诉到人民法院的劳动人事争议案件，人民法院应裁定不予受理。 （2）对已受理的，应驳回起诉，并告知当事人向有管辖权的仲裁委员会申请仲裁。 （3）当事人因仲裁委员会逾期未作出仲裁裁决而向人民法院提起诉讼且人民法院立案受理的，人民法院应及时将该案的受理情况告知仲裁委员会，仲裁委员会应及时决定该案件终止审理。 2. 规范保全程序衔接 仲裁委员会对在仲裁阶段可能因用人单位转移、藏匿财产等行为致使裁决难以执行的，应告知劳动者通过仲裁机构向人民法院申请保全。 3. 规范执行程序衔接 （1）仲裁委员会依法裁决先予执行的，应向有执行权的人民法院移送先予执行裁决书、裁决书的送达回证或其他送达证明材料；接受移送的人民法院应按照《中华人民共和国刑事诉讼法》和《中华人民共和国劳动争议仲裁调解法》相关规定执行。 （2）人民法院要加强对仲裁委员会裁决书、调解书的执行工作，加大对涉及劳动报酬、工伤保险待遇争议，特别是集体劳动人事争议等案件的执行力度
完善裁审衔接工作机制	1. 建立联席会议制度 2. 建立信息共享制度 3. 建立疑难复杂案件办案指导制度 4. 建立联合培训制度

考点三：集体合同制度

集体协商的原则和内容	1. 集体协商的原则 （1）遵守法律、法规、规章及国家有关规定。 （2）相互尊重，平等协商。 （3）诚实守信，公平合作。 （4）兼顾双方合法权益。 （5）不得采取过激行为。 注意：用人单位与职工个人签订的劳动合同约定的劳动条件和劳动报酬等标准，不得低于集体合同或专项集体合同的规定。 2. 集体协商的内容 （1）劳动报酬：用人单位工资水平、工资分配制度、工资标准和工资分配形式；工资支付办法；加班、加点工资及津贴、补贴标准和奖金分配办法；工资调整办法；试用期及病、事假等期间的工资待遇；特殊情况下职工工资（生活费）支付办法；其他劳动报酬分配办法。 （2）工作时间：工时制度；加班加点办法；特殊工种的工作时间；劳动定额标准。 （3）休息休假：日休息时间、周休息日安排、年休假办法；不能实行标准工时职工的休息休假；其他假期。 （4）劳动安全卫生：劳动安全卫生责任制；劳动条件和安全技术措施；安全操作规程；劳保用品发放标准；定期健康检查和职业健康体检。

续表

集体协商的原则和内容	（5）补充保险和福利：补充保险的种类、范围；基本福利制度和福利设施；医疗期延长及其待遇；职工亲属福利制度。 （6）女职工和未成年工的特殊保护：女职工和未成年工禁忌从事的劳动；女职工的经期、孕期、产期和哺乳期的劳动保护；女职工、未成年工定期健康检查；未成年工的使用和登记制度。 （7）职业技能培训：职业技能培训项目规划及年度计划；职业技能培训费用的提取和使用；保障和改善职业技能培训的措施。 （8）劳动合同管理：劳动合同签订时间；确定劳动合同期限的条件；劳动合同变更、解除、续订的一般原则及无固定期限劳动合同的终止条件；试用期的条件和期限。 （9）奖惩：劳动纪律；考核奖惩制度；奖惩程序。 （10）裁员：裁员的方案；裁员的程序；裁员的实施办法和补偿标准
集体协商的代表和程序	1. 集体协商的代表 （1）集体协商双方的代表人数应当对等，每方至少3人，并各确定1名首席代表。 （2）职工一方的协商代表由本单位工会选派。未建立工会的，由本单位职工民主推荐，并经本单位半数以上职工同意。职工一方的首席代表由本单位工会主席担任。 （3）用人单位一方的协商代表，由用人单位法定代表人指派，首席代表由单位法定代表人担任或由其书面委托的其他管理人员担任。 （4）集体协商双方首席代表可以书面委托本单位以外的专业人员作为本方协商代表。委托人数不得超过本方代表的1/3。首席代表不得由非本单位人员代理。 2. 集体协商的程序 集体协商任何一方均可就签订集体合同或专项集体合同以及相关事宜，以书面形式向对方提出进行集体协商的要求。一方提出进行集体协商要求的，另一方应当在收到集体协商要求之日起20日内以书面形式予以回应，无正当理由不得拒绝进行集体协商。 （1）协商准备工作： ①熟悉与集体协商内容有关的法律、法规、规章和制度； ②了解与集体协商内容有关的情况和资料，收集用人单位和职工对协商意向所持的意见； ③拟定集体协商议题，集体协商议题可由提出协商一方起草，也可由双方指派代表共同起草； ④确定集体协商的时间、地点等事项； ⑤共同确定一名非协商代表担任集体协商记录员，记录员应保持中立、公正，并为集体协商双方保密。 （2）协商会议主持（双方首席代表轮流主持）程序： ①宣布议程和会议纪律； ②一方首席代表提出协商的具体内容和要求，另一方首席代表就对方的要求作出回应； ③协商双方就商谈事项发表各自意见，开展充分讨论； ④双方首席代表归纳意见，达成一致的，应当形成集体合同草案或专项集体合同草案，由双方首席代表签字； ⑤集体协商未达成一致意见或出现事先未预料的问题时，经双方协商，可以中止协商，中止期限及下次协商时间、地点、内容由双方商定
集体合同的关于订立、变更、解除等方面的规定	1. 集体合同的订立、终止 （1）职工代表大会或者全体职工讨论集体合同草案或专项集体合同草案，应当有2/3以上职工代表或者职工出席，且须经全体职工代表半数以上或者全体职工半数以上同意，集体合同草案或专项集体合同草案方获通过。 （2）集体合同草案或专项集体合同草案经职工代表大会或者职工大会通过后，由集体协商双方首席代表签字。 （3）集体合同或专项集体合同期限一般为1～3年，期满或双方约定的终止条件出现，即行终止。 （4）集体合同或专项集体合同期满前3个月内，任何一方均可向对方提出重新签订或续订的要求。

续表

集体合同的关于订立、变更、解除等方面的规定	2. 集体合同的变更、解除 双方协商代表协商一致，可以变更或解除集体合同或专项集体合同。有下列情形之一的，可以变更或解除集体合同或专项集体合同： （1）用人单位因被兼并、解散、破产等原因，致使集体合同或专项集体合同无法履行的。 （2）因不可抗力等原因致使集体合同或专项集体合同无法履行或部分无法履行的。 （3）集体合同或专项集体合同约定的变更或解除条件出现的。 （4）法律、法规、规章规定的其他情形。 3. 集体合同审查 （1）集体合同或专项集体合同签订或变更后，应当自双方首席代表签字之日起 10 日内，由用人单位一方将文本一式三份报送劳动保障行政部门审查。 （2）劳动保障行政部门应当对报送的集体合同或专项集体合同的下列事项进行审查。 ①集体协商双方的主体资格是否符合法律、法规和规章规定。 ②集体协商程序是否违反法律、法规、规章规定。 ③集体合同或专项集体合同内容是否与国家规定相抵触。 （3）劳动保障行政部门对集体合同或专项集体合同有异议的，应当自收到文本之日起 15 日内将《审查意见书》送达双方协商代表。 4. 集体合同生效 （1）劳动保障行政部门自收到文本之日起 15 日内未提出异议的，集体合同或专项集体合同即行生效。 （2）生效的集体合同或专项集体合同，应当自其生效之日起由协商代表及时以适当的形式向本方全体人员公布
集体协商争议的协调处理	1. 集体协商争议协调处理的主体 （1）集体协商过程中发生争议，双方当事人不能协商解决的，当事人一方或双方可以书面向劳动保障行政部门提出协调处理申请；未提出申请的，劳动保障行政部门认为必要时也可以进行协调处理。（2）劳动保障行政部门应当组织同级工会和企业组织等三方面的人员，共同协调处理集体协商争议。 2. 集体协商争议协调处理的管辖 集体协商争议处理实行属地管辖，具体管辖范围由省级劳动保障行政部门规定。 3. 集体协商争议协调处理的程序 （1）协调处理集体协商争议，应当自受理协调处理申请之日起 30 日内结束协调处理工作。期满未结束的，可以适当延长协调期限，但延长期限不得超过 15 日。 （2）协调处理集体协商争议应当按照以下程序进行。 ①受理协调处理申请。 ②调查了解争议的情况。 ③研究制定协调处理争议的方案。 ④对争议进行协调处理。 ⑤制作《协调处理协议书》

【真题再现】

1. 根据《集体合同规定》，下列合同内容中，集体协商双方可以进行协商的有（　　）。（2019 年真题）

A. 工作时间　　B. 职业技能培训

C. 社会保险　　D. 女职工特殊保护

E. 休息休假

参考答案：ABDE

参考解析：集体协商双方可以就下列多项或某项内容进行集体协商，签订集体合同或专项集体合同：劳动报酬；工作时间；休息休假；劳动安全与卫生；补充保险和福利；女职工和未成年工特殊保护；职业技能培训；劳动合同管理；奖惩；裁员；集体合同期限；变更、解除集体合同的程序；履行集体合同发生争议时的协商处理办法；违反集体合同的责任；双方认为应当协商的其他内容。故选A、B、D、E四项。

2. 根据《集体合同规定》，下列关于集体合同的说法中，正确的是（　　）。（2017年真题）

A. 行政机关同样适用集体合同规定

B. 集体合同对职工个人不具有法律约束力

C. 职工个人的劳动报酬可以抵御集体合同的规定

D. 集体协商双方可以签订集体合同或专项集体合同

参考答案：D

参考解析：集体合同仅适用于企业和实行企业化管理的事业单位，故A项错误；依法签订的集体合同或专项集体合同，对用人单位和本单位的全体职工具有法律约束力，故B项错误；用人单位与职工个人签订的劳动合同约定的劳动条件和劳动报酬等标准，不得低于集体合同或专项集体合同的规定，故C项错误，故选D项。

3. 根据《集体合同规定》，劳动者或用人单位一方提出进行集体协商要求的，另一方应当在收到集体协商要求之日起（　　）日内以书面形式予以回应。（2017年真题）

A. 20　　B. 30　　C. 45　　D. 60

参考答案：A

参考解析：本题考查集体协商的程序。集体协商任何一方均可就签订集体合同或专项集体合同以及相关事宜，以书面形式向对方提出进行集体协商的要求。一方提出进行集体协商要求的，另一方应当在收到集体协商要求之日起20日内以书面形式予以回应，无正当理由不得拒绝进行集体协商。故选A项。

4. 某公司一直未建立工会，职工工资多年未增加，职工意见很大。在同事们的鼓励下，职工李某、王某出面与公司交涉，表达希望增加工资的诉求。公司方面表示愿意与职工一方就工资问题开展集体协商，但要求职工一方派协商代表。根据《集体合同规定》，下列关于职工李某、王某两人是否可以作为协商代表的说法，正确的是（　　）。（2015年真题）

A. 两人经上级工会指派可以作为协商代表

B. 两人经劳动保障行政部门指派可以作为协商代表

C. 两人表现积极，经公司方面同意可以作为协商代表

D. 两人经本单位职工民主推荐、半数以上本单位职工同意可以作为协商代表

参考答案：D

参考解析：职工一方的协商代表由本单位工会选派（A、B、C项错误）。未建立工会的，由本单位职工民主推荐，并经本单位半数以上职工同意。故选D项。

5. 某企业与该企业工会在集体协商过程中发生争议，根据《集体合同规定》，当事人一方可以（　　）(2019 年真题)

A. 向人民法院提起诉讼

B. 向司法行政部门申请裁决

C. 直接向劳动争议仲裁委员会申请仲裁

D. 书面向劳动保障行政部门提出协调处理申请

参考答案：D

参考解析：集体协商过程中发生争议，双方当事人不能协商解决的，当事人一方或双方可以书面向劳动保障行政部门提出协调处理申请；未提出申请的，劳动保障行政部门认为必要时也可以进行协调处理。故选 D 项。

6. 根据《集体合同规定》，用人单位和职工任何一方就签订集体合同有关事项提出集体协商要求的，另一方应当在收到集体协商要求之日起（　　）日内以书面形式予以回应。(2020 年真题)

A. 5　　B. 10　　C. 20　　D. 30

参考答案：C

参考解析：集体协商任何一方均可就签订集体合同或专项集体合同以及相关事宜，以书面形式向对方提出进行集体协商的要求。一方提出进行集体协商要求的，另一方应当在收到集体协商要求之日起 20 日内以书面形式予以回应，无正当理由不得拒绝进行集体协商。故选 C 项。

【本章小结】

本章介绍了就业促进的相关内容、劳动合同的规定、劳动保护与劳动保障监察和劳动争议处理、集体协商的法规与政策；明确了公共就业服务机构和职业中介机构的业务范围、就业援助的对象及措施，劳动合同的种类、必备条款及试用期规定、解除和终止，最低工资标准，工作时间（延长工作时间的情况），劳动保护（女职工、未成年工），劳动争议处理（仲裁）、集体协商及集体合同。

由于本章内容和社会工作实践息息相关，且内容较多、在历年考试中所占比重较大，考生需要予以重视，可以重点识记数字和情形类考点。

扫码听课

第十三章　我国健康与计划生育法规与政策

【本章导学】

我国健康与计划生育法规与政策一章在考试中占的比例较小，出题主要集中在一些时间、比例的考核以及流动人口计划生育方面。考生重点关注疾病预防体制建设，社区卫生服务机构的条件、服务对象、服务内容、筹资与补偿机制，突发公共卫生事件的应对机制建设，食品安全事故处置（应急预案、报告制度、处置方式），流动人口计生管理中的部门职责、婚育证明办理、生育服务登记等。

【历年题量/分值分布】

	2015 年	2016 年	2017 年	2018 年	2019 年	2020 年
单项选择题题	2 道	2 道	3 道	1 道	2 道	3 道
多项选择题题	2 道	2 道	—	2 道	2 道	1 道
合计分值	4 分	4 分	3 分	3 分	4 分	5 分

注：单项选择题每题 1 分，多项选择题每题 2 分（错选，本题不得分；少选，所选每个选项得 0.5 分）。

【本章知识概览】

小节	考点	备考指数
第一节　我国健康政策的总体框架	促进健康服务业发展的总体政策框架	★
	开展居民健康素养提升行动	★
	2020 年卫生与健康事业发展目标	★
第二节　公共卫生法规与政策	公共卫生体系建设	★
	疾病预防体系建设	★★
	突发公共卫生事件的应对机制建设	★★
第三节　医疗服务法规与政策	城市医疗服务体制建设	★★
	农村医疗服务体制建设	★★★
第四节　城市社区卫生服务法规与政策	社区卫生服务机构需要具备的条件	★★★
	社区卫生服务机构的服务对象	★
	社区卫生服务机构的服务内容	★★
	社区卫生服务的筹资与补偿机制	★★
第五节　食品药品安全法规与政策	食品安全法规与政策	★★
	药品安全法规与政策	★

续表

小节	考点	备考指数
第六节　计划生育法规与政策	计划生育法规与政策的一般规定	★★
	流动人口计划生育的管理办法	★★★

【考点详解】

第一节　我国健康政策的总体框架

【重要考点概览】

小节	主要考点	历年考查点
第一节　我国健康政策的总体框架	促进健康服务业发展的总体政策框架	尚未考查
	开展居民健康素养提升行动	尚未考查
	2020年卫生与健康事业发展目标	尚未考查

考点一：促进健康服务业发展的总体政策框架

1. 范围

医疗、健康管理与促进、健康保险，涉及药品、医疗器械、保健、健身产品等支撑产业。

2. 发展目标

到2020年基本建立覆盖全生命周期、内涵丰富、结构合理的健康服务业体系；健康服务业总规模达到8万亿元以上。

3. 发展任务

①大力发展医疗服务。

②加快发展健康养老服务。

③积极发展健康保险。

④全面发展中医药医疗保健服务。

⑤支持发展多样化健康服务。

⑥健全人力资源保障机制。

⑦夯实健康服务业发展基础。

考点二：开展居民健康素养提升行动

1. 三个维度

基本健康知识和理念、健康生活方式与行为、基本技能。

2. 工作内容

①树立科学健康观。

②提高基本医疗素养。

③提高慢性病防治素养。

④提高传染病防治素养。

⑤提高妇幼健康素养。

⑥提高中医养生保健素养。

3. 主要活动内容

①大力开展健康素养宣传推广。

②启动健康促进县（区）。

③健康促进场所和健康家庭建设活动。

④全面推进控烟履约工作。

⑤健全健康素养监测系统。

考点三：2020年卫生与健康事业发展目标

1. 总体目标

到2020年，覆盖城乡居民的基本医疗卫生制度基本建立，实现人人享有基本医疗卫生服务，人均预期寿命在2015年基础上提高1岁。

2. 具体目标

①制度体系更加成熟定型。

②健康服务体系持续完善。

③疾病预防控制成效显著。

④健康服务模式实现转变。

⑤适度生育水平得到保持。

3. 具体指标

具体指标	内容
预期性指标	①人均预期寿命 >77.3 岁 ②孕产妇死亡率 <18/10 万人 ③婴儿死亡率 <7.5‰ ④5 岁以下儿童死亡率 <9.5‰
约束性指标	①每万人口全科医生数 >2 人 ②个人卫生支出占卫生总费用的比重为 28% 左右

第二节　公共卫生法规与政策

【重要考点概览】

小节	主要考点	历年考查点
第二节　公共卫生法规与政策	公共卫生体系建设	尚未考查

续表

小节	主要考点	历年考查点
第二节　公共卫生法规与政策	疾病预防体系建设	2019 年考查单项选择题 2019 年考查多项选择题 2020 年考查单项选择题 2020 年考查多项选择题
	突发公共卫生事件的应对机制建设	2017 年考查单项选择题 2020 年考查单项选择题

考点一：公共卫生体系建设

1. 主要内容

①传染病预防和控制，传染病研究。

②流行性疾病的预警和反应。

③慢性非传染病的监测、预防和管理。

④健康促进。

⑤精神卫生和物质滥用。

⑥烟草、营养、卫生与环境、食品安全、暴力、损伤和残疾。

⑦生殖卫生、母婴平安和儿童与青少年卫生。

⑧基本药物、基本卫生技术、免疫药物和疫苗的开发等。

2. 基本公共卫生服务均等化政策

（1）目标：到 2020 年，普遍建立比较完善的公共卫生服务体系，基本公共卫生服务逐步均等化机制基本完善。

（2）基本公共卫生服务项目：居民健康档案管理、健康教育、预防接种、0－6 岁儿童健康管理、孕产妇健康管理、老年人健康管理、高血压和糖尿病等慢性病患者健康管理、严重精神障碍患者管理、肺结核患者健康管理、中医药健康管理、传染病及突发公共卫生事件报告和处理、卫生计生监督协管、健康素养促进、妇幼卫生、老年健康服务、医养结合、卫生应急、提供避孕药具、孕前优生健康检查、计划生育事业费等。

（3）重大公共卫生服务项目：纳入国家免疫规划的常规免疫及国家确定的群体性预防接种和重点人群应急接种所需疫苗和注射器购置，艾滋病、结核病、血吸虫病等防控，精神心理疾病综合管理，重大慢性病防控管理模式和适宜技术探索等。

（4）公共卫生服务能力建设。

①健全基本公共卫生服务项目和重大公共卫生服务项目遴选机制。

②推进政府购买公共卫生服务。

③大力推进残疾人健康管理，加强残疾人社区康复。

④将更多成本合理、效果确切的中医药服务项目纳入基本公共卫生服务。

⑤完善现有药品政策，减轻艾滋病、结核病、严重精神障碍等重大疾病以及突发

急性传染病患者的药品费用负担。

考点二：疾病预防体系建设

1. 国家免疫规划

2007 年起，全国范围国家免疫规划疫苗种类由 6 种扩大到 14 种，预防的传染病由 7 种增至 15 种。

2. 职业病防治的法规与政策

（1）劳动者职业卫生保护权利。

①获得职业卫生教育、培训。

②获得职业健康检查、职业病诊疗、康复等职业病防治服务。

③了解工作场所产生或者可能产生的职业病危害因素、危害后果和应当采取的职业病防护措施。

④要求用人单位提供符合防治职业病要求的职业病防护设施和个人使用的职业病防护用品，改善工作条件。

⑤对违反职业病防治法律、法规以及危及生命健康的行为提出批评、检举和控告。

⑥拒绝违章指挥和强令进行没有职业病防护措施的作业。

⑦参与用人单位职业卫生工作的民主管理，对职业病防治工作提出意见和建议。

（2）职业病防护。

①设置或者指定职业卫生管理机构或者组织，配备专职或者兼职的职业卫生管理人员，负责本单位的职业病防治工作。

②制订职业病防治计划和实施方案。

③建立健全职业卫生管理制度和操作规程。

④建立健全职业卫生档案和劳动者健康监护档案。

⑤建立健全工作场所职业病危害因素监测及评价制度。

⑥建立健全职业病危害事故应急救援预案。

（3）职业病诊断地点：用人单位所在地、本人户籍所在地或者经常居住地。

【真题再现】

1. 根据《职业病防治法》，关于职业病人保障的说法，正确的有（　　）。（2019 年真题）

A. 用人单位应当按照国家规定，安排职业病人进行治疗、康复和定期检查

B. 用人单位对不适宜继续从事工作的职业病病人，应当调离原岗位并妥善安置

C. 职业病病人的诊疗、康复费用，按照国家有关工伤保险的规定执行

D. 用人单位没有依法参加工伤保险的，职业病病人可以向社会保险经办机构申请医疗救助

E. 职业病病人变动工作单位，其依法享受的待遇不变

参考答案：ABCE

参考解析：《职业病防治法》第五十六条规定：用人单位应当保障职业病病人依法

享受国家规定的职业病待遇。

用人单位应当按照国家有关规定，安排职业病病人进行治疗，康复和定期检查。

用人单位对不适宜继续从事原工作的职业病病人，应当调离原岗位，并妥善安置。

用人单位对从事接触职业病危害的作业的劳动者，应当给予适当岗位津贴。

第五十七条规定：职业病病人的诊疗、康复费用，伤残以及丧失劳动能力的职业病病人的社会保障，按照国家有关工伤保险的规定执行。

第五十九条规定：劳动者被诊断患有职业病，但用人单位没有依法参加工伤保险的，其医疗和生活保障由该用人单位承担（D 错误）。

第六十条　职业病病人变动工作单位，其依法享有的待遇不变。

2. 根据《职业病防治法》，劳动者被诊断患有职业病，但用人单位没有依法参加工伤保险的，其医疗和生活保障由（　　）承担。(2020 年真题)

A. 劳动者本人　　B. 劳动者所在用人单位

C. 劳动者所在工会　　D. 用人单位所在地卫生行政部门

参考答案：B

参考解析：《职业病防治法》第五十九条规定：劳动者被诊断患有职业病，但用人单位没有依法参加工伤保险的，其医疗和生活保障由该用人单位承担。故答案为 B 项。

3. 精神卫生工作和社会心理服务体系建设的法规与政策

（1）工作目标。

原则：预防为主、防治结合、重点干预、广泛覆盖、依法管理。

工作机制：政府领导、部门合作、社会参与。

防治工作重点：社区和基层。

（2）组织领导：政府组织领导、部门各负其责、家庭和单位尽力尽责、全社会共同参与。国务院卫生行政部门主管全国的精神卫生工作。

（3）全面推进严重精神障碍救治救助。

①加强患者登记报告。

②做好患者服务管理（要求——“应治尽治、应管尽管、应收尽收”；服务模式——“病重治疗在医院，康复管理在社区”）。

③落实救治救助政策。

④完善康复服务。

（4）逐步开展常见精神障碍防治：将抑郁症、儿童孤独症、老年痴呆症等常见精神障碍作为工作重点，关注妇女、儿童、老年人、职业人群的心理行为问题，探索适合本地区实际的常见精神障碍防治模式，鼓励有条件的地区为抑郁症患者提供随访服务。

（5）积极开展心理健康促进工作：将心理援助内容纳入地方各级政府突发事件应急预案。

（6）着力提高精神卫生服务能力。

①加强机构能力建设。

②加强队伍建设。每个基层医疗卫生机构至少配备 1 名专职或兼职人员承担严重精神障碍患者服务管理任务。

（7）逐步完善精神卫生信息系统。有条件的地区每 5 年开展一次本地区精神障碍流行病学调查。

（8）大力开展精神卫生宣传教育。

①广泛宣传“精神疾病可防可治，心理问题及早求助，关心不歧视，身心同健康”核心知识。

②规范对有关肇事肇祸案（事）件的报道，未经鉴定避免使用“精神病人”称谓进行报道，减少负面影响。

（9）开展全国社会心理服务体系建设试点工作

目标：到 2021 年底，试点地区逐步建立健全社会心理服务体系，将心理健康服务融入社会治理体系、精神文明建设，融入平安中国、健康中国建设。

4. 艾滋病治疗与救助的规定

（1）治疗的规定。

①提供艾滋病防治咨询、诊断。和治疗服务。不得推诿、拒绝。

②病情如实告知本人；本人为无行为能力人或者限制行为能力人的则告知其监护人。

③对感染艾滋病病毒的孕产妇及其婴儿提供预防艾滋病母婴传播的咨询、产前指导、阻断、治疗、产后访视、婴儿随访和检测等服务。

（2）救助的规定。

①向农村艾滋病病人和城镇经济困难的艾滋病病人免费提供抗艾滋病病毒治疗药品。

②对农村和城镇经济困难的艾滋病病毒感染者、艾滋病病人适当减免抗机会性感染治疗药品的费用。

③向接受艾滋病咨询、检测的人员免费提供咨询和初筛检测。

④向感染艾滋病病毒的孕产妇免费提供预防艾滋病母婴传播的治疗和咨询。

【真题再现】

根据《艾滋病防治条例》，下列医疗机构的做法中，正确的是（　　）。（2019 年真题）

A. 某医疗卫生机构对孕产妇提高艾滋病防治咨询和检测

B. 某口腔医院为患者做牙周炎治疗时，发现其感染艾滋病病毒，遂拒绝继续治疗

C. 某综合医院为 15 岁患者诊断时，发现其感染艾滋病病毒，为了保护未成年人隐私，未告知监护人

D. 某妇产医院未经患者本人同意，在医院通知栏中公开了本院艾滋病毒感染者的信息

参考答案：A

参考解析：《艾滋病防治条例》针对艾滋病治疗对医疗机构提出了以下3项要求：

①医疗机构应当为艾滋病病毒感染者和艾滋病病人提供艾滋病防治咨询，诊断和治疗服务。医疗机构不得因就诊的病人是艾滋病病毒感染者或者艾滋病病人，推诿或者拒绝对其及其他疾病进行治疗。

②对确诊的艾滋病病毒感染者和艾滋病病人，医疗卫生机构的工作人员应当将其感染或者发病的事实告知本人，本人为无行为能力人或者限制行为能力人的，应当告知其监护人。

③医疗卫生机构应当按照国务院卫生主管部门制定的《预防艾滋病母婴传播技术指导方案》的规定，对孕产妇提供艾滋病防治咨询和检测，对感染艾滋病病毒的孕产妇及其婴儿提供预防艾滋病母婴传播的咨询，产前指导、阻断、治疗、产后访视、婴儿随访和检测等服务。因此，B、C错误，A正确。

《滋病防治条例》第三十九条 未经本人或者其监护人同意，任何单位或者个人不得公开艾滋病病毒感染者、艾滋病病人及其家属的姓名、住址、工作单位、肖像、病史资料以及其他可能推断出其具体身份的信息，因此D错误。故选A项。

考点三：突发公共卫生事件的应对机制建设

1. 突发公共卫生事件应对的组织领导

（1）组织领导制度。

国务院设立全国应急处理指挥部，由国务院有关部门和军队有关部门组成，国务院主管领导人担任总指挥，负责对全国突发公共卫生事件应急处理的统一领导、统一指挥。

（2）应急预案的主要内容

①突发事件应急处理指挥部的组成和相关部门的职责。

②突发事件的监测与预警。

③突发事件信息的收集、分析、报告、通报制度。

④突发事件应急处理技术和监督机构及其任务。

⑤突发事件的分级和应急处理工作方案。

⑥突发事件预防，现场控制，应急设施、设备、救治药品和医疗器械以及物资和技术的储备与调度。

⑦突发事件应急处理专业队伍的建设和培训。

2. 突发公共卫生事件的监测预警系统

县级以上地方人民政府应当建立和完善突发事件监测预警系统，指定机构负责开展突发事件的日常监督并确保监测与预警系统的正常运行。

①根据突发事件的类别，制订监测计划，科学分析、综合评价监测数据。

②及时报告早期发现的潜在隐患以及可能发生的突发事件。

③对医疗卫生机构和人员开展应急处理知识、技能的培训和突发事件应急演练。

④做好应急物资准备。

⑤加强急救医疗服务网络的建设。

3. 突发公共卫生事件应急预案的启动和执行

在全国范围内或跨省、自治区、直辖市范围内启动全国突发事件应急预案，由国务院卫生行政主管部门报国务院批准后实施。省、自治区、直辖市启动突发事件应急预案，由省、自治区、直辖市人民政府决定，并向国务院报告。

①在应急预案规划物质储备、生产和供应能力以及调拨方案。

②设置传染病专科医院，承担传染病防治任务。

③应急处理指挥部有权紧急调集人员、储备的物资、交通工具等。

④必要时疏散或者隔离人员，封锁传染病疫区，控制食物和水源。

⑤早发现、早报告、早隔离、早治疗，切断传播途径，防止扩散。

4. 突发公共卫生事件的信息管理

做好突发事件的信息管理工作，在应急预案中较为严密地确立起信息管理机制和制度，使应急处理过程中信息能畅通、及时、全面和正确地反映出来。

【真题再现】

根据《突发公共卫生事件应急条例》，突发公共卫生事件发生后，具体负责组织突发公共卫生事件调查、控制和医疗救治工作的部门是县级以上地方人民政府（　　）。（2020 年真题）

A. 民政部门　　B. 公安机关

C. 司法行政部门　　D. 卫生行政主管部门

参考答案：D

参考解析：根据《突发公共卫生事件应急条例》第一章第四条的规定，县级以上地方人民政府卫生行政主管部门，具体负责组织突发事件的调查、控制和医疗救治工作。故选 D 项。

第三节　医疗服务法规与政策

【重要考点概览】

小节	主要考点	历年考查点
第三节　医疗服务法规与政策	城市医疗服务体制建设	2018 年考查单项选择题 2020 年考查单项选择题
	农村医疗服务体制建设	2015 年考查单项选择题 2018 年考查多项选择题

考点一：城市医疗服务体制建设

1. 建立科学合理的分级诊疗制度——推动形成基层首诊、双向转诊、急慢分治、上下联动的就医新秩序

2. 建立科学有效的现代医院管理制度——到 2020 年，基本建立具有中国特色的权责清晰、管理科学、治理完善、运行高效、监督有力的现代医院管理制度

3. 建立高效运行的全民医疗保障制度——建立起较为完善的基本医保、大病保险、医疗救助、疾病应急救助、商业健康保险和慈善救助衔接互动、相互联通机制

4. 建立规范有序的药品供应保障制度——破除以药补医，推动各级各类医疗机构全面配备、优先使用基本药物

5. 建立严格规范的综合监管制度——建立健全职责明确、分工协作、运行规范、科学有效的综合监管长效机制

6. 统筹推进相关领域改革——加快形成多元办医格局

【真题再现】

根据《“健康中国 2030”规划纲要》，我国要创新医疗卫生服务供给模式，全面建立成熟完善的分级诊疗制度，形成（　　）、上下联动、急慢分治的合理就诊秩序。（2020 年真题）

A. 基层首诊、双向转诊　　　　B. 基层首诊、逐级转诊

C. 自由首诊、向上转诊　　　　D. 自由首诊、向下转诊

参考答案： A

参考解析： 坚持居民自愿、基层首诊、政策引导、创新机制，以家庭医生签约服务为重要手段，鼓励各地结合实际推行多种形式的分级诊疗模式，推动形成基层首诊、双向转诊、急慢分治、上下联动的就医新秩序。故选 A 项。

考点二： 农村医疗服务体制建设

1. 乡镇卫生院建设

（1）乡镇卫生院的设置规划。

①上一级地方人民政府卫生行政部门审核，报同级人民政府批准后在本行政区域内发布实施。

②县级人民政府卫生行政部门负责办理乡镇卫生院的设置审批、登记、注册、校验、变更以及注销等事项。

（2）乡镇卫生院的基本功能。

①维护当地居民健康为中心，综合提供公共卫生和基本医疗等服务，承担县级人民政府卫生行政部门委托的卫生管理职能。

②承担当地居民健康档案、健康教育、计划免疫、传染病防治、儿童保健、孕产妇保健、老年人保健、慢性病管理、重性精神疾病患者管理等国家基本公共卫生服务项目。

③协助实施疾病防控、农村妇女住院分娩等重大公共卫生项目、卫生应急等任务。

④承担常见病、多发病的门诊和住院诊治，开展院内外急救、康复和计划生育技术服务等，提供转诊服务。

⑤受县级人民政府卫生行政部门委托，承担辖区内公共卫生管理职能，负责对村

卫生室的业务管理和技术指导。

⑥有条件地区可推行乡村卫生服务一体化管理。

2. 乡村医生队伍建设

（1）乡村医生的职责。

①开展基本公共卫生服务。

②协助落实重大公共卫生服务项目，及时报告传染病疫情和中毒事件，处置突发公共卫生事件。

③提供常见病、多发病的一般诊治，超出诊治能力的及时转诊。

④开展宣传教育和协助新农合筹资等工作。

（2）村卫生室的设立和乡村医生的配置。

①原则上每个行政村设置 1 所村卫生室。

②由乡村医生联办、个体举办，或者由政府、集体或单位举办，经县级卫生行政部门批准后设立。

③至少有 1 名乡村医生执业。

④原则上每千人应有 1 名乡村医生，居住分散的行政村可适当增加。

（3）乡村医生的聘用和管理。

①原则："县聘、乡管、村用"。

②必须具有乡村医生执业证书或执业（助理）医师证书，在卫生行政部门注册并获得相关执业许可。

（4）相关政策与制度保障。

①乡村医生补偿政策——向乡村医生采购基本公共卫生服务；医保基金和个人共同承担乡村医生提供的基本医疗服务。

②乡村医生养老政策——引导乡村医生参加新农保；参加养老保险。

③乡村医生培养培训制度——县级卫生行政部门对在村卫生室执业的乡村医生每年免费培训不少于两次，累计培训时间不少于两周。

【真题再现】

根据《关于进一步加强乡村医生队伍建设的指导意见》，对乡村医生提供的基本医疗服务，主要由（　　）进行支付。（2015 年真题）

A. 政府购买服务的方式

B. 个人和新农合基金

C. 政府购买服务和个人

D. 政府购买服务和新农合基金

参考答案：B

参考解析：对乡村医生提供的基本医疗服务，主要由个人和新农合基金进行支付。故选 B。

第四节　城市社区卫生服务法规与政策

【重要考点概览】

小节	主要考点	历年考查点
第四节　城市社区卫生服务法规与政策	社区卫生服务机构需要具备的条件	2017 年考查单项选择题 2019 年考查单项选择题 2020 年考查多项选择题
	社区卫生服务机构的服务对象	尚未考查
	社区卫生服务机构的服务内容	2016 年考查多项选择题
	社区卫生服务的筹资与补偿机制	2016 年考查单项选择题

考点一：社区卫生服务机构需要具备的条件

	人员	床位	业务用房	设备
社区卫生服务中心	①至少配备 6 名从事全科医学专业工作的执业医师； ②9 名注册护士	可设不超过 50 张以护理康复为主要功能的病床	不低于 1000 平方米	最低限度设备配备
社区卫生服务站	①至少配备 2 名从事全科医学专业工作的执业医师； ②每名执业医师至少配备 1 名注册护士	至少设日间观察床 1 张；不设病床	不低于 150 平方米	最低限度设备配备

【真题再现】

1. 天福社区拟成立 1 家社区卫生服务站。根据《城市社区卫生服务站基本标准》，下列配备计划中，符合要求的是（　　）（2019 年真题）

A. 配置 2 张病床

B. 安排建筑面积 120 平方米的服务用房

C. 配备 1 名全科医学专业的执业医师

D. 每名执业医师配备 1 名注册护士

参考答案：D

参考解析：原卫生部中医药局于 2006 年 6 月印发《城市社区卫生服务中心站基本标准》。在人员方面，要求每个社区卫生服务中心至少配备 6 名从事全科医学专业工作的执业医师、9 名注册护士。每个社区卫生服务站至少配备 2 名从事全科医学专业工作的执业医师，故 C 错误。在床位方面，不鼓励社区卫生服务中心设置住院病床，如确需设置，可设一定数量以护理康复为主要功能的病床，但不能超过 50 张；社区卫生服务站不设病床，故 A 项错误。业务用房方面，明确提出了满足最低限度需要的建筑面积要求，社区卫生服务中心建筑面积不低于 1000 平方米，社区卫生服务站不低于 150 平方米（故 B 错误）。设备方面，提出了与社区卫生服务功能相适应的最低限度设备配备要求，突出了满足社区基本需要，装备轻型化的特点。

2. 某街道拟新建一家社区卫生服务中心。下列设备、人员和用房等配置计划中，符合《城市社区卫生服务中心基本标准》的有（　　）。（2020 年真题）

A. 设置日间观察床位 10 张

B. 安排房屋建筑面积 1500 平方米

C. 设置以护理康复为主要功能的病床 60 张

D. 配备注册护士 10 名，其中 2 名具有中级以上任职资格

E. 配备执业范围为全科医学专业的临床类别、中医类别执业医师 8 名

参考答案：A、B、D、E

参考解析：原卫生部、国家中医药管理局于 2006 年印发《城市社区卫生服务中心基本标准》《城市社区卫生服务站基本标准》。

床位：根据服务范围和人口合理配置。至少设日间观察床 5 张，A 项正确；根据当地医疗机构设置规划，可设一定数量的以护理康复为主要功能的病床，但不得超过 50 张，故 C 项错误。

人员：①至少有 6 名执业范围为全科医学专业的临床类别、中医类别执业医师，9 名注册护士，故 D、E 项正确。

②至少有 1 名副高级以上任职资格的执业医师；至少有 1 名中级以上任职资格的中医类别执业医师；至少有 1 名公共卫生执业医师。

③每名执业医师至少配备 1 名注册护士，其中至少具有 1 名中级以上任职资格的注册护士。

④设病床的，每 5 张病床至少增加配备 1 名执业医师、1 名注册护士。

⑤其他人员按需配备。

房屋：①建筑面积不少于 1000 平方米，布局合理，充分体现保护患者隐私、无障碍设计要求，并符合国家卫生学标准，故 B 项正确。

②设病床的，每设一床位至少增加 30 平方米建筑面积。

★ 考点二：社区卫生服务机构的服务对象

1. 服务对象：社区、家庭和居民

2. 重点服务对象：妇女、儿童、老年人、慢性病人、残疾人和贫困居民等

★ 考点三：社区卫生服务机构的服务内容

①公共卫生服务：健康教育、传染病和慢性病防治、计划免疫、妇幼保健、老年保健、康复、计划生育技术指导等。

②基本医疗服务：主要是“小病”“常见病”“多发病”，及时转诊服务能力外的病人。

【真题再现】

小李所在社区新建了一家社区卫生服务中心，根据《城市社区卫生服务机构管理办法（试行）》，小李可以在该卫生服务中心受到的公共服务有（　　）。（2016 年真题）

A. 心理健康指导　　　　B. 接种传染病疫苗

C. 微整形外科手术　　　　　　　　　　D. 免费领取避孕药具

E. 卫生健康知识咨询

参考答案：A、B、D、E

参考解析：本题考查社区卫生服务机构的服务内容。公共卫生服务包括健康教育、传染病和慢性病防治、计划免疫、妇幼保健、老年保健、康复、计划生育技术指导等12 项具体内容。

考点四：社区卫生服务的筹资与补偿机制

1. 政府财政补贴

①公办为主，鼓励集体、个人参与，政府给予投入或财政补贴。

②财政补贴设备更新、启动经费和人才培养经费。

③给予税费优惠。

④购买部分社区公共卫生服务。

⑤为公立社区卫生服务机构人员提供补助。

2. 有偿医疗卫生服务

原则："谁受益，谁负担"，非营利性的有偿服务，按服务成本收费。

3. 纳入职工医疗保险（规定就医的层次性）

4. 其他筹资方式

社区资助，申请专项资金支持，接受社会团体、慈善机构或个人捐助等多方筹资，补充社区卫生服务费用。

【真题再现】

根据《"十二五"期间深化医药卫生体制改革规划实施方案》，下列关于促进医务人员向基层流动的说法，正确的是（　　）。（2016 年真题）

A. 大医院医生退休前，应当到基层和农村执业两年

B. 医学专业学生毕业前，应当到基层和农村实习半年

C. 城市医院和疾病预防控制机构医生晋升中高级职称前，应当到农村服务累计一年以上

D. 到艰苦边远地区基层医疗卫生机构服务满两年的医务人员晋升高级职称时，可适当降标准

参考答案：C

参考解析：本题考查城市医疗服务体制建设。《国务院关于印发"十二五"期间深化医药卫生体制改革规划暨实施方案的通知》指出，要进一步完善相关政策措施，鼓励引导医务人员到基层服务。建立上级医院与基层医疗卫生机构之间的人才合作交流机制，探索县（市、区）域人才柔性流动方式，促进县乡人才联动。开展免费医学生定向培养，实施全科医生特岗计划，充实基层人才队伍。严格落实城市医院和疾病预防控制机构医生晋升中高级职称前到农村服务累计一年以上的政策。鼓励大医院退休医生到基层和农村执业。对到艰苦边远地区基层医疗卫生机构服务的医务人员，落实

津补贴政策或给予必要补助。

第五节　食品药品安全法规与政策

【重要考点概览】

小节	主要考点	历年考查点
第五节　食品药品安全法规与政策	食品安全法规与政策	2016 年考查单项选择题
	药品安全法规与政策	尚未考查

考点一：食品安全法规与政策

1. 工作目标

到 2020 年，基于风险分析和供应链管理的食品安全监督体系初步建立。

到 2035 年，基本实现食品安全领域国家治理体系和治理能力现代化。

2. 明确食品安全的监管体制

主体		职责
国务院	食品安全委员会	高层次议事协调机构
	卫生行政部门	承担食品安全综合协调职责，负责食品安全风险评估、食品安全标准制定、食品安全信息公布、食品检验机构的资质认定条件和检验规范的制定，组织查处食品安全重大事故
	质量监督、工商、食品药品监督	对食品生产、食品流通、餐饮服务活动实施监督管理
县级以上地方人民政府	县级以上政府	统一负责、领导、组织、协调本行政区域的食品安全监督管理工作
	县级以上卫生、农业、质量监督、工商、食品药品监督	加强沟通、密切配合，按照各自职责分工，依法行使职权，承担责任

3. 落实食品生产经营单位的主体责任

（1）首要责任——食品生产经营企业法定代表人或主要负责人。

（2）直接责任——企业质量安全主管人员。

4. 食品安全监管常态化、社会化

（1）坚持集中治理整顿与严格日常监管相结合。

（2）坚持执法监督与社会监督相结合。

5. 强化基层食品安全管理工作体系

①乡（镇）政府、街道办事处要与各行政管理派出机构密切协作，形成分区划片、包干负责的食品安全工作责任网。

②在城市社区和农村建立食品安全信息员、协管员等队伍，充分发挥群众监督作用。

③基层政府及有关部门要加强对社区和乡村食品安全专、兼职队伍的培训和指导。

6. 加大政府资金投入力度

中央财政要加大投入力度，资金要向中西部地区和基层倾斜；地方各级政府要将食品安全监管人员经费及行政管理、风险监测、监督抽检、科普宣教等各项工作经费纳入财政预算予以保障。

7. 食品安全事故处置制度

（1）制定安全事故应急预案。

①国务院组织制定国家食品安全事故应急预案。

②县级以上地方人民政府制定本行政区域的食品安全事故应急预案。

③生产经营企业应当制定食品安全事故处置方案，定期检查，消除隐患。

（2）安全事故报告制度

立即处置，防止扩大；不得对食品安全事故隐瞒、谎报、缓报，不得毁灭有关证据。

（3）安全事故处置方式

①开展应急救援工作，对因食品安全事故导致人身伤害的人员，卫生行政部门应当立即组织救治。

②封存可能导致食品安全事故的食品及其原料，并立即进行检验；对确认属于被污染的食品及其原料，责令食品生产经营者予以召回、停止经营并销毁。

③封存被污染的食品用工具及用具，并责令进行清洗消毒。

④做好信息发布工作，依法对食品安全事故及其处理情况进行发布，并对可能产生的危害加以解释、说明。

【真题再现】

某县医院发现一天内不断有患者前来治疗腹泻，经了解，大多数患者就医前在某饭店就餐，初步判断为食源性疾病，根据《食品安全法》，该医院应当及时将相关信息向（　　）报告。（2016 年真题）

A. 县工商局　　　　B. 县质监局

C. 县食药监局　　　　D. 县卫生计生委

参考答案： D

参考解析： 本题考查食品安全事故报告制度。发生食品安全事故的单位应当立即予以处置，防止事故扩大。事故发生单位和接收病人进行治疗的单位应当及时向事故发生地县级卫生行政部门报告。卫生行政部门，如国家卫生和计划生育委员会与各省、自治区卫生和计划生育委员会、各市县卫生和计划生育局，C 项不属于卫生行政部门。

考点二： 药品安全法规与政策

1. 工作目标

到 2020 年，药品质量安全水平、药品安全治理能力、医药产业发展水平和人民群众满意度明显提升。药品质量进一步提高；药品医疗器械标准不断提升；审评审批体系逐步完善；检查能力进一步提升；监测评价水平进一步提高；检验检测和监管执法能力得到增强；执业药师服务水平显著提高。

2. 药品安全主要任务

（1）加快推进仿制药质量和疗效一致性评价：自首家品种通过一致性评价后，其他药品生产企业的相同品种原则上应在 3 年内完成一致性评价。

（2）深化药品医疗器械审评审批制度改革：鼓励研发创新；完善审评审批机制；严格审评审批要求；推进医疗器械分类管理改革。

（3）健全法规标准体系：完善法规制度；完善技术标准；完善技术指导原则。

（4）加强全过程监管：严格规范研制生产经营使用行为；全面强化现场检查和监督抽验；加大执法办案和信息公开力度；加强应急处置和科普宣传。

（5）全面加强能力建设。

①强化技术审评能力建设。

②强化检查体系建设。

③强化检验检测体系建设。

④强化监测评价体系建设。

⑤形成智慧监管能力。

⑥提升基层监管保障能力。

⑦加强科技支撑。

⑧加快建立职业化检查员队伍。

第六节　计划生育法规与政策

【重要考点概览】

小节	主要考点	历年考查点
第六节　计划生育法规与政策	计划生育法规与政策的一般规定	2015 年考查单项选择题
	流动人口计划生育的管理办法	2015 年考查多项选择题 2017 年考查单项选择题

考点一：计划生育法规与政策的一般规定

1.《中共中央关于全面深化改革若干重大问题的决定》（2013 年）

坚持计划生育的基本国策，启动实施一方是独生子女的夫妇可生育两个孩子的政策

2.《中华人民共和国人口与计划生育法》（2015 年）

国家提倡一对夫妻生育两个子女。

【真题再现】

《中共中央关于全面深化改革若干重大问题的决定》提出坚持计划生育的基本国策，启动实施一方是独生子女的夫妇可以生育（　　）个孩子的政策。（2015 年真题）

A. 1　　B. 2　　C. 3　　D. 4

参考答案：B

参考解析：2013年11月15日《中共中央关于全面深化改革若干重大问题的决定》中提出坚持计划生育的基本国策，启动实施一方是独生子女的夫妇可生育两个孩子的政策。逐步调整完善生育政策，促进人口长期均衡发展。

考点二：流动人口计划生育的管理办法

1. 工作对象

离开户籍所在地的县、市或者市辖区，以工作、生活为目的异地居住的成年育龄人员。

2. 领导、主管和配合部门及其职责

（1）国务院人口和计划生育部门——主管全国。

（2）县级以上地方人民政府人口和计划生育部门——主管本行政区域。

（3）县级以上人民政府、公安、民政、人力资源和社会保障、住房和城乡建设、卫生等部门和县级以上工商行政管理部门在各自职责范围内，负责有关的流动人口计划生育工作。

（4）乡（镇）人民政府、街道办事处——负责本管辖区域。

3. 流动人口户籍所在地和现居住地的职责

流动人口计划生育工作由流动人口户籍所在地和现居住地的人民政府共同负责，以现居住地人民政府为主，户籍所在地人民政府配合。

4. 流动人口婚育证明的办理及生育服务登记

（1）婚育证明的办理和交验

流动人口成年育龄妇女到达现居住地之日起30日内提交婚育证明。

（2）流动人口办理第一个子女生育服务登记的规定

向现居住地乡镇/街道申请——受理7日内向户籍地核实——户籍地15日内反馈——登记（不予登记要书面说明理由）。

5. 流动人口的计划生育权利

流动人口在现居住地获得宣传教育、计划生育技术服务、晚婚晚育和计划生育手术休假，以及计划生育奖励、优待、救济等；规定了地方各级人民政府、职能部门、用人单位在保障流动人口权益时应履行的职责，特别提出对涉及流动人口隐私的相关信息要予以保密。

6. 流动人口计划生育信息管理

①建立流动人口计划生育信息管理系统

②强化户籍地和现居住地间流动人口计划生育信息的通报工作

③拓宽流动人口计划生育信息收集渠道

【真题再现】

1. 根据《流动人口计划生育工作条例》，流动人口在现居住地享受的计划生育服务和奖励包括（　　）。（2015年真题）

A. 依法免费获得避孕药具

B. 免费参加生殖健康知识普及活动

C. 晚婚晚育的，按照有关规定享受休假

D. 依法免费享受国家规定的基本项目的计划生育技术服务

E. 实行计划生育的，按照有关规定在社会保险方面享受优先照顾

参考答案：A、B、C、D

参考解析：《流动人口计划生育工作条例》第十条规定：流动人口在现居住地享受下列计划生育服务和奖励、优待：（1）免费参加有关人口与计划生育法律知识和生殖健康知识普及活动；（2）依法免费获得避孕药具，免费享受国家规定的其他基本项目的计划生育技术服务；（3）晚婚晚育或者在现居住地施行计划生育手术的，按照现居住地省、自治区、直辖市或者较大的市的规定，享受休假等；（4）实行计划生育的，按照流动人口现居住地省、自治区、直辖市或者较大的市的规定，在生产经营等方面获得支持、优惠，在社会救济等方面享受优先照顾。故选A、B、C、D四项。

2. 根据《流动人口计划生育工作条例》，流动人口中的成年育龄妇女，应当自到达现居住地之日起（　　）内，提交婚育证明。（2017年真题）

A. 30天　　B. 60天　　C. 3个月　　D. 6个月

参考答案：A

参考解析：流动人口中的成年育龄妇女，应当自到达现居地之日起30日内提交婚育证明。故选A项。

【本章小结】

本章在历年考试中的比重并不大，基本上出题量比较稳定。往往每年新修订的法规内容容易成为考试的出题点。因此，考生复习的时候可以重点留意当年生效的相关法律文件及社会热点，比如，新冠肺炎疫情暴发就是本章的突发公共卫生事件的相关知识，考生就可以加以留意。而且本章考试题目的重复考点不多，基本上每年都会从未出题的考点中出题，考生应加以留意。

扫码听课

第十四章　我国社会保险法规与政策

【本章导学】

社会保险作为社会保障体系的重要组成部分，在整个社会保障体系中居于核心地位。我国社会保险包括养老保险、医疗保险、失业保险、工伤保险和生育保险。资金主要通过用人单位和劳动者本人缴纳，政府财政给予补贴并承担最终的责任。劳动者只要履行了法定的缴费义务，在符合法定条件的情况下，就能享受相应的社会保险待遇。

改革开放以来，我国逐步建立和完善中国特色社会主义社会保险体系，逐步提升社会保险的法制化水平。本章涉及的法律法规有《中华人民共和国社会保险法》《关于机关事业单位工作人员养老保险制度改革的决定》《基本养老保险基金投资管理办法》《军人退役基本养老保险关系转移接续有关问题的通知》等。

【历年题量/分值分布】

	2015 年	2016 年	2017 年	2018 年	2019 年	2020 年
单项选择题	7 道	5 道	5 道	6 道	8 道	8 道
多项选择题	2 道	3 道	4 道	5 道	3 道	3 道
合计分值	11 分	11 分	13 分	16 分	14 分	14 分

注：单项选择题每题 1 分，多项选择题每题 2 分（错选，本题不得分；少选，所选每个选项得 0.5 分）。

【本章知识概览】

小节	考点	备考指数
第一节　养老保险法规与政策	城镇职工基本养老保险制度的法规与政策	★★★★★
	城乡居民基本养老保险制度的法规与政策	★★★★
第二节　医疗保险和生育保险法规与政策	基本医疗保险制度的法规与政策	★★★★★
	生育保险制度的法规与政策	★★
第三节　失业保险和工伤保险法规与政策	失业保险制度的法规与政策	★★★★
	工伤保险制度的法规与政策	★★★★
第四节　社会保险管理法规与政策	社会保险基金与征缴	★★★★
	社会保险经办与监督	★★
第五节　军人保险法规与政策	军人保险的主要内容	★★★★
	军人保险的管理	★

【考点详解】

第一节 养老保险法规与政策

【重要考点概览】

小节	主要考点	历年考查点
第一节 养老保险法规与政策	城镇职工基本养老保险制度的法规与政策	2015 年考查单项选择题 2017 年考查多项选择题 2018 年考查单项选择题 2019 年考查单项选择题 2020 年考查单项选择题 2020 年考查单项选择题 2020 年考查多项选择题
	城乡居民基本养老保险制度的法规与政策	2015 年考查单项选择题 2019 年考查单项选择题 2017 年考查多项选择题 2020 年考查单项选择题

考点一：城镇职工基本养老保险制度的法规与政策

（一）参保范围

（1）义务参保人：所有签订了劳动合同的职工及其用人单位。

（2）自愿参保人：无雇主的个体工商户、未在用人单位参加基本养老保险的非全日制从业人员，以及其他灵活就业人员。

注意：户籍和国籍都不能影响个人参加养老保险。

【真题再现】

根据《社会保险法》，下列生活在甲市的人员中，可以参加甲市基本养老保险的有（　　）。（2017 年真题）

A. 周某，甲市农村户口，在甲市市区打零工

B. 邹某，乙市农村户口，在甲市开家乡特产小店，个体工商户

C. 格某，丙市城市户口，丙市某企业停薪留职，自由撰稿人

D. 张某，丁市农村户口，甲市某企业农民工

E. 马某，德国国籍，甲市某外企职工

参考答案：ABDE

参考解析：基本养老保险适用于城镇各类企业、民办非企业单位及其职工。用人单位及其职工应当依法参加基本养老保险，并且户籍和国籍都不能影响个人参加养老保险。《社会保险法》明确了义务参保人和自愿参保人的区别。所有签订劳动合同的职工及其用人单位都是义务参保人，应当参加基本养老保险。无雇主的个体工商户、未在用人单位参加基本养老保险的非全日制从业人员，以及其他灵活就业人员则是自愿参保人，可以参加基本养老保险。故选 A、B、D、E 四项。

（二）制度模式与缴费比例

1. 制度模式：社会统筹与个人账户相结合。

2. 基金构成：用人单位、个人缴费以及政府补助。

3. 义务缴费人缴费比例

（1）单位缴费：单位缴费比例高于16%的，可降至16%；目前低于16%的，要研究提出过渡办法。

（2）职工缴费：按本人工资8%的缴费比例缴纳，计入个人账户。

4. 自愿缴费人的缴费比例

个体工商户和灵活就业人员，可以在本省全口径城镇单位就业人员平均工资的60%～300%选择适当的缴费基数。

（三）基本养老金计发办法

1. 养老保险待遇三种类型

类型	待遇
达到法定退休年龄，累计缴费满15年的	按月领取基本养老金
因病或者非因公死亡的	遗属可以领取丧葬补助金和抚恤金
在未达到法定退休年龄时因病或非因工致残完全丧失劳动能力	领取病残津贴

注：个人账户养老金不得提前支取，记账利率不得低于银行定期存款利率，免征利息税。个人死亡时，个人账户养老金余额可以继承。

2. 领取养老金的前提

（1）达到法定退休年龄。

（2）累计缴费满15年。

3. 若达到法定退休年龄时，累计缴费不满15年的，可缴费至满15年，按月领取基本养老金；也可以转入新型农村社会养老保险或城镇居民社会养老保险。

4. 基本养老金待遇构成：社会统筹养老金（基础养老金）+个人账户养老金。

5. 养老金计发公式

基础养老金 =（参保人退休时当地上年度在岗职工月平均工资 + 参保人本人指数化月平均缴费工资）÷2×缴费年限×1%。

【真题再现】

1. 根据《社会保险法》，参加基本养老保险的个人，因病或者非因工死亡的，其遗属可以领取（　　）。（2018年真题）

A. 抚恤金　　B. 病残津贴

C. 丧葬补助金　　D. 基本养老金

E. 最低生活保障金

参考答案：AC

参考解析：本题考查基本养老保险待遇。《社会保险法》规定：参加基本养老保险的个人，因病或者非因工死亡的，其遗属可以领取丧葬补助金和抚恤金；在未达到法定退休年龄时因病或者非因工致残完全丧失劳动能力的，可以领取病残津贴。所需资金从基本养老保险基金中支付。故选 A、C 项。

2. 根据《国务院关于完善企业职工基本养老保险制度的决定》，符合条件的职工退休时的基础养老金月标准以（　　）在岗职工月平均工资和本人指数化月平均缴费工资的平均值为基数，缴费每满 1 年发给 1%。（2018 年真题）

A. 当地上年度　　B. 当地本年度

C. 本单位上年度　　D. 本单位本年度

参考答案：A

参考解析：本题考查基础养老金的计发办法。根据《国务院关于完善企业职工基本养老保险制度的决定》的规定，《国务院关于建立统一的企业职工基本养老保险制度的决定》（国发［1997］26 号）实施后参加工作、缴费年限（含视同缴费年限）累计满 15 年的人员，退休后按月发给基本养老金。基本养老金由基础养老金和个人账户养老金组成。退休时的基础养老金月标准以当地上年度在岗职工月平均工资和本人指数化月平均缴费工资的平均值为基数，缴费每满 1 年发给 1%。个人账户养老金月标准为个人账户储存额除以计发月数，计发月数根据职工退休时城镇人口平均预期寿命、本人退休年龄、利息等因素确定。故选 A 项。

（四）职工基本养老保险关系的转移、接续

1. 个人跨统筹地区就业的，其基本养老保险关系随本人转移，缴费年限累计计算。个人达到法定退休年龄时，基本养老金分段计算、统一支付

2. 责任主体、资金转移方式及退休后待遇领取地点

责任主体 （参保人员）	（1）从现有工作地返回户籍所在地就业参保的，户籍所在地的相关社保经办机关应为其及时办理转移接续手续。 （2）从现有工作地转移到新的工作地，由新参保地的社保经办机构为其及时办理转移接续手续。 （3）男性年满 50 周岁和女性年满 40 周岁，应在原参保地继续保留基本养老保险关系，在新参保地建立临时基本养老保险缴费账户，记录单位和个人全部缴费
资金转移方式	（1）个人账户储存额在 1998 年 1 月 1 日之前按个人缴费累计本息计算转移，在 1998 年 1 月 1 日后按计入个人账户的全部储存额计算转移。 （2）统筹基金（单位缴费）以本人在 1998 年 1 月 1 日后各年度实际缴费工资为基数，按 12% 的总和转移，参保缴费不足 1 年的，按实际缴费月数计算转移
待遇领取地点	（1）基本养老保险关系在户籍所在地的，由户籍所在地负责办理待遇领取手续。 （2）基本养老保险关系不在户籍所在地： ①在其基本养老保险关系所在地累计缴费年限满 10 年的，在该地办理待遇领取手续。 ②在其基本养老保险关系所在地累计缴费年限不满 10 年的，将其基本养老保险关系转回上一个缴费年限满 10 年的原参保地办理待遇领取手续。 ③在每个参保地的累计缴费年限均不满 10 年的，将其基本养老保险关系及相应资金归集到户籍所在地，由户籍所在地按规定办理待遇领取手续

3. 中央调剂基金

中央调剂基金由各省份养老保险基金上解的资金构成。按照各省份职工平均工资的90%和在职应参保人数作为计算上解额的基数，上解比例从3%起步，逐步提高。中央调剂基金按照人均定额拨付。

【真题再现】

1. 贾某曾先后在甲、乙、丙三地工作，工作期间均参加了当地社会保险。根据《社会保险法》，当贾某达到退休年龄，其基本养老金的计算和支付方式为（　　）。（2018 年真题）

A. 分段计算、统一支付　　B. 分段计算、分段支付

C. 统一计算、统一支付　　D. 统一计算、分段支付

参考答案：A

参考解析：本题考查基本养老金的计算和支付方式。《社会保险法》第十九条明确规定：个人跨统筹地区就业的，其基本养老保险关系随本人转移，缴费年限累计计算。个人达到法定退休年龄时，基本养老金分段计算、统一支付。具体办法由国务院规定。故选 A 项。

2. 张某，山东省青岛市户籍，曾先后在广州市工作 2 年、上海市工作 10 年、北京市工作 9 年，上述工作期间均参加了城镇企业职工基本养老保险。根据《城镇企业职工基本养老保险关系转移持续暂行办法》，下列地区中，应当为张某办理养老保险待遇领取手续的是（　　）。（2019 年真题）

A. 青岛市　　B. 广州市　　C. 上海市　　D. 北京市

参考答案：C

参考解析：就参保者退休后的待遇领取地点而言，分为 4 种情况：其一，基本养老保险关系在户籍所在地的，由户籍所在地负责办理待遇领取手续；其二，基本养老保险关系不在户籍所在地，而在其基本养老保险关系所在地累计缴费年限满 10 年的，在该地办理待遇领取手续；其三，基本养老保险关系不在户籍所在地，且在其基本养老保险关系所在地累计缴费年限不满 10 年的，将其基本养老保险关系转回上一个缴费年限满 10 年的原参保地办理待遇领取手续；其四，基本养老保险关系不在户籍所在地，且在每个参保地的累计缴费年限均不满 10 年的，将其基本养老保险关系及相应资金归集到户籍所在地，由户籍所在地按规定办理待遇领取手续。张某在上海市工作 10 年，故选 C 项。

3. 根据《城镇企业职工基本养老保险关系转移接续暂行办法》，参保人员跨省流动就业转移基本养老保险关系时，统筹基金（单位缴费）以本人 1998 年 1 月 1 日后各年度实际缴费工资为基数，按（　　）的总和转移，参保缴费不足 1 年的，按实际缴费月数计算转移。（2018 年真题）

A. 8%　　B. 12%　　C. 16%　　D. 20%

参考答案：B

参考解析：本题考查职工基本养老保险关系的转移接续。根据《城镇企业职工基

本养老保险关系转移接续暂行办法》的规定，参保人员跨省流动就业转移基本养老保险关系时，按下列方法计算转移资金：（1）个人账户储存额：1998 年 1 月 1 日之前按个人缴费累计本息计算转移，1998 年 1 月 1 日后按计入个人账户的全部储存额计算转移。（2）统筹基金（单位缴费）：以本人 1998 年 1 月 1 日后各年度实际缴费工资为基数，按 12% 的总和转移，参保缴费不足 1 年的，按实际缴费月数计算转移。故选 B 项。

4. 王某，户籍所在地为甲省，在乙省工作 2 年、在丙省工作 11 年、在丁省工作 7 年，后退休，工作期间均参加了当地的城镇职工基本养老保险。根据《城镇企业职工基本养老保险关系转移接续暂行办法》，王某退休后的养老保险待遇领取地是（　　）。（2015 年真题）

A. 甲省　　B. 乙省　　C. 丙省　　D. 丁省

参考答案： C

参考解析： 基本养老保险关系不在户籍所在地，且在其基本养老保险关系所在地累计缴费年限不满 10 年的，将其基本养老保险关系转回上一个缴费年限满 10 年的原参保地办理待遇领取手续。本题中，王某工作期间均参加了当地的城镇职工基本养老保险，但只在丙省工作超过了 10 年，故王某的养老保险待遇领取地应当是丙省。故选 C 项。

（五）机关事业单位养老保险改革

要求建立独立于机关事业单位之外、资金来源多渠道、保障方式多层次、管理服务社会化的养老保险体系。引入了机关事业单位个人缴费的机制，增强了养老金制度体系的公平性。机关事业单位在参加基本养老保险的基础上，应当为其工作人员建立职业年金。单位按本单位工资总额的 8% 缴费，个人按本人缴费工资的 4% 缴费。

【真题再现】

根据《国务院关于机关事业单位工作人员养老保险制度改革的决定》，工作人员个人缴纳职业年金占本人缴费工资的比例为（　　）。（2019 年真题）

A. 2%　　B. 4%　　C. 6%　　D. 8%

参考答案： B

参考解析： 机关事业单位在参加基本养老保险的基础上，应当为其工作人员建立职业年金。单位按本单位工资总额的 8% 缴费，个人按本人缴费工资的 4% 缴费。故选 B 项。

考点二：城乡居民基本养老保险制度的法规与政策

参保范围	1. 可在户籍地参加城乡居民养老保险 年满 16 周岁（不含在校学生），非国家机关和事业单位工作人员及不属于职工基本养老保险制度覆盖范围的城乡居民。 2. 参保范围的特别说明 （1）对于灵活就业人员、个体工商户等职工基本养老保险制度的自愿参保者而言，既可以选择参加职工基本养老保险，也可以选择参加城乡居民基本养老保险，但不可以同时参加两项制度。 （2）凡是签订了劳动合同的职工必须参加职工基本养老保险，但城乡居民基本养老保险则与户籍相关，城乡居民只能在户籍所在地参加居民养老保险。 （3）职工养老保险有义务参保人和自愿参保人，而城乡居民养老保险则是非强制性的，所有参保人均是自愿参保人

续表

制度模式与基金筹集	1. 模式：统筹账户与个人账户相结合 （1）统筹账户：用于支付基础养老金。基础养老金全部来源于政府财政（中西部给予全额补助，东部给予50%的补助）。 （2）个人账户：由个人缴费、地方人民政府对参保人的缴费补贴、集体补助及其他社会经济组织、公益慈善组织、个人对参保人的缴费资助共同构成。对于个人缴费标准而言，目前设为每年100元、200元、300元、400元、500元、600元、700元、800元、900元、1000元、1500元、2000元12个档次，省（区、市）人民政府可以根据实际情况增设缴费档次。 2. 集体补助 补助标准由村民委员会召开村民会议民主确定，鼓励有条件的社区将集体补助纳入社区公益事业资金筹集范围。 3. 地方政府补贴 就地方政府补贴而言，对选择最低档次标准缴费的，补贴标准不低于每人每年30元；对选择较高档次标准缴费的，适当增加补贴金额；对选择500元及以上档次标准缴费的，补贴标准不低于每人每年60元。对重度残疾人等缴费困难群体，地方人民政府为其代缴部分或全部最低标准的养老保险费
保险待遇	1. 领取条件 （1）年满60周岁。 （2）累计缴费满15年。 （3）未领取国家规定的基本养老保障待遇的。 2. 特殊人群不同规定 （1）在新型农村社会养老保险或城镇居民社会养老保险制度实施时已年满60周岁（新型农村社会养老保险2009年开始试点实施，城镇居民社会养老保险于2011年开始试点实施），在城乡居民基本养老保险制度实施时（2014年2月）尚未领取国家规定的基本养老保障待遇的，不用缴费，自本制度实施之月起，可以直接按月领取城乡居民养老保险基础养老金。 （2）距规定领取年龄不足15年的，应逐年缴费，也允许补缴，累计缴费不超过15年，待60岁时即可领取待遇。 （3）距规定领取年龄超过15年的，应按年缴费，累计缴费不少于15年。 3. 基础养老金最低标准正常调整机制 地方人民政府可以根据实际情况适当提高基础养老金标准；对长期缴费的，可适当加发基础养老金，提高和加发部分的资金由地方人民政府支出，具体办法由省级人民政府规定。 4. 养老金计发标准 个人账户养老金的月计发标准，目前为个人账户全部储存额除以139。参保人死亡，个人账户资金余额可以依法继承
与职工基本养老保险制度的衔接	1. 城乡居民养老保险转入城镇职工养老保险 （1）参加城镇职工养老保险和城乡居民养老保险的人员，达到城镇职工养老保险法定退休年龄后，城镇职工养老保险缴费年限满15年（含延长缴费至15年）的，可以申请从城乡居民养老保险转入城镇职工养老保险，按照城镇职工养老保险办法计发相应待遇。 （2）参保人员从城乡居民养老保险转入城镇职工养老保险的，城乡居民养老保险个人账户全部储存额并入城镇职工养老保险个人账户，城乡居民养老保险缴费年限不合并计算或折算为城镇职工养老保险缴费年限。 2. 城镇职工养老保险转入城乡居民养老保险 （1）城镇职工养老保险缴费年限不足15年的，可以申请从城镇职工养老保险转入城乡居民养老保险，待达到城乡居民养老保险规定的领取条件时，按照城乡居民养老保险办法计发相应待遇。 （2）参保人员从城镇职工养老保险转入城乡居民养老保险的，城镇职工养老保险个人账户全部储存额并入城乡居民养老保险个人账户，参加城镇职工养老保险的缴费年限合并计算为城乡居民养老保险的缴费年限

【真题再现】

1. 根据《国务院关于建立统一的城乡居民基本养老保险制度的意见》，下列关于养老保险待遇的说法，错误的是（　　）。(2015 年真题)

A. 城乡居民养老待遇支付到 90 岁为止

B. 参保人死亡，个人账户资金余额可以依法继承

C. 个人账户养老金月计发标准为个人账户全部储存额除以 139

D. 城乡居民养老保险待遇由基础养老金和个人账户养老金构成

参考答案： A

参考解析： 城乡居民养老保险待遇由基础养老金和个人账户养老金构成，支付终身。故选 A 项。

2. 根据《国务院关于建立统一的城乡居民基本养老保险制度的意见》，城乡居民（不含在校学生）参加基本养老保险的年龄最低为（　　）周岁。(2020 年真题)

A. 14　　B. 16　　C. 18　　D. 20

参考答案： B

参考解析： 根据相关规定，年满 16 周岁（不含在校学生），非国家机关和事业单位工作人员及不属于职工基本养老保险制度覆盖范围的城乡居民，可以在户籍地参加城乡居民养老保险。故选 B 项。

3. 根据《国务院关于建立统一的城乡居民基本养老保险制度的意见》，下列人员中，可以领取城乡居民基本养老保险待遇的是（　　）。(2019 年真题)

A. 黄某，女，城乡居民基本养老保险实施时 52 周岁

B. 朱某，男，城乡居民基本养老保险实施时 52 周岁

C. 刘某，新农保实施时 62 周岁，之前未领取基本养老保障待遇，未曾缴费

D. 郝某，坡乡居民基本养老保险实施时 62 周岁，已领取城镇职工基本养老保险待遇

参考答案： C

参考解析： 领取城乡居民养老保险待遇的条件是：参加城乡居民养老保险的个人，年满 60 周岁，累计缴费满 15 年，且未领取国家规定的基本养老保障待遇的，可以按月领取城乡居民养老保险待遇。

4. 城镇职工徐某于 2017 年 1 月满 60 周岁，基本养老保险缴费年限为 13 年，不满足领取基本养老金的条件。根据《社会保险法》，徐某如需领取养老金，可以选择的做法有（　　）。(2017 年真题)

A. 转入城乡居民基本养老保险

B. 要求一次性领取统筹养老金

C. 缴纳基本养老保险费至满 15 年

D. 要求降低标准按月领取基础养老金

E. 向人力资源社会保障部门申请特殊照顾，直接发放养老金

参考答案： AC

参考解析：城镇职工养老保险缴费年限不足15年的，可以申请从城镇职工养老保险转入城乡居民养老保险，A项正确；待达到城乡居民养老保险规定的领取条件时，享受待遇，C项正确。故选A、C两项。

第二节　医疗保险和生育保险法规与政策

【重要考点概览】

小节	主要考点	历年考查点
第二节　医疗保险和生育保险法规与政策	基本医疗保险制度的法规与政策	2015年考查单项选择题、多项选择题 2016年考查单项选择题 2018年考查单项选择题、多项选择题 2019年考查单项选择题、多项选择题 2020年考查单项选择题 2020年考查多项选择题
	生育保险制度的法规与政策	2017年考查多项选择题

考点一：基本医疗保险制度的法规与政策

（一）城镇职工基本医疗保险制度

参保对象	①城镇所有用人单位：企业、机关、事业单位、社会团体、民办非企业单位及其职工。 ②无雇主的个体工商户、未在用人单位参加职工基本医疗保险的非全日制从业人员以及其他灵活就业人员可以参加职工基本医疗保险
制度模式与资金来源	①基本医疗保险基金模式：统筹基金+个人账户。 ②职工个人缴费率为本人工资收入的2%，全部计入个人账户。 ③用人单位缴费率控制在职工工作总额的6%左右，一部分用于建立统筹基金，一部分划入个人账户。划入个人账户的比例一般为用人单位缴费的30%左右
保险待遇	（1）纳入基本医疗保险基金支付范围。 ①符合基本医疗保险药品目录、诊疗目录、医疗服务设施标准以及急诊、抢救的费用。 ②定点医疗机构和定点药店中产生的相关费用。 （2）不纳入基本医疗保险基金支付范围。 ①应当从工伤保险基金中支付的。 ②应当由公共卫生承担的。 ③应当由第三人负担的。 ④在境外就医的。 （3）医疗费用依法由第三人负担，第三人不支付或者无法确定第三人的，由基本医疗保险基金先行支付。基本医疗保险基金先行支付后，有权向第三人追偿
支付方式	（1）一般支付方式。 ①统筹基金和个人账户要划定各自的支付范围，分别核算。 ②起付标准：控制在当地职工年平均工资的10%左右，起付标准以下的医疗费用，从个人账户中支付或由个人自付。 ③最高支付限额：控制在当地职工年平均工资的4倍左右。

续表

支付方式	④起付标准以上、最高支付限额以下的医疗费用，主要从统筹基金中支付，个人也要负担一定比例。 ⑤超过最高支付限额的医疗费用，可以通过商业医疗保险等途径解决。 （2）支付方式改革：重点推行按病种付费、开展按疾病诊断相关分组付费试点，完善按人头付费、按床日付费等支付方式
特殊人员的医疗待遇	①离休人员、老红军的医疗待遇不变，医疗费用按原资金渠道解决；支付确有困难的，由同级人民政府帮助解决。 ②二等乙级以上革命伤残军人的医疗待遇不变，医疗费用按原资金渠道解决，由社会保险经办机构单独列账管理；医疗费支付不足部分，由当地人民政府帮助解决。 ③退休人员参加基本医疗保险，个人不缴纳基本医疗保险费。对退休人员个人账户的计入金额和个人负担医疗费的比例给予适当照顾。 ④国家公务员在参加基本医疗保险的基础上，享受医疗补助政策

【真题再现】

1. 根据《国务院关于建立城镇职工基本医疗保险制度的决定》，下列关于城镇职工基本医疗保险基金的说法，正确的是（　　）。（2016 年真题）

A. 用人单位缴纳的基本医疗保险费全部计入统筹基金

B. 职工个人缴纳的基本医疗保险费全部计入个人账户

C. 统筹基金与个人账户的支付范围相同，但支付比例不同

D. 职工基金医疗保险基金由政府补贴基金、统筹基金和个人账户构成

参考答案： B

参考解析： A 项，用人单位缴费率应控制在职工工资总额的 6% 左右，其中一部分用于建立统筹基金，一部分划入个人账户；C 项，基本医疗保险统筹基金和个人账户要划定各自的支付范围，分别核算，不得相互挤占；D 项，基本医疗保险基金由统筹基金和个人账户构成。故选 B 项。

2. 根据《社会保险法》，符合（　　）的医疗费用，按照国家规定从基本医疗保险基金中支付。（2018 年真题）

A. 国家基本药物目录

B. 基本公共卫生服务项目

C. 基本医疗保险药品目录

D. 基本医疗保险诊疗项目

E. 基本医疗保险医疗服务设施标准

参考答案： CDE

参考解析： 本题考查基本医疗保险待遇。《社会保险法》规定，符合基本医疗保险药品目录、诊疗目录、医疗服务设施标准以及急诊、抢救的费用，按照国家规定从基本医疗保险基金中支付。故选 C、D、E 三项。

3. 根据《国务院关于建立城镇职工基本医疗保险制度的决定》，下列关于职工基本医疗保险支付方式的说法，正确的是（　　）。（2016 年真题）

A. 统筹基金收不抵支时，可以使用个人账户基金支付

B. 统筹基金的起付标准应当为当地职工月平均工资的10%左右

C. 超过最高支付限额的医疗费用可以通过商业医疗保险等途径解决

D. 起付标准以上、最高支付限额以下的医疗费用全部由统筹基金支付

参考答案：C

参考解析：A项，基本医疗保险统筹基金和个人账户要划定各自的支付范围，分别核算，不得相互挤占；B项，统筹基金的起付标准原则上控制在当地职工年平均工资的10%左右；D项，起付标准以上、最高支付限额以下的医疗费用，主要从统筹基金中支付，个人也要负担一定比例。故选C项。

4. 根据《社会保险法》，下列参加职工基本医疗保险人员的医疗费用中，由基本医疗保险基金支付的有（　　）。（2020年真题）

A. 因治疗工伤产生的医疗费用

B. 在境外就医产生的医疗费用

C. 符合基本医疗保险药品目录的医疗费用

D. 符合基本医疗保险诊疗项目的医疗费用

E. 符合基本医疗保险医疗服务设施标准的医疗费用

参考答案：CDE

参考解析：在职工基本医疗保险待遇方面，《社会保险法》第二十八条规定：符合基本医疗保险药品目录、诊疗目录、医疗服务设施标准以及急诊、抢救的费用，按照国家规定从基本医疗保险基金中支付。同时，我国的基本医疗保险实行定点医疗机构（包括中医医院）和定点药店管理制度，即只有在定点医疗机构和定点药店中产生的相关费用才能够使用医疗保险基金支付。故选C、D、E三项。

（二）城乡居民基本医疗保险制度

1. 城乡居民基本医疗保险参保范围、缴费来源及待遇支付

参保范围	①不属于城镇职工基本医疗保险制度覆盖范围的中小学阶段的学生（包括职业高中、中专、技校学生）、少年儿童和其他非从业城镇居民可自愿参与。 ②强调农民以家庭为单位自愿参加新型农村合作医疗——非强制性。 ③享受最低生活保障的人、丧失劳动能力的残疾人、低收入家庭60周岁以上的老年人和未成年人等所需个人缴费部分，由政府给予补贴
缴费来源	家庭缴费为主，政府给予适当补助
待遇支付	①使用原则：以收定支、收支平衡、略有结余。 ②保障重点：参保居民住院和门诊大病医疗支出，逐步纳入门诊"小病"医疗费用

2. 新型农村合作医疗

财务模式和资金来源	（1）使用原则：以收定支，收支平衡。 （2）收缴标准。

续表

财务模式和资金来源	①农民个人每年的缴费标准不应低于10元，经济条件好的地区可相应提高缴费标准，有条件的乡村集体经济组织应对本地新型农村合作医疗制度给予适当扶持。 ②地方财政每年对参加新型农村合作医疗农民的资助不低于人均10元，具体补助标准和分级负担比例由省级人民政府确定，经济较发达的东部地区，地方各级财政可适当增加投入。 ③中央财政每年通过专项转移支付对中西部地区除市区以外的参加新型农村合作医疗的农民按人均10元安排补助资金
待遇支付	（1）支付范围：参加新型农村合作医疗农民的大额医疗费用或住院医疗费用。有条件的地方，可实行大额医疗费用补助与小额医疗费用补助结合的办法。 （2）待遇保障。 ①对参加新型农村合作医疗的农民，年内没有动用农村合作医疗基金的，要安排进行一次常规性体检。 ②各省、自治区、直辖市制定农村合作医疗报销基本药物目录。 ③各县（市）根据筹资总额，结合当地实际，科学合理地确定农村合作医疗基金的支付范围、支付标准和额度，确定常规性体检的具体检查项目和方式，防止农村合作医疗基金超支或过多结余

3. 城乡居民大病保险

完善统一的城乡居民基本医疗保险制度和大病保险制度，从城乡居民基本医保基金中划出一定比例或额度作为大病保险资金。城乡居民基本医保基金有结余的地区，利用结余筹集大病保险资金；结余不足或没有结余的地区，在年度筹集的基金中予以安排。完善城乡居民基本医保的多渠道筹资机制，保证制度的可持续发展。

采取商业保险机构承办大病保险的方式，发挥市场机制作用和商业保险机构专业优势，提高大病保险运行效率、服务水平和质量。

【真题再现】

1. 某家庭有五口人，均为甲市户籍。户主李某，47岁，在甲市某企业工作；李某妻子王某，42岁，在乙市某企业工作；李某儿子，18岁，在甲市某职业高中上学；李某女儿，10岁，在甲市某小学上学；李某父亲，68岁，未参加任何医疗保险。根据《国务院关于开展城镇居民基本医疗保险试点的指导意见》，以上人员中，可参加甲市城镇居民基本医疗保险的有（　　）。（2015年真题）

A. 李某　　B. 王某　　C. 李某儿子

D. 李某女儿　　E. 李某父亲

参考答案：CDE

参考解析：本题考查城镇居民基本医疗保险的参保范围。不属于城镇职工基本医疗保险制度覆盖范围的中小学阶段的学生（包括职业高中、中专、技校学生）、少年儿童和其他非从业城镇居民都可自愿参加城镇居民基本医疗保险。故选C、D、E三项。

2. 残疾人张某，43岁，在一家工厂上班；其妻42岁，无业；其女19岁，在外打工；其子15岁，中学在读；其母65岁，无经济来源，与张某一起生活。张某一家生活困难，被认定为低收入家庭。根据《社会保险法》，张某一家参加城乡居民基本医疗保

险，个人缴费部分可以享受政府补贴的家庭成员有（　　）。(2019 年真题)

A. 张某本人　　B. 张某妻子　　C. 张某女儿

D. 张某儿子　　E. 张某母亲

参考答案：DE

参考解析：《社会保险法》第二十五条规定：国家建立和完善城镇居民基本医疗保险制度。城镇居民基本医疗保险实行个人缴费和政府补贴相结合。享受最低生活保障的人、丧失劳动能力的残疾人、低收入家庭六十周岁以上的老年人和未成年人等所需个人缴费部分，由政府给予补贴。故选 D、E 两项。

3. 根据《国务院关于开展城镇居民基本医疗保险试点的指导意见》，城镇居民基本医疗保险基金使用应坚持的原则是（　　）。(2018 年真题)

A. 以收定支、收支平衡、略有结余　　B. 以支定收、收支平衡、略有结余

C. 以收定支、严格支出、保持结余　　D. 以支定收、收支平衡、不留结余

参考答案：A

参考解析：本题考查城镇居民基本医疗保险基金的待遇支付。《国务院关于开展城镇居民基本医疗保险试点的指导意见》指出，城镇居民基本医疗保险基金的使用要坚持以收定支、收支平衡、略有结余的原则。故选 A 项。

4. 根据《国务院办公厅关于全面实施城乡居民大病保险的意见》，城乡居民大病保险的资金来源为（　　）。(2019 年真题)

A. 城乡居民基本医保基金　　B. 福利彩票公益金

C. 城乡居民医疗救助基金　　D. 中央财政专项补助

参考答案：A

参考解析：从城乡居民基本医保基金中划出一定比例或额度作为大病保险资金。城乡居民基本医保基金有结余的地区，利用结余筹集大病保险资金；结余不足或没有结余的地区，在年度筹集的基金中予以安排。完善城乡居民基本医保的多渠道筹资机制，保证制度的可持续发展。故选 A 项。

5. 根据《国务院办公厅关于全面实施城乡居民大病保险的意见》，大病保险业务承办机构原则上应当是（　　）。(2015 年真题)

A. 商业保险机构　　B. 医疗卫生机构

C. 社会保险经办机构　　D. 社会保险行政部门

参考答案：A

参考解析：本题考查大病保险制度。《国务院办公厅关于全面实施城乡居民大病保险的意见》指出，强化政府在制定政策、组织协调、监督管理等方面职责的同时，采取商业保险机构承办大病保险的方式，发挥市场机制作用和商业保险机构专业优势，提高大病保险运行效率、服务水平和质量。故选 A 项。

考点二：生育保险制度的法规与政策

生育保险基金筹集	（1）资金筹集原则：以支定收，收支基本平衡。 （2）经费来源。 ①职工个人不缴纳生育保险费。 ②用人单位缴纳的生育保险费最高不得超过工资总额的1%。 ③生育保险基金累计结余超过9个月的统筹地区，应将生育保险基金费率调整到用人单位职工工资总额的0.5%以内
生育保险待遇	（1）女职工的生育医疗费用和生育津贴，已参加生育保险的，由生育保险基金支付；对未参加生育保险的，则由用人单位支付。 （2）生育医疗费用。 ①生育的医疗费用：包括女职工生育的检查费、接生费、手术费、住院费和药费；超出规定的医疗服务费和药费（含自费药品和营养药品的药费）由职工个人负担。 ②计划生育的医疗费用。 ③法律法规规定的其他项目费用，例如，女职工生育出院后，因生育引起疾病的医疗费，由生育保险基金支付。 （3）生育津贴（以下情形之一）：按照职工所在用人单位上年度职工月平均工资计发。 ①女职工生育享受产假。 ②享受计划生育手术产假。 ③法律法规规定的其他情形

【真题再现】

根据《企业职工生育保险试行办法》，下列费用中，纳入生育保险基金支付范围的有（　　）。(2017年真题)

A. 接生费

B. 生育住院费

C. 产前检查费

D. 哺乳期间骨折诊疗费

E. 产假期间生育津贴

参考答案：ABCE

参考解析：女职工的生育医疗费用和生育津贴，由生育保险基金支付，故选A、B、C、E四项。

第三节　失业保险和工伤保险法规与政策

【重要考点概览】

小节	主要考点	历年考查点
第三节　失业保险和工伤保险法规与政策	失业保险制度的法规与政策	2016年考查单项选择题 2018年考查单项选择题 2019年考查单项选择题 2019年考查多项选择题 2020年考查单项选择题

续表

小节	主要考点	历年考查点
第三节　失业保险和工伤保险法规与政策	工伤保险制度的法规与政策	2016年考查单项选择题 2018年考查单项选择题 2018年考查多项选择题 2019年考查单项选择题 2020年考查多项选择题 2020年考查单项选择题

考点一：失业保险制度的法规与政策

参保范围	（1）雇员及其用人单位都是法定参保人。 （2）个体工商户等自雇人员无须参加失业保险制度
失业保险基金	1. 失业保险基金主要来源 （1）城镇企业事业单位及其职工缴纳的失业保险费。 （2）失业保险基金的利息。 （3）财政补贴。 （4）依法纳入失业保险基金的其他资金。 2. 缴费标准 （1）城镇企业事业单位按照本单位工资总额的2%缴纳失业保险费。 （2）城镇企业事业职工按照本人工资的1%缴纳失业保险费。 （3）城镇企业事业单位招用的农民合同制工人本人不缴纳失业保险费。 3. 支出内容 （1）失业保险金。 （2）领取失业保险金期间的医疗补助金。 （3）领取失业保险金期间死亡的失业人员的丧葬补助金和其供养的配偶、直系亲属的抚恤金。 （4）领取失业保险金期间接受职业培训、职业介绍的补贴，补贴的办法和标准由省、自治区、直辖市人民政府规定。 （5）国务院规定或者批准的与失业保险有关的其他费用。 4. 建立失业保险调剂金 （1）失业保险调剂金以统筹地区依法应当征收的失业保险费为基数，按照省、自治区人民政府规定的比例筹集。 （2）统筹地区的失业保险基金不敷使用时，由失业保险调剂金调剂、地方财政补贴。 5. 失业保险基金实行收支两条线管理，由财政部门依法进行监督
失业保险待遇	1. 失业人员领取失业保险金需要同时满足以下3个条件 （1）失业前，用人单位和本人已经缴纳失业保险费满一年。 （2）非因本人意愿中断就业。 （3）已经进行失业登记，并有求职要求。 2. 停止领取失业保险金的情形 （1）重新就业的。 （2）应征服兵役的。 （3）移居境外的。 （4）享受基本养老保险待遇的。 （5）无正当理由，拒不接受当地人民政府指定部门或者机构介绍的工作或者提供的培训的。 3. 失业保险金的领取时间 （1）累计缴费满1年不足5年的，最长领取12个月失业保险金。

续表

失业保险待遇	（2）累计缴费满5年到10年的，最长领取18个月失业保险金。 （3）累计缴费10年以上的，最长领取24个月失业保险金。 （4）重新就业后再次失业的，缴费时间重新计算，领取失业保险金的期限可以与前次失业应当领取而尚未领取的失业保险金的期限合并计算，最长不超过24个月。 4. 失业保险金的标准以及失业保险待遇与其他社会保险待遇的关系 （1）失业保险金的标准由省、自治区、直辖市人民政府确定，不得低于城市居民最低生活保障标准。 （2）失业人员应当缴纳的基本医疗保险费从失业保险基金中支付，个人不缴纳基本医疗保险费。 （3）失业人员在领取失业保险金期间死亡的，参照当地对在职职工死亡的规定，向其遗属发给一次性丧葬补助金和抚恤金，所需资金从失业保险基金中支付。 （4）个人死亡同时符合领取基本养老保险丧葬补助金、工伤保险丧葬补助金和失业保险丧葬补助金条件的，其遗属只能选择领取其中一项。 5. 失业保险领取程序 （1）用人单位应当及时为失业人员出具终止或者解除劳动关系的证明，并将失业人员的名单自终止或者解除劳动关系之日起15日内告知社会保险经办机构。 （2）失业人员应当持本单位为其出具的终止或者解除劳动关系的证明，及时到指定的公共就业服务机构办理失业登记。 （3）失业人员凭失业登记证明和个人身份证明，到社会保险经办机构办理领取失业保险金的手续

【真题再现】

1. 根据《失业保险条例》，失业人员领取失业保险金的条件有（　　）。（2019年真题）

A. 家庭经济困难　　B. 失业时间达3个月以上

C. 非因本人意愿中断就业　　D. 已经进行失业登记，并有求职要求

E. 失业前用人单位和本人已缴纳失业保险费满1年

参考答案： CDE

参考解析： 根据《失业保险条例》第十四条规定：具备下列条件的失业人员，可以领取失业保险金：（1）失业前用人单位和本人已经缴纳失业保险费满一年；（2）非因本人意愿中断就业；（3）已经进行失业登记，并有求职要求。以上三个条件必须同时符合才可以领取失业保险金。故选C、D、E三项。

2. 根据《失业保险条例》，下列支出项目中，属于失业保险基金支出范围的是（　　）。（2019年真题）

A. 伤残津贴　　B. 生活护理费

C. 接受职业培训的补贴　　D. 最低生活保障金

参考答案： C

参考解析： 从支出内容上看，失业保险基金的支出主要包括：（1）失业保险金；（2）领取失业保险金期间的医疗补助金；（3）领取失业保险金期间死亡的失业人员的丧葬补助金和其供养的配偶、直系亲属的抚恤金；（4）领取失业保险金期间接受职业培训，职业介绍的补贴，补贴的办法和标准由省、自治区、直辖市人民政府规定；（5）国务院规定或者批准的与失业保险有关的其他费用。故选C项。

3. 根据《社会保险法》，失业保险金标准由省、自治区、直辖市人民政府确定，

不得低于（　　）。（2018 年真题）

A. 国家贫困线　　B. 最低工资标准

C. 城镇居民平均收入　　D. 城市居民最低生活保障标准

参考答案：D

参考解析：本题考查失业保险金标准。失业保险金的标准由省、自治区、直辖市人民政府确定，不得低于城市居民最低生活保障标准。故选 D 项。

4. 王某于 2000 年到某国有企业上班。该企业及王某从当年开始参加失业保险，并连续缴费至 2014 年 12 月。2015 年 1 月，王某失业。根据《社会保险法》，王某领取失业保险金的最长期限是（　　）个月。（2016 年真题）

A. 6　　B. 12　　C. 18　　D. 24

参考答案：D

参考解析：《社会保险法》规定，累计缴费十年以上的，领取失业保险金的期限最长为二十四个月。故选 D 项。

5. 吕某，城市户籍，独自经营一家便利店，属于无雇工的个体工商户。根据《社会保险法》《失业保险条例》，吕某可以参加的社会保险险种有（　　）。（2019 年真题）

A. 职工基本养老保险　　B. 职工基本医疗保险

C. 失业保险　　D. 企业年金

E. 职业年金

参考答案：AB

参考解析：无雇主的个体工商户，未在用人单位参加基本养老保险的非全日制从业人员，以及其他灵活就业人员是自愿参保人，可以参加职工基本养老保险。无雇主的个体工商户，未在用人单位参加职工基本医疗保险的非全日制从业人员以及其他灵活就业人员可以参加职工基本医疗保险，由个人按照国家规定缴纳基本医疗保险费。故选 A、B 两项。

★ 考点二：工伤保险制度的法规与政策

（一）参保范围

“无过错雇主责任”原则，具体体现为：（1）雇员个人不缴纳工伤保险费，雇主承担所有的缴费责任；（2）无论职工是否有过错，只要在工作时间、工作地点、因为工作原因受到事故伤害或者患职业病，都应当被认定为工伤。

【真题再现】

1. 根据《工伤保险条例》，下列组织和人员中，不属于工伤保险制度义务参保人的是（　　）。（2016 年真题）

A. 基金会　　B. 事业单位

C. 民办非企业单位　　D. 无雇工的个体工商户

参考答案：D

参考解析：《工伤保险条例》进一步明确规定，中华人民共和国境内的企业、事业单位、社会团体、民办非企业单位、基金会、律师事务所、会计师事务所等组织和有雇工的个体工商户应当按照本条例规定参加工伤保险。故选 D 项。

2. 根据《进一步做好建筑业工伤保险工作的意见》，建设单位在办理施工许可手续时，应当提交建设项目（　　）参保证明，作为保证工程安全施工的具体措施之一。（2019 年真题）

A. 工伤保险　　B. 补充医疗保险

C. 工伤补充保险　　D. 人身意外伤害保险

参考答案：A

参考解析：建设单位在办理施工许可手续时，应当提交建设项目工伤保险参保证明，作为保证工程安全施工的具体措施之一；安全施工措施未落实的项目，各地住房城乡建设主管部门不予核发施工许可证。故选 A 项。

3. 根据《社会保险法》，下列险种中，职工个人需要缴纳费用的有（　　）。（2018 年真题）

A. 工伤保险　　B. 生育保险

C. 失业保险　　D. 基本养老保险

E. 基本医疗保险

参考答案：CDE

参考解析：本题考查社保缴纳的主体。职工个人需要缴纳的是养老保险、医疗保险、失业保险。工伤保险和生育保险由企业缴纳。故选 C、D、E 三项。

（二）工伤保险待遇

工伤保险基金	（1）工伤保险费原则：以支定收、收支平衡。 （2）工伤保险基金构成。 ①用人单位缴纳的工伤保险费。 ②工伤保险基金的利息。 ③依法纳入工伤保险基金的其他资金构成。 （3）工伤保险制度实行差别费率和浮动费率制度。 ①国家根据不同行业的工伤风险程度确定行业的差别费率，并根据使用工伤保险基金、工伤发生率等情况在每个行业内确定费率档次。 ②不同行业因为发生工伤的风险不同，工伤保险费率也有所不同，即差别费率。 ③不同企业会因为上一年度工伤发生率不同而适用不同的缴费率，即浮动费率
工伤保险基金给付范围	①治疗工伤的医疗费用和康复费用。 ②住院伙食补助费。 ③到统筹地区以外就医的交通食宿费。 ④安装配置伤残辅助器具所需费用。 ⑤生活不能自理的，经劳动能力鉴定委员会确认的生活护理费。 ⑥一次性伤残补助金和一至四级伤残职工按月领取的伤残津贴。 ⑦终止或者解除劳动合同时，应当享受的一次性医疗补助金。 ⑧因工死亡的，其遗属领取的丧葬补助金、供养亲属抚恤金和因工死亡补助金。 ⑨劳动能力鉴定费

续表

用人单位支付范围	①治疗工伤期间的工资福利。 ②五、六级伤残职工按月领取的伤残津贴。 ③终止或者解除劳动合同时，应当享受的一次性伤残就业补助金
工伤保险待遇调整与确定	(1) 工伤职工符合领取基本养老金条件的，停发伤残津贴，享受基本养老保险待遇。基本养老保险待遇低于伤残津贴的，从工伤保险基金中补足差额。 (2) 先行支付后再追偿。 ①职工所在用人单位未依法缴纳工伤保险费，发生工伤事故的，由用人单位支付工伤保险待遇。用人单位不支付的，从工伤保险基金中先行支付。 ②由于第三人的原因造成工伤，第三人不支付工伤医疗费用或者无法确定第三人的，由工伤保险基金先行支付
停发工伤保险待遇	①丧失享受待遇条件的。 ②拒不接受劳动能力鉴定的。 ③拒绝治疗的

【真题再现】

1. 根据《社会保险法》，企业缴纳了工伤保险费后，职工因工伤发生的下列费用，应由用人单位支付的是（　　）。(2018 年真题)

A. 治疗工伤期间的工资福利　　B. 住院伙食补助费

C. 治疗工伤的医疗费用和康复费用　　D. 到统筹地区以外就医的交通食宿费

参考答案：A

参考解析：本题考查工伤保险费用的支付。因工伤发生的下列费用，按照国家规定由用人单位支付：(1) 治疗工伤期间的工资福利；(2) 五、六级伤残职工按月领取的伤残津贴；(3) 终止或者解除劳动合同时，应当享受的一次性伤残就业补助金。故选 A 项。

2. 孙某同时在甲、乙两家公司就业，甲公司没有为孙某缴纳工伤保险费，乙公司为孙某缴纳了工伤保险费。某日，孙某在甲公司工作时因工受伤，被送往医院治疗。后经有关部门评定为二级残疾，需要护理。根据《工伤保险条例》《实施〈中华人民共和国社会保险法〉若干规定》，下列关于孙某工伤保险权益的说法，正确的有（　　）。(2018 年真题)

A. 孙某的伤残津贴应由乙公司支付

B. 孙某的生活护理费应由甲公司支付

C. 孙某的住院伙食补助费应由甲公司支付

D. 孙某的一次性伤残补助金应由乙公司支付

E. 孙某的住院医疗费由工伤保险基金支付

参考答案：BC

参考解析：本题考查工伤保险待遇。若用人单位有缴纳工伤保险的，用人单位需支付停工留薪期工资、按月支付伤残津贴（五至六级），一次性伤残就业补助金（五至十级解除或终止劳动合同时），因此A、D不符合题意。若用人单位未缴纳工伤保险的，则全部工伤赔偿待遇均由用人单位支付，因此B、C符合题意。职工所在用人单位未依法缴纳工伤保险费的，发生工伤事故的，由用人单位支付工伤保险待遇，因此E错误。故选B、C两项。

（三）工伤认定

认定为工伤的情形	①在工作时间和工作场所内，因工作原因受到事故伤害的。 ②工作时间前后在工作场所内，从事与工作有关的预备性或者收尾性工作受到事故伤害的。 ③在工作时间和工作场所内，因履行工作职责受到暴力等意外伤害的。 ④患职业病的。 ⑤因工外出期间，由于工作原因受到伤害或者发生事故下落不明的。 ⑥在上下班途中，受到非本人主要责任的交通事故或者城市轨道交通、客运轮渡、火车事故伤害的。 ⑦法律、行政法规规定应当认定为工伤的其他情形
视同工伤的情形	①在工作时间和工作岗位，突发疾病死亡或者在48小时之内经抢救无效死亡的。 ②在抢险救灾等维护国家利益、公共利益活动中受到伤害的。 ③职工原在军队服役，因战、因公负伤致残，已取得革命伤残军人证，到用人单位后旧伤复发的
不得认定为工伤或者视同工伤的情形	①故意犯罪的。 ②醉酒或者吸毒的。 ③自残或者自杀的。 ④法律、行政法规规定的其他情形

【真题再现】

根据《工伤保险条例》《最高人民法院关于审理工伤保险行政案件若干问题的规定》，下列人员中，应当被认定为工伤的有（　　）。（2020年真题）

A. 孙某，下班回到单位宿舍，醉酒跌伤

B. 吴某，被单位领导批评后，在下班途中自杀

C. 何某，下班顺路买菜，途中被逆行汽车撞伤

D. 李某，下班顺路探望父母，途中被闯红灯汽车撞伤

E. 钱某，下班乘地铁回家途中，地铁列车门突发故障，双臂被夹伤

参考答案：CDE

参考解析：《工伤保险条例》对认定工伤、视同工伤以及不得认定工伤的情形进行了详细的规定。职工应当被认定为工伤的情形包括：①在工作时间和工作场所内，因工作原因受到事故伤害的；②工作时间前后在工作场所内，从事与工作有关的预备性或者收尾性工作受到事故伤害的；③在工作时间和工作场所内，因履行工作职责受到暴力等意外伤害的；④患职业病的；⑤因工外出期间，由于工作原因受到伤害或者发生事故下落不明的；⑥在上下班途中，受到非本人主要责任的交通事故或者城市轨道交通、客运轮渡、火车事故伤害的；⑦法律、行政法规规定应当认定为工伤的其他情形。故选C、D、E三项。

第四节　社会保险管理法规与政策

【重要考点概览】

小节	主要考点	历年考查点
第四节　社会保险管理法规与政策	社会保险基金与征缴	2015 年考查单项选择题 2017 年考查单项选择题 2018 年考查多项选择题 2019 年考查单项选择题
	社会保险经办与监督	2016 年考查多项选择题 2020 年考查单项选择题 2020 年考查单项选择题

考点一：社会保险基金与征缴

社会保险基金	①社会保险基金在保证安全的前提下，按照国务院规定投资运营实现保值增值。 ②社会保险基金不得违规投资运营，不得用于平衡其他政府预算，不得用于兴建、改建办公场所和支付人员经费、运行费用、管理费用，或者违反法律、法规规定挪作其他用途。 ③设立全国社会保障基金，作为战略储备金，用于社会保障支出的补充和调剂。全国社会保障基金由全国社会保障基金管理运营机构负责管理运营，在保证安全的前提下实现保值增值
社会保险费征缴	1. 用人单位办理社会保险登记 ①用人单位应当自成立之日起 30 日内凭营业执照、登记证书或者单位印章，向当地社会保险经办机构申请办理社会保险登记。 ②社会保险经办机构应当自收到申请之日起 15 日内予以审核，发给社会保险登记证件。 ③用人单位的社会保险登记事项发生变更或者用人单位依法终止的，应当自变更或者终止之日起 30 日内，到社会保险经办机构办理变更或者注销社会保险登记。 2. 劳动者社会保险登记 ①用人单位应当自用工之日起 30 日内为其职工向社会保险经办机构申请办理社会保险登记。 ②如果用人单位未按规定申报应当缴纳的社会保险费数额的，则按照该单位上月缴费额的 110% 确定应当缴纳的数额。 ③用人单位的缴费基数是工资总额。受雇劳动者的缴费基数一般为上个月实际工资收入，包括工资、奖金、津贴、补贴等收入。同时，职工月平均工资低于当地职工平均工资 60% 的，按 60% 计算缴费工资基数；超过当地职工平均工资 300% 的部分不计入缴费工资基数。城镇个体工商户和灵活就业人员的缴费基数应当为其上个月的实际收入；如果实际收入无法计算的，可以以当地上年度在岗职工平均工资作为缴费基数。 3. 收缴单位 为提高社会保险资金征管效率，将基本养老保险费、基本医疗保险费、失业保险费等各项社会保险费交由税务部门统一征收。 4. 用人单位法律责任 ①用人单位不办理社会保险登记的，由社会保险行政部门责令限期改正。 ②逾期不改正的，对用人单位处应缴社会保险费数额 1 倍以上 3 倍以下的罚款，对其直接负责的主管人员和其他直接责任人员处 500 元以上 3000 元以下的罚款。 ③用人单位未按时足额缴纳社会保险费的，由社会保险费征收机构责令限期缴纳或者补足，并自欠缴之日起，按日加收万分之五的滞纳金；逾期仍不缴纳的，由有关行政部门处欠缴数额 1 倍以上 3 倍以下的罚款

【真题再现】

1. 根据《社会保险法》，社会保障基金可以用于（　　）。(2015 年真题)

A. 平衡政府预算　　B. 投资运营以实现保值增值

C. 改建社会保障经办机构办公场所　　D. 支付社会保险经办机构人员工资

参考答案：B

参考解析：本题考查社会保障基金。全国社会保障基金由全国社会保障基金管理运营机构负责管理运营，在保证安全的前提下实现保值增值。故选 B 项。

2. 根据《社会保险法》，下列关于社会保险基金的说法中，正确的是（　　）。(2017 年真题)

A. 社会保险基金通过预算实现收支平衡

B. 社会保险基金可以用于支付人员管理费用

C. 社会保险基金可以用于平衡其他政府预算

D. 社会保险基金通过提取彩票公益金实现收支平衡

参考答案：A

参考解析：社会保险基金不得违规投资运营，不得用于平衡其他政府预算，不得用于兴建、改建办公场所和支付人员经费、运行费用、管理费用，或者违反法律、法规规定挪作其他用途。故选 A 项。

3. 根据《深化党和国家机构改革方案》，下列部门中，负责统一征收社会保险费的是（　　）。(2019 年真题)

A. 财政部门　　B. 税务部门

C. 民政部门　　D. 人力资源和社会保障部门

参考答案：B

参考解析：为提高社会保险资金征管效率，将基本养老保险费、基本医疗保险费、失业保险费等各项社会保险费交由税务部门统一征收。故选 B 项。

4. 根据《社会保险法》，下列关于社会保险费征缴的说法，正确的有（　　）。(2018 年真题)

A. 用人单位应当自成立之日起 60 日内申请办理社会保险登记

B. 用人单位应当自用工之日起 30 日内为其职工申请办理社会保险登记

C. 用人单位应当自行申报、按时缴纳社会保险费，非因不可抗力等法定事由不得缓缴、减免

D. 用人单位的社会保险登记事项发生变更，应当自变更之日起 30 日内到社会保险经办机构办理变更

E. 用人单位未按规定申报应当缴纳的社会保险费数额的，应当按照该单位上月缴费额的 150% 确定应缴数额

参考答案：BCD

参考解析：本题考查社会保险费征缴。用人单位应当自成立之日起 30 日内，持营

业执照、登记证书或者单位印章等有关证件，到当地社会保险经办机构申请办理社会保险登记，A 项不正确。用人单位应当自用工之日起30 日内为其员工向社会保险经办机构申请办理社会保险登记，B 项正确。用人单位应自行申报、按时足额缴纳社会保险费，非因不可抗力等法定事由不得缓缴、减免，C 项正确。用人单位的社会保险登记事项发生变更，应当自变更之日起30 日内，到社会保险经办机构办理变更，D 项正确。如果用人单位未按规定申报应当缴纳的社会保险费数额的，则按照该单位上月缴费额的110%确定应当缴纳数额，E 项错误。故选 B、C、D 三项。

5. 经劳动保障行政部门查实，某公司未按规定办理社会保险登记，情节严重。根据《社会保险费征缴暂行条例》，劳动保障行政部门可以对该公司直接负责的主管人员和其他直接责任人员处（　　）的罚款。（2020 年真题）

A. 500 元以上 1000 元以下　　B. 1000 元以上 5000 元以下

C. 5000 元以上 1 万元以下　　D. 1 万元以上 2 万元以下

参考答案：B

参考解析：《社会保险费征缴暂行条例》第二十三条　缴费单位未按照规定办理社会保险登记、变更登记或者注销登记，或者未按照规定申报应缴纳的社会保险费数额的，由劳动保障行政部门责令限期改正；情节严重的，对直接负责的主管人员和其他直接责任人员可以处1000 元以上5000 元以下的罚款；情节特别严重的，对直接负责的主管人员和其他直接责任人员可以处5000 元以上10000 元以下的罚款。故选 B 项。

考点二：社会保险经办与监督

社会保险经办	1. 以欺诈、伪造证明材料或者其他手段骗取社会保险基金支出的 （1）责令退回骗取的社会保险金，处骗取金额 2 倍以上 5 倍以下的罚款。 （2）解除与社会保险服务机构的服务协议。 （3）依法吊销直接负责的主管人员和其他直接责任人员执业资格。 2. 社会保险费征收机构擅自更改社会保险费缴费基数、费率，导致少收或者多收社会保险费的 （1）责令其追缴应当缴纳的社会保险费或者退还不应当缴纳的社会保险费。 （2）依法处分直接负责的主管人员和其他直接责任人员。 3. 社会保险经办机构及其工作人员有下列行为之一的，由社会保险行政部门责令改正；给社会保险基金、用人单位或者个人造成损失的，依法承担赔偿责任；对直接负责的主管人员和其他直接责任人员依法给予处分 （1）未履行社会保险法定职责的。 （2）未将社会保险基金存入财政专户的。 （3）克扣或者拒不按时支付社会保险待遇的。 （4）丢失或者篡改缴费记录、享受社会保险待遇记录等社会保险数据、个人权益记录的。 （5）有违反社会保险法律、法规的其他行为的
社会保险监督	1. 立法机构监督 在各级人民代表大会常务委员会听取和审议本级人民政府对社会保险基金的收支、管理、投资运营以及监督检查情况的专项工作报告，组织对《社会保险法》实施情况的执法检查等，依法行使监督权。 2. 政府行政部门监督 县级以上人民政府社会保险行政部门应当加强对用人单位和个人遵守社会保险法律、法规情况的监督检查；财政部门、审计机关按照各自职责，对社会保险基金的收支、管理和投资运营情况实施监督

【真题再现】

小丽在某宾馆做服务员，多次要求宾馆为其缴纳社会保险费，均遭拒绝，并受到刁难、威胁，小丽十分苦恼，想通过合法途径解决。根据《社会保险法》，小丽可以选择的处理方式有（　　）。（2016 年真题）

A. 依法提起诉讼　　B. 依法申请调解、仲裁

C. 请求工商部门依法处理　　D. 请求社会保险行政部门依法处理

E. 请求社会保险费征收机构依法处理

参考答案：ABDE

参考解析：本题考查社会保险的监督。个人与所在用人单位发生社会保险争议的，可以依法申请调解、仲裁，提起诉讼。用人单位侵害个人社会保险权益的，个人也可以要求社会保险行政部门或者社会保险费征收机构依法处理。故选 A、B、D、E 四项。

第五节　军人保险法规与政策

【重要考点概览】

小节	主要考点	历年考查点
第五节　军人保险法规与政策	军人保险的主要内容	2015 年考查多项选择题 2016 年考查单项选择题、多项选择题 2017 年考查单项选择题
	军人保险的管理	尚未考查

考点一：军人保险的主要内容

1. 军人伤亡保险

（1）分类。

军人的伤亡保险待遇分为死亡保险金和残疾保险金。

死亡保险金：军人因战、因公死亡的，按照认定的死亡性质和相应的保险金标准，给付军人死亡保险金。

残疾保险金：军人因战、因公、因病致残的，按照评定的残疾等级和相应的保险金标准，给付军人残疾保险金。

（2）保险费缴纳。

军人伤亡保险所需资金由国家承担，个人不缴纳保险费用。

（3）不享受军人保险待遇的情形

①故意犯罪致死致残的。

②醉酒或者吸毒致死致残的。

③自残或者自杀致死致残的。

④法律、行政法规和军队法规规定的其他情形。

2. 退役养老保险

（1）军人退出现役后，应当根据退役后的职业身份，分别参加职工基本养老保险、城乡居民基本养老保险或者机关事业单位养老保险制度。

（2）军人退出现役后参加职工基本养老保险的，由军队后勤（联勤）机关财务部门将军人退役养老保险关系和相应资金转入地方社会保险经办机构，地方社会保险经办机构办理相应的转移接续手续。

（3）军人服现役年限与入伍前和退出现役后参加职工基本养老保险的缴费年限合并计算。

【真题再现】

1. 根据《军人保险法》，关于军人退役养老保险的说法，正确的是（　　）。（2016 年真题）

A. 军人退出现役后应当统一参加城镇职工基本养老保险

B. 军人退出现役后参加基本养老保险的，所在地县级人民政府给予退役养老保险补助

C. 军人服现役年限与入伍前和退出现役后参加职工基本养老保险的缴费年限合并计算

D. 军人退役养老保险补助标准按国家规定的基本养老保险缴费标准和职工工资水平确定

参考答案： C

参考解析： A 项，军人退出现役后，应当根据退役后的职业身份，分别参加职工基本养老保险、城乡居民基本养老保险或者机关事业单位养老保险制度；B 项，军人退出现役参加基本养老保险的，国家给予退役养老保险补助；D 项，军人退役养老保险补助标准。由中国人民解放军总后勤部会同国务院有关部门，按照国家规定的基本养老保险缴费标准、军人工资水平等因素拟订，报国务院、中央军事委员会批准。故选 C 项。

3. 退役医疗保险

（1）军人在服役期间享受公费医疗制度，同时缴纳退役医疗保险费，在退出现役之后，积累的医疗保险费就转入相应的基本医疗保险制度，从而确保退役军人的医疗保障权利和待遇水平。

（2）参加军人退役医疗保险的军官、文职干部和士官应当缴纳军人退役医疗保险费，国家按照个人缴纳的军人退役医疗保险费的同等数额给予补助。义务兵和供给制学员不缴纳军人退役医疗保险费，国家按照规定的标准给予军人退役医疗保险补助。

（3）军人退出现役后，可以参加各项基本医疗保险制度。其中，军人退出现役后参加职工基本医疗保险的，由军队后勤（联勤）机关财务部门将军人退役医疗保险关系和相应资金转入地方社会保险经办机构，地方社会保险经办机构办理相应的转移接续手续。军人服现役年限视同职工基本医疗保险缴费年限，与入伍前和退出现役后参加职工基本医疗保险的缴费年限合并计算。

【真题再现】

根据《军人保险法》，下列军人中，个人不需要缴纳军人退役医疗保险费的是（　　）。（2017 年真题）

A. 军官　　B. 士官　　C. 义务兵　　D. 文职干部

参考答案： C

参考解析： 参加军人退役医疗保险的军官、文职干部和士官应当缴纳军人退役医疗保险费，国家按照个人缴纳的军人退役医疗保险费的同等数额给予补助。义务兵和供给制学员不缴纳军人退役医疗保险费，国家按照规定的标准给予军人退役医疗保险补助。故选 C 项。

4. 随军未就业军人配偶保险

（1）账户及缴费标准。

①军人所在单位后勤机关按照缴费基数（上年度全国城镇职工月平均工资 60%）11% 的规模为未就业随军配偶建立养老保险个人账户。

②账户资金由个人和国家共同负担，个人按 6% 的比例缴费，国家按 5% 的比例给予个人账户补贴。

③未就业随军配偶医疗保险个人账户资金由个人和国家共同负担。未就业随军配偶按照本人基本生活补贴标准全额 1% 的比例缴费，国家按照其缴纳的同等数额给予个人账户补贴。

（2）账户转移。

①随军未就业的军人配偶实现就业或者军人退出现役时，由军队后勤（联勤）机关财务部门将其养老保险、医疗保险关系和相应资金转入地方社会保险经办机构，地方社会保险经办机构办理相应的转移接续手续。军人配偶在随军未就业期间的养老保险、医疗保险缴费年限与其在地方参加职工基本养老保险、职工基本医疗保险的缴费年限合并计算。

②随军未就业的军人配偶达到国家规定的退休年龄时，按照国家有关规定确定退休地，由军队后勤（联勤）机关财务部门将其养老保险关系和相应资金转入退休地社会保险经办机构，享受相应的基本养老保险待遇。

③军人退出现役后参加失业保险的，其服现役年限视同失业保险缴费年限，与入伍前和退出现役后参加失业保险的缴费年限合并计算。

【真题再现】

1. 根据《中国人民解放军军人配偶未就业期间社会保险暂行办法》，下列关于随军配偶养老保险的说法中，正确的有（　　）。（2016 年真题）

A. 个人账户按照缴费基数的 11% 建立

B. 个人账户所需资金由个人和国家共同负担

C. 军人所在单位后勤机关为未就业随军配偶建立养老保险个人账户

D. 未就业随军配偶按照上年度全国城镇职工月平均工资作为缴费基数

E. 未就业随军配偶被判刑收监执行的，停止享受军人配偶随军未就业保险个人账户补贴待遇

参考答案：ABCE

参考解析：缴费基数参照上年度全国城镇职工月平均工资60%的比例确定，D项错误。故选A、B、C、E项。

2. 根据《中国人民解放军军人配偶随军未就业期间社会保险暂行办法》，下列关于军人配偶随军未就业期间养老保险个人账户的说法，正确的是（　　）。(2016年真题)

A. 所需资金由个人和国家共同负担

B. 个人按5%的比例缴费

C. 国家按6%的比例给予个人账户补贴

D. 缴费基数参照上年度全国城镇职工月平均工资确定

参考答案：A

参考解析：本题考查随军未就业的军人配偶保险。军人所在单位后勤机关按照缴费基数11%的规模，为未就业随军配偶建立养老保险个人账户，所需资金由个人和国家共同负担，其中，个人按6%的比例缴费，国家按5%的比例给予个人账户补贴。缴费基数参照上年度全国城镇职工月平均工资60%的比例确定。故选A项。

3. 《军人保险法》规范调整的军人保险主要包括（　　）。(2015年真题)

A. 军人生育保险

B. 军人伤亡保险

C. 军人退役养老保险

D. 军人退役医疗保险

E. 随军未就业的军人配偶

参考答案：BCDE

参考解析：本题考查军人保险的主要内容。军人保险主要包括军人伤亡保险、军人退役养老保险、军人退役医疗保险、随军未就业的军人配偶保险。故选B、C、D、E四项。

考点二：军人保险的管理

军人保险基金	1. 军人保险基金的构成 军人保险基金包括军人伤亡保险基金、军人退役养老保险基金、军人退役医疗保险基金和随军未就业的军人配偶保险基金。各项军人保险基金按照军人保险险种分别建账，分账核算，执行军队的会计制度。 2. 军人保险基金资金来源 (1) 个人缴费。 (2) 中央财政负担的军人保险资金。 (3) 利息收入。 中央财政负担的军人保险资金，由国务院财政部门纳入年度国防费预算。 3. 军人保险基金管理 (1) 实行预算、决算管理。 (2) 专户存储，由中国人民解放军总后勤部军人保险基金管理机构集中管理。 (3) 专款专用

续表

军人保险的经办与监督	1. 军队后勤（联勤）机关财务部门的主要职责 （1）应当按时足额支付军人保险金。 （2）及时办理军人保险和社会保险关系转移接续手续。 （3）应当为军人及随军未就业的军人配偶建立保险档案，及时、完整、准确地记录其个人缴费和国家补助，以及享受军人保险待遇等个人权益记录，并定期将个人权益记录单送达本人。 （4）为军人及随军未就业的军人配偶提供军人保险和社会保险咨询等相关服务。 2. 地方社会保险经办机构的主要职责 （1）及时办理军人保险和社会保险关系转移接续手续。 （2）为军人及随军未就业的军人配偶提供军人保险和社会保险咨询等相关服务。 3. 军人保险制度的监督方式 （1）中国人民解放军总后勤部财务部门和中国人民解放军审计机关按照各自职责，对军人保险基金的收支和管理情况实施监督。 （2）军队后勤（联勤）机关、地方社会保险行政部门，应当对单位和个人遵守本法的情况进行监督检查。 （3）任何单位或者个人有权对违反《军人保险法》规定的行为进行举报、投诉

【本章小结】

我国社会保险法规与政策一章内容丰富，明确了各类社会保险的覆盖人群、缴费标准、保障范围、待遇水平，社会保险基金的征缴及使用、军人保险的主要内容，尤其是随军未就业的军人配偶保险等。

由于社会保险险种较多，条款内容详细。各险种缴费标准容易发生混淆。考生要就是否需要个人缴费、单位缴费和个人缴费的基数及比例差异、待遇等方面对比记忆相应的考点。考生除了掌握过去常考的知识点以外也要特别留意近些年新增的知识点以及近年来没有出过考题的考点，比如，工伤的认定情形、养老保险的缴费基数和缴费比例。

扫描二维码，获取本书勘误内容

扫码听课

图书在版编目(CIP)数据

社会工作者黄金考点. 社会工作法规与政策. 中级 / 233 网校社会工作者教研组编. -- 北京 : 社会科学文献出版社, 2021.1

ISBN 978-7-5201-7816-7

Ⅰ. ①社… Ⅱ. ①2… Ⅲ. ①社会工作-法规-中国-水平考试-自学参考资料②社会政策-中国-水平考试-自学参考资料 Ⅳ. ①D632②D922.11③D601

中国版本图书馆 CIP 数据核字(2021)第 017004 号

社会工作者黄金考点

社会工作法规与政策(中级)

编　　者 / 233 网校社会工作者教研组

出 版 人 / 王利民
组稿编辑 / 谢蕊芬
责任编辑 / 胡庆英　孟宁宁

出　　版 / 社会科学文献出版社 · 群学出版分社 (010) 59366453
地址: 北京市北三环中路甲 29 号院华龙大厦　邮编: 100029
网址: www.ssap.com.cn
发　　行 / 市场营销中心 (010) 59367081　59367083
印　　装 / 三河市龙林印务有限公司

规　　格 / 开　本: 787mm × 1092mm　1/16
本册印张: 21　本册字数: 457 千字
版　　次 / 2021 年 1 月第 1 版　2021 年 1 月第 1 次印刷
书　　号 / ISBN 978-7-5201-7816-7
定　　价 / 139.00 元

社会工作者黄金考点

（中级）社会工作综合能力

233 网校社会工作者教研组 

核心考点：总结教材考点，强化重点，快速读薄教材

经典考题：配套考题分析，加速考点理解，提升做题能力

社会科学文献出版社
SOCIAL SCIENCES ACADEMIC PRESS (CHINA)

前　言

党的十六届六中全会做出“建设宏大社会工作人才队伍”的决策部署后，人事部、民政部联合发布了《社会工作者职业水平评价暂行规定》和《助理社会工作师、社会工作师职业水平考试实施办法》，社会工作开始了以职业化和专业化为核心特征的本土实践。

全国社会工作者职业水平考试，是社会工作人才队伍建设的重要环节，是以考促学和人才培养的有力举措。该考试分为助理社会工作师和社会工作师。其中，助理社会工作师考试科目包括《社会工作综合能力（初级）》和《社会工作实务（初级）》两科，考生在一个考试年度内通过全部科目，方可取得助理社会工作职业水平资格证书；社会工作师考试科目包括《社会工作综合能力（中级）》、《社会工作实务（中级）》和《社会工作法规与政策》三科，为滚动考试，考生在连续两个年度内通过全部科目，方可取得社会工作师职业水平资格证书。全国社会工作者职业水平考试既需要考生具备扎实的理论知识，又需要考生具备解决实际案例的能力，是一门难度较大的考试。编写这本教辅用书，旨在帮助考生在复习中不断掌握学习策略、复习方法以及答题技巧，顺利通过考试。

本书依据全国社会工作者职业水平考试大纲编写，具有针对性和指导性，编写特点在于课程内容层次分明，通俗易懂，重点突出，例题搭配恰当。本书每章内容皆包含导学、历年题量/分值分布、知识概览、考点详解以及小结。通过“本章导学”，考生可以了解每章的大概内容，从整体上把握全局，做到心中有数；“历年题量/分值分布”可以帮助考生根据过往考试的实际情况，预测未来的考试趋势并进行有针对性的复习，做到轻重缓急；“本章知识概览”标注了不同考点的备考指数，帮助考生从实际考情出发，做到逐个击破；“考点详解”将教材知识与真题紧密结合，并辅以解题技巧，清晰易懂；“本章小结”对本章的知识进行了简要总结，画龙点睛，可指导考生进行有效复习，做到事半功倍。

最后，祝各位考生取得满意的成绩，顺利通过考试。本书若有不足之处，恳请读者批评指正。（反馈邮箱 2372653588@ qq. com）

扫描二维码，获取本书勘误内容

扫码听课

目 录

第一章　社会工作的内涵、原则及主要领域

【本章导学】

本章介绍了社会工作的含义、原则与功能，社会工作的发展历史与阶段，社会工作的要素，社会工作者的角色及社会工作发展的主要领域等。社会工作是以利他主义价值观为指导，以科学的知识为基础，运用科学方法助人的职业化的服务活动。该概念包括价值观、知识基础、专业方法及职业化等四个要点。社会工作发展过程主要包括产生、形成及专业化发展三个递进的阶段，其中每一个阶段都有其代表性特征。社会工作要素则主要包括社会工作者、服务对象、助人活动、助人方法及专业价值观等五个方面。社会工作者角色是历年考试的聚焦点，需要同学更多地关注。直接服务角色与间接服务角色都是高频考点，相应而言，合并角色考查得较少。最后则是社会工作发展的领域，此部分难度较小。不过由于社会工作领域的发展，一些全新的概念出现，如精神卫生社会工作及发展性社会工作等，考生需要予以一定的关注。

【历年题量/分值分布】

	2015 年	2016 年	2017 年	2018 年	2019 年	2020 年
单项选择题	6 道	7 道	6 道	6 道	6 道	6 道
多项选择题	2 道	2 道	2 道	2 道	2 道	2 道
合计分值	10 分	11 分	10 分	10 分	10 分	10 分

注：单项选择题每题 1 分，多项选择题每题 2 分（错选，本题不得分；少选，所选每个选项得 0.5 分）。

【本章知识概览】

小节	考点	备考指数
第一节　社会工作的含义、目标与功能	社会工作的含义	★★
	社会工作的目标与功能	★★★★★
第二节　社会工作的发展历程及特点	西方社会工作发展历程及其特点	★★
	中国社会工作发展历程及其特点	★★
	我国社会工作发展的基本原则	★★
第三节　社会工作的要素	社会工作的基本过程模式	★★★
	社会工作的基本要素	★★★★
第四节　社会工作者的主要角色	社会工作者的主要角色	★★★★★
	社会工作者的基本素养	★★★

续表

小节	考点	备考指数
第五节　社会工作的主要领域	具体社会工作领域的辨识	★★
	具体社会工作领域内的细分	★★

【考点详解】

第一节　社会工作的含义、目标与功能

【重要考点概览】

小节	主要考点	历年考查点
第一节　社会工作的含义、目标与功能	社会工作的含义	2016、2018、2019 年考查单项选择题
	社会工作的目标	2015、2017、2018 年考查单项选择题
	社会工作的功能	2017、2020 年考查单项选择题
		2016 年考查多项选择题

考点一：社会工作的含义

1. 什么是社会工作

社会工作是以利他主义价值观为指导，以科学的知识为基础，运用科学方法助人的职业化服务活动。这个概念虽然很少直接考查，但是关于该概念的各种理解及在中国语境下的界定却频繁出现。故本部分更多需要理解中国语境下的社会工作的表达方式。

2. 我国对社会工作的理解

普通社会工作：本职工作之外、不计报酬、业余的公益性工作。如志愿服务活动。

行政性社会工作：政府部门、群众团体（企业工会、妇联、共青团、残联、老龄委）等从事的助人活动。如民政部门的社会救助、社会福利工作。

专业社会工作：由受过社会工作专业训练的人开展的助人活动，本书主要讲解专业社会工作。如学校社会工作、社区社会工作等。

【真题再现】

1. 习近平总书记在中国共产党第十九次全国代表大会上的报告中指出：“中国特色社会主义进入新时代，我国社会主要矛盾已经转化为人民日益增长的美好生活需要和不平衡不充分的发展之间的矛盾。”这为我国社会工作的发展提出了新任务。为此，社会工作可以做出直接贡献的方面是（　　）。(2019 年真题)

A. 提供专业社会服务，增强人民群众获得感

B. 推动国民经济增长，增强我国经济实力

C. 促进产业结构调整，形成经济发展新动力

D. 促进公共政策建设，实现公共服务均等化

参考答案：A

参考解析：在我国特色社会主义进入新时代后，社会工作可以做出的直接贡献是提供专业社会服务，增强人民群众获得感。作为社会政策与社会福利的发送过程的社会工作，是经济社会发展到一定阶段的产物。

2. 习近平总书记在党的十九大报告中指出，“中国特色社会主义进入新时代”。李克强总理在2018年《政府工作报告》中指出：“打造共建共治共享社会治理格局……促进社会组织、专业社会工作、志愿服务健康发展。”这意味着，我国专业社会工作将在新时代获得更大发展。关于专业社会工作的说法，正确的是（　　）。（2018年真题）

A. 经济增长是专业社会工作发展的目标

B. 社会和谐是专业社会工作发展的前提

C. 专业社会工作在社会治理中发挥着重要作用

D. 专业社会工作的主要职能是维护社会安全

参考答案：C

参考解析：本题考查专业社会工作。“打造共建共治共享社会治理格局……促进社会组织、专业社会工作、志愿服务健康发展。”从题干中可以看出，“促进社会组织、专业社会工作、志愿服务健康发展”都是为了“打造共建共治共享社会治理格局”。因此，专业社会工作在社会治理中发挥着重要作用。

3. 2006年10月，中共中央十六届六中全会做出的《中共中央关于构建社会主义和谐社会若干重大问题的决定》中提出要“建设宏大的社会工作人才队伍”。2014年5月，李克强总理在《政府工作报告》中提出要发展社会工作。这些文件中指出的“社会工作”是指（　　）。（2016年真题）

A. 志愿性社会工作　　B. 行政性社会工作

C. 专业性社会工作　　D. 社区性社会工作

参考答案：C

参考解析：本题考查对专业社会工作的理解。专业社会工作是由受过社会工作专业训练的人开展的助人活动。改革开放以来，随着我国社会工作教育的发展，一些受过社会工作教育和训练的人员开展了一系列职业化的社会服务。这些主要针对困难人群的专业化服务比较多地秉持了国际上通行的社会工作理念，并运用了社会工作的专业知识和方法。这在我国是一种新型的社会工作。

考点二：社会工作的目标

社会工作的目标与功能很多时候不能被有效区分，对于考生而言可以做一个整体性理解，即理解其所发挥的作用。这主要表现在两个层面上：对于作为服务对象的个体或者群体而言；对于作为社会的整体而言。对于前者，社会工作的作用有：解救危难、缓解困难、激发潜能与促进发展（或者换种说法：促进正常生活、恢复弱化功能、促进人的发展、促进人与环境的相互适应）。对于后者，则需在一个更为宏观和整体的层面考虑，也就是大力发展社会工作对于我们整个社会的作用，即社会层面的目标——解决社会问题、促进社会公正（或者用另一种表达：维持社会秩序、建构社会资本、促进社会和谐与推动社会进步），文化层面的目标如弘扬人道主义、促进社会团结等。

【真题再现】

1. 某社会工作服务机构通过实施“青少年抗逆力教育计划”采用体验式教学方式，将“抗逆力”理念引入学校，增进了小学生之间的互动，培养小学生面对挫折的韧性。该计划体现了社会工作在服务对象层面上的目标是（　　）。（2018 年真题）

A. 促进社会公正　　B. 激发个人潜能

C. 推动社会团结　　D. 维护个人尊严

参考答案： B

参考解析： 社会工作在服务对象层面上的目标是解救危难、缓解困难、激发潜能、促进发展。前两者是在基本生存与生活层面上，而后两者则聚焦于发展层面上。抗逆力更多体现在发展层面上，即激发潜能，促进发展。

2. 我国经济发展已进入常态，党中央十分关注改善民生、调整产业结构、培育发展新动能。近些年来，国务院总理李克强连续三年在《政府工作报告》中提出要“发展专业社会工作”，我国的社会工作面临新的发展机遇。下列表述中最能反映社会工作作用的是（　　）。（2017 年真题）

A. 社会工作对产业结构调整具有重要作用

B. 社会工作对社会治理创新具有重要作用

C. 社会工作对新发展动能培育具有重要作用

D. 社会工作对我国的文化建设具有重要作用

参考答案： B

参考解析： 随着我国社会治理创新的深入推进，专业社会工作新政策不断出台，新的模式不断探索，新的经验不断涌现，新的成果不断积累，我国社会工作对从业人员的能力素质提出了新的更高要求。同时，也对社会工作者职业水平评价和教育培训工作提出了新的更高要求。

3. 下列服务中，体现社会工作在服务对象层面上“促进发展”目标的是（　　）。（2017 年真题）

A. 留守儿童的成长向导计划　　B. 社区困境儿童的救助服务

C. 残障人士的社区康复服务　　D. 失独老人的日间照料服务

参考答案： A

参考解析： 本题考查社会工作的目标。“促进发展”旨在实现人与环境的相互协调，使个人和社会都能更好地发挥功能。当个人或群体遇到困难时，社工施以援手，通过增加知识、学习技能等方式使人得到发展，实现人生目标。如小组工作中的成长小组就是以成员发展为目标的，对进城务工人员子女的学习辅导也是帮助其发展。所以正确答案为 A 选项。

4. 下列做法中，能够体现社会工作服务对象实现自身发展的是（　　）。（2015 年真题）

A. 社会工作者在春节期间探访低收入家庭

B. 社会工作者在雨雪天为流浪乞讨人员发放食物

C. 社会工作者深夜在网吧开展少年外展服务

D. 社会工作者为失业青年开办就业能力提升小组

参考答案：D

参考解析：本题考查社会工作在服务对象层面的目标。社会工作在服务对象层面的目标之一是促进发展。当一个人或一个群体遇到困难时，社会工作者施以援手，通过增加知识、学习技能等方式使个人得到发展，实现人生目标。在现代社会，增加人们的知识和技能、增强个人克服不利因素的能力、提高个人与社会协调的能力都在发展之列。可以说，帮助个人、社会群体乃至社区更好地发展是社会工作的重要目标。

考点三：社会工作的功能

社会工作的作用或者说目标与功能并不需要具体划分，其实质高度一致，更多的是一种表述上的差异。具体见上文所言之社会工作的目标。

【真题再现】

1. 下列服务内容中，体现社会工作"建构社会资本"功能的是（　　）。（2020 年真题）

A. 为老旧小区资源进行适老化改造

B. 为居民组织公益活动培育共同体意识

C. 为肢体残障人士开展技能培训促进就业

D. 为社区居民开展法律培训维护社区秩序

参考答案：B

参考解析：本题考查社会工作在社会层面的功能。社会资本是在一定的社会范围内存在的，是人们基于信任、情感、共同体意识而形成的相互信赖和支持性的关系。社会资本的存在为人们带来安全感，也会提高合作的效率，使社会关系更加协调。适老化改造是物理空间的改变，谈不上对于人的关系与情感的促进与改变；残障人士的技能培训及社区居民的法律培训都是增能赋权，与社会资本建构没有什么关系。唯有组织公益活动培养社区居民的共同体意识是正确答案。

2. 某新建小区的居民之间缺乏交往，彼此都不认识。针对这一问题，社会工作者小宋通过组织社区联欢活动来增加居民之间的接触和交流，增进居民之间的相互信任。上述小宋的做法，主要体现社会工作在社会层面的功能是（　　）。（2017 年真题）

A. 维持社会秩序　　　　B. 建构社会资本

C. 促进正常生活　　　　D. 实现社区照顾

参考答案：B

参考解析：本题考查社会工作在社会层面的功能。其功能包括维持社会秩序，建构社会资本，促进社会和谐，推动社会进步等。其中，社会资本的增加能够促进社会成员之间的良好关系，增加他们的相互信任，有助于建立一个相互关怀的社会。

3. 社会工作者小王发现社区居民彼此之间并不熟悉，一些居民连对门的邻居都不认识。为促进居民交往，小王组织了社区邻里节活动，取得良好效果。小王的此项工作体现的社会工作功能有（　　）。（2016 年真题）

A. 自上而下化解社区矛盾　　B. 推进和谐社区建设

C. 解决社会排斥问题　　D. 解决社会不平等问题

E. 协助社区居民建立社会资本

参考答案： BE

参考解析： 本题考查社会工作的功能。社会工作对服务对象的功能：（1）促进服务对象的正常生活；（2）恢复弱化的功能；（3）促进人的发展；（4）促进人与社会环境的相互适应。社会工作对社会的功能：（1）维护社会秩序；（2）构建社会资本；（3）促进社会和谐；（4）推动社会进步。社会资本是在一定的社会范围内存在的，人们基于信任、情感、共同体意识而形成的相互依赖和支持性的关系。社会资本的存在有助于增强社会互动，降低交易成本。很多考生感觉这个概念比较困难，其实可以将之简单理解为社会信任。

第二节　社会工作的发展历程及特点

【重要考点概览】

小节	主要考点	历年考查点
第二节　社会工作的发展历程及特点	西方社会工作发展历程及其特点	2017、2019、2020 年考查单项选择题
	中国社会工作发展历程及其特点	2015 年考查单项选择题
	我国社会工作发展的基本原则	2020 年考查单项选择题
		2019 年考查多项选择题

考点一：西方社会工作发展历程及其特点

西方社会工作的发展主要经历了三大阶段，即产生、形成与专业化发展，其中每一个阶段都有其特点。纵观十二年来的社会工作考试，对这一部分内容考查的频率前期较高，近五年比重有所降低，原因在于整个发展历史部分更多的是识记性知识，需要专业性理解的并不多。第三阶段也就是专业化发展阶段需要一定的专业性理解，理解重点在社会工作的发展路径，从原初的单纯的治疗、救助框架走出来，发展出一条治疗—预防、救助—发展的脉络。至于其他部分则更多需要识记，如社会工作三个阶段各自的标志性事件，尤其是个案、小组、社区及行政等方法出现的时间与次序，当然还包括专业发展阶段社会工作的提升：整合性社会工作方法的出现、目标模式的变化、工作对象的拓展及多种服务模式的形成等。

【真题再现】

1. 关于社会工作专业发展历程的说法，正确的是（　　）。(2020 年真题)

A. 社会工作的服务目标始终以微观治疗为主

B. 社会工作形成之初便提出社会—心理模式

C. 为展现专业服务效能而逐步拓展服务对象

D. 为解决复杂社会问题而出现整合社会工作

参考答案：D

参考解析：在社会工作专业化的进程中，曾经出现将工作领域细分、强调某种专业方法的现象。后来，随着对社会问题复杂性的认识，社会工作者逐渐认识到，面对复杂问题应该综合运用多种方法。这样，社会工作者开始探讨将几种社会工作方法综合运用的可能性，这就是整合社会工作（或综合社会工作）的出现。目前，在社会工作实践中以问题为本、灵活运用多种方法已经成为新的趋势，故 D 项正确。其余三项的说法都过于武断与随意。

2. 关于社会工作专业发展的说法，正确的是（　　）。(2019 年真题)

A. 整合社会工作成为社会工作专业方法发展的趋势

B. 20 世纪上半叶社会工作行政方法开始确立并逐渐发展

C. 社会工作目标模式从救助—发展转变成治疗—预防

D.《伊丽莎白济贫法》的颁布标志着社会工作的产生

参考答案：A

参考解析：本题考查社会工作的发展。在社会工作专业化的进程中，曾经出现将工作领域细分、强调某种专业方法的现象。后来，随着对社会问题复杂性的认识，社会工作者逐渐认识到，面对复杂问题应该综合运用多种方法。这样，社会工作者开始探讨将几种社会工作方法综合运用的可能性，这就是整合社会工作的出现。目前，在社会工作实践中以问题为本、灵活运用多种方法已经成为新的趋势。对于 B 选项，社会工作行政作为一种专业方法出现在 20 世纪 70 年代。C 选项的表述则是表述相反，应为治疗—预防、救助—发展。D 项更多意味着政府将以法律的方式推动社会工作的发展，玛丽·里士满的《社会诊断》标志着社会工作的产生。所以正确答案为 A 选项。

3. 随着社会的发展，社会工作不仅注重缓解弱势群体的物质生活困难，还开始关注那些在心理健康、人际关系、工作适应等方面需要帮助的人群。这体现了社会工作（　　）。(2017 年真题)

A. 服务对象的拓展　　　　B. 专业方法的发展

C. 目标模式的变化　　　　D. 基本理念的变化

参考答案：A

参考解析：社会工作开始关注有需要的群体是对原来工作范围的拓展，这里的“有需要”是针对人们的正常生活和发展而言的。不管是何种人士，只要在其正常的生活（既包括狭义的社会生活，也包括其职业活动）中遇到困难而难以正常地生活下去，或者有正当的发展需要而未能满足，都可以成为社会工作的服务对象，社会工作也有责任为其提供服务。

考点二：中国社会工作发展历程及其特点

本部分更多考查考生的社会知识及对其的理解，主要是改革开放以来，尤其是社会治理创新大背景下的社会工作专业化、职业化发展进程。此部分需要充分结合当前社会工作发展的背景进行理解，包括社会转型、社会结构变化及由此带来的社会治理方式的改变等。社会工作作为一种专业性力量平衡与弥补原有社会管理的不足。

【真题再现】

下列说法中，最能反映中国专业社会工作发展特点的是（　　）。（2015 年真题）

A. 职业化发展优于专业化发展

B. 专业性社会工作与行政性社会工作并存

C. 儒家思想对专业社会工作的产生具有决定性作用

D. 慈善组织对专业社会工作的形成具有实质推动作用

参考答案：B

参考解析：本题考查我国专业社会工作的发展特点。改革开放以来，我国的社会工作表现出政府积极探索、社会工作教育率先发展、行政性社会工作与专业社会工作并存、专业社会工作不断发展的特点。行政性与专业性社会工作并存，这一点非常值得关注。在中国发展专业性社会工作之前，由于我国独特的国情与历史，社会组织也未能得到有效发展，大量的社会服务只能通过行政性社会工作来完成。妇联、工会、共青团、残疾人联合会等群团组织承揽了大量的行政性社会工作或者说服务。政府大力购买专业性社会工作之后，这些行政性社会工作依然存在，二者相辅相成，共同发展。

考点三：我国社会工作发展的基本原则

在我国国情下，社会工作发展自有其基本原则，如坚持中国共产党领导、坚持社会主义核心价值观的引领、坚持以人民为中心的理念、坚持职业化、专业化及本土化的发展路径等。但是社会工作更多呈现的是国际化的专业标准，本土化的表述考查频率较低。

【真题再现】

1. 社区社会工作者在疫情联防联控、群防群控中发挥了重要作用。在各方共同努力下，我国抗击新冠肺炎疫情取得重大战略成果。抗击新冠肺炎疫情的实践说明，我国社会工作的发展在中国共产党领导下必须遵循的基本原则是（　　）。（2020 年真题）

A. 社会工作者要组织各方志愿者一起工作

B. 社会工作者要协同各专业力量一起努力

C. 社会工作者要积极运用传统文化优势开展工作

D. 社会工作者要坚持职业化、专业化、本土化的发展路径

参考答案：D

参考解析：我国社会工作发展的基本原则：坚持中国共产党的领导；坚持社会主义核心价值观的引领；坚持以人民为中心的理念；坚持职业化、专业化、本土化的发展

路径。社会工作是一种职业，在职业类型和学科分类上也是一个专业。国际经验表明，社会工作要在一个国家和地区得到健康发展，必须走职业化、专业化、本土化的道路。

2. 社会工作是改善民生、创新社会治理、促进和谐社会建设的重要手段，社会工作发展的基本原则包括：坚持中国共产党的领导、坚持社会主义核心价值观的引领与（　　）。(2019 年真题)

A. 坚持“三社联动”的合作机制

B. 坚持以人民为中心的理念

C. 坚持政府购买服务的机制创新

D. 坚持注重社会建设

E. 坚持职业化、专业化、本土化的发展路径

参考答案： BE

参考解析： 我国社会工作发展的基本原则：坚持中国共产党的领导；坚持社会主义核心价值观的引领；坚持以人民为中心的理念；坚持职业化、专业化、本土化的发展路径。C 选项，政府购买服务机制创新是事实，但并不是基本原则，而是当下发展阶段中快速推动专业社会工作发展的手段。

第三节　社会工作的要素

【重要考点概览】

小节	主要考点	历年考查点
第三节　社会工作的要素	社会工作的基本过程模式	尚未考查
	社会工作是协同达到目标的过程	2015 年考查单项选择题
	社会工作的基本要素	2018、2020 年考查单项选择题
		2017 年考查多项选择题

考点一： 社会工作的基本过程模式

本部分难度不大，尤其是对于实务社会工作者而言，是完整呈现在实务过程中的工作循环，是社会工作者与服务对象双方不断协同不断互动以不断达至服务目标的过程。服务对象表达需要是一个不断推进并根据对方服务自我深入从而逐步靠近真实自我的过程，而社工的理解与协助也是在前期对于服务对象需求进行评估并在服务设计与实施基础上的调整推进的过程。

…………表达需要并回应对方的服务…………

社会工作者…………理解……………………………………………帮助和协助…………服务对象

……………………………考虑到对方角色和需要的服务

图 1－1　社会工作的基本过程模式

资料来源：全国社会工作者职业水平考试教材编委会编写《社会工作综合能力（中级）》，中国社会出版社，2020。

★ **考点二：**社会工作是协同达到目标的过程

社会工作是社会工作者与服务对象的持续互动过程，是社会工作者协助和协同服务对象改变的过程，也是社会工作者动员和链接各种资源对服务对象的支持过程，还是社会工作者帮助服务对象调适其与生存环境关系的过程。在这一过程中，社会工作者既是帮助者也是协助者，社会工作过程是充满动态的、双方和多方合作达到目标的过程。

【真题再现】

关于社会工作的说法，正确的是（　　）。（2015 年真题）

A. 社会工作过程是服务对象自主、自决、自助的过程

B. 社会工作过程是社会工作者与服务对象平等互动的过程

C. 社会工作过程是社会工作者为主，服务对象为辅的合作过程

D. 社会工作过程是服务对象为主，社会工作者为辅的合作过程

参考答案：B

参考解析：本题考查对社会工作基本过程模式的理解。根据教材知识点，社会工作是社会工作者与服务对象的持续互动过程，是充满动态的、朝向问题解决的、双方和多方合作达到目标的过程。故正确答案为 B 选项。

★ **考点三：**社会工作的基本要素

社会工作的基本要素主要包括：社会工作者、服务对象、价值观、助人活动、专业方法五个部分。社会工作者是提供服务的一方。服务对象是接受帮助的一方。价值观是社会工作者持有的评判助人活动的一套观念，包括对助人活动的看法、对服务对象的看法以及对自己的看法。助人活动是社会工作者向服务对象提供帮助或服务的活动。专业方法是社会工作者在助人过程中运用的专业技能。本部分记忆、理解起来都较简单，但是对于这五个部分之间的互动过程的掌控以及真正应用是有相当难度的。

【真题再现】

1. 新冠肺炎疫情防控期间，社会工作界积极响应党中央的号召，参与疫情防控工作，做出了重大贡献。2020 年 2 月 23 日，习近平总书记在《在统筹推进新冠肺炎疫情防控和经济社会发展工作部署会议上的讲话》中指出，“要发挥社会工作的专业优势，支持广大社工、义工和志愿者开展心理疏导、情绪支持、保障支持等服务”。下列最能反映社会工作专业优势的是（　　）。（2020 年真题）

A. 社会工作的专业化和职业化　　B. 社会工作的专业理念和专业方法

C. 社会工作的本土化和行政化　　D. 社会工作的问题意识和政策思路

参考答案：B

参考解析：社会工作的本质是具体的服务，科学的方法是达到助人目的的有效手段。因此，专业方法对于社会工作来说是不可缺少的。社会工作者的价值观念、知识储备、对工作方法的掌握、实际工作经验等都影响着服务效果的发挥。虽然助人是一种职业责任，但社会工作者也同时需要有牢固的价值观。

2. 服务对象老陈 40 岁，单身，因盗窃罪入狱 3 年，刑满释放后一直找不到工作。

新入职的社会工作者小李刚接触老陈时，心里很害怕、抗拒，觉得他不值得帮助。督导老魏教导小李，社会工作强调尊重接纳，要帮助有困难、有需要的人。上述老魏的督导内容主要体现的社会工作特点是（　　）。(2018 年真题)

A. 多方协同　　B. 注重专业价值　　C. 双方合作　　D. 强调专业方法

参考答案：B

参考解析：本题考查社会工作的基本要素。社会工作由社会工作者、服务对象、价值观、助人活动和专业方法等几个基本要素构成。社会工作注重专业价值和专业方法。本题中老陈的督导内容体现了社会工作的价值观。

3. 关于社会工作基本要素的说法，正确的有（　　）。(2017 年真题)

A. 社会工作的主要服务对象是基本生活陷入困境的人

B. 社会工作通过求助、转介和外展方式发现服务对象

C. 社会工作者的专业服务方法之一是社区服务

D. 社会工作者是从事一线服务的机构工作人员

E. 社会工作价值观贯穿社会工作服务的全过程

参考答案：AE

参考解析：社会工作基本要素主要包括以下几个方面。(1) 服务对象。社会工作中的服务对象是在社会工作过程中需要帮助的一方，是在正常的社会生活中遇到困难需要帮助从而解脱困难的个人或群体。(2) 社会工作者。在助人活动中，社会工作者在助人价值观指导下去设计和实施助人活动，并积极吸引服务对象主动参与这一行动过程，双方相互配合与协调，从而达到助人的目的。(3) 价值观。社会工作价值观 (values) 是社会工作者所持有的评判助人活动的一套观念，包括社会工作者对助人活动的看法、对服务对象的看法以及对自己的看法等。(4) 助人活动。助人活动（或称服务）是社会工作者根据服务对象的需要，依据社会工作价值观和现实条件向服务对象提供帮助或服务的行动，也是社会工作者与服务对象互动及合作的过程。(5) 专业方法。社会工作不是随心所欲的行为，而是一种理性行动，它具体表现为一系列的专业方法，在社会工作中，个案工作、小组工作、社区工作是三种重要方法。

第四节　社会工作者的主要角色

【重要考点概览】

小节	主要考点	历年考查点
第四节　社会工作者的主要角色	直接服务角色	2015、2016、2019 年考查单项选择题
	间接服务角色	2017、2018、2019 年考查单项选择题
	合并服务角色	2018 年考查单项选择题
		2015、2020 年考查多项选择题
	知识素养	2018 年考查多项选择题
	能力要求	2016、2019、2020 年考查单项选择题

考点一：社会工作者的主要角色

1. 直接服务角色

直接服务角色：指社会作者面向服务对象提供直接、有效的服务，如服务提供者、治疗者、支持者、使能者、倡导者及关系协调者等。很多考生不能有效区分社会工作者的不同角色。

服务提供者是指提供物质、劳务和心理方面的服务和帮助。

“治疗”是认为服务对象出现问题、有行为偏差，因而需要帮助和矫正。在帮助边缘群体进行社区矫正、戒毒和治疗网瘾等工作中，社会工作者经常扮演治疗者角色。换句话说，当服务对象的问题严重偏离了社会主流价值规范或者常态的标准，社会工作者才会使用治疗者角色。

“支持”强调对于服务对象的鼓励与支持，即更多是站在服务对象背后为之鼓与呼，或者尽量创造条件使其能够自立或自我发展。由此可见，支持者的授权与增能非常重要。

使能者也侧重于促使服务对象有勇气有力量面对及解决问题，因此与支持者的含义雷同，不过考试时二者很少会同时出现。

倡导者率先倡议实施某种行为，社会工作中的倡导包括对政府行为的倡导和对服务对象行为的倡导，前者可以称为政策倡导，后者可以称为社会倡导。

关系协调者是指社会工作者帮助协调服务对象与周围他人、群体或组织的关系。

【真题再现】

1. 周阿姨的父亲五年前患了认知障碍症，生活不能自理，全靠周阿姨照顾。周阿姨曾做过心脏手术，照顾父亲时感到越来越力不从心。从倡导者角色看，社会工作者应提供的服务是（　　）。（2019 年真题）

A. 理解周阿姨的困难，为其申请临时救助

B. 协助周阿姨学习照顾方法，提高照顾能力

C. 联系相关部门和养老机构，寻找资源

D. 向相关部门提出建议，呼吁为照顾者提供服务

参考答案：B

参考解析：在服务对象必须采取新的行动才能有助于其走出困境，但服务对象对新的行动又不了解时，社会工作者应该成为服务对象采取某种行为的倡导者，即向服务对象倡导某种合理行为。

2. 小李是某大型企业的员工，去年贷款买房，近期物价不断上涨，小李的家庭支出持续增加，而其所在企业目前没有加薪计划，使他感到生活压力倍增，情绪焦虑，为此向社会工作者求助。从支持者角色出发，社会工作者首先应当（　　）。（2015 年真题）

A. 鼓励小李积极面对困难　　B. 认同小李的负面情绪

C. 劝说小李合理安排开支　　D. 帮助小李借钱还房贷

参考答案： A

参考解析： 本题考查支持者角色。支持者是指社会工作者面对服务对象，不但要提供直接服务或帮助，还要鼓励其在可能的情况下自强自立、克服困难，即“助人自助”。因此，社会工作者应该成为服务对象积极反应的支持者、鼓励者，并应尽量创造条件使其能够自立或自我发展。根据题干“生活压力倍增，情绪焦虑”可知，社工小李应扮演支持者角色，首先应鼓励服务对象积极面对困难。所以，选择选项A。

3. 某社会工作服务机构重点为网络成瘾人士提供服务。社会工作者鸿雁接待了服务对象悠悠，经过一段时间的专业服务，悠悠上网时间逐渐减少。在此服务中，鸿雁扮演的主要角色是（　　）。（2016年真题）

A. 治疗者　　B. 咨询者　　C. 协调者　　D. 倡导者

参考答案： A

参考解析： 本题考查治疗者角色。治疗是站在“病理学”的角度，认为服务对象出现问题、有行为偏差，因而需要帮助和矫正。治疗的目的是有系统地影响服务对象的人际互动或内在心理功能，控制或减轻问题的症状。题中为网瘾人士提供服务，旨在矫正网络依赖这一行为问题，社工扮演的是治疗者角色。所以选择选项A。

4. 老宋退休后脾气变得很暴躁，经常与妻儿吵架，家里气氛紧张。社会工作者得知老宋一家的情况后为其提供服务。下列社会工作者的做法中，体现关系协调者角色的是（　　）。（2016年真题）

A. 建议老宋向原单位争取返聘　　B. 帮助老宋逐渐适应退休生活

C. 为老宋进行情绪疏导和减压　　D. 促进老宋与家人的相互沟通

参考答案： D

参考解析： 本题考查关系协调者角色。在许多情况下，服务对象之所以陷入困境，是因为服务对象与周围的人、群体或社会组织没能处理好关系，即他们的人际关系和社会关系失调，而陷入了困境。社会工作者有时要面对不同个人、不同群体之间的矛盾或冲突，这时就要承担起协调关系、缓解和处理矛盾的任务。社会工作者希望自己的介入能够促进矛盾、冲突双方的互相沟通和理解，从而缓和、解决矛盾。这需要社会工作者全面深入地分析问题，谨慎地选择工作方法，策略性地应对问题。这即是社会工作者的关系协调者角色。所以，选择选项D。

2. 间接服务角色

间接角色是指社会工作者不但要面向服务对象提供直接、有效的服务，还要为这种服务提供支持，即进行间接服务，包括行政管理者、资源筹措者、政策影响者和研究者。

行政管理者是指作为专业的社工，不仅需要面对服务对象的直接服务，为了有效开展直接服务，还需要对该服务过程进行有效控制，同时必须对与助人相关的诸多资源、信息进行协调、安排和管理，以实现该过程的高效。

资源筹措者角色非常重要，社工常常需要联络政府部门、企事业单位、社会组织（包括基金会）和广大社会成员，向他们筹集服务对象所需要的资源，可以说为服务的顺利开展而筹措资源是社会工作者的重要责任。

政策影响者是指社会工作者在服务过程中发现某些问题具有普遍性时，需要提出政策建议以影响和改善社会政策，避免社会问题的再次发生（本角色与直接服务角色中的倡导者有相似之处，不过倡导者强调行为，而政策影响者则关注具体的政策意见及主张）。

社工还需要做一个研究者，以便对社工的服务过程进行研究，提升服务水准，发展社会工作理论。

【真题再现】

1. 社会工作者小王负责“校园综合干预计划”项目，通过“心理故事视频”“Why课堂”“关爱屋”等形式为农村寄宿留守儿童提供服务，旨在丰富其在校生活，促进其身心健康。下列小王的做法中，体现政策影响者角色的是（　　）。（2019年真题）

A. 激励农村寄宿留守儿童通过“关爱屋”宣泄负面情绪

B. 协助农村寄宿留守儿童理解“Why课堂”讲授的知识

C. 动员社会力量采用公益认领方式创作“心理故事视频”

D. 撰写项目评估报告提出加强农村寄宿留守儿童服务的建议

参考答案：D

参考解析：社会工作者在服务过程中发现某些问题具有普遍性时，应该提出政策建议以影响和改善社会政策，解决社会问题，避免社会问题的再次发生。这种政策影响者常常有比较明确的政策主张，故又称政策倡导者。

2. 社会工作者小燕是“肢体障碍人士就业创业成长计划”的项目负责人，她在项目执行中扮演着多种角色。下列小燕的做法中，最能体现资源筹措者角色的是（　　）。（2018年真题）

A. 整理项目执行中的各种记录并进行反思

B. 帮助肢体障碍人士重建自信并顺利就业

C. 联系创业园区为肢体障碍人士提供咨询服务

D. 指导肢体障碍人士建立就业创业微信公众号

参考答案：C

参考解析：本题考查资源筹措者角色。资源筹措者是指社会工作者为了有效助人，常需要联络政府部门、企事业单位、社会组织和广大社会成员，向他们筹集服务对象所需要的资源。联系创业园区提供咨询服务正是链接资源的体现，所以，选择选项C。

3. 社会工作者小王主要从事矫正社会工作。下列小王的做法中，体现其资源筹措者角色的是（　　）。（2017年真题）

A. 为贫困刑满释放人员发放低保金　　B. 整理判决前社区情况的调查记录

C. 联络辖区单位帮助社区矫正对象　　D. 疏导在监狱服刑人员的负面情绪

参考答案：C

参考解析：本题考查社会工作者的资源筹措者角色。社会工作者为了有效助人，常常需要联络政府部门、企事业单位、社会组织（包括基金会）和广大社会成员，向他们筹集服务对象所需要的资源。可以说为服务的顺利开展而筹措资源是社会工作者的重要责任。筹措资源之后，社会工作者有时是将它们传递到服务对象手中，有时则将社会资源同服务对象链接起来，这种角色又叫资源链接者。联系辖区内单位帮助受助者正是资源筹措者的体现，故正确答案为C选项。A选项为服务提供者角色，B选项为行政管理者角色，D选项则是治疗者角色。

3. 合并服务角色

合并角色是指包含多种功能的综合角色，这种合并角色既包括直接服务也包含间接服务，而且也可能包括不同角色互相连带的做法。该考点考查频率不高。

【真题再现】

1. 社会工作者小安参与新冠肺炎疫情防控工作：协助社区工作者完成疫情统计数据日报；掌握“线上社区防控工作群”和“线上小区居民群”动态；采用线上视频直播等方式开展兴趣类、亲子类、咨询类活动。上述小安的工作，体现了社会工作者角色中的（　　）（2020年真题）

A. 政策影响者　　B. 资源筹措者

C. 服务提供者　　D. 行政管理者

E. 关系协调者

参考答案：CD

参考解析：本题考查社会工作者的角色。政策影响者是指社会工作者可以而且应该影响社会政策，这就是扮演政策倡导者的角色。资源筹措者是指社会工作者常常需要联络政府部门、企事业单位、社会组织（包括基金会）和广大社会成员，筹集服务对象所需要的资源。服务提供者是指服务既包括提供物质帮助和劳务服务，也包括提供心理辅导、意见咨询和关系支持。行政管理者是指社工必须对诸多资源、信息进行协调、安排和管理，以实现该过程的高效。关系协调者是指社会工作者要面对不同个人、群体的矛盾或冲突，承担起协调关系缓解和处理矛盾的任务。题中，协助完成数据统计和掌握动态，扮演了行政管理者角色；开展各类活动扮演了服务提供者角色。所以，选择选项CD。

2. 关于社会工作者角色的说法，正确的是（　　）。（2018年真题）

A. 社会工作者为服务对象提供心理咨询，体现了社会工作者的合并服务角色

B. 社会工作者帮助服务对象多方筹措资源，体现了社会工作者的使能者角色

C. 社会工作者建议服务对象呼吁社会关注，体现了社会工作者的政策影响者角色

D. 社会工作者对服务质量进行有效监督，体现了社会工作者的行政管理者角色

参考答案：D

参考解析：本题考查社会工作者的角色。社会工作者的合并角色是指包含多种功能的综合角色，A 选项提供心理咨询属于服务提供者的角色。社会工作的使能者是使服务对象有能力面对问题和解决问题，B 选项筹措资源属于资源筹措者角色。政策影响者角色是对普遍性的问题提出政策建议以对现有的政策或制度进行改变，C 选项建议服务对象呼吁社会关注属于社会工作者的倡导者角色，在服务对象必须采取新的行动才能有助于其走出困境，但服务对象对新的行动又不了解时，社会工作者应该成为服务对象采取某种行为的倡导者，即向服务对象倡导某种合理行为，并指导他们以使其成功。行政管理者角色是社会工作者对工作过程进行有效监督，同时对服务过程和与助人相关的诸多资源、信息进行协调、安排和管理，以实现过程的高效。故正确答案为 D 选项。

3. 某社会工作机构副总干事大宋是青少年服务项目的主管。他引导家长成立了互助小组，并为他们提供培训和咨询，大宋还经常撰写专业文章，将自己的工作方法和专业反思予以提炼和总结。大宋的这些做法，体现了社会工作者的（　　）。（2015 年真题）

A. 资源筹措者　　B. 政策影响者

C. 服务提供者　　D. 支持者

E. 研究者

参考答案：CDE

参考解析：本题考查社会工作者的角色。题中大宋引导家长成立了互助小组，并为他们提供培训和咨询，充当了支持者和服务提供者的角色；大宋撰写专业文章，提炼并总结工作方法和专业反思，对自己的服务实践进行研究，充当了研究者角色。实际上，细致地了解服务对象的问题并给出正确判断也是研究问题。所以，选择选项 CDE。

考点二：社会工作者的基本素养

社会工作者需要具备三个方面的基本素养：价值观、知识素养与能力要求。这些都是对于社会工作者的基本要求，社工需要在漫长的职业生涯里不断凝练、不断体悟并不断自我提升，也就是说基本素养的训练与积累贯穿社工职业生涯全程。

1. 知识素养

学科知识：社会工作者需要具有广博的知识素养，包括哲学、社会学、心理学、管理学等知识。

文化知识：文化存在于各种内隐的和外显的模式之中，借助符号的运用得以学习与传播，并构成人类群体的特殊成就。借助于服务对象群体的文化知识，可以了解其行为背后的逻辑与框架。

心理素质：社会工作者要同各种人打交道，要面对各种问题，特别是各种复杂的、难以解决的问题，就必须有良好的心理素质。这包括遇到问题要沉稳、冷静，要有良好的判断力和快速反应能力，要经得住困难和复杂问题的压力，要富有同情心又不感情化。

社会政策或社会福利政策：针对困难群体，其目的是通过向困难群体提供福利服务解决他们的问题。社会政策或社会福利政策是社会工作得以开展的重要基础。

技术知识：社会工作者要有效达到助人目的，就必须掌握多种技术知识，包括调查研究技术、口语和文字表达技术、现代资讯工具使用技术等。

【真题再现】

社会工作者大安突然接到社区工作人员的电话，说张婶家的女儿圆圆站在楼顶上要自杀，请他去帮忙制止。大安赶到现场，一边用专业技巧安抚圆圆的情绪，一边劝阻围观居民不要喊叫，以免刺激圆圆。在警察到来之前，圆圆的情绪逐渐稳定下来。上述大安的做法中，反映出社会工作者应具备的心理素质有（　　）。（2018 年真题）

A. 有同情心又能理性分析和处理问题

B. 指导服务对象修正偏差行为的能力

C. 与服务对象一起处理好问题的能力

D. 可与服务对象进行良好沟通的能力

E. 既充满信心又能冷静应对危机情境

参考答案：AE

参考解析：本题考查社会工作者的心理素质。社会工作者要具备良好的心理素质，包括遇到问题要沉稳、冷静，要有良好的判断力和快速反应能力，要经得住困难和复杂问题的压力，要富有同情心又不感情化。只有具备较好的心理素质，才能处变不惊、充满信心，才能有效地应对和解决问题。所以，选择选项 AE。

2. 能力要求

社会工作是实务型的工作，它以一系列的具体活动将社会工作者与服务对象联结起来，利用多种资源实现助人目标。这就需要社会工作者具备较强的能力，以下几种能力对社会工作者来说是最重要的。

（1）沟通与建立关系的能力（助人第一步，关系的建立）。

（2）促进和使能的能力（支持者与使能者角色）。

（3）评估和计划的能力（专业判断与专业推进）。

（4）提供服务和干预的能力（精准介入与服务发送）。

（5）在组织中工作的能力（行政管理与资源动员）。

（6）发展专业的能力（宣传专业、提升专业）。

【真题再现】

1. 社会工作者老宋主要负责养老驿站的运营工作。下列老宋的工作中，体现他具备“发展专业能力”的是（　　）。（2020 年真题）

A. 评估上门服务过程中存在的风险并合理设计服务

B. 与业内其他养老机构建立合作关系共享服务资源

C. 为高龄独居老年人提供政策咨询并协助维护权益

D. 总结养老驿站运营的经验促成养老服务体系建设

参考答案：D

参考解析：本题考查发展专业的能力。A 项属于评估和计划的能力；B 项属于沟通与建立关系的能力；C 项属于促进和使能的能力；D 项属于服务经验总结与提升，推动专业发展。所以，选择选项 D。

2. 社会工作者小马一直负责“流动儿童助学行动”，具体工作包括：开展咨询服务，对接服务需求，设计资助方案提供专业服务，链接更多资源进入流动儿童教育领域。下列服务中，体现小马具备干预能力的做法是（　　）。（2019 年真题）

A. 反思流动儿童服务的优缺点

B. 厘清流动儿童的多元化发展需求

C. 指导流动儿童改进学习方法

D. 联系企业捐赠文具帮助流动儿童

参考答案：C

参考解析：本题考查提供服务和干预的能力。社会工作者的核心工作是向服务对象提供适当的服务，服务提供能力是其基本能力。服务提供能力包括与服务对象建立专业关系，促进双方良好互动与合作的能力，具体提供服务的能力。在服务过程中，社会工作者对服务对象要表示关心、支持和保护，对服务对象的某些偏差行为进行干预和指导，要有步骤地推进服务，进而达到计划的目标。C 选项体现了小马具备干预能力，也就是对于偏差行为（学习习惯、学习方法、学习认知等）进行干预与指导。

3. 小闫成为一名社会工作者以来，实务能力不断提升，并成为机构的骨干，在实践中小闫感到仅有实务能力是不够的，还需要有促进社会工作专业发展的能力。下列小闫的工作中，重点体现发展社会工作专业能力的是（　　）。（2016 年真题）

A. 在机构运作中合理配置资源有效地进行服务传递

B. 积极向服务对象提供信息协助他们争取合法权益

C. 主动与服务对象建立关系并对偏差行为进行修正

D. 通过不断总结反思服务经验形成有效的服务模式

参考答案：D

参考解析：本题考查发展专业的能力。社会工作者的能力要求包括：（1）沟通与建立关系的能力；（2）促进和使能的能力；（3）评估和计划的能力；（4）提供服务和干预的能力；（5）在组织中工作的能力；（6）发展专业的能力。除了直接的助人活动外，社会工作者还有责任宣传社会工作的价值观，总结服务经验，促进社会福利事业的发展。同时，社会工作者要进行严格的专业自律、自我评估，这要求社会工作者具有专业反思和提升自己专业素质的能力，即具有发展专业的能力。所以，选择选项 D。

【考点详解】

第五节　社会工作的主要领域

【重要考点概览】

小节	主要考点	历年考查点
第五节　社会工作的主要领域	具体社会工作领域的辨识	2015、2016、2019 年考查单项选择题
		2018、2020 年考查多项选择题
	具体社会工作领域内的细分	2016、2020 年考查单项选择题
		2015、2017、2019 年考查多项选择题
	社会工作领域的拓展	尚未考查

★ 考点一：具体社会工作领域的辨识

本部分内容较为简单，凭常识性判断即可完成，具体包括儿童及青少年、老年、妇女、残疾人、司法、优抚安置、社会救助、减贫、家庭、学校、社区、医务、企业等社会工作领域。值得注意的是，原本的矫正社会工作改为司法社会工作，并且在原有领域基础上新增减贫社会工作。近几年国家为脱贫攻坚做出了诸多努力，这也在一定程度上反映出社会工作专业的与时俱进性。随着社会的变化和发展，社会工作将发挥更大的作用。

【真题再现】

1. 某老旧社区独居及空巢老人较多，为该社区提供服务的社会工作服务社区志愿者组建“老来乐小分队”，定期探访独居、空巢老人。上述行为属于社会工作服务领域的（　　）。（2020 年真题）

A. 医务社会工作　　B. 老年社会工作

C. 社区社会工作　　D. 家庭社会工作

E. 社会救助社会工作

参考答案：BC

参考解析：本题考查社会工作的服务领域。题干中定期探访独居、空巢老人属于老年社会工作；为该社区提供服务的社会工作服务社区志愿者组建“老来乐小分队”属于社区社会工作。所以，选择选项 BC。

2. 某社区居民委员会接到多起居民投诉，反映部分老人大清早跳广场舞，音乐声音很大，打扰居民生活。为此，社会工作者小张接受委托，召开居民议事会商讨解决此问题。小张的工作内容属于（　　）。（2019 年真题）

A. 老年社会工作领域　　B. 社区社会工作领域

C. 家庭社会工作领域　　D. 矫正社会工作领域

参考答案：B

参考解析：本题考查社区社会工作领域。社区是社会工作的重要领域，社区社会工作是以社区为对象的社会工作。根据题干可知，本题答案为 B 选项。

3. 小赵是某中学“成长天空”项目的社会工作者，他的主要工作是对有偏差行为的学生进行家访和个案辅导，举办亲子关系沟通小组以及对教师开展“优势视角”的培训。上述小赵的服务，涉及的社会工作服务领域有（　　）。（2018 年真题）

A. 社区社会工作　B. 矫正社会工作　C. 家庭社会工作　D. 学校社会工作

E. 青少年社会工作

参考答案： CDE

参考解析： 本题考查社会工作的服务领域。社区社会工作的服务对象是社区。矫正社会工作的服务对象是罪犯、有犯罪危险的违法人员、吸毒人员。家庭社会工作的服务对象是家庭整体。学校社会工作的服务对象是学生。儿童及青少年社会工作是为了促进其健康成长。根据题干，“中学”“家访”“亲子关系小组”“教师优势视角培训”等关键词可知，涉及的服务领域有家庭、学校和青少年。所以，选择选项 CDE。

4. 最近，陈姐发现儿子小凡英语成绩不佳，于是每天都给他布置课外作业，但小凡不愿意做，母子俩天天为此吵架，关系越来越紧张。社会工作者小刘获知情况后，分别与母子俩沟通，并针对他们希望尽快缓和关系的需求制订了服务计划。上述小刘的工作内容属于（　　）。（2016 年真题）

A. 社区社会工作领域　　B. 矫正社会工作领域

C. 学校社会工作领域　　D. 家庭社会工作领域

参考答案： D

参考解析： 本题考查家庭社会工作领域。家庭社会工作是对家庭因社会或家庭成员方面的原因陷入困境所进行的专业的支持性服务。它是以家庭整体为对象的服务，当因社会与经济变迁使家庭的正常生活遭遇困难进而使家庭成员之间的关系出现问题，或者因夫妻不睦、亲子关系紧张、失业、疾病、迁移以及单亲等原因而出现较严重的问题时，社会工作者可以帮助家庭解决困难和问题，促进家庭和谐。所以，选择选项 D。

5. 社会工作者小陈了解到住院患者王大爷生活贫困，与儿子多年不来往的情况后，一方面经常与王大爷聊天，鼓励他配合治疗，另一方面与医院协调，减免了他的部分医疗费用，还与王大爷的儿子联系，帮助改善父子关系。根据上述内容，小陈的工作属于（　　）。（2015 年真题）

A. 社会康复服务　　B. 矫正社会工作

C. 心理健康服务　　D. 医务社会工作

参考答案： D

参考解析： 本题考查医务社会工作领域。医务社会工作是在医疗、卫生、保健方面实施的社会工作，如帮助患者链接医疗资源、帮助建立良好的医患关系、帮助建立与社区之间的良好关系、协助医生解决患者的心理和社会关系方面的问题等，都属于医务社会工作的内容。所以，选择选项 D。

考点二：具体社会工作领域内的细分

本部分是一个较为特殊的情况，是学校社会工作的细分：变迁型、治疗型及社区－学校型社会工作的各自表现及其判断。该考点考查频率较高，值得考生关注。

具体而言，治疗型学校社会工作主要针对心理和行为失常的学生展开；变迁型学校社会工作旨在帮助学生适应社会的剧烈变迁，如常见的生活辅导、学业辅导以及就业辅导等；社区－学校型学校社会工作将服务延伸到学校外的社区，包括联系学生家长、家校沟通、对离校学生提供追踪服务、开展社区教育等。

【真题再现】

1. 社会工作者小郝在某初中开展学校社会工作服务。下列服务内容中，属于“治疗型”学校社会工作的是（　　）。（2020 年真题）

A. 协助学生制定学业发展规划

B. 对有欺凌行为的学生进行辅导劝诫

C. 帮助患病学生链接医疗资源

D. 为学生们举办校园安全教育工作

参考答案：B

参考解析：本题考查治疗型学校社会工作。治疗型学校社会工作是针对“问题学生”失常的心理和行为而开展的工作。所以正确答案为 B 选项。

2. 学校社会工作者小赵拟采用“社区－学校型”学校社会工作方式来设计服务方案。下列小赵的服务中，采用了该方式的有（　　）。（2019 年真题）

A. 辅导六年级学生的功课　　B. 成立课余辅导家长互助会

C. 追踪毕业学生就业情况　　D. 主持“师生情”主题晚会

E. 鼓励学生参与社区服务

参考答案：BCE

参考解析：社区－学校型学校社会工作把社会工作延伸到学校外的社区，包括联系学生家长、支持学校的政策、实现家校沟通、促进学校教育、对离校学生提供追踪服务、开展社区教育，以利于学生学习与成长等。

3. 小燕是某外来打工子弟学校的社会工作者，结合学生的实际需求，小燕采用治疗型学校社会工作方式来开展服务。下列小燕的服务内容中，属于治疗型学校社会工作方式的有（　　）。（2017 年真题）

A. 开展生涯发展主题班会　　B. 建立学校合作联席会议制度

C. 协助逃学学生重返学校　　D. 缓解经济困难学生心理压力

E. 开展毕业生的追踪调查

参考答案：CD

参考解析：本题考查治疗型学校社会工作。治疗型学校社会工作，是针对“问题学生”失常的心理和行为而开展的工作。选项 CD 属于对“问题学生”开展的社会工作，所以为正确选项。

4. 进城务工人员子女常需返回家乡完成高中阶段学习并参加高考。针对这种情况，社会工作者小许采用变迁型学校社会工作方式为返乡学生提供服务。下列小许的服务中，属于变迁型学校社会工作方式的是（　　）。（2016 年真题）

A. 促进家庭和学校联系并且提供追踪服务

B. 建立微信公众号定期推送学生学习动态

C. 成立学习互助小组帮助学生熟悉当地教材

D. 对初三厌学学生提供情绪支持和矫正服务

参考答案： C

参考解析： 本题考查学校社会工作。学校社会工作主要是以帮助学生正常学习和健康成长为目的的服务。由于家庭、人际交往以及学习适应方面出现问题，有些学生在学业上遭遇很大困难，甚至会影响学业的正常进行，这些学生就会成为社会工作的服务对象。在社会急剧变迁、社会文化复杂多样的情况下，学生的成长面临着更多问题。变迁型学校社会工作是为了让学生适应社会的剧烈变迁而开展的工作，包括生活辅导、学业辅导和就业辅导等。题干中，社工为返乡参加高考的学生提供服务，属于学业辅导，故正确答案为 C 选项。

5. 学校社会工作者小李为增进学生家长与学校间的相互了解，采用“社区 - 学校型”社会工作方式，来设计自己的方案。小李的下列服务内容中，属于此类型的工作方式有（　　）。（2015 年真题）

A. 开展厌学学生的情绪疏导小组　　B. 协助家长成立家长委员会

C. 开展临近毕业学生的就业辅导　　D. 推动设立学校开放日

E. 开展住宿学生心理健康服务

参考答案： BD

参考解析： 本题考查学校社会工作。社区 - 学校型学校社会工作把社会工作延伸到学校外的社区，包括联系学生家长、支持学校的政策、实现家校沟通、促进学校教育、对离校学生提供追踪服务、开展社区教育，以利于学生学习与成长等。

★ **考点三：** 社会工作领域的拓展

此部分内容从未考查过。社会工作领域的拓展首先是服务对象的拓展，即从贫困人群到有需要人群，从关注社会问题到关注社会和谐。而在具体表现上，则进一步把精神卫生社会工作、就业促进工作、减灾社会工作、发展性社会工作等囊括在内。

【本章小结】

本章是基础性章节，对于所有考生而言，是入门知识，即需要初步了解：社会工作的概念、目标功能及主要领域、主要发展阶段，以及社会工作的基本过程模式、社会工作者的角色等。其中社工的基本过程模式、社工的角色是重中之重，需要更多地记忆与理解。当然，实务社会工作者在具体的服务过程中时刻都在体会，也在不断斟酌自己的角色与定位，对于这些角色的理解更为直接。作为基础性章节，本章对于后续内容的学习非常重要。因此，考生需要不断通读，以强化对重点知识的理解，还需要学习社会工作尤其是我国社会工作的表达，以便能够熟悉这一学科体系的专业性话语。

扫码听课

第二章　社会工作价值观与专业伦理

【本章导学】

社会工作是一门助人的专业和职业，受特定的专业价值和伦理的约束。本章重点介绍社会工作的价值观、专业伦理及专业伦理守则。社会工作价值观是整个专业工作的灵魂，缺乏价值观指导的社会工作就丧失了安身立命之本。价值观也是该专业区别于其他服务性工作的重要标志，而社会工作专业伦理则是价值观的具体化与操作化，或者说是其在具体情境过程中的应用与表现。这些价值观和专业伦理，既有专业自身长期发展而积淀建立起来的伦理思考和道德操守，也有在不同文化和制度背景下社会工作发展所具有的价值偏好和伦理规范。具体而言，价值观的核心内容在于三个基本信念（尊重、独特性、相信人能改变）与五个实践原则（接纳、非评判、个别化、保密及当事人自决）。专业伦理更多强调的是专业社工对于不同对象所应该遵守的行动准则，具体而言，就是社工面对六大类服务对象（服务对象、同事、社工机构、作为专业人员的自己、专业及全社会）时应该遵守的伦理责任。

【历年题量/分值分布】

	2015 年	2016 年	2017 年	2018 年	2019 年	2020 年
单项选择题	5 道	5 道	5 道	5 道	5 道	4 道
多项选择题	2 道	2 道	2 道	2 道	2 道	2 道
合计分值	9 分	9 分	9 分	9 分	9 分	8 分

注：单项选择题每题 1 分，多项选择题每题 2 分（错选，本题不得分；少选，所选每个选项得 0.5 分）。

【本章知识概览】

小节	考点	备考指数
第一节　社会工作价值观的意义与内容	社会工作价值观的意义	★
	社会工作价值观的内容	★★★★★
	我国社会工作专业实践的价值观	★★
第二节　社会工作专业伦理	社会工作伦理的含义	★★★
	社会工作伦理的内容	★★★★★
	社会工作的伦理议题与伦理决定	★★★★★
第三节　社会工作专业伦理守则	社会工作的伦理守则	★★★★
	社会工作专业伦理守则的内容与作用	★★★★
	我国社会工作伦理守则内容	★

【考点详解】

第一节　社会工作价值观的意义与内容

【重要考点概览】

小节	主要考点	历年考查点
第一节　社会工作价值观的意义与内容	社会工作价值观的意义	2015～2020 年考查单项选择题
		2017 年考查多项选择题
	社会工作价值观的内容	2016、2017、2019、2020 年考查单项选择题
		2017、2019 年考查多项选择题
	我国社会工作专业实践的价值观	2020 年考查单项选择题
		2019 年考查多项选择题

考点一：社会工作价值观的意义

社会工作价值观是在专业或职业范围内形成和发展起来的一整套对人、对事和对专业等的总体判断与核心理念，它对树立专业使命、规范专业行为和保护服务对象的利益发挥着重要的作用。社会工作价值观的重要意义在于它对专业实践的规范和对功效的保障，前者是对专业使命和目标的一般规定，后者是对专业具体行动的标准和执行步骤的阐述。社会工作价值观的意义体现在如下几方面：

第一，确定专业使命、核心关怀及专业特质，使之区别于其他学科。

第二，规范专业人员的职责和行为，保护服务对象利益。

第三，维护社会正义与公平。

学习社会工作价值观，把握及内化价值观，是每一位社工的必修课。在这个过程中，每一位学习者都需要不断进行自我检视，即检视自我的个人价值观、社会工作专业价值观及社会主流价值观之间的异同。其中社会主流价值观代表着社会大众或者主流文化的理解，而个人价值观则意味着作为一个个体的自我的理解，如果三者能够高度一致，对于社会工作者而言也就意味着自我已经完全内化社会工作专业价值观，并且与社会主流价值观完全契合。此时，整个专业学习将更多集中在专业方法上。但是事实上，这三者完全契合或者相同的可能性很小。更多时候是社工自我的个人价值观与专业价值观或主流价值观差异显著，对于社工而言，专业学习过程就需要直面价值观冲突带来的冲击及随之而来的调整，并在此基础上完成专业方法的学习。

很多考生在学习本章过程中都强调记忆，而非自我检查与体悟。这导致考生对于自我价值观、专业价值观及社会主流价值观之间的差异的认识或者觉察并不深刻，进而影响随后的专业学习。

【真题再现】

1. 关于社会福利事项对社会工作价值观影响的说法，正确的是（　　）。(2020 年真题)

A. 中国古代官方的救济行为是儒家“仁爱”思想的表现

B. 西方福利国家建立前社会工作者价值观是以效率为中心

C. 社会工作价值观的内涵随社会福利思想的变化而演进

D. 中国社会工作价值观更多地受西方社会福利思想影响

参考答案：C

参考解析：本题考查对福利体系和价值观的整体理解，尤其是我国社会福利事业与我国社会工作价值观的关系及其与西方的差别。

2. 社会工作服务机构为社区低保家庭提供各种服务。从社会工作价值观的角度出发，下列做法中，最能体现保护服务对象权益的是（　　）。（2019 年真题）

A. 提高社会工作者开展社区活动的能力

B. 呼吁全社会给予救助对象更多的同情

C. 策划宣传社会救助政策的主题活动方案

D. 举办针对救助对象需要的就业技能培训

参考答案：D

参考解析：社会工作的主要目的是帮助有需要的人实现人与环境之间的和谐发展，促进受各种问题困扰的人社会功能的完善。在社会工作介入和服务过程中，社会工作者在价值观和职业伦理的指引下，最大限度地承担关心人、服务人和促进人的全面发展的责任，进而在各方面保护服务对象的权益。这些权益主要包括：基本需要的满足、免于贫困的影响和暴力的侵害、促进人际沟通与交往、扩大就业与社会参与机会以及更好地融入社群。A 选项较为间接，对于服务对象本身权益影响延迟且非直接服务。B 选项表达欠佳。C 选项更多停留在策划及政策宣传上，并非直接服务。

3. 社会工作者小于与同事一起为流动儿童开办“四点半”课堂，提供临时托管和课业辅导等服务。同时，他们也收集相关资料，撰写调研报告，并向有关部门提出关于流动儿童教育的政策建议。小于与同事的工作内容突出体现了社会工作价值观中的（　　）。（2018 年真题）

A. 人人平等与社会参与并重　　B. 社区融合与社会公平并重

C. 个人发展与社会发展并重　　D. 个人权利与责任担当并重

参考答案：C

参考解析：本题考查我国的社会工作价值观。在建立和发展中国社会工作价值观时，应注意以下方面：以人为本，回应需要；接纳和尊重；个别化和非评判；注重和谐，促进发展；平等待人，注重民主参与；权利与责任并重；个人的发展与社会发展相结合。个人的发展与社会发展相结合是指既要重视个人的需要和服务，也要关注社会层面的改革和政策。社工的服务在关注服务对象的同时，还能够在整体宏观层面上对于服务对象所代表的群体及其相应的社会政策予以聚焦，这是个人与社会之间并重发展的表现。

4. 关于中外社会工作价值观的说法，正确的是（　　）。（2017 年真题）

A. 中外社会工作价值观都是在宗教救济基础上发展形成的

B. 中外社会工作价值观都是受新自由主义影响发展形成的

C. 中外社会工作价值观都是在政府政策主导下发展形成的

D. 中外社会工作价值观都是在社会福利进步中发展形成的

参考答案： D

参考解析： 在理想上，中国传统文化强调的“大同”和现代政府所强调的“共同富裕”“和谐与发展”等理念，同西方社会工作价值观所主张的推进总体福利进步和实现个人潜能的提升并不矛盾。中国社会工作价值观的发展更多与中国国情密切相关，宗教救济部分并不明显。

5. 关于社会工作价值观作用的说法，正确的有（　　）。（2017 年真题）

A. 社会工作价值观促进人的全面发展，保护服务对象的权益

B. 通过价值观的指引和规范，推动社会工作专业的健康发展

C. 社会工作价值观主要起到包装社会工作者合法权益的作用

D. 社会工作价值观可有效促进社会服务机构内容的合理部分

E. 社会工作价值观维护社会正义，强调不同群体的平等发展

参考答案： ABE

参考解析： 社会工作价值观的作用主要体现在以下四个方面：（1）保护服务对象的权益；（2）促进专业的健康发展；（3）促进社会服务机构的能力建设；（4）维护社会正义。考生在答题时不仅要考虑选项的内容，还要参考选项的表达。本题中部分选项的表达本身就是错误的或者明显不恰当，如 C 选项中的“包装”、D 选项中的“有效促进社会服务机构内容的合理部分”等。

6. 关于中西方社会工作价值观的说法，正确的是（　　）。（2016 年真题）

A. 由于强调助人，中西方社会工作价值观都以个人为核心

B. 随着社会发展，中西方社会工作价值观将会完全一致

C. 由于起源不同，中西方社会工作价值观是相互对立的

D. 随着社会发展，中西方社会工作价值观可以有机结合

参考答案： D

参考解析： 本题考查中西方社会工作价值观。社会工作专业虽产生于西方，其价值观和专业伦理深受西方社会文化体系的影响，但这些价值观和专业伦理同中国社会并非完全相斥。实际上，社会工作专业的价值观和伦理同中国文化在一定程度上仍可以进行融合，特别是现代化和国际化的趋势促成了东西方国家的跨文化交流，这将有利于社会工作专业与中国社会的文化和价值观的结合。中国文化的很多元素同西方社会工作价值观并非是对立的，相反二者可以取长补短，从而使得本土化的专业价值观与实践方法有效地结合起来，促进社会工作专业的发展。

7. 关于社会工作价值观的说法，正确的是（　　）。（2015 年真题）

A. 并非是在专业、职业范围内形成和发展起来的

B. 社会福利理念及实施奠定了社会工作实践的基本价值观

C. 中国文化与深受西方文化体系影响的社会工作价值观难以融合

D. 传统文化中的“大同”思想与西方社会工作价值观中发掘个人潜能相矛盾

参考答案：B

参考解析：社会工作价值观是在专业或职业范围内形成和发展起来的一整套对人、对事和对专业等的总体判断与核心理念，故A选项错误。在理想上，中国传统文化强调的“大同”和现代政府所强调的“共同富裕”“和谐与发展”等理念，同西方社会工作价值观所主张的推进总体福利进步和实现个人潜能的提升并不矛盾，中国文化的很多元素同西方社会工作价值观并非是对立的。相反，二者之间在一定程度上仍可以进行融合，彼此取长补短，故CD选项错误。

考点二：社会工作价值观的内容

本部分的核心内容主要在于三个基本信念（尊重、独特性、相信人能改变）与五个实践原则（接纳、非评判、个别化、保密及当事人自决），前者强调社工对于人的基本理解，后者是社工的基本实践原则。它们引导社会工作者正确处理专业关系及服务中的各种处境。

三个基本信念：

（1）尊重。不仅要尊重服务对象的文化，更要保障其价值与基本权利。尊重不仅是一种思想上的认知，还是一种道德上的实践。

（2）独特性。每个服务对象都是独特的，每个人都有不同的生命经验、不同的人格特征和潜质。在服务过程中，强调针对每个服务对象的特点和个性，针对性地提供专业服务，真正落实“个别关怀，全面服务”的原则。

（3）相信人能改变。坚信人有能动性，具备改变的潜力。相信服务对象可以改变，相信服务对象有能力去面对并解决自己的问题。

五个实践原则：

（1）接纳。社工要从内心接纳服务对象，对其价值偏好等保持宽容与尊重的态度，不因任何原因有任何歧视，更不能因此拒绝提供服务。接纳不等于认同，是对服务对象的价值观与个人背景特征等的一种包容，是社工统一的服务态度，也是建立专业助人关系的重要前提。

（2）非评判。社工要避免将自己的价值观强加于服务对象，不应指责和批判服务对象的言行与价值观，更不应将自己的负面情绪发泄在服务对象身上。对服务对象的性格、性取向等不做倾向性的批评和判断，尊重服务对象在观念和生活方式上的选择。

（3）个别化。社工应当尊重服务对象的个体差异，不应当使用统一的服务方法回应他们的独特需要，而要充分考虑到服务对象的性别、年龄等差异，尊重个性化需求，充分挖掘个人潜能。

（4）保密。社工应当保护服务对象的隐私。未经服务对象同意或允许，社工不得向第三方透露涉及服务对象隐私的信息。特殊情况除外。

（5）当事人自决。社工有义务向服务对象提供必要的信息，使服务对象在充分知情的前提下选择服务的内容、方式，并在事关服务对象利益的决策中起主导作用。

本部分是学习的重中之重，也是高频考点。对于所有考生而言，记忆基础之上的理解、自我觉察基础上的内化非常重要。如果缺乏本部分学习的铺垫，后续章节的学习就失去了根基。当然，此部分的学习绝不能仅仅停留在识记层面，而要更多强调自我体悟。

【真题再现】

1. 社会工作者向项目主任反映，近期他与服务对象刘大爷交谈时得知，老人年轻时曾因盗窃罪服过刑，但他觉得自己很冤枉，这让小张在接受刘大爷和开展服务时有压力。根据社会工作价值观实践原则，项目主任应建议小张（　　）。（2020 年真题）

A. 坦率告知刘大爷自己无法继续服务　　B. 向刘大爷坦诚分享自己的压力感受

C. 立即向机构报告刘大爷的个人背景　　D. 理解刘大爷的以往经历并尝试接纳

参考答案：D

参考解析：社会工作价值观的五个实践原则：（1）接纳；（2）非评判；（3）个别化；（4）保密；（5）当事人自决。接纳：指在专业服务过程中，社会工作者要从内心接纳服务对象，将他们看作工作过程中的重要伙伴，对服务对象的价值偏好、习惯、信仰等都应保持宽容与尊重的态度，绝不因为服务对象的生理、心理、种族（民族）、性别、年龄、职业、社会地位、信仰等因素对他们有任何歧视，更不能因为上述原因而拒绝为服务对象提供社会服务。对服务对象而言，他们每个人都有权利获得专业社会工作者提供的专业服务。故正确答案为 D 选项。

2. 社会工作者在自觉运用社会工作价值观指导实践的过程中，始终秉持专业基本信念和操作原则，其具体表现有（　　）。（2019 年真题）

A. 尊重服务对象的观点，避免将自身建议强加给服务对象

B. 尊重服务对象的个性，即使相同的问题也要个别化处理

C. 尊重服务对象的特质，认同与包容服务对象的各种做法

D. 尊重服务对象价值观，服务中应坦诚面对个人价值介入

E. 尊重服务对象的权利，让其在充分知情前提下自主抉择

参考答案：AE

参考解析：社会工作作为一门服务人、帮助人的专业和职业，其价值观主要包括基本信念和实践原则两个方面。基本信念有：（1）尊重；（2）独特性；（3）相信人能改变。实践原则有：（1）接纳；（2）非评判；（3）个别化；（4）保密；（5）服务对象的自我决定。C 选项中应该是尊重服务对象的特质，接纳其各种做法但并不是认同。接纳意味着承认其做法的独特性，认同则意味着价值上的肯定。D 选项中则应该是避免个人价值观介入，以专业价值观为指导。

3. 社会工作者小李从事戒毒康复社会工作时间不长，他希望能够秉持社会工作价值观，与服务对象建立良好的专业关系。下列小李的做法中，体现了社会工作非评判原则的是（　　）。（2019 年真题）

A. 避免议论指责服务对象的言行　　B. 与服务对象进行充分的情感交流

C. 理解认同服务对象的生活方式　　　　D. 视服务对象为工作中的合作伙伴

参考答案： A

参考解析： 本题考查非评判原则。社会工作虽然是一种价值主导的专业实践，但社会工作者仍要避免将自己的价值观强加于服务对象，不应指责和批判服务对象的言行与价值观，更不应将自己的负面情绪发泄在服务对象身上。作为专业服务者，社会工作者应坚持与服务对象一起工作，共同分享对问题和需要的看法，一起探讨解决问题的策略和方法。D 选项本身并无错误，但这是社工与服务对象工作过程中的基本要求，并不能回应其非评判原则的特殊要求。

4. 社会工作者在服务过程中不把自身价值观强加给服务对象，还能与服务对象分享与服务内容有关的个人感受和经验，并提供解决问题的信息及建议，以便服务对象更好地解决其问题。上述做法体现的社会工作基本信念和实践原则是（　　）。（2017 年真题）

A. 尊重与接纳　　　　B. 尊重与服务对象自我决定

C. 独特性与接纳　　　　D. 尊重与服务对象的非评判

参考答案： B

参考解析： 本题考查社会工作基本信念和实践原则。尊重：尊重的含义不仅在于对服务对象保持符合社会文化习俗的礼节和称谓，更重要的是要认识到服务对象自身的生命价值和其他基本权利，充分保障他们获得基本的资源和可靠的专业服务的权利，帮助他们解决困难，满足他们生存和发展的需要。当事人自决：在社会工作实践中，社会工作者要与服务对象保持良好的沟通；社会工作者有义务向服务对象提供必要的信息，使服务对象在充分知情的前提下选择服务的内容、方式，并在事关服务对象利益的决策中起主导作用。如果服务对象没有能力进行选择和决策，应根据法律或有关规定由他人代行选择和决策权利。由题干可知应选 B 选项。本题具有一定的迷惑性，“三信念”及“五实践原则”本身并不是完全相斥的，而是相互支持、相互渗透的。

5. 某社会工作服务机构的社会工作者在社区探访中发现，社区的一些空巢老人平时不愿出门，缺少家人照顾，日常生活遇到很多困难，但又不愿入住养老院。该社会工作者服务机构开展的下列工作中，符合社会工作价值观的是（　　）。（2017 年真题）

A. 联系空巢老人的亲属们，一起帮助空巢老人入住养老机构

B. 撰写调研报告递交有关部门，推动社区日间照料中心建设

C. 组织成立居民服务日，定期到空巢老人家中开展志愿服务

D. 开展政策学习，为改善空巢老人的生活质量寻找政策依据

E. 在社区内组织开展联谊活动，增进空巢老人间的沟通交流

参考答案： BCDE

参考解析： 根据题意，A 项违背了老人的自决原则，并没有保护服务对象的权益，其他四项都是在价值观的引领下的相关服务。

6. 婚姻登记处的社会工作者小李在接待过程中，发现正准备离婚的王女士反复动员 5 岁的女儿今后跟爸爸生活，使女儿的情绪很不稳定。经过了解得知，王女士主要担心带着孩子会给自己的再婚造成困难。这让身为年轻母亲的小李对王女士的行为极为不满，在接下来的服务中，小李正确的做法是（　　）。(2016 年真题)

A. 阻止王女士的错误做法　　B. 申请转介王女士给其他同事

C. 立即纠正王女士的错误想法　　D. 关心王女士丈夫的处境

参考答案：B

参考解析：本题考查社会工作价值观的操作原则。社会工作虽然是一种价值主导的专业实践，但社会工作者仍要避免将自己的价值观强加于服务对象，不应指责和批判服务对象的言行和价值观，更不应将自己的负面情绪发泄在服务对象身上。作为专业服务者，社会工作者应坚持与服务对象一起工作，共同分享对问题和需要的看法，一起探讨解决问题的策略和方法。同时，在这些专业服务的各个环节，社会工作者应始终坚持力图实践当事人自决的原则，不应直接或间接地强迫服务对象接受任何决定与服务。因此小李应申请转介王女士给其他同事。并且更为重要的是，社工小李因为个人价值观与专业价值观（案主自决及非评判）之间的明显冲突，已经影响到服务的专业性。因此，其正确的做法是转介。

考点三：我国社会工作专业实践的价值观

在我国，社会工作价值观的形成和发展不仅应该借鉴国际上社会工作发展的经验，也应该考虑本土社会工作实践的经验以及本土的文化特色，尤其是具体的国情、社情和民情。从本质上看，社会工作价值观是在本土文化下实践的。当前，我国的社会工作职业化和专业化是在党和政府的直接领导与推动下开展的，它具有很强的自上而下的色彩。

因此，本部分的表述虽然较为强调我国文化与国情的特殊性，但是实质与核心仍然保持着高度一致。

【真题再现】

1. 社会工作专业在我国重建后，经过几十年的发展，中国的社会工作者与各领域的专业工作者通力合作，共同推进社会福利进步，尤其是在贫弱群体遭遇困境时社会工作更是发挥了重要作用。上述内容主要体现我国社会工作的价值观是（　　）。(2020 年真题)

A. 人民为本，回应需要　　B. 待人真诚，坦诚守信

C. 廉洁公正，追求公义　　D. 实现自我，服务社会

参考答案：A

参考解析：以人民为中心，回应社会需要。社会工作是一种帮助人解决困难、协调人与环境之间关系的服务活动，它与人的问题和需要息息相关。因此，社会工作者应该本着以人民为中心、为广大人民群众和服务对象着想的谦和态度，真诚地对待服务对象的问题和需要，及时地回应他们，并通过专业服务来满足服务对象的需要。以

人民为中心不仅应体现在社会工作的具体服务实践中，还应体现在社会福利政策的制定和实施实践中。

2. 我国社会工作的基本原则是要坚持社会主义核心价值观引领。下列表述中，反映社会工作坚持社会主义核心价值观引领的有（　　）。(2019 年真题)

A. 社会工作要通过服务获得更加广泛的社会认同

B. 社会工作在社会层面上追求社会公平正义和包容

C. 社会工作要立足中国实际，运用本土社会服务经验

D. 社会工作在宏观上追求社会民主、和谐与社会进步

E. 社会工作在职业行动上要做到敬业、诚信，提供社会服务

参考答案：ABDE

参考解析：我国社会工作发展的基本原则之一是坚持社会主义核心价值观的引领。社会工作是为人民服务的专业活动，它在宏观上追求社会的民主与和谐、追求社会进步，在社会层面上追求社会公平正义和包容，社会工作在职业行动上崇尚敬业、诚信，真心实意为困难群体和有需要的人士服务。在这些方面，社会工作所遵循的与社会主义核心价值观是一致的。用社会主义核心价值观引领社会工作事业的发展，将会使社会工作得到更有力的政治认同和更广泛的社会认同，也会更好地促进社会工作的发展。

第二节　社会工作专业伦理

【重要考点概览】

小节	主要考点	历年考查点
第二节　社会工作专业伦理	社会工作伦理的含义	2016 年考查多项选择题
	社会工作伦理的内容	2015、2016 年考查单项选择题
		2018、2020 年考查多项选择题
	社会工作的伦理议题与伦理决定	2015、2017～2020 年考查单项选择题
		2015、2017、2018、2019、2020 年考查单项选择题
		2016、2018 年考查多项选择题

★ 考点一：社会工作伦理的含义

社会工作伦理的实质就是以社工为中心，依据不同的工作对象而提出的相应的工作准则与要求，具体包括：

社会工作者对服务对象：尊重、保密和公平；

社会工作者对同事：彼此尊重、相互帮助、忠实与忠诚；

社会工作者对服务机构：遵守机构规定、落实机构服务宗旨、负责管理个案；

社会工作者作为专业人员：适当的工作认知、专业能力的表现、提供专业服务、维持服务品质、公正与服务、专业知识的拓展；

社会工作者对社会工作专业：保障专业的完整性、遵循专业的评估和研究；

社会工作者对全社会：促进整体社会福祉、鼓励公民参与、倡导社会与政治行动。

考点二：社会工作伦理的内容

既然是职业守则，那也就意味着必须在职业的互动情境中呈现具体的行动标准、规范或者界限。也就是说社工需要面对不同的互动对象呈现不同的行动规范。具体而言，主要表现在以下六个方面：服务对象、同事、服务机构、作为专业人员的自己、专业及全社会。换句话说，社工面对以上六者，应该是怎样的行动规范呢？

伦理议题的主要内容，涉及个人信息处理、专业关系、价值观冲突、实践原则之间的矛盾等，具体表现在如下方面：服务对象自决、保密议题、双重关系、知情同意、多元文化、专业能力等。这些正是所有伦理选择困境最终呈现的类型或者本质特征。换句话说，所有的伦理选择议题最终都会集中到这几点上。

【真题再现】

1. 90 岁的侯爷爷住在养老机构，他找到社会工作者小李，希望小李帮忙让 62 岁的儿子也住进机构，并让儿子代替护理员照顾自己。小李告知老人，可以帮忙向机构申请让其儿子登记入住，但机构不允许 60 岁以上的老人担任护理员。小李的做法体现了（　　）。（2020 年真题）

A. 社会工作者对同事们的伦理责任

B. 社会工作者对全社会的伦理责任

C. 社会工作者对服务机构的伦理责任

D. 社会工作者对服务对象的伦理责任

E. 社会工作者作为专业人员的伦理责任

参考答案：CD

参考解析：题干中小李告知老人机构不允许 60 岁以上的老人担任护理员体现了对服务机构的伦理责任；告知老人，可以帮忙向机构申请让其儿子登记入住体现了对服务对象的伦理责任。

2. 小毅刚从社会工作服务机构的青少年服务部调入老年服务部，机构派来一位有经验的社会工作者与他一同探访社区独居老人。一次，在如何处理老人隐私问题上，两人产生分歧，最后机构负责人支持了同事的做法，小毅心中感到很失落。此时，小毅应该选择的正确做法是（　　）。（2016 年真题）

A. 尊重同事的处理方法，以建设性的态度与同事沟通

B. 尊重同事的处理方法，不再对服务中的任何问题提出建议

C. 不满意同事的做法，继续向机构建议采纳自己的做法

D. 不满意同事的做法，向机构提出重回少年服务部工作

参考答案：A

参考解析：本题中，由于同事有丰富的经验，而小毅刚到该部门工作，缺少相应实务经验，因此应尊重同事的处理方法。同时，如果认为自己的意见是正确的，则应

在私底下以积极的态度与同事进行沟通。

3. 服务对象老张失业四年，家境困难，最近他想在社区里开一家快餐店，但因体检时被查出有甲肝，没能办出健康证明，他找到社会工作者小王，想让小王替他去体检并保守秘密。对此，小王正确的做法是（　　）。（2015 年真题）

A. 替老张保守秘密，找人帮他开具健康证明

B. 与老张探讨隐瞒的风险，鼓励他先积极治疗

C. 与老张探讨隐瞒的风险，找人帮他开具健康证明

D. 婉拒替老张体检的要求，对他找人帮开证明不置可否

参考答案：B

参考解析：社会工作者的职责和专业实践决定了社会工作者始终对社会有着不可推卸的责任和道义承担。社会工作者还必须深入了解当时当地的特殊处境和服务对象的特质、服务对象的需要和问题以及环境等条件来对伦理难题的影响和后果做出正确与适当的评判，以保证社会工作实践符合公正、平等、正义和不伤害等基本伦理原则。

4. 社会工作者小赵的妻子偶然发现自己的同事是小赵的服务对象，便和小赵说要多加关照。对此，小赵正确的做法是（　　）。（2015 年真题）

A. 和服务对象讨论是否需要转介

B. 立即把服务对象转介给其他同事

C. 拒绝妻子，继续为服务对象提供服务

D. 答应妻子的要求，对服务对象多加关照

参考答案：A

参考解析：本题考查服务对象自决与双重关系。在社会实践中，社会工作者要与服务对象保持良好的沟通。社会工作者有义务向服务对象提供必要的信息，服务对象有权利在充分知情的前提下选择服务的内容、方式，并在事关服务对象利益的决策中起主导作用。同时，社工应正确和有效地区分人情、法制及规定的影响和后果，解决情、理、法之间的纠葛。A 项当选。

考点三：社会工作的伦理议题与伦理决定

社会工作本身是一种道德实践过程，它不可避免地涉及诸多的伦理决定，牵涉专业社会工作者和受助者的价值观和伦理选择的相关问题。伦理决定，是指人们必须在行动或实践过程中决定哪一种行为是好的或正确的，必须判断行动对受助者的影响，以符合专业道德要求。而伦理难题，则是指社会工作者在实践中遇到的一种在道德上模棱两可或者难以找到满意方案的境地。如何面对并妥善解决伦理难题，是社会工作专业面临的一个重大挑战，也是所有社会工作者在专业成长过程中的必修课。

伦理冲突的解决并不存在一套固定的程序或方案，因此无法寻找到一套模式来遵循与指导操作。但是这并不等于说社会工作者不能解决这些伦理难题，恰恰相反，社会工作者要遵循一定的道德和伦理规定，并在特定的环境下对伦理难题进行充分

的分析，在尽力减少伤害和风险的基础上找到一个可行的最佳方案。对于一个社会工作者而言，首先要清楚如何做一个正确的伦理决定，其次再仔细分析如何解决相应的伦理问题。

对于社工而言，这些伦理议题与决定的过程更是一个自我内部对话或者专业团队内部对话的过程。通过这个对话，伦理冲突的不同主体都在发声，而社工则需要清楚觉察不同主体之间的立场，包括自我个人价值观、专业价值观、相关群体利益、案主利益等，并最终能够在遵守专业价值观状态下达至可行的最佳方案。同时在操作过程中，社工需要关注弱势群体的利益，毕竟在多种主体互动过程中，各方力量并不均衡。

【真题再现】

1. 关于社会工作伦理决定的说法，正确的是（　　）。(2020 年真题)

A. 为协助服务对象做出决断，社会工作者应在与其督导者商议以后做出伦理决定

B. 为维护服务对象权益，社会工作者在每个服务阶段都应征得服务对象的同意

C. 为保护服务对象隐私，社会工作者不得向利益方透露服务对象个人信息

D. 为尊重服务对象选择，社会工作者在服务过程中应尽最大可能做到认同和接受

参考答案： C

参考解析： A 选项“应该在与其督导者商议以后做出伦理决定”，这种表述过于僵硬与绝对；B 选项不是每个服务阶段，应该是实施干预计划阶段征得服务对象的同意；D 选项应该是保持接纳，而不是认同和接受。故正确答案为 C 选项。

2. 社会工作者小宁的服务对象是一名白血病患儿，小宁协助患儿家庭向某基金会申请医疗援助。“六一”儿童节时，基金会邀请患儿及父母参加座谈会并全程录像。孩子父母找到小宁表示不愿意被录像，但又担心影响后期援助。根据社会工作伦理难题处理的基本原则，小宁最恰当的做法是（　　）。(2019 年真题)

A. 说服基金会无条件帮助孩子　　　　B. 与基金会协商匿名处理信息

C. 支持孩子父母不参加座谈会　　　　D. 劝说孩子父母参加座谈会并录像

参考答案： B

参考解析： 社会工作者在做伦理决定和提供服务中要尽力保护服务对象的利益不受侵害，要最大可能地减少甚至预防伦理决定和服务可能对服务对象的身体、心理和精神造成的伤害，尽可能实现利益最大化。本题中服务对象不愿被录像，又担心影响救助，主要担心的是自己的隐私问题，故社工可以和基金会协商匿名处理信息。

3. 社会工作者大志为某服务对象开展亲子关系服务，谈话过程中服务对象希望大志分享一些夫妻关系、亲子关系等方面的亲身经历。从社会工作伦理角度出发，大志适宜的做法是（　　）。(2018 年真题)

A. 保护自己的隐私，与对方讲明原则

B. 分享自己的经验，与对方适当交心

C. 保护自己的隐私，分享他人的事例

D. 分享自己的经验，将经历和盘托出

参考答案：B

参考解析：本题考查社会工作伦理难题处理的基本原则。真诚原则是指社会工作者在服务过程中坦诚对待服务对象，适当地做到向服务对象呈现自我，以建立相互信任的工作关系。B选项的“适当”就是一个弹性概念，没有统一标准，需要社工自行把握。隐私保护原则是指社会工作者一旦与服务对象签订服务协议，就要在提供服务的各个环节始终遵守保护受助者个人隐私和有关信息的承诺，不轻易泄露服务对象的私人信息以及同服务相关的隐秘信息，以保护服务对象的个人权益。

4. 16岁的中学生小丽对社会工作者小赵说，两个月前在网上聊天结识了比她大十岁的男网友，两人多次见面并发生了性关系。现在她想结束这种关系，但经常被对方威胁。谈话结束时小丽再三叮嘱小赵要绝对保密，尤其是对自己的父母和班主任。依据社会工作专业伦理，小赵宜采取的做法有（　　）。（2018年真题）

A. 与小丽一起分析该事件的危险程度，协助小丽告知其父母

B. 与小丽一起分析威胁带来的后果，鼓励小丽报警寻求保护

C. 对班主任保密，但如实告知小丽父母，希望父母原谅小丽

D. 对其父母保密，但告知班主任，并要求重视学生上网问题

E. 向机构督导汇报小丽的情况，和督导者共同制定服务方案

参考答案：ABE

参考解析：本题考查社会工作伦理难题的基本处理原则。本题中小丽经常被男网友威胁，社会工作者要坚持最小伤害原则，尽力保护服务对象小丽的利益不受侵害，尽可能地减少甚至预防伦理决定和服务可能对服务对象的身体、心理、精神造成的伤害，尽可能实现利益最大化。

5. 12岁的小丽是社会工作者小张的服务对象。在一次个案服务时，小丽告诉小张，她爸爸经常打她和妈妈。小张再追问时，小丽却矢口否认。根据上述内容，小张在解决这个伦理难题时首先要遵循的是（　　）。（2018年真题）

A. 最小伤害原则　　　　B. 生命质量原则

C. 自主自由原则　　　　D. 隐私保密原则

参考答案：A

参考解析：本题考查社会工作伦理原则的优先次序。依据伦理原则的优先次序，从高到低依次是：保护生命原则、差别平等原则、自由自主原则、最小伤害原则、生命质量原则、隐私保密原则、真诚原则。在具体的服务过程中，社会工作者要呵护和关爱儿童，落实儿童保护的细则，通过采取各种保护性的措施预防任何可能针对儿童身体、心理或精神上的伤害。

6. 下列案例中，属于社会工作伦理难题的有（　　）。（2018年真题）

A. 某中学生吸食毒品，请求社会工作者不要将此事告诉其父母和老师，否则就要

离家出走

B. 某社工师将职业水平证书借给朋友开办社会工作服务机构，其本人并未实际参与该机构任何工作

C. 某犯罪嫌疑人涉嫌因感情失败而伤害女友，警方调查时，社会工作者以保密为由拒绝配合警方调查

D. 某服务对象经营餐饮业，为感谢社会工作者对他的帮助，将打包好的饭菜送到社会工作者所在的机构表示谢意

E. 张先生夫妇是低保对象，为了在拆迁中多拿钱而成为钉子户，社会工作者协助做工作时，张先生夫妇声称如果让他们迁走就自杀

参考答案：ADE

参考解析：本题考查社会工作伦理难题。伦理困境主要有：（1）保密问题；（2）人情与法制及规定的冲突问题；（3）价值介入与客观性的矛盾；（4）社会工作者的个人利益满足与职业的社会责任之间的冲突；（5）自我决定问题。BC 选项是明显错误的工作方式，不属于社会工作伦理难题。

7. 社会工作者小于通过某个经上级行政主管部门认证的网络筹款平台发起众筹，为一名患白血病的 4 岁贫困儿童筹集医疗费用。根据社会工作专业伦理守则要求，小于最适宜的做法是（　　）。（2017 年真题）

A. 为保证筹款透明度，公开孩子基本信息并配发照片

B. 征得孩子家长同意后，隐去可辨识的信息开始筹款

C. 征得孩子本人同意后，发动孩子所在学校师生捐款

D. 根据孩子本人的意愿，隐去可辨识的信息开始筹款

参考答案：B

参考解析：社会工作者对服务对象的伦理责任包括以下六个方面：（1）对服务对象的承诺/负责；（2）尊重服务对象的自我决定；（3）服务对象知情同意；（4）相信服务对象的能力；（5）具有文化敏感性；（6）保护服务对象的隐私和保密性。

8. 社会工作者小黄在一次会谈中了解到服务对象小王有暴力伤害室友的想法，但小王要小黄替他保密，小黄心里很矛盾，在处理这一问题时，小黄应当优先遵循的伦理原则是（　　）。（2017 年真题）

A. 隐私保密原则　　　　B. 生命质量原则

C. 保护生命原则　　　　D. 差别平等原则

参考答案：C

参考解析：在社会工作实践中，保护生命原则高于其他所有伦理原则，社会工作者有义务保护受助者的生命，也包括保护其他人的生命。

9. 社会工作者小金在养老机构开展生命教育宣传活动，在一次宣讲活动结束后，有位老人主动找小金说自己被查出得了癌症，也没有告诉其他人，内心感到很憋闷。

根据社会工作专业伦理，小金宜采取的做法有（　　）。(2016年真题)

A. 与老人商议将其情况告知机构负责人，获得帮助

B. 将老人的病情告知机构其他老人，请他们多加关注

C. 与老人确认病情发展情况，探讨是否将此事告知家人

D. 为老人疏导痛苦的情绪，减轻其精神压力积极配合治疗

E. 在征得老人的同意后，为其联系优质医疗资源提供治疗

参考答案：ACDE

参考解析：社会工作对服务对象的伦理责任有：尊重并保护服务对象的最佳利益、尊重服务对象的自决、保密及公平合理的收费。B选项违反了保密原则，故错误。本题核心考点就是一个：如何在尊重案主自决的条件下为案主提供最佳服务。

10. 养老机构的社会工作者小王计划组织机构内的老人外出春游。在征求活动方案意见时，高龄老人提出最好选一个近处的公园，以免过度劳累；低龄老人提出最好到郊外春游，近的地方太没意思了。经过讨论，小王最终设计了两套不同的活动方案，分批次带老人外出春游。小王的做法突出体现了伦理难题处理的（　　）。(2015年真题)

A. 保护生命原则　　　　B. 坦率真诚原则

C. 最小伤害原则　　　　D. 差别平等原则

参考答案：D

参考解析：社会工作者在实践中既要以平等的方式对待服务对象，同时又要注重服务对象的差异，在助人过程中要充分把握好平等待人和个别化服务的理念。根据老年人不同的年龄、性别、健康状况、性格特点等有意识地设计和提供个别化的服务，以满足不同老年人在心理、精神和人际互动等方面的需要，从而促进老年人的身心健康发展，即是遵循了伦理难题处理的差别平等原则。差别平等原则在前12年的社工考试中考查过3次，相比于其他原则来说，较为高频。

第三节　社会工作专业伦理守则

【重要考点概览】

小节	主要考点	历年考查点
第三节　社会工作专业伦理守则	社会工作的伦理守则	2016、2018、2019年考查单项选择题
		2015、2020年考查多项选择题
	社会工作专业伦理守则的内容与作用	2017年考查单项选择题
	我国社会工作伦理守则内容	2016年考查单项选择题

★ **考点一：**社会工作的伦理守则

伦理是指人与人之间的关系及其相互约束，同特定的社会规范和价值观联系在一起。伦理是指一种专业范围内的价值观和道德约束。社会工作的伦理守则是对专业社

会工作者在实践中的一般规定，它清晰地告诉社会工作者“应该做什么”“不应该做什么”。无论是伦理还是伦理守则，都是对偏离道德要求的行为进行纠正，同时为处于伦理困境的专业人员提供一般的指引。

因此，考生无须辨析及纠结二者之间的区别，而是在原则上及内容上明白其核心与本质即可。

【真题再现】

1. 关于社会工作伦理守则基本内涵的说法，正确的有（　　）。(2020 年真题)

A. 社会工作要满足贫困人士的基本生存需要，尽最大努力促进社会正义

B. 社会工作的核心目的是服务有需要的人群，改善其困境，促进其自立

C. 社会工作坚持服务导向，以服务对象利益为重，保障他们的基本权利

D. 社会工作注重从社会整体的功能和效率出发，减少人际冲突，促进社会和谐

E. 社会工作最核心的是从人的尊严和价值出发，服务困难人群，增强个体能力

参考答案：ABCE

参考解析：社会工作伦理守则的基本内涵有六个方面。(1) 服务。社会工作首先要体现服务的精神和原则，以服务于有需要的人群为核心目的，通过提供专业的服务来改善服务对象的福祉，促进服务对象的能力发展。(2) 社会正义。社会工作要尽最大努力促进社会正义，维护公共福利的正当性，满足贫弱人士的基本需要，保护困难人群的正当利益，减少贫富差距，促进社会关系的和谐发展。(3) 人的尊严和价值。社会工作最核心的目的是从人的尊严和价值出发，为各种有需要的困难人群提供专业的助人服务，强调在服务中增强服务对象的自尊、自信和自强。(4) 人际关系的重要性。社会工作是一种助人活动，始终围绕人与环境的关系展开，同时注重人际关系对个体、家庭、团体等的影响，增强人际关系的和谐、减少人际冲突，是促进个人和群体社会功能完善的重要前提。(5) 正直。秉持正直的原则，坚持服务导向，以服务对象的利益为第一，注重公平与正义，以保障服务对象的基本权利和需要。(6) 能力。社工对于自身工作能力及案主自身能力的提升与强化。

2. 徐女士是社会工作者小李开展的亲子教育小组的成员，她向社会工作者小秦表示了对个别组员的不满和对小李的抱怨，并想退出小组，希望改由小秦对自己进行个别辅导。根据社会工作伦理守则，小秦最适宜的做法是（　　）。(2019 年真题)

A. 同意徐女士要求，让她去征得小李的同意

B. 婉拒徐女士要求，劝其先与小李进行沟通

C. 建议徐女士去找小李的主管，让领导定夺

D. 同意徐女士退出小组，然后为其提供服务

参考答案：B

参考解析：社会工作者应与同事建立平等互信的工作关系。社会工作者应主动与同事分享知识、经验、技能，互相促进，共同成长。有责任在必要时协助同事为服务对象提供服务，接受转介的工作。社会工作者应尊重其他社会工作者、专业人士和志

愿者不同的意见及工作方法。任何建议、批评及冲突都应以负责任、建设性的态度沟通解决。社会工作者应相互督促支持，对同事违反专业要求的言行予以提醒，对同事受到与事实不符的投诉予以澄清。故正确答案为 B 选项。

3. 社会工作者小刘的服务对象已成功戒毒五年未复吸。在一次回访中，服务对象向小刘索要电话号码，希望自己有困难时能及时找到小刘，根据社会工作专业伦理守则，小刘最恰当的做法是（　　）。（2019 年真题）

A. 告知其办公电话号码，并说明有紧急情况时可拨打

B. 告知其私人电话号码，并承诺尽可能及时接听回复

C. 告知其私人电话号码，但嘱咐其一定不要告诉他人

D. 告知其办公电话号码，让其与机构的其他同事联系

参考答案： A

参考解析： 在服务过程中，社工与服务对象建立的是专业的服务关系，二者除了专业的关系之外，不应有其他的个人关系。虽然人与人之间的关系在日常生活中是十分重要的但社工在服务的过程中也需要保护自己的隐私，故排除 BC 选项。同时案主又是社工小刘的服务对象，且服务已结束，故最适宜的做法是 A 选项。社工需要回应案主需要，但是也需要充分保护私人空间。

4. 关于社会工作专业伦理的说法，正确的是（　　）。（2018 年真题）

A. 在社会政策层面，社会工作者要充分考虑专业目标与社会目标之间的取舍

B. 在个人利益层面，社会工作者要认真考虑直接服务和个案管理方法的选择

C. 在理论建构层面，社会工作者要认真考虑一般理论和实务理论之间的联系

D. 在个案服务层面，社会工作者要充分考虑服务对象权益与社会稳定之间的关系

参考答案： A

参考解析： 本题考查社会工作专业伦理守则。在社会工作的两个主要焦点，即个案工作和社会政策取向上，社会工作者处理问题的工作手法是不同的，受到的伦理约束也是不一样的。在个人治疗或心理辅导层面上，社会工作者更多受到直接服务伦理守则的影响，更多考虑受助者的感受和个人权利及选择，工作方法是尽力排除受助者的心理困扰，提升其信心和自立能力。在社会政策层面，社会工作者受到的伦理约束则是如何在专业目标和维护社会正义目标之间保持恰当的平衡。

5. 社会工作者小王出差期间，他的服务对象老李来机构反映自己与邻居之间的纠纷问题，同事小安接待了老李。小安在与小王电话沟通后，暂时放下自己的工作，询问老李事情的来龙去脉。小安的上述做法体现的社会工作伦理责任是（　　）。（2016 年真题）

A. 尊重服务对象自决　　B. 维持服务的品质

C. 保证专业的完整性　　D. 团队内相互协助

参考答案： D

参考解析： 本题考查社会工作者对同事的伦理责任。社会工作者对同事的伦理责

任具体表现在：(1) 秉持忠实与忠诚的态度；(2) 团队内相互协助。

6. 老钱戒毒期满后，成为社会工作者小赵的服务对象。小赵根据老钱的实际生活状况帮他申请低保，并帮他联系工作。老钱为感激小赵，执意要请他吃饭，小赵推辞时，老钱认为这是看不起自己。根据上述情形，小赵适当的做法有（　　）。(2015 年真题)

A. 和老钱吃饭，并对吃饭之事保密　　B. 和老钱吃饭，借机巩固专业关系

C. 和老钱吃饭，但坚持自己付账　　D. 和老钱吃饭，但讲清楚下不为例

E. 婉拒老钱，阐述理由并寻求理解

参考答案：CE

参考解析：本题主要考查社会工作实践伦理难题中的人情与法制及规定的冲突问题。社会工作专业实践要求，社工在服务过程中不得损害服务对象的利益，同时还要保持专业关系的纯粹性，专业关系与私人关系需要区分。

考点二：社会工作专业伦理守则的内容与作用

本部分的内容仍然聚焦于社会工作者作为伦理主体，对于不同伦理对象所负有的伦理责任：对受助对象、对同事、对专业、对机构、对社会及对自己等。其中值得关注的考点是对于受助对象的责任：承诺/负责、知情同意、相信其能力、自我决定、文化敏感性及多元性、隐私保护及保密性等。其中承诺/负责、文化敏感性及多元性两点在以往的考试中考查较多，考生需要多加关注。前者代表的是对于案主的承诺及负责的态度；后者则要求社工对于服务对象的文化背景的独特性有足够的了解，从而能够更好理解对方的行为并给出有针对性的回应，这部分对社会工作者的文化敏感性要求更高。

【真题再现】

在一次外展服务中，社会工作者小王在天桥下遇到无家可归者老罗。小王考虑到当时天气很冷，建议老罗去救助站接受救助，但老罗说他不觉得冷，还说平时靠捡废品为生，也不妨碍别人，过得还不错，不愿接受救助。根据社会工作价值观的实践原则，小王在后续工作中的正确做法是（　　）。(2017 年真题)

A. 要求老罗离开此地　　B. 劝说老罗接受政府救助

C. 尊重老罗个人选择　　D. 劝说老罗寻找正式工作

参考答案：C

参考解析：社会工作者对服务对象的伦理责任包括以下六个方面：(1) 对服务对象的承诺负责；(2) 尊重服务对象的自我决定；(3) 使服务对象知情同意；(4) 相信服务对象的能力；(5) 具有文化敏感性；(6) 保护服务对象的隐私和保密性。社工在服务的过程中要尊重服务对象的自决权，不得强迫服务对象，由题意可知正确答案为 C 选项。

考点三：我国社会工作伦理守则内容

我国社会工作发展过程始终要面对全球化与本土化的矛盾冲突，在建立社会工作

专业伦理守则过程中，要坚持专业的国际标准与本土实践经验相结合，要注重普世性与特殊性的关系，要保证伦理守则的全面性与差异性。因此，我国社会工作专业的伦理守则主要应反映下列五方面内容：尊重服务对象，全心全意服务；信任支持同事，促进共同成长；践行专业使命，促进机构发展；提升专业能力，维护专业形象；勇担社会责任，增进社会福祉。

我国社会工作专业伦理守则的内容实际上也体现了以下几个方面的原则：以人为本，服务社会；协助政府，为民排忧解难；依法行政，促进社会正义，坚持公私分明；坚持普遍与个别相结合的原则；坚持倾听沟通，有效缓解矛盾，促进社会和谐；工作中同事之间密切配合，相互支持；有效落实政策实施与社会治理的理性原则，注重服务中的人性；兼顾个人利益与社会发展的需要之间的关系。

实际上，社会工作伦理守则的共性远远大于个性，也就是国际标准的共同性远远大于本土的独特性。如上所有表述中大多是国际社会所共享的伦理守则，只有极少数部分是我国语境下的表达，如协助政府等。因此本部分的内容并不需要考生将国际标准与中国特点进行区分记忆，根据我国国情进行选择即可。

【真题再现】

中西方社会文化之间存在较大的差异。在我国社会工作快速发展过程中，推动我国社会工作价值观与伦理规范本土化的正确态度应该是（　　）。（2016 年真题）

A. 全盘吸收西方国家成熟的社会工作价值观

B. 全面接受中外社会及政治文化传统的影响

C. 坚持维护中国传统的经济社会和文化基础

D. 理解中西方文化差异并找到相互融合之处

参考答案：D

参考解析：本题考查社会工作专业伦理制定的原则。社会工作专业伦理制定的原则：（1）现实需要和未来发展相结合。社会工作专业化和职业化初期发展阶段要着力解决一些重大的制度问题和相关的社会问题，专业伦理应该反映时代的问题和任务，也应该与现存的社会福利制度保持联系。（2）本土社会的伦理实践与国际社会工作专业伦理规则相结合。源自西方发达国家的社会工作专业标准和伦理体系在我国文化和社会里应做出相应的调整，应与我国本土社会结合起来，在制定和确立我国的社会工作专业伦理的时候，要以务实的态度来处理好二者之间的差异。（3）专业实践与政治实践互不冲突。在中国特定的政治经济和社会制度里，社会工作专业的方法、伦理原则与实践模式同政府的政治治理及社会行政实践应该进行协调，以充分反映现实情况、要求与专业实践的标准。

【本章小结】

社会工作价值观和伦理，不仅与社会工作专业服务密切相关，也与社会工作者的个人成长密切相关。其不仅指导着前线社会工作实务的发展，确保实践操作在专业框架之内，保护案主的利益，同时还指引着社会工作者不断进行自我反思，从而进行专业提升与完善。因此，专业价值观与专业伦理议题将是社工专业永久的讨论主题。

本章在借鉴国际社会工作理论和实践基础上，对社会工作价值观和专业伦理进行了一般概括和分析，并特别强调了我国发展社会工作价值观和专业伦理过程中需要注意的问题。本章对社会工作专业伦理难题和相关伦理议题进行了讨论，具体包括社会工作价值观的内容、伦理原则、伦理守则等。在本章学习过程中，单纯的识记远远不能满足实际工作需求。所有考生都需要进行不断的自我反思及对话过程，同时还需要专业团队内部的讨论，这些有助于对所有原则的辨识，及优先次序的识别，更有助于自我个人价值观的清晰凸显，从而推动社工的专业成长。

扫码听课

第三章　人类行为与社会环境

【本章导学】

本章将系统介绍人类行为与社会环境之间的互动关系。人类在社会环境中生活，人的行为不仅受到自身需要的影响，还受到外在社会环境的系列影响。社会环境中有诸多要素，各要素对人的影响方式与影响结果都有所不同。这些影响又有着不同学科视角的理解，心理学、生物学及社会学等都对此有所聚焦。其中，心理学的解释最为丰富，考查也最为频繁。

本章是全书的重点章节，不仅内容多，而且难度大。对于很多考生来说，本章和第四章的学习都是非常有挑战性的。第一章简单介绍了何为社工、社工具体做什么、社工的历程发展及主要角色。第二章介绍社工作为一种专业性工作，其较之于其他专业活动的重要差异——价值观。一整套价值观以及由此延伸拓展出的伦理与守则指导着社会工作者的整个服务过程。第三章则重点解释和说明社工的服务对象——人，解释其在实际社会生活中的行为与环境之间的互动出现的障碍或者不适。服务对象之所以成为服务对象，其原因或诱因在哪里？在其生命的成长过程中，是什么阻碍或者影响了服务对象的发展？好的发展应该有怎样的规律？本章致力于回答这些问题，从而为理解人的行为及后续的服务提供扎实的学科基础。

【历年题量/分值分布】

	2015 年	2016 年	2017 年	2018 年	2019 年	2020 年
单项选择题	6 道	6 道	6 道	6 道	6 道	5 道
多项选择题	1 道	1 道	1 道	1 道	1 道	1 道
合计分值	8 分	8 分	8 分	8 分	8 分	7 分

注：单项选择题每题 1 分，多项选择题每题 2 分（错选，本题不得分；少选，所选每个选项得 0.5 分）。

【本章知识概览】

小节	考点	备考指数
第一节　人类行为	人类需要的层次和类型	★★★★
	人类行为的类型与特点	★★★
第二节　社会环境	社会环境的构成要素	★★★
	人类行为与社会环境的基本关系	★★
第三节　人类行为与社会环境的理论基础	人类行为的心理学理论	★★★★★
第四节　人生发展阶段及其主要特征	人生发展七阶段及其主要特征	★★★★★

【考点详解】

第一节　人类行为

【重要考点概览】

小节	主要考点	历年考查点
第一节　人类行为	人类需要的层次	2016、2018、2020 年考查单项选择题
		2020 年考查多项选择题
	人类需要的类型	2019 年考查单项选择题
	人类行为的类型与特点	2016、2018、2020 年考查单项选择题
	正常行为与偏差行为的划分	2016、2019 年考查单项选择题

考点一：人类需要的层次和类型

1. 人类需要的层次

人的需要是人脑对生理和社会需求的反映，是个体对内部环境和外部生活条件的稳定要求。它通常以愿望、意向等形式表现出来。需要是人的基本特性，是人类活动和行为积极性的源泉。从某种意义上说，需要可以看作人类一切活动的出发点和归宿。人的需要和动物的需要有着本质的不同。需要在人的内部心理活动和外显行为中具有十分重要的作用和意义。

对于需要的研究有很多不同的视角，包括马斯洛、莱恩·多亚尔和伊恩·高夫、阿尔德弗尔等。这是一个较为频繁考查的考点，主要有两种考试方法：判断需要类型、比较三种观点异同。考生需要注意。

马斯洛认为人有 5 种需要：生理需要（最基本）、安全需要、归属与爱的需要、尊重的需要、自我实现需要（最高层次）。

阿尔德弗尔的人本主义需要理论（ERG）将人的需要分为 3 种：生存需要、关系需要、成长需要。

莱恩·多亚尔和伊恩·高夫把人类需要分为基本需要（包括身体健康和自主）和中介需要（包括 11 种，营养的食物和洁净的水、具有保护功能的住房、无害的工作环境、无害的自然环境、适当的保健、童年期的安全、重要的初级关系、环境安全、经济安全、适当的教育、安全的生育控制与分娩）。

【真题再现】

1. 高女士所在的公司近期完成了全面装修改造。高女士已怀孕三个月，她担心公司装修污染会对胎儿产生不良影响，于是找公司领导反映自己的想法，在此过程中与领导发生了激烈争执。为此，她向社会工作者求助，社会工作者根据莱恩·多亚尔和伊恩·高夫的需要理论判断，高女士的需要属于（　　）。(2020 年真题)

A. 关系的需要　　B. 成长需要　　C. 尊重的需要　　D. 中介需要

参考答案：D

参考解析：莱恩·多亚尔和伊恩·高夫认为人类存在共同的、客观的需要，即基本需要（身体健康和自主）和中介需要（那些在所有文化中能够促进身体健康和人的自主的产品、服务、活动和关系，有11种，包括营养的食物和洁净的水、具有保护功能的住房、无害的工作环境、无害的自然环境、适当的保健、童年期的安全、重要的初级关系、环境上的安全、经济上的安全、适当的教育、安全的生育控制与分娩）。

2. 某小学的学生多是留守儿童，学校社会工作者根据这一状况，开展了“逆风同行”儿童抗逆力小组服务。一方面帮助儿童建立自信，正视逆境，挖掘潜能；另一方面引导儿童主动与小伙伴沟通，建立信任，争取同伴支持。上述服务，满足了留守儿童的（　　）。（2020 年真题）

A. 生理需要　　B. 归属的需要　　C. 安全需要　　D. 尊重的需要

E. 自我实现的需要

参考答案：BD

参考解析：“归属与爱的需要”这一层次包括两个方面的内容。一是归属的需要，即人都有一种归属于一个群体的感情，希望成为群体中的一员，并相互关心和照顾。二是友爱的需要，即人人都需要伙伴之间、同事之间的关系融洽或保持友谊和忠诚；人人都希望得到爱，希望爱别人，也渴望接受别人的爱。尊重的需要，即人人都希望自己有稳定的社会地位，希望个人的能力和成就得到社会的承认。尊重的需要又可分为内部尊重和外部尊重。内部尊重，即自尊，是指一个人希望在各种不同情境中有实力、能胜任、充满信心、能独立自主。外部尊重是指一个人希望有地位、有威信，受到别人的尊重、信赖和高度评价。

3. 关于人类需要的说法，正确的是（　　）。（2016 年真题）

A. 莱恩·多亚尔和伊恩·高夫认为成长和自主是人的基本需要

B. 阿尔德弗尔 ERG 理论的主要特点是强调需要层次的顺序

C. 马斯洛认为人的高级需要出现后，其低级需要就消失了

D. 需要是人的基本特性，是人类活动和行为积极性的源泉

参考答案：D

参考解析：本题考查人类需要的含义。人的需要是人脑对生理和社会需求的反映，是个体对内部环境和外部生活条件的稳定要求。它通常以愿望、意向等形式表现出来。需要是人的基本特性，是人类活动和行为积极性的源泉。从某种意义上说，需要可以看作人类一切活动的出发点和归宿。A 选项，人的基本需要为身体健康和自主，而非成长。B 选项，ERG 理论不强调需要层次的顺序。C 选项，马斯洛理论认为，高级需要满足后，低级需要依然存在，但对行为的影响减弱。

4. 快递员小强进城务工之初，没有朋友，与同事相处也不融洽，情绪较为低落。社会工作者小张与小强分享了一些社交技巧，帮助其融入城市生活。半年之后，小强有了自己的“朋友圈”，工作也变得积极了。小张的服务满足了小强的（　　）。（2018 年真题）

A. 生理需要　　B. 安全需要　　C. 归属需要　　D. 尊重需要

参考答案：C

参考解析：本题考查马斯洛的需要层次理论。马斯洛认为人有生理需要、安全需要、归属与爱的需要、尊重的需要、自我实现的需要。归属的需要是指人都有一种归属于一个群体的需要，希望成为群体中的一员，并互相关心和照顾。爱的需要是指人人都需要朋友、同事之间关系融洽或保持友谊和忠诚。

2. 人类需要的类型

需要的起源：生理性需要（生活资料、生理保健、繁衍后代）和社会性需要（工作、知识、实现理想等）。

需要的内容：物质需要（衣、食、住、行、日常用品）和精神需要（学习提高、创造发明、贡献能力、独立自尊等）。

需要的迫切程度：生存性需要（阳光、空气、水、食物）和发展性需要（教育、医疗、保障等）。

【真题再现】

"小事不出村，大事不出镇，矛盾不上交。"20世纪60年代的"枫桥经验"历史沉淀，在创新基层社会治理中焕发了活力，有利于满足新时代人民群众美好生活的需要。从人类需要层次类型出发，最能够反映新时代人民群众美好生活需要的是（　　）。(2019年真题)

A. 发展性需要　　B. 物质性需要　　C. 生存性需要　　D. 生理性需要

参考答案：A

参考解析：按人们对需要的迫切程度来划分，人的需要可分为生存性需要和发展性需要。生存性需要是指维持人类生存所必需的条件，如阳光、空气、水、食物等。发展性需要是人们平等、自由地参与政治、经济、社会发展所需要的各种条件，如教育、医疗、社会保障等。新时代人民群众美好生活的需要是发展性需要。

★ 考点二：人类行为的类型与特点

1. 人类行为的类型与特点

人类行为有广义与狭义之分。广义的人类行为是指由客观刺激通过人的心理活动而引起的内部与外部的反应，狭义的人类行为仅指外显的行为。德国社会心理学家勒温认为，人的行为是个体与环境相互作用的结果。他提出的行为公式是 B = f (P. E)，B 代表行为，P 代表个人，E 代表环境。这较能说明人类行为的真实含义。

社会工作将人类行为作为主要研究对象，是因为人的行为是人这一行动主体与社会环境互动的产物。通过对行为的观察与判断，可以判断主体即人的社会适应性或者社会功能履行状况。所以我们需要对人类行为进行划分，可分为：本能行为和习得行为、亲社会行为和反社会行为、正常行为和偏差行为。其中正常行为意味着行动者社会适应良好、社会功能正常，而偏差行为则意味着功能紊乱与适应不良，此时专业的介入就是必需的。

人类行为具有如下特点。

适应性——适应环境同时改变环境。

多样性——复杂多样。

发展性——连续不断的发展过程。

可控性——有意识地控制和调节。

整合性——有机统一，个体行为与自身生理、心理与社会环境密切联系。

【真题再现】

1. 大学生小胡一直热心公益事业，经常利用暑期参加社会工作服务机构组织的关爱老年人活动。他弹唱老人们熟悉的歌曲，展示街舞才艺，让老人们感受年轻人的世界。小胡的这种行为属于（　　）。（2020 年真题）

A. 本能行为　　B. 亲社会行为　　C. 利己行为　　D. 规范性行为

参考答案：B

参考解析：亲社会行为指一切对社会有积极作用的行为，包括助人、遵守社会规范、友善、公共参与等，其中那些不求任何精神和物质回报的助人行为也被称为利他行为。

2. 社会工作者发现，在校园欺凌事件中，施暴者往往不顾学校的规定，多次对他人实施暴力。依据人类行为的类型，校园欺凌主要属于（　　）。（2018 年真题）

A. 叛逆行为　　B. 反社会行为　　C. 本能行为　　D. 亲社会行为

参考答案：B

参考解析：本题考查人类行为的类型。人类行为的类型分为本能行为和习得行为、亲社会行为和反社会行为及正常行为和偏差行为。反社会行为是一种攻击他人或社会的、有消极作用的行为，如暴力行为、侵犯或攻击行为。本题易错项为 A 选项，应把握题干关键词“人类行为的类型”，故此项为干扰项。

3. 兰先生与妻子在南方工作，孩子出生后，夫妻俩希望兰先生的父母能从东北过来帮忙带孩子。经过沟通后，两位老人表示同意，并通过调整逐步融入了新的生活环境。根据上述情况，老人的做法体现了人类行为具有（　　）。（2018 年真题）

A. 适应性特点　　B. 主观性特点　　C. 多样性特点　　D. 整合性特点

参考答案：A

参考解析：本题考查人类行为的特点。人类行为具有适应性、多样性、发展性、可控性和整合性等特点，适应性强调人类行为的根本目的在于适应环境，维持个体及种族的繁衍，并在适应环境的同时不断地改变自身的生存、生活环境。

4. 小学生军军写作业总是拖拉，社会工作者与军军商量制定完成作业的时间表。执行一段时间后，军军的学习习惯有了明显改善。上述社会工作者的做法主要是基于行为的（　　）。（2016 年真题）

A. 可控性特点　　B. 整合性特点　　C. 发展性特点　　D. 多样性特点

参考答案：A

参考解析：本题考查人类行为的特点。人类行为的特点包括：（1）适应性；

(2) 多样性；(3) 整合性；(4) 可控性；(5) 发展性。其中，可控性是指人类行为是人发出的行为，人类能有意识地控制和调节自身的行为，使其向着目标前进。题干中通过制定作业完成时间表，军军写作业拖拉的行为得以改善，说明行为是可以控制的，体现了行为的可控性。

2. 正常行为与偏差行为的划分

对正常行为与偏差行为的判断标准是高频考点，考生需要熟练掌握并加以辨析。正常行为是指符合社会规范和正常模式的行为。偏差行为是指显著异于常态而妨碍个人正常生活适应的行为。因为社会规范和正常模式是相对的，因此正常行为和偏差行为的区分也具有相对性。划分正常行为和偏差行为的常用标准有统计学标准、社会规范与价值标准、行为适应性标准、个人主观体验。

表 3－1　划分正常行为和偏差行为的标准

标准	内涵
统计学标准	大多数人相似或一致的行为在统计学上被认为是正常的，如果偏离统计上的正常值则会被认为是偏差行为
社会规范与价值标准	如果个人的行为符合当地社会规范和价值观念，该行为就是正常的，否则就被视为是有偏差的行为
行为适应性标准	在正常情况下，人体维持着生理、心理的平衡状态，人能依照社会生活的需要适应和改造环境
个体主观体验	观察者根据自己的经验做出某种行为正常还是偏差的判断

【真题再现】

1. 在一次车祸中，小张的头部遭受重创，医生告诉他有可能留下后遗症，比如经常性地出现幻觉。小张病愈上班后，受后遗症困扰，有时会无故责骂同事。根据正常行为和偏差行为的划分标准，判断小张行为类型的标准是（　　）。(2019 年真题)

A. 统计学标准　　　　B. 个体主观经验

C. 行为适应性标准　　　　D. 社会规范与价值标准

参考答案：C

参考解析：本题考查行为适应性标准。在正常情况下，人体维持着生理、心理的平衡状态，人能依照社会生活的需要适应和改造环境。因此，正常人的行为符合社会准则，能根据社会要求和道德规范行事，就是适应性行为。如果由于器质或功能的缺陷使个体能力受损，不能按照社会认可的方式行事，致使其行为后果对本人或社会带来不适，则被认为行为产生偏差。题干中小张由于头部受创留下后遗症，从而影响正常上班，是个体能力受损带来的不适，故正确答案为 C 选项。

2. 3 岁的乐乐活泼好动，但语言发展迟缓，只能说出“爷爷”“奶奶”等简单的词语。社会工作者判断乐乐这种表现不符合儿童正常发育的普遍标准，其依据的标准是（　　）。(2016 年真题)

A. 统计学标准　　　　　　　　B. 个人主观体验
C. 行为适应性标准　　　　　　D. 社会规范标准

参考答案：A

参考解析：本题考查划分正常行为和偏差行为的标准。题目中 3 岁的乐乐语言发展迟缓，只会简单词汇，不符合儿童正常发育的普遍标准，因此从统计学来说，属偏差行为。所以正确答案为 A 选项。

第二节　社会环境

【重要考点概览】

小节	主要考点	历年考查点
第二节　社会环境	社会环境的构成要素	2015、2017～2020 年考查单项选择题
	人类行为与社会环境的基本关系	2015、2017、2020 年考查单项选择题

考点一：社会环境的构成要素

对人类行为造成影响的除了人类自身的需要之外，社会环境也是一个极其重要的因素。但是社会环境的构成非常复杂，主要包括七大类别：家庭、同辈群体、学校、工作单位、社区、文化及大众传媒。细心的考生会发现，这七大类别是一个逐步外扩的过程，也就意味着越往后越宽泛，也就越不容易把握或者掌控。而家庭、同辈群体作为较小单位，在生命初期阶段中发挥着重要作用，也较容易进行介入。因此，本节的重点更多集中在家庭、同辈群体上。

家庭是一个考查较频繁的考点，包括家庭的类型、家庭的功能及家庭的教养方式。

表 3－2　家庭的主要类型

类型	内涵
核心家庭	由一对夫妇及其未婚子女组成的家庭，现代社会主要的家庭形式
主干家庭	父母与一对已婚子女共同居住生活
联合家庭	父母与多对已婚子女共同生活
单亲家庭	父母一方与未婚子女共同生活
丁克家庭	夫妇双方都有收入而没有孩子
其他	单亲家庭、失独家庭、空巢家庭

怎样的家庭可以养育更为健康的孩子？怎样的养育方式会带来问题孩子？娇纵型、支配型、专制型、放任型、冲突型及民主型等不同类别，从名字上来看非常简单，可以快速鉴别家庭的养育类型。但是如果反向考查，则难度迅速增加，比如描述一个孩子的个性状况：怯懦胆小、意志薄弱、清高孤傲，问其家庭养育方式与类型是哪一种？

同时考生还需要厘清不同类别之间的具体区别，如专制型和支配型之间的区别等。

也就是说本部分还有诸多考查空间，考生需要重点关注。

表 3－3　家庭教养方式和孩子人格特点

教养模式	养育特点	孩子人格特点
支配型	过分溺爱与严加管束；在生活方面无微不至，在学习上严加管理；过度保护，包揽一切，又期望过高	怯懦胆小、意志薄弱、既娇且骄、清高孤傲等
专制型	缺少爱心或耐心，管理方式粗暴，不尊重孩子的人格、自尊、意志、权利，亲子关系是一种命令与服从的关系	不信任感、戒备心理严重、自卑、消极、暴躁、懦弱、依赖或反抗权威等
放任型	家长既缺少爱心、耐心，也缺乏责任感；孩子放任自流，得不到必要指导和正常约束	缺乏自信、自制力差、不负责任、情绪波动异常、待人处世具有攻击性、易受诱惑、做事权宜敷衍、缺乏理想等
冲突型	家庭成员间人际关系紧张、不和谐，家庭气氛失调，价值导向不一致	缺乏安全感、意志力薄弱、残忍冷酷、撒谎等心理特征，且大多数有激烈的反抗性，可能出现反社会的倾向
民主型	家庭成员间互相尊重、平等交流，对子女既有约束，又有鼓励	自尊、自信、自律性强，具有创造性、社交能力强，具有成就动机
娇纵型	父母盲目的溺爱和疏于管束	自我中心、骄横跋扈、疏懒散漫、贪婪无度的“霸王”心态及可能的反社会人格

【真题再现】

1. 丁先生夫妇结婚多年，直到 40 岁才生下一对双胞胎。夫妻俩将孩子的生活安排得十分细致，对他们的学习要求极为严格。丁先生夫妻对孩子的教养方式是（　　）。(2020 年真题)

A. 专制型　　B. 娇纵型　　C. 冲突型　　D. 支配型

参考答案：D

参考解析：本题需重点区分专制型与支配型，二者较容易混淆。专制型表现为缺少爱心或耐心，管理方式粗暴，不尊重孩子的人格、自尊、意志、权利，亲子关系是一种命令与服从的关系，而孩子则呈现不信任感、戒备心理严重、自卑、消极、暴躁、懦弱、依赖或反抗权威等人格特点。支配型的家长过分溺爱与严加管束结合，在生活方面对子女无微不至，在学习上严加管理。一方面是过度保护，包揽生活中的一切；另一方面又期望过高。这种方式容易使孩子形成怯懦胆小、意志薄弱、既娇且骄、清高孤傲等个性特征。根据题干可知，正确答案为 D 选项。

2. 老李对退休后的生活感到有些不适应，他的一对儿女虽然很忙，但还是经常来看望老李。老李子女的这种做法体现了家庭的（　　）。(2020 年真题)

A. 经济支持功能　B. 代际互助功能　C. 情感支持功能　D. 行为规范功能

参考答案：C

参考解析：家庭的功能包括情感支持、性爱满足、繁衍后代、社会化、经济功能。

情感支持：家庭作为初级社会群体，成员之间日常互动频繁，情感交流充分，彼此之间容易相互理解和支持。通过提供情感支持，家庭可以帮助其成员缓解家庭之外社会生活带来的挫折和压力，获得情感的慰藉。

3. 刚刚转学的小丹对新学校的学习生活有些不适应。她父母虽然工作很忙，但仍每天抽出时间听她讲学校的事情，鼓励她积极面对各种困难。小丹父母的这种做法体现了家庭的（　　）。（2019 年真题）

A. 情感支持功能　　B. 增强权能功能　　C. 行为塑造功能　　D. 行为约束功能

参考答案：A

参考解析：家庭的功能是指家庭对其成员所起的积极作用。具体来讲，家庭的功能有：（1）情感支持。家庭作为初级社会群体，成员之间日常互动频繁，情感交流充分，彼此之间容易相互理解和支持。通过提供情感支持，家庭可以帮助其成员缓解家庭之外社会生活带来的挫折和压力，获得情感的慰藉。（2）性爱满足。（3）繁衍后代。（4）社会化。（5）经济功能。故正确答案为 A 选项。

4. 初中生小明因期末考试成绩差被父亲责打，一气之下离家出走。他的父母向社会工作者求助。社会工作者了解到小明父母平时工作忙，无暇照顾小明，管教孩子的方式也比较简单。根据上述内容，小明的家庭教养模式是（　　）。（2018 年真题）

A. 娇纵型　　B. 支配型　　C. 放任型　　D. 专制型

参考答案：C

参考解析：本题考查家庭教养模式。放任型的教养模式是指由于家长缺乏爱心和责任感，对孩子放任自流，孩子得不到必要指导和正常约束，形成自制力差、不负责任、情绪波动异常等心理倾向。本题属于正向描述，基本围绕教材中的表述即父母的养育方式来判断教养类型。目前尚未出现反向考查方式，即由孩子的性格特点来推断养育方式。其他教养类型也各有特点，需要考生多加记忆理解。

5. 下列图示中，家庭成员共同居住。从家庭内部结构的角度看，此家庭的类型应是（　　）。（2017 年真题）

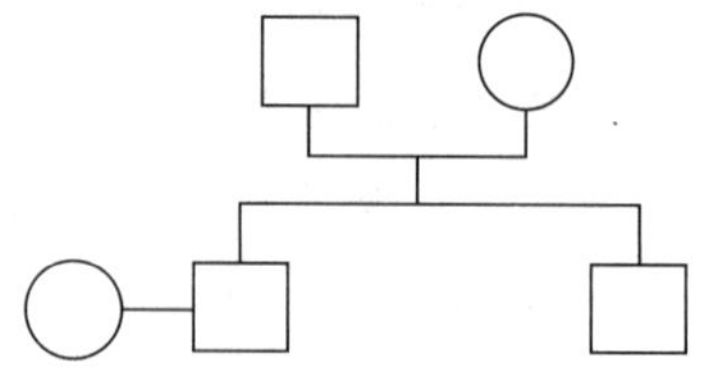

A. 核心家庭　　B. 单亲家庭　　C. 联合家庭　　D. 主干家庭

参考答案：D

参考解析：主干家庭是指由父母与一对已婚的子女共同居住生活的家庭类型，主干家庭是核心家庭在纵向上的延伸。如果大儿子有了孙子，此家庭依然为主干家庭。如果弟弟也结了婚，则此家庭为联合家庭。联合家庭是指同代中至少有两对及以上的夫妇。核心家庭则为一对夫妻及未婚子女组成的家庭类型，无论子女数量多少，都为核心家庭。

因此核心家庭人数可能远远大于主干家庭人数，判断家庭类型的依据不是人口数量。

6. 关于同辈群体的说法，正确的是（　　）。(2015 年真题)

A. 同辈群体的形成完全是偶然的

B. 同辈群体在不同社会系统中常扮演相同角色

C. 同辈群体由年龄、志趣和行为方式均相同的人组成

D. 同辈群体对个体的认知、行为和情绪都有直接影响

参考答案：D

参考解析：同辈群体的形成大部分是偶然性因素，随着年龄的增长，同辈群体形成的主动性会越来越多，故 A 选项错误。同辈群体是由年龄、性别、志趣、职业、社会地位及行为方式大体相近的人所组成的一种非正式的群体，故 C 选项错误。同辈群体对个体行为的发展具有重要作用，它对个体的认知发展、行为塑造、情绪表达、精神追求及支持系统均有直接影响。伴随着个体成长，同辈群体在不同的社会系统中扮演着不同的角色，这种角色的多样化对群体成员来说具有多种意义。因此，B 选项错误、D 选项正确。

7. 家庭教养模式影响青少年的成长，下列各类型家庭中，能够培养青少年朝着积极主动方向发展的是（　　）。(2015 年真题)

A. 支配型家庭　　B. 民主型家庭　　C. 放纵型家庭　　D. 冲突型家庭

参考答案：B

参考解析：民主型教养模式中家庭成员间互相尊重、平等交流，对子女既有约束，又有鼓励。这种教养方式下的孩子容易形成自尊、自信、自律性强，具有创造性、社交能力强，具有成就动机等良好社会适应性的个性特点。

考点二：人类行为与社会环境的基本关系

人类行为与社会环境相互影响，二者的关系是复杂多样的，主要表现在以下几个方面：人的行为要适应社会环境、社会环境影响人的行为、社会环境和生物遗传共同对人类行为产生影响、人类能够改变社会环境、人类行为与社会环境关系的非平衡性。

【真题再现】

1. 小马因伤残无法继续从事原工作，寻找工作时又屡屡碰壁，因此十分沮丧。社会工作者得知情况后，从社会环境的角度入手，协助他向民政部门申请临时救助，帮助他联系职业培训学校学习新技能，还组织社区志愿者对其进行鼓励支持。社会工作者的上述做法，充分考虑了社会环境具有（　　）。(2020 年真题)

A. 平等性　　B. 多样性　　C. 层次性　　D. 稳定性

参考答案：B

参考解析：社会环境的特点：多样性、复杂性、层次性、稳定性、变动性。多样性：社会环境包括影响人类行为的众多因素，小到家庭、学校、群体和组织，大到社区和国家。社会环境可能是实体性的社会群体或组织，也可能是客观存在的舆论、文化、社会制度和社会政策，涵盖了影响人类行为的不同层次和方方面面的因素。本题

根据排除法可知正确答案为 B 选项。

2. 目前国内有些火车站、飞机场没有母婴休息室，给带婴儿出行的母亲造成不便，使得部分母亲不得不减少外出次数。上述现象反映了人类行为与社会环境的基本关系是（　　）。（2017 年真题）

A. 人的行为不能适应社会环境　　B. 社会环境影响人的行为

C. 人类行为能够改变社会环境　　D. 社会环境决定人类行为

参考答案： B

参考解析： 社会环境为人的行为提供了参照标准。参照群体不是社会成员生活于其中的群体，而是社会环境的一部分。在社会生活中，参照群体是人们进行比较和评价的标准，从而影响着人们的行为。该考点的完整表述为：（1）人的行为要适应社会环境；（2）社会环境影响人的行为；（3）社会环境和生物遗传共同对人类行为产生影响；（4）人类能够改变社会环境；（5）人类行为与社会环境关系的非平衡性。这五句表述中，前三句都成为共识，后两句则有一些含糊。“人类能够改变社会环境”，“能够”二字代表着主观上的努力与可能，但并不意味着必然。也就是说，人类行为与社会环境相互影响的力度并不是平衡的，社会环境对人类行为的影响要大一些。人类要承认面对社会环境时的局限性，但是同时又不放弃主观上的努力。

3. 小培全家从北方迁到南方后，在语言交流、饮食习惯、人际关系等方面难以适应，爷爷尤其不习惯。这说明（　　）。（2015 年真题）

A. 人类应该努力改变社会环境

B. 不同的人受社会环境的影响程度不同

C. 人类行为与社会环境之间关系不平衡

D. 社会环境和生物遗传共同影响人类行为

参考答案： D

参考解析： 本题中小培全家原本是北方人，这是遗传因素的影响；后来迁移到南方，这是环境的变化；出现了各种不适应的行为状况是受到先天和后天的共同作用。如果题干中说只有爷爷不适应，其他人适应，才会选择 B 选项。本题题意是都不适应，只是爷爷更不适应，故正确答案为 D 选项。

第三节　人类行为与社会环境的理论基础

本节是本章的重点与难点，也是全书的重点与难点，对于这部分内容的把握将有效地拉开考生之间的距离。因此可以说很多时候，决定考试成绩的就是这些学理性非常强的章节。社会工作既然是做关于人的工作，很多时候对于人的理解或者介入都跟常识很相似。但是部分章节却清晰表明其与我们所理解的常识之间的距离。因此建议考生们在这些被标识重点的章节上多花功夫，多用心思，从而帮助自己有质的提升。

本节主要介绍生物学、心理学及社会学三个不同学科的理论解释，其中生物学部分属于自然科学，考点较少，所以还没有考查过。心理学部分是重中之重，需要格外关注。社会学部分也需要注意，因为历年真题频繁考查。这三种理论（米德的自我理论、托马斯的情境定义及贝克尔等的标签理论）通过案例或者选择题来呈现确实有一定的挑战性，但是这其中的观点各位考生必须清楚。

【重要考点概览】

小节	主要考点	历年考查点
第三节　人类行为与社会环境的理论基础	埃里克森人格发展八阶段	2015、2016、2018、2020 年考查单项选择题
	皮亚杰认知发展理论	2015、2016 年考查单项选择题
	科尔伯格道德发展理论	2015 年考查单项选择题
	行为主义理论	2017 年考查单项选择题
	依恋理论	2018、2019 年考查单项选择题

考点：人类行为的心理学理论

1. 埃里克森人格发展八阶段

人类的行为除了受社会环境影响之外，还受自身生理和心理因素的制约。从生理、心理和社会三个层面掌握人类行为和社会环境的关系的理论是社会工作者开展实务工作的基础。心理学理论基础部分主要聚焦在几个不同的理论方向上：弗洛伊德精神分析、埃里克森人类发展八阶段、皮亚杰认知发展、科尔伯格道德发展、行为主义及依恋理论等。

其中弗洛伊德的内容考查较少，重点集中在埃里克森人类发展阶段理论上。本部分需要注意与弗洛伊德之间的区别：不仅对发展动力的判定有所不同，还将人格发展从五阶段拓展至人的一生是八阶段。更重要的是，其八阶段中的任务与美德的定位为理解人的行为提供了理解框架。

埃里克森认为，个体在人生每个阶段都面临特殊的发展任务，都会经历一次心理－社会“危机”，或者说矛盾冲突。这些冲突包含着对立的两极，个体只有尝试面对并解决这一冲突之后，才能顺利进入下一阶段，同时发展出某种特定的品质或“美德”。如果冲突无法圆满解决，那么个体自我的发展就会出现困扰乃至停滞。

【真题再现】

1. 大学四年级学生小贾通过校园招聘会向一家社会工作服务机构投递了简历。在面试中，小贾得知该机构的服务对象主要是老年人，他觉得服务老年人的工作很有意义，发展前景很好，但小贾家人却觉得该机构的待遇一般，不支持他的选择。小贾多次与家人沟通未果，难以抉择，遂向社会工作者寻求帮助。从青年阶段人生发展任务的角度看，社会工作者适宜的做法是（　　）。（2020 年真题）

A. 帮助小贾准确地定位发展目标　　B. 鼓励小贾先到机构做志愿服务

C. 劝导家长理解小贾的发展需要　　D. 协助小贾宣泄左右为难的情绪

参考答案：A

参考解析：青年阶段的个体适应主要表现在婚姻、职业和子女的适应上。就业是青年阶段重要的社会任务，是青年人从家庭、学校走向社会、从心理成熟走向社会成熟的重要标志。社会工作者要帮助其做好以下工作：一是帮助青年提高自身的就业能力，准确定位自己的职业发展目标，有的放矢地进行求职择业；二是推动政府不断完善就业的服务体系；三是帮助在就业中受挫的青年宣泄负面情绪，协助其认识自身拥有的资源和潜能。

2. 埃里克森的人类发展阶段论与弗洛伊德的精神分析理论的区别在于，前者重点强调人格发展中的（　　）。（2018 年真题）

A. 生物因素　　B. 社会因素　　C. 心理因素　　D. 道德因素

参考答案： B

参考解析： 本题考查人类行为的心理学理论。埃里克森的人格心理学说既考虑到生物学的影响，也考虑到文化和社会因素。他认为在人格发展中，个人与其周围环境的互动起着主导和整合的作用，每个人成长的过程都普遍经历着生理的、心理的以及社会事件的发展顺序，按一定的成熟度分阶段地向前发展。

3. 小峰升入初中后，越发注重同学对自己的评价，以及好朋友对自己的态度。根据埃里克森的人类发展阶段论，小峰在此发展阶段的主要任务是（　　）。（2016 年真题）

A. 不断尝试新的事物　　B. 发展自我同一性

C. 对他人做出承诺　　D. 学习重要知识技能

参考答案： B

参考解析： 本题考查埃里克森的人类发展阶段论。埃里克森的人类发展阶段论将人的发展分为：婴儿期（0~1 岁）、幼儿期（1~3 岁）、儿童早期（3~6 岁）、儿童中期（6~12 岁）、青少年期（12~20 岁）、成年早期（20~40 岁）、成年中期（40~65 岁）、成年晚期（老年期）。其中青少年期的重要联系是同辈群体，角色模式任务是发展自我同一性。

4. 根据埃里克森的人类心理－社会发展阶段论，个体在成年中期需要处理的冲突是（　　）。（2015 年真题）

A. 勤奋还是自卑　　B. 亲密还是孤独

C. 繁殖还是停滞　　D. 主动还是内疚

参考答案： C

参考解析： 埃里克森认为，每个人成长的过程普遍经历着生理的、心理的以及社会事件的发展，按一定的成熟度分阶段地向前发展。因此，将人的发展分为八个阶段。个体在成年中期主要冲突是繁殖还是停滞。

2. 皮亚杰认知发展理论

本考点虽然考查频率稍低，但是只要出题，基本就是拉分题，也就意味着大多数考生会在此丢分。皮亚杰所关注的是人的认知能力的发展的规律性（感知运动阶段、前运算阶段、具体运算阶段及形式运算阶段），而在每一个具体阶段，每一个主体则是通过图式、同化与顺应三种模式完成对于新世界的认识，从而不断在个体与环境之间寻求平衡。

【真题再现】

1. 儿童在成长的每一个阶段都对世界及各种事物间的关系有新认识，根据皮亚杰的认知发展理论，当新事物和刺激出现时，儿童认识世界首先运用的是（　　）。（2016 年真题）

A. 同化原则　　B. 图式原则　　C. 强化原则　　D. 顺应原则

参考答案：A

参考解析：本题考查皮亚杰的认知发展理论。皮亚杰认为，在各个发展阶段，个体主要运用图式、同化和顺应三种原则来认识世界。图式是其中最基本的一环，个体将活动系统化，在头脑中形成“心理图式”。适应包括了同化与顺应这两个相辅相成的过程。当有新的事物和刺激出现时，个体先用同化原则使新事物与旧图式发生联系，使新的信息被吸收到已有的图式之中；同时再用顺应原则把旧图式加以改变，从而使之与新的环境和刺激相适应，并最终形成新图式。

2. 爸爸把两瓶同样的饮料分别倒进了一个大玻璃杯和两个小玻璃杯，问正在读小学二年级的女儿是要一大杯饮料，还是要两小杯饮料。女儿小红告诉爸爸两种一样多，哪一种都可以。这表明小红的认知发展处于（　　）。（2015 年真题）

A. 感知运动期　　B. 具体运算期　　C. 前运算期　　D. 形式运算期

参考答案：B

参考解析：瑞士心理学家皮亚杰通过对儿童行为的观察以及实验研究，提出了认知发展阶段理论，他认为儿童的认知发展分为四个阶段，包括感知运动期（从出生到 2 岁）、前运算期（2~7 岁）、具体运算期（7~12 岁）和形式运算期（12 岁以上）。本题中读小学二年级的女儿在一定程度上已可做出推论，有守恒的概念，因此符合具体运算期。

3. 科尔伯格道德发展理论

科尔伯格的道德发展理论聚焦于儿童的品格发展，或者说儿童的道德观念发展的规律，即儿童是如何形成道德或者善恶的观念的，其观念发展呈现怎样的规律。

前习俗水平（0~9 岁）：他们为了免受惩罚或获得奖励而顺从权威人物规定的行为准则，根据行为的直接后果和自身的利害关系判断好坏是非。

习俗水平（9~15 岁）：能够着眼于社会的希望与要求，并以社会成员的角度思考道德问题，已经开始意识到个体的行为必须符合社会的准则。

后习俗水平（15 岁以后）：道德判断已超出世俗的法律与权威的标准，而是有了更普遍的认识，想到的是人类的正义和个人的尊严，并已将此内化为自己内部的道德命令。

【真题再现】

8 岁的小天把捡到的钱包交给了警察，被问及原因时，小天说担心不交会被批评。他的回答体现出科尔伯格的道德发展阶段论中（　　）阶段的特征。（2015 年真题）

A. 惩罚与服从定向　　B. 相对功利取向

C. 遵守法规和秩序定向　　D. 社会契约定向

参考答案：A

参考解析： 小天8岁，属于科尔伯格提出的三水平六阶段理论中前习俗水平阶段的第一阶段：惩罚与服从定向阶段。在这一阶段，儿童根据行为的后果来判断行为是好是坏及严重程度，他们服从权威或规则只是为了避免惩罚，认为受赞扬的行为就是好的，受惩罚的行为就是坏的。

4. 行为主义理论

行为主义理论在初级考试中考查较频繁，中级考试中偶尔考查。行为主义理论主要包括：华生的行为主义理论、斯金纳的操作行为主义理论和班杜拉的社会学习理论。虽然流派众多，但是基本观点是一致的，那就是环境、教育对于行为有决定性影响，而行为是可以通过强化学习及相互模仿获得的。

【真题再现】

1. 社会工作者小李在辅导小学生小明时，只要小明按时完成作业，小李就及时给予表扬和鼓励。半年之后，小明养成了按时完成作业的良好习惯。小李的做法是基于（　　）。（2017年真题）

A. 米德的自我理论　　B. 皮亚杰的认知发展理论

C. 斯金纳的操作行为理论　　D. 埃里克森的人类发展阶段论

参考答案： C

参考解析： 美国心理学家斯金纳认为人类所学习到的社会行为绝大多数是由强化引起的，即是由操作性行为的结果引起的。在操作性行为中，通过强化作用便可塑造人的行为。故正确答案为C选项。

2. 社区服刑人员小涛的行为控制力较弱，经常为一些生活琐事和别人争吵，甚至打架。社会工作者老王依据社会学习理论为小涛提供服务，其正确的做法是（　　）。（2017年真题）

A. 对小涛进行批评、说服和教育　　B. 对小涛打架的行为进行负强化

C. 让小涛自觉改正生活中的不良行为　　D. 让小涛观察别人如何和平解决冲突

参考答案： D

参考解析： 班杜拉认为，人类行为的习惯或行为的形成，不仅可以通过反映的结果进行学习，也可以通过榜样的示范进行学习，而后者是人类学习的主要方式。故社工可以通过让小涛观察别人如何和平解决冲突来帮助他。

5. 依恋理论

英国心理学家鲍尔比（Bowlby）把依恋发展划分为四个阶段，分别为前依恋关系阶段、形成中的依恋关系阶段、鲜明清晰的依恋关系阶段以及纠正目标的依恋关系阶段。具体的依恋类型又分为：安全型依恋、回避型依恋、反抗型依恋。

依恋理论在这几年考试中开始频繁出现，但目前教材关于依恋的表述基本只是简单分类，考试的考查方式也只是分类判断与选择。对于不同依恋类型的原因及其对服务对象未来社会功能尤其是亲密关系的影响等目前教材并未涉及，也就意味着，这些内容将会以案例分析或者方案设计等方式呈现在高级社会工作师的考试中。

【真题再现】

1. 宝宝六个月了，爸爸妈妈逗她时，她会微笑；但见到陌生人时，她没有什么表情。根据鲍尔比的依恋理论，宝宝正处于（　　）。(2019 年真题)

A. 前依恋关系阶段　　B. 形成中的依恋关系阶段

C. 鲜明清晰的依恋关系阶段　　D. 纠正目标的依恋关系阶段

参考答案：B

参考解析：英国心理学家鲍尔比把依恋发展划分为四个阶段，分别为前依恋关系阶段、形成中的依恋关系阶段、鲜明清晰的依恋关系阶段以及纠正目标的依恋关系阶段。形成中的依恋关系阶段的典型特征是强调促进与重要成人保持联系的行为。此时，婴儿显示选择性的社会微笑，这发生在认出熟悉脸孔的过程中，对不熟悉脸孔则较少做出微笑反应。

2. 由于小双父母工作很忙，在小双三周岁前家里陆续请过三位保姆。每次换保姆，小双都会哭闹不止，妈妈只好请假在家陪几天，等与新保姆熟悉后，小双的情绪才会安稳下来。小双的表现体现出婴儿在社会化过程中的特点是（　　）。(2018 年真题)

A. 控制　　B. 攻击　　C. 退缩　　D. 依恋

参考答案：D

参考解析：本题考查婴幼儿阶段的主要特征。母婴依恋的形成是儿童情绪社会化的重要标志。但其实本题还可以继续考查，即这个孩子表现出的依恋是哪一种类型？需要在安全型、回避型、反抗型中进行选择。依恋的核心内容是：依恋类型划分以及对将来亲密关系的影响。这也是更高阶段考试中可能会遇到的考题。

第四节　人生发展阶段及其主要特征

【重要考点概览】

小节	主要考点	历年考查点
第四节　人生发展阶段及其主要特征	人生发展七阶段及其主要特征	2016、2017、2019 年考查单项选择题
		2016～2019 年考查多项选择题

考点：人生发展七阶段及其主要特征

人的发展要经历不同的发展阶段，每个阶段都有不同的特征，这些特征可以归纳为生理发展、心理发展和社会性发展三个方面，并且这三个方面的发展是相互影响的。人生的每个发展阶段都会面临一些需要解决的问题，如果不能很好地解决这些问题，就会导致社会功能的不足，甚至引发危机。这也表明人的发展过程是递进的，是不可逆的。这一观点与弗洛伊德及埃里克森的观点保持一致。社会工作者了解个体各个阶段的发展特征及面临的问题，有助于更好地为服务对象提供合适的服务。

本节内容较易理解，并且是建立在第三节的理论基础之上的，即各阶段皆以第三节的理论为指导，并充分综合当下社会生活中的各个人生阶段的普遍性现象或者问题来展开论述。因此，可以说本节内容是第三节内容的应用与体现。虽然本节普遍是常识性内容或者是普遍的人生议题，但由于部分内容的解释涉及许多前后文都未曾出现的特有的名词，所以仍需要考生特别关注。

同时，考生还需要注意区分生理、心理及社会性三个方面发展的各自关注点，选项很多时候不仅需要区分发展阶段，还需要区分某阶段的三个不同方面。

【真题再现】

1. 42 岁的秦女士是某医院医务部的工作人员，长期负责接听医院大大小小投诉电话和部分现场纠纷的处理，压力极大。工作 10 年来，亲友常劝她换工作。秦女士却说："这份工作虽然辛苦，但能够帮助到人，感到很有成就。换工作也不是不行，但我多年积累的工作经验岂不是白白浪费了。再说现在社会竞争压力大，学习新东西也不容易。"根据中年阶段的主要特征，秦女士心理发展的特征是（　　）。（2019 年真题）

A. 流动智力缓慢下降　　B. 道德感不断增长

C. 实用智力不断增长　　D. 理智感缓慢下降

参考答案：A

参考解析：中年阶段，个体的认知发展错综复杂。个体的固定智力继续上升，流动智力缓慢下降；智力技巧保持相对稳定，实用智力不断增长。题干中"再说现在社会竞争压力大，学习新东西也不容易"，体现了秦女士的流动智力缓慢下降，属于其心理发展特征，故 A 选项正确。C 选项，"实用智力不断增长"在题干没有体现。中年阶段的社会性发展特征之一是道德感和理智感上升。"这份工作虽然辛苦，但能够帮助到人，感到很有成就"，体现了秦女士道德感上升，这属于其社会性发展特征，故 B 选项不符合题意。D 选项，"理智感缓慢下降"的说法错误。

2. 56 岁的叶先生来到社区居委会向社会工作者求助。他说他的妻子是企业中层管理人员，比他小 5 岁，最近一段时间脾气特别暴躁，这可能与两人婚后一直未生育有关，妻子现在怀疑他出轨，对他很冷淡。叶先生觉得很无辜，因为他从未有过外遇，也从没想过要离婚。针对叶先生目前面临的主要问题，社会工作者适宜的做法是（　　）。（2019 年真题）

A. 协助他们夫妻冷静审视婚姻，学习夫妻的相处之道

B. 协助他们夫妻重新审视家庭，了解家庭暴力的伤害

C. 协助他们夫妻增强责任意识，保持良好的情绪状态

D. 协助他们夫妻重塑事业观念，定位职业转型的目标

参考答案：A

参考解析：B 选项错误，题干并没有体现家庭暴力。C 选项错误，叶先生夫妻之间的关系在于二人之间的沟通交流存在问题，并不是责任意识的问题。D 选项错误，题干只是说明妻子是企业中层管理人员，没提及要进行职业转型。

3. 丽丽的丈夫经常因为琐事对她破口大骂，最后发展到动手打她，丽丽向所在地的社会工作者求助。针对上述家庭暴力现象，社会工作者可采取的介入措施有

（　　）。（2019 年真题）

A. 组织丽丽与其丈夫进行面对面地沟通

B. 为丽丽申请物质救助并组织捐款活动

C. 为丽丽和其他受害妇女开展小组工作

D. 呼吁本社区居民关注身边的家暴问题

E. 提升本社区居民反家暴以及维权意识

参考答案：ACDE

参考解析：本题中丽丽主要面临的问题是丈夫对她的家庭暴力，并没有涉及物质方面的救助问题因此，排除 B 选项。

4. 70 岁的姚爷爷患糖尿病二十多年，一直都是姚奶奶悉心照顾，独生子姚先生时常出差外地，儿媳要照顾年幼的孙女。半年前姚奶奶病逝，独居的姚爷爷变得很少与人说话，情绪越发低落，常常忘记吃饭，和儿子通电话时会突然变得激动起来。最近，姚先生发现父亲的血糖指标有些异常，劝其住院观察一段时间，老人不同意，干脆把自己关在屋里几天不见人。姚爷爷目前面临的主要问题有（　　）。（2018 年真题）

A. 健康管理　　B. 生活照料　　C. 医疗救助　　D. 安全保护

E. 精神慰藉

参考答案：ABDE

参考解析：本题考查老年阶段面临的问题。老年阶段面临的主要问题包括失智和失能、精神健康、死亡和被歧视、被虐待等问题。针对本题而言，姚爷爷“血糖指标有些异常”，需要进行合理的健康管理（A 选项）；“常常忘记吃饭”，需要适当的生活照料（B 选项）；“干脆把自己关在屋里几天不见人”，需要有适当的安全保护（D 选项）；“很少与人说话，情绪越发低落”，需要精神慰藉（E 选项）。医疗救助是针对城乡贫困家庭身患疾病而存在经济困难的情况，与题意不符。

5. 王先生已过不惑之年，且有父母生病需要照顾，孩子上学需要接送，单位为了迎接上级检查，他每天都加班加点工作到深夜，经常感到情绪紧张，压力很大，导致血压升高。针对上述情况，社会工作者帮助王先生的适宜做法有（　　）。（2017 年真题）

A. 帮助王先生舒缓情绪　　B. 为王先生父母提供喘息服务

C. 建议王先生及时就医　　D. 协助王先生做好时间管理

E. 建议王先生辞职回家休息

参考答案：ACD

参考解析：针对情绪紧张的问题，社工可以帮助王先生舒缓情绪；针对有父母生病需要照顾，孩子上学需要接送的问题，社工可以协助王先生做好时间管理；针对血压升高的问题，社工可以建议王先生及时就医，确保身体健康。B 选项，喘息服务一般是为完全陷入被照顾者需求而无法有足够的休息时间所带来的极度的疲惫者所准备的，与王先生父母无关。

6. 社会工作者小王在某个青少年抗逆力小组中发现，有的组员会因为一些小问题与其他组员发生冲突，他们在应对冲突时，有时能理性面对，有时则出现逆反情绪。这说明青少年的情绪发展呈现（　　）的特点。（2017 年真题）

A. 两极性　　B. 随意性　　C. 差异性　　D. 稳定性

参考答案：A

参考解析：青少年的情绪发展比较丰富和强烈，出现两极发展特征。情绪发展的两极性是指情绪的内容、强度、稳定性、概括性和深刻性等方面具有两极性。情绪发展的两极性使青少年经常出现反抗情绪，需要加强情绪的自我调节。

7. 社会工作者小黄在社区走访中发现，79 岁的何奶奶常常忘记带钥匙，还常因一些琐事情绪激动，与邻居发生口角，事后却又忘记发生了什么。根据上述情况，何奶奶目前面临的问题最有可能是（　　）。（2017 年真题）

A. 失能　　B. 抑郁　　C. 谵妄　　D. 失智

参考答案：D

参考解析：老年人失智是一种渐进性认知功能退化，且此退化的幅度远高于正常老化的进展，特别会影响记忆、注意力、语言、解题能力，严重时会无法分辨人、事、时、地、物。其典型的起始症状为记忆障碍。病人短期记忆力差，而长期记忆在发病初期受到的影响不大。失能则是指因老年人日常生活操作能力和日常生活能力减弱，不能很好地保持自我照顾的能力，而需要由其他人协助完成的情况。失智和失能是老年人，特别是高龄老年人面临的两大问题。抑郁主要指有孤僻、悲观等负面情绪为主，表现为对自身极低的自我评价和对环境的极度悲观，丧失生活乐趣和对周围事物的兴趣。谵妄是指情绪障碍、专注力差及神志恍惚等症状，是急性的脑功能障碍。所以本题正确答案为 D 选项。

8. 在青年阶段，个体的生理发展已经成熟并呈现稳定的状态，心理机能处于相对稳定的高水平阶段，社会性发展更加成熟。下列特征中，符合青年心理发展的是（　　）。（2016 年真题）

A. 认知能力发展　　B. 人生观稳定

C. 社会观成熟　　D. 友谊的发展

参考答案：A

参考解析：本题考查青年阶段的主要特征。在青年阶段，青年人感知、记忆、想象能力均达到成熟水平，并且进入人生最佳时期。青年人的心理机能处于相对稳定的高水平阶段，他们的机械记忆能力、思维敏捷性虽略有下降，但心智活动的效率却达到最高水平。青年人的认知发展表现为能力发展。能力的核心部分是思维，包括理解、命题、分析、推理和证明等，其基本特征是概括。本题的选项很容易混淆，其他选项也都是青年阶段的特征，但却不是心理发展特征，而是社会性发展特征。

9. 社会工作者小孙为社区内老年人提供居家养老服务，刘大爷身体健康，家庭经济状况良好，但无儿女，最近，刘大爷老伴突然去世，他特别伤心，觉得生活无望，情绪低落，针对这一情况，小孙应开展的工作有（　　）。（2016 年真题）

A. 为刘大爷提供哀伤辅导　　B. 帮助刘大爷理性认识死亡

C. 为刘大爷提供临终关怀服务　　D. 帮助刘大爷申请生活救助

E. 协助刘大爷适应丧偶后的生活

参考答案：ABE

参考解析：本题考查社会工作者可以为老年人提供的服务。社会工作者可以为老年人提供的服务有：（1）丧偶与哀伤辅导。协助老年人在面临悲伤事件时，能够在合理的时间内处理悲伤情绪，增强重新开始正常生活的能力。（2）帮助老年人形成对死亡的理性认识，使其积极地应对死亡。（3）为老年人提供临终关怀的服务。对临终病人及其家属进行生活护理、心理安慰及社会服务等全方位的缓解性、支持性关怀照顾。C选项“临终关怀”指对于临终的个人；D选项案主家经济状况良好，排除。由题干可知正确答案为ABE选项。

【本章小结】

本章内容是全书的重难点，聚焦“人在情境中”，人与环境是不可分离的。所有人的行为必须追溯到具体的环境中去，既包括当下的物理的空间环境，也包括人文社会环境，还包括过往的历史环境。人作为社会生活的主体如何与社会环境进行互动？在发挥自己的主动性的同时，如何受到环境影响？不同的影响又如何决定人的行为？如何影响其未来社会生活中的社会适应与社会功能？换句话说，这些影响将最终表现在服务对象的社会适应不良及社会功能障碍上。

所有这些影响可以从不同学科维度进行剖析，如生物学、心理学及社会学等不同学科的理解与阐释。对于每一个具体的活动主体而言，所有的影响最终呈现在其生理、心理及社会性等不同层面上。社工则将通过这些不同学科维度理解环境的综合性影响，也可以从案主的不同层面观察、理解其行为的性质、背景及诱因，从而为随后的专业评估及服务设计提供参照与指引。

考生应充分把握本章内容，并在此基础上继续学习第四章，即理论部分，以便为后续专业方法部分的学习提供扎实的基础与铺垫。没有第三、第四章基础理论部分的保障，整个专业的学习就成了无源之水，缺少了滋养与持续发展的可能。

扫码听课

第四章　社会工作理论

【本章导学】

社会工作理论作为社会工作专业体系的重要组成部分，不仅使社会工作专业体系更加完整，使社会工作专业服务更加具有权威性和实践效能，而且也逐步确立了社会工作在社会科学学术制度体系中的地位。社会工作理论不但是社会工作专业知识产生与发展的重要标志，更重要的是为社会工作实践提供了方法和原则。

理论是社会工作实务的基础，为整个社会工作的操作过程提供指导与支撑。具体而言，理论的功能主要在于：解释问题成因、预测与判断发展方向、确定干预模式与方法、指导服务实践及发展新的理论。但在实践过程中，对于社工而言，最先呈现的两个功能是确定干预模式及指导服务实践，也就是说用理论来指导我们如何面对实务以及具体如何操作与实施该项介入。熟练掌握且在能够区别理论的基础之上进行相互融合，是发展理论的基础。另外，理论流派虽然名称各异，但是内容与实质并不是迥然相反的，彼此之间除却差异外，还互有重叠补充或者支持。

熟悉且识别九个理论流派（原来版本缺少发展性社会工作及心理社会治疗模式）是本章的基本要求，需要社工能够对每一个流派的基本观点、基本表达都精确区分，同时能够敏锐察觉理论流派之间的差异及共同点。本章也是全书最有挑战性同时也是最拉分的两个章节（第四章和第十章）之一，考生需要全面学习。

【历年题量/分值分布】

	2015 年	2016 年	2017 年	2018 年	2019 年	2020 年
单项选择题	5 道	5 道	5 道	5 道	5 道	5 道
多项选择题	1 道	1 道	1 道	2 道	1 道	1 道
合计分值	7 分	7 分	7 分	9 分	7 分	7 分

注：单项选择题每题 1 分，多项选择题每题 2 分（错选，本题不得分；少选，所选每个选项得 0.5 分）。

【本章知识概览】

小节	考点	备考指数
第一节　社会工作理论的含义与类型	社会工作理论的功能与类型	★
第二节　精神分析取向的社会工作理论	精神分析理论的主要观点	★★★★
	精神分析理论在社会工作中的应用	★★★★
第三节　心理社会治疗模式	心理社会治疗模式的基本观点及其应用	★★★

续表

小节	考点	备考指数
第四节　认知行为理论	认知行为理论的基本观点	★★★★★
	认知行为理论在社会工作中的应用	★★★★★
第五节　系统理论和生态系统理论	生态系统理论的观点及其应用	★★★★
	生态系统理论在社会工作实务中的应用	★★★★
第六节　人本主义和存在主义理论	人本主义理论的基本观点及其应用	★★★★★
	存在主义理论的基本观点及其应用	★★★★★
第七节　增强权能理论	增强权能理论的基本观点	★★★★
	增强权能理论在社会工作中的应用	★★★★
第八节　社会支持理论	社会支持理论的基本观点及其应用	★★
第九节　优势视角理论	优势视角理论	★★
第十节　发展性社会工作	发展性社会工作	★★

【考点详解】

第一节　社会工作理论的含义与类型

【重要考点概览】

小节	主要考点	历年考查点
第一节　社会工作理论的含义与类型	社会工作理论的功能	尚未考查
	社会工作理论的类型	尚未考查

考点：社会工作理论的功能与类型

1. 社会工作理论的功能

所谓理论，是指在较高知识层次上来描述和解释某类现象的存在和变化，是对经验的抽象概括。在社会工作实践中，人们对服务过程中的事物和现象形成了相对确定的认识，对一些问题形成了相对一致的处理方法。这些被称为社会工作理论。理论的功能：解释问题成因、预测与判断发展方向、确定干预模式与方法、指导服务实践及发展新的理论。

2. 社会工作理论的类型

从理论所关注内容的角度，可以将社会工作理论区分为：支持社会工作的理论与社会工作的理论；根据不同理论背后的本体论和认识论特征，可以将社会工作理论区分为：实证主义理论与后现代理论。

【模拟题】

社会工作理论在社会工作实务中有预测的功能，具体体现在（　　）。

A. 对谁将成为服务对象做出预测

B. 对求助者对服务的满意度做出预测

C. 对求助者可能发生的变化做出预测

D. 对影响求助者的各种因素的作用做出预测

E. 对社会工作者所提供的服务对求助者可能产生的效用做出预测

参考答案：CDE

参考解析：社会工作理论在社会工作实务中具有预测的功能，主要包括：（1）对求助者可能发生的变化做出预测；（2）对影响求助者的各种因素的作用做出预测；（3）对社会工作者所提供的服务对求助者可能产生的效用做出预测。正确的预测可以帮助社会工作者有准备地面对求助者变化着的需要，为有效地帮助求助者打下基础。社会工作理论作为大量服务实践经验的结晶，可以用来对同类问题做出预测。

第二节　精神分析取向的社会工作理论

【重要考点概览】

小节	主要考点	历年考查点
第二节　精神分析取向的社会工作理论	精神分析理论的主要观点	2015、2017、2019、2020 年考查单项选择题
	精神分析理论在社会工作中的应用	2016、2018 年考查单项选择题

考点一：精神分析理论的主要观点

弗洛伊德从人类的性与原欲本能，阐述了人类心灵的运作，为人们提供了一个认识人类内心世界的重要方法和途径。具体包括潜意识是个人行为的决定因素、人格结构的组成以及个人发展阶段等主要理论。其基本观点包括：

意识层次理论：人的精神活动，会在不同的意识层次里发生和进行。不同的意识层次包括意识、前意识和潜（无）意识三个层次。人类精神活动的根源就是潜意识，因此要解决服务对象的问题就必须探寻潜意识的意义。方法是释梦、口误和自由联想。

人格结构理论：本我、自我、超我之间如果能够保持和谐平衡的状态，人格就是完善的。这样个人就能与他人建立良好的关系，愉快地工作。当人格失调时，人的活动就会出现问题，而治疗的焦点应放在对自我的强化上。

焦虑与防卫机制：当个人的本我欲望违反超我的原则时，自我就发出警告，内部出现无法接受的冲突。焦虑是一种痛苦的情绪体验。而防卫机制是自我为了消除不愉快的情绪体验所采取的方法，包括阻挠或掩饰不被允许的或不被赞同的欲望以减少内心冲突。防卫机制是一种自我调适的方法。

性心理发展五阶段：口腔期、肛门期、性器期、潜伏期、生殖器期。

该理论流派对于社会工作产生了巨大影响，并随之分化而产生了很多分支理论流派。对于该理论的把握是了解其他理论之基础。

【真题再现】

1. 弗洛伊德认为人格是一个整体，包括本我、自我和超我三个部分，在不同的时间内三者彼此交互影响，对个体产生不同的作用。关于“本我”“自我”“超我”的说

法，正确的是（　　）。（2020 年真题）

A. 自我是“管理者”，遵守现实原则对本我和超我之间的冲突进行约束

B. 本我依照享乐主义原则，处于不明确状态，随时间和经验而发生变化

C. 自我包含意识和前意识，它是在社会环境中由个人通过学习而获得的

D. 超我包含意识和前意识，也包含部分潜意识，对人的行为几乎无影响

参考答案：A

参考解析：本我遵循享乐原则，处于一种混沌状态，不会随时间与经验的改变而改变。自我包含意识和潜意识，它是本我由经验中发展出来的，所以自我具有管理人格体系的能力，它遵循现实原则，调节本我的欲望以及超我与外界的要求。

2. 小赵对猫有着强烈的抗拒心理，见到猫时会表现出恐惧，甚至浑身颤抖。最近，还为此事影响了与家人朋友的关系，家人带着他向社会工作者小俞求助。社会工作者小俞了解小赵的情况后为其提供服务。下列小俞的做法中，符合精神分析理论的是（　　）。（2019 年真题）

A. 询问小赵惧怕猫的原因，并极力改变她的错误认知

B. 帮助小赵尝试触摸猫，通过多次接触进行脱敏治疗

C. 询问小赵曾经的早年经历，了解小赵排斥猫的原因

D. 联系小赵的社会支持网络，帮助其缓解内心恐惧感

参考答案：C

参考解析：精神分析理论认为个人的问题源于内在的精神冲突，这些冲突与早期经验有关，并且潜藏于潜意识中，理性无法觉察潜意识的经验。故正确答案为 C 选项。

3. 关于弗洛伊德精神分析理论的说法，正确的是（　　）。（2017 年真题）

A. 前意识是精神分析理论的核心要素

B. 性心理发展是个人心理发展的基础

C. 超我是本我由经验中发展出来的

D. 防卫机制是正向的自我调适方法

参考答案：B

参考解析：弗洛伊德精神分析理论将人的性心理发展作为人的心理发展的基础。他将性心理发展分为五个阶段：口腔期、肛门期、性器期、潜伏期、生殖器期。在不同的发展阶段，人们会以不同的方式获得性的满足，释放能量。如果人的欲望不能得到适当满足，就会出现焦虑，并以各种不同的形式表现出来。这就成为人的问题行为，需要帮助和治疗。A 选项，精神分析理论的核心要素是潜意识；C 选项，自我是本我由经验中发展出来的；D 选项，防卫机制既包括正向的，也包括负向的。故正确答案为 B 选项。

4. 根据弗洛伊德的精神分析理论，当人格失调时，治疗的焦点应放在（　　）。（2015 年真题）

A. 本我的强化　　　　B. 自我的强化

C. 超我的强化　　D. 防卫机制的强化

参考答案： B

参考解析： 弗洛伊德的精神理论将人格分为本我、自我、超我。当三者之间能够保持和谐平衡的状态，人格就是完善的。这样个人就能与他人建立良好的关系，愉快地工作。当人格失调时，人的活动就会出现问题。面对问题，弗洛伊德理论则将治疗的焦点放在对自我的强化上。

考点二： 精神分析理论在社会工作中的应用

精神分析理论认为个人的问题源于内在的精神冲突，这些冲突与早期经验有关，且潜藏于潜意识中，理性无法觉察潜意识的经验。精神分析理论揭示了内在冲突的根源，使个人可能对于自我获得了解与洞察，从而对于决定自己行为的驱动力有所认识，并进而克服与控制之。该理论在实践过程中需要遵守相应的原则，且在具体应用中特别强调三个部分：治疗情境、治疗关系与治疗性对话。

【真题再现】

1. 在社会工作实务中，运用精神分析理论时应遵循的原则是（　　）。（2018 年真题）

A. 以自由联想为基本方法　　B. 鼓励服务对象增强自己的权能

C. 修正不理性的自我对话　　D. 持续评估服务对象的环境变化

参考答案： A

参考解析： 本题考查精神分析理论在实务中应遵守的原则。精神分析社会工作应坚持以下原则：在治疗过程中坚持个别化原则；强调与服务对象签订治疗契约；治疗者要为服务对象提供一个安全与支持的环境；精神分析疗法采取的基本方法是自由联想；在治疗过程中要倾听和理解服务对象的想法和感受，并给予支持与接纳。

2. 早期父母离婚的经历，使小冯对婚姻生活一直很抗拒。虽然小冯与女朋友相恋多年，也很希望给她幸福，但一直不想结婚。最近，女朋友决定与小冯分手，他很苦恼，向社会工作者小李求助。小李依据弗洛伊德分析理论为小冯提供服务，其最适宜的做法是（　　）。（2016 年真题）

A. 采用同理的技巧，促使小冯认识到与女友结婚就能共同幸福

B. 采用袒露自我的技巧，结合自己的婚后生活纠正小冯的错误观念

C. 采用角色扮演的技巧，引导小冯体会其情绪和行为背后的非理性信念

D. 采用自由联想的技巧，帮助小冯发现潜意识中抗拒结婚的深层次原因

参考答案： D

参考解析： 精神分析理论要求治疗者为受助人提供一个安全与支持的环境，以保证能够顺利地了解隐藏在他潜意识中的经验，并保证治疗过程中产生的负面情绪不会给服务对象造成新的伤害，采用基本方法是自由联想。服务对象在治疗过程中可以自由地讲出看起来毫无关联的事物，治疗者要在其中看到内在联系，发现内在冲突。A 选项，说法过于绝对，排除；B 选项，社工在服务过程中应避免个人的主观意见，应

进行客观的专业判断，同时应尊重服务对象自决权，排除；C 选项，属于认知行为分析理论角度，排除。所以本题答案为 D 选项。

第三节　心理社会治疗模式

【重要考点概览】

小节	主要考点	历年考查点
第三节　心理社会治疗模式	心理社会治疗模式的基本观点及其应用	2018 年考查单项选择题

考点： 心理社会治疗模式的基本观点及其应用

本理论模式是近两年教材修订新补充的内容，因为第四章理论部分与第五章个案操作模式具有高度对应性，而第五章有心理社会治疗模式，故本章增加了本节。本节更多提供心理社会治疗模式理论的脉络及基本内容，第五章更多聚焦于其操作过程与手法。

心理社会治疗模式强调在个案服务中不仅要关注服务对象的个人身心变化，更要关注个人的成长历史和处境；强调个人与外部环境的联系，认为个人的改变与环境的改变是相互依存的，并在此基础上首先提出了“人在情境中”的概念。个人、环境和个人与环境的相互影响是心理社会治疗模式分析影响人的因素的三个焦点。

心理社会治疗模式将社会工作介入分为直接介入和间接介入。直接介入是由社会工作者对服务对象的内在心理和外在行为开展的服务；间接介入则是针对影响服务对象的环境因素开展的服务。

【真题再现】

小李的母亲向社会工作者小郑诉苦：“这孩子真不像话，给他介绍了好几个工作，都是干两天就不去了，回家也不和我们说话，一个人闷在屋子里，不出门，也没有朋友。”小郑经多方了解后得知，小李小时候父母忙于工作，无暇与他交流，而且一直对他的学业表现不满意。从心理社会治疗模式的角度看，小李的问题源于（　　）。(2018 年真题)

A. 缺乏自立自主的能力　　B. 错误的自我概念

C. 父母对他的负面评价　　D. 童年时期的经历

E. 缺乏与朋辈群体交往

参考答案： ACDE

参考解析： 本题考查心理社会治疗模式的内容。服务对象问题产生的原因可以概括为三个方面：不良的现实生活环境、不成熟的自我和超我功能以及过分严厉的自我防卫机制和超我功能。不良的现实环境表现为过大的现实生活压力或者缺乏个人社会功能发挥的机会。不成熟的自我和超我功能表现为服务对象像个没长大的孩子，缺乏对自己情绪和行为的控制和调整能力。过分严厉的自我防卫机制和超我功能与不成熟的自我和超我功能相反。题干没有涉及自我概念，故 B 选项描述错误。

第四节　认知行为理论

【重要考点概览】

小节	主要考点	历年考查点
第四节　认知行为理论	认知行为理论的基本观点	2017、2018、2020 年考查单项选择题
		2015 年考查多项选择题
	认知行为理论在社会工作中的应用	2018 年考查单项选择题
		2016 年考查多项选择题

考点一：认知行为理论的基本观点

在认知、情绪和行为三者中，认知扮演着中介与协调的作用。认知作为中介变量对个人的行动进行意义赋予及解读，而这种解读直接影响着个体是否最终采取行动。

艾利斯提出的“ABC 情绪理论框架”理论是认知理论的重要组成部分。首先我们需要了解“ABC”的含义。A（Activating Events）是真实发生的事件，B（Beliefs）人们对真实发生事件的认知，C（Consequences）是人们的情绪反应。本理论认为，并不是 A（真实发生的事件）导致人们的情绪反应，而是 B（人们对事件的认知）导致了 C（情绪反应）。根据“ABC 情绪理论框架”，在对人的行为进行干预时，首先就要根据 C 反推服务对象的 B 也就是寻找及还原其非理性的认知，并用新的理性的认知来代替原有的非理性认知，进而引发新的情绪反应。

认知行为理论将认知用于行为修正，强调认知在解决问题过程中的重要性，强调内在认知与外在环境之间的互动，认为外在的行为改变与内在的认知改变都会最终影响个人行为的改变。一般状态下，服务对象的认知或者情绪错误主要表现在如下一些特征上：过度概括、选择性认知或归因、过度责任或个人肇因假定、自我认错或顶罪、灾难化思考、两极化思考等。这部分内容需要考生强化学习。

【真题再现】

1. 大学生小沈觉得必须抓住每个机会才能保证毕业后有好的前途，因此她总是忙于完成课内外的各种学习和实践，深感疲惫。当她力不从心时，又担心事情做得不好，会影响自己在老师和同学心目中的印象。为此她长期焦虑，向社会工作者老周求助，根据认知行为理论，老周宜采取的做法是（　　）。(2020 年真题)

A. 明确指出小沈特别看重外部评价的特点，协助她去探索内心深处的潜意识

B. 与小沈分析“必须抓住每个机会”的想法，引导她觉察自己的非理性思维

C. 指出小沈基本能够合格完成任务的事实，激发她掌握个人发展的更大潜能

D. 启发小沈反思追求“好前途”的意义，引导她洞察内心里最想追求的目标

参考答案：B

参考解析：把握题干关键词“认知行为理论”，A 选项“潜意识”属于精神分析理

论的观点；C 选项激发潜能是增强权能理论的观点；D 选项反思意义、洞察目标是存在主义的观点。

2. 小睿近来对工作和生活都提不起兴趣，想换工作又患得患失，怀疑自己得了抑郁症。小睿在社会工作者老周的协助下求助精神科医生，经诊断后排除了抑郁症。但小睿仍对人生目标、职业选择和生活方式感到茫然，并为此深感痛苦。针对小睿的情况，老周在设计服务方案时最宜采用的社会工作理论是（　　）。（2018 年真题）

A. 存在主义理论　　B. 生态系统理论

C. 精神分析理论　　D. 认知行为理论

参考答案：D

参考解析：本题考查社会工作理论。存在主义理论强调对过去经验的解释，对于未来行动具有十分重要的意义。生态系统理论主要是通过改变系统来实现个人需要的满足。精神分析理论主要是帮助服务对象跳出来观察和反省自己的经验。认知行为理论是认为服务对象的问题不仅是外在层面的问题，更是认知的结果，需要通过调整个人的认知来促进行为的改变。题干中小睿患得患失，甚至怀疑自己得了抑郁症，这些都是自我认知不当造成的。

3. 大学生小李感到自己各方面表现都不如其他同学优秀，内心很痛苦，时常情绪低落。社会工作者小马在了解小李的情况后，计划运用认知行为理论帮助小李。下列小马布置的家庭作业中，最能协助小李自我感觉错误认知的是（　　）。（2017 年真题）

A. 及时记录下自己情绪变差时的想法

B. 每天坚持抽点时间做一点放松训练

C. 每天坚持大声对自己说“我也很优秀”

D. 及时记录下其他同学表现不良的情况

参考答案：A

参考解析：布置家庭作业指：要求服务对象按照认知行为治疗模式的要求，逐步完成社会工作者指定的任务，记录结果，以便从中找出错误认知，并进一步挑战和改变错误认知和错误的自我对话。

4. 小文自幼身体有残疾，成年后生活、工作屡遭挫折，他觉得自己一无是处，认为家人及周围的人都不喜欢自己，视自己为“寄生虫”，对其他人充满怨恨，生活态度悲观。社会工作者依据认知行为理论判断小文的困扰源于（　　）。（2015 年真题）

A. 小文对自己的知觉和评价　　B. 小文对他人的知觉和评价

C. 家人对小文的知觉和评价　　D. 周围人对小文的知觉和评价

E. 小文对自己所处物理环境的知觉和评价

参考答案：AB

参考解析：小文“觉得自己一无是处”，这是对自己的知觉和评价；“认为家人及周围的人都不喜欢自己”，是对他人的知觉和评价。因此，正确答案为 AB 选项。

考点二：认知行为理论在社会工作中的应用

【真题再现】

1. 王女士是一名乳腺癌早期患者，她觉得是因为自己“上辈子作了孽”，才被如此惩罚，性格变得越来越自卑和孤僻，不肯继续接受化疗，身体状况进一步恶化。她的主治医生请医务社会工作者小乔协助解决王女士的问题。小乔在与王女士几次沟通后，决定运用认知行为理论帮助她。下列介入措施中，体现小乔扮演教育者角色的是（　　）。（2018 年真题）

A. 与王女士探讨其思维方式，并讨论其认知错误

B. 帮助王女士运用科学知识进行反思、修正行为

C. 与王女士一起讨论确定行为修正的目标及策略

D. 协助王女士养成良好的习惯，调整自己的生活

参考答案：B

参考解析：本题考查认知行为理论。认知行为理论将认知用于行为修正上，强调认知在解决问题过程中的重要性，强调内在认知与外在环境之间的互动，认为外在的环境改变与内在的认知改变都会最终影响个人行为的改变，社会工作者在此过程中所担当的教育者角色至关重要。社会工作者在专业关系中有两个重要的角色，一个是教育者，另一个是陪伴者。作为教育者，社会工作者要训练服务对象运用认知行为理论与技巧来检验自己的认知训练，修正不当行为。作为伙伴，社会工作者要陪伴服务对象一起探讨其思维方式，讨论其认知错误，确定行为修正的目标与策略，并协助服务对象学习正确的行为，规划自己的生活方式。

2. 在一次面谈中，服务对象向社会工作者老宋抱怨，他妻子最近工作太忙，经常晚归，孩子也没有时间管，家务也没时间干。他感觉妻子越来越不爱这个家，吵了几次也没用，现在就想马上离婚。根据认知行为理论，老宋适宜的做法包括（　　）。（2016 年真题）

A. 鼓励服务对象探索自己具备的人格特点和优缺点

B. 鼓励服务对象改变夫妻交流方式并观察妻子的变化

C. 要求服务对象记录下每次与妻子吵架时自己的想法

D. 协助服务对象觉察“妻子不爱这个家”这一想法的非理性部分

E. 帮助服务对象反省儿时亲子互动经验对现在夫妻沟通方式的影响

参考答案：BCD

参考解析：A、E 两项属于心理社会模式的操作思路。B、C、D 三项则呈现认知行为理论与技巧，具体包括以下几个方面。（1）澄清内在沟通。协助服务对象觉察自己的想法及自我对话，了解在这些想法和对话背后所隐藏的错误的、非理性的认知。（2）向服务对象解释认知行为模式的运作方式，帮助服务对象学习运用 ABC 情绪理论治疗模式，解释前置事件与行为结果之间的关系，确认造成情绪问题的错误认知，协助服务对象改变错误认知，逐步学习正确的行为。（3）布置家庭作业。（4）帮助服务

对象实现经验学习。(5) 尝试使用逆向操作。逆向操作是让服务对象提前面对其所担心的行为或情境，让服务对象的焦虑提前发作，在提前体验焦虑情境的过程中澄清错误认知。(6) 运用动态思考和存在的深思。动态思考的前提是强调知识是客观的，思考的过程就是要经过反复思考和验证最终确认问题和解决问题的方法、途径。

第五节　系统理论和生态系统理论

【重要考点概览】

小节	主要考点	历年考查点
第五节　系统理论和生态系统理论	生态系统理论的观点及其应用	2015、2017、2019 年考查单项选择题
	生态系统理论在社会工作实务中的应用	2016、2020 年考查单项选择题

考点：生态系统理论的观点及应用

1. 生态系统理论的观点及其应用

系统理论始于全人或全貌的概念，核心观点在于它以整体的视角来看待人和社会，而不是将人和社会分割开来。社会工作者需要将服务对象放在一个有层次的系统之中，将服务对象与其所生活的环境作为一个完整的整体来看待，通过改变系统来实现个人需要的满足。该理论的基本假设是：人的问题不完全是个人原因导致的，社会环境因素也发挥着重要作用；对于问题的解决需要落实在个人及环境两个不同层面上；人与环境的关系始终处在变化中且人的问题也必须在系统中得以解决。

本部分包括两个理论即系统理论与生态系统理论，虽然内部有所区别，但是对于考生而言，这种区别并不需要刻意去记忆。二者完全可以合为一体理解，即以人与环境之间的密切互动相互影响来理解和定位即可。

【真题再现】

1. 学校社会工作者小林最近发现高三（3）班的小强学习成绩突然下降，且情绪低落、易怒，还多次与同学因小事发生争吵。小林通过多方走访了解到，小强的父母正在闹离婚。根据生态系统理论，小林适宜的做法是（　　）。(2019 年真题)

A. 鼓励小强正视现实并提升应对问题能力

B. 深入分析小强与父母及同学的互动关系

C. 引导小强正确看待父母想要离婚的事实

D. 将服务聚焦于小强个人学习能力的提升

参考答案：B

参考解析：生态系统理论的关键在于将服务对象放在一个有层次的系统之中，将服务对象与其所生活的环境作为一个完整的整体来看待，通过改变系统来实现个人需要的满足。

2. 某学校三年级班主任向驻校社会工作者反映，刚转学来的晓晨经常扰乱课堂秩序。社会工作者在与晓晨面谈时了解到，他之前一直和爷爷奶奶生活，在老家的学校表现优秀，一个月前才与城里工作的父母团聚。从生态系统理论出发，社会工作者对

晓晨行为问题的分析应侧重于（　　）。（2017 年真题）

A. 晓晨童年与父母分离经历所造成的心理影响

B. 晓晨刚到一个陌生的环境所产生的适应不良

C. 晓晨基于过往经验对自己表现有不合理期待

D. 晓晨在新的环境下改变自己不良行为的潜能

参考答案：B

参考解析：人类的社会环境是错综复杂的，每一种环境因素都在人的生活中发挥着或大或小的作用。生态系统理论为我们提供了认识和面对环境与人的关系的视角。生态系统理论的关键在于将服务对象放在一个有层次的系统之中，将服务对象与其所生活的环境作为一个完整的整体来看待，通过改变系统来实现个人需要的满足。生态系统理论认为人们遇到的许多问题不完全是由个人原因引起的，社会环境中的障碍是导致问题产生的重要因素。社会工作者为服务对象提供帮助的着眼点不能仅放在个人身上，还要从与之相关的不同系统的角度分析问题着手。故本题的正确答案为 B 选项。

3. 生态系统理论非常注重将服务对象置于生活环境中去解决问题。下列说法中，符合生态系统理论的是（　　）。（2015 年真题）

A. 个人问题的根源在于环境的压迫

B. 对个人而言宏观系统是恒定不变的

C. 个人能够与环境形成良好的调适关系

D. 个人对外在环境的错误理解是问题的根源

参考答案：C

参考解析：生态系统理论的主要观点之适应力指个人在与环境的交流过程中，个人与环境间相互影响和回应以达到最佳调和度。从生态观点看，适应良好是二者间成功互惠的结果，而适应不良则是个人的需求与环境所能提供的资源、社会支持之间无法匹配调和的结果。

2. 生态系统理论在社会工作实务中的应用

【真题再现】

1. 11 岁的男孩小杰是某儿童福利院的孤残儿童，患有轻微脑瘫。小杰 3 岁时，经评估后安排到家庭寄养。小杰现在一所小学读三年级，成绩中等。一天，寄养家庭父亲找到社会工作者，说小杰擅自拿了家里 1 000 元钱，希望社会工作者帮忙解决问题，社会工作者在与小杰建立信任关系后，开展了服务。下列社会工作干预措施中，体现“生态系统理论”视角的是（　　）。（2020 年真题）

A. 纠正不良行为，形成正确认知　　B. 输导个人情绪，恢复理性思考

C. 提高学习兴趣，发展个人潜能　　D. 调整家庭关系，营造健康环境

参考答案：D

参考解析：生态系统理论的关键在于将服务对象放在一个有层次的系统之中，将

服务对象与其所生活的环境作为一个完整的整体来看待，通过改变系统来实现个人需要的满足。

2. 小志10岁时，他的父母在一次车祸中去世。为便于照顾他，小志的爷爷奶奶将其带回老家抚养。由于爷爷奶奶年岁已高，平时与小志的沟通交流很少，加上小志性格内向，上初中后变得更加孤僻，不愿与同学交往，产生了辍学的念头，常常将自己关在房间里不理任何人。社会工作者依据生态系统理论为小志提供服务，最恰当的做法是（　　）。(2016年真题)

A. 协助小志重新规划自己的生活　　B. 协助小志建立良好的同学关系

C. 鼓励小志说出心中最真实的感受　　D. 帮助小志重新理解过去经历的意义

参考答案：B

参考解析：本题考查生态系统理论。生态系统理论强调人与周围环境之间的互动，故B选项正确。C选项属于人本主义理论。D选项属于存在主义理论。

第六节　人本主义和存在主义理论

【重要考点概览】

小节	主要考点	历年考查点
第六节　人本主义和存在主义理论	人本主义理论的基本观点及其应用	2015～2019年考查单项选择题
	存在主义理论的基本观点及其应用	2015、2016、2019、2020年考查单项选择题
		2017年考查多项选择题

考点一：人本主义理论的基本观点及其应用

人本主义是一个广泛的哲学范畴，承认人的价值和尊严，把人看作万物的尺度，注重“人的发现”，承认人的尊严、才能和自由。它相信人的理性，认为具有理性的人可以自主地选择行动。人本主义关注人类的理智能力，相信人有能力运用自己的理性控制自己的命运。人本观点不仅是人本取向社会工作的逻辑出发点，同时也成为社会工作专业的重要价值基础。换句话说，人本主义非常强调作为人的服务对象的权利、价值与尊严，而社会工作者基于对前者的重视，在实际服务过程中特别强调自身的价值观与职业伦理，从而确保服务对象的理性得以呈现。

人本主义的基本观点：人具有内在价值和能力、人们彼此负有责任，且人具有归属与被包容权、参与和被聆听权、自由表达权、质疑和挑战专业人员的权利，同时，成员之间有差异性。也就是说，如果人的如上权利得到保障，则人就能够获得充分理性，从而自主自由选择行动。社会工作者的目标就是在服务过程中，确保服务对象如上权利的获得。因此，人本主义理论在操作过程中特别强调对于社会工作价值观的呈现与应用。

【真题再现】

1. 社会工作者小可在小组工作中尊重组员之间的差别，注重每个组员的内在价值

和能力，鼓励他们自由表达，协助他们发挥各自的优势和能力。上述小可的做法依据的是（　　）。（2019 年真题）

A. 人本主义理论　　B. 增强权能理论

C. 生态系统理论　　D. 社会支持理论

参考答案：A

参考解析：人本主义理论在个案工作、小组工作中得到了广泛的应用，小组工作的基本价值是：（1）强调人的内在价值和能力；（2）在社会生活中，人们彼此负有责任；（3）个人具有归属与被包容的权利；（4）人们具有参与和被聆听的权利；（5）人们具有自由表达的权利；（6）群体成员之间是有差别的，每个人的差别都要得到尊重；（7）人们具有质疑和挑战专业人员的权利。本题中社会工作者小可的做法依据的正是人本主义理论。

2. 根据人本主义理论，社会工作者在小组工作中应（　　）。（2018 年真题）

A. 积极地确立社会工作者的专业权威地位

B. 建立奖惩制度以加强对组员行为的约束

C. 培育小组领袖以提升小组事务决策效率

D. 帮助所有组员能够充分表达自己的情感

参考答案：D

参考解析：本题考查人本主义理论的相关知识。人本主义社会工作实务的基本价值：一是强调人的内在价值和能力；二是在社会生活中，人们彼此负有责任；三是个人具有归属与被包容的权利；四是人们具有参与和被聆听的权利；五是人们具有自由表达的权利；六是群体成员之间是有差别的，每个人的差别都要得到尊重；七是人们具有质疑和挑战专业人员的权利。专业人员是小组的参与者而非最后的决定者。本题考查的是小组工作中的人本主义理论的呈现方式，因此不仅关注社工对于服务对象的态度与行为，还关注组内成员之间的相互支持与相互尊重。

3. 高一学生小明每次考试排名都在班级后几位，还不遵守班级纪律，经常逃学，受到老师批评。小明父母认为他一无是处，但又不知如何管教，为此向社会工作者小王求助。依据人本主义理论，小王恰当的做法是（　　）。（2017 年真题）

A. 对小明采取接纳态度，给予关心和尊重

B. 改变父母的消极看法，建立积极的态度

C. 改善小明的人际关系，加强与父母沟通

D. 增强小明的权能意识，提高自我控制力

参考答案：A

参考解析：人本主义强调人的内在价值和能力，强调每一个人都要受到尊重。尊重接纳的态度及相应的价值观是人本主义理论的重要组成部分。

4. 某中学的驻校社会工作者小赵，给高一新生开设成长小组，帮助他们了解、认识和探索自我，尽快适应高中学习生活，并激发自己的潜能，为实现梦想而努力。依据

人本主义理论，下列小赵的做法中，符合该理论基本价值的是（　　）。（2016 年真题）

A. 在小组活动中，强调学生之间的同质性

B. 在小组讨论时，保证社会工作者是最后的决定者

C. 在小组过程中，鼓励每位学生表达意见

D. 在小组过程中，强化每位学生对自己的责任

参考答案： C

参考解析： 本题考查人本主义社会工作实务的基本价值。人本主义社会工作实务的基本价值：（1）强调人的内在价值和能力，强调每一个人都要受到尊重，每一个小组成员都要协同社会工作者一起对每一个成员表现出关注；（2）在社会生活中，人们彼此负有责任；（3）个人具有归属与被包容的权利；（4）人们具有参与和被聆听的权利；（5）人们具有自由表达的权利；（6）群体成员之间是有差别的，每个人的差别都要得到尊重；（7）人们具有质疑和挑战专业人员的权利。

5. 社会工作者小王发现养老院内的一些老人情绪低落，觉得人老了没有用，什么都做不了，只能挨日子。为了改善这种现状，小王从尊重每位老人做起，通过入户探访、开办主题兴趣小组等方式，协助老人们体察到自己的内在价值与能力。小王的上述做法依据的理论是（　　）。（2015 年真题）

A. 精神分析理论　　　　B. 认知行为理论

C. 人本主义理论　　　　D. 增强权能理论

参考答案： C

参考解析： 本题考查人本主义理论在社会工作中的应用。人本主义理论强调人的内在价值和能力，强调每一个人都要受到尊重，每一个小组成员都要协同社会工作者一起对每一个成员表现出关注。根据本题情境，社会工作者“通过入户探访，开办主题兴趣小组等方式”，尊重每位老人，协助老人体察自己的内在价值与能力，是人本主义理论在个案工作和小组工作中的应用。故正确答案为 C 选项。

考点二： 存在主义理论的基本观点及其应用

人的自由表现在选择和行动两个方面。

第一，人只有通过自己所选择的行动，才能认识到自由，因为人的本质是由自己所选择的行动来决定的。人类能够通过个人的自由去创造或界定自我。

第二，人的自由不包括免除责任的自由。对于人来说，最重要的是认识选择的重要性，并按照自己的选择去行动和承担生活的责任。任何一个决定都可能在带来自由的同时，带来行为的后果，这种后果可能意味着痛苦乃至恐怖，但是人在享受选择的自由时必须面对自己选择的后果。

第三，社会工作者要关注服务对象的主观经验，致力于将负面的因素转化为积极的正面因素。

【真题再现】

1. 单亲妈妈郭女士独自抚养 15 岁的女儿。女儿的叛逆心理较为严重，越来越不听

她的话。最近郭女士又因为单位效益不好而失业，不知将来如何生活，失去了信心。为此，她向社会工作者小陶求助。依据存在主义理论，小陶恰当的做法是（　　）。（2020 年真题）

A. 引导郭女士正视生活困难，重新理解这段经历的意义

B. 建议郭女士忘却痛苦的经历，着眼未来开始新的生活

C. 协助郭女士分析困难的处境，评估其情绪和认知状态

D. 劝说郭女士树立生活的信心，把握机会重新建立家庭

参考答案：A

参考解析：存在主义社会工作强调个人生命的意义，强调个人的内在价值，认为包括个人痛苦的经历都是有意义的。

2. 根据存在主义理论，社会工作者应协助服务对象（　　）。（2019 年真题）

A. 发掘造成问题的潜意识　　B. 自主觉察非理性的思维方式

C. 协调人与环境间的关系　　D. 发现自身独特的意义和价值

参考答案：D

参考解析：存在主义理论从存在出发，分析人类存在的意义和价值，帮助服务对象发现和发挥自身独特的意义和价值。

3. 存在主义社会工作认为个人具有选择的自由。下列符合存在主义理论的是（　　）。（2019 年真题）

A. 人格基础是个人进行自由选择的前提条件

B. 个人能够选择的行动必然受限于社会规范

C. 个人选择的自由包括免除责任的自由

D. 个人选择的自由会带来更多不确定性

参考答案：D

参考解析：存在主义的核心是个人的存在，个人具有选择的自由。人的自由表现在选择和行动两个方面。只有通过自己所选择的行动，人才能认识到自由，因为人的本质是由自己所选择的行动来决定的。人类能够通过个人的自由去创造或界定自我，人格和社会结构是自由的人们选择的结果。因此，人也必须为自己的行为负责，即人的自由不包括免除责任的自由。存在主义认为，个人的自由首先表现在他认识到由于受传统文化和习俗的束缚而缺乏自由。在存在主义看来，任何一个决定都可能在带来自由的同时，带来更多的不确定性。这种不确定性可能意味着痛苦乃至恐怖的结果，因为所有这一切都是由人来承担的。

4. 侯女士是一位单亲妈妈，独自抚养患自闭症的女儿，因女儿患病常被邻居议论。最近侯女士的单位因效益不好而倒闭，母亲又查出患了肺癌，侯女士已对生活绝望，感到孤立无援，向社会工作者小杨求助。小杨了解情况后，决定根据存在主义理论为侯女士提供服务。下列小杨的服务中，符合该理论的有（　　）。（2017 年真题）

A. 告诉侯女士人生都要经历痛苦的事情

B. 帮助侯女士正视目前困难的生活现状

C. 让侯女士明白纠结痛苦经历没有意义

D. 在服务过程中多肯定侯女士的独特性

E. 让侯女士明白她可以不用在乎别人议论

参考答案：ABD

参考解析：存在主义理论在社会工作实务中的应用包括以下几个方面。一是觉醒，即个人意识的觉醒。二是痛苦是生命的一部分。三是选择的自由。存在主义强调个人的主观性和选择的自由，强调个人在主观上具有选择与改变的能力。四是对话的必要性。存在主义认为，人是无法独立生活的，个人必须通过他人的反映来彰显自己的意义，并根据这个意义来选择行动，个人的成长就是在他与别人的互动过程中实现的。五是实行。实行是指在社会工作治疗过程中，社会工作者如果希望服务对象能够肯定他自己的独特性，就必须通过社会工作者对服务对象的肯定来实现。C、E两项说法都是错误的。

5. 张女士经营多年的企业需要转产，她对企业发展方向感到难以抉择，压力骤增，因此向社会工作者老周求助。老周与张女士一起回顾了她的创业历程，帮助她意识到自己内心深处对新机遇、新挑战是有准备的，也理解了只有积极应对新变化才能提高自身生命的意义。上述老周做法的依据是（　　）。(2016年真题)

A. 女性主义理论　　　　B. 精神分析理论

C. 生态系统理论　　　　D. 存在主义理论

参考答案：D

参考解析：本题考查存在主义理论在社会工作实务中的应用。存在主义社会工作强调个人生命的意义，强调个人的内在价值，认为包括个人痛苦的经历都是有意义的。

6. 小李克服家庭经济困难考上了大学。最近父亲突然病故，母亲又重病住院，他感到压力巨大，对生活失去了信心。学校社会工作者依据存在主义理论为小李开展服务，其恰当的做法是（　　）。(2015年真题)

A. 向小李传授应对压力的技巧

B. 动员志愿者为小李提供感情慰藉服务

C. 启发小李察觉到当前压力来自环境而非个人

D. 引导小李认识到应对压力的经历对人生具有积极意义

参考答案：D

参考解析：存在主义取向的社会工作临床治疗者强调，不应预先设定服务对象应该如何生活，应该肯定服务对象有独特的生活方式，有选择的能力与自由，而社会工作者只是起到协助的作用，协助服务对象肯定自己的本质。存在主义社会工作强调个人生命的意义，强调个人的内在价值，认为包括个人痛苦的经历都是有意义的。故正确答案为D选项。

第七节　增强权能理论

【重要考点概览】

小节	主要考点	历年考查点
第七节　增强权能理论	增强权能理论的基本观点	2017、2018、2020 年考查单项选择题
		2019 年考查多项选择题
	增强权能理论在社会工作中的应用	2015 年考查单项选择题
		2018、2020 年考查多项选择题

考点一：增强权能理论的基本观点

社会工作的服务对象大多是社会中权能最弱的人群，他们所拥有的资源与调动资源的能力是最低的，他们所拥有的对于生活的掌控感也是最弱的。而这种无权能感的诱因并非他们自身的缺陷，很多时候是社会中的强势力量的压迫使他们形成了无力感、无助感、疏离感和失去自控感。增强权能理论强调的是社会工作者要帮助处于特殊地位的个人和群体增强他们的权能。

无掌控或者无权能的诱因主要包括三方面：一是受压迫团体的自我负向评价；二是受压迫群体与外在环境互动过程中形成的负面经验；三是宏观环境的障碍使他们难以有效地在社会中行动。

增强权能或者掌控的介入点也主要存在三个层面：一是个人层面，包括使个人感觉有能力去影响或解决问题，增强人的自我掌控感与权能感；二是人际层面，指的是个人和他人成功合作促成问题解决的经验，以实际互动强化自我掌控感与权能感；三是环境层次，指能够改变那些不利于个人权能发展的制度安排，这是制度或者政策倡导及现实改变带来的结果。这三个层面的介入刚好针对诱因的三个层面。

【真题再现】

1. 为响应党中央坚决打赢脱贫攻坚战的号召，民政部启动社会工作服务机构“牵手计划”。某社会工作服务机构派遣社会工作者小李深入贫困山区，协助当地社会工作服务机构参与脱贫攻坚工作。在服务过程中，小李发现由于村民对社会工作缺乏了解，使得当地社会工作者要花费较长时间才能建立信任关系。为此，小李决定从环境层面为当地的社会工作者进行增能，其恰当的做法是（　　）。（2020 年真题）

A. 通过开展成长小组提高当地社会工作者的直接服务能力

B. 帮助当地社会工作者制定专业能力提升计划并开展实践

C. 鼓励当地社会工作者加强自我学习，提高专业能力素养

D. 协助当地社会工作者展示服务成效，呼吁社会广泛关注

参考答案： D

参考解析： 增强权能一般发生在三个层次上：一是个人层次，包括个人感觉有能力去影响或解决问题；二是人际层次，指的是个人与他人合作促成问题解决的经验；

三是环境层次，指能够改变那些不利于个人权能发展的制度安排。

2. 社会工作者小卫运用增能理论为罕见病病友提供服务，下列做法中，符合环境层次增能的有（　　）。（2019 年真题）

A. 帮助罕见病病友向基金会申请相关医疗补助

B. 协助病友向医保局建议将治疗用药纳入医保

C. 组织病友及其家庭成员们参加减压互助小组

D. 帮助病友从自身经历中获得应对困境的能力

E. 邀请病友参加“世界罕见病日”的宣传活动

参考答案： BE

参考解析： 环境层次的增能是指能够改变那些不利于个人权能发展的制度安排。增能理论有三个介入层面，分别是微观（个人层面）、中观（人际互动层面）及宏观层面（政策与制度、环境等层面）。

3. 某社会工作服务机构从增强权能理论视角出发，为家庭暴力受害妇女提供服务。该机构通过内部评估认为，有必要进一步增强服务对象对社会环境的影响。下列做法中，有助于实现该目标的是（　　）。（2018 年真题）

A. 为受害妇女提供临时庇护服务

B. 鼓励受害妇女积极呼吁社会关注

C. 为受害妇女开展意识提升小组

D. 促使受害妇女有能力离开施暴者

参考答案： B

参考解析： 本题考查增强权能理论。对于家庭暴力，社会工作者要帮助服务对象建立自信和自我控制能力。社会工作者一方面要采取措施控制其丈夫的施暴行为，另一方面要帮助服务对象认识自己在生活中的能力和长处。在环境层次上，能够改变那些不利于个人权能发展的制度安排。鼓励受害妇女积极呼吁社会关注，促进周围人增加对受害妇女的理解。

4. 社会工作者小魏举办了一个关爱残障人士的小组，主要目标是促进残障人士的社区融合。在小组中，很多组员都谈到因身体残疾而被别人歧视的经历；组员也认为自己不能与健全的人相比，被人看不起也无能为力。小魏了解情况后，准备依据增强权能理论帮助组员解决这一问题。下列服务中，符合增强权能理论的服务原则的是（　　）。（2017 年真题）

A. 尽可能让组员相信小魏可以提升他们的能力

B. 在分析组员所处的不利环境时采取个体视角

C. 建议组员在各自家庭中采取促进改变的行动

D. 帮助组员链接所需资源，促进他们平等参与

参考答案： D

参考解析： A 选项本身表述不正确，应让组员相信自己有能力改变；B 选项增能是

一个系统层面的增能，所以需要采用的是整体视角而非个体视角。C选项增能可以在家庭层面进行，但是本题所针对的是社会层面的增能，即形成集体，参与社会行动。所以正确答案为D选项。

考点二：增强权能理论在社会工作中的应用

增强权能理论的服务原则：一是所有压迫对于人们的生活都是破坏性的，社会工作者和服务对象应该挑战环境的压迫；二是社会工作者应该对压迫的环境采用整体视角；三是人们自己要增强自己的权能，社会工作者只是协助者；四是推动具有共同基础的人们相互增加权能；五是社会工作者与服务对象之间应建立互惠关系；六是社会工作者鼓励服务对象以自己的语言进行表达；七是社会工作者应该坚信人是胜利者而非受害者；八是社会工作者应该聚焦于社会持续不断的变迁；九是社会工作者与服务对象是一种双向合作关系；十是干预可以分为三个层面。第一，社会工作者与服务对象建立合作关系，满足服务对象眼前的需要，链接服务对象所需的资源、开始促进意识觉醒、寻找和申请资源；第二，教授技巧和知识，并评估服务对象的权能动态机制，包括各类小组或团体的活动；第三，集体行动，旨在形成集体、参与倡导或进行社会行动。增强权能理论主张集体行动，主张挑战环境的压迫。

【真题再现】

1. 某社会工作服务机构正在策划夏令营的系列活动。社会工作者小梅在了解营员的需求时发现，有些孩子有被家长打骂的经历。她决定依据增强权能理论，开展儿童权利保护的服务，其恰当的做法有（　　）。(2020年真题)

A. 倡导儿童学会运用媒体资源，对外曝光家长的行为

B. 协助儿童排演宣传儿童权利的小品，邀请家长观看

C. 协助儿童联系紧急状态时的求助方法，以保护自己

D. 帮助儿童认识到自己被打骂是因为犯了错，应该改正

E. 组织儿童学习《未成年人保护法》，认识到自己的权利

参考答案：BCE

参考解析：增强权能是指增强人的权利和能力。增强权能取向的社会工作认为，个人需求不足和问题的出现是环境对个人的压迫造成的，社会工作者为受助人提供帮助时应该着重于增强服务对象的权能，以对抗外在环境和优势群体的压迫。

2. 社会工作者小青在社区中开设了一个关爱外来媳妇小组，旨在促进社区外来媳妇之间的互相交流，增进她们对生活环境的适应及融入。小组中，一些组员谈到因地域文化差异，参与社区事务方面的机会较少，也缺乏表达合理诉求的渠道和能力，甚至被部分当地人看不起，这让她们很无奈。依据增强权能理论的服务原则，小青恰当的做法有（　　）。(2018年真题)

A. 建议组员在各自家庭中采取促进改变的行动

B. 帮助组员链接资源并促进她们积极面对现实

C. 采取整体视角分析组员所处社区环境及障碍

D. 让组员相信只有接受现状才能适应融入环境

E. 协助组员熟悉当地经济文化并寻找参与机会

参考答案：BCE

参考解析：本题考查增强权能理论的服务原则。A选项退回家庭及个体层面进行增能，而没有立足社区，进行社区整体环境与文化的融入。D选项表达不妥，接受现状本身其实就与增能相互违背。

3. 小赵长期遭受家庭暴力，认为自己没本事，只能嫁鸡随鸡，被虐待是自己命不好。如果依据增强权能理论在个人层面开展服务，社会工作者恰当的做法是（　　）。（2015年真题）

A. 着重从小赵儿童期的经历来分析其宿命论的根源

B. 引导小赵与丈夫一起更好地掌握夫妻良性互动的技巧

C. 协助小赵消除无力感并相信自己有解决问题的能力

D. 尊重小赵的看法并引导其重新理解过去经历的积极意义

参考答案：C

参考解析：在家庭暴力中，服务对象所遇到的问题常常就是权能被压制，个人产生无权感。一些受到家庭暴力折磨的妇女，由于长期受到丈夫的虐待，已经失去了反抗的力量。在社会工作者看来，这些妇女并非没有权能，而是生活环境的限制使她的个人权能被压制了，甚至她自己也认为自己无力反抗丈夫的暴力。社会工作者以增强权能的观点来帮助服务对象建立自信和自我控制能力，使其认识到自己是有能力的。社会工作者应当一方面采取措施控制她丈夫的暴力行为；另一方面帮助服务对象发现自己在过去生活中所表现出来的长处，让她认识到自己是有能力的，消除她的无力感，以帮助她逐渐走出家庭暴力的阴影。

【考点详解】

第八节　社会支持理论

【重要考点概览】

小节	主要考点	历年考查点
第八节　社会支持理论	社会支持理论的基本观点及其应用	2016年考查单项选择题

考点：社会支持理论的基本观点及其应用

社会支持是由社区、社会网络和亲密伙伴所提供的感知的和实际的工具性或表达性支持。工具性支持主要包括：协助、有形支持与解决问题的行动等，如提供信息、提供服务；表达性支持包括心理、情绪、自尊、情感等方面支持，如情绪疏导与陪伴及鼓励。

每一个人的社会支持网络的健全程度直接影响了其社会功能的履行状况，因为社会支持网络反映的是个人与其生活环境中各系统的关系状态。因此，社会支持网络不仅是一个有效的工作手段，同时也是社会工作者的工作对象。社会工作者在介入服务对象时，首先要对其社会支持网络做出必要的评估，确定原有的社会支持网络的功能履行状况，以及社会工作者如何帮助其建构或者补充那些新的网络联结。

【真题再现】

根据社会支持理论，社会工作者在实践中应该（　　）。（2016 年真题）

A. 鼓励服务对象聚焦于自身的不足并向其输入希望

B. 鼓励服务对象在人际互动中学习解决问题的经验

C. 协助服务对象明确社会工作者是解决问题的主体

D. 协助服务对象认识到社会工作者是其改变的媒介

参考答案：B

参考解析：社会支持理论认为社会工作服务作为一种正式的社会支持网络，应发挥两个作用：一是以其所掌握的资源直接为服务对象提供帮助，以满足当前比较紧迫的需要；二是帮助服务对象补充和扩展非正式社会支持网络，帮助其提高建立和利用社会支持网络的能力。索罗门从增强权能的理论出发，提出要从以下几方面帮助服务对象提高权能：一是协助服务对象确认自己是改变自己的媒介；二是协助服务对象了解社会工作人员的知识和技巧是可以分享和运用的；三是协助服务对象认识到社会工作者只是帮助其解决问题的伙伴，服务对象自己才是解决问题的主体；四是协助服务对象明确无力感是可以改变的。故 C 选项、D 选项错误。A 选项可以直接排除，社工在服务的过程中强调聚焦于服务对象的优势。

【考点详解】

第九节　优势视角理论

【重要考点概览】

小节	主要考点	历年考查点
第九节　优势视角理论	优势视角理论	尚未考查

考点：优势视角理论

主流社会工作理论流派把目光聚焦于人们的问题及需要，把需要帮助的人群标签化，认为他们是有问题且病态的。优势视角则致力于批判传统的问题视角和缺陷模式，拒绝孤立或专注地集中于问题，而是看到服务对象的内在潜力和可能性，在创伤、痛苦和困境中帮助服务对象寻找希望并将希望转化为行动，最终走出困境。即相信每一个人都有潜力与资源，都有优势与发展的可能，能够寻找到力量，从而解决问题。

优势视角的主要概念包括：优势、抗逆力、成员资格、治愈与整合、增强权能、对话与合作、悬置怀疑（放下专业权威、放下社工价值判断、悬置起所有的专业诊断而以全面的信任平等与尊重开始）。

抗逆力（身陷明显的特定压力和困境中也不会退缩，不会表现出不良的行为品质）与寻解治疗等理论也为优势视角社会工作提供了支持。

【模拟题】

1. 刘某在某国企工作十多年，近期被迫下岗，家庭收入急剧减少，刘某的情绪很低落。为帮助其重新振作，社会工作者的下列回应属于优势视角的是（　　）。

A. 想开点，别着急，再找新工作

B. 单位这么多人下岗，先看看别人怎么办

C. 你若早点准备，提高自己的能力，可能不会下岗

D. 下岗也可能是你的机会，以你的能力，会有更好的发展

参考答案：D

参考解析：优势视角理论的社会工作实务要求社会工作者不是孤立或专注地集中于问题，而是看到服务对象的内在潜力和可能性。在创伤、痛苦和困境中帮助服务对象寻找希望并将希望转化为行动，最终走出困境。D选项，社会工作者看到刘某的内在潜力和可能性，帮助他寻找希望，属于优势视角。

2. 在权威意识的唆使下，社会工作者会不自觉地将自己的理论、价值观强加给服务对象，以特定的诊断语言或以疑问的方式进行评估，怀疑服务对象的诉说和判断。优势视角要求社会工作者应该做到（　　），从而真正从信任服务对象的角度出发去建构专业关系。

A. 悬置怀疑　　B. 鼓励支持　　C. 增强权能　　D. 完全信任

参考答案：A

参考解析：本题考查优势视角的主要概念中的悬置怀疑。专业人士总是以不同的方式表现自己的专业权威，这就常常将服务对象置于不合作、不友好的位置。在权威意识的唆使下，社会工作者会不自觉地将自己的理论、价值观强加给服务对象，以特定的诊断语言或以疑问的方式进行评估，怀疑服务对象的诉说和判断，以一种父爱主义的姿态关怀服务对象。这都是社会工作者对服务对象的怀疑。优势视角社会工作要求社会工作者悬置这样的怀疑，真正从信任服务对象的角度出发去建构专业关系。

【考点详解】

第十节　发展性社会工作

【重要考点概览】

小节	主要考点	历年考查点
第十节　发展性社会工作	发展性社会工作	尚未考查

考点：发展性社会工作

发展性社会工作强调从社会发展的视角来理解个人的成长，尝试将个人的成长与

环境的改变结合起来，从而形成一种能将微观社会工作服务与宏观社会工作连接成一体的整体视角。同时关注微观服务与宏观社会环境改善是本理论的特点，而参与即特定人群或者个体的参与是连接个人成长与宏观社会改变的关键。

【模拟题】

以社会活动理论为指导，倡导为社区老人创造积极参与社区活动的环境和条件，在为社区老人提供服务的同时，强调老年人对社区的参与，强调老年人作为积极贡献者的社会角色；以老人服务为切入点，同时实现老人能力与社会能力的提升。如上服务工作的指导理论是（　　）

A. 优势视角　　　　B. 增强权能理论

C. 社会支持理论　　　　D. 发展性社会工作

参考答案：D

参考解析：只有发展性社会工作强调将个人成长与社会环境的改变相互结合，并能够实现微观的具体人群的专业服务与宏观的社会环境改善的连接与整体化，而社会参与是推动具体人群与宏观环境的关键。

【本章小结】

本章具体介绍了精神分析理论、认知行为理论、心理社会治疗模式、生态系统理论、人本主义和存在主义理论、增强权能理论、社会支持理论、优势视角和发展性社会工作的主要观点，说明了这些理论对社会工作的支持、借鉴意义和以这些理论为取向的社会工作的实务原则。有了这些理论的支持与指导，社会工作的具体操作过程就不仅知其然，更知其所以然，从而为社会工作者提供强大的理论支持与指引。

本章是全书重点与难点，其在全书框架中的定位主要是为社会工作的直接操作手法提供理论支持，因此本章总体而言较为理论化、系统化。对于考生而言，本章理解与掌握的难度都比较大。

扫码听课

第五章　个案工作方法

【本章导学】

本章主要介绍个案工作的含义、模式、过程与技巧。个案工作是指以单个个人或者家庭为服务对象，对其所开展的各种专业的帮助活动。其具体的工作模式经过不断发展，也日益丰富，主要包括：心理社会模式、认知行为模式、理性情绪模式、任务中心模式、危机介入模式及人本治疗模式和家庭治疗模式等。伴随着后现代主义思潮的发展，更多的理论流派的出现也必将继续丰富个案工作的工作模式。这些模式相互渗透、相互支持又相互区别，共同丰富完善了对于服务对象的理解及介入的思路。个案工作具体工作过程包括申请与接案、预估与问题分析、制订计划、开展服务、链接社会资源与协调服务、评估与接案等六个不同的阶段。每一个阶段都有特定的任务与工作重点。同时，每一个阶段也有其独特的技巧，如会谈的技巧、收集资料的技巧等。最后必须予以注意的是个案管理，其实质是复杂及系统个案的综合呈现，使得社工在直接服务的同时，更需要承载起管理者及资源链接者的角色。因此，个案管理、个案的区别与联系需要考生重点关注。

【历年题量/分值分布】

	2015 年	2016 年	2017 年	2018 年	2019 年	2020 年
单项选择题	6 道	7 道	6 道	6 道	6 道	7 道
多项选择题	2 道	2 道	2 道	2 道	2 道	2 道
合计分值	10 分	11 分	10 分	10 分	10 分	11 分

注：单项选择题每题 1 分，多项选择题每题 2 分（错选，本题不得分；少选，所选每个选项得 0.5 分）。

【本章知识概览】

小节	考点	备考指数
第一节　个案工作的基本概念	基本概念	★
	个案工作的本质	★
第二节　个案工作的主要模式	心理社会治疗模式的内容及特点	★★★
	认知行为治疗模式的内容及特点	★★★★★
	理性情绪治疗模式的内容及特点	★★★★★
	任务中心模式的内容及特点	★★★
	危机介入模式的内容及特点	★★★★
	人本治疗模式的内容及特点	★★★★★
	家庭治疗模式的内容及特点	★★★★

续表

小节	考点	备考指数
第三节　个案工作各阶段的工作要求	申请与接案	★★★
	预估与问题分析	★★
	制订计划	★★
	开展服务	★★
	链接资源与协调服务	★★
	评估与结案	★★★★
第四节　个案工作的常用技巧	会谈	★★★★★
	记录	★
	收集资料	★
	策划方案	★
	评估	★★★
第五节　个案管理	个案管理的含义和特点	★★★★★
	个案管理中社会工作者的角色	★★★★★
	个案管理的实施原则	★★
	个案管理的实施过程	★★

【考点详解】

第一节　个案工作的基本概念

【重要考点概览】

小节	主要考点	历年考查点
第一节　个案工作的基本概念	基本概念	尚未考查
	个案工作的本质	尚未考查

考点：个案工作的基本概念

1. 基本概念

个案工作的基本要素是对感受困难的单个个人或者家庭采用个别化的工作方式，促进服务对象个人与周围环境或者他人之间关系的更加和谐。或者说，个案工作是指运用专业的知识、方法和技巧，通过专业工作，帮助遭遇困难的单个个人或者家庭发掘和运用自身的能力及其周围的资源，改善个人与社会环境之间的适应状况。

2. 个案工作的本质

个案工作的本质就是协调服务对象与社会环境之间的适应状况，恢复和增强个人或者家庭的社会功能。具体包括两个方面。（1）社会功能的恢复：帮助服务对象增强自身的能力、提高与社会环境之间的适应水平、恢复社会所要求的功能，是个案工作的首要任务。这种能力主要包括三个方面，个人或者家庭处理困境的能力；个人或者家庭的社会环境适应性能力；个人或者家庭与社会环境相互促进能力。（2）社会功能的增强：对个人或者家庭自身能力的关注；个人或者家庭运用周围环境资源能力的提高；个人或者家庭解决问题和问题预防能力的提高。

第二节　个案工作的主要模式

【重要考点概览】

<table>
<tr><th>小节</th><th>主要考点</th><th>历年考查点</th></tr>
<tr><td rowspan="12">第二节　个案工作的主要模式</td><td>心理社会治疗模式的内容及特点</td><td>2015、2016、2019 年考查单项选择题</td></tr>
<tr><td>认知行为治疗模式的内容及特点</td><td>2015、2020 年考查单项选择题</td></tr>
<tr><td rowspan="2">理性情绪治疗模式的内容及特点</td><td>2015、2017～2019 年考查单项选择题</td></tr>
<tr><td>2016 年考查多项选择题</td></tr>
<tr><td rowspan="2">任务中心模式的内容及特点</td><td>2017、2018 年考查单项选择题</td></tr>
<tr><td>2015、2020 年考查多项选择题</td></tr>
<tr><td rowspan="2">危机介入模式的内容及特点</td><td>2016、2019～2020 年考查单项选择题</td></tr>
<tr><td>2017 年考查多项选择题</td></tr>
<tr><td>人本治疗模式的内容及特点</td><td>2016、2019 年考查单项选择题</td></tr>
<tr><td rowspan="2">家庭治疗模式的内容及特点</td><td>2015～2017、2019、2020 年考查单项选择题</td></tr>
<tr><td>2015 年考查多项选择题</td></tr>
</table>

考点一：心理社会治理模式

心理社会治疗模式立基于“人在情境中”，即将个人与环境之间的关系作为关注焦点，要求社会工作者既需要深入个人的内心，了解案主的感受、想法和需求，还需要仔细观察周围环境对案主的影响，分析个人适应环境的具体过程。本模式认为，人与环境之间的互动是问题产生的诱因，同时也是解决问题的途径。

心理社会治疗模式包括直接治疗技巧和间接治疗技巧两大类。直接治疗技巧，指直接对服务对象进行辅导、治疗的具体方法。具体分为非反思性直接治疗技巧（探索—描述—宣泄、直接影响、支持）和反思性直接治疗技巧（人格发展反思、现实情况反思、心理动力反思）。间接治疗技巧是指通过辅导第三者或者改善环境间接影响服务对象的具体技巧。

同时，心理社会治疗模式运用综合的诊断方式确定服务对象问题的原因，包括心理动态诊断（评估人格各部分的互动）、缘由诊断（分析问题的产生和变化）和分类诊断（判断生理、心理和社会方面的影响因素）。

心理社会治疗模式的治疗技巧

治疗技巧	直接治疗	非反思性直接治疗技巧：不关注是否反映服务对象内心的想法和感受。 （1）支持：了解、接纳、同感等。 （2）直接影响：社工直接表达态度、意见、不同看法、直接指出不良后果。 （3）探索—描述—宣泄：提供情绪宣泄机会，减轻内心冲突，改善不良行为。 反思性直接治疗技巧：关注服务对象内心的感受和想法。 （1）现实情况反思：帮助服务对象理解所处的实际状况。 （2）心理动力反思：协助服务对象分析内心反应方式，如情绪反应方式、认识事情的方式和动机的模式等。 （3）人格发展反思：帮助服务对象重新认识和评价自己以往的经历、调整人格的技巧，如了解成长过程中的重要影响事件、周围人对自己的影响等
	间接治疗	通过改善周围环境或者辅导第三方来影响服务对象

【真题再现】

1. 服务对象："我受不了父母对我的态度，真想离家出走，一走了之。如果父母知道一定会急疯的……"社会工作者："你能考虑到父母的心情，也知道自己的行为，说明你不想用这种不辞而别的方式伤害他们……"根据心理社会治疗模式，社会工作者运用的技巧是（　　）。（2019 年真题）

A. 心理动力反思　　B. 间接影响

C. 探索—描述—宣泄　　D. 直接影响

参考答案： A

参考解析： 心理动力反思是指社会工作者协助服务对象正确了解和分析自己内心的反应方式的技巧，如协助服务对象了解自己的情绪反应方式、认识事情的方式和动机的模式等。

2. 刘女士因生活压力大，前来向社会工作者求助。社会工作者小王在认真分析刘女士的情况后，既重视解决她的心理问题，也注重去改善导致压力问题的社会环境因素。小王的上述做法依据的是（　　）。（2016 年真题）

A. 萨提亚家庭治疗模式　　B. 心理社会治疗模式

C. 认知行为治疗模式　　D. 任务中心治疗模式

参考答案： B

参考解析： 本题考查心理社会治疗模式。心理社会治疗模式的理论始终围绕一个核心：心理因素和社会因素之间的关联，包括内部的心理、外部的环境以及二者之间的相互影响三个方面。

3. 小冯性格内向，结婚后与公婆在一起居住，经常与婆婆发生冲突。为此，她很烦恼，感到心理压力很大。社会工作者小刘运用心理社会治疗模式对小冯问题的产生时间、重要影响事件进行评估分析。小刘所做的评估是（　　）。（2015 年真题）

A. 分类诊断　　B. 心理动态诊断

C. 缘由诊断　　D. 非理性信念诊断

参考答案：C

参考解析：心理社会治疗模式的诊断包括心理动态诊断、缘由诊断和分类诊断。缘由诊断是对服务对象困扰产生、变化的过程进行分析。如服务对象的困扰是什么时候产生的、有什么重要的影响事件、在服务对象的成长过程中有什么样的变化等，是对服务对象个人历史的考察。

4. 社会工作者小王对服务对象说："我知道您经历这些事情挺不容易的。但是，用喝酒来发泄情绪对自己身体不好，也增加家里负担，您还是把酒戒了吧。"小王的上述回应中体现的服务技巧是（　　）。（2015 年真题）

A. 直接影响　　　　B. 非理性信念辩论

C. 集中焦点　　　　D. 现实情况反思

参考答案：A

参考解析：本题考查心理社会治疗模式的治疗技巧。社会工作者通过直接表达自己的态度和意见促使服务对象发生改变，即直接影响。社会工作者直接表达自己不同的看法，直接指出服务对象的某种行为可能带来的不良后果等，都属于直接影响的技巧。

考点二：认知行为治疗模式

认知行为治疗模式是将认知治疗和行为治疗原理结合起来，以人的认知和行为作为关注焦点的治疗模式。它包含两项基本原则：认知对情绪和行为有重要的影响；人的行动能够影响人的思维方式和情绪。

该模式假设人们在日常生活中就要对日常发生的事件进行评估，这样的评估就会影响人们的情绪和行为，而行为又会反过来影响人们的认知和情绪。因此要改变人们的情绪，就必须清晰其评估或者认知过程与结果，只有改变评估或者认知，才能改变人们的情绪或者行为。

该模式的具体步骤或者技巧主要包括：个案概念化、合作式的治疗关系、苏格拉底式的提问、结构化和心理教育、认知重塑等环节。

【真题再现】

1. 15 岁的小宗沉迷于网络游戏不能自拔，即使面临中考也无心学习，他觉得自己玩网络游戏天下无敌，以后可以参加比赛赢大额奖金，用不着好好学习，为小宗提供服务的社会工作者小李也是网络游戏高手，他主动约小宗一起打了几回网络游戏。小宗多次输给小李，感到很挫败，觉得自己再也不是天下无敌了。从认知行为治疗模式的角度看，上述小李的服务应用的技巧是（　　）。（2020 年真题）

A. 认知重塑　　　　B. 合作式的治疗关系

C. 个案概念化　　　　D. 结构化和情绪控制

参考答案：A

参考解析：本题考查认知重塑。认知重塑即通过认知中错误的辨认，理性选择方式的列举以及认知排演等方法，帮助服务对象认识和改变无效的自动念头和图式，加强服务对象的理性认知的能力。故正确答案为 A 选项。

2. 高三学生小潼出现焦虑、失眠，学习效率下降等问题。社会工作者小刘经过初步评估，首先运用放松练习的技术，减轻小潼的心理焦虑。小刘在上述服务中扮演的专业角色主要是（　　）。(2015 年真题)

A. 教育者　　　B. 治疗者　　　C. 使能者　　　D. 协调者

参考答案：B

参考解析：本题是对社会工作者角色和认知行为治疗模式的综合考查。"教育者"关注服务对象新知识和新技能的学习。"使能者"注重服务对象自身潜能的挖掘。"协调者"是促进服务对象与周围他人关系的良性运行。而"治疗者"则旨在消除或减轻服务对象的心理或行为方面的问题，如社会工作者运用行为学习的技巧帮助服务对象克服不适应的行为，或者运用放松练习的技术减轻服务对象的心理焦虑等。根据题意，正确答案为 B 选项。

3. 小刘是一位七岁孩子的母亲，她总对自己不满意，希望今后孩子比自己优秀，却又不知道如何与孩子沟通，这让她感到非常焦虑。社会工作者根据多次会谈收集的信息，为小刘的个案服务方案制定了下列服务目标：①降低小刘对孩子的过高期待；②改变小刘的自动化思考模式；③强化亲子沟通能力；④增强小刘的自控能力。根据上述服务目标，社会工作者最有可能采用的服务模式是（　　）。(2019 年真题)

A. 认知行为模式　　　B. 心理社会模式

C. 任务中心模式　　　D. 精神分析模式

参考答案：A

参考解析：本题考查认知行为治疗模式。认知行为治疗模式是将认知治疗与行为治疗原理结合的一种治疗模式。该模式认为，认知影响人的情绪和行为，而人的行为又影响着人的思维方式和情绪，因此针对服务对象的问题，主要从认知、行为和情绪三个方面同时采取干预措施。降低过高期待、改变自动化思维、强化亲子沟通能力、增强自控能力等，体现了认知和行为方面的干预，A 项当选。

考点三：理性情绪治疗模式

该理论模式针对服务对象的认知、情绪和行为都是由引发事件直接导致的这一观点提出否定，认为：服务对象的认知、情绪和行为的反应不是完全受引发事件导致的，而是受服务对象的信念的影响。这种信念因为诱发不良生活方式，而被称之为非理性信念，主要包括绝对化、普遍化、抽象化等。

该模式的使用过程包括两个环节：非理性信念的检查和辩论。其目的是呈现非理性信念并对之进行质疑与否定，从而以新的理性信念替代。

非理性信念的检查技巧：对服务对象情绪、行为困扰背后的非理性信念的原因进行探寻和识别的具体方法，主要包括反映感受、角色扮演、冒险、识别。

非理性信念的辩论技巧：对产生服务对象情绪、行为困扰的非理性信念进行质疑和辨析，主要包括辩论、理性功课、放弃自我评价、自我表露、示范、替代性选择、去灾难化及想象等。

【真题再现】

1. 艾利斯提出的理性情绪治疗模式的核心是 ABC 理论。其中，A 是环境中的引发事件；B 代表信念，是对事件的认识和评价；C 是情绪和行为结果。关于该理论的说法，正确的是（　　）。(2018 年真题)

A. C 是由 B 决定的，不会受到周围环境的影响

B. 如果 B 是理性的，会导致失控的情绪与行为

C. 事件直接引发情绪，对事件的想法并不重要

D. ABC 模式多用于分析心理失调的机制和原因

参考答案：D

参考解析：本题考查艾利斯的 ABC 理论。艾利斯的 ABC 理论对人的心理失调的原因和机制进行了深入分析。通常认为，诱发性事件 A 只是引起情绪及行为反应 C 的间接原因，而人们对诱发性事件所持的信念、看法、解释 B 才是引起人的情绪及行为反应 C 的更直接的原因。理性情绪治疗模式指出，服务对象的认知、情绪、行为的反应都受到服务对象信念的影响。

2. 林老伯身体一直很好，突发脑梗后生活无法自理，靠老伴和子女照顾。为此，林老伯一直心情郁闷，认为自己成了家里的累赘，不如死掉算了。如果运用理性情绪治疗模式进行分析，林老伯的非理性信念是（　　）。(2017 年真题)

A. 自己身体应该永远健康　　　　B. 不想麻烦别人照顾自己

C. 不希望自己拖累了家庭　　　　D. 生老病死是无法抗拒的

参考答案：A

参考解析：所谓非理性信念是指那些把特定场景中的经验绝对、普遍、抽象化之后与实际情况不符的想法和观点。题中林老伯自从生活无法自理后，心情郁闷，认为自己成了家里的累赘，其非理性的信念就表现为自己身体应该永远健康，自己不应该生病。

3. 服务对象小李最近有几件小事不顺，他认为自己是个“笨人”，这种想法极大地影响了他正常的生活，为了调整他的这种不正确信念，社会工作者决定采用理性情绪治疗模式为他提供服务，具体措施应有（　　）。(2016 年真题)

A. 帮助小李认识到生活中的不如意事件不是引起他困扰的主要因素

B. 帮助小李认识到类似“笨人”这样的想法是导致困扰的主要原因

C. 帮助小李认识到只要他不再认为自己是“笨人”就会有明显改善

D. 帮助小李认识到生活中应用正确的信念来疏导情绪和指导行为

E. 帮助小李认识到必须在生活中运用理性思考方式带动行为改变

参考答案：ABDE

参考解析：本题考查理性情绪治疗模式。理性情绪治疗模式指出，服务对象的认知、情绪和行为的反应受到服务对象的信念的影响。如果服务对象用一些非理性的信

念看待引发事件，如要求自己所遇到的人都喜欢自己，这种非理性信念就会促使服务对象情绪和行为上出现困扰。因此，帮助服务对象克服情绪和行为困扰的最有效方法是协助服务对象质疑非理性信念，使服务对象形成一种理性的生活方式。

4. 下列说法中，属于非理性信念的是（　　）。(2015 年真题)

A. “我是一个企业高管，我这么优秀，我的女儿肯定会优秀。”

B. “这次考试又考砸了，看来，我还是努力不够，还得继续加油！”

C. “我从小生活很苦，现在大学毕业工作了，希望生活可以慢慢好起来。”

D. “我儿子毕业快半年了还没有找到合适的工作，唉，现在合适的工作不好找。”

参考答案： A

参考解析： 所谓非理性信念是指那些把特定场景中的经验绝对、普遍、抽象化之后与实际情况不符的想法和观点。

考点四：任务中心模式

任务中心模式把服务介入的焦点集中在为服务对象提供简要有效的服务上，希望帮助服务对象在有限的时间内实现自己所选定的明确目标。这一选定的目标就是任务——服务对象为解决自己的问题而需要做的工作。它是服务介入工作的核心，是实现服务介入工作目标——解决问题的手段。二者之间的关系类似于目标和手段之间的联系。解决问题是目标，任务是解决问题的手段。也就是说，在任务中心模式下，为达成问题解决，必须先完成某一个任务。这个任务必须简要、服务时间有限、目标清晰，且服务效果明显、介入过程精密。

任务中心模式认为，有效的沟通行动必须具备两个要素：一是有系统。社会工作者需要根据所处的介入阶段以及此阶段的目标和任务与服务对象沟通，这种沟通需要集中焦点、不节外生枝，同时又与整个服务介入过程紧密相连，做到层次分明、循序渐进。二是有反应。社会工作者需要给予服务对象及时的回应，鼓励服务对象积极表达自己的想法和意见，并让服务对象体会到社会工作者对他的关心和尊重，了解和分享社会工作者的经验和感受。

任务中心模式认为，要成为可以处理的问题需要具备四个条件：一是服务对象知道这个问题存在；二是服务对象承认这是一个问题；三是服务对象愿意处理这个问题；四是服务对象有能力处理这个问题，并有可能在服务以外的时间尝试独立处理这个问题。

任务中心模式在运用任务实现目标过程中非常注重服务对象的自主性，即其有解决自己的问题的权利、义务、能力及意愿。

【真题再现】

1. 小周因家庭琐事与公婆发生矛盾，一气之下带着孩子搬回了娘家。社会工作者小吴了解到小周与公婆的矛盾是由于生活习惯和孩子教育问题引起的，拟运用任务中心模式为其开展服务。小吴开展服务的前提包括（　　）。(2020 年真题)

A. 小周明白与公婆存在沟通不良的问题

B. 小周承认沟通不良是当前面临的问题

C. 小周确认自己愿意处理沟通不良问题

D. 小周希望通过人格发展提升沟通能力

E. 小周愿意通过回忆童年经历反思自我

参考答案：ABC

参考解析：任务中心模式认为，要成为可以处理的问题需要具备四个条件：一是服务对象知道这个问题的存在；二是服务对象承认这是一个问题；三是服务对象愿意处理这个问题；四是服务对象有能力处理这个问题，并有可能在服务以外的时间尝试独立处理这个问题。

2. 社会工作者："我们先来探讨一下怎样才能让你上课时集中注意力，我会分阶段给你布置任务，完成了有奖励，完不成就惩罚。你有什么看法？"

服务对象："好，我同意，那试试看。"

上述对话表明，任务中心模式的服务介入焦点是（　　）。（2018 年真题）

A. 关注经验的整合　　B. 采用综合的方案开展工作

C. 清晰地界定问题　　D. 有效稳定服务对象的情绪

参考答案：C

参考解析：本题考查任务中心模式。问题的界定、服务对象的界定以及任务的界定是任务中心模式实施过程中需要关注的问题。

3. 老张退休后，一直不能适应退休生活，出现了抑郁，向社会工作者小李求助。社会工作者小李介入后采用任务中心模式开展服务。此时，小李应重点关注老张的（　　）。（2017 年真题）

A. 自主性　　B. 认知　　C. 抗逆力　　D. 动机

参考答案：A

参考解析：任务中心模式在运用任务实现目标过程中非常关注服务对象的自主性。

4. 任务中心模式认为，社会工作者与服务对象之间通过具体的沟通，把自己的想法传递给服务对象，推动服务对象发生改变。该模式中的有效沟通必须具备的要素有（　　）。（2015 年真题）

A. 沟通需要聚焦于问题

B. 沟通与服务介入过程紧密联系

C. 沟通需要社会工作者的及时回应

D. 沟通中鼓励服务对象放弃自我评价

E. 沟通需要社会工作者分享经验和感受

参考答案：ABCE

参考解析：任务中心模式认为，有效的沟通必须具备两个要素。一是有系统。社会工作者需要根据所处的介入阶段以及此阶段的目标和任务与服务对象进行沟通，这种沟通需要集中焦点、不节外生枝（A 选项），同时又与整个服务介入过程紧密相连（B 选项），做到层次分明、循序渐进。二是有反应。社会工作者需要给予服务对象及时的回应（C选项），鼓励服务对象积极表达自己的想法和意见，并让服务对象体会到社会工作者对他的关心和尊重，了解和分享社会工作者的经验和感受（E选项）。据此，本题选ABCE选项。

考点五：危机介入模式

危机介入模式围绕着服务对象的危机而展开调适和治疗工作，其目的是在有限的时间内快速、有效地帮助服务对象摆脱危机的影响，因而危机介入模式注重不同服务介入技巧的综合运用。

危机介入模式基本工作思路：服务对象处于危机状态中，所以社会工作者必须在非常有限的时间内快速、有效地解决服务对象的困扰，让服务对象摆脱危机的影响。较之于其他模式而言，危机介入模式不是一整套关于问题或者需求的假设，也不是一整套相应的对于问题或者需求的回应。该模式没有完整的理论基础，更多是实践经验的积累与沉淀。因此其本身更像是基于当下紧急或者危机状态所需要的社工的应急反应，即以快速回应及安全为基准。

危机的发展阶段及各阶段的特点：危机的发展会经历四个基本阶段是危机—解组—恢复—重组。危机阶段特点是危机事件出现，尝试用以前的问题解决机制解决问题，但通常不能顺利解决；解组阶段特点是情绪处于极度困扰，生活平衡被打乱；恢复阶段特点是开始调整方式，寻求新的危机解决方法；重组阶段特点是危机解除，恢复平衡。

危机介入基本原则：及时处理、限定目标、输入希望、提供支持、恢复自尊、培养自主力。

危机介入特点：迅速了解服务对象的主要问题、快速做出危险性判断、有效稳定服务对象的情绪和积极协助服务对象解决当前问题。

【真题再现】

1. 刘先生一家在外出途中遭遇车祸，妻子和女儿同时遇难，自己也受伤住院治疗，医务社会工作者小惠在查房时发现刘先生极度悲伤和自责，甚至说自己也不想活了。从危机介入模式来看，小惠最适宜的做法是（　　）。（2020年真题）

A. 迅速评估刘先生行为的危险性　　B. 与刘先生深入讨论他的不合理理念

C. 立即协助刘先生填写抑郁量表　　D. 把刘先生的情况告诉病友

参考答案：A

参考解析：危机介入模式的特点是围绕着危机展开的。由于服务对象处于危机的状态中，所以社会工作者必须在非常有限的时间内快速、有效地解决服务对象的困扰，让服务对象摆脱危机的影响。危机介入模式的运用对社会工作者提出了很高的要求，这也形成了危机介入模式的自身特点：迅速了解服务对象的主要问题、快速做出危险性判断、有效稳定服务对象的情绪和积极协助服务对象解决当前问题。

2. 服务对象小贾离婚后独自抚养孩子，靠低保金生活，最近她查出甲亢，需要终生服药，多种困难使她丧失了生活的勇气，产生了自杀念头。社会工作者小林了解情

况后，运用危机介入模式开展服务，在个案会谈过程中，小林首先（　　）。（2019 年真题）

A. 澄清小贾的非理性信念　　　　B. 确定将要完成的各项任务

C. 了解小贾童年主要经历　　　　D. 迅速厘清小贾的主要问题

参考答案：D

参考解析：危机介入模式的特点是围绕着危机展开的。由于服务对象处于危机的状态中，所以社会工作者必须在非常有限的时间内快速、有效地解决服务对象的困扰，让服务对象摆脱危机的影响。其特点是：（1）迅速了解服务对象的主要问题；（2）快速做出危险性判断；（3）有效稳定服务对象的情绪；（4）积极协助服务对象解决当前问题。

3. 在一次对空难遇难者家属的危机干预中，社会工作者小高接待了 78 岁的沈妈妈，她唯一的儿子在这次空难中丧生，沈妈妈悲痛欲绝。此时，小高恰当的做法有（　　）。（2017 年真题）

A. 了解沈妈妈面临的困难和问题　　　　B. 向沈妈妈介绍危机干预的内容

C. 对沈妈妈的情绪进行安抚纾解　　　　D. 与沈妈妈讨论她的权利和责任

E. 快速评估判断沈妈妈的处境风险

参考答案：ACE

参考解析：对于那些遭受了生活重大变故和创伤，经历了亲人亡故、婚姻破裂、身患重病、子女虐待等状况的老年人，社会工作者要及时对他们进行危机干预，要使对方把内心的情绪、自杀的想法和冲动都表达出来，必要时对导致极端行为的外部因素予以干预。

4. 李先生中年失业，多次找工作未果，失去了信心，整日借酒消愁，妻子为此跟他离了婚，带着孩子搬走了。李先生找社会工作者小林倾诉："我太没用了，活着真没意思。"小林说："李先生，您已经在非常努力地找工作了，只是因为经济形势暂时不好，工作不好找，您别灰心，我们一起再看看是否有其他工作机会。"小林的上述回应所遵循的危机介入原则是（　　）。（2016 年真题）

A. 限定目标　　　B. 反映感受　　　C. 提供支持　　　D. 替代选择

参考答案：A

参考解析：本题考查危机介入的基本原则。危机介入的基本原则包括以下几个方面。（1）及时处理。危机的意外性强、危害性大，而且时间有限，需要社会工作者及时接案、及时处理，抓住有利的、可改变的时机，尽可能减少对服务对象及其周围他人的伤害。（2）限定目标。危机介入的首要目标是以危机的调适和治疗为中心，尽可能降低危机造成的危害，避免不良影响的扩大。（3）输入希望。当危机发生之后，服务对象通常处于迷茫、无助、失望的状态，所以在危机中帮助服务对象的有效方法是给服务对象输入新的希望，让服务对象重新找回行动的动力。（4）提供支持。（5）恢复自尊。（6）培养自主能力。

考点六：人本治疗模式

人本治疗模式认为：服务对象的最终目标就是接近自己的真实需要，变成一个能够充分发挥自己潜在能力的人。能够运用自己各种潜在能力的人有五个方面的特征：一是有基本的安全感，是理性的人；二是能够把握每一时刻，珍惜和享受生活；三是能够自主选择，并承担行为责任；四是面临众多选择，能够体会到心理上的极大自由；五是能适应环境，具有创造力。人本治疗模式是对于其他模式的一种修正，认为其他模式注重分析和治疗服务对象的问题，就会把社会工作者自己的价值标准强加给服务对象，反而妨碍服务对象的自我成长。因此，人本治疗模式的重点与核心在于：创造一种有利的辅导环境让服务对象接近自己的真实需要，而不是运用具体的辅导技巧消除服务对象的困扰。

人本治疗模式改变了以往个案辅导模式的工作重点，注重以服务对象为中心创造一种有利于服务对象自我发展的辅导环境，注重社会工作者自身的品格和态度，强调个案辅导关系以及关注个案辅导过程。因此，人本治疗模式最终强调社会工作者的价值观与品格态度。

【真题再现】

1. 服务对象："大学三年级后，我的学习成绩越来越差，老师和同学都不喜欢我，我就更不爱学习了，感觉读书没有意思，想找份工作干就得了。"根据人本治疗模式，社会工作者正确的回应是（　　）。(2019 年真题)

A. "你的老师和同学不喜欢你吗？也许是你误会了吧！"

B. "你不用功读书，当然成绩不会好，老师怎么会喜欢你呢？"

C. "你想自食其力相当不错，但读书还是很重要的，你可以两者兼顾。"

D. "你读书遇到困难，想找份工作，还是有责任的，你将来有什么打算？"

参考答案：D

参考解析：罗杰斯指出，能够充分运用自己各种潜在能力的人有五个方面的特征：一是能够准确领悟周围的人和事物，具有基本的安全感，是理性的人；二是能够充分把握每一时刻，珍惜和享受生活，适应力强；三是能够依据自己的真实愿望选择生活方式，并勇于承担行为的责任，忠于自己；四是面临众多的选择，而且能够体会到心理上的极大自由；五是积极生活在不断变化的环境中，具有丰富的创造力。C 选项的问题在于社工给出了建议，并强加了个人观点。A 选项是怀疑案主判断，B 选项是整体否定案主。只有 D 选项是同理且肯定案主的潜力。

2. 社会工作者注重自身品格和态度的培养，强调个案辅导过程应以服务对象为中心建立伙伴关系，创造一个有利于服务对象自我成长的环境，帮助服务对象通过个人的力量实现改变。上述内容反映出社会工作者采用的是（　　）。(2016 年真题)

A. 理性情绪治疗模式　　B. 人本治疗模式

C. 社会中心治疗模式　　D. 行为治疗模式

参考答案：B

参考解析：本题考查人本治疗模式的治疗策略。人本治疗模式认为，如果注重分析和治疗服务对象的问题，就会把社会工作者自己的价值标准强加给服务对象，反而妨碍服务对象的自我成长。因此，有效的辅导方式不是运用具体的辅导技巧消除服务对象的困扰，而是创造一种有利的辅导环境让服务对象接近自己的真实需要，变成一个能够充分发挥自己潜在能力的人。

考点七：家庭治疗模式

本考点重点介绍两种模式，即结构式家庭治疗模式和萨提亚家庭治疗模式。

结构式家庭治疗模式以家庭作为基本的治疗单位，假设家庭的动力和组织方式与个人的问题密切相关，通过家庭动力和组织方式的改变来解决个人和家庭的问题。换句话说，家庭成员的问题更多是家庭系统、家庭结构或者家庭互动方式的问题，所以跳脱出个体而在系统中寻找问题的诱因及解决的路径，是家庭治疗模式的基本思路。该模式中的基本概念主要包括：家庭系统、家庭结构、病态家庭结构以及家庭生命周期。病态家庭结构主要包括：纠缠与疏离、联合对抗、三角缠和倒三角等。社会工作者需要通过诸多操作技巧完成对于家庭结构的失衡及家庭互动模式的偏差的评估，从而实现家庭功能的调整与恢复。

萨提亚家庭治疗模式认为一个人能否充分发挥自己的能力和资源，取决于这个人与他人交往中的感受以及所获得的自尊的高低。也就是说，自尊越高的人对于自我更能够保持一致与忠诚，而自尊低的人则更多采用不一致的方式来表现自己的需要。对于人所遇到的问题或者挑战，该理论认为，不幸的事件并不能导致人出现问题，导致人出现问题的真正原因是错误的应对方式。或者说，问题本身并不是问题，如何应对才是问题，而应对方式则由原生家庭生活环境中的应对方式呈现。童年的经验已经内化成为主体今天的行为模式，只是这些曾经的经验在今天已经不再适用了。当主体拥有很高的自尊，从而能够理性看待自己原有的应对方式的情境性并意识到由此引发的当下的困扰，则整个问题就有了突破的可能。

这两种模式虽然都聚焦于家庭，但其实侧重点各不相同。前者的核心在结构上，即家庭次系统之间的病态结构诊断与修正，后者的核心则在于自我应对方式的觉察及自尊的提升与一致性的保持。

【真题再现】

1. 16 岁的小李患有严重的抑郁症，一直休学在家，配合药物治疗。社会工作者通过家庭评估了解到，小李的父亲工作很忙，父母之间很少沟通，母亲将所有的时间和精力都放在小李身上，让小李感到喘不过气来。根据结构式家庭治疗模式，社会工作者适宜采用的做法是（　　）。(2020 年真题)

A. 帮助小李家庭成员看到自身潜在的优势

B. 让小李家庭在辅导过程中表现交往冲突

C. 帮助小李家庭厘清家庭交往关系的界限

D. 协助小李家庭建立合理观察生活的视角

参考答案：C

参考解析： 每个家庭都具有一定的结构，这些结构涉及家庭系统中的次系统、系统之间的边界、角色和责任分工以及权力结构等。根据题干，小李的父亲工作很忙，父母之间很少沟通，母亲将所有的时间和精力都放在小李身上，属于家庭出现了纠缠，所以需要厘清家庭交往关系的界限。故本题的答案为 C 选项。

2. 中学生娜娜上课经常睡觉，回家就玩游戏，不做作业。父母批评她，她就赌气说不上学了，父母也经常因为教育娜娜的意见不统一而争吵不休。为此，父母带着娜娜向社会工作者求助。老周运用结构式家庭治疗模式让娜娜一家呈现冲突的过程，以分析家庭的基本结构和互动方式。老周运用的技巧是（　　）。（2019 年真题）

A. 角色扮演　　B. 重演　　C. 反映感受　　D. 澄清

参考答案： B

参考解析： 重演，即让家庭成员实际表现相互交往冲突的过程，呈现家庭的基本结构和交往方式。

3. 小强正值“叛逆期”，对父母的管教日益反感，有几次因学习成绩下滑和迷恋网游跟父母发生争吵，还声称要离家出走。小强父亲对此火冒三丈，觉得这个儿子白养了，小强母亲向社会工作者老张求助。老张引导他们理解相互的感受、想法和期待，协助他们从新的角度来看待家庭中的规则。上述工作过程，反映出老张运用的主要治疗模式是（　　）。（2017 年真题）

A. 任务中心模式　　B. 认知行为治疗模式

C. 结构式家庭治疗模式　　D. 萨提亚家庭治疗模式

参考答案： D

参考解析： 萨提亚家庭治疗模式的理论假设可以概括为三个主要方面：对人的理解、对困难的理解和对家庭的理解。这三个方面相互影响，一起构成萨提亚家庭治疗模式的理论基础。题干中社工引导服务对象及其家庭成员理解相互的感受、想法和期待，协助他们从新的角度来看待家庭中的规则，正是运用了萨提亚的家庭治疗模式。

4. 7 岁的阳阳在娇惯中长大，当其想法不能得到满足时，父母会因其哭闹而妥协，阳阳成了整个家庭的“小太阳”。根据结构式家庭治疗模式，该家庭关系结构属于（　　）。（2016 年真题）

A. 倒三角　　B. 纠缠　　C. 三角缠　　D. 疏离

参考答案： A

参考解析： 本题考查病态家庭结构中的倒三角。有些家庭的权力并不集中在父母手里，而由孩子掌握，这时就会出现权力结构的倒置现象，称为倒三角。

5. 病态家庭结构中的三角缠是指（　　）。（2015 年真题）

A. 家庭成员之间只有通过第三方才能实现沟通

B. 家庭系统中各子系统之间的边界不清晰，关系纠缠

C. 家庭成员之间发生冲突时，有些成员形成了联盟

D. 家庭中的权力并不集中在父母手里，而是掌握在孩子手里

参考答案： A

参考解析： 病态家庭结构中的三角缠是指家庭成员之间通过第三方实现相互沟通交流，这样就把第三方带入两人的互动关系中。

6. 结构式家庭治疗模式以家庭为治疗对象，其主要特点有（　　）。(2015 年真题)

A. 关注家庭的适应与转变的能力

B. 关注家庭自身发展变化的历程

C. 关注家庭的结构及家庭内部交流方式

D. 关注家庭成员在处理困难时采用的方式

E. 关注家庭成员过往经验的梳理

参考答案： ABC

参考解析： 结构式家庭治疗模式具有三个主要特点：(1) 以家庭为工作的焦点。结构式家庭治疗模式非常注重对家庭结构的认识和把握，要求社会工作者进入实际的家庭环境中认识和了解服务对象的基本结构和交往方式，并通过整个家庭结构和交往方式的改变消除服务对象的问题，C 选项正确。(2) 关注家庭功能失调的评估。A、B 选项正确。(3) 强调家庭功能的恢复。据此，本题选 ABC 选项，DE 选项为萨提亚家庭治疗模式。

第三节　个案工作各阶段的工作要求

【重要考点概览】

小节	主要考点	历年考查点
第三节　个案工作各阶段的工作要求	申请与接案	2018 年考查单项选择题
		2015 年考查多项选择题
	预估与问题分析	2020 年考查单项选择题
	制订计划	尚未考查
	开展服务	尚未考查
	链接资源与协调服务	2016、2018 年考查多项选择题
	评估与结案	2017 年考查单项选择题
		2019 年考查多项选择题

考点一：申请与接案

本阶段的基本任务：倾听求助对象的要求，初步评估求助对象的问题，与有需要的求助对象协商，看他是否愿意成为自己的服务对象，并且与服务对象建立专业合作关系。

【真题再现】

1. 黄女士是一位 40 多岁的已婚女性，她最近因母亲过世而深感痛苦，情绪低落，持续失眠，为此，向社会工作者寻求帮助。社会工作者详细地询问了情况，经过评估，准备转介黄女士到医院进行诊断，确诊后再制定服务方案。根据上述内容，社会工作者进行转介前首先应（　　）。（2018 年真题）

A. 保证转介后提供的服务质量

B. 鼓励服务对象积极接受转介

C. 让服务对象充分表达感受并了解其需求

D. 承诺可以为服务对象提供最适宜的资源

参考答案： C

参考解析： 对于服务对象来说，寻求服务机构的帮助是一件不容易的事，社会工作者应尽可能减少对服务对象的伤害，在转介之前需要征得服务对象的同意，并且说明转介的理由。通常只有在以下两种情况下才允许为服务对象提供必要的转介服务：一是服务对象需要解决的问题不属于本机构的服务范围；二是服务对象生活在本机构的服务区域之外。

2. 刘女士失业后，丈夫经常以工作忙为由不回家，稍不如意就打骂妻子。刘女士考虑到孩子年幼，自己又没有工作，不想离婚，整天以泪洗面。她向社会工作者倾诉，但对未来的改变缺乏信心。为促使其接受机构的服务，社会工作者目前应该做的工作有（　　）。（2015 年真题）

A. 给予刘女士及时的鼓励

B. 与刘女士讨论并明确改变要求

C. 向刘女士介绍机构的服务

D. 对刘女士进行危机干预

E. 找民政部门帮助解决家暴问题

参考答案： ABC

参考解析： 本题考查个案工作中的接案阶段的工作要点。在接案过程中，社会工作者通常面临三项基本任务：鼓励求助对象积极面对改变（A 选项）、明确求助对象的改变要求（B 选项）和确认求助对象的受助身份。明确了求助对象的要求后，社会工作者就需要与求助对象一起对接受机构服务的事项和困难进行一个初步的探索，包括机构服务的基本流程、服务对象的权益以及服务过程中的基本要求等（C 选项）。因此，本题 ABC 选项正确。

考点二： 预估与问题分析

预估与问题分析是指详细收集与服务对象问题有关的资料，并对服务对象问题的成因和发展变化过程进行评估，从而对服务对象的问题做出诊断的过程。

【真题再现】

某儿童服务机构的社会工作者小梁接到一位居民的电话，反映其邻居家的 12 岁男孩小伟时常被父亲打骂。小梁通过入户访问、评估，决定为小伟一家提供服务。在预估与问题分析阶段，小梁首先要做的是（　　）。（2020 年真题）

A. 预判小伟家的问题及其成因

B. 收集小伟家及其所处环境资料

C. 与小伟家签订正式服务协议

D. 将小伟一家转介给家庭治疗师

参考答案： B

参考解析： 预估与问题分析是指详细收集与服务对象问题有关的资料，并对服务对象问题的成因和发展变化过程进行评估，从而对服务对象的问题做出诊断的过程。它包括三个方面的工作重点：服务对象有关资料的收集、服务对象问题的预估以及服务对象问题的分析。

考点三：制订计划

本阶段的基本任务：收集完资料并对服务对象的问题进行预估和分析之后，社会工作者接着面临的工作重点是与服务对象一起制订服务的工作计划，保证为服务对象提供合适、有效的专业服务。具体而言，制订计划阶段通常包括三项主要任务：服务计划的制订、服务面谈内与服务面谈外的安排以及服务协议的签订。

考点四：开展服务

在服务计划的实施过程中，社会工作者将面临不同的工作处境，需要采取不同的服务策略和方法，扮演不同的专业角色，促使服务对象发生积极的改变。在这个过程中，社会工作者需要完成三项主要任务：服务的推进、专业角色的扮演和专业合作关系的维持。

考点五：链接资源与协调服务

本阶段的基本任务：挖掘社会资源，并且将这些社会资源与服务对象的发展要求链接起来，安排好服务的进展。社会工作者将面临不同的工作处境，需要采取不同的服务策略和方法，扮演不同的专业角色，促使服务对象发生积极的改变。

【真题再现】

1. 某学校五年级班主任张老师向学校社会工作者反映，班里随父母进城的学生小文突发白血病，其父母打工收入低，又没有给她购买医疗保险。社会工作者了解情况后，与学校沟通，准备链接一些资源帮助小文。下列做法中，属于链接正式资源的有（　　）。(2018 年真题)

A. 积极联系医院，争取医疗救助　　B. 对接公益组织，多方筹措费用

C. 寻找专业机构，提供心理支持　　D. 发动家长捐款，支持小文治疗

E. 争取亲属支持，轮流进行照顾

参考答案：ABC

参考解析：本题考查链接正式资源的方式。正式社会资源是指由正式的社会机构和社会组织提供的社会资源，如社会服务机构、公益组织以及学校和医院等。

2. 一场火灾烧毁了村里孤寡老人吴奶奶的家，社会工作者找到吴奶奶，与她讨论了今后的生活安排，商议出多种救助办法。下列办法中，涉及正式社会资源的有（　　）。(2016 年真题)

A. 到住房宽敞的老邻居家借住　　B. 向民政部门申请临时救助

C. 安排吴奶奶入住乡敬老院　　D. 投靠吴奶奶在外地的侄子

E. 向社会公益组织寻求帮助

参考答案：BCE

参考解析：本题考查正式社会资源。正式社会资源是指由正式的社会机构和社会

组织提供的社会资源，如社会服务机构、公益组织以及学校和医院等，这些机构和组织提供的就是正式的社会资源。

考点六：评估与结案

结案的五个条件与情境：一是双方都认为工作目标已经实现；二是虽然问题没有彻底解决，但服务对象已经具备独立面对和解决问题的能力；三是双方关系不和谐，希望结束服务；四是服务对象出现了一些新的要求和问题，需要其他社会工作者或者服务机构解决；五是因为一些不可预测的因素，需要结束服务。对于三、四、五这3种情况，社会工作者不仅需要结束服务，还需要与其他服务机构或者社会工作者联系，帮助服务对象获得合适、必要的服务。

【真题再现】

1. 经过一段时间的个案服务，社会工作者小郑帮助一名辍学中学生改变了自己的不良行为，回到学校继续学习。在结案阶段，小郑应采取的做法有（　　）。（2019年真题）

A. 酌情延长服务的间隔时间

B. 与服务对象讨论服务策略

C. 告知学校老师有关服务对象当下状况

D. 与服务对象探讨结案以后的跟进服务

E. 协助服务对象巩固已取得的服务成效

参考答案：DE

参考解析：为了帮助服务对象顺利面对服务工作的结束，社会工作者需要做好以下工作：（1）预先告知服务对象，让服务对象对服务结束做好准备；（2）巩固服务对象在已经开展的服务工作中获得的改变和进步；（3）与服务对象一起进一步探讨影响问题解决的因素，为服务对象结案之后独立面对问题做好准备；（4）鼓励服务对象表达结案时的情绪，与服务对象一起探讨结案后的跟进服务。

2. 通过社会工作者小王的服务，转到城里读书的小芳逐渐适应了新学校的生活，和同学们成为好朋友。虽然学习成绩还有待提高，但小芳的学习兴趣越来越浓，主动性越来越强，最近她主动提出要结束个案服务。对此，小王适宜的做法是（　　）。（2017年真题）

A. 同意结案，对个案服务进行总结和评估，并提出跟进建议

B. 同意结案，但要转介给小芳所在学校的老师继续开展服务

C. 不同意结案，因为小芳的学习成绩还有待进一步提高

D. 不同意结案，因为能否结案不取决于小芳的主观意愿

参考答案：A

参考解析：本题考查可以结案的情况。本题中服务对象小芳主动提出要结束个案服务，社工应尊重服务对象的意见，予以同意；同时服务对象学习兴趣上升，主动性增强，因此无须转介，对服务进行总结即可。故正确答案为A选项。

第四节　个案工作的常用技巧

【重要考点概览】

小节	主要考点	历年考查点
第四节　个案工作的常用技巧	会谈	2016～2020年考查单项选择题
		2017～2019年考查多项选择题
	记录	尚未考查
	收集资料	2018年考查单项选择题
	策划方案	尚未考查
	评估	尚未考查

考点一：会谈

个案会谈是指社会工作者与服务对象进行面对面的、有目的的专业谈话，又称为个案面谈。根据会谈的目的和功能，可以把个案会谈分为建立关系的会谈、收集资料的会谈、诊断性会谈、治疗性会谈和一般性咨询会谈五种类型。

个案会谈的技巧有很多，分类也多种多样。根据专业技巧运用的目的和作用，可以分为三种类型。（1）支持性技巧。社会工作者借助口头和身体语言，让服务对象感受到被理解、被接纳的一系列技术，主要包括专注、倾听、同理心、鼓励等。（2）引导性技巧。社会工作者主动引导服务对象探索自己过往经验的一系列技巧，包括澄清、对焦、摘要等。（3）影响性技巧。社会工作者为服务对象提供必要的信息或者建议，让服务对象采取不同的理解和解决方法的一系列技巧，包括提供信息、自我披露、建议、忠告、对质等。

分类	具体技巧	含义
支持性技巧	专注	社会工作者借助友好的视线接触、开放的姿势以及专心的态度关注服务对象的表达
	倾听	社会工作者用心聆听服务对象传达的信息，理解服务对象的感受
	同理心	社会工作者设身处地体会服务对象的内心感受，理解服务对象的想法和要求
	鼓励	社会工作者运用口头语言和肢体语言的方式肯定服务对象的一些积极表现
引导性技巧	澄清	进一步明确服务对象模糊不清的经验和感受
	对焦	对服务对象偏离的话题或宽泛的讨论进行引导
	摘要	将服务对象的长段对话或不同的话题进行整理，概括归纳要点
影响性技巧	提供信息	向服务对象提供必要的知识和技巧
	自我披露	选择性坦露自身的经历或处事方式
	建议	向服务对象提供改善生活的建设性意见
	忠告	指出服务对象某些行为的危害性和必须采取的行为
	对质	指出服务对象言行不一致的地方

对于该知识点的考查主要以概念界定为主，且通常考查得较细。因此，考生需重点关注概念界定。

【真题再现】

1. 社会工作者：“小萍，我们归纳一下，你刚才讲的主要有两点，第一是疫情期间在家上网课，缺少学校氛围，有点松懈，学习状态和效率都让你不满意；第二是明年要毕业了，究竟是考研出国还是回老家找份工作，你有点迷茫。你看我说的有遗漏吗？”上述表述中，社会工作者运用的谈话技巧是（　　）。(2020 年真题)

A. 澄清　　B. 摘要　　C. 对焦　　D. 反映

参考答案： B

参考解析： 本题考查引导性技巧之摘要。摘要：指社会工作者将服务对象长段谈话或者不同部分的话题进行整理，概括和归纳其中的要点。对于服务对象的长段谈话，社会工作者需要进行必要的概括和归纳。如“您刚才讲的是不是包含……几个方面的要求？”或者“您刚才讲的，我的理解是……您有什么补充吗？”通过这样的归纳和概括，可以帮助服务对象增进对自身的了解。因此，正确答案为 B 选项。

2. 某社区居民老王到街道办事处申请低保，因为前期提交的材料不全，他花了些时间补齐材料。再次提交后，老王认为工作人员答复不够及时，对居委会的社会工作者抱怨说：“他们办事的速度太慢了，我补了材料他们却迟迟不回复，这不是刁难人嘛，他们是故意不给我办吧……”从同理关怀的角度看，社会工作者最适宜的回应是（　　）。(2020 年真题)

A. “我知道您很生气，但我们也没有办法……”

B. “申请还没有回复消息，您再等等，一定没有问题……”

C. “申请没有回复消息，您觉得生气和不理解，也开始怀疑他们了……”

D. “您对申请的进度不满意，感到失望，也开始怀疑能不能申请到低保……”

参考答案： D

参考解析： 本题考查支持性技巧之同理心。同理心即社会工作者设身处地体会服务对象的内心感受，理解服务对象的想法和要求。题干中，老王是因为低保申请被耽搁而产生抱怨情绪，D 选项体现了设身处地为服务对象考虑。

3. 服务对象：“我对现在的人际关系很失望，觉得朋友也都不可靠。你看过网上那视频吗？朋友也会出卖你的。”

社会工作者：“你觉得朋友总是让你很失望，你不相信他们，可关系是相互的，你有没有想过自己的问题？”

上述对话中，社会工作者采用的技巧是（　　）。(2019 年真题)

A. 自我披露　　B. 澄清　　C. 认知重塑　　D. 对质

参考答案： D

参考解析： 本题考查影响性技巧之对质。对质，即社会工作者通过直接提问等方式让服务对象面对自己在行为、情感和认识等方面不一致的地方。当服务对象发现自己的行为、情感和认识不一致时，通常会有一些不愉快的感受。因此，社会工作者需要通过对质，把服务对象的注意力集中在未来可改变的方面，而不是仅仅关注是谁的责任。所以，正确答案为D选项。

4. 在个案工作会谈中，社会工作者能够充分表达“专注”的身体语言有（　　）。(2019年真题)

A. 采用完全放松的身体姿态　　B. 保持会谈中面向服务对象

C. 与服务对象保持视线交流　　D. 保持较为丰富的面部表情

E. 保持身体上半身微微前倾

参考答案：BCE

参考解析：本题考查支持性技巧之专注。专注是指社会工作者借助友好的视线接触、开放的姿态以及专心的态度关注服务对象的表达。如社会工作者在与服务对象的对话交流过程中眼睛需要看着对方，保持视线的交流，同时身体略微前倾，让服务对象感受到社会工作者的关心和专注。

5. 服务对象：“我的命真苦啊，生了两个儿子。大儿子交了坏朋友，结果蹲了监狱，儿媳扔下女儿就走掉了，我只好跟老头子靠喂米粉和粥养大了孙女。小儿子因为家里穷，到现在也没找到老婆，工作也不称心，在小区里做保安，你说谁家女儿肯嫁他呢，我老头最近查出来肺癌，我都不敢跟他说真话。哎，叫我怎么办呢……”

社会工作者：“您家里发生了这么多事，让您非常操劳和担忧，我可以想象您承受着多大的压力。您刚刚讲述了人儿子的家庭问题、小儿子的婚姻问题以及老伴的照顾问题，这次我们先来谈谈您老伴的照顾问题，看看我们能为您做点什么，您看可以吗？”

上述社会工作者的回应中，运用的个案工作会谈技巧有（　　）。(2018年真题)

A. 引导　　B. 摘要　　C. 同理心　　D. 对焦

E. 建议

参考答案：BCD

参考解析：本题考查个案会谈的技巧。题干中“您家里发生了这么多事，让您非常操劳和担忧，我可以想象您承受着多大的压力”体现了同理心；“您刚刚讲述了大儿子的家庭问题、小儿子的婚姻问题以及老伴的照顾问题”体现了摘要；“这次我们先来谈谈您老伴的照顾问题，看看我们能为您做点什么，您看可以吗?”体现了对焦。因此，正确答案为BCD选项。

6. 在个案会谈中，社会工作者经常会使用摘要技巧。下列回应中，属于摘要技巧的是（　　）。(2018年真题)

A. “你妈妈大老远地跑过来，就只为了见见你？”

B. “你一下子要处理这么多事情，一定觉得手足无措吧？”

C. “你刚才说了不少往事，我的感觉是你很怀念童年的无忧无虑。”

D. “听起来，你希望找一个方便社交，但又能保护隐私的居住环境。”

参考答案：D

参考解析：本题考查个案会谈的技巧。摘要是指社会工作者把服务对象过长的谈话或不同部分所表达的内容进行整理、概括和归纳。D选项符合摘要技巧。

7. 服务对象："我工作很忙，平时婆婆帮忙带孩子。你也知道隔代亲，老人家比较宠孩子，小孩子现在说话就没大没小的，管了婆婆就不高兴，不管我又怕孩子越大越不好管，跟我也不亲了……"

社会工作者："您刚才讲的，我的理解是您希望孩子懂规矩，但是找不到让婆婆接受、孩子又不逆反的方法，是吗?"

上述对话中，社会工作者采用的技巧是（　　）。(2017年真题)

A. 忠告　　B. 澄清　　C. 对焦　　D. 对质

参考答案：B

参考解析：本题考查引导性技巧之澄清。澄清不是对服务对象话语的简单重复，而是把服务对象模糊不清的信息或不清楚的陈述作更详细的解说的过程从而使未明确的信息转化为清楚、具体、深入的信息，通常以疑问句结尾，加"您刚刚说的，我的理解是……，对吗?"所以，正确答案为B选项。

8. 在个案工作中，社会工作者有时会使用对质技巧来影响服务对象，使其更加关注未来的改变。下列回应中，运用了对质技巧的有（　　）。(2017年真题)

A. 你如果要关心父亲，你就该经常回去探望他

B. 你如果挑剔妻子毛病，妻子可能会跟你离婚

C. 你说过要对朋友宽容，但你却在不断地挑剔和指责她

D. 你讲了这么多母亲关心你的事，你却说母亲不关心你

E. 你答应老师不再旷课，可这周从周一开始你就没上课

参考答案：CDE

参考解析：本题考查影响性技巧之对质。对质即社会工作者通过直接提问等方式让服务对象面对自己在行为、情感和认识等方面不一致的地方。把握关键词"不一致"，即服务对象表达前后矛盾的内容，即可快速解题。A选项属于建议，B选项属于忠告，所以正确答案为CDE选项。

9. 个案会谈是社会工作者与服务对象进行的有目的的专业谈话。下列关于会谈的说法，正确的是（　　）。(2017年真题)

A. 会谈是无法提前预设目标的

B. 会谈没有环境与空间的限制

C. 会谈是时间及主题上有机的互动过程

D. 会谈中社会工作者可以自由地谈论问题

参考答案：C

参考解析：本题考查个案会谈。会谈是一种有目的的专业性谈话，而不是简单的聊天，因此A选项错误。会谈前应进行详细的准备工作，如相关资料的阅读、时间地

方的选择，以及会谈场地的布置，因此B选项错误。会谈中应引导服务对象谈论自己的问题，而非社会工作者，D选项错误。所以，正确答案为B选项。

10. 80岁的张大妈向社会工作者诉说去住养老院的事情，她说："我一想到搬家就害怕，我住在这里有老邻居，到那儿我一个人也不认识，很紧张，怎么办呢?"此时，社会工作者最佳的同理回应是（　　）。(2016年真题)

A. "你一提到离开家就担心，是舍不得离开老邻居和朋友吧，我会常陪他们去看你的。"

B. "听起来你很害怕离开熟悉的环境，但那里的人也很好，有各种丰富的活动，你都可以去参加啊。"

C. "不要担心，你很快会在那里交到新朋友，养老院里有人照顾，说不定你还觉得该早点儿去住呢。"

D. "听起来你对搬家有很多复杂的想法，一方面你想住进去，这样可以得到更多照料，另一方面你又很担心自己会孤单、寂寞，希望和你熟悉的人在一起。"

参考答案：D

参考解析：本题考查同理心。同理心即社会工作者设身处地体会服务对象的内心感受，理解服务对象的想法和要求。只有D选项社工感同身受地理解服务对象的情绪，当选。

考点二：记录

记录是社会工作者根据服务开展的进程，对服务中所发生的事件进行科学、系统记载和存档的过程。

考点三：收集资料

社会工作者通过自己的观察以及与服务对象和周围他人的接触和会谈，调查、整理和分析服务对象问题的基本特征以及问题产生的原因和发展变化的过程。

具体方法包括：(1）结构式调查表，指有预先设计好的固定的调查问题和调查问题的答案选项，调查对象只需挑选其中认为正确的答案；(2）非结构式调查表，指只有预先设计好的固定的调查问题，但没有调查问题的答案选项，调查对象需要根据自己的理解填写调查问题的答案；(3）参与观察，指社会工作者在观察过程中直接参与观察对象的活动；(4）非参与观察，指社会工作者在观察过程中不直接参与观察对象的活动。

【真题再现】

某社会工作服务机构正在执行一项"社会工作参与精准扶贫"的项目，社会工作者准备运用非结构式调查表入户了解贫困家庭面临的困境。关于非结构式调查表的说法，正确的是（　　）。(2018年真题)

A. 比较适用于服务对象行为发生改变的调查研究

B. 比较适合收集有明确答案，且容易识别的资料

C. 只有预先设计好的调查问题，没有调查问题的答案选项

D. 既有预先设计好的调查问题，也有调查问题的答案选项

参考答案： C

参考解析： 本题考查非结构式调查表。非结构式调查表只有预先设计好的固定的调查问题，但没有调查问题的答案选项，调查对象需要根据自己的理解填写调查问题的答案。

考点四： 策划方案

策划方案是指根据前期服务对象的问题分析和预估，对于服务介入的整体思路及具体操作进行系统策划，为随后的落地操作提供指引的过程。策划方案的具体要求包括：服务对象的范围明确、策略合理、目标清晰且现实等。

考点五： 评估

评估是指社会工作者对整个服务介入过程进行检查和反思，具体可以包括过程评估及效果评估等。过程评估指针对服务介入的具体过程进行评估，包括服务运用的策略、方法和技巧以及影响每次服务介入活动的因素等；效果评估指针对服务介入活动的效果进行评估，包括服务对象是否发生改变、改变的程度以及实现服务目标的程度等。

常见的评估方式包括：问卷评估、行为评估和心理测量等。

第五节　个案管理

【重要考点概览】

小节	主要考点	历年考查点
第五节　个案管理	个案管理的含义和特点	2015、2018 年考查单项选择题
	个案管理中社会工作者的角色	2019 年考查单项选择题
		2016、2017 年考查多项选择题
	个案管理的实施原则	2017 年考查单项选择题
	个案管理的实施过程	尚未考查

考点一： 个案管理的含义和特点

个案管理是一种提供服务的方法，它是由专业社会工作者评估服务对象及其家庭的需求，并安排、协调、监督、评估和倡导一套包含多种项目的服务，以满足特定服务对象的复杂需求。

个案管理的定义可分为体系取向和过程取向两种。体系取向的个案管理强调“个案管理是联结和协调各种不同服务体系的动作方式，用以确保运用最完善的方式来满足服务对象被照顾的需求”。过程取向的个案管理强调“个案管理是一种协调的过程，通过协调和获得各种资源，来协助那些面临各种问题的服务对象，他们因为这些问题而出现了无法满足的生活需求、失意和无成就感的状况”。可见，个案管理

是一种提供服务的方法。它是由专业社会工作者评估服务对象及其家庭的需求，并安排、协调、监督、评估和倡导一套包含多种项目的服务，以满足特定服务对象的复杂需求。

个案工作与个案管理的区别：传统个案工作强调社会工作者与服务对象之间的个别工作关系，尤其是注重服务对象内在思考的改变；而个案管理则采取系统取向，认为系统中的整合协调是最大的任务。具体可以从问题类型、服务提供者、功能、主要角色、服务目标、技巧运用等方面进行区别。

【真题再现】

1. 关于个案工作与个案管理显著差异的说法，正确的是（　　）。（2018 年真题）

A. 个案工作是临床社会工作服务，个案管理是重视倡导的综合服务

B. 个案工作是专业社会工作服务，个案管理是其他领域的专业工作

C. 个案工作者会提供全面帮助，个案管理者会协助服务对象链接资源

D. 个案工作以提供直接服务为主，个案管理以整合资源促进合作为主

参考答案： D

参考解析： 本题考查个案管理与个案工作的差异。个案管理者一般扮演整合服务角色，包括资源开发者、教导者、经纪人、倡导者等角色。个案工作者以直接服务的角色为主，通常扮演使能者和咨询者。D 选项描述正确。

2. 关于个案管理的说法，正确的是（　　）。（2015 年真题）

A. 个案管理就是社会工作者在服务过程中管理好服务对象

B. 个案管理就是为服务对象的特殊需要提供各类直接的服务

C. 个案管理就是把每个服务对象的档案建成电子文档管理好，以便随时查询

D. 个案管理就是社会工作者协调和管理好各种资源，满足服务对象的多种需要

参考答案： D

参考解析： 本题考察的是个案管理的定义。个案管理是由专业社会工作者评估服务对象及其家庭的需求，并安排、协调、监督、评估和倡导一套包含多种项目的服务，以满足特定服务对象的复杂需求。

考点二： 个案管理中社会工作者的角色

个案管理中社会工作者所扮演的角色受机构服务的功能、形态与社会工作者本身职位的影响。综合多位学者的研究，社会工作者在个案管理中主要扮演三种角色：教育者、协调者和倡导者。

【真题再现】

1. “展帆计划”是一项针对贫困残障儿童的服务项目。该项目采用个案管理的方法，联系不同的专业机构，为贫困残障儿童提供康复训练、心理辅导、社会融入等服务。上述服务中，体现出社会工作者在个案管理中的主要作用是（　　）。（2019 年真题）

A. 限定服务目标，培养自主能力　　B. 清晰界定问题，明确服务方法

C. 整合不同服务，促进多元合作　　D. 重视人际沟通，发展超我功能

参考答案：C

参考解析：个案管理有两个工作重点：一是为面临多重问题的案主寻找其所需的服务网络；二是协调这个网络中的各项服务，让他们相互配合，即在关注每一项个别服务提供有效性的同时，把工作焦点聚集在整个服务网络能否有效解决服务对象的问题以及网络中的各种服务的彼此协调上。

2. 社会工作者在走访中发现服务对象杨女士正处于精神分裂症康复期，最近她因为失眠而心情烦乱，一直说自己很倒霉，什么不幸的事情都会发生在自己身上，没有工作可以养活自己，担心家人嫌弃，社会工作者在辅导杨女士的过程中，进行了夫妻共同参与的面谈，运用专业方法减轻杨女士的心理压力，还鼓励和推荐其参加社区活动，对其开展压力应对等方面的训练。在此案例中，社会工作者扮演的主要角色有（　　）。（2017 年真题）

A. 使能者　　B. 教育者　　C. 治疗者　　D. 倡导者

E. 协调者

参考答案：BCD

参考解析：本题社会工作者扮演的角色主要有教育者、倡导者和治疗者的角色。“运用专业方法减轻杨女士的心理压力”，体现了治疗者的角色；“鼓励和推荐其参加社区活动”，体现了倡导者的角色；“开展压力应对等方面的训练”体现了教育者的角色。

3. 与传统的个案工作方法相比，个案管理的特点有（　　）。（2016 年真题）

A. 面对的服务对象问题更加复杂

B. 服务对象都来自转介与外展服务

C. 更注重在工作中与其他专业团队合作

D. 更注重为服务对象提供直接服务

E. 更注重连接多种资源提供整合服务

参考答案：ACE

参考解析：本题考查个案管理的特点。个案管理的特点有如下几个方面。（1）服务对象遇到多重问题：①他们所遭遇的问题复杂，需要多位专业人员的服务才有可能解决；②他们在获得和使用潜在的助人资源方面有特殊困难，如果服务对象只有单纯的问题或障碍，而在获得和使用资源方面没有困难，则不需要接受个案管理的服务。（2）“全貌”工作方法：①为面临多重问题的服务对象寻找其所需的服务网络；②协调这个网络中的各项服务，让他们相互配合。（3）双重功能：①经过各项服务的协调实现服务的合理配置；②强调服务的效率，在成本效益的原则下运用社会资源和提供相关的服务。

考点三：个案管理的实施原则

个案管理的实施原则包括：服务对象参与、服务评估、服务协调、资源整合、包裹式服务与专业合作、服务监督等。

【真题再现】

9岁的玲玲在一场车祸中失去了父母，右腿截肢，玲玲的奶奶成了她的监护人，并向社会工作者小王求助。小王对玲玲的现状进行评估，制订了周密的服务计划，包括：向民政部门申请临时救助；联系假肢中心为玲玲安装假肢；联系康复中心为玲玲进行康复训练；协调咨询师为玲玲做心理辅导；为玲玲安排寄宿学校等。这些做法体现了个案管理实施的（　　）。（2017年真题）

A. 服务监督原则　　B. 包裹式服务原则

C. 服务倡导原则　　D. 服务对象参与原则

参考答案： B

参考解析： 所谓包裹式服务，是指经过需求评估和可利用资源的确认后设计一整套服务，并且通过各种服务的联结最终促使服务对象学会独立自主。个案管理强调服务的连续性，既包括时间上的连续性，也包括服务的完整性，以此来保障服务对象所获得的各项服务之间紧密的联结。所谓专业合作，是指个案管理是一种结合不同专业领域的团队工作方法。团队中可能包括医生、护士、职业治疗师、临床心理学家以及其他专业人士，这种多专业合作是为了给案主提供“全人”服务。

考点四： 个案管理的实施过程

个案管理的实施过程主要包括个案发掘与转介、评估与选择、个案计划与执行、监督与评估、结案等。其实，个案管理的实施过程较之于一般个案过程并未有明显不同，不过是在评估时根据其复杂性与系统性的特点予以整体性规划，也就是在专业服务之外增加更多管理者与协调者的角色。

【本章小结】

个案工作作为社会工作三大工作方法之一，是最早发展起来的，基于对服务对象的个别化跟进服务展开。个案工作的服务模式是社会工作者针对某个服务对象开展专业服务、设计专业服务程序和专业服务方法的重要依据。本章着重介绍个案工作中常用的七种服务模式：心理社会治疗模式、认知行为治疗模式、理性情绪治疗模式、任务中心模式、危机介入模式、人本治疗模式和家庭治疗模式。其实这些模式都只是在面对服务对象时不同的视角及指导，各模式之间并不具有相互排斥性，且很多时候彼此相互融合相互支撑相互渗透。

个案工作过程是指个案工作具体开展的阶段。它包括必须经历的申请与接案、预估与问题分析、制订计划、开展服务、链接社会资源与协调服务、评估与结案六个不同阶段，每个阶段都有自己的工作要求。这六个步骤必须注意与社会工作实务过程之间的相互关系。

个案工作的技巧有很多，而会谈技巧由于格外具体，多年来频繁考查，需要考生多加注意。

个案管理作为一种管理服务的模式，非常强调各种服务的统筹安排，要求社会工作者全面评估需要，广泛链接服务资源，同时协调多方服务提供主体的合作关系。

扫码听课

第六章　小组工作方法

【本章导学】

小组工作又被称为团体工作，是一种以小组（两个或更多的人）活动形式开展的社会工作方法。总体而言，小组工作旨在以人与人之间的依存互动关系为基础，通过专业的小组活动过程来恢复和增强个人的、团体的社会功能，进而实现社会发展的目标。换句话说，以个体为单元，以个体间互动为纽带，以群体权益为主旨，其实质是以小组的形式完成团体兼个人目标。小组作为个案工作的发展以及向社区工作的过渡，能够兼具二者的特点。因此，小组有四种不同的模式：治疗模式（偏向个人矫正与问题纠偏）、发展模式（偏向个人功能恢复与强化）、互动模式（偏向组内支持）、社会目标模式（公民培养与社会参与）。其聚焦于个体功能、团体权益及社区发展。小组工作的动力分析与小组的发展过程阶段密不可分。准备期、开始期、转折期、成熟期、结束期等五个不同阶段意味着小组的生命周期，即从诞生到发展到结束。小组的每一个阶段都有特定的表现形式，其中也有特有的动力推动小组的进程。对于考生而言，掌握各阶段特点并推动小组向前发展是基本功。

【历年题量/分值分布】

	2015 年	2016 年	2017 年	2018 年	2019 年	2020 年
单项选择题	7 道	7 道	7 道	7 道	7 道	6 道
多项选择题	3 道	3 道	3 道	3 道	3 道	3 道
合计分值	13 分	13 分	13 分	13 分	13 分	12 分

注：单项选择题每题 1 分，多项选择题每题 2 分（错选，本题不得分；少选，所选每个选项得 0.5 分）。

【本章知识概览】

小节	考点	备考指数
第一节　小组工作的概念、类型与特点	小组工作的概念、类型	★★★★★
	小组工作的理论	★★
	小组工作的特点与功能	★★★
第二节　小组工作的模式	社会目标模式	★★★★
	治疗模式	★★★★
	互动模式	★★★★
	发展模式	★★★

续表

小节	考点	备考指数
第三节　小组工作的过程	准备阶段	★★★
	开始阶段	★★★★
	转折阶段	★★★★★
	成熟阶段	★★★★★
	结束阶段	★★★★★
第四节　小组工作的技巧	沟通互动技巧	★★
	小组讨论技巧	★★★★
	小组介入技巧	★★★
	小组活动设计技巧	★★
	小组评估技巧	★★

【考点详解】

第一节　小组工作的概念、类型与特点

【重要考点概览】

小节	主要考点	历年考查点
第一节　小组工作的概念、类型与特点	小组工作的概念、类型	2015、2016、2017、2020 年考查单项选择题
	小组工作的理论	尚未考查
	小组工作的特点与功能	2019 年考查单项选择题

考点一：小组工作的概念、类型

作为三大直接工作方法之一的小组工作，需要满足以下条件。

（1）对象：具有共同需求或相近问题的群体。

（2）手段：经由社会工作者的策划与指导，通过小组活动过程及组员之间的互动和经验分享。

（3）目标：帮助小组组员改善其社会功能，促进其转变和成长，以预防和解决有关社会问题。

由此可见，小组工作发展于个案工作，但同时可以导向社区工作的目标，其作为微观与宏观之间的连接与过渡，同时具有双方的特点。

依据小组的目标、服务对象的特点和实际需要及服务对象的参与动机，小组可以划分成多种类型，其中如下四类较为普遍。

（1）教育小组：学习新知识、新方法，或补充相关知识之不足，促使成员改变其原来对于自己的问题的不正确看法及解决方式。

（2）成长小组：了解、认识和探索自己，从而最大限度地启动和运用自己的内在

资源及外在资源，充分发挥自己的潜能，解决所存在的问题并促进个人正常、健康的发展。

（3）治疗小组：对小组组员的心理和社会行为问题进行治疗，从而改变其行为，重塑其人格，开发其潜能。

（4）支持小组：通过小组组员彼此之间提供的信息、建议、鼓励和感情上的支持，达到解决某一问题和成员改变的效果。

【真题再现】

1. 某社会工作服务机构运用小组工作方法为自闭儿童及其家长提供了一系列服务。下列小组中，符合支持小组特点的是（　　）。（2020 年真题）

A. 针对自闭症儿童家长的照顾知识培训小组

B. 针对自闭症儿童的社会交往能力提升小组

C. 针对自闭症儿童家长的“倾听心声”小组

D. 针对自闭症儿童的绘画技能技法培训小组

参考答案：C

参考解析：本题考查支持小组。支持小组一般是由具有某一共同性问题的小组组员组成的。通过小组组员彼此之间提供的信息、建议、鼓励和感情上的支持，达到解决某一问题和成员改变的效果。在支持小组中，最重要的是小组组员的关系建构、相互交流和相互支持。社会工作者的任务是指导和协助小组组员讨论自己生命中的重要事件，表达经历这些事件时的情绪感受，建立起能够互相理解的共同体关系，达到相互支持的目的。ABD 选项都属于教育小组。

2. 社会工作者要为癌症晚期患者家属举办一个小组，小组的主要任务是引导小组成员交流照顾癌症患者的经历，表达感受，释放压力，建立起互相信任的共同体关系。此小组类型是（　　）。（2017 年真题）

A. 教育小组　　B. 成长小组　　C. 支持小组　　D. 治疗小组

参考答案：C

参考解析：本题考查支持小组。支持小组强调组员彼此之间感情上的支持，社工的任务是指导和协助组员表达自己的情绪和感受。为癌症晚期患者家属开展小组活动，引导其表达感受、释放压力，相互支持，属于支持小组。所以正确答案为 C 选项。

3. 社会工作者小汪在社区开展小组服务，小组成员包括目前已成功戒毒的康复人员和刚回归社会的戒毒人员，在小组中，针对刚回归社会的戒毒人员的困惑和遇到的困难，已成功戒毒的康复人员介绍了自己戒毒的心路历程，戒毒前后生活的变化，以及不复吸的经验，帮助刚回归社会的戒毒人员增强远离毒品的信心。此小组的工作类型主要是（　　）。（2016 年真题）

A. 教育小组　　B. 成长小组　　C. 支持小组　　D. 治疗小组

参考答案：C

参考解析：本题考查支持小组。支持小组一般是由具有某一共同性问题的小组组员组成的。通过小组组员彼此之间提供的信息、建议、鼓励和感情上的支持，达到解决某一问题和成员改变的效果。如“单亲家庭自强小组”“癌症患者小组”、针对吸毒人员的“同伴治疗小组”等。

4. 为帮助应届大学生顺利找到工作，学校社会工作者小王最近为即将毕业的大学生开设了一个小组，组员们在小组中将学习制作简历和面试等就业技巧。该小组工作类型是（　　）。（2015 年真题）

A. 教育小组　　B. 支持小组　　C. 治疗小组　　D. 成长小组

参考答案：A

参考解析：本题考查教育小组。教育小组旨在帮助组员学习新知识、新方法，促使成员改变其原来对于自己的问题的不正确看法及解决方式，从而增进组员适应社会和生活的知识技能。小王帮助大学生学习制作简历和面试等就业技巧，属于教育小组。所以正确答案为 A 选项。

考点二：小组工作的理论

小组工作在发展过程中深受相关社会学科的影响，同时也发展出许多小组工作理论：场域理论、小组动力学理论、符号互动与镜中我理论、社会学习理论等。当然，现实操作中所使用的理论远远比如上丰富。理论不仅为小组工作方法提供了支撑，更为社会工作者设计及组织介入小组提供方向性指引。

考点三：小组工作的特点与功能

小组工作的特点如下：强调组员的共同性与相似性、强调组员的民主参与、运用小组的治疗性因素、注重团体动力。

小组工作的功能主要包括如下几个方面：（1）塑造小组组员的平等意识和共同体归属感；（2）提供小组组员自我改变及“被肯定”的社会场景；（3）创造相互帮助、共同成长的学习机会；（4）打造增能的社会支持网络。

【真题再现】

在灾后小学生心理支持小组中，社会工作者小周运用输入希望、自我表露、互助支持、接纳自我等专业技巧，促进组员的改变。小周的这些做法主要体现出的小组工作特点是（　　）。（2019 年真题）

A. 关注组员问题相似性　　B. 强调组员的民主参与

C. 重视小组治疗性因素　　D. 注重组员的个人能力

参考答案：C

参考解析：小组工作的特点：（1）小组组员问题的共同性或相似性；（2）强调小组组员的民主参与；（3）运用小组治疗性因素；（4）注重团体的动力等。小组工作者通过创建与改变小组，创造并尽力维持小组中的治疗性因素，再通过这些治疗性因素发挥作用促进个体的改变与成长。在实证研究中，很多小组工作者都确实在小组观察到某些治疗性因素，如植入希望、普遍性、建议的告知、利他主义、自我表露、互动中的学习、接纳等。

第二节　小组工作的模式

【重要考点概览】

小节	主要考点	历年考查点
第二节　小组工作的模式	社会目标模式	2018、2019 年考查单项选择题
	治疗模式	2016、2020 年考查单项选择题
		2015、2018 年考查多项选择题
	互动模式	2015、2017 年考查单项选择题
	发展模式	2015 年考查单项选择题

★ 考点一：社会目标模式

社会目标模式主要运用于社区发展的项目或领域。其实质就是借助于小组完成社区发展的目标，而达成此目标需要借助于小组推动组员对于社区参与、社区问题的关注。也就是说，该模式注重的是社会责任和社会变迁，强调培养公民的社会责任、社会参与和社会行动。

具体而言，该模式在小组工作实践中的实施原则包括：（1）致力于培养组员的社会意识和社会责任；（2）致力于发展组员的自我发展能力、社会参与和社会行动能力，以及整合社会资源和改变社会环境的能力；（3）致力于培养有利于社区各方面发展所需的领袖人物，提升其推动社区发展和社会变迁的意识和能力；（4）致力于小组工作目标与社区发展目标的一致性。

社会目标模式较为符合社会工作追求社会公正和社会关怀的理想，将个人的问题与其所处的社会环境或社会结构联系起来，强调个人问题的解决与社会结构问题解决的关联。因此，社会目标模式是本节最具有整体性社会关怀的模式。

【真题再现】

1. 社会工作者小刘发现社区中部分老人无所事事，生活比较单调枯燥。通过需求调研，小刘了解到老人们非常希望社区多搞些活动，提供机会让老人们多交流，同时也为社区建设做点贡献。为此，小刘拟运用社会目标模式为老人开展小组服务。下列做法中，最符合社会目标模式实施原则的是（　　）。（2019 年真题）

A. 协助老人组建志愿服务队，提升关怀社区困难人群的责任意识

B. 教导老人学习沟通技巧，学会开放、平等地与他人交流和互动

C. 引导老人表达生活中的困惑，积极分享和学习自我调节的经验

D. 解决老人社会关系失调问题，协助老人重新建立社会支持网络

参考答案：A

参考解析：本题考查社会目标模式的实施原则。社会目标模式的实施原则：（1）致力于培养并提升小组组员的社会意识和社会责任；（2）致力于发展小组组员的自我发展能力、社会参与和社会行动的能力；（3）致力通过小组领袖的培养，培育有

利于社区各方面发展所需的领袖人物；（4）致力小组工作目标与社区发展目标的一致性。只有A项内容同时满足如上条件。

2. 社会工作者小黄在社区开展了一个“绿色环保”小组，通过小组活动，激发了组员参与环境保护的热情，提升了组员社会参与的能力。下列小黄的做法中，反映出社会目标模式理念的是（　　）。（2018年真题）

A. 通过组员之间的互动，实现小组的目标并获得个人发展

B. 运用各种治疗方法帮助组员学习新行为，发展关系网络

C. 运用刺激、质疑等技巧提高小组的互动频率和互动质量

D. 通过培养小组领袖，提升其推动社区发展的意愿和能力

参考答案：D

参考解析：本题考查社会目标模式的实施原则。社会工作者在开展小组工作实践活动中，自始至终都要强调：致力于培养并提升小组组员的社会意识和社会责任；致力于发展小组组员的自我发展能力、社会参与和社会行动的能力；致力于通过对小组领袖的培养，培育有利于社区各方面发展所需的领袖人物，提升他们推动社区和社会变迁的意识和能力；致力于小组工作目标与社区发展目标的一致性。

★ **考点二：**治疗模式

治疗模式强调治疗和解决个人的社会问题，改变个人的社会行为。该模式是精神医学、心理学和社会学的结合与运用，具有独特的理论与技术。小组治疗模式吸引的服务对象主要是行为失范的人群或有特定问题的人群。其与个案工作具有很多相似之处，可以说是借由小组形式更多关注每个组员也就是个体的目标。

治疗模式在小组工作中的实施原则包括以下几个方面。（1）综合性原则。综合运用多学科的知识与技巧开展小组活动。（2）建构性原则。帮助组员替代原有的有缺陷的社会关系网络，并学习新的行为，以适应新的社会关系网络。（3）个别性与共同性相结合原则。既提供组员的个别性治疗，又进行小组的整体性治疗。

【真题再现】

1. 某医院的社会工作者小文最近发现前来就诊的部分儿童有些行为问题，为此小文为他们开设行为治疗小组。从治疗模式的实施原则出发，小文的恰当做法是（　　）。（2020年真题）

A. 运用心理学、社会工作等跨学科的知识和技巧，帮助儿童养成良好习惯

B. 运用催化、刺激、示范、提供咨询等技巧，促进组员之间的开放与互动

C. 通过趣味小组活动促进组员之间相互分享和帮助，培养儿童自我发展的能力

D. 鼓励儿童相互之间面对面地互动，帮助儿童提升自我发展的能力

参考答案：A

参考解析：治疗模式下的小组工作，其对象通常是有较严重的情绪问题、行为障碍、人格问题、精神异常或有社会偏差行为的人。其工作的目标是通过治疗帮助组员在心理、社会和文化适应方面得到康复、发展和完善，并预防对个人造成不良影响的

消极因素的出现。因此，组员在小组活动中获得的主要是矫治性的治疗，通过这种治疗以获得发展性和预防性的帮助。社会工作者在开展治疗模式的小组工作时，必须坚持和实施综合性原则、建构性原则、个别性与共同性相结合的原则。

2. 社会工作者小敏准备给学校里有偏差行为的学生开设一个治疗小组，帮助他们纠正行为，更好地适应社会。下列小敏的做法中，主要体现治疗模式实施原则的有（　　）。(2018 年真题)

A. 针对组员共同性与个别性问题，制定小组目标和治疗计划

B. 通过小组活动，组员获得的主要是社会工作者的陪伴关怀

C. 通过小组活动，重点培养提升组员的社会意识和社会责任

D. 带领组员建构新的社会关系网络，以替代原来有缺陷的社会关系网络

E. 综合运用行为心理学、社会学、临床社会工作的知识和实务技巧

参考答案：ADE

参考解析：本题考查治疗模式的实施原则。治疗模式中小组实施的原则有综合性原则、建构性原则、个别性与共同性相结合的原则。综合性原则是综合运用精神病学、心理学、社会学和临床社会工作的知识和实务技巧，明确治疗的方向，设计和实践小组治疗的计划并控制小组的发展。建构性原则是通过带领小组组员建构和发展社会性的治疗关系，以替代原来的、有缺陷的社会关系网络。个别性与共同性相结合的原则是设定每一个组员的个别性治疗计划，同时通过对小组组员个别性问题的综合分析，实施整体性的小组治疗计划。

3. 针对具有行为偏差的服务对象，社会工作者可以运用小组工作的治疗模式，帮助组员在心理、社会和文化适应方面得到康复、发展和完善，并预防对个人造成不良影响的消极因素出现。社会工作者在采用治疗模式开展小组工作时，需要坚持和实施的主要原则有（　　）。(2015 年真题)

A. 综合性　　　　　　B. 培养组员社会责任

C. 建构性　　　　　　D. 提升组员社会意识

E. 个别性与共同性相结合

参考答案：ACE

参考解析：社会工作者在开展治疗模式的小组工作时，必须坚持的和实施的原则有：(1) 综合性原则；(2) 建构性原则；(3) 个别性与共同性相结合的原则。因此，本题 ACE 选项正确。

★ 考点三：互动模式

互动模式基于人与环境和人与人之间的关系而建立，期待通过组员之间、组员与小组及社会环境之间、小组与社会环境的互动关系，促使组员在小组这个共同体的相互依存中得到成长。其最终目标是增强组员的社会功能，提升组员发展能力。互动模式的焦点在于互动关系及其效果，对于组内成员间互动与支持予以高度重视，因此其实质是借由小组完成组内成员的支持与学习。

互动模式下的小组工作的实施原则包括以下几个方面。(1) 开放性的互动。促进组员之间、组员与小组和社会系统之间的良性互动。(2) 平等性的互动．强调组员间的平等及个体独立性。(3) 面对面的互动。促进组员之间面对面澄清问题和需求，挖掘正向动力，实现个人和小组的发展目标。

【真题再现】

1. 社会工作者小张采用互动模式开展了一个“睦邻居”小组，旨在增加流动儿童与本地儿童的交流，促进流动儿童的社区适应与融合。关于该小组的说法，最准确的是（　　）。(2017 年真题)

A. 该小组虽然是个互动小组，但仍应考虑服务流动儿童的补救性目标

B. 鉴于儿童的性格和行为特征，小张在带领小组时应做好控制者角色

C. 小组主要围绕社区适应问题，小张应将其目标主要聚焦于流动儿童

D. 小张可以运用激励的示范等技巧，提高组员之间互动频率和品质

参考答案： D

参考解析： 互动模式亦称交互模式或互惠模式，是基于人与环境和人与人之间的关系而建立的一种小组模式。互动模式旨在通过组员之间、组员与小组及社会环境之间、小组与社会环境的互动关系，促使组员在小组这个共同体的相互依存中得到成长，增强组员的社会功能，提升其发展能力。互动模式下的小组工作，焦点在于互动关系及其效果。故本题答案为 D 选项。

2. 关于小组工作互动模式的说法，正确的是（　　）。(2015 年真题)

A. 聚集人的潜能，提升组员的社会功能

B. 注重社会变迁，培养组员的社会责任

C. 聚焦解决个人的社会适应问题，改变个人的社会行为

D. 强调人与环境和人与人之间的关系，增强组员的社会交往能力

参考答案： D

参考解析： 互动模式下小组的目标焦点既在个人，也在环境，更在个人、小组、环境等之间的开放和互动。社会工作者通过组织小组活动及组员之间的互动，可以发掘组员的自身潜能，增强他们社会交往与社会生活的信心、知识和能力。

★ 考点四：发展模式

发展模式在所有小组工作模式中最容易混淆且不够清晰，其目标是解决和预防服务对象社会功能的衰减问题、恢复和发展服务对象的社会功能。服务人群为：各种困难人群、面临危机的人群以及寻求更大自我发展的人群等。换句话说，其既服务于功能衰退人群，又服务于期待功能强化的人群。也就是既可以将其用在传统意义上的弱势人群，也可用在期待激发潜能促进发展的人群上。其实施原则包括积极参与原则和使能者原则。

【真题再现】

某儿童福利院接收了一些曾被拐卖的儿童，这些儿童健康状况差，经常表现出胆

怯、惊恐。为此，社会工作者小李决定用小组工作方法为他们提供辅导，协助其恢复和发展社会功能。该小组较适合采取的工作模式是（　　）。(2015 年真题)

A. 互动模式　　B. 治疗模式

C. 发展模式　　D. 社会目标模式

参考答案：C

参考解析：发展模式旨在解决和预防服务对象社会功能的衰减问题、恢复和发展服务对象的社会功能。发展模式关注的焦点在于小组组员的社会功能而不是有关生理和病理方面的因素，重视的是组员个人潜力的发掘与发挥而不是治疗性辅导。故正确答案为 C 选项。

第三节　小组工作的过程

【重要考点概览】

小节	主要考点	历年考查点
第三节　小组工作的过程	准备阶段	2019 年考查多项选择题
	开始阶段	2018 年考查单项选择题
		2016 年考查多项选择题
	转折阶段	2015、2017、2018、2020 年考查单项选择题
		2019 年考查多项选择题
	成熟阶段	2015、2017、2018 年考查单项选择题
		2017 年考查多项选择题
	结束阶段	2016、2019 年考查单项选择题
		2015 年考查多项选择题

★ 考点一：准备阶段

准备阶段的任务与内容：遴选小组组员，了解他们的问题所在及真实需求；确定工作目标、制订工作计划；申报与协调资源、考虑小组规模、活动场地及设施安排等。

准备阶段为第一次小组的正式开展做好准备，包括人、物、内容等。此时社工需要根据对组员的遴选完成小组的需求与目标的确定，并据此进行小组内容的设计。此部分所有内容皆由社工完成。

【真题再现】

根据需求调研结果，社会工作者小李拟为居住在社区的随迁老人开展一个“社区融入”主题小组。老人们表示对小组活动不太了解，既感到新鲜，又担心自己做不好。针对上述情况，在开展小组活动之前，小李适宜的做法有（　　）。(2019 年真题)

A. 通过向老人介绍小组目标和内容，消除老人心理顾虑

B. 设计有趣易记的小组名称，以引发老人对小组的关注

C. 向性格矜持的老人进行个别介绍，让其感到小组有趣

D. 向老人子女介绍小组计划，让他们鼓励老人参与小组

E. 在小组中与老人忆唱老歌，激发老人参加小组的兴趣

参考答案：ABCD

参考解析：ABCD四项均属于在开展小组活动之前社会工作者应采取的做法。E选项属于开展活动初期社会工作者应采取的做法。

考点二：开始阶段

从第一次聚会起，小组工作就进入了开始阶段。这一阶段是小组组员之间、社会工作者与小组组员之间的关系建构阶段，是小组组员对小组产生认同的阶段，也是小组规范化的阶段，所以特别重要。

开始阶段的组员特征：矛盾心理和行为、小心谨慎相互试探、沉默被动、依赖社工。

开始阶段的主要任务：建立关系、规则建立、目标确定、基本信任确定等。

社工的角色：领导者、鼓励者与组织者。

【真题再现】

1. 社会工作者阿英为重症病人照顾者开展支持小组。在第一次活动中，她先通过破冰游戏帮助组员相互认识，然后引导组员讨论参加小组的期望。最后，通过组员们的分享，小组目标逐渐清晰。上述阿英的做法，体现了本阶段小组工作的重点是（　　）。（2018年真题）

A. 促进组员相互信任　　　　B. 促进阿英和组员的相互信任

C. 促进组员相互支持　　　　D. 促进组员沟通能力逐步提升

参考答案：A

参考解析：本题考查小组工作开始阶段的主要任务。阿英“先通过破冰游戏帮助组员相互认识，然后引导组员讨论参加小组的期望。最后，通过组员们的分享，小组目标逐渐清晰”，这些都表明小组工作正处于开始阶段，此时，小组工作的重点在于帮助小组组员之间建立信任关系。

2. 医务社会工作者小韩为先天性病手术后的儿童家长举办了一个支持小组，在小组开始阶段，为帮助组员建立信任关系，小韩协助组员彼此认识，消除陌生感，强化组员对小组的期望，促使形成相对稳定的小组关系结构。在此阶段，小韩主要扮演的工作角色有（　　）。（2016年真题）

A. 领导者　　B. 鼓励者　　C. 旁观者　　D. 组织者

E. 调解员

参考答案：ABD

参考解析：本题考查小组开始阶段社会工作者扮演的角色。在小组开始阶段，社会工作者扮演的角色有：（1）领导者；（2）鼓励者；（3）组织者。

考点三：转折阶段

本阶段特点：组员关系走向紧密化，小组内部权力竞争开始。

本阶段社会工作者的工作重点：通过专业辅导，协调和处理组员之间的竞争及各种可能的冲突，促进小组内部的良性竞争与和谐，推动小组关系走向紧密化。

此阶段组员特征具体而言，主要表现在：（1）对小组具有较强的认同感；（2）互动中的抗拒与防卫心理；（3）角色竞争中的冲突。

此阶段社工职责：处理抗拒与冲突、保证小组的整体目标、控制与重构小组。

此阶段社工的角色：协助者和引导者、辅导者、调解者、支持者。

【真题再现】

1. 某中学初一新生入学后，部分学生在学习和人际交往方面不适应。为此，学校社会工作者小徐开设了一个 8 节的成长小组。下列四个场景中，最符合小组中期转折阶段里组员常见特征的是（　　）。（2020 年真题）

A. 组员小丁担心在小组讨论中说错话，表现比较被动，经常一言不发

B. 组员小王经常对小徐安排的小组活动提出质疑，并常指责其他队员

C. 组员小李比较积极，主动向大家分享自己提升人际交往能力的经验

D. 组员小赵有些伤感，认为小组结束后要忙于学习，不如再延长几次

参考答案：B

参考解析：本题考查转折阶段组员的特征。该阶段的组员对小组具有较强的认同感、互动中存在抗拒与防卫心理、存在角色竞争中的冲突。A 选项小丁沉默和被动，是开始阶段的特征。C 选项属于后文将要介绍到的成熟阶段组员特征。D 选项的伤感情绪属于后文将要讲到的结束阶段组员特征。B 选项指责其他组员、质疑小组活动等符合转折阶段特征，当选。

2. 社会工作者小余为大学二年级学生开设了一个八节次的情感探索小组。小组进展到第四节，小余观察到组员们出现了一些新的变化，表现出一些新的特点，判断小组进入到中期转折阶段。这些新的变化和特点有（　　）。（2019 年真题）

A. 组员之间愿意探讨情感话题

B. 组员之间强调保守小组秘密

C. 有些组员会刻意对情感主题进行理性表达与探讨

D. 组员间关于情感差异性和冲突性的观点表达增多

E. 组员在小组内分享时依赖社会工作者小余的指导

参考答案：AD

参考解析：中期转折阶段是组员关系走向紧密化的时期，也是小组内部权力竞争开始的时期。在中期转折阶段，组员的常见特征有：（1）对小组具有较强的认同感；（2）互动中的抗拒与防卫心理；（3）角色竞争中的冲突。

3. 社会工作者老张为社区矫正人员开设了以“认识自我”为主题的小组。小组过程中，部分组员因看不惯组员小李的行为，发生了一些争执。

组员小方："小李，你总不说话，可别人发言时你又摇头，你什么意思啊？"

组员小李："没有什么意思啊，我习惯这样。"

组员小周："不对，你不但摇头，还露出讥讽的笑，你心里是不是瞧不起我们……"

组员小李："如果你们非要这么说，我也没办法。反正我跟你们不一样，我不属于这里，也许我来就是一个错误。"

这时，老张首先应该做的是（　　）。（2018 年真题）

A. 继续保持倾听，观察现场状况，不发表任何意见

B. 引导小李依据开始时订立的小组契约，约束自己的言行

C. 劝导组员保持冷静，帮助组员澄清冲突的事实，共同解决问题

D. 提醒三人发言已超时，邀请另一组员小秦分享自己的成长经验

参考答案： C

参考解析： 本题考查小组工作中期转折阶段如何协调和处理冲突。在面对冲突时，社会工作者应该有包容、冷静和理性的态度。在解决冲突时，可以运用以下具体措施：（1）帮助组员澄清冲突的本质，特别是澄清冲突背后的价值观差异；（2）增进小组组员对自我的理解；（3）重新调整小组规范和契约；（4）协助组员面对和解决由冲突带来的紧张情绪和人际关系；（5）运用焦点回归法，即将问题抛回给组员，让他们自己解决。故 C 选项正确。

4. 随着小组的开展，组员开始表现出既想表露自己又担心别人不接纳，既想探索自己又怕引发痛苦的矛盾状态，并产生防卫心理和抗拒行为，例如会用缺席或迟到、沉默寡言、转换话题等方式保护自己。针对以上情况，社会工作者最适宜的做法是（　　）。（2017 年真题）

A. 帮助组员分享自己的感受，处理焦虑心理和逃避行为

B. 帮助组员形成良好的互动，以便小组结束后跟进服务

C. 协助组员维持正向的经验，并在日常生活中加以运用

D. 协助组员消除彼此陌生感，提高其对小组目标的认识

参考答案： A

参考解析： 小组工作在转折阶段，组员之间沟通和互动比小组初期有所增强，但自我肯定、安全感与真诚的互动尚未完全实现，组员之间会在价值观、权力位置、角色扮演等方面产生矛盾和冲突。这一阶段组员最常见的显著特征如下：（1）对小组具有较强的认同感；（2）互动中的抗拒与防卫心理；（3）角色竞争中的冲突等。面对小组的特点，社会工作者在转折阶段的工作重点在于处理小组冲突。BC 选项属于结束阶段的内容，D 选项属于开始阶段的内容。故 A 选项正确。

5. 社会工作者小张在社区举办了"社区工作者能力建设小组"。在小组进行过程中，大家围绕老年志愿者队伍培育展开了激烈讨论，一部分社区工作者认为社区工作繁重，老年人又有突发疾病和跌倒等风险，这项工作应暂时放一放；另一部分社区工

作者认为老年志愿者队伍的培育可以促进社会互助，建设关怀社区。双方争论不休，都希望小张能支持自己的观点。这时，小张宜采取的做法是（　　）。（2015 年真题）

A. 不做决断，提供资料信息，分析利弊

B. 及时切断问题讨论，适时转移话题

C. 鼓励比较内向和害羞的成员发言

D. 让小组成员轮流发言，阐述自己的观点

参考答案：A

参考解析：在小组工作的转折阶段，社会工作者在小组的权力与地位逐渐由中心位置向边缘位置转移，即不再担任小组的领导者和决策者，而只是小组的协助者和引导者。社会工作者在此阶段的责任和角色主要在于做信息、资源的提供者和链接者。故正确答案为 A 选项。

考点四：成熟阶段

本阶段特点：小组的关系结构稳定，小组活动运作状态良好，组员之间愿意相互了解合作与支持，更愿意接纳他人、相互肯定。所有这些，都标志着小组进入了良性的成熟阶段。

小组能够聚焦于具体的小组目标与任务，大力推进小组目标的达成，提出的建议或计划也更加现实。同时小组的凝聚力大大增强，组员关系的亲密程度更高，组员对小组充满了信心和希望，小组的关系结构趋于稳定。

此阶段社工任务：维持小组的良好互动；获得新的认知；把认知转变为行动；解决有关问题。

此阶段社工的角色：信息、资源的提供者和链接者；促进者；引导和支持者。

【真题再现】

1. 社会工作者为社区残障人士举办了一个小组。经过几节小组活动，小组开展状况良好，组员们变得更愿意交流沟通，并开始形成相互支持。他们自己商议出议事机制，并在每次小组讨论中自觉运用。在小组工作的这一阶段，社会工作者的角色是（　　）。（2018 年真题）

A. 处于核心位置，扮演领导者角色　　B. 处于边缘位置，扮演协调者角色

C. 处于边缘位置，扮演同行者角色　　D. 处于核心位置，扮演引导者角色

参考答案：C

参考解析：本题考查小组工作后期成熟阶段社会工作者的角色。在小组后期成熟阶段，组员对小组的满意度增加了，并且能自主地处理小组内部的问题。这个时候，小组的关系结构稳定，小组活动运作状态良好，组员之间更愿意了解和被了解，更愿意接纳他人，更愿意相互合作、相互支持、相互肯定，提出的建议或计划也更加现实。小组后期成熟阶段，社会工作者逐渐退移到边缘位置，有些小组角色被组员自己承担，组员与社会工作者的地位逐渐接近甚至成为一个“同行者”和“旁观者”。

2. 社会工作者小张为社区社会组织的居民领袖开设了一个小组。通过一段时间的

小组活动，小组的凝聚力明显增强，组员间的关系更加亲密，小组的关系结构趋于稳定。在小组工作的这一阶段，小张的主要工作任务是（　　）。（2017 年真题）

A. 协助组员重新建构小组　　B. 适当控制小组工作进程

C. 协助组员从小组中获得新的知识　　D. 强化组员对小组预期成效的期望

参考答案：C

参考解析：小组工作的后期成熟阶段，协助组员解决问题是社会工作者的工作重点。此阶段社工的任务包括以下四个方面：维持小组的良好互动；协助组员解决有关问题；协助组员从小组中获得新的认知；协助组员把认知转化为行动。

3. 社会工作者老李在地震灾区为受灾的羌族农村妇女举办了“羌绣伴我行——妇女能力建设小组”，小组顺利进入后期成熟阶段，组员开始讨论未来羌绣的销售以及销售收入的管理。此时，老李要做的工作有（　　）。（2017 年真题）

A. 协助部分组员处理小组即将结束产生的离别情绪

B. 协助组员维持小组中形成的行为模式和互助关系

C. 引导组员共同努力解决羌绣销售市场开拓的难题

D. 鼓励组员积极尝试去寻找和获取销售市场的信息

E. 关注部分组员可能出现的异常行为和特殊的变化

参考答案：BCD

参考解析：本题考查小组工作后期成熟阶段社会工作者的主要任务。主要包括：维持小组的良好互动；协助组员从小组中获得新的认知；协助组员把认知转变为行为；协助组员解决有关问题。

4. 社会工作者小江为残疾儿童家长开设了一个“同路人”的支持小组。经过几节小组活动后，家长从不愿表达自己到能与其他组员深入分享自己的艰辛、困惑和经验，并在相互交流中获得育儿的新知识和新方法，小江准备在下一节小组活动中。采取一些措施帮助家长将新的认知转变为行为。下列小江采取的措施中，有助于目标实现的有（　　）。（2017 年真题）

A. 协助家长为自己的改变负责，鼓励他们不断尝试新的行动

B. 及时发现家长刚开始出现的正向行为，并加以肯定和支持

C. 帮助家长获得社会支持，将小组习得的行动运用在小组外

D. 适当控制小组的进程，等待家长行为慢慢地发生改变

E. 强化家长对小组的期待，提高他们对小组目标的认识

参考答案：ABC

参考解析：题干中社会工作者的任务是，协助组员把认知转变为行动：即在组员有了新的认知后，社会工作者需要协助组员意识到必须为自己的改变承担责任，并将这种认知转化为实际的行动。要鼓励和支持组员不断尝试新的行动，在被期待的新行动出现时，不断予以强化，使组员更有信心、更有勇气去尝试和坚持，以备将来运用在小组之外。

5. “通过前几次的小组活动，我们大家都达成了共识：尽管父母的教育方式可能不当，但他们始终是爱我们的，他们是我们最信任的人。大家也都认为，一时冲动，向自己父母说狠话、说重话是不对的。那么今天，我们就要想想办法，如何克制自己的冲动，改善与父母的沟通。”社会工作者的这段话最有可能出现在小组的（　　）。（2015 年真题）

A. 开始阶段　　B. 中期转折阶段

C. 后期成熟阶段　　D. 结束阶段

参考答案：C

参考解析：根据小组的特点，社会工作者在各阶段的任务为：开始阶段主要帮助小组组员之间建立信任关系（A 选项）；中期转折阶段主要处理小组冲突（B 选项）；后期成熟阶段重点在于协助组员解决问题（C 选项）；结束阶段主要处理好组员的离别情绪（D 选项）。因此，正确答案为 C 选项。

考点五：结束阶段

本阶段是小组的完结期，已达到预期目标。通过本阶段完成小组的总结、巩固与评估，同时处理好组员即将离别的相关事项。

本阶段小组特点：浓重的离别情绪；小组关系结构的弱化。

此阶段社工任务：处理组员的离别情绪与感受；协助组员保持小组经验（模拟练习、树立信心、寻求支持、鼓励独立、跟进服务等）。

社工的角色：引导者、领导者、评估者。

【真题再现】

1. 企业社会工作者小陈发现，有些员工由于工作繁忙而忽视了子女的教育，导致子女的学习成绩较差。为此，小陈利用假期为这些员工子女开设了教育小组。在小组结束阶段，组员纷纷表现出依恋和不舍。这时，小陈最适宜的做法是（　　）。（2019 年真题）

A. 带领组员分享当下感受和收获的经验，表达对未来的期待

B. 告知组员小组已经结束，如有学习方面的需要可微信小陈

C. 布置家庭作业，鼓励组员在小组结束后可以常来企业参观

D. 组织组员分享经验和收获，告知大家结束分享后即可离开

参考答案：A

参考解析：在结束阶段，社会工作者的主要任务包括：（1）处理组员的离别情绪与感受；（2）协助组员保持小组经验。本题关注的是离别情绪的处理，即以充分的分享感受进行总结与提升，同时对未来进行展望。

2. 在小组结束阶段，社会工作者帮助组员保持小组经验的正确方法是（　　）。（2016 年真题）

A. 让组员在小组中模拟练习他们学到的行为规范

B. 评估组员参加小组的心理感受和行为改善情况

C. 协助组员从小组中获得新的认知并转变为行动

D. 提醒组员注意小组目标或与其一致的个人目标

参考答案：A

参考解析：本题考查协助组员保持小组经验的方法。社会工作者协助组员保持小组经验的主要方法有以下几种。（1）模拟练习。模拟现实的生活环境，让组员在小组中练习他们学到的行为规范等。（2）树立信心。观察组员的变化，鼓励和肯定，让他们对离开小组后的生活充满信心。（3）寻求支持。帮助组员得到其家人、社区或周围其他人的支持，以维持在组员身上已经产生的变化。（4）鼓励独立。鼓励组员独立地完成工作，逐步降低小组对组员的吸引力，避免其在结束时对小组的过度依赖。（5）跟进服务。如转介、跟进聚会、安排探访等。

3. 某青少年控烟小组临近结束，社会工作者对组员在认知和行为上的积极变化予以肯定和鼓励。同时与组员家长沟通，指导家长协助保持组员的积极变化。还计划在未来六个月，到组员家中进行家访。上述做法中，社会工作者协助组员保持小组经验的方法有（　　）。（2015 年真题）

A. 模拟训练　　B. 树立信心　　C. 寻求支持　　D. 处理情绪

E. 跟进服务

参考答案：BCE

参考解析：社会工作者协助组员保持小组经验的主要方法有：（1）模拟训练；（2）树立信心；（3）寻求支持；（4）鼓励独立；（5）跟进服务。题干中，社会工作者对组员的积极变化予以肯定和鼓励，意在使组员树立信心；与组员家长沟通，指导家长协助保持组员的积极变化，意在寻求支持；计划在未来六个月到组员家中进行家访，意在跟进服务。因此，本题 BCE 选项正确。

第四节　小组工作的技巧

【重要考点概览】

小节	主要考点	历年考查点
第四节　小组工作的技巧	沟通互动技巧	2016 年考查单项选择题
	小组讨论技巧	2016、2018、2019 年考查单项选择题
		2015 年考查多项选择题
	小组介入技巧	2015、2016、2018 ~ 2020 年考查单项选择题
		2016 年考查多项选择题
	小组活动设计技巧	2016 ~ 2018、2020 年考查单项选择题
	小组评估技巧	2015、2017、2019 年考查单项选择题
		2016、2018、2019 年考查多项选择题

考点一：沟通互动技巧

沟通与互动技巧是小组工作的基本技巧之一。从一定意义上而言，沟通是小组得以进行的一种重要动力，是小组组员互动的基础。具有良好的沟通机制，小组内部的冲突就会降低，凝聚力就会增强，互动就能积极和谐，小组的目标方能有效实现。因此，对于社会工作者而言，把握小组中的沟通与互动技巧极其重要。

沟通互动技巧具体包括与组员沟通的技巧和促进组员之间沟通的技巧。与组员沟通的技巧包括营造轻松、安全氛围；专注与倾听；积极回应；适当自我表露；对信息进行磋商；适当帮助梳理；及时进行小结；促进组员之间沟通的技巧包括鼓励组员相互表达、相互理解、相互回馈；示范引导。

【真题再现】

社会工作者小方拟推动成立一个“爱绿护绿”的小组，关注社区绿化问题，小方与居民老李和老张谈了这个想法，他们表示愿意加入，但说目前参与的人太少，没有信心做好。针对这一情况，小方最适宜的做法是（　　）。(2016 年真题)

A. 向他们说明参与小组不需要太多时间，并能中途退出

B. 向他们说明决定参与的居民中有他们的老朋友

C. 说明加入小组的好处，坚持邀请他们加入小组

D. 肯定他们积极参与的想法，鼓励他们加入小组

参考答案：D

参考解析：有时候被动员的居民会因为目前参与的人数太少而没有信心，社会工作者可以用赞赏对方、体谅他人、尽力改变现状、动之以情等策略回应对方。赞赏对方主要是表扬对方积极参与的行为，肯定对方的付出；体谅他人指的是向对方解释其他群众最近因为较忙或其他原因而参与较少，希望能够体谅；尽力改变现状则是表示很快会吸纳更多的人来参与；动之以情是用其他付出更多的居民的事迹鼓励持犹豫态度的居民。

考点二：小组讨论技巧

小组讨论有助于组员参与小组事务，激发组员对小组的兴趣，运用小组集体的力量与决策解决小组和组员的问题。主要包括开场、提问、鼓励、限制、示范、澄清、聚焦、总结、催化、联结、沉默等。

表 6－1　小组讨论的技巧

开场	互相认识、讨论主题、设定情绪氛围，奠定基调
了解	观察和感觉语言、认知、情绪、动作，支持和鼓励并反馈；营造安全气氛
提问	包括 5 种提问类型：(1) 封闭式的提问，如“是不是”；(2) 深究回答型的提问，用“描述”“告诉”“解释”等词提问；(3) 重新定向型的提问；(4) 反馈和阐述型的提问；(5) 开放式的提问
鼓励	不逼迫而是鼓励；以重复方式予以回应
限制	切断话题，给予适时打岔；限定时间，调整次序
示范	演示与模仿
澄清	清楚、准确的表达和解说，使沟通信息能够清晰

续表

聚焦	话题游离、多元和分散时，以聚焦的手段将话题集中
总结	运用总结提纲挈领、简明扼要整理要点
催化	推动明确而直接的互动，营造信任和温暖
联结	以内在的相似性，将组员个人的经验与小组共同经验联结起来
沉默	一是形成真空，使组员自己进行判断；二是在接受意见和建议后，请组员自己进行判断
中立	免争论，不偏袒；不判断；提问题，无答案；提信息，不决断；保持中立
摘述	结束时；主题岔开时；变换主题时；发言宽泛且长时；对立时；声音过小时；语言障碍时
引导	暗示讨论方向；提示讨论重点；强调讨论程序
讨论结束	归纳；形成结论

【真题再现】

1. 某社会福利院社会工作者小万为住院老人举办了以“生命教育”为主题的小组，小组进行到第二节时，社会工作者播放“生命树”的成长过程，协助组员建立对“死亡”的正常认识。现场部分组员由于直面“死亡”，产生了恐惧、哀伤等情绪，并出现抗拒讨论的行为。针对这种情况，小万最适宜的做法是（　　）。（2019 年真题）

A. 运用限制的技巧，通过及时打岔的方式转移“死亡”话题讨论

B. 运用沉默的技巧，鼓励组员进行情绪宣泄维持小组的自然发声

C. 运用摘述的技巧，帮助大家澄清讨论的话题并重新聚焦主题

D. 运用引导的技巧，组织组员针对死亡议题开展头脑风暴讨论

参考答案：D

参考解析：引导技巧是指讨论中有时出现场面气氛热烈但又偏离方向的情况，此时社会工作者要用某种方式暗示讨论的方向，提示讨论的重点，或再次强调讨论的程序，从而保证讨论会正常有序地进行。这里有两点提示社会工作者注意。一是注意把握小组讨论的程序。要让组员围绕讨论主题，按照确定问题、分析问题、寻找和评价解决问题的各种方法，选择一种解决方法的讨论进程去展开。有时围绕如何解决问题，社会工作者可以引导组员运用头脑风暴法。二是妥善处理讨论中发生的冲突。

2. 社会工作者小王为社区志愿者开设了一个为老年人服务技能训练的小组。在一次主题为“老年人特点”的小组讨论会上，志愿者老赵说：“老年人的行为就像小孩，要哄着点儿，有时候不承认自己老了，偏干自己干不了的事。我老伴经常和儿媳妇争吵，有一次儿媳妇买了一件高档羊绒衫，老伴说儿媳妇不会节约；还有一次……”其他组员也纷纷附和。这时，小王最适宜的回应是（　　）。（2018 年真题）

A. “家里的事儿就不要说了，现在轮到老张发言了。”

B. “老赵您先别说了，我们也请其他组员谈谈想法。”

C. “刚才老赵谈了老年人的一些特点，谁能说说其他特点？”

D. “刚才老赵有点跑题了，现在我们请老张说说你的想法。”

参考答案：C

参考解析：本题考查小组讨论中引导的技巧。讨论中有时会出现场面气氛热烈但又偏离方向的情况，此时社会工作者要用某种方式暗示讨论的方向，提示讨论的重点，或再次强调讨论的程序，从而保证讨论正常有序地进行。

3. 某社区服务中心召开了一次社区老年人参与的讨论会，主要议题是讨论在本社区如何开展养老服务，老人们发言都很踊跃，持不同观点的人都想争取社会工作者的支持。此时，社会工作者适宜采取的技巧是（　　）。(2016 年真题)

A. 鼓励　　B. 提问　　C. 限制　　D. 中立

参考答案：D

参考解析：本题考查社会工作者主持小组讨论时中立的技巧。在小组讨论中，可能因为对某一个问题的观点不一致而发生争论，而争论的双方都希望社会工作者能支持自己的观点。此时，社会工作者的中立很重要，应避免与组员争论，不偏袒或属意任意一方；不判断他人意见；仅提供问题，不给予答案；可以提供资料信息，但不予决断，仅作利弊分析或事实论述；随时保持中立的位置。

4. 社会工作者小童为社区内的青少年家长开设“亲子沟通”小组。在近几次的小组活动中，李女士与坐在她身旁的张女士、陈女士比较谈得来，不再积极与其他组员一起做活动。当其他组员在分享如何教育子女的经验和体会时，她们三人一直在讨论孩子上哪个学校好。这时，小童适宜的做法有（　　）。(2015 年真题)

A. 不予理睬、继续开展小组

B. 重新安排李女士等三人的座位

C. 运用小组程序和练习分离次小组

D. 要求李女士等人更多地与其他组员交流

E. 鼓励其他组员形成次小组以增加小组凝聚力

参考答案：BCD

参考解析：本题考查小组讨论的技巧，在小组中出现了次小组并且这个次小组已经影响到小组整体的进程以及小组成员本身的时候，社会工作者应该采取限制的技巧抑制次小组产生的不良影响，合适的做法包括重新安排座位，运用程序进行干预，要求次小组成员与其他人员更多交流。选项 A 不予理睬不能解决问题，选项 E 容易造成小组冲突。

考点三：小组介入技巧

社会工作者需要从小组成员、小组整体以及小组外部环境三个层面开展介入，从而促成小组目标的达到。包括对组员的介入、对小组整体的介入及对外部环境的介入等。

对组员的介入技巧：促进个体自我改变、促进组员之间相互学习、改善个体环境。

对小组整体的介入技巧：改变沟通和互动模式、改变小组对组员的吸引力、有效利用小组整合动力等。

对外部环境的介入技巧：增强服务机构对小组工作的支持、链接机构间的网络、提升社区意识。

【真题再现】

1. 学校社会工作者小方发现小学五年级部分学生生活自理和人际交往能力较差。为此，小方拟在学校开设一个“我是小能人”的小组，旨在提升学生的动手能力，学习与同学和睦相处的技能。从小组成员介入的层面看，小方最适宜的做法是（　　）。（2020 年真题）

A. 通过奖励鼓励学生积极参与生活自理小故事的分享

B. 通过制定小组规范，帮助学生整合动力和增强凝聚力

C. 通过角色扮演的方法，促进学生学习人际交往技巧

D. 通过邀请专家，协助学生寻求与同学和睦相处的关注点

参考答案：C

参考解析：本题考查小组介入技巧。社会工作者一般从小组成员、小组整体以及小组外部环境三个层面开展介入，以促进小组目标的达成。其中，对小组组员的介入包括：促进组员个体的自我改变（针对功能失调和非理性信念）、促进组员之间的相互学习（针对相似行为或者技能，利用角色扮演的方式，促进组员之间通过观察的方式学习）、改善组员个体的生活环境（针对缺少资源而产生问题或者环境影响）。C 选项通过角色扮演方式促进学生学习人际交往技巧，属于促进组员之间相互学习；AD 选项不属于组员介入三种情况的任何一种；B 选项制定小组规范以帮助学生整合动力，属于小组整体层面的介入。

2. 在一个社区居民骨干志愿服务能力提升小组的第四次活动中，有几位组员因观点不同争执起来，都希望社会工作者小李支持他们的看法。此时小李决定运用焦点回归法来处理组员的争执，其最适宜的回应是（　　）。（2020 年真题）

A. “各位刚才的做法扰乱了小组秩序，希望以后大家注意一下自己的言行。”

B. “我很高兴看到大家愿意表达自己的看法，只有相互交流，才能实现小组目标。”

C. “我认为李阿姨的观点比较契合实际，王大爷的说法有点太偏激了，不太可行。”

D. “刚才大家对志愿者队伍建设有不同意见，其他人还有什么意见想谈谈吗？”

参考答案：B

参考解析：焦点回归法即将问题抛回给组员，让他们自己解决。D 选项，只把问题抛给了其他人，即使所有人都谈论了各自的意见，但是最终还需要回到如何在充分表达分歧与争议中达成共识，也就是要回到“只有相互交流，才能实现小组目标”这个结论上。

3. 为帮助新生尽快适应大学生活，社会工作者小冯开设了一个成长小组。在第三节小组活动中，组员小李因为不能接受别人对他的评价中途退出。在第四节小组活动中，组员之间出现了以下对话：

组员甲：“上次小组活动中，小李生气直接离开了，这次他又不来，我们又没对他

怎么样，我觉得他有点过分。”

组员乙：“是啊，我对他也很不满意，他真有点莫名其妙。”

组员丙：“对啊，他觉得自己被挑战了，就直接离开，真的很差劲。”

其他组员：（同声附和，纷纷表达对小李的不满）“是啊……”

此时，小冯最适宜的做法是（　　）。（2019 年真题）

A. 保持中立的态度，继续倾听其他组员表达对小李离开的不满情绪

B. 阻止组员讨论小李离开的事，指出背后议论其他组员是不恰当的

C. 让组员甲总结刚才大家对小李的看法，共同分析小李离开的原因

D. 疏导组员因小李离开而产生的负面情绪，引导组员回归小组议题

参考答案：D

参考解析：根据题干可知，小组处于中期转折阶段，此时小组的问题是由于一名组员的退出引起其他组员的讨论，小组组员的讨论主题已经偏离。此时社工的做法应是对因组员离开而造成的其他组员的负面情绪进行疏导，同时可以引导组员将讨论的主题回归到小组的主题中。故 D 选项正确。

4. 社会工作者小江最近开设了一个隔代教育小组，旨在帮助社区老人学习掌握照顾和教育孙辈的新观念、新方法。下列小江的做法中，属于运用间接干预法的是（　　）。（2018 年真题）

A. 作为小组的核心人物，通过自身的权威改变组员行为

B. 运用鼓励、赞扬等方法，对组员的积极投入给予肯定

C. 通过角色扮演再现情景，协助组员觉察自己和他人的感受

D. 依托组员对自己的信任，关心组员，激发组员参与的动力

参考答案：C

参考解析：本题考查间接干预法。间接干预法是社会工作者通过干预小组工作过程来间接影响和改变小组组员的工作技巧。与直接干预法不同的是，间接干预法注重的是通过对小组工作过程的干预，利用小组的影响去改变组员的行为。ABD 选项属于直接干预法。

5. 下列社会工作服务中，运用小组中直接干预方法的是（　　）。（2016 年真题）

A. 运用角色扮演的方法，促使组员行为改变

B. 采用家庭作业，为组员提供经验性学习的机会

C. 运用结构化角色的技巧，帮助组员重新定位角色

D. 通过赞扬、鼓励等方式，促成组员正向行为的养成

参考答案：D

参考解析：本题考查直接干预法的具体做法。运用直接干预法的具体做法有如下几个方面。（1）作为小组的核心人物，社会工作者可以通过自身的权威和组员对自己的信任，关心组员，鼓舞组员的士气，帮助和影响组员行为的改变。（2）作为小组规范及规章制度的象征性人物，社会工作者可以通过赞扬、奖励等促成组员某些正向行为的形成，或用警告、惩罚等措施来抑制和改变某些组员的某些不良行动。（3）作为

组员角色的分配者，社会工作者可规定组员在特定活动中的角色，以及角色的需要与各角色间的关联；利用社会规范引导组员进入角色，鼓励和训练组员履行角色。

6. 社会工作者小芳为社区的志愿者骨干举办了一个“社区带头人训练营”。在最近的一次小组活动中，组员老王和老李在讨论社区志愿者守则时出现了分歧。老王认为守则的内容不能过细，且应以鼓励和支持为主。而老李认为守则应该细化，奖罚要分明。双方争论很激烈，互不相让，甚至出言不逊。此时，小芳适宜的做法有（　　）。(2016 年真题)

A. 帮助老王与老李澄清冲突本质，共同寻找解决争论的办法

B. 提议重新调整小组规范和契约，形成处理争论的基本原则

C. 运用角色扮演的方式，协助双方增进对理性沟通的认识

D. 立即结束守则内容的讨论，引导组员讨论如何遵守守则

E. 立即制止老王与老李的争论，由自己确定志愿者守则

参考答案：ABC

参考解析：本题考查小组工作中社会工作者协调和处理冲突的措施。在面对冲突时，社会工作者应该有包容、冷静和理性的态度。在解决冲突时，社会工作者可以运用这样一些具体措施：（1）帮助组员澄清冲突的本质，特别是澄清冲突背后的价值观差异；（2）增进小组组员对自我的理解，如运用角色扮演的方法，复制或重现类似冲突情境，以增进自我了解和对他人处境的敏感度；（3）重新调整小组规范和契约；（4）协助组员面对和解决由冲突带来的紧张情绪和人际关系紧张；（5）运用焦点回归法，即将问题抛回给组员，让他们自己解决。

7. 社会工作者小陈在学校为有手机依赖行为的青少年开展小组工作，下列小陈运用的治疗技巧中，属于间接干预法的是（　　）。(2015 年真题)

A. 通过自身的权威，影响组员行为的改变

B. 采用提醒、告诫等方式，抑制组员的某些不良行为

C. 通过赞扬、奖励等方法，促成组员向正向行为转变

D. 运用角色扮演的方法，协助组员预演正向行为，改变不良行为

参考答案：D

参考解析：间接干预法是社会工作者通过干预小组过程来间接影响和改变小组组员的工作技巧。具体操作中，可以运用的技巧有：（1）利用小组治疗元素，促使小组组员个人成长和行为的改变；（2）运用角色扮演的方法，协助成员预演行动计划，促成组员的改变；（3）运用行为改变的技巧促成组员行为的改变；（4）使用一些家庭作业，增强组员在小组外的行为责任感；（5）运用结构化组员角色的技巧，协助其重新定位自己的角色。

考点四：小组活动设计技巧

为了实现小组工作的阶段性目标和最终目标，小组活动实际上发挥着穿针引线或架桥铺路的作用。许多小组工作的展开和继续，都需要有丰富多彩的小组活动的支持。而这些活动就需要社工进行整体把握与灵活安排设计。社工设计活动应紧扣工作目标，

考虑组员特征及能力，考虑小组要素，设置经验分享环节。

【真题再现】

1. 社会工作者小王正在设计邻里互动小组中的最后一节活动“邻里茶话会”。她的活动设计方案中包括茶话会的目标、参与者信息、活动流程、时间安排、组员角色、场地布置、活动成效评估方法、预计困难及应对措施。项目主任提醒她在方案中还应该包括（　　）。（2020 年真题）

A. 茶话会的经费预算表　　B. 互助小组的发展方案

C. 居民对茶话会的建议　　D. 对该社区的情况介绍

参考答案：A

参考解析：任何一个小组活动的设计都必须包含如下基本要素：小组活动的目标，包括总体性目标（最终目标）和阶段性目标；小组活动的参与者，包括年龄、性别、职业、文化背景等；小组活动的规模，即参加的人数；小组活动的时间分配；组员的角色扮演和角色互换；小组活动的环境设计，如活动场地、设施等；小组活动的资源供应与经费预算；小组活动的强度分布；小组活动的预期结果；防止和处理意外事件的预案；总结与奖励。

2. 社区里有些独居老人身患多种疾病，需要亲属照顾，这让他们觉得自己很没用，感觉生活没意思。社会工作者老张准备开展主题为“再觅彩虹路”的小组服务，帮助老人重新树立信心。小组第五节的目标是，在当前条件下构建个人未来的正向生活，促使组员肯定自我价值。下列活动中，最适宜实现第五节小组目标的是（　　）。（2018 年真题）

A. 流金岁月·回顾多彩一生　　B. 绚丽生活·展望幸福的人生

C. 晴朗天空·唤醒童年记忆　　D. 心灵共鸣·认识同处境老人

参考答案：B

参考解析：本题考查小组活动设计。题干中，小组第五节的目标是，在当前条件下构建未来的正向生活，促使组员肯定自我价值，故 B 选项最符合题意。

3. 社会工作者小李设计了一个旨在提升无业青年自信心的小组，小组工作第四节开始，小李引导组员共同完成了“挑战北斗星”的游戏。

小李：“完成游戏那一刻，大家感觉如何？”

组员：“哇，太激动了，感觉像是心里一块大石头落地了。”

小李：“与最初相比，大家的想法有什么变化？”

组员：“刚开始我觉得不可能完成任务，担心椅子会受不了，等大家成功走完最后一张椅子，我才发现有些事情并不像想象的那么难，需要多去尝试。”

以上对话，一般出现在小组活动经验分享环节，其主要目的是（　　）。（2017 年真题）

A. 引导组员讨论参加活动的收获，交流给自己的启发

B. 引导组员彼此交流与合作，协助小组互助网络形成

C. 引导组员形成稳定关系，促使小组进程有规律可循

D. 引导组员间形成相互信任的氛围，增加小组凝聚力

参考答案：A

参考解析：在设计小组活动时，社会工作者应该掌握和考虑以下几点：扣紧小组目标；考虑组员的特征及能力；小组活动的基本要素；设置经验分享环节。其中，经验分享环节，须预留一定的时间让组员分享彼此的经验，鼓励组员发表参与小组活动的感受，讨论彼此在小组活动中的成长经验，总结有益的启示。

4. 某老年公寓社会工作者为新入院的老人开设了一个“美好生活大家创”的小组，其宗旨是促进老人之间的理解与支持。此小组第三节的主题是“相亲相爱的伙伴”。最适合本节活动的是（　　）。（2016 年真题）

A. “你争我抢”：大家一起抢凳子

B. “你找我拼”：一起完成牡丹花拼图

C. “击鼓传花”：说出三个好朋友的名字

D. “我的生活我做主”：说出自己最向往的老年生活

参考答案：B

参考解析：本题考查小组活动设计的技巧。在设计小组活动时，社会工作者应该掌握和考虑以下几点：（1）扣紧小组目标；（2）考虑组员的特征及能力；（3）小组活动的基本要素；（4）设置经验分享环节。本题只有 B 选项符合老年人的特征。

考点五：小组评估技巧

评估是为了证明小组工作的有效性和效率、组员改变的状况等，评估是每个小组工作者必须掌握的一个技巧，贯穿于小组工作的全过程。也就是说在小组开始、小组过程中及小组结束都需要评估，而评估的对象则包括对社工的评估和对组员的评估等。

【真题再现】

1. 社会工作者小马为残障人士开展了一个支持小组。为及时了解该小组的工作效果，小马为小组各阶段都设计了评估环节。从工作方法的角度看，下列做法中，属于小组评估的有（　　）。（2019 年真题）

A. 小组开始时，小马通过残障人士支持体系进行了文献收集和分析

B. 小组进行中，小马通过需求调查问卷收集资料了解组员们的特点

C. 小组进行中，小马在每节小组活动结束后让组员填写自我测量表

D. 小组进行中，小马回收社区工作人员填写的自我测量表

E. 小组结束时，主要由小马和组员共同评估小组活动成效

参考答案：ABCD

参考解析：小组评估是一种工作方法和研究方法，其目的是证明小组工作的有效性和效率、组员改变的状况等。作为工作方法的小组评估，主要包括：（1）组前计划评估；（2）小组的需求评估；（3）小组过程评估；（4）小组的效果评估。

2. 社会工作者小刘为家庭暴力施暴者开设了一个行为治疗小组。为了获得准确、翔实的小组服务原始资料，在征得组员同意的情况下，小刘最适宜采用的记录方式是（　　）。（2019 年真题）

A. 过程式记录　　　　B. 录音和录像

C. 问题式记录　　　　D. 摘要式记录

参考答案： B

参考解析： 记录方式有过程式记录、摘要式记录、问题导向记录、录音和录像等。录音和录像是记录小组过程、组员表现和社会工作者表现的重要资料。在得到组员同意的情况下，可以对小组过程进行录音或录像。它的特点是有助于获得准确、翔实而未经修改的原始资料，特别是一些重要细节。

3. 社会工作者小曹最近刚刚完成一个“老人情绪管理”小组。他在督导老张的指导下，对小组进行了评估。下列小组评估方法中，属于效果评估的有（　　）。（2018 年真题）

A. 着重观察组员在小组中的表现　　　　B. 听取现场观察人员的反馈意见

C. 用目标达成量表评估小组目标　　　　D. 对组员进行小组的满意度调查

E. 查看小组记录，调整活动计划

参考答案： CD

参考解析： 本题考查小组评估技巧。在小组工作的结束阶段，社会工作者会设计一些问卷或量表，让组员根据自己的改变情况，来评估小组的效果。常用的方法有：小组结束后的跟进访谈、组员的自我评估报告、小组目标实现表、小组满意度量表、小组感受卡、小组领导技巧记录表等。

4. 关于小组需求评估的说法，正确的是（　　）。（2017 年真题）

A. 小组需求评估必须在开始阶段对小组的需求进行准确评估

B. 运用标准化量表进行需求评估，可对组员做出诊断性判断

C. 小组需求评估一般应由资料收集和资料分析两个步骤组成

D. 小组需求评估需考虑小组整体、组员需求和小组环境要求

参考答案： D

参考解析： 小组的需求评估是小组工作中最重要的技巧之一。社会工作者必须在小组筹备阶段对小组的需求进行正确评估，从而设计出有效的干预计划。小组需求评估必须考虑的因素包括小组整体需求、组员的需求和小组的环境需求。准确评估小组需求，既能满足小组发展的需要又能满足组员的个体需要，是小组发展的关键环节。小组评估开始于小组设计阶段，并贯穿于整个小组过程之中。小组的需求评估由资料收集、资料分析、做出判断并制订干预计划三个步骤形成。

5. 社会工作者小刘计划举办一个儿童多动症行为治疗小组，在设计小组过程评估内容时，小刘需要考虑的指标有（　　）。（2016 年真题）

A. 组员的参与动机　　　　B. 目标行为的频率

C. 目标行为的连续性　　　　D. 组员的参与程度

E. 目标行为的严重性

参考答案： BCE

参考解析： 本题考查小组的过程评估。小组过程评估指的是在小组发展中，收集

相关资料，以显示组员变化和小组的发展过程。在对小组过程评估时注意评估内容需要根据小组的目标和进程来决定。如在一个治疗小组中，我们检测的内容与目标行为有关，如检测目标行为的频率、严重性和持续性，引起该行为的前因后果等。而在一个发展性小组中，检测的重点可能是组员参与的程度和完成家庭作业的情况。

6. 小组的过程评估旨在评估组员变化和小组的发展过程。评估内容需要根据小组的目标和进程来决定，在一个运用发展模式开展的小组中，过程评估的重点应该是（　　）。（2015 年真题）

A. 目标行为的频率　　B. 引发行为的原因

C. 组员的参与度　　D. 组员自我意识的提升

参考答案：C

参考解析：在一个行为治疗小组中，我们检测的内容与目标行为有关，如检测目标行为的频率、严重性和持续性、引起该行为的前因后果等。而在一个发展性小组中，检测的重点可能是组员参与的程度和完成家庭作业的情况。

【本章小结】

小组工作是社会工作三大直接工作方法（个案、小组与社区）之一。首先，本章简单介绍了小组的概念，并从不同的分析视角介绍了社会工作的小组类型，概述了小组工作的特点及功能。其次，从理论基础和实施原则等方面叙述了小组工作的四个主要模式，即社会目标模式、治疗模式、互动模式和发展模式。再次，介绍了小组工作的基本过程，包括小组工作的准备阶段、开始阶段、转折阶段、成熟阶段和结束阶段，从各阶段小组的特征、小组工作的任务及社会工作者的角色阐述了各阶段的工作要求。最后，介绍了小组工作的基本技巧，包括沟通互动技巧、小组讨论技巧、小组介入技巧、小组活动设计技巧以及小组评估技巧。

小组的四个类型与小组的四个模式具有一定的混淆性，需要考生多加注意。另外小组工作的五大过程及其特点同样需要考生予以关注。最后小组工作的技巧部分，更多依赖的是考生的实战经验。

扫码听课

第七章　社区工作方法

【本章导学】

社区工作作为社会工作三大直接手法之一，以其宏观视角、结构性、政治性为基本特点，强调的是在人与社会环境之间的互动的基础上，通过对人及环境的工作促进社区的功能恢复与强化。具体而言，社区工作是以社区居民为工作对象或服务对象，旨在确定社区的问题与需求，发掘社区资源，动员和组织社区居民化解社区矛盾、社区冲突和问题。

社区工作有三大工作模式：地区发展模式、社会策划模式及社区照顾模式。三种不同模式有三种不同的假设及操作思路，同时社区工作根据介入过程可以分成不同的环节：进入社区、认识社区、培育组织、评估社区工作需求、制订社区工作计划、实施社区工作计划、评估服务效果等。社会工作者在如上每一个环节中都有相应的工作技巧。

【历年题量/分值分布】

	2015 年	2016 年	2017 年	2018 年	2019 年	2020 年
单项选择题	7 道	7 道	7 道	7 道	7 道	7 道
多项选择题	3 道	3 道	2 道	3 道	4 道	1 道
合计分值	13 分	13 分	11 分	13 分	15 分	9 分

注：单项选择题每题 1 分，多项选择题每题 2 分（错选，本题不得分；少选，所选每个选项得 0.5 分）。

【本章知识概览】

小节	考点	备考指数
第一节　社区工作的特点和目标	社区工作的含义与特点	★
	社区工作的目标	★★★★★
第二节　社区工作的主要模式	地区发展模式	★★★★★
	社会策划模式	★★★★★
	社区照顾模式	★★★★★
第三节　社区工作各阶段的工作重点	进入社区	★★★
	认识社区	★★★★
	培养社区工作组织	★
	制订社区工作计划	★★
	实施社区工作计划	★
	社区工作评估	★★★★

续表

小节	考点	备考指数
第四节　社区工作的技巧	建立和发展社区关系的技巧	★★★
	发展社区支持网络的技巧	★★★★
	社区教育技巧	★★★
	动员群众的技巧	★★★★★
	运用传播媒介的技巧	★

【考点详解】

第一节　社区工作的特点和目标

【重要考点概览】

小节	主要考点	历年考查点
第一节　社区工作的特点和目标	社区工作的含义与特点	尚未考查
	社区工作的目标	2015、2018、2020 年考查单项选择题

考点一：社区工作的含义与特点

社区工作是指运用专业方法解决社区问题、促进社区发展的方法和活动。具体而言，是指以社区居民为工作对象或服务对象，确定社区的问题与需求，发掘社区资源，动员和组织社区居民，解决社区矛盾和社会问题，促进社区整体福利的过程。

社区工作的特点：（1）分析问题的视角更为结构取向；（2）介入问题的层面更为宏观；（3）具有一定的政治性；（4）富有批判和反思精神。

考点二：社区工作的目标

社区工作作为一种直接工作手法，其以社区为工作对象，同时又以社区为工作目标，完成社区功能的改善与提升。具体而言，其目标分为两类：过程目标及任务目标。

任务目标：解决特定问题，完成特定任务，有清晰明确的工作达成，如社区垃圾处理、社区停车场改造、社区流浪人口安置等。这些目标皆清晰可见。

过程目标：为达到社区功能改善的最终目标而必须经历的社区过程的改善，包括培养社区居民的一般能力，增强居民解决社区问题的能力、信心和技巧，提升其对公民权利和义务的认知能力，培养居民与社区邻里交流、协商与合作能力，发掘和培育社区骨干的领导能力等。

具体包括：（1）以人为中心，促进社区居民的成长和进步；（2）推动社区居民参与，培养民主精神；（3）提高社区居民的社会意识，尊重社区自决；（4）善用社区资源，满足社区需求，培养相互关怀和社区照顾的美德。

【真题再现】

1. 某社会工作服务机构参与本地脱贫攻坚工作，指定了一系列工作目标。根据社区工作目标的分类，下列目标中，属于过程目标的是（　　）。（2020 年真题）

A. 开发本地旅游资源　　B. 引进用工规模较大的企业

C. 改善农田水利设施　　D. 增强本地人对发展的信心

参考答案：D

参考解析：所谓过程目标，是指在达到任务目标的过程中实现的中间目标，主要是指培养社区居民的一般能力，包括增强居民解决社区问题的能力、信心和技巧，提升其对公民权利和义务的认知能力，培养居民与社区邻里交流、协商与合作能力，发掘和培育社区骨干的领导能力等。

2. 某社会工作服务机构正在参与精准扶贫工作。下列该机构设定的工作目标中，属于过程目标的是（　　）。（2018 年真题）

A. 增加贫困户家庭收入　　B. 培训贫困户掌握种植技术

C. 改善贫困户居住条件　　D. 帮助贫困户申请小额贷款

参考答案：B

参考解析：本题考查社区工作的目标。任务目标是指解决一些特定的社会问题，包括完成一项具体的工作和服务，达到一定的社会福利目标等。过程目标是指达到任务目标的过程中实现的中间目标，主要是指培养社区居民的一般能力。B 选项符合过程目标的内涵。

3. 社会工作者小魏面向本社区的商户开展了一系列宣传工作，动员他们为社区内行动不便的居民提供上门服务。小魏的做法体现出的社区工作具体目标是（　　）。（2015 年真题）

A. 培养民主精神　　B. 尊重社区自决

C. 善用社区资源　　D. 提高居民能力

参考答案：C

参考解析：社区工作的一个主要目标是使社区需要与社区资源互相协调配置，即善用社区资源，满足社区需求，培养相互关怀和社区照顾的美德。

第二节　社区工作的主要模式

【重要考点概览】

小节	主要考点	历年考查点
第二节　社区工作的主要模式	地区发展模式的含义与特点	2016、2018、2019 年考查单项选择题
	地区发展模式的实施策略与社工角色	2015 年考查单项选择题
	社会策划模式的含义与特点	2015、2016 年考查单项选择题
	社会策划模式的实施策略与社工角色	2017 年考查单项选择题
		2019 年考查多项选择题
	社区照顾模式的含义与特点	尚未考查
	社区照顾模式的实施策略与社工角色	2015、2017～2019 年考查单项选择题
		2015、2016 年考查多项选择题

考点一：地区发展模式

1. 地区发展模式的含义与特点

地区发展模式是一种社会工作的介入手法，其主要内容是：推动社区居民自下而上的参与、合作，让居民集体组织起来掌握、利用社区资源，解决社区问题，满足社区福利需求，增强社区归属感和凝聚力。

该模式有如下特点：（1）较多关注社区共同性问题；（2）通过建立社区自主能力来实现社区的重新整合；（3）特别重视居民的参与；（4）过程目标的重要性超过任务目标。

【真题再现】

1. 社会工作者拟运用地区发展模式分析社区问题。下列做法中，符合该模式实施特点的是（　　）。(2019 年真题)

A. 基于社会工作者专业判断来决定行动方案

B. 请相关领域专家对问题成因进行科学分析

C. 依据上级部的要求来评估问题的紧迫性

D. 引导居民对问题进行讨论并逐渐达成共识

参考答案：D

参考解析：ABC 选项属于社会策划模式。

2. 关于地区发展模式实施特点的说法，正确的是（　　）。(2018 年真题)

A. 提升居民解决问题的能力，实现自助互助

B. 界定社区问题的优先次序，逐一加以解决

C. 设计可行性方案，并预估方案的收益与成效

D. 邀请专业人士针对社区问题，制定解决方案

参考答案：A

参考解析：本题考查地区发展模式的实施特点。地区发展模式是社会工作者协助社区成员分析问题、发挥其自主性的工作过程，目的是提高他们及社区团体对社区的认同，鼓励他们通过自助和互助，解决社区问题。地区发展模式的主要实施特点有：（1）较多关注社区共同性问题；（2）通过建立社区自主能力来实现社区的重新整合；（3）过程目标的重要性超过任务目标；（4）特别重视居民的参与。

3. 某“城中村”聚居了大量外来人口，最近有居民反映，有部分租户图方便将杂物随意堆放，导致社区存在较大的火灾隐患，社会工作者拟采用地区发展模式开展服务，其基本假设是（　　）。(2016 年真题)

A. 政府向该社区投入的消防资源不足

B. 该社区房东和租户的利益冲突较大

C. 该社区居民有解决火灾隐患问题的潜力

D. 该社区火灾隐患可以通过渐进方式解决

参考答案：C

参考解析：本题考查地区发展模式的假设。地区发展模式的假设：（1）对社区构成的假设。由于区域经济发展的差异、社会阶层的分化，世界各地都出现了聚集中产及以上阶层的高档住宅区和聚集了经济困难阶层的老旧住宅区，在这样的社会背景下，社区居民对社区公共事务缺乏关心，居民间关系淡漠，也缺乏解决问题的能力。（2）对社区人群关系的假设。社区居民能够在追求共同利益的基础上，进行交流沟通，讨论社区问题，寻找广泛认同的解决问题的方案，并形成相互合作，促进社区的进步和发展。（3）对个人及其个体行为动机的假设。在地区发展模式看来，社区居民是具有丰富潜能的群体，其应该是愿意参与社区事务，仅是能力没有得到充分开发。

2. 地区发展模式的实施策略与社工角色

所谓实施策略就是地区发展模式在具体实践过程中的做法与路径，主要包括：（1）促进居民之间的交流；（2）团结邻里；（3）社区教育；（4）提供服务和发展资源；（5）社区参与。

社会工作者在本模式中的角色有：使能者、教育者、中介者、协调者。

【真题再现】

1. 社会工作者在某村以发展社区经济为切入点，组织村民成立合作社，种植有机农作物。在工作过程中，社会工作者注重提升村民的自信心，鼓励其分享经验，提高村民协商议事能力。从地区发展模式的角度看，社会工作者扮演的角色是（　　）。（2015 年真题）

A. 中介者　　B. 倡导者　　C. 使能者　　D. 协调者

参考答案：C

参考解析：使能者是指在服务过程中，社会工作者鼓励和协助居民组织起来，帮助他们建立良好的沟通渠道及人际关系，促进共同目标的产生与实现。

2. 地区发展模式强调鼓励居民参与社区事务，通过自主互助方式解决社区问题，推动社区发展。下列工作内容中，体现社会工作者“教育者”角色的是（　　）。（2020 年真题）

A. 主持会议，引导居民表达对社区问题的看法，提出改善建议

B. 组织本社区的在职党团员开展入户关怀服务，推动社区互助

C. 招募社区青少年，协助开展社区环培调查，提升其环保意识

D. 组建妇女园艺小组，鼓励居民分享经验，提升家庭生活品位

参考答案：D

参考解析：本题考查地区发展模式中社会工作者的角色。教育者：社会工作者通过开展多种形式的培训，帮助居民掌握解决问题的技巧和组织合作的技巧，培养居民积极参与和自助互助的精神。

考点二：社会策划模式

1. 社会策划模式的含义与特点

社会策划模式是指在理性方法指导下，依靠专家的意见和知识，在准确把握社会

服务机构使命、宗旨的基础上，确立社区的工作目标，然后结合社区需要，动员和分配资源，并保障计划朝向预定目标前进，最终解决社区问题的过程。

该模式的特点主要有：（1）注重任务目标的实现；（2）强调运用理性原则处理问题；（3）注重自上而下的改变；（4）指导社区未来变化。

【真题再现】

1. 下列做法中，体现社会策划模式中理性原则的是（　　）。（2016 年真题）

A. 尊重人的理性，将社区居民看作解决问题的专家

B. 重视民主原则，让服务对象在收集和分析资料时占据主导位置

C. 强调过程的理性，在工作中设定清晰的目标和行动方案

D. 采用整体的思维，从根本上“一揽子”解决社区的多重问题

参考答案：C

参考解析：本题考查社会策划模式的特点。社会策划模式有以下特点。（1）注重任务目标的实现。社会策划模式注重任务目标的实现，以解决实质性社会问题为主要工作取向。（2）强调运用理性原则处理问题。一方面强调过程的理性化，包括工作中设定清晰的目标和价值取向，设计可行性方案，预估方案的收益与代价，比较和选择代价最低、效果和效率最佳的方案实施；另一方面强调技巧的科学化，特别是运用科学方法，包括运用定量和定性研究方法收集、处理和解释资料来协助做出决定。（3）注重自上而下的改变。社会策划的过程主要是收集与问题有关的各种资料，了解问题的本质和发生原因，并用理性的态度决定解决问题的行动方案。（4）指向社区未来变化。社会策划是通过分析当前和过去的资料，预测将会发生的事情，并设计应付的对策，其目的是尽量降低社区未来变化的不稳定性。

2. 关于社会策划模式的说法，正确的是（　　）。（2015 年真题）

A. 相信社区居民能够通过讨论协商、互助合作解决社区问题

B. 强调运用专业知识和科学决策，自上而下地推动社区改变

C. 重视动员亲戚、朋友、邻里和志愿者等资源帮助社区困难群体

D. 致力于帮助居民认识参与的重要性，并愿意承担责任，贡献社区

参考答案：B

参考解析：社会策划模式的特点主要有：（1）注重任务目标的实现；（2）强调运用理性原则处理问题；（3）注重自上而下的改变；（4）指导社区未来变化。

2. 社会策划模式的实施策略与社工角色

本模式的实施策略：明确组织的使命和目标，分析环境和形势，客观地认识自身的能力，界定和分析问题，确定需要，建立目标和达到目标的标准，列出、比较并选择可行方案，测试方案，执行方案，评估结果。具体来看，就是操作落实的十大步骤过程。

社会工作者在本模式中的角色：技术专家及方案实施者。

【真题再现】

在社会策划模式中，社会工作者在建立目标之后紧接着需要做的是（　　）。（2017 年真题）

A. 评估所在社会服务机构执行该计划的优势劣势

B. 列出所有能达到目标的可行性方案并比较选择

C. 了解该社区内有影响力的人士对计划的期望

D. 为计划的实施争取财政支持和配置人力资源

参考答案：B

参考解析：本题考查社会策划模式的实施策略。社会策划模式包括 10 个实施策略：（1）明确组织的使命和目标；（2）分析环境和形势；（3）客观地认识自身的能力；（4）界定和分析问题；（5）确定需要；（6）建立目标和达到目标的标准；（7）列出、比较并选择可行方案；（8）测试方案；（9）执行方案；（10）评估结果。由此可知，B 项当选。

考点三：社区照顾模式

1. 社区照顾模式的含义与特点

社区照顾模式是指社区中各方成员组成的非正式网络与各种正式社会服务系统相配合，在社区内为需要照顾的人士提供服务与支持，促成其过正常的生活，加强其在社区内的生活能力，达到与社区融合，并建立一个具有关怀性的社区的过程。

该模式的特点：（1）协助服务对象正常地融入社区；（2）强调社区责任；（3）强调非正规照顾作用；（4）提倡建立相互关怀的社区美德。

2. 社区照顾模式的实施策略与社工角色

在社区照顾：强调地点与位置，将一些服务对象放在社区内并为其开展服务，即指有需要和依赖外来照顾的困难人士，在社区的小型服务机构或住所中获得专业人员的照顾。

由社区照顾：强调社区照顾的主体，即由家庭、亲友、邻居、志愿者等所提供的照顾和服务，强调动员社区内的资源。

对社区照顾：强调照顾的对象，即以充足的支援性社区服务辅助措施帮助社区照顾持续下去，避免提供照顾的人被耗尽。

建立社会支持网络：所拥有的社会支持网络越强大，越有能力应对挑战。社会支持网络强大与否取决于两个维度：一是社会支持网络的广度；二是社会支持网络的强度。

为家庭照顾者提供服务：完整照顾不仅考虑到被照顾者的需要，还应该考虑到照顾者的需要。

社区倡导：一是社区教育，使居民了解服务对象的特殊困难，从而理解并接纳他们，并尽可能帮助他们融入社区；二是社区增权，帮助服务对象有信心，勇于表达困境，并提出合理要求和政策倡议。

社会工作者在其中的角色：治疗者、辅导者和教育者、经纪人、倡议者、顾问。

【真题再现】

1. 某社会工作服务机构在社区开展为认知障碍老人服务的项目，该项目强调为服务对象建立和维系社会支持网络，同时也强调社区倡导。从社区照顾模式实施策略的角度出发，属于社区倡导目的的是（　　）。（2019 年真题）

A. 帮助认知障碍老人建立信心、维护自尊

B. 向照顾者介绍认知障碍老人的行为特点

C. 为照顾者寻找活动场地以开展小组

D. 协助认知障碍老人参与康复训练服务

参考答案：A

参考解析：社区倡导包含两个层面的含义：一是社区倡导是一个社区的教育过程，目的是使社区内的居民了解服务对象的特殊困难，从而体谅、理解并接纳他们，并尽可能帮助他们融入社区；二是社区倡导也是社区增权的过程，目的是帮助服务对象建立信心，维护自尊，勇于表达自己在经济、身体、精神方面面临的困境，更敢于向社区和社会提出合理的要求和政策倡议，并通过这个过程，增强服务对象的自我价值、公民意识和社群精神。

2. 社会工作者小吴计划运用“非正式照顾”的策略为社会支持不足的独居老人提供服务，小吴适宜的做法是（　　）。（2018 年真题）

A. 联系家政公司每周上门为老人打扫卫生

B. 联系社区居委会定期上门探访慰问老人

C. 联系日间照料中心每天中午为老人送餐

D. 联系老人亲戚朋友每周给其打一次电话

参考答案：D

参考解析：本题考查非正式照顾。非正式照顾通常是由服务对象的家人、朋友、邻居，以及志愿者来承担的，社会工作者应与服务对象现有的个人网络中的成员接触，尽量动员这些成员提供支持，商议解决问题的办法。

3. 社会工作者小杨发现社区里精神障碍者及其家属对社区照顾的需求比较迫切。下列小杨的做法中，采用“由社区照顾”策略的是（　　）。（2017 年真题）

A. 用小组工作方法为精神障碍者家属提供情绪支持

B. 将有需要的精神障碍者转介到精神康复专科医院

C. 组织社区志愿者开展关爱精神障碍者家庭的服务

D. 建议有关部门建立精神障碍者社区日间照料中心

参考答案：C

参考解析：“由社区照顾”是指由家庭、亲友、邻里、志愿者等所提供的照顾和服务。“由社区照顾”的核心是强调动员社区内的资源，发动社区内的亲戚、朋友和居民协助为有需要的人提供照顾。具体做法是：将康复过程中一些比较简单的和非专业化

的训练及护理程序教授给服务对象的亲属或社区志愿者，由他们协助专业护士施行，这样那些伤残或弱能人士在专业的不足和专业设施不具备时，仍然可以在家庭的环境中进行康复护理和训练。

4. 某社会工作服务机构采用社区照顾模式为某社区提供服务，采用社区倡导的策略，力求让社区照顾模式能够有效地配合他们的需要，并保障服务质量。下列做法中，属于社区倡导的有（　　）。（2016 年真题）

A. 收集就业信息，为有劳动能力的人介绍工作

B. 提供培训课程，帮助家庭学习家庭成员之间的沟通方法

C. 开展社区教育，帮助社区居民正确了解服务对象的特殊困难

D. 成立自助小组，鼓励患者及家属勇于向社区表达合理要求

E. 组织社区活动，促进居民接纳和关怀精神障碍患者

参考答案：CDE

参考解析：本题考查社区倡导。社区倡导有两个层面的含义。（1）社区倡导是一个社区的教育过程，目的是使社区内的居民了解服务对象的特殊困难，从而体谅、理解并接纳他们，并尽可能帮助他们融入社区。（2）社区倡导也是社区增权的过程，目的是帮助服务对象建立信心，维护自尊，勇于表达自己在经济、身体、精神方面面临的困境，更敢于向社会和社区提出合理的要求和政策倡议，并通过这个过程，增强服务对象的自我价值、公民意识和社群精神。

5. 地区发展模式与社区照顾模式的共同点有（　　）。（2015 年真题）

A. 关注社区共同性问题

B. 协助服务对象正常地融入社区

C. 过程目标的重要性超过任务目标

D. 注重发展社区资源，建立互助关系

E. 坚信社区自身有解决问题的责任与能力

参考答案：DE

参考解析：B 选项属于社区照顾模式的特点，AC 选项属于地区发展模式的特点，DE 选项是地区发展模式与社区照顾模式的共同特点。

6. 在整合式社区照顾体系中，社会工作者致力于通过整合正式照顾和非正式照顾资源，帮助服务对象增强社会支持网络。下列做法中，属于“正式照顾”服务的是（　　）。（2015 年真题）

A. 为家庭照顾者提供“喘息”服务

B. 动员服务对象的亲朋好友提供支持

C. 培训志愿者为独居老人提供清洁服务

D. 帮助困难类似的服务对象成立互助小组

参考答案：A

参考解析：非正式照顾通常由服务对象的家人、朋友、邻居来承担，再者寻找并

分派志愿者或推动邻居提供长期服务，组织情况相似的服务对象成立互助小组等。BCD 选项为非正式照顾。正式照顾的提供方包括政府部门、非营利的社会组织和市场上的营利性机构，正式照顾的对象包括服务对象及其照顾者。对照顾者提供的正式照顾主要包括一些支援性服务，以帮助照顾者获得暂时休息并缓解长期带来的焦虑和紧张感。

第三节　社区工作各阶段的工作重点

【重要考点概览】

小节	主要考点	历年考查点
第三节　社区工作各阶段的工作重点	进入社区	2020 年考查单项选择题
		2016、2019 年考查多项选择题
	认识社区	2015、2016、2018、2020 年考查单项选择题
	培养社区工作组织	尚未考查
	制订社区工作计划	2018、2019 年考查单项选择题
	实施社区工作计划	尚未考查
	社区工作评估	2015、2018、2020 年考查单项选择题
		尚未考查

考点一：进入社区

进入社区的准备与方法

社会工作者在进入社区之前必须对自己的工作有基本的了解，主要包括：了解自己所任职的机构、了解机构的组织结构及分工、认识同事等。

社区工作的对象是整个社区，因此社会工作者进入社区之初的首要任务是让社区中的居民、团体和组织认识和熟悉自己，了解自己的角色和职责，接受自己来社区开展工作，与社区建立良好的专业关系。

进行社区的主要方式包括：（1）参与社区重要活动；（2）主办社区活动；（3）积极介入社区事务；（4）经常出现在居民之中；（5）报道社区活动。

【真题再现】

1. 某社会工作服务机构承接了某街道办事处“社区微治理”项目，计划在 4 个社区开展服务。为了尽快进入社区，让社区居委会和社区居民认识并熟悉自己，社会工作者最适宜采取的工作方式是（　　）。（2020 年真题）

A. 了解居民的生活习惯　　　　B. 观察社区的周边环境

C. 参加社区的传统活动　　　　D. 分析社区的权力结构

参考答案：C

参考解析：本题考查进入社区的方式：积极参与社区重要活动、主办社区活动、积极介入社区事务、经常出现在社区居民之中、报道社区活动。

2. 某社会服务机构应镇政府邀请，进入新建社区与居委会合作开展社区服务。在不掌握居民姓名和联系方式的情况下，社会工作者接触居民的适宜方法有（　　）。（2019 年真题）

A. 街头宣传　　B. 邮寄信件

C. 逐户访问　　D. 电话联系

E. 召开居民议事会

参考答案：ACE

参考解析：如果社会工作者没有居民的姓名和联系方式，可以通过其他方法与居民直接接触。常见的方法有：设立街头宣传站、逐户拜访、户外喊话、召开居民大会以及动员现有的社区团体和组织的成员参与。

3. 为了在社区推动“三社联动”服务工作，某街道办事处邀请社会工作服务机构开展社区服务，在进入社区之前，该机构要做的工作有（　　）。（2016 年真题）

A. 了解社区存在的问题和绘制社区地图

B. 了解机构对该项工作所持的基本立场

C. 了解社区的主要活动内容和形式

D. 了解机构在社区的知名度和影响力

E. 了解机构对该项工作的分工和自己的职责范围

参考答案：BDE

参考解析：机构在进入社区之前需要了解机构的基本立场和倾向性，机构在社区的知名度、影响力和声誉，了解机构的分工和自己的工作内容。

考点二：认识社区

进入社区之初，会存在多种问题和需要。因此，这一阶段社会工作者的基本任务是要对社区进行科学细致的分析，分析的重点是社区基本情况、社区的问题和社区的需要等。具体包括社区基本情况分析（地理环境、人口状况、资源、权利结构、文化特色）、社区问题分析（描述和界定问题，明确问题范围、起源和动力）、社区需要分析（规范型、感觉型、表达型、比较型）。

几种社区需要的辨析

类型	内涵
规范型需要	专业人员、专家学者、行政人员等依据专业和规定指出的特定需要标准
表达型需要	个人通过行为所表达和展现的需要
感觉型需要	个人被问及是否需要某一特定服务时口头表达的需要
比较型需要	基于与某种事物所做的比较

【真题再现】

1. 某社区附近河堤周边杂物堆积、污染严重，社会居民和辖区单位都深受其害，整治河堤周边的污染成为老大难问题。针对该问题，社会工作者进行了多次调研。在一次专题讨论会上，社会工作者小李提出，居民对污染问题虽有抱怨，但他们也希望参加整治行动。从社区问题分析的角度看，小李所提观点的出发点是（　　）。（2020年真题）

A. 明确问题影响范围　　B. 寻找问题解决动力

C. 理解居民体验感受　　D. 探讨问题解决方法

参考答案： B

参考解析： 本题考查社区问题分析。基于对社区基本情况的了解和对社区需要的认识，社会工作者可以将资料加以整理，对社区的问题进行描述和界定，明确问题的范围、起源和动力，发现问题的关键所在，寻找介入社区问题的合适角度。

2. 为了深入了解社区内的权力结构状况，社会工作者应开展的工作是（　　）。（2020年真题）

A. 查阅户籍登记资料，获取居民受教育程度的分布情况

B. 走访长期居住在社区内的老年人，了解当地风俗习惯

C. 在参与社区活动时，观察不同组织和个人承担的角色

D. 了解目前社区服务的内容和居民使用这些服务的情况

参考答案： C

参考解析： 了解社区内的权力结构，对于社会工作者未来的组织及动员策略有重要意义。在参与社区活动时，社会工作者可以观察，是谁在决定要不要举办某一个活动？谁有能力找到社区需要的资源？如果缺了谁的参与，活动就会没有趣味？谁说话比较有说服力？谁比较爱出风头？谁是最棒的宣传者？谁总是泼冷水、制造麻烦？了解这些影响社区生活的权力结构，有助于社会工作者更有效地推动社区活动。

3. 某老旧小区停车位紧张问题突出，部分居民为抢占车位私装地锁，导致居民矛盾和纠纷不断。为此，社会工作者召开居民议事协商会议，讨论依规检查地锁问题。在描述问题时，社会工作者适宜的做法是（　　）。（2019年真题）

A. 明确问题范围及产生原因　　B. 提出解决问题的备选方案

C. 阐述问题引发的居民感受　　D. 判断问题严重程度及影响

参考答案： C

参考解析： 对问题的描述是认识问题的起点，意在弄清楚问题的表现或者问题的症状。任何社区问题都是客观事实与主观感知共同作用的产物。因此，问题引发的居民感受就是居民的感知、判断、态度等需要的呈现。

4. 某老旧小区由于历史原因成了无物业管理的弃管小区，存在私搭乱建、污水乱流、垃圾乱扔等问题。社会工作者在描述社区问题时，除了关注社区问题的实际表现外，还应重视（　　）。（2018年真题）

A. 社区居民对社区问题的感知察觉

B. 基层政府对社区问题的评价判断

C. 社会工作者对该问题的专业判断

D. 相关部门解决该问题的政策指引

参考答案：A

参考解析：本题考查社区问题分析。社会工作者在描述问题时，不应只关注客观存在的事实和状况，还要关注社区成员对现状的感知和察觉，清楚居民对问题的认识和描述，理解居民对问题的体验和感受。

5. 社会工作者进入社区后要对社区的基本情况有一个初步认识，下列指标中，属于社区资源的是（　　）。（2016 年真题）

A. 居民的生活习惯　　B. 社区的社会服务

C. 社区的环境设计　　D. 居住群体的特征

参考答案：B

参考解析：本题考查社区内的资源。社区内的资源主要包括社区里的公共设施、教育机构、医疗单位、社区组织、金融机构、商业场所等。社会工作者可以从以下几个方面了解社区资源：（1）它们所在的位置和日常运作以及对社区居民生活的影响。（2）资源被利用情况。（3）社区居民参与状况。

6. 社会工作者计划在某社区开展专业服务，他们访问了 5 位在社区居住了 20 年以上的老人，了解当地传统习俗和居民生活习惯。社会工作者这样做的目的是（　　）。（2015 年真题）

A. 分析社区的人口结构　　B. 分析社区的权力结构

C. 分析社区的文化特色　　D. 分析社区的人力资源

参考答案：C

参考解析：社会工作者对社区文化特色的了解主要包括：一是有哪些文化价值、传统或信念是社区重视的，其对社区不同群体的影响如何。二是哪些习俗或者活动是社区居民普遍重视的。

7. 社会工作者在询问社区居民的公共服务需求时，大部分居民反映社区的停车位太少，希望社会工作者与辖区单位协商，借用该单位的地下停车场解决夜间停车问题。根据布赖德·肖的需要类型，该社区居民的上述需要属于（　　）。（2015 年真题）

A. 感觉性需要　　B. 表达性需要

C. 比较性需要　　D. 规范性需要

参考答案：A

参考解析：当个人被问及是否需要某一特定服务时，其反应就是感觉到的需要。在社区中，当大部分居民感觉到某些需要和期望能被满足时，并把它们说出来，那便是居民的感觉性需要。通过行动表达出来，就是表达性需要。

考点三：培养社区工作组织

在认识社区的基础上，社会工作者可以开始组织社区的工作。建立和发展社区组织是社区工作过程中相当重要的一个环节，这一方面是因为它是一种有效的工作手段，通过社区组织可以更好地运用社区成员的集体力量来满足社区需要，解决社区问题；另一方面是因为它也是工作目标之一，社区组织不仅为居民参与社区事务提供了渠道、方式和锻炼成长的机会，而且其良性发展也有助于从根本上提升社区的能力。

考点四：制订社区工作计划

社区工作计划是基于社区的实际情况，根据对社区需要和问题的分析，为实现社区工作目标而制定的行动方案。周密而完备的工作计划有利于保证社区工作的顺利进行，而明确的目标、合适的策略以及由此形成的具体工作方案，是一份社区工作计划的重要组成部分。

【真题再现】

1. 社会工作者小何在制订社区工作计划时，逐一考察各个行动计划是否符合机构宗旨，是否为社区成员所接受。小何的做法属于（　　）。(2019 年真题)

A. 提出策略　　B. 评估策略

C. 设计策略　　D. 筛选策略

参考答案：B

参考解析：评估策略是指运用符合性、可接受性、可行性三个指标去评估上一阶段提出的每个策略。符合性考察的是策略是否符合机构的宗旨和目标；可接受性则关心策略是否为社区成员所接受；可行性指的是在现实中实现该策略的可能性以及资源是否能满足其需要。在评估之后，应删除那些明显不可能的策略，即不符合目标、不被人们接受、没有任何可行性的策略。

2. 社会工作者小王召集居民骨干开会讨论社区停车难问题。他计划采用“头脑风暴”方法，鼓励大家积极表达意见。下列小王制定的讨论规则中，最符合“头脑风暴”方法要求的是（　　）。(2018 年真题)

A. 与会人员表达意见时，他人可以插话反驳

B. 与会人员可根据他人观点形成自己的看法

C. 与会人员表达意见时要考虑意见的可行性

D. 与会人员发言时间可长可短，也可不发言

参考答案：B

参考解析：本题考查社区工作计划的策略制定。题干中小王采取“头脑风暴”方法让规划小组成员提出各种策略。“头脑风暴”方法的要求是：小组成员中任何人表达意见、观点时，都不被批判和嘲笑；与会人员都要提出意见，并尽情表达；鼓励“搭便车”，从他人的看法中衍生出自己的新意见。B 选项符合题意。

考点五：实施社区工作计划

本阶段工作重点：一是进行社区资源管理，对开展社区活动所需要的多种资源进行有效合理的配置；二是执行社区工作方案，保证计划中的活动得以顺利进行。

考点六：社区工作评估

评估是总结整个工作过程的成功或失败、有效或无效，检讨社区工作过程中的技巧运用情况，为日后开展服务提供经验。评估是确保服务品质的重要措施，是体现社会工作责任，提升服务品质和维持专业信誉的保障。

【真题再现】

1. 社会工作者小吴带领项目团队在某村开展为期 3 年的服务，根据当地农牧业生产特点和村落文化，先后推动成立了“养羊协会”，开办了“农家棋牌室”，并邀请能人传授木雕制作技艺。近期，机构对项目要进行整体评估。下列评估内容中属于成果评估的是（　　）。（2020 年真题）

A. “农家棋牌室”的经费支出　　B. 小吴管理项目团队的表现

C. “养羊协会”入会人员数　　D. 木雕制作课程的进度情况

参考答案：C

参考解析：成果评估可以帮助社会工作者了解有关工作是否能使服务对象发生改变以及变化的程度如何，也有助于确定工作成功和失败的原因。D 选项并不明确是当地文化传承的效果，A 选项是项目管理的财政评估，B 选项则是项目的行政与专业能力评估。养羊协会的成果就是协会成员人数及养养的数量等，故正确答案为 C 选项。

2. 社会工作者老李 2017 年度的重点工作是为社区癌症患者提供系列服务，提升该群体的生活质量。老李在对上述工作进行成果评估时，应该重点关注（　　）。（2018 年真题）

A. 完成服务提供的各项成本　　B. 各类服务活动的进度安排

C. 服务资金的具体支出情况　　D. 服务目标达成情况及原因

参考答案：D

参考解析：本题考查社区工作评估。对成果的评估，主要是考察工作的成果，在多大程度上实现了预定的目标。具体来说，成果评估应该回答以下问题：工作取得了哪些成果？工作的成果是否由于工作之外的因素而达成？工作是否带来了预期之外的效果？

3. 某社会工作机构最近结束了为期两年的社区发展服务项目。下列内容中，属于该项目效果评估的是（　　）。（2015 年真题）

A. 服务人数的变化　　B. 服务目标达成情况

C. 项目的推进方式　　D. 志愿者的配置情况

参考答案：B

参考解析：评估主要分为过程评估、结果评估与效益评估。其中，结果评估关注的是：工作取得了哪些成果？这些成果是否达到了预期的目标？工作是否带来了预期之外的效果？该评估可以帮助社会工作者了解有关工作是否能使服务对象发生改变以及变化的程度如何。ACD 选项等都属于过程评估。

第四节　社区工作的技巧

【重要考点概览】

小节	主要考点	历年考查点
第四节　社区工作的技巧	建立和发展社区关系的技巧	2016、2019 年考查单项选择题
	发展社区支持网络的技巧	2016 年考查单项选择题
		2015～2018、2020 年考查多项选择题
	社区教育的技巧	2020 年考查单项选择题
		2018 年考查多项选择题
	动员群众的技巧	2016、2018、2019 年考查单项选择题
		2015、2018、2019 年考查多项选择题
	运用传播媒介的技巧	尚未考查

考点一：建立和发展社区关系的技巧

社会工作者需要经常与辖区各种组织打交道，获取它们在政策、资金、场地、人力和舆论等方面的支持和援助，解决社区的问题，满足社区的需求。因此，社会工作者有必要了解与不同的组织建立和发展关系的准则和方法。

具体包括：了解组织的运作、分析组织间的关系、把握组织交往准则及应用组织接触技巧等。

【真题再现】

1. 某社区 5 号楼居民多次到居委会反映物业公司清运楼前垃圾不及时，导致蚊蝇滋生，希望社区能够出面协商解决问题。社会工作者小李为此需要了解物业公司的情况。下列内容中，属于物业公司非正式运作要素的是（　　）。（2019 年真题）

A. 物业公司领导办事风格　　　　B. 城市楼栋垃圾清运规范

C. 物业公司的物业费标准　　　　D. 物业公司主要工作职责

参考答案：A

参考解析：在分析单个组织的运作时，社会工作者既要了解其正式（外显）的模式，更要注意观察其非正式（内隐）的模式。所谓正式（外显）的模式，是指明文规定的、显而易见的运作模式，如成文的组织使命、目标、结构、宣言等。但大量的组织研究的结果表明，正式（外显）的模式只起到约束组织行为的作用，真正决定组织行为的是非正式（内隐）的模式，如组织成员在工作中贯彻执行的目标、实际的决策过程、组织内部不同部门之间在实际运作中的地位高低和权力关系、通过工作气氛和行事风格而体现出的组织文化等，都是组织运作中的非正式（内隐）的要素，值得关注。

2. 社会工作者在社区开展工作时，需要与街道办事处、居委会、物业公司、辖区单位等多种组织建立关系，共同服务居民，建设社区。在与各类组织打交道的过程中，社会工作者应该遵守的一般原则是（　　）。（2016 年真题）

A. 尽早开始联络，为合作奠定基础

B. 保护各方利益，实现利润最大化

C. 以感情联络为纽带，通过口头沟通明确合作责任

D. 以社区问题为中心维系关系，彼此保持一定距离

参考答案： A

参考解析： 本题考查组织间交往的准则。组织间交往的准则：（1）尽早与各组织交往，为未来合作奠定基础。（2）交往时要协助各方了解各自可获得的利益，树立利益共享的印象。（3）交往各方可以签订合作协议，表达合作期望、目标和守则，以强化和规范合作关系。（4）要注意主动维系组织间的交往关系。

考点二： 发展社区支持网络的技巧

社会网络是由个人所接触的正式与非正式关系网所构成的。社区支持网络是指社区网络中那些对个人具有正向支持功能的某些特质，即社区网络中可以提供实质的协助者，这种协助也是一种潜在社会网络的体现。社区支持网络分为一般的社区支持（归属、接纳与关怀）和特定的社区支持（尊重或鼓励、资讯和信息以及有形的物质支持）。当社区居民遭遇某种特定的问题或需求时，可能希望获得这些特定的支持。

具体方法包括：网络分析、发展自助小组、培育志愿者等。

【真题再现】

1. 小区物业管理公司是社区工作者经常打交道的合作单位之一。为了充分认识物业管理公司，社会工作者应了解的情况有（　　）。（2020 年真题）

A. 物业管理公司的财务收支账目

B. 物业管理公司的社会责任意识

C. 物业管理公司的人事考勤记录

D. 物业管理公司的发展目标和组织结构

E. 物业管理公司关键决策人的价值取向

参考答案： BDE

参考解析： 社会工作者对于合作单位的了解是进一步合作方向与合作空间的基础，这种了解包括其组织发展目标及结构、组织主要负责人的价值取向及组织自我的社会责任定位。AC 项是合作单位自我内部的行政管理事项。

2. 社会工作者小高希望在自己工作的社区，为独居老人建立社会支持网络。为此，小高适宜采取的做法有（　　）。（2018 年真题）

A. 基于正式关系选择网络成员

B. 尽量维持网络成员的同质性

C. 发掘和组织社区志愿者参与

D. 增进网络成员间的信任关系

E. 组建独居老人自助互助小组

参考答案： CE

参考解析： 本题考查发展社区支持网络的方法。发展社区支持网络的方法包括：（1）网络分析；（2）发展自助小组；（3）发掘和培育志愿者等。

3. 下列关于社会工作者发展社区支持网络的说法正确的是（　　）。（2017 年真题）

A. 重视非正式关系的润滑作用，以补充科层制运作之不足

B. 主要依靠正式沟通渠道，以实现正式组织间的交流互动

C. 对社区内的人际关系及组织间的互动关系给予充分重视

D. 遵循惯例和传统规则，以帮助参与者快速适应网络环境

E. 保证参与者在网络中获得或分享资源、知识以及影响力

参考答案：ACE

参考解析：社区支持网络的功能：（1）提供对话与沟通的渠道，增进了解与信任；（2）提供分享信息及学习和创新的机会；（3）促进社区的凝聚力；（4）促进社区增权。

4. 社会工作者小张协助社区患有糖尿病的居民组建自助组织，并推选李大爷担任会长。该组织在成立半年后，人数开始减少，李大爷也因要照顾外孙而较少参加会议，成员之间经常因为开会时间和活动内容等问题争吵不休。为此，小张应该采取的应对措施是（　　）。（2016 年真题）

A. 与成员保持适当距离，有需要时提出建议

B. 与成员一起回顾组织发展过程，给予鼓励

C. 担当组织的会长，处理相关问题

D. 协助组织寻找新的发展动力

E. 迅速介入，进行调解

参考答案：ABD

参考解析：本题考查自助组织出现问题时的应对策略。当自助组织出现问题时，社会工作者可以采取以下策略：（1）扮演矛盾缓和者的角色，在适当的时机介入，避免偏袒任何一方，做到对事不对人；（2）协助自助组织重新界定其功能，也可以向自助组织建议一些未考虑到的发展方向、功能或活动；（3）与成员分享自助组织的发展过程以及可能出现的困难，鼓励大家共同努力，度过难关；（4）与成员保持一定的距离，在自助组织有需要时才提出有建设性的建议和中肯的批评；（5）协助自助组织在社区中继续发掘新动力和新启示。

5. 社会工作者小王计划为社区失独老人家庭建立社会支持网络，他首先对社区现有的网络形态和网络功能进行分析。下列内容中，属于社会支持网络功能分析的是（　　）。（2016 年真题）

A. 部分楼门邻居面对面交流的频次

B. 社会工作者与社区志愿者的数量

C. 失独老人与亲属朋友的联络方式

D. 志愿者陪伴关怀失独老人的状况

参考答案：D

参考解析：本题考查社会支持网络功能分析。社会支持网络功能分析：通过对网络成员互动的内容、方向和结果的描述和分析，社会工作者可以了解网络对其成员是否起到支持作用以及是何种支持。个人的支持网络的功能大致可以分为工具性支持和

情感性支持，前者指的是能在经济上、人手上和其他资源方面提供帮助的网络，而后者指的是能够提供关怀、尊重、信任等正面情感支持的网络。

6. 社会工作者小章在与某社区居委会主任的交谈中，了解到社区居民中有一些癌症患者，居委会主任希望小章能运用专业方法帮助这些居民。于是小章推动成立了癌症病人自助小组，协助他们建立支持网络。小章拟采用“联结”技巧发展小组，其应做的工作有（　　）。(2015 年真题)

A. 通过交流治疗和康复阶段的经历寻找共同点，协助组员建立关系

B. 通过个别接触，提供适当鼓励，发掘个人专长，激励其多方尝试

C. 通过角色扮演，重现自己面对疾病的心路历程，学习建立新的价值观

D. 通过分享经验、释放情绪，提供信息，营造相互关怀的氛围

E. 通过协助界定共同需要，增加小组凝聚力，确定小组功能和未来发展方向

参考答案：ADE

参考解析：将有特殊需要或者面对共同困难的人士联结到一起是社会工作者发展自助小组的首要技巧，也是最有效的技巧之一。通过某些组员之间的共同点而将他们联结起来是建立关系的第一步。以癌症病人的自助小组为例，相同的病患时间、治疗经历、康复阶段等都可以成为联结组员的共同点（A 选项）。此外，鼓励组员分享经验、释放情绪，同时提供适当的资源和信息，可以让组员体会到相互关怀的气氛（D 选项），也是联结组员的手法。更重要的是，社会工作者要协助组员界定他们的共同需要，并以此作为联结点，增强组内的凝聚力，确定小组的功能和未来的发展方向（E 选项）。

★ 考点三：社区教育的技巧

社区教育技巧非常重要，因为社区互助，领袖培养，社会行动，政策倡议、推广都离不开社区教育。社会工作者要通过社区教育，传播知识、提升居民的意识和能力，最终解决社区问题。

社区教育的目标表现在三个方面：态度方面（引导居民态度的转变）、行为方面（沟通技能、会议和行政技巧、演讲等）、知识方面（理性思考、触类旁通等）。

【真题再现】

社会工作者开展社区教育活动的主要目标是促进社区居民在态度、知识和行为方面的改变。下列做法中，属于促进社区居民态度改变的有（　　）。(2018 年真题)

A. 激发居民参与志愿服务的积极性　　B. 引导居民从过往经验中学习知识

C. 培训社区骨干掌握人际沟通技能　　D. 帮助居民提升自信心和肯定自我

E. 帮助居民不断提升理性思考能力

参考答案：AD

参考解析：本题考查社区教育的目标。在态度方面，社区工作者可从感觉、直觉、想象、判断和兴趣等各个方面引导社区居民，关注居民权益、社会互助、社会公平与正义等核心价值，并通过行动—反思的方法不断澄清价值观。E 选项属于知识方面的改变，C 选项属于行为方面的改变。

考点四：动员群众的技巧

动员群众是社区工作的主要内容之一，因为居民的参与可以提升居民对社区事务的关注，也有利于提升居民对社区的归属感和认同感。这也正是地区发展模式的重要内容及目标。

具体包括：直接动员和间接动员。具体动员时也有很多需要考虑的因素及相应的技巧。

【真题再现】

1. 某物业管理的老旧小区楼道内存在乱贴小广告、卫生无人打扫等问题。社会工作者小吴计划组织居民代表开会讨论解决方案。居民王阿姨和李阿姨都表示自己水平有限，发挥不了什么作用，犹豫是否参加会议。此时，小吴适宜的做法是（　　）。（2019 年真题）

A. 说明会议时间大约一个小时，不会占用她们太多时间

B. 告诉两位阿姨她们都熟悉的张大爷会来帮忙主持会议

C. 承诺开会讨论一定会有效解决问题

D. 解释部分居民无法参加会议的原因

参考答案： B

参考解析： 当被动员的居民以自己能力不够为由拒绝参与时，社会工作者可以通过强调熟人参与、互相帮助以及成功先例等策略来说服对方。强调熟人参与是向对方指出已经有熟识的邻居参与到了社区事务中；强调互相帮助则是向对方表明，大家在一起互相学习可以慢慢取得进步；强调成功先例则是通过例子向对方说明参与社区事务可以获得能力的提升。

2. 某社区志愿巡逻队负责人老张在安排巡逻工作时，不够尊重队员的意愿，强行分配，随意分配巡逻点位。他在队伍管理中过多承担任务，导致其压力过大，时常发脾气。针对此状况，社会工作者应该采取的做法有（　　）。（2019 年真题）

A. 发现和培养更多的居民带头人

B. 完善居民带头人定期轮换制度

C. 建立定期沟通机制以相互支持

D. 做好巡逻队的权责分工及授权

E. 及时淘汰不胜任的居民带头人

参考答案： ABCD

参考解析： 社会工作者不应满足于培养一两名居民带头人，而应该持续发现和培训更多的社区带头人；在社区组织内要建立和完善民主参与和监察机制，做好权责分工，避免工作过分集中，鼓励社区组织成员通过分工学习新的技能，从而成为有潜质的居民带头人，在组织内不断灌输民主意识和观念；建立良好的沟通和互相支持的文化以加强彼此之间的支持。

3. 某社会工作服务机构接受街道办事处委托，在辖区内推动垃圾分类工作，实现

生活垃圾减量化、资源化和无害化。社会工作者小王带领同事在街头设立宣传站，动员居民参与，但有部分居民表示垃圾分类给自己增添麻烦，不想参加相关活动。此时小王适宜的做法有（　　）。(2018 年真题)

A. 聆听居民的意见，体谅他们担心添麻烦的顾虑

B. 不与对方争辩，尊重他们不愿参与活动的决定

C. 据理力争，强调进行垃圾分类是履行公民义务

D. 举例说明垃圾分类的意义，动员居民积极参加

E. 通知对方的工作单位，让其领导说服居民参与

参考答案： AD

参考解析： 本题考查动员群众的技巧。社会工作者要注意掌握居民的参与动机，了解阻碍他们参与的因素，针对不同情况采取不同的说服策略，才能起到事半功倍的效果。B 选项的做法未能更积极主动的争取，并不是最好的选择。

4. 为提升居民对社区的归属感和认同感，社会工作者小周计划把今年的工作重点放在动员社区居民上。下列状况中，最适宜采用家访方式动员社区居民的是（　　）。(2018 年真题)

A. 参加动员工作的人力充足　　B. 进行动员工作的时间有限

C. 动员对象经常出差在外　　D. 动员对象的参与动机强烈

参考答案： A

参考解析： 本题考查动员群众的技巧。家访是动员群众的常用办法，而且效果较好。这个方法最大的困难在于，要花费大量的人手才可以与群众建立深度关系。

5. 社会工作者小郭计划在 A 街道开展亲子阅读服务并开始招募工作，但招募结果不理想。居民王女士表示对服务有兴趣，但又担心参加人数太少，活动搞不起来。从动员居民参与的角度，小郭最适宜的做法是（　　）。(2017 年真题)

A. 向王女士说明已有很多人报名参加　　B. 告诉王女士她的好友刘女士已报名

C. 表示会通过多种方式吸引居民参加　　D. 向王女士说明她可以中途退出活动

参考答案： C

参考解析： 在动员居民时，社会工作者经常会遇到对方的消极反应。这时，社会工作者可以适当采用说服居民参与的技巧。A 选项是谎言，肯定不合适；B 选项不确定真伪，也不合适；D 选项不妥当，并且对于整个活动开展来说非常不利。所以正确答案为 C 选项。

6. 某老旧小区的楼房年久失修，不少楼门的楼梯台阶较陡且没有扶手，给老年人出行带来困难。为此，社会工作服务机构拟通过动员居民群策群力解决问题。在选择动员方法时，社会工作者应优先考虑的因素是（　　）。(2016 年真题)

A. 机构的财力和场地资源　　B. 居民对参与途径的偏好

C. 居民对问题的关注程度　　D. 社会工作者擅长的宣传手段

参考答案： C

参考解析：本题考查选择动员方法应考虑的因素。在动员群众时，社会工作者很少只采用单一的方法，通常会在动员的不同阶段使用不同的方法。如，首先通过街头宣传发现有参与意愿的居民，然后利用家访强化与这些居民的关系，最后在活动举办之前用电话提醒他们参与。一般来说，对动员方法的选择要考虑以下因素：（1）参加动员工作的人力；（2）动员居民参与的事务是否已经引起居民的广泛关注；（3）动员对象的覆盖范围；（4）动员对象的参与动机。

7. 社会工作者在社区开展助推社区社会组织工作。为了培养居民带头人的领导力，社会工作者采用工作坊的方式开展培训。该工作坊的培训重点应聚焦在（　　）。（2016 年真题）

A. 提高文字表达能力　　B. 了解财务报账流程

C. 掌握活动策划原理　　D. 学习民主协商方法

参考答案：D

参考解析：本题考查社区带头人培训的内容。社区带头人培训的内容：（1）沟通技巧与人际关系技巧；（2）筹备、主持会议与演讲技巧；（3）小组带领技巧；（4）组织和管理技巧；（5）谈判、游说等政治技巧；（6）运用战略及战术技巧；（7）与传媒接触技巧；（8）资源动员技巧。

8. 动员居民关注社区事务，参与社区建设是社区工作的重要内容。在选择动员群众的方法时，社会工作者需考虑的因素有（　　）。（2015 年真题）

A. 参加动员工作人员的资历　　B. 参加动员工作的人员数量

C. 大众媒体是否关注社区事务　　D. 居民的参与意愿与动机

E. 动员对象的覆盖范围

参考答案：BDE

参考解析：选择动员群众的方法时，社会工作者应考虑的因素有：（1）参加动员工作的人力；（2）动员居民参与的事务是否已经引起居民的广泛关注；（3）动员对象的覆盖范围；（4）动员对象的参与动机。因此，本题 BDE 选项正确。

考点五：运用传播媒介的技巧

运用传播媒介是指社区借助传媒的优势让公众更多地了解自己，支持和响应社会服务机构的号召，促成社区的改变与发展，树立社会服务组织的形象和地位。而良好的社区媒体形象又会激励和鼓舞社区成员热爱社区、建设社区，凝聚社区的智慧和力量，推动社区工作的开展。

传媒运用有多种途径，如邀请记者和撰写新闻稿、记者招待会、媒体访问等。

【本章小结】

社区工作作为社会工作直接工作手法之一，是社会工作从微观逐步走向宏观的过程，是聚焦特定空间里的人群及其所在社会环境之间的互动，并借用互动完成社区的发展及整体福利的改善。对于社区问题与社区需求的不同回应思路带来三种不同的社区工作模式，即地区发展模式、社会策划模式及社区照顾模式。而对于社区工作者而言，进入社区、认识了解社区需求、培养社区工作组织、制订社区工作计划及实施社区工作计划并评估是完整的社区工作的六大环节。而做好社区工作，社工还需要掌握各种技巧以便应对开放且系统的环境中的各类挑战。

扫码听课

第八章　社会工作行政

【本章导学】

个案工作、小组工作和社区工是直接的社会服务手法，即直接面对服务对象开展服务，满足需求。而间接的社会服务是通过支持一线的工作人员进行的服务，包括一些管理性的、督导支持性的及研究性的工作。其中，社会工作行政（简称社会行政）即属于间接社会服务，指社会服务机构内部的行政管理及协调活动，包括计划、组织、人事、协调与控制等一系列内容。这些工作是为了确保机构组织的正常运作、确保服务项目的顺利实施及社会政策的具体落实等。

【历年题量/分值分布】

	2015 年	2016 年	2017 年	2018 年	2019 年	2020 年
单项选择题	7 道	7 道	7 道	6 道	7 道	7 道
多项选择题	2 道	2 道	2 道	1 道	2 道	3 道
合计分值	11 分	11 分	11 分	8 分	11 分	13 分

注：单项选择题每题 1 分，多项选择题每题 2 分（错选，本题不得分；少选，所选每个选项得 0.5 分）。

【本章知识概览】

小节	考点	备考指数
第一节　社会服务计划	社会服务机构的规划与计划	★★★★
	社会服务方案策划	★★★★★
第二节　社会服务机构的类型与运作	社会服务机构的性质与类型	★★
	社会服务机构的组织结构与运作	★★
第三节　社会服务机构的领导	社会服务机构领导的含义与特征	★
	社会服务机构领导的方式	★★★★★
	社会服务机构的激励措施	★★★
第四节　社会服务机构的人力资源管理与志愿者管理	社会服务机构的人力资源管理	★★★
	社会服务机构的志愿者管理	★★★
第五节　社会服务机构的财务与筹资管理	社会服务机构的财务管理	★
	社会服务机构的筹资管理	★
第六节　社会服务机构的公信力和公共关系管理	社会服务机构的公信力	★★★★★
	社会服务机构的公共关系	★★★
第七节　我国的社会福利行政体系	我国社会福利体系的运作方式	★★
	我国社会福利体系的特点	★★

【考点详解】

第一节　社会服务计划

【重要考点概览】

小节	主要考点	历年考查点
第一节　社会服务计划	社会服务机构的规划与计划	2015～2018、2020年考查单项选择题
	社会服务方案策划	2015～2020年考查单项选择题
		2017年考查多项选择题

考点一：社会服务机构的规划与计划

社会服务机构规划是为实现机构的使命、长远目标而做出的重要的战略性的计划，是一种对未来的分析与选择程序。它描述了机构如何利用现有的环境条件和资源去实现服务和发展目标。

特征如下：一是由机构最高管理层做出；二是涉及大量资源的分配；三是有长期效应（通常3～5年甚至更长时间）；四是关注机构与外部环境的相互作用。

社会服务机构规划大致分为三个层次内容，即使命宣言（宏观长远，机构决策者和高层管理者制定）、策略性计划（中期，3～5年工作方针，机构中高层和中层管理者制定）、运作性计划（短期且具体，机构中层和基层管理者制定）。

【真题再现】

1. 某养老机构在拟定整体规划时，强调要为有需要的老人提供心理疏导和人文关怀服务。下列表述中，属于运作性计划的是（　　）。（2020年真题）

A. 促进入住老人的身心健康发展　　B. 协助老人同家属每日在线沟通

C. 协调跨专业团队提供全面照顾　　D. 对有需要的老人开展危机干预

参考答案：B

参考解析：运作性计划是由社会服务机构的中层和基层管理者共同拟订，是对机构目前的工作订立的具体可测量的短期服务指标，较为常见的是机构的年度计划。它是机构具体的行动计划。

2. 小董是一家为留守儿童提供服务的社会工作服务机构负责人。经过需求评估后他设计了社区留守儿童年度探访计划，其内容是通过“社会工作者＋志愿者”联动机制，使社区内50名留守儿童每人每半月至少得到一次入户探访服务。从社会服务机构规划层次的角度看，该计划属于（　　）。（2018年真题）

A. 创新性计划　　B. 战略性计划

C. 运作性计划　　D. 职能性计划

参考答案：C

参考解析：本题考查社会服务机构规划的内容。社会服务机构规划分为三个层次内容，分别是使命宣言、策略性计划、运作性计划。运作性计划是对机构目前工作订立的具体可测量的短期服务指标，较为常见的是机构的年度计划，它是机构具体的行动计划。

3. 某社会工作服务机构在其微信公众号的首页“功能介绍”一栏写道：本机构致力于推动社区发展与社区能力建设，通过帮扶弱势群体实现“与你同行，助人自助”的理念。上述表述展示了机构的（　　）。（2017 年真题）

A. 使命宗旨　　B. 策略目标　　C. 运作目标　　D. 项目目标

参考答案：A

参考解析：使命宣言是由社会服务机构的决策者和高层管理者拟定，通过文字表述出来的机构的宗旨，内容一般反映机构本身的信念、价值观及其在社会上所要建立的地位。如，郑州市救助保护流浪少年儿童中心的使命和宣言就是“努力在今天，希望在明天，一切为了孩子，为了孩子的一切”。使命和宣言普遍是宏观的、长远的，并没有规定具体实现的期限。但理论上，一切服务的内容与活动，都必须以使命为依据，社会服务机构的所有活动不应与其相违背。

4. 老李是一家社会服务机构的总干事，机构的主要收入来源单一，又很不稳定，老李虽有心扩大机构规模，拓展新的业务，但由于人手不足，迟迟没能下定决心。针对上述问题，从社会服务机构规划角度看，老李适宜采取的做法是（　　）。（2016 年真题）

A. 与机构高层管理者进一步澄清机构的使命宣言

B. 与机构中层管理者共同拟定和完善策略性计划

C. 与机构基层管理者共同拟定和完善运作性计划

D. 与机构基层管理者共同拟定和完善策略性计划

参考答案：B

参考解析：本题考查社会服务机构规划的策略性计划。策略性计划是一种中期的计划，一般由机构中高层和中层管理者共同拟订，是对未来 3 ~ 5 年的发展做出预估后，而制定的工作方针，也是机构整体的目标和方向。

5. 某青少年社会服务机构，根据本区青少年发展需求制定了一个五年规划。在制定规划过程中，由该机构的中、高层管理者共同研究分析，拟订了基本的工作方针，并进行了相应的工作部署。该机构中高层管理者所完成的规划内容属于（　　）。（2015 年真题）

A. 使命宣言　　B. 策略性计划

C. 行动方案　　D. 运作性计划

参考答案：B

参考解析：社会服务机构规划大致分为三个层次内容，即使命宣言、策略性计划、运作性计划。使命宣言是由社会服务机构的决策者和高层管理者拟定，内容一般反映机构本身的信念、价值观及其在社会上所要建立的地位。策略性计划一般由机构中高层和中层管理者共同拟定，是对未来 3 ~ 5 年的发展做出预估后，而制定的工作方针，也是机构整体的目标和方向。运作性计划是由社会服务机构的中层和基层管理者共同拟定，是对机构目前的工作订立的具体可测量的短期服务指标。

考点二：社会服务方案策划

服务方案策划是一幅实现预定目标的工作蓝图。社会服务方案策划一般由评估服务对象的需要，建立具体的服务目标，选择最有效的行动策略，设计资源的筹集与分配方案以及向服务对象提供服务的构想组成。

社会服务方案策划的步骤与方法

1. 问题的认识和分析阶段

服务的提供可分为三个部分：计划、执行和评估。其中计划由两部分组成，即问题的分析与目标制定。因此，社会服务方案的策划分为四个阶段。而其中问题的认识和需要评估是社会服务方案的基础，全面的问题认识及需要的评估过程主要包括认识问题、寻求解决问题的资源、严重性排列优先次序、开展方案策划与提供服务。

问题认识方法有两种：其一为“问题认识工作表”。关注如下：问题是什么，问题在哪里发生，谁受这个问题影响，这个问题是何时发生的，人们对这个问题的感受程度如何。其二为“分支法”。首先明确要解决的全面性问题（如老人被虐待问题）；其次列明形成这个问题的“明确问题”（被虐原因是缺乏亲戚、朋友、邻里和志愿者的帮助和支持等）；最后是逐一列明造成这些问题的原因，集中处理那些“明确的问题”。

【真题再现】

1. 社会工作者小陈针对社区行动不便老人受虐问题进行调查时发现，导致该问题的原因很多，关键因素是行动不便老人缺乏相应的照顾支持网络。据此，小陈链接资源并策划开展了行动不便老人社区支持计划。小陈分析问题时采用的方法是（　　）。（2019 年真题）

A. 观察法　　　　B. 名义小组

C. 分支法　　　　D. 问题认识工资表

参考答案：C

参考解析：问题的认识方法有两种。一是“问题认识工作表”，即所关注的问题是什么，问题在哪里发生，谁受这个问题影响，这个问题是何时发生的，人们对这个问题的感受程度如何。二是“分支法”，首先确定要解决的全面性问题；其次是形成这个问题的“明确问题”，即该问题的具体成因；最后逐一列明造成这些问题的原因。方案策划者可根据机构所拥有的资源情况，建议机构集中处理那些“明确的问题”。本题是典型的分支法，故 C 选项正确。这其实是一个从外在问题表征—具体原因剖析—机构操作层面的聚焦的逐步分析过程。

2. 社会工作者小李发现社区内的个别家庭存在虐待老人现象。针对该问题，小李要制定一个合理有效的服务方案，他首先进行了问题分析，如下图所示：

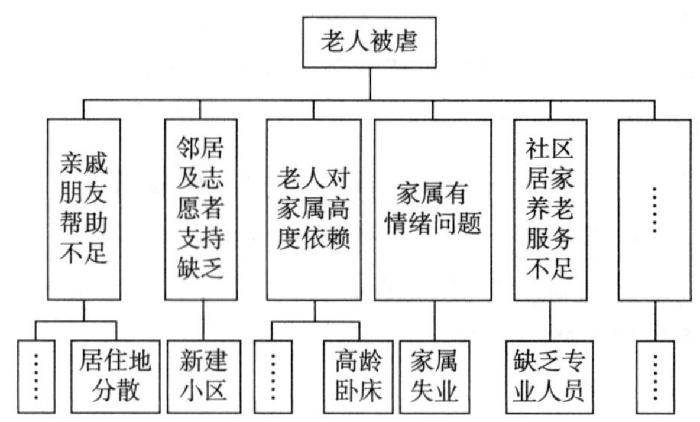

小李运用的认识和分析问题的方法是（　　）。（2015 年真题）

A. 分支法　　B. 问题认识工作表法

C. 分层法　　D. 问题认识工作图法

参考答案： A

参考解析： 问题的认识方法有两种。一是“问题认识工作表”，即所关注的问题、问题在哪里发生、谁受这个问题影响、何时发生、人们对这个问题的感受程度。二是“分支法”，首先确定要解决的全面性问题，如本题中的老人被家属虐待问题；其次列明形成这个问题的“明确问题”，如被虐待的老人缺乏亲戚、朋友、邻里和志愿者的帮助和支持，老人对家属有高度的依赖，虐待老人的家属有情绪问题，社区居家养老等支持性服务不足；最后逐一列明造成这些问题的原因。方案策划者可根据机构所拥有的资源情况，建议机构集中处理那些“明确的问题”。

2. 目标制定阶段

总目标是指机构在社会服务方面希望达到的一些总体状态，如提高社会福利水平，满足社会需求，促进社会参与等。此类目标比较抽象，难以测量。影响性目标是社会工作干预所要达到的目标。

【真题再现】

1. 社会工作者小马计划在某社区开展一个针对未就业青年的服务项目，并积极争取基金会资助。在项目设计阶段，小马在充分了解未就业青年的问题和需求后，接下来首先要做的工作是（　　）。（2020 年真题）

A. 制定项目工作目标　　B. 规划项目服务内容

C. 确定项目评估方法　　D. 编制项目资金预算

参考答案： A

参考解析： 社会服务方案策划的步骤和方法：（1）问题的认识和分析阶段，包括问题的认识分析并需要评估；（2）目标制定阶段，包括界定总目标和影响性目标，建立目标的优先次序；（3）方案安排阶段，包括制定可行性方案，选择理想的可行性方案，决定资源需求和争取资源，制订行动计划；（4）考虑服务的评估。

2. 某社会工作服务机构在策划失智老人服务方案时，要根据社区问题和需要设定

可行的工作目标。下列表述中，属于“影响性目标”的是（　　）。（2018 年真题）

A. 为 30 名老人提供认知功能的评估　　B. 改善社区内失智老人的认知功能

C. 三个月内编印 300 本认知照顾手册　　D. 安排员工学习认知照顾训练课程

参考答案：B

参考解析：本题考查社会服务方案策划的目标制定。方案策划者应制定要达到的总目标和影响性目标。总目标是指机构在社会服务方面希望达到的一些总体状态。影响性目标是社会工作干预所要达到的目标。B 选项正是社会工作服务机构要干预的内容。ACD 选项则是为了达到干预的目标所采用的手段或者路径。

3. 方案安排阶段

本阶段主要包括制定各种可以实现目标的可行性方案、选择理想的可行性方案、决定资源需求和争取资源、制订行动计划等四个环节与步骤。

【真题再现】

1. 某社会工作服务机构成功申请到居家安全服务项目，计划联系辖区电力公司一起为居住在老旧小区的独居、高龄和贫困老人排查用电安全隐患。该项目进入实施阶段，项目主管必须充分考虑的要素是（　　）。（2017 年真题）

A. 项目评估的方法　　B. 项目人员的分工

C. 机构的资金来源　　D. 机构的使命宗旨

参考答案：B

参考解析：方案安排阶段（实施阶段）包括制定各种可以实现目标的可行性方案。各方案的详细内容包括目标、对象、活动形式、日期、时间、场地、服务程序表、人力分配、财政预算、所需设备、预期困难和应对方法等。故项目主管必须要充分考虑的是项目人员的分工。

2. 某社会工作服务机构主管收到社会工作者撰写的项目策划书，计划招募 60 名志愿者，为某养老院 30 名失能老人撰写回忆录。该主管审批这份策划书时，需要重点考虑的有（　　）。（2017 年真题）

A. 该服务是否符合上级领导要求和机构的业务范围

B. 该养老院的老人和管理层是否支持开展此项服务

C. 机构能否在服务周期内招募到足够数量的志愿者

D. 该服务提供后的经济效益是否大于服务成本

E. 该服务结束后，机构是否有能力测量其效果

参考答案：ABCE

参考解析：对于社会服务机构高层管理者而言，他们在决定是否采用某服务方案时，一般会考虑“经济上是否有效率”、“社会上是否接纳”和“政治上的可行性”。具体包括如下考虑：这项服务是否符合机构或服务方案的目标和优先次序，机构是否有足够的资源提供这项服务；所提供的服务是否被服务对象和社区成员所接纳，是否可由现在的服务提供者继续给予干预；这项服务是否满足政策的要求，这项服务是否

是机构所必须提供的，这项服务的可能效益是否比估计的成本更重要；能否测量这项服务的"服务效果"，被选择或批准的项目能否发展成"实践计划"，推行这项服务过程中是否有严重的危机存在等问题。

4. 考虑服务的评估

服务方案的评估一般采用两种方法：过程评估和结果评估。前者关注过程中的服务对象和人数的变化、主要工作项目的完成情况、资源使用情况、经费支出情况等；后者则关注方案实施后所产生的效果。

【真题再现】

某社会工作服务机构对本机构的服务项目进行了评估，尤其重视已完成项目的效果评估。下列内容中，属于效果评估的是（　　）。（2016 年真题）

A. 服务流程管理情况　　B. 服务项目的进度情况

C. 项目经费支出情况　　D. 服务对象的改善情况

参考答案：D

参考解析：本题考查服务的评估。ABC 选项属于过程评估。

第二节　社会服务机构的类型与运作

【重要考点概览】

小节	主要考点	历年考查点
第二节　社会服务机构的类型与运作	社会服务机构的性质与类型	尚未考查
	社会服务机构的组织结构与运作	2015、2017～2019 年考查单项选择题
		2017、2020 年考查多项选择题

考点一：社会服务机构的性质与类型

社会服务机构通常是指由政府、社会团体或个人兴办的，通过社会福利从业人员，包括专业社会工作者、半专业的服务人员、辅助工作人员等，为基本生活遇到困难的人群提供福利服务的非营利组织。

我国社会服务机构主要有：社会福利服务机构、社会服务类民间组织、民办社会工作服务机构等。

考点二：社会服务机构的组织结构与运作

1. 社会服务机构的一般结构类型

组织的一般结构是指组织的等级体系和权责限定，这是任何组织都不可缺少的结构。社会服务机构的一般组织结构可分为：直线式组织结构、职能式组织结构和直线参谋式组织结构。

2. 社会服务机构的团队结构类型

团队分成三种类型：多功能型团队、问题解决型团队和自我管理型团队。

（由于本部分内容在教材中有较多更新，历年真题已失去时效性，因此本部分不

再列出）

3. 社会服务机构的运作

社会服务机构的运作主要包括两种不同的理解角度：功能细分与整体化视角，也就是功能性环节与项目化管理。

功能性环节：主要包括授权（上级主管适当地将职权交给下属）、协调（各部门分工合作，各员工步调一致，增进组织效率）、沟通（上情下达、下情上达、与同事协调、向公众交代等）、控制（检查、监督、纠偏等以保证有序与高效）等。

项目化管理：在一定时间内为了达到特定目标而调集到一起的各种系统资源和人员的组合，为了取得特定成果而开展的一系列相关活动。特征包括：明确而具体的目标、明显的时间周期、多个行动主体共同协调多种资源的动员和整合。

【真题再现】

1. 某社会工作服务机构设计了“儿童自助图书馆”项目，旨在促进困境儿童参与图书馆规范建设和借阅服务。该项目借助某网络公益平台发布信息，进行公益众筹。为了争取网民对项目的支持，社会工作者应着力做好的工作有（　　）。（2020 年真题）

A. 描述项目产出的关键特征和前景　　B. 运用图片和视频等展示项目价值

C. 利用朋友圈和微博扩散项目信息　　D. 提高机构和困境儿童的接触机会

E. 植入优惠信息吸引网民购买奖品

参考答案：ABCD

参考解析：争取网民支持必须使其看到项目的价值、前景，使其明白项目的意义；同时还需要传播扩散项目信息，以确保更大的覆盖面与知晓度。社会服务项目是非营利性质的，故排除 E 选项。

2. 随着政府购买服务的深入推进，越来越多的社会工作服务机构采用项目管理方法开展服务。关于项目管理的说法，正确的是（　　）。（2019 年真题）

A. 项目管理涉及一个主体，资源配置效率较高

B. 项目管理究出问责的是服务人数和服务次数

C. 项目管理目标明确，但影响了项目成员能力发挥

D. 项目管理既重视服务过程监测，也重视结果评估

参考答案：D

参考解析：项目化管理是指在一定时间内为了达到特定目标而调集到一起的各种系统资源和人员的组合，为了取得特定成果而开展的一系列相关活动。做好项目管理对于社会服务有重要意义：一是明确目标使服务活动更趋理性化；二是合理使用资源；三是激发社会服务机构人员的能力；四是更加客观地跟踪检查各项社会服务的进程、质量、效果和存在的问题。

3. 社会工作服务机构的项目主管指派一名社会工作者与社区党支部书记沟通落实党群服务项目，并与社区居民代表座谈交流。为了确保上述工作的顺利开展，该主管最恰当的做法是（　　）。（2018 年真题）

A. 给予社会工作者足够的职权　　B. 给予社会工作者足够的自由
C. 帮助社会工作者与同事协调　　D. 帮助社会工作者向公众交代

参考答案：A

参考解析：本题考查社会服务机构的运作。授权是上级主管适当地将职权交给下属的过程。社会工作服务机构主管可授权的内容有：（1）授权任务；（2）授予“权力”，一项授权任务必须拥有足够的职权才能完成；（3）所授权力要进行明确的限制。

4. 某养老机构在开展老年人入院评估时，充分发挥机构内医生、护士和社会工作者的优势，相互配合完成老年人身体、心理、社交等多方面的评估。从机构运作功能的角度看，上述安排属于（　　）。（2017 年真题）

A. 授权　　B. 沟通　　C. 命令　　D. 协调

参考答案：D

参考解析：协调是社会服务机构中各部门的活动化为一致性行动的过程，通过发挥团队精神，顺利执行各部门的活动，实现共同目标。协调的目的包括：一是促进各部门的密切配合、分工合作，从而如期实现工作目标；二是推动各部门和员工步调一致，化个别努力为集体合作的行动，增进组织效率。

5. 某社会工作服务机构计划为某校高三学生提供考前减压服务，该机构负责人派社会工作者小王带领 3 名同事进行需求调研，了解学生心理需求。该阶段机构负责人适宜向小王授权的内容有（　　）。（2017 年真题）

A. 让小王设计一份访谈提纲并交给机构督导修改
B. 让小王根据自己需要随时调配其他社会工作者
C. 让小王根据调研结果决定是否继续为该校服务
D. 让小王担任调研组组长并全面协调调研工作
E. 让小王制定调研方案并代表机构与校方沟通

参考答案：ADE

参考解析：社会服务机构主管可授权的内容包括：一是授权任务，即派下属或员工完成多项任务；二是授予“权力”，一项授权任务必须拥有足够的职权才能完成，如果只要求下属或员工完成某项任务，而不给予权力，不利于工作的开展；三是所授权力要进行明确的限制，强调这个权力仅限于从事某一特定任务。

6. 关于社会服务项目化运作的说法，正确的是（　　）。（2015 年真题）

A. 项目化运作的社会服务没有明确期望达到的目标
B. 项目化运作的社会服务一般没有确定的时间周期
C. 社会服务项目管理能够促进服务资源更加合理的使用
D. 社会服务项目的实施组织体系需要与机构的组织结构保持一致

参考答案：C

参考解析：社会服务项目的特征：一是明确而具体的目标；二是具有明显的时间

周期特征；三是多个行动主体共同协调的活动；四是多种资源的动员和整合。故正确答案为 C 选项。

【考点详解】

第三节　社会服务机构的领导

【重要考点概览】

小节	主要考点	历年考查点
第三节　社会服务机构的领导	社会服务机构领导的含义与特征	尚未考查
	社会服务机构领导的方式	2015、2016、2018、2020 年考查单项选择题
		2019 年考查多项选择题
	社会服务机构的激励措施	2016、2018、2019 年考查单项选择题

考点一：社会服务机构领导的含义与特征

领导是一个带领者影响跟随者的过程，使跟随者能按领导者的要求和方向行动，并朝着组织或机构的目标方向，尽心尽力地完成所委派的工作。在社会服务机构中，领导是社会服务方案管理的核心。其特征主要表现为：较少运用职业赋予的正式权力领导下属；较多运用指导、诱导方式影响下属；注重使用影响他人的能力和技巧。

考点二：社会服务机构领导的方式

社会服务机构的领导方式包括三种类型：专制型、民主型、放任型。

其具体的领导方式主要包括：获取员工的合作；使用领导者的权威；引导与沟通；维持纪律与督导训练；发挥团队精神。

【真题再现】

1. 社会工作者小张最近刚刚晋升为某社会工作服务机构主管，拟采用民主型领导方式管理员工。小张的下列做法中，符合该领导方式的是（　　）。（2020 年真题）

A. 基于团队共识，修订部门规章制度及工作准则

B. 更多关注工作任务完成情况，与下属保持距离

C. 善用主管权力和工作纪律，引导下属自觉服从

D. 尽可能事无巨细，亲力亲为，慎重地使用授权

参考答案：A

参考解析：民主型领导方式的特点：所有的政策是在领导者的鼓励和协作下由团体成员讨论决定的，政策是领导者和下属共同智慧的结晶；分配工作时，尽量照顾到个人的能力、兴趣和爱好；对下属的工作，安排得不那么具体，下属有相当大的工作自由、较多的选择性和灵活性；主要应用个人权力和威信，而不是依靠职位权力和命令使人服从，谈话时较多使用商量、建议和请求的口气，较少下达命令；积极参加团体活动，与下属没有心理上的距离。

2. 社会服务机构常采用民主型领导方式，强调员工的共同参与，使员工对机构形成较强的归属感。下列做法中，符合该类型领导方式的有（　　）。(2019 年真题)

A. 为员工设定具体的工作目标和实现路径，确保员工能顺利完成工作

B. 较少主动监控员工的具体工作执行情况，允许员工自行决定任务进度

C. 鼓励员工发挥团队协作精神，分配工作时，允许员工发表个人意见

D. 组织员工开展团建活动，推动互动合作，拉近负责人与员工的距离

E. 当工作计划发生改变时，向员工说明改变的原因及影响

参考答案： BCDE

参考解析： 民主型领导方式的特点：所有的政策是在领导者的鼓励和协作下由团体成员讨论决定的，政策是领导者和下属共同智慧的结晶；分配工作时，尽量照顾到个人的能力、兴趣和爱好；对下属的工作，安排得不那么具体，下属有相当大的工作自由、较多的选择性和灵活性；主要应用个人权力和威信，而不是依靠职位权力和命令使人服从，谈话时较多使用商量、建议和请求的口气，较少下达命令；积极参加团体活动，与下属没有心理上的距离。

3. 下列社会工作服务机构的领导方式中，属于“民主型”的是（　　）。(2018 年真题)

A. 领导负责安排工作程序和方法，员工遵照执行

B. 领导鼓励和协助员工参与讨论制定机构的政策

C. 领导与员工保持距离，不参与机构的团建活动

D. 领导让员工在执行任务时按各自意愿自主进行

参考答案： B

参考解析： 本题考查领导方式的类型。民主型领导方式的特点：所有的政策是在领导者的鼓励和协助下由团体成员讨论决定的，政策是领导者和下属共同智慧的结晶；对下属的工作，安排得不那么具体，下属有相当大的工作自由、较多的选择性和灵活性等。

4. 小张毕业后，与几位同学一起创办了一家社会工作服务机构并被选为总干事。小张发现，虽然自己有管理权力，但同事毕竟都是大学同学，做好机构领导并不容易。在这种情况下，小张适宜采取的做法是（　　）。(2016 年真题)

A. 通过严明工作纪律和实施奖惩措施，把权力集中到自己手中

B. 让团队成员在完成工作和服务任务时自我管理，自主决定

C. 建立参与机制，与团队成员共同讨论决定机构的重要事项

D. 预先安排好各项工作程序和方法，要求团队成员执行

参考答案： C

参考解析： AD 选项是专制型领导方式，B 选项属于放任型领导方式，C 选项属于民主型领导方式。在社会福利领域，民主型领导风格较为可取并深受员工欢迎。

5. 某社区养老服务中心由 10 名专业社会工作者和 2 名护士组成，中心负责人老李

为了更好地管理中心事务，采用民主型的领导方式。下列老李的做法中，最能体现其领导方式的是（　　）。(2015 年真题)

A. 凭借个人的威信建议下属灵活选择工作程序和方法

B. 凭借个人的权力指挥下属安排好工作程序和方法

C. 运用工作职权要求下属执行既定的工作程序和方法

D. 放弃工作职权让下属自行安排工作程序和方法

参考答案：A

参考解析：民主型领导方式的特点有：所有的政策是在领导者的鼓励和协作下由团体成员讨论决定的；分配工作时，尽量照顾到个人的能力、兴趣和爱好；主要应用个人的权力和威信，而不是依靠职位权力和命令使人服从，谈话时较多使用商量、建议和请求的口气，较少下达命令。

考点三：社会服务机构的激励措施

该激励措施主要包括：了解员工的个别差异；用目标引导员工，增进其对工作的兴趣；提供员工参与决策的机会；协助员工制订职业生涯发展计划。

【真题再现】

1. 社会工作者小张在某社会工作服务机构工作五年，承担了多项重要工作，一直表现出色。最近他常常感觉工作任务繁重且枯燥乏味，导致情绪低落。针对目前小张的情况，机构负责人最宜采取的激励措施是（　　）。(2019 年真题)

A. 发动员工关心小张的生活，使他有团队归属感

B. 招聘新人替代小张的工作，使他有工作危机感

C. 让小张重新设计工作职位，让他有更高的工作自主权

D. 提高薪酬福利待遇，让他有更好的工作满足感

参考答案：C

参考解析：社会服务机构的员工长期在工作岗位上从事同样的工作会感到枯燥乏味，因此，机构管理者可以通过工作轮换、工作任务拓展和工作丰富化来降低员工枯燥的感觉，也可以借此机会评估员工潜能，协助构建未来人力资源的规划。故 C 选项正确。

2. 某社会工作服务机构的社会工作者小陶负责社区残障人士康复服务项目，小陶既要负责项目前期的组织实施，又要负责项目后期的评估总结、报告撰写等工作。近期，她负责的项目又受到质疑，情绪低落，认为工作没有前景。为了鼓舞小陶的士气，机构领导最适宜采取的激励措施是（　　）。(2018 年真题)

A. 为小陶总结经验教训　　B. 吸纳小陶参与机构高层决策

C. 为小陶拓展工作任务　　D. 帮助小陶重新设计工作职位

参考答案：D

参考解析：本题考查社会服务机构的激励措施。社会服务机构的激励措施主要有以下几种：了解员工的个别差异；用目标引导员工，增进其对工作的兴趣；提供员工

参与决策的机会；协助员工制定职业生涯发展规划。由题干可知，小陶的工作内容过于庞杂，因此首要的任务是重新设计与安排她的工作职位。

3. 某社会工作服务机构负责人老刘发现，社会工作者小张因在年度考查中未获得优秀而情绪低落，工作表现也不够积极，且常对同事说："我总是做不到最好，得不到大家认可。"针对小张的情况，老刘恰当的做法是（　　）。(2016 年真题)

A. 对小张进行批评教育，让其轮换岗位

B. 与小张讨论其表现，并协助制订个人发展规划

C. 让小张参与机构决策，并适当增加其福利

D. 增加小张的工作量，并安排其他同事与他同组

参考答案： B

参考解析： 社会服务机构的激励措施主要包括：了解组员的个别差异；用目标引导组员，增进其对工作的兴趣；提供员工参与决策的机会；协助员工制定职业生涯发展规划。题目中小张主要是因年度考查未获优秀造成情绪低落，工作不积极，因此负责人可以通过与小张讨论其表现，并协助他制定个人发展规划，提高其工作积极性。

第四节　社会服务机构的人力资源管理与志愿者管理

【重要考点概览】

小节	主要考点	历年考查点
第四节　社会服务机构的人力资源管理与志愿者管理	社会服务机构的人力资源管理	2017、2020 年考查单项选择题
	社会服务机构的志愿者管理	2016、2017、2019、2020 年考查单项选择题
		2020 年考查多项选择题

考点一： 社会服务机构的人力资源管理

社会福利领域是一个人力资源密集的行业，主要依赖员工的能力（知识与技巧）为服务对象提供高质量的服务，所以员工是社会服务机构最重要的资产。在服务需求不断增加和日益复杂的状况下，机构领导必须在人员招募与使用方面有更高的管理能力。人力资源管理主要是指对机构工作人员的任用、培训与发展、激励和维持的活动。

【真题再现】

1. 社会福利领域是一个人力资源密集的行业，主要依靠社会工作者的专业能力为服务对象提供高质量的服务。从人力资源管理的角度看，社会工作服务机构所面临的外部压力是（　　）。(2020 年真题)

A. 社会工作者的工作动力维系

B. 社会工作者的服务技术更新

C. 社会工作者对社会认同的适应和接纳

D. 社会工作者面对的社会问题复杂多变

参考答案： D

参考解析：人力资源管理对社会服务机构而言是十分重要的，因为社会服务机构一直面对着内部压力和外部挑战。从机构内部压力看，社会服务机构经常面临员工工作动力不足、士气不高、欠缺成就感和工作无意义等内在压力；从机构的外部环境看，社会服务机构面临的是一个复杂多变的社会，如果不能适时调整和增进员工的工作技巧和能力，就有可能会因为与现实环境脱节而使工作遭受挫折，甚至降低服务的质量。

2. 某社会工作服务机构的员工因为最近多次加班，感觉疲惫不堪。在这种情况下，机构领导者最适宜采取的做法是（　　）。（2017 年真题）

A. 招募志愿者，代替员工完成临时加班工作

B. 说明加班的缘由，寻求员工的理解与合作

C. 使用领导者职权，要求员工继续加班工作

D. 教育员工，强调其完成工作任务的重要性

参考答案：B

参考解析：在社会服务机构中推进人力资源管理具有重要意义：一是从员工角度而言，良好的人力资源管理能激发员工潜能，有助于增进员工对组织的参与感、归属感，进而达到自我实现；二是从组织角度而言，有助于组织凝聚力的形成和组织创新，使机构能够应对激烈的服务竞争；三是从服务使用者角度而言，有助于更好地满足需求，提升服务质量。故本题应选择 B 选项，向员工说明加班的缘由，寻求员工的理解与合作。

3. 在一次社会服务管理研讨会上，某社会工作服务机构主任介绍员工管理现状，指出入职半年到一年半的社会工作者对未来发展比较迷茫，是机构最不稳定的员工，流失情况比较严重，其他机构主任也纷纷表示自己机构的情况也差不多。针对这一现状，机构最适宜采取的应对措施是（　　）。（2017 年真题）

A. 扩展服务工作内容　　B. 重新设计工作职位

C. 及时进行工作转换　　D. 协助规划生涯发展

参考答案：D

参考解析：社会服务机构中每个员工都有自我实现的愿望，因此，机构管理者要协助员工制订员工职业生涯发展方案，使其有机会评估自己的技能、潜能和事业前程，将个人目标和机构目标有机地结合起来。

4. 为了确保社会工作服务机构的可持续发展，机构内部应建立和谐的员工关系，为实现该目标，机构人力资源管理适当做法是（　　）。（2017 年真题）

A. 协助员工学习新技术　　B. 提升员工的工作满足感

C. 开展必要的团队建设　　D. 完善员工激励保障措施

参考答案：C

参考解析：员工关系与维持员工关系是指提升管理单位和员工之间的和谐关系的过程，包括改善工会与管理层的关系、公平对待员工、员工辅导等重要的活动。维持是指提供适当的工作条件和环境，以维持或增进员工对组织的认同，如提供有效的员

工福利方案、建立安全及健康的工作环境及保持适当的沟通与申诉渠道等。故为建立和谐的员工关系，机构人力资源管理应开展必要的团队建设。

考点二：社会服务机构的志愿者管理

一个有效的社会服务机构需要使用志愿者，也就需要对志愿者进行有效管理。志愿者与机构中正式聘用的社会工作者有明显差异，志愿者有以下特点：不是机构的正式员工，但有很高的自主性和自发性；以热情兴趣和能力提供服务，而不是根据机构正式岗位的要求参与服务；希望受到尊重、支持和肯定。

对志愿者日常管理与机构人力资源管理有重叠相合之处，也同样包括规划、组织、领导、控制等过程。

【真题再现】

1. 新冠肺炎疫情期间，某社会工作服务机构在社区居委会的支持下，着手组建一支青年志愿者团队，为居家隔离居民代购常用药品，并送药上门。在团队组建之初，社会工作者的主要工作有（　　）。（2020 年真题）

A. 订立团队的服务规则　　B. 分析服务对象的特点

C. 推选团队工作带头人　　D. 明确团队的分组分工

E. 讨论团队的持续发展

参考答案：ABCD

参考解析：志愿者团队建设及带领属于志愿者管理的相关内容，但是在规划、组织、领导、控制等过程中具体的表现则取决于情境。本题 E 选项是团队长期持续所必须面对的议题。其他则都属于团队组建之初的议题。

2. 某社会工作服务机构在社区培育了一支青少年志愿服务队，鼓励队员参与社区“微更新”行动，在实践过程中服务社区、促进自我成长。从体验学习的角度看，下列活动中，属于结构化体验的有（　　）。（2020 年真题）

A. 通过设计师的指导，完成井盖涂鸦文创

B. 通过角色扮演，展现社区邻居互助行动

C. 通过团体游戏，学习团队合作美化楼道

D. 通过情景再现，反映部分居民乱丢垃圾的行为

E. 通过社区工作者指导，完成社区环境问卷设计

参考答案：BCD

参考解析：结构化体验通常是在社会工作者的带领和指导下，在模拟的环境中，由小组成员再现或重新创造特定情境中的语言、行为和态度，常见的手法包括角色扮演、成长游戏、心理剧、家庭雕塑等。AE 选项缺少角色体验与角色转换，所以不属于体验式学习。

3. 社区在抗击新冠肺炎疫情中发挥着关键作用，为了解决社区居委会人手不足的问题，上级政府紧急动员政府职能部门。事业单位工作人员到社区担任志愿者，支援疫情防控工作，为了让志愿者尽快胜任工作，社区社会工作者对志愿者进行了分组分

工，明确了服务时间和频次，并进行了岗位培训，从志愿者人力资源管理的角度看，上述做法体现的管理职能是（　　）。（2020 年真题）

A. 规划　　B. 领导　　C. 组织　　D. 控制

参考答案：C

参考解析：本题考查志愿者管理的内容。其中组织职能包括：（1）志愿者组织的结构设计；（2）志愿者的分组、分工；（3）规范的制定；（4）制度的制定；（5）授权；（6）志愿者的工作流程；（7）志愿者的招募及甄选；（8）志愿者的教育训练。

4. 某社会工作服务机构在年底重新规划下一年度志愿者人力资源管理工作。关于志愿者人力资源“需求评定”的说法，正确的是（　　）。（2019 年真题）

A. 评估服务对象对志愿者的喜好倾向　　B. 评估服务对象对志愿者的素质要求

C. 评估本年度志愿者参与服务的动机　　D. 评估本年度志愿者参与服务的能力

参考答案：C

参考解析：志愿者人力资源“需求评定”：了解机构对人力资源需求的方向，调查所需要的人力及目前志愿者参与的动机和形态。故 C 选项正确。

5. 小张从大学一年级开始就坚持参加某社会工作服务机构的志愿服务，利用课余时间跟随社会工作者入户探访、担任活动助理、撰写活动信息等。两年后，机构让他担任志愿者小组组长。从志愿者管理角度，机构适宜“授权”给小张的工作是（　　）。（2019 年真题）

A. 机构志愿者的面试工作　　B. 机构志愿者的考评工作

C. 机构志愿者的情绪督导　　D. 机构志愿者的制度建议

参考答案：A

参考解析：授权是志愿服务人力资源管理的内容之一，具体包括志愿者的来源、资格限定和甄选方式。

6. 某社会工作服务机构招募了一批志愿者，计划为社区空巢老人提供“一对一”帮扶服务。在服务启动前，社会工作者对志愿者进行了培训，介绍老年人的身心特征和老年人沟通的技巧，提高志愿者的服务能力，上述培训活动体现出的志愿者管理功能是（　　）。（2017 年真题）

A. 组织　　B. 规划　　C. 领导　　D. 控制

参考答案：A

参考解析：志愿者管理功能：规划、组织、领导和控制。其中，组织主要包括：志愿者组织的结构设计；志愿者的分组、分工；规范的制定；制度的制定；授权；志愿者的工作流程；志愿者的招募及甄选；志愿者的教育训练。领导主要包括：督导形态；沟通协调；福利及激励。控制主要包括：建立志愿者工作评估标准和方法；志愿者基本资料建档；志愿者需求及满意度评估。题干强调的是对志愿者的培训，培训属于组织的内容。

7. 某社会工作服务机构为了加强志愿者队伍建设，制定了详尽的志愿者工作规范，

对志愿者进行分组、分工，开展志愿者培训。上述做法所发挥的志愿者管理功能是（　　）。（2016 年真题）

A. 组织　　B. 规划　　C. 领导　　D. 控制

参考答案：A

参考解析：本题考查志愿者管理的组织功能。志愿者管理的组织功能包括：（1）志愿者组织的结构设计；（2）志愿者的分组、分工；（3）规范的制定；（4）制度的制定；（5）授权；（6）志愿者的工作流程；（7）志愿者的招募及甄选；（8）志愿者的教育训练。

第五节　社会服务机构的财务与筹资管理

【重要考点概览】

小节	主要考点	历年考查点
第五节　社会服务机构的财务与筹资管理	社会服务机构的财务管理	2016 年考查多项选择题
	社会服务机构的筹资管理	尚未考查

考点一：社会服务机构的财务管理

社会服务机构的主要资金来源有三大类：政府资助、社会捐助和低偿服务。财务预算方法主要包括：单向预算法（以当年的预算作为规划来年预算的基准）、方案预算法（以某项活动为基础，根据方案需要做预算）和零基预算法（以没有钱为出发点，根据机构来年的实际需要做预算）。

【真题再现】

规范的财务管理对于社会工作服务机构的正常运行意义重大，关于社会工作服务机构财务管理的说法，正确的有（　　）。（2016 年真题）

A. 组织的决策者同时也是财务决策者

B. 财务管理的目标应关注稳定及长期发展

C. 财务管理的目的是满足机构捐款人的需要

D. 通过风险投资使资本增殖，为机构人发起分红

E. 通过成本分析和预算控制，提升项目运行效率

参考答案：ABE

参考解析：本题考查社会服务机构财务管理的含义和目标。社会服务机构属于非营利机构，其财务管理目标与营利组织有很大的不同。与营利组织相比，社会服务机构财务管理的目标以使命、服务为根本出发点，因此，着重点在于稳定及长期发展。总之，社会服务机构只有拥有良好的财务管理与规划，保持机构财务稳定，才能使服务得以不断扩展、机构得以持续健康发展。社会服务机构财务管理的功能主要表现在：（1）提供经费支持方案执行，通过成本分析、监控预算等环节使执行更有效率，方案更节约成本；（2）避免社会服务机构的财务危机，保障机构的正常运行；（3）强化机

构的公信力，将使捐款人更愿意捐款；（4）通过“投资管理”使基金增殖，开辟更多财源。

考点二：社会服务机构的筹资管理

筹资是社会服务机构的一个重要任务，是基于组织目标和需求，对政府企业社会大众或者基金会发动筹集金钱物资或者劳务的行动过程，主要来源于社会捐助（个人捐款、企业捐款）、政府购买服务等。

第六节　社会服务机构的公信力和公共关系管理

【重要考点概览】

小节	主要考点	历年考查点
第六节　社会服务机构的公信力和公共关系管理	社会服务机构的公信力	2015、2016、2019、2020 年考查单项选择题
	社会服务机构的公共关系	2019 年考查单项选择题

考点一：社会服务机构的公信力

公信力是指社会服务机构获得政府、社会和公众信任的能力。服务机构实现了承诺就会获得各方信任，就具有公信力。这是一种社会交代，这种交代会直接影响社会和公众对于该机构的信任。公信力具体表现在五个方面：财政交代、政治交代、专业交代、服务交代、行政交代。公信力评估包括资金的合理使用和运作、服务和活动与组织使命和宗旨保持一致、财务与信息的透明化、规范的治理结构。

表 8－1　社会服务机构的公信力

类别	内涵
财政交代	向提供或赞助服务经费的政府、基金会、捐款人提供财政报告，证明资金使用的适当性和效益
政治交代	向立法和权力机构、社会媒体交代机构履行社会责任和义务的情况
专业交代	机构要证明其聘用的社会工作者在服务中遵守社会工作守则、坚守专业操守并提供了达到良好专业水平的服务
服务交代	社会服务机构不仅要向服务对象提供服务，而且要提供令其满意的服务，而服务对象满意度的评估不但要反映问题的解决程度，也要证明服务是在机构内部严谨的行政监督、专业督导下提供的
行政交代	主要说明机构内部管理制度和程序的正常运作，包括向董事会、管理人员和前线工作人员等做交代

【真题再现】

1. 某社会工作服务机构总干事老张在机构年度报告中，就机构理事会、监事会调整事宜向员工代表大会进行汇报说明，并介绍质询。老张的做法属于（　　）。（2020 年真题）

A. 政治交代　　B. 专业交代　　C. 服务交代　　D. 行政交代

参考答案：D

参考解析：行政交代，主要说明机构内部管理制度和程序的正常运作，包括向理事会、管理人员和前线工作人员等做交代。

2. 某社会工作服务机构成立时，就把“服务交代”作为机构公信力建设的核心策略。为落实此策略，该机构应该（　　）。（2019 年真题）

A. 及时发布机构财务收支报告

B. 公布服务对象的满意度情况

C. 提供机构服务流程和内部管理的信息

D. 向媒体说明机构履行社会责任的情况

参考答案：B

参考解析：服务交代：社会服务机构不仅要向服务对象提供服务，而且要提供令其满意的服务，而服务对象满意度的评估不但要反映问题的解决程度，也要证明服务是在机构内部严谨的行政监督、专业督导下提供的。故 B 选项正确。

3. 某社会工作服务机构的年度工作报告中包括以下内容：（1）机构财务收入情况；（2）机构开展社会公益活动回报社会情况；（3）机构各服务项目的服务满意度统计结果；（4）机构的内部组织结构及管理制度执行情况。从充分展现公信力的角度看，该机构仍需要在年度工作报告中补充交代的内容是（　　）。（2016 年真题）

A. 政治交代　　B. 专业交代　　C. 服务交代　　D. 行政交代

参考答案：B

参考解析：本题考查社会服务机构公信力的展现。社会服务机构公信力的展现，就是要求机构根据社会福利的多元交代特质，积极主动进行交代。具体而言，这些交代包括：一是财政交代，主要是向提供或赞助服务经费的政府、基金会、捐款人提供财政报告，证明资金使用的适当性和效益；二是政治交代，主要是向立法和权力机构、社会媒体交代机构履行社会责任和义务的情况；三是专业交代，机构要证明其聘用的社会工作者在服务中遵守社会工作守则、坚守专业操守并提供了达到良好专业水平的服务；四是服务交代，社会服务机构不仅要向服务对象提供服务，而且要提供令其满意的服务，而服务对象满意度的评估不但要反映问题的解决程度，也要证明服务是在机构内部严谨的行政监督、专业督导下提供的；五是行政交代，主要说明机构内部管理制度和程序的正常运作，包括向董事会、管理人员和前线工作人员等做交代。题干中（1）属于财政交代，（2）属于政治交代，（3）属于服务交代，（4）属于行政交代。

4. 下列评估指标中，最能体现社会工作机构公信力的是（　　）。（2015 年真题）

A. 志愿者的参与程度　　B. 社会工作者的数量

C. 治理结构的规范性　　D. 社会捐赠的资金量

参考答案：C

参考解析：一般来说，公信力评估包括以下四个方面：一是资金的合理使用和运作；二是服务和活动与组织使命和宗旨保持一致；三是财务与信息的透明化；四是规范的治理结构。

考点二：社会服务机构的公共关系

公共关系是机构为了更好地生存，努力促进自己与公众之间的理解和适应的活动。它有助于建立和维持机构与公众之间的沟通、理解与合作，有助于机构的管理活动有效适应各种变化。具体操作手段有多种，如新闻稿、记者会、媒体采访、机构刊物、网站等媒体平台、公开演讲、筹备特别活动等。

【真题再现】

社会工作服务机构公共关系的对象除了服务对象、社会大众、传媒等外部机构，还包括机构的内部人群，如员工、志愿者、理事会成员等。机构开展公共关系运用各种方法帮助内部人群（　　）。(2019 年真题)

A. 提高工作满足感　　　　B. 增进对机构的归属感

C. 理解机构的处境　　　　D. 缓解工作方面的压力

参考答案：B

参考解析：公共关系的对象除了服务对象、社会大众、传媒等社会服务机构外部人群外，还包括社会服务机构的内部人群，如员工、会员、志愿者、董事会或委员会成员等。公共关系运用各种手法，让他们深入了解机构的工作及最新动向，培养其对机构的归属感。

第七节　我国的社会福利行政体系

【重要考点概览】

小节	主要考点	历年考查点
第七节　我国的社会福利行政体系	我国社会福利体系的运作方式	2016、2020 年考查单项选择题
	我国社会福利体系的特点	2015 年考查单项选择题

考点一：我国社会福利体系的运作方式

1. 我国社会福利行政体系的构成

我国逐渐形成了政府统管、政府行政部门和群众团体分块负责的社会福利制度及与之相适应的社会行政机构体系。其中，民政部在社会福利和社会治理方面的职能有：城乡社会救助工作、特殊群体权益保障和服务工作、城乡社区治理工作、慈善事业与社会工作、社会组织登记与管理工作。人社部在此方面的职能有：人力资源和社会保障规划工作、促进就业工作、城乡社会保障工作、劳动保护工作、农民工权益维护工作。国家卫生健康委员会在此方面的职能有：国民健康政策规划、医疗管理和服务工作、疾病预防与公共卫生工作、老年健康服务和计划生育工作、基层卫生和妇幼保健工作。

【真题再现】

中共中央、国务院印发的《国家积极应对人口老龄化中长期规划》明确提出要建

立和完善老年健康服务体系，依据我国现行的社会福利行政体系，该职能归属于（　　）。（2020 年真题）

A. 民政部　　B. 国家卫生健康委员会

C. 国家医疗保障局　　D. 人力资源和社会保障部

参考答案： B

参考解析： 国家卫生健康委员会在社会福利方面的主要职能：（1）国民健康政策规划；（2）医疗管理和服务工作；（3）疾病预防与公共卫生工作；（4）老年健康服务和计划生育工作；（5）基层卫生和妇幼保健卫生工作。其中，老年健康服务和计划生育工作是指组织拟定并协调落实应对人口老龄化政策措施，负责推进老年健康服务体系建设和医养结合工作；负责计划生育管理和服务工作，开展人口监测预警，研究提出人口与家庭发展相关政策建议，完善计划生育政策。

2. 我国社会福利体系的运作方式

我国社会福利行政体系在结构上采取不同层级政府根据上层分工"对口"设置相应机构的原则，主管各类社会福利和社会保障事务，即在中央、省（自治区、直辖市）、市（州、地区）、县（市、区）、乡（镇）各级政府普遍设立社会福利行政机构。这种普遍设置社会福利行政机构的方式能够形成政府统一领导、条块结合的行政机构网络。在具体实施政策的过程中，在同一层次上形成一家为主、多家协同的合作模式。

【真题再现】

我国的社会福利行政体系运作方法呈现多元主体互动的趋势。关于这一趋势具体表现的说法，正确的是（　　）。（2016 年真题）

A. 政府和企业各自承担在社会福利供给中的应尽责任

B. 政府在社会政策实施问责制度中重点强调内部监督

C. 社会政策对象在受助过程中一般是被动接受福利

D. 自上而下政治模式的主导地位受政策对象的影响

参考答案： A

参考解析： 改革开放以来，我国社会福利行政体系的运作在发生变化，某些领域的社会政策的主体呈现多元化趋势。不但政府承担社会福利责任，而且企业也负有社会保障的责任。因此，社会福利行政运行方式呈现多元主体互动的局面：自上而下的政治模式仍然占主导地位，但政策实施进程也受到了下层和政策对象的影响；与财政体制相一致，社会福利（社会保障）的责任也主要由各级政府分担。这样的运作方式一方面发挥了多方的积极性，另一方面也可能出现推诿福利责任的现象。

考点二： 我国社会福利体系的特点

【真题再现】

随着社会保障制度改革和重建，受市场化、"小政府大社会"改革模式以及"以人为本"等价值观的多方面影响，政府购买社会工作服务作为一种新的机构在全国各地推广，它在很大程度上影响着我国社会福利行政体系的运作。上述变化体现出当前我

国社会福利行政体系的特点是（　　）。（2015 年真题）

A. 社会政策目标对象被动地接受福利

B. 社会政策实施主体呈现多元化趋势

C. 社会政策执行是自上而下的政治模式

D. 社会政策效果评估是行政化的检查和汇报

参考答案：B

参考解析：我国社会福利行政体系的特点表现在三个方面。（1）强调“以人民为中心”的执政理念。（2）从政府主导向政府—社会合作的社会福利行政模式发展。（3）社会福利行政的专业化。

【本章小结】

社会工作行政是社会工作的间接服务方法。社会服务机构通过计划、组织、人力管理与协调、控制等管理过程，促进机构目标的有效实现和确保服务对象获得高水平的服务。本章主要介绍了服务机构的计划和规划办法、社会服务方案策划的过程和技术；社会服务机构的性质、类型、组织结构及其运作方式；社会服务机构领导带领员工的方式以及激励措施，对员工和志愿者的基本管理策略；社会服务机构的筹资方法；财务预算和监控办法以及社会服务机构的公信力。以上诸多内容其实是从不同视角解读社会工作服务机构的组织运作与管理的内容与要求。

扫码听课

第九章　社会工作督导

【本章导学】

社会工作督导是专业训练的一种方法，是由机构内资深的社会工作者，对机构内新进的工作人员、一线初级工作人员、实习生及志愿者，通过一种定期和持续的监督、指导，传授专业服务的知识与技术，以增进其专业技巧，进而促进其成长并确保服务质量的活动。该概念呈现督导者的身份认定及被督导者的身份类型，以及督导的功能与作用。

所有社工及其机构都需要借助督导，以提高服务质量、保障服务机构的正常运行、促进社会工作者成长、推动社会工作专业发展。

【历年题量/分值分布】

	2015 年	2016 年	2017 年	2018 年	2019 年	2020 年
单项选择题	5 道	6 道	5 道	6 道	5 道	5 道
多项选择题	2 道	2 道	2 道	2 道	2 道	2 道
合计分值	9 分	10 分	9 分	10 分	9 分	9 分

注：单项选择题每题 1 分，多项选择题每题 2 分（错选，本题不得分；少选，所选每个选项得 0.5 分）。

【本章知识概览】

小节	考点	备考指数
第一节　社会工作督导的对象与功能	社会工作督导的对象	★★
	社会工作督导的类型	★
	社会工作督导的功能	★★★★★
第二节　社会工作督导的内容和方式	社会工作督导的内容	★★★★★
	志愿者督导	★★
	社会工作督导方式	★★★
第三节　社会工作督导的过程与技巧	社会工作督导的一般过程	★★
	社会工作督导过程中的技巧	★★★★★
	社会工作督导方式中的技巧	★★★★★

【考点详解】

第一节　社会工作督导的对象与功能

【重要考点概览】

小节	主要考点	历年考查点
第一节　社会工作督导的对象与功能	社会工作督导的对象	2017、2019 年考查单项选择题

续表

小节	主要考点	历年考查点
第一节　社会工作督导的对象与功能	社会工作督导的类型	尚未考查
	社会工作督导的功能	2016、2017 年考查单项选择题
		2020 年考查多项选择题

考点一：社会工作督导的对象

主要对象有四种：一是新进社会服务机构的社会工作者；二是服务年限较短、经验不足的初级社会工作者；三是在社会服务机构实习的社会工作专业在读学生；四是社会服务机构的非正式人员，主要是志愿者。这些督导对象一般也被称为被督导者。

【真题再现】

1. 关于社会工作督导的说法，正确的是（　　）。(2019 年真题)

A. 社会工作服务机构无论规模大小都必须建立社会工作督导体系

B. 社会工作督导者与机构行政管理人员都应该安排相应的行政职位

C. 社会工作督导关系实质上是督导者与被督导者个人关系的建立

D. 社会工作督导的最终目标是提升服务质量以保障服务对象的利益

参考答案： D

参考解析： 社会工作是通过机构提供服务的专业，社会服务机构无论规模大小，都需要建立科层管理体系，来保证不同部门和个人的工作能够充分地协调和整合。机构通过建立督导制度，赋予督导以行政上的权威和责任，有助于工作的顺利完成。故 AB 选项错误。C 选项应是专业关系的建立，故错误。社会工作督导的最终目标——为服务对象提供有效和有品质的服务，故 D 选项正确。

2. 关于社会工作督导者与被督导者互动关系的说法，正确的是（　　）。(2017 年真题)

A. 督导重点在于改变被督导者的行为，督导的成效取决于督导者的专业水平

B. 机构赋予督导者督导权力，因而双方互动关系不会随互动形态的改变而改变

C. 督导者有权执行督导工作，帮助被督导者为服务对象提供优质有效的服务

D. 社会工作督导关系中存在上下级关系，所以督导过程是一种单向指导过程

参考答案： C

参考解析： 督导是一种双向互动的过程，互动的重点在于试图改变被督导者的行为，包括行为背后的心态、价值、认知等，帮助被督导者为服务对象提供更适当、有效的服务。这种互动关系会随着督导者与被督导者互动形态的改变而有所不同。督导关系与个人关系最大的不同在于，机构赋予了督导者以行政权力，使得双方之间的关系成为上对下的关系。需要注意的是，督导关系毕竟是一种互动的过程，机构赋予督导者以权力只是代表着督导者“有权”执行督导工作，督导工作是否有成效还要看被督导者的接受程度。

考点二：社会工作督导的类型

一般主要分为四种类型：管理式、咨询式、师徒式及训练式，而分类的依据则是督导关系中的责任承担（责任主要在督导者，则为管理式及训练式；责任主要在被督导者，则为咨询式及师徒式）及督导内容的范畴（全面督导为训练式及师徒式；聚焦议题则为管理式及咨询式）。此部分内容近些年很少考查。

考点三：社会工作督导的功能

社会工作督导具有行政、教育和支持三大功能。

（1）行政功能：督导者通过招募、分配工作、工作监督和协调控制，促使被督导者认同机构并有效地完成工作任务。

（2）教育功能：指导被督导者运用相关知识和技能完成工作任务或服务的过程，并协助被督导者实现专业能力的提升。

（3）支持功能：向被督导者提供心理和情感上的支持，促使被督导者更好地认识自我的重要性与价值感，使其以较高的意愿面对工作。

【真题再现】

1. 督导在社会工作专业发展中扮演着重要角色。具体而言，建立督导制度有助于（　　）。（2020 年真题）

A. 持续改善和更新服务技术　　B. 提供有效服务以满足社会需求

C. 促进机构运行和管理有序　　D. 促进机构和志愿者的良好沟通

E. 获得社会肯定和专业认可

参考答案：ABCE

参考解析：督导在社会工作专业发展中的重要性：（1）保障服务机构的正常运行；（2）提高社会工作服务质量；（3）促进社会工作者成长；（4）推动社会工作专业发展。

2. 服务对象向社会工作者小王借钱为妻子看病，小王感到十分为难，向机构督导者老张求教。下列老张的做法中，最能体现社会工作督导教育功能的是（　　）。（2017 年真题）

A. 安抚小王的情绪，劝他不要过于着急

B. 分享自己遇到类似问题时的处理方法

C. 亲自协调医疗资源，解决服务对象就医问题

D. 缓解小王的压力，协助他理解服务对象难处

参考答案：B

参考解析：所谓教育功能，是督导者对被督导者完成任务时所需的知识与技能给予指导，协助被督导者实现专业上的发展。故 B 选项正确。

3. 为缓解一线社会工作者的压力，社会工作督导者经常提供支持性督导。下列做法中，最能体现社会工作督导支持功能的是（　　）。（2017 年真题）

A. 协助发展工作成效　　B. 均衡服务的工作量

C. 介绍工作过程知识　　D. 工作计划与分配

参考答案：A

参考解析：社会工作督导具有行政、教育和支持三大功能。所谓行政功能，是机构行政人员通过招募、分配工作、工作监督和协调控制，促使被督导者认同机构并有效地完成工作任务。所谓教育功能，是督导者对被督导者完成任务时所需的知识与技能给予指导，协助被督导者实现专业上的发展。所谓支持功能，是督导者向被督导者提供心理和情感上的支持，促使被督导者感到自我的重要性与价值感，让被督导者能轻松面对工作。

4. 为了激发志愿者参与服务的动机，社会工作者需要发挥支持性功能，督导志愿者为服务对象提供高品质的服务。下列志愿者督导的做法中，属于发挥支持性功能的是（　　）。(2016 年真题)

A. 帮助志愿者了解服务对象的特点　　B. 教导志愿者掌握服务的介入方法

C. 开展志愿者培训和资格认证　　D. 强化志愿者自我功能并建立自信

参考答案：D

参考解析：支持性督导的功能包括：(1) 及时给予鼓励与关怀；(2) 持续激励志愿者的工作士气；(3) 增强自我功能与建立自信；(4) 疏解因为服务所造成的负面情绪；(5) 协助志愿者认清自我角色和肯定服务价值。

第二节　社会工作督导的内容和方式

【重要考点概览】

小节	主要考点	历年考查点
第二节　社会工作督导的内容和方式	社会工作督导的内容	2015、2016、2019、2020 年考查单项选择题
		2015、2016 年考查多项选择题
	志愿者督导	2015 年考查单项选择题
		2016 年考查多项选择题
	社会工作督导方式	2015、2018 年考查单项选择题

考点一：社会工作督导的内容

1. 行政性督导

具体包括：社会工作者的招募和选择；安置和引导工作人员；工作计划和分配；工作授权、协调与沟通；工作监督、总结和评估。

此时督导者扮演多种角色：缓冲器、倡导者、机构变迁推动人。

【真题再现】

1. 某社会工作服务机构的服务对象主要是青少年。为了促进社会工作服务品质的提升，机构督导老王要求社会工作者在每次个案会谈结束后，都要完成会谈记录，评价服务对象的表现，并提出下一次会谈的目标。老王在每一次督导中都会结合社会工作者的会谈记录，进行有针对性的指导。从行政性督导的角度看，老王的督导工作内

容属于（　　）。（2016 年真题）

A. 工作授权　　B. 工作监督　　C. 工作计划　　D. 工作分配

参考答案： B

参考解析： 本题考查行政性督导的内容。行政性督导的内容有：（1）社会工作者的招募和选择。（2）安置和引导工作人员。（3）工作计划和分配。（4）工作授权、协调与沟通。（5）工作监督、总结和评估。其中，监督的任务包括听取工作人员的口头汇报、阅读书面记录和统计报告。

2. 某社会工作机构的督导老杨发现机构的社会工作者都是"单枪匹马"地负责和执行服务项目。部分社会工作者向老杨反映："工作中缺少交流，员工之间关系生疏，一旦发生人事变动，服务项目就要被迫暂停甚至终止，影响服务对象的利益。"为此，老杨向机构领导反映情况并建议成立项目小组，每个项目至少有两名员工参与。这种方式运行一段时间后，员工彼此沟通协调改善，团队合作意识提升，机构稳定性和凝聚力也日渐增强。其中，老杨扮演的是（　　）。（2015 年真题）

A. 使能者角色　　B. 教育者角色

C. 决策者角色　　D. 倡导者角色

参考答案： D

参考解析： 督导老杨从被督导的直接服务工作者那里了解到服务对象和社区的需求，向上级主管积极传递这些资讯，并根据这些资讯负责任地提出机构政策和程序改善的建议，因此，扮演时是倡导者角色。

2. 教育性督导

具体包括：教导有关"服务对象群"的特殊知识；教导"社会服务机构"的知识；教导有关"社会问题"的知识；教导有关"工作过程"的知识；教导有关"工作者本身"的知识；提供专业性"建议和咨询"。

社会工作督导还可以通过教育性督导，有效缓解社会工作者的压力，具体包括：教导时间管理技巧；教导沟通技巧；培养价值伦理抉择能力；发展压力管理培训课程等方式。

【真题再现】

1. 社会工作者小琴最近休完产假回机构上班，她既要工作，又要照顾孩子，感觉十分忙乱，难以应付。在一次督导面谈中，小琴向督导者老丁讲述了自己的困扰。老丁的下列做法中，最能体现社会工作督导教育功能的是（　　）。（2020 年真题）

A. 帮助小琴缓解情绪，缓解其精神压力，并给予她生活上的关心和支持

B. 向机构负责人反映小琴的情况，呼吁机构关注"新妈妈"的实际困难

C. 与小琴分享时间管理、冥想、放松等技巧，帮助她减轻多重角色压力

D. 调整小琴的工作岗位和工作内容，采用弹性工作方式方便其照顾孩子

参考答案： C

参考解析： 社会工作督导的教育性功能要求督导者不仅要提供被督导者完成工作所需的知识，并要协助社会工作者由"知"转为"行"。督导者通过个别督导或团体

会谈，持续学习知识和技能，推动被督导者的自我反思，帮助被督导者稳固专业价值观和提高服务能力。此外，社会工作督导还可以通过教育性督导，有效缓解社会工作者的压力。具体内容包括：一是教导时间管理技巧。二是教导沟通技巧。三是培养价值伦理抉择能力。四是发展压力管理培训课程。

2. 某社会工作服务机构申请了“社会工作助力精准救助”项目，面向某街道的低收入家庭开展社会工作服务。机构项目主管老李通过团体督导工作坊的形式，为项目团队的社会工作者和志愿者解读社会救助政策目标、流程和资格条件等内容。上述督导内容是（　　）。（2019 年真题）

A. 行政性督导　　　　B. 教育性督导

C. 支持性督导　　　　D. 研究性督导

参考答案：B

参考解析：教育性督导具体内容包括以下几个方面：（1）教导有关“服务对象群”的特殊知识；（2）教导“社会服务机构”的知识；（3）教导有关“社会问题”的知识；（4）教导有关“工作过程”的知识；（5）教导有关“工作者本身”的知识；（6）提供专业性“建议和咨询”。题干所述属于第三方面的内容。

3. 李老师是某青少年服务机构的督导，她负责新来机构实习的社会工作专业学生的督导工作。下列李老师的督导内容汇总，体现教育性功能的是（　　）。（2016 年真题）

A. 与实习生讨论和制订实习计划

B. 鼓励实习生坚信专业发展前景

C. 向实习生介绍机构与所处社区的关系

D. 提醒实习生在服务青少年时的注意事项

E. 向实习生讲解有关青少年心理特征知识

参考答案：CDE

参考解析：本题考查教育性督导的内容。教育性督导的内容包括：（1）教导有关“服务对象群”的特殊知识；（2）教导“社会服务机构”的知识；（3）教导有关“社会问题”的知识；（4）教导有关“工作过程”的知识；（5）教导有关“工作者本身”的知识；（6）提供专业性“建议和咨询”。故正确答案为 CDE 选项。

4. 一线社会工作者有时会承受各种压力，导致紧张和焦虑。社会工作督导可以通过教育性督导，缓解社会工作者的压力，具体的做法有（　　）。（2015 年真题）

A. 协助被督导者发现工作成效，并自我欣赏

B. 引导被督导者学习压力管理方法，预防职业倦怠

C. 强化被督导者处理冲突、自我肯定表达技巧的训练

D. 激发被督导者的工作动机和士气，并对机构产生认同感

E. 指导被督导者综合考虑重要性和紧迫性因素，排列服务的优先次序

参考答案：BCE

参考解析：社会工作督导可以通过教育性督导，有效缓解社会工作者的压力。具体

的工作内容：一是教导时间管理技巧。在减轻社会工作者工作负荷的努力中，督导除了要调整工作量、摸索合理工作分配外，教导时间管理技巧也非常重要，要教导被督导者综合考虑重要性和紧迫性因素，排列服务的优先顺序（E选项）。二是教导沟通技巧。督导应适时给被督导者提供同理心、处理冲突、自我肯定表达等技巧的培训（C选项）。三是培养价值伦理抉择能力。四是发展压力管理培训课程。督导应在“在职训练”中安排压力管理训练课程，介绍冥想、放松等技巧，预防社会工作者职业倦怠和职业枯竭（B选项）。因此，本题BCE选项正确。

3. 支持性督导

由于社会工作行业的服务性质，被督导者容易承受过重的压力和紧张，并产生备受煎熬的危机。因此，社会工作督导必须发挥其支持性功能，帮助被督导者增强自我功能，平衡和安抚其工作情绪，缓解焦虑，增强其工作信念，提高工作效能，从而呈现良好的工作表现。具体做法主要包括疏导情绪、给予关怀、发现成效、寻求满足。

【真题再现】

1. 根据禁毒部门的要求，社会工作者需要排查机构服务辖区内登记在册的吸毒人员，社会工作者小薛在排查过程中时常遇到服务对象不配合的情况，觉得工作压力大，向督导者老刘咨询，从支持性督导角度看，老刘适宜的做法是（　　）。（2020年真题）

A. 与小薛探讨社会工作者职业定位和责任

B. 与小薛讲解服务对象的主要类型及特点

C. 与小薛示范与服务对象接触的沟通技巧

D. 与小薛梳理服务过程中产生的焦虑情绪

参考答案：D

参考解析：本题考查支持性督导的工作内容。支持性督导主要包括以下几个方面。（1）疏导情绪：督导者协助被督导者适应和处理服务过程中感到的挫折、不满、失望、焦虑等各种情绪，增强被督导者的自我功能。（2）给予关怀：督导者通过给予关怀与支持，让被督导者在工作过程中有安全感，并愿意尝试新工作。（3）发现成效：督导者协助被督导者发现工作成效，并能自我欣赏，激发被督导者的工作情绪和士气，并对机构逐渐产生认同感和归属感。（4）寻求满足：督导者给予被督导者从事专业的满足感和价值感，促进其对专业的认同，进而愿意持续投身于社会服务工作。

2. 某社会工作服务机构针对社会工作实习生定期进行督导。下列督导内容中，属于协助被督导者“发现成效”的做法是（　　）。（2019年真题）

A. 协助被督导者认识专业发展的前景　　B. 协助被督导者体察服务发展的前景

C. 协助被督导者处理服务中的挫败感　　D. 协助被督导者建立工作中的安全感

参考答案：B

参考解析：支持性督导主要包括以下几个方面。（1）疏导情绪：督导者协助被督导者适应和处理服务过程中感到的挫折、不满、失望、焦虑等各种情绪，增强被督导者的自我功能。故C选项错误。（2）给予关怀：督导者通过给予关怀与支持，让被督导者在工作过程中有安全感，并愿意尝试新工作。故 D 选项错误。(3) 发现成效：督导者协助被督导者发现工作成效，并能自我欣赏，激发被督导者的工作情绪和士气，并对机构逐渐产生认同感和归属感。(4) 寻求满足：督导者给予被督导者从事专业的满足感和价值感，促进其对专业的认同，进而愿意持续投身于社会服务工作。故 A 选项错误。

3. 小刘是一位刚参加工作的社会工作者，负责居家养老服务。他满怀热情投入工作。却在几次入户访问时遭遇闭门羹，还有一些老人抱怨现有服务不够细致周到，这让小刘有些沮丧且不知所措。针对这种情况，督导首先应采取的做法是（　　）。(2015 年真题)

A. 讲解居家养老的有关政策　　B. 介绍老年人的认知特征

C. 给予关怀并处理负面情绪　　D. 分析服务效果不佳的原因

参考答案：C

参考解析：由于社会工作的服务性质，被督导者容易承受过重的压力和紧张，并产生煎熬的危机，督导者通过给予关怀与支持，让被督导者在工作过程中有安全感，并愿意尝试新工作。督导者协助被督导者适应和处理服务过程中感到的挫折、不满、失望、焦虑等各种情绪，增强被督导者的自我功能。

考点二：志愿者督导

1. 志愿者督导内容

志愿者督导的内容：协助志愿者建立适当的服务价值和工作态度；把握角色职责和期待，建立信任的督导关系；确保志愿者在社会服务机构目标和行政程序内提供服务；切实做好工作安排和分配，随时帮助补充志愿者的服务技术；及时表扬志愿者优良的工作表现，对不良工作表现要给予建设性的批评；妥善处理志愿者的冲突问题等。

【真题再现】

在提供服务过程中，有些志愿者会出现迟到、服务不达标等情况。面对工作表现不佳的志愿者，督导恰当的工作方法是（　　）。(2015 年真题)

A. 及时指出问题，给予建设性意见　　B. 接受服务对象的建议，终止志愿服务

C. 根据志愿者管理办法，扣发津贴　　D. 基于志愿者的无私奉献，不予惩处

参考答案：A

参考解析：志愿者督导的目的包括：(1) 协助志愿者认清和肯定志愿服务的价值，提供维持其对志愿服务工作的兴趣、热情和团队士气。(2) 协助志愿者了解组织和机构的功能，使其遵守机构工作程序和相关纪律规定。(3) 评估志愿者的工作效果，提出改善的建议。

2. 志愿者督导的态度

志愿者督导的态度：当成与机构共同工作的伙伴；作为机构应提供服务的对象；正确认识志愿者的基本心理需求和服务有限性；对志愿者不能过于放任，也不能过分苛求。

【真题再现】

社会工作者小田最近开始负责项目志愿者的督导工作，他模仿自己的督导老师给

志愿者提供督导服务，但发现效果并不理想。督导老师建议他根据志愿者的特点以及机构对志愿者的要求和期盼，改善督导服务，对此，小田正确的改进措施有（　　）。（2016 年真题）

A. 根据志愿者服务的公益性特点，对志愿者放宽要求，尽量不惩处

B. 对于志愿者之间发生的矛盾和冲突，要作为仲裁者去判断谁是谁非

C. 把志愿者当成是机构服务的对象，帮助其实现自我成长和能力提升

D. 依托自己与志愿者的上下从属关系，强化志愿者的服从意识和执行能力

E. 尊重志愿者的个人意愿，尽量配合其兴趣、专长、时间要求安排服务任务

参考答案：CE

参考解析：本题考查志愿者督导的工作态度。志愿者督导应具有的正确认识和心态有：（1）把志愿者当成与机构共同工作的伙伴。要认识到志愿者不是任何一名专职人员的下属，专职人员不愿意做、不容易做的事情不可以都交给志愿者处理。（2）把志愿者作为机构应提供服务的对象。这种做法是希望志愿者在接受服务的过程中实现自我成长，如学习服务中应有的态度，学习助人的知识和技巧等。（3）正确认识志愿者的基本心理需求和服务有限性。志愿者督导应因势利导，不要对志愿者提出过分要求，尊重志愿者的个人意愿，并尽量配合其兴趣、专长、时间要求来安排服务。（4）对志愿者不能过于放任，也不能过分苛求。如果志愿者有重大疏忽和过失，一样需要给予指正、劝导，并接受适当的惩处。

考点三：社会工作督导方式

1. 个别督导

个别督导是最传统的督导方式，由一名督导者对一名被督导者用面对面的方式，定期、定时（每周或每两周一次，每次半个小时至一个小时）举行讨论。

个别督导作为一种督导方式，自有其优缺点，需要辩证认知。

【真题再现】

小贾是某社会工作服务机构新招聘的员工，入职之初，他在开展服务过程中感到困难重重，压力很大，为此，督导老陈安排每周三下午和小贾单独见面讨论。老陈采用该督导方式的优点是（　　）。（2018 年真题）

A. 督导者可以向被督导者提供有效的服务示范

B. 督导者和被督导者容易达成比较一致的意见

C. 对被督导者服务的个案会有多方的信息交流

D. 督导者有充分督导时间且督导过程透明公开

参考答案：A

参考解析：本题考查个别督导。个别督导是由一名督导者对一名被督导者用面对面的方式，定期、定时举行讨论。其优点在于：（1）督导者和被督导者在不受任何干扰的情况下决定和解决案主的某一问题，二者有充分时间进行讨论，督导过程有较高的隐秘性；（2）督导者可以比较仔细地检查被督导者的工作记录，掌握工作进度，同

时也可以概括地了解被督导者的情况，确定被督导者所承受服务的数量；（3）可以向被督导者提供充分、有效的服务示范。

2. 团体督导

团体督导是一名督导者和数名被督导者以小组讨论的方式，定期（通常是每周、每两周或每个月举行一次，每次一至两个小时）举行讨论会议。小组人数二三人至七八人不等，原则上人数不宜过多，否则不方便讨论。

团体督导作为一种督导方式，自有其优缺点，需要辩证认知。

3. 同辈督导

同辈督导是指具有相同需求、观点或技术层次的个人和一群社会工作者，通过个别互惠方式或团体讨论方式进行的互动过程。参与互动的成员不一定来自同一机构或同一工作团队。

同辈督导作为一种督导方式，自有其优缺点，需要辩证认知。

【真题再现】

刘老师担任某社会工作机构督导三年。开始半年的督导工作采用“专题讲座”方式，重点提升社会工作者的理论知识和专业技能。之后，刘老师让社会工作者提前一周将工作中的问题告诉她，她会针对问题在每个月的督导会上给予反馈和建议。关于刘老师督导方式转变的说法，正确的是（　　）。（2015 年真题）

A. 这种转变让督导关系从“教”与“学”关系转向咨询关系

B. 这种转变让督导关系从“上司与下属”关系转向师徒关系

C. 这种转变让督导关系从咨询关系转向“上司与下属”关系

D. 这种转变让督导关系从“上司与下属”关系转向咨询关系

参考答案：A

参考解析：督导是一种双向互动的过程，互动的重点在于试图改变被督导者的行为。这种互动关系会随着督导者与被督导者互动形态的改变而有所不同。如，对于一个刚到机构工作的工作人员而言，他与督导者的关系可能属“教”与“学”的关系。当他适应了机构的工作，积累了一定的工作经验后，与督导者的关系可能转变为“咨询”的关系。

第三节　社会工作督导的过程与技巧

【重要考点概览】

小节	主要考点	历年考查点
第三节　社会工作督导的过程与技巧	社会工作督导的一般过程	2016、2020 年考查单项选择题
	社会工作督导过程中的技巧	2016 ~ 2019 年考查单项选择题
		2019 年考查多项选择题

续表

小节	主要考点	历年考查点
第三节　社会工作督导的过程与技巧	社会工作督导方式中的技巧	2015～2018、2020 年考查单项选择题
		2015、2017、2020 年考查多项选择题

考点一：社会工作督导的一般过程

督导过程可分为四个阶段：

（1）督导前期（建立关系的基础期）。其任务：相互熟悉，了解被督导者的家庭、所受专业教育经历等，找到督导的起始点，说明工作方法和目的，让被督导者放松心情、接受督导。

（2）开展期。其任务：建立互相信任和双方同意的督导形式，分享督导目的，清楚描述双方的角色、期望与要求，并征求被督导者的意见。

（3）工作期（最重要阶段）。其任务：分享实践经验与感受，解疑释惑，指导工作，促进其发展，支持被督导者做好服务。

（4）终结期。其任务：总结督导过程中各个阶段所讨论过的事情，并综述其学习和成长过程，回顾其长处和弱点，使之清醒地把握与改进自我。

【真题再现】

1. 社会工作者小王一直觉得自己在个案服务方面进步较慢，小王的督导者老张虽然很有经验，但由于同时管理多个服务项目和督导多名社会工作者，所以每次个案督导的时间十分有限。老张得知小王的想法后，让小王在每次接受督导前明确自己的疑惑及需要讨论的内容，打印好个案服务记录，以便提高督导的针对性。从社会工作督导的一般过程看，上述活动属于的工作阶段是（　　）。（2020 年真题）

A. 督导前期　　B. 开展期　　C. 工作期　　D. 结束期

参考答案：B

参考解析：开展期的重要任务是建立互相信任和双方同意的督导形式，并以口头或书面的形式确定。督导者要和被督导者一起分享督导的目的，清楚描述双方的角色、期望与要求，并征求被督导者的意见。

2. 在社会工作督导过程中，督导开展期的主要任务是（　　）。（2016 年真题）

A. 促进相互熟悉　　B. 明确督导形式

C. 综述学习过程　　D. 督导自我改进

参考答案：B

参考解析：本题考查督导开展期的任务。开展期的重要任务是建立互相信任和双方同意的督导形式，并以口头或书面的形式确定。

考点二：社会工作督导过程中的技巧

主要包括：相互契合、订立协议、开展话题、同感与分享感受、要求被督导者努力工作和分享资料、会谈结束等方面的技巧。

【真题再现】

1. 社会工作者小黄最近从青少年服务领域转到老年服务领域。在新岗位工作两周后，小黄被投诉把老人当作小孩，不太尊重老人，他感到很委屈。督导者老张首先询问小黄转到新服务领域后的状况，并表达了对其处境的关心。接着，老张直接提出“被投诉”的问题，与小黄共同讨论解决方法。从社会工作督导过程来看，老张所运用的技巧是（　　）。（2019 年真题）

A. 协商方程　　B. 开展话题　　C. 相互契合　　D. 同感分享

参考答案： B

参考解析： 开展话题的技巧：督导者可以采取五类技巧鼓励被督导者提出并探讨问题。一是由简入难。二是包容。三是专注地聆听。四是提问。五是保持沉默。题干中，老张采取了“由简入难”和“提问”的技巧，故正确答案为 B 选项。

2. 社会工作督导者老高负责对新入职的社会工作者小王进行督导，第一次督导时，老高提议双方先自我介绍以增加彼此的认识和了解。接下来的督导过程中，老高首先要做的是（　　）。（2019 年真题）

A. 明确双方的角色期待和要求　　B. 分享个人的工作经验和感受

C. 综述小王的学习和成长过程　　D. 从小王的处境中找督导起点

参考答案： D

参考解析： 督导前期是督导者与被督导者建立关系的基础期，这一时期重要的任务是相互熟悉。督导者在这个时期一般通过直接面谈了解被督导者的家庭、所受专业教育、工作经验、以往的经历等，督导者通过了解被督导者的处境找到督导的起始点，简单明白地说明自己的工作方法和目的，让被督导者放松心情、接受督导。故正确答案为 D 选项。

3. 社会工作者小王告诉督导老张，她面对老年人信心不足，时常不知如何沟通交流，感到压力很大。在认真听完小王的诉说后，老张说：“其实刚开始时，可能每个人都会遇到像你一样的情况。我第一次上门探访老人时，一敲门就开始紧张，进门寒暄后就不知道说什么了，和你一样不知所措，俗话说‘熟能生巧’，一段时间后就能得心应手了。我相信，你一定行的!”上述老张的做法运用的督导技巧有（　　）。（2019 年真题）

A. 由易入难　　B. 专注聆听　　C. 同感分享　　D. 保持沉默

E. 适时提问

参考答案： BC

参考解析： 督导者必须专注聆听被督导者最关注的事件，并梳理被督导者的感受，掌握被督导者最关注的事件及其对事件的反应。同感是社会工作最基本也是最重要的技巧。督导者不必一定是强人，所以不要刻意与被督导者保持距离，反而应该注意关心被督导者。当被督导者谈到感受时，督导者要勇于面对，并能够就被督导者的处境给予自然回应。最后，督导者应能总结被督导者所面对的问题，这样才能使其知道督导者了解他的处境和感受。先做好一个人，才能做好一个督导者。人性化的督导对被督导者而言是非常可贵的。

4. 在某次团体督导中，实习生小兵对机构督导老刘说：“老师，实习都进行两周了，但我还是不知道怎么把课堂所学的理论知识与实践结合起来，我现在感到很郁闷。”针对这种状况，老刘首先应该采取的技巧是（　　）。（2018 年真题）

A. 同感与分享感受　　B. 开展话题

C. 分享资料与经验　　D. 协商议程

参考答案： A

参考解析： 本题考查社会工作督导过程中的技巧。社会工作督导过程中的技巧主要有：（1）督导的相互契合技巧；（2）订立协议；（3）开展话题的技巧；（4）同感与分享感受的技巧；（5）要求被督导者努力工作和分享资料；（6）督导会谈的结束技巧。同感是社会工作最基本也是最重要的技巧，当被督导者谈到感受时，督导者要勇于面对，并能够就被督导者的处境给予自然回应。C 选项是在 A 选项操作后的下一步动作，本题关键词是“首先应该采取的技巧”，故 A 选项正确。

5. 社会工作者小李主要为受虐儿童的父母进行个案辅导。机构督导者老薛在每次督导中都用一些时间了解小李的处境，并表示关心，目的是发现问题，引导其理性面对。从社会工作督导过程角度看，老薛所运用的技巧是（　　）。（2017 年真题）

A. 分享感受　　B. 开展话题　　C. 相互契合　　D. 订立协议

参考答案： C

参考解析： 社会工作督导过程中的技巧包括：相互契合、订立协议、开展话题、同感与分享感受等技巧。本题主要考查相互契合的技巧。督导的相互契合是督导前期的最重要的技巧。相互契合是指督导者在每次督导中都要用一定的时间了解和关心被督导者的处境，并表示关心。相互契合的重点在于寻求问题和面对要处理的问题，而不是用感情淡化困难，甚至拒绝面对困难。

6. 社会工作者小芳工作非常努力，但最近有两次活动收效不佳，令她有些气馁。督导老梁了解到这两次活动效果不佳主要是受到外在环境的影响，对小芳表示理解，此时，老梁最适宜采用的督导技巧是（　　）。（2016 年真题）

A. 角色扮演　　B. 分享感受　　C. 保持沉默　　D. 摘要澄清

参考答案： B

参考解析： 本题考查社会工作督导过程中分享感受的技巧。当被督导者谈到感受时，督导者要勇于面对，并能够就被督导者的处境给予自然回应。最后，督导者应能总结被督导者所面对的问题，这样才能使其知道督导者了解他的处境和感受。

★ 考点三：社会工作督导方式中的技巧

1. 个别督导的技巧

具体技巧主要包括五个方面。一是聆听。督导者要从头到尾仔细聆听被督导者的谈话，以便在充分掌握信息的基础上做出判断。二是补充。督导者要以资料、知识或归纳重点的方式补充被督导者谈话的信息。三是提出疑问。督导者适时向被督导者提出问题，帮助其开阔思想与视野，激发其走向新的境界。四是进行评价。督导者通过检查被督导者的工作情况，与其分享工作经验和想法。五是提出建议。对被督导者提出处理服务对象问题和需求的具体建议和策略，协助被督导者拟订有效的工作计划。

【真题再现】

1. 小组活动结束后，督导者老叶首先认真听取了社会工作者小刘对小组过程的介绍，分享了与组员讨论小组契约的经验，接着评估此次活动目标是否实现，最后指出了下次活动的注意事项。上述做法中，老叶运用的督导技巧有（　　）。（2020 年真题）

A. 疑问　　B. 建议　　C. 聆听　　D. 补充

E. 评价

参考答案：BCE

参考解析：个别督导是一对一会谈的过程，其会谈技巧主要有：一是聆听；二是补充；三是提出疑问；四是进行评价；五是提出建议。AD 选项不属于个别督导技巧。

2. 社会工作者小鲁主要负责临终关怀服务。最近，小鲁的服务对象王爷爷去世了，他很沮丧地对督导老李说："我在王爷爷身上花了很多心思和精力，没想到他这么快就走了。"老李回应道："你看到王爷爷最后并没有受太多苦，走得很安静，也很平和，你的感受又是什么？"上述个别督导过程中，老李采用的督导技巧是（　　）。（2018 年真题）

A. 提出建议　　B. 提出疑问　　C. 进行评价　　D. 情感慰藉

参考答案：B

参考解析：本题考查个别督导的技巧。其会谈技巧主要有：聆听、补充、提出疑问、进行评价、提出建议。督导者适时向被督导者提出问题，帮助其开阔思想和视野，激发其走向新的境界，该种技巧属于提出疑问。

3. 社会工作者小何正在思考一位老人的临终关怀服务该如何进行，小何认为老人并没有在家中过世的想法，于是设计了以安养机构服务为主的临终关怀方案。她的督导者在看过服务方案后，认为仅仅是基于机构照顾类的安置服务是不够的，即使老人想在机构接受服务，也应有其他方案以防万一。上述内容中，督导者采用的是个别督导技巧中的（　　）。（2017 年真题）

A. 聆听　　B. 补充　　C. 质疑　　D. 建议

参考答案：D

参考解析：个别督导是一对一会谈的过程，其会谈技巧主要有：一是聆听；二是补充；三是提出疑问；四是进行评价；五是提出建议。本题中，督导主要是为社工提供建议，建议社工设计其他方案以防万一。

4. 督导老张发现，社会工作者小力自从接了小学生欣欣的个案后，出现情绪不稳定的状况。当谈及欣欣近来经常迟到、不交作业、变得沉默寡言，并时常哭泣时，小力愤怒地说，这一切都是因为欣欣的父亲陷入婚外恋，抛家弃子造成的。小力说现在

很怕看到欣欣无助的眼神，这使他想起自己的童年。面对小力的反应，老张应采取的做法有（　　）。(2015 年真题)

A. 与小力分享自己处理类似困境的经验

B. 立即向机构负责人提出安排小力暂时休假

C. 鼓励小力表达感受和宣泄情绪并发现其中的意义

D. 与小力一起进行自我探索以协助小力更加了解自己

E. 立即安排另一位社会工作者接替小力为欣欣提供服务

参考答案：ACD

参考解析：在个别督导过程中，督导在态度和工作内容方面需要注意的事项有：一是督导者要诚恳地倾听被督导者的表述；二是督导者应仔细研究和批阅被督导者的工作记录、服务报告，以便发现被督导者的不足，提出教育的重点；三是督导者应采取接纳的态度，接纳被督导者的感受，经常鼓励被督导者对服务对象的问题和需求进行评价和判断（C 选项），培养其自主思考和批判反思能力（D 选项），最终实现推动被督导者自我学习和自我训练的目的；四是督导者在提出评价和建议时语气应委婉；五是督导者要根据自己的丰富经验和扎实的理论知识基础，及时提供示范（A 选项），建议可行的方法和技术，帮助被督导者更直接处理客观情境下服务对象的需求和问题。因此，本题 ACD 选项正确。

2. 团体督导的技巧

督导者在团体督导中，需要注意如下：一是熟悉团体成员的姓名、性格；二是引导团体成员集中注意力和形成向心力；三是用心倾听，并把握其重点；四是团队自由自在地提出问题、建议，督导者应连接并综合和比较分析从而达成共识；五是讨论过程富有弹性，督导者应察觉组员潜在感受，并加以适当的处理和引导；六是应对“社会感情型”（感性）和“问题解决型”（理性）的成员所表述的观点，处理和限制攻击型、偏激型成员的能力；七是段落总结并进行归纳，形成清晰、具体的结论。

3. 同辈督导的技巧

同辈督导需要把握的技巧如下。

一是团体的组成技巧，包括：注意价值的共同性；团体成员规模一般不超过 7 人，以确保团体有充分的时间进行讨论；团体成员要签订明确的契约；注意同辈督导会议的反馈。二是组织督导会议的技巧，包括：设定会议规则；安排时间让成员表达对团队的希望和需求；留出非正式交流时间。

【真题再现】

1. 新冠肺炎疫情期间，某市社会工作协会提议本市的社会工作者可以多开展同辈督导，提升社会工作者应对突发公共卫生事件的专业能力。在组成同辈督导团体时，适宜采用的技巧是（　　）。(2020 年真题)

A. 清楚了解参与成员的期待

B. 强调定期且持续地进行

C. 关注参与成员的潜在感受

D. 提供可行的方法和技术

参考答案：A

参考解析：同辈督导团体的组成技巧包括如下几个方面。(1) 要注意价值的共同性。(2) 团体成员一般不超过7人，以确保团体有充分的时间进行讨论，满足所有成员的需求。同辈督导会议还要清楚了解成员的各种期待，尝试发现潜在或隐藏的团体目标。(3) 团体成员要签订明确的契约，契约必须清楚说明会议召开的周期、地点、每次会议持续时间、会议的程序等，签订契约的成员要有明确的承诺，保证能够坚持参加同辈督导会议；同时还要明确成员的角色分工，如谁来负责会议时间和场地的安排，谁来负责会议秩序的维持等。(4) 注意同辈督导会议的反馈，包括对督导的过程进行全面反馈，既有正面的反馈，也有负面的反馈。此外，每三个月要进行一次全面总结，让团体成员分享在团体中的收获，探讨团体的动态并对契约进行重新协商。

2. 同事督导团体的成员可能来自不同机构或团队，所以需要签订明确的督导契约。契约的内容应包括（　　）。(2017 年真题)

A. 团体成员的角色分工　　B. 团体成员承诺提交相关服务记录

C. 每次会议持续的时间和会议程序　　D. 团体成员承诺坚持参加督导会议

E. 选出领导者

参考答案：ACD

参考解析：契约必须清楚说明会议召开的周期、地点、每次会议持续时间、会议的程序等，签订契约的成员要有明确的承诺，保证能够坚持参加同事督导会议；同时还要明确成员的角色分工，如谁来负责会议时间和场地的安排，谁来负责会议秩序的维持等。

3. 某社会工作服务机构的督导赵老师要求各个服务部每个月都要组织一次同事督导。执行了一段时间后，她发现在同事督导过程中，大家碍于面子，总是提出的意见都无关痛痒，并且刻意回避争论，以免伤了和气，同事督导的效果也大打折扣。针对这一问题，赵老师应该采取的措施是（　　）。(2016 年真题)

A. 建立同事督导自由氛围，鼓励同事间宣泄负面情绪

B. 强调同事督导的权威，要求同事间改进工作作风

C. 引导制定同事督导规则，鼓励同事间坦诚交流

D. 强调同事督导的秩序，避免同事间非正式交流

参考答案：C

参考解析：A 选项，鼓励同事间宣泄负面情绪错误，故排除。B 选项在同事督导过程中，专家权威降到最低，没有权威现象，故排除。D 选项同事督导鼓励同事之间坦诚自由交流，故排除。

4. 关于同事督导团体组成的说法，正确的是（　　）。(2015 年真题)

A. 团体成员技术层次相同　　B. 团体成员不少于 10 人

C. 团体成员需观点一致　　D. 团体成员不需签订契约

参考答案：A

参考解析：同事督导是指具有相同需求、观点或技术层次的个人和一群社会工作者，通过个别互惠方式或团体讨论方式进行的互动过程。组成技巧包括：（1）价值的共同性，同事督导团体成员一般都具有共同价值，但观点可以不同；（2）团体成员一般不超过7人；（3）团体成员要签订明确的契约；（4）注意同事督导会议的反馈。

【本章小结】

社会工作督导是帮助初级社会工作者成长、提高服务质量的重要手段。社会工作督导主要有师徒式、训练式、管理式和咨询式四种类型。它有行政功能、教育功能和支持功能。行政性督导主要帮助和促使社会工作者承担机构中的角色；教育性督导的任务是帮助社会工作者增加相关知识以完成服务；支持性督导的任务是对社会工作者予以心理和社会关系等方面的支持，以使其更好地开展服务。志愿者督导是社会工作督导的重要内容，它同样具有行政、教育和支持三种功能。社会工作督导的方式有个别督导、团体督导、同辈督导等方式。社会工作督导技巧则包括过程中的技巧和方式中的技巧。

扫码听课

第十章　社会工作研究

【本章导学】

社会工作研究、社会工作行政和社会工作督导共同组成社会工作的三大间接方法，为社会工作的直接服务提供保障支持、规范及提升。社会工作研究包括方法论、研究范式及具体研究方法等。其中方法论主要包括实证主义、反实证主义、建构主义及马克思主义四大方法论。在这些方法论指引之下，社会工作研究又分为定量研究与定性研究两大研究范式，其各有一整套研究逻辑，从而对所有研究方法进行指导与引领。具体研究方法包括观察、访谈、个案、行动、实验及问卷调查研究等。

本章是全书的重点和难点，考生要予以系统学习并真正深入理解。

【历年题量/分值分布】

	2015 年	2016 年	2017 年	2018 年	2019 年	2020 年
单项选择题	5 道	5 道	5 道	5 道	5 道	5 道
多项选择题	1 道	1 道	1 道	1 道	1 道	1 道
合计分值	7 分	7 分	7 分	7 分	7 分	7 分

注：单项选择题每题 1 分，多项选择题每题 2 分（错选，本题不得分；少选，所选每个选项得 0.5 分）。

【本章知识概览】

小节	考点	备考指数
第一节　社会工作研究的含义和功能	社会工作研究的含义与特征	★★
	社会工作研究的伦理与功能	★★★★
第二节　社会工作研究方法论和研究范式	社会工作研究的方法论	★★★★★
	社会工作研究的范式	★★★★
第三节　社会工作研究的一般过程	社会工作研究的一般逻辑	★★
	社会工作研究的一般过程	★★
	报告撰写及成果应用	★★★★★
第四节　社会工作研究的具体方法	问卷调查法	★★★★★
	实验研究	★★★★★
	观察法	★
	访谈法	★★★
	个案研究与个案拓展研究	★★
	非接触研究	★★★
	行动研究	★★★★

续表

小节	考点	备考指数
第五节　社会工作的项目评估	项目评估的含义	★
	项目评估的要素与类型	★
	评估的步骤与程序	★

【考点详解】

第一节　社会工作研究的含义和功能

【重要考点概览】

小节	主要考点	历年考查点
第一节　社会工作研究的含义和功能	社会工作研究的含义与特征	2016 年考查多项选择题
	社会工作研究的伦理与功能	2018、2019 年考查单项选择题
		2015 年考查多项选择题

考点一：社会工作研究的含义与特征

1. 社会工作研究的含义

社会工作及相关领域的研究者依托社会工作伦理和社会研究伦理，使用社会研究的方法和程序，收集、分析与社会福利和社会工作有关的资料，以协助达到社会工作的目标。

2. 社会工作研究的特征

社会工作研究的特征：主要探究困难群体及其议题；采用整合审视的研究视角；恪守社会工作伦理和社会研究伦理；旨在推进福利、促进实务和提升理论；体现研究者的多元角色。

3. 社会工作研究的目的

社会工作研究的目的：防治社会问题；改善社会工作实践；建设社会工作理论；推进福利正义。

【真题再现】

社会工作者小黄运用个案研究收集退休人员张大爷的资料，根据“人在情境中”的观点，小黄适宜的做法有（　　）。(2016 年真题)

A. 观察张大爷与其所处环境的互动关系

B. 将资料上升到理论层面，并推及社区其他老人

C. 弄清张大爷的家庭、朋友、原工作单位等方面的情况

D. 根据个人经验提出假设，并在资料收集过程中予以验证

E. 了解张大爷的生命历程，掌握其中重大事件的详细信息

参考答案：ACE

参考解析： 社会工作研究作为社会工作的组成部分，主要采用社会工作视角探索问题。针对某个问题，社会工作不是简单地描述现状、探讨原因和提出对策，而是依托“人在情境中”的理念，探讨个人与环境两方面原因及其互动，发现其中的可变原因，提出针对可变原因的对策，并探索在此过程中服务对象解决问题并提升自我能力的途径。

考点二： 社会工作研究的伦理与功能

1. 社会工作研究的伦理

选题伦理：研究正当性、实务应用性、经费来源安全性。

工作伦理：恪守工作原则（尊重服务对象的自决权、提升其参与权等）；注重社会公正（公平分配资源、挑战不公正的政策和实务）；注重专业行为（保持工作技术和能力、不将技术用于非人道目的等）。

研究伦理：不隐瞒不欺骗，尊重对方意愿，保持价值中立，保证被研究者表达意见的权利和机会，不给被研究者带来危险和伤害，保密，研究成果客观全面地进行公开等。

2. 社会工作研究的功能

直接功能：在对象层面上，治疗和预防社会问题乃至社会危机，并协助服务对象在能力和意识层面得以提升；在专业层面上，改善社会工作实践和提升社会理论；在社会层面上，推进福利和促进公正。

间接功能：对研究参与者而言，感受社会事实；对社会大众而言，了解社会工作的内涵；对社会工作者和社会服务机构而言，实现自身增能；对社会而言，激发多个系统的正面功能。

【真题再现】

1. 社会工作者老李对“乡村学校住校学生睡前故事干预项目”的效果进行研究，发现该项目的实施不仅有效改善了乡村学校住校学生的睡眠状况，还提升了住校学生对校园欺凌行为的敏感性。对社会工作机构而言，该研究的间接功能是（　　）。(2019 年真题)

A. 该研究可以推动普惠型儿童福利制度的发展

B. 该研究可以丰富青少年抗逆力理论的适用性

C. 该研究可以预防乡村学校校园欺凌行为发生

D. 该研究可以优化乡村学校住校学生管理制度

参考答案： D

参考解析： 社会工作研究的间接功能之一是于社会服务机构而言，社会工作研究有利于优化对内管理和对外服务，加强项目过程的管理，提升机构服务的质量。

2. 在社会工作研究中，研究者必须遵循的伦理是（　　）。(2018 年真题)

A. 研究议题应有利于社会工作专业发展

B. 搜集资料应有利于保证研究信度效度

C. 访谈分析应有利于研究结论积极正面

D. 研究结果应有利于规避各类研究风险

参考答案：A

参考解析：本题考查社会工作研究的伦理。作为社会工作与社会研究的交叉领域，社会工作研究显然必须遵循社会工作伦理和社会研究伦理。(1) 研究选题的伦理。(2) 社会工作的伦理。(3) 社会研究的伦理。不故意隐瞒身份或采用欺骗手段获取资料；收集资料在对方愿意的情况下进行；保持价值中立；保证被研究者表达意见的权利和机会；不给被研究者带来危险和伤害；保密，不随意泄露；研究成果客观全面地进行公开。

3. 社会工作硕士研究生小林正在进行农村留守儿童社会工作服务研究，为了使该研究能够对留守儿童的发展发挥直接功能，小林宜开展的研究内容有（　　）。(2015 年真题)

A. 留守儿童实务模式的探索　　B. 留守儿童阅读能力的变化

C. 留守儿童福利服务的形成　　D. 留守儿童学习习惯的养成

E. 留守儿童厌学问题的改善

参考答案：ACDE

参考解析：社会工作研究的直接功能与其目的有关。在对象层面上，社会工作研究可以治疗和预防社会问题乃至社会危机，并协助服务对象在能力和意识层面得以提升（DE 选项）；在专业层面上，社会工作研究可以改善社会工作实践和提升社会理论（A 选项）；在社会层面上，社会工作研究可以推进福利和促进公正（C 选项）。

第二节　社会工作研究方法论和研究范式

【重要考点概览】

小节	主要考点	历年考查点
第二节　社会工作研究方法论和研究范式	社会工作研究的方法论	2015～2020 年考查单项选择题
	社会工作研究的范式	2015、2019、2020 年考查单项选择题

考点一：社会工作研究的方法论

方法论是关于研究方法的理论，主要从哲学角度探讨与学科体系和基本假设有关的一般原理，即探讨指导研究的基本原则、逻辑基础、研究程序和研究方法等。主要有实证主义方法论、反实证主义方法论、马克思主义方法论、建构主义方法论等。这些方法论可以协助解读个别、群体或共同体的现象，剖析服务过程，验证和完善专业理论。

实证主义方法论：强调社会现象的客观性和外部原因，具有自然主义倾向，忽视“人”的因素及历史、文化因素。

反实证主义方法论：偏重于构成主观经验现象的主观因素或内因，强调对人的行为应从其主观的因素方面去理解，否认客观认识的可能性。

建构主义方法论：认为不存在唯一的、不变的客观事实，事实是研究者与被研究者的价值互动而达到的生成性理解。

马克思的方法论：有其辩证性，又有其历史性，因而比较具有综合性。

无论上述哪个方法论都对社会工作有所启示。社会工作是在多个方法论指引下的实务工作，社会工作研究的不同部分与不同方法论呼应。社会工作研究要合适地运用和选择方法论，并在其指导下开展研究。

【真题再现】

1. 关于社会工作研究方法论的说法，正确的是（　　）。(2020 年真题)

A. 实证主义方法论注重对现实社会生活进行干预和改造

B. 女性主义方法论强调价值取向并擅长使用结构访谈法

C. 反实证主义方法论注重通过互为主体的互动生成知识

D. 建构主义方法论强调经验事实先于主观的理论而存在

参考答案：A

参考解析：实证主义强调理论研究的实践功能，注重对现实社会生活进行干预和改造，故 A 选项正确。

2. 社会工作者基于反实证主义方法论，研究残障人士重建自信心的发展历程。下列研究关注点中，符合反实证主义方法论的是（　　）。(2019 年真题)

A. 描述残障人士自信心重建的平均时间　B. 注重精准测量残障人士的自信心水平

C. 注重发现提升残障人士自信心的规律　D. 理解残障人士自信心重建的主观体验

参考答案：D

参考解析：19 世纪末 20 世纪初，欧洲大陆兴起了与实证主义对立的思想——反实证主义思潮。它反对从自然科学中寻找可以运用于人文科学和社会科学的方法，提出了从个人的主观动机或体验中寻找认识社会的方法，试图以个人行动的主观根源说明人的活动、社会关系、社会结构和社会发展。

3. 关于社会工作研究方法论的说法，正确的是（　　）。(2018 年真题)

A. 实证主义方法论重点强调研究的过程导向性

B. 建构主义方法论主要强调客观事实真实存在

C. 反实证主义方法论强调研究过程的价值中立

D. 马克思主义方法论强调客观世界发展必然性

参考答案：D

参考解析：本题考查社会工作研究方法论。实证主义方法论强调社会现象的客观性和外部原因，强调价值中立，注重对现实社会生活进行干预和改造。反实证主义方法论偏重于构成主观经验现象的主观因素或内因，强调对人的行为应从其主观的因素方面去理解，否认客观认识的可能性。建构主义方法论不认为存在唯一的、不变的客观事实。唯有 D 选项正确。

4. 关于社会工作研究方法论的说法，正确的是（　　）。（2017 年真题）

A. 实证主义方法论注重研究社会现象的个别变化过程

B. 反实证主义方法论强调理论研究的客观性和普遍性

C. 建构主义方法论强调研究者与被研究者之间的互动

D. 诠释互动主义方法论强调在主观认识中的横向视角

参考答案：C

参考解析：关于社会工作的研究方法论，有几点值得关注。其一，实证主义方法论强调社会现象的客观性和外部原因，具有自然主义倾向，忽视“人”的因素及历史、文化因素。反实证主义偏重于构成主观经验现象的主观因素或内因，强调对人的行为应从其主观的因素方面去理解，否认客观认识的可能性。建构主义不认为存在唯一的、不变的客观事实，事实是研究者与被研究者的价值互动而达到的生成性理解。马克思的方法论思想既有其辩证性，又有其历史性，因而比较具有综合性。其二，无论上述哪个方法论都对社会工作有所启示。社会工作是在多个方法论指引下的实务工作，社会工作研究的不同部分与不同方法论呼应。社会工作研究要合适地运用和选择方法，并在其指导下开展研究。

5. 关于社会工作研究方法论的说法，正确的是（　　）。（2016 年真题）

A. 马克思主义方法论符合社会工作整体视角的内涵

B. 建构主义方法论符合社会工作研究的实务导向

C. 实证主义方法论符合社会工作强调的“当时当地”的意境

D. 反实证主义方法论符合社会工作强调的服务双方平等合作的原则

参考答案：A

参考解析：本题考查社会工作研究的方法论。马克思主义方法论是一种纵向视角，其关于知识与实践的关系本质上是一种纵向关系的说明。其历史视角、动态取向与社会工作注重过程导向遥相呼应；将社会作为整体，也与社会工作的整体视角的内涵比较吻合。

6. 关于社会工作研究方法论的说法。正确的是（　　）。（2015 年真题）

A. 实证主义方法论认为社会现象具有不可重复性

B. 马克思主义方法论强调研究过程的经验性和实践性

C. 建构主义方法论认为研究对象对事实的建构是恒定不变的

D. 反实证主义方法论强调应从人们的客观经验出发认识社会

参考答案：B

参考解析：（1）实证主义方法论的观点是，社会研究对象与自然科学研究对象者是纯客观的，它们不依赖于研究者而独立存在，事物本身存在着内在的、必然的、可重复的规律，故 A 选项错误。（2）建构主义方法论的特征之一是，社会问题要经历一个建构过程，某种现象从浮现到被视为问题是复杂的建构过程，它取决于人们对何谓正常的界定，而且不同人对同一问题有不同建构，故 C 选项错误。（3）反实证主义方法论反对从自然科学中寻找可以运用于人文科学和社会科学的方法，提出了从个人的主观动机或体验中寻找认识社会的方法，故D选项错误。

考点二：社会工作研究的范式

定量研究和定性研究（质性研究）是社会工作研究的两大范式。定量研究大致与实证主义方法论对应，定性研究则与反实证主义方法论、建构主义方法论等方法论呼应。

定量研究是在严格研究设计的基础上，采用定量测量手段收集资料，并对此进行统计分析。定性研究就是收集和分析非数字化的资料，描述和理解回答者所经历现实的含义、特征、隐喻、象征等，探索社会关系。定量研究和定性研究的差异表现于研究和理论的关系、研究者与研究对象的关系、研究策略、资料特性、结果范围等方面。

【真题再现】

1. 关于定性研究的说法，正确的是（　　）。(2020年真题)

A. 研究假设可以在研究过程中逐步形成并完善

B. 研究者一般被视为外人，以体现其价值中立

C. 该方法主要收集和分析量化、可操作的资料

D. 该方法适用于研究问题已有大量资料的情形

参考答案：A

参考解析：BCD选项为定量研究的特点。定性研究主要是收集和分析非数字化的资料。定性研究不一定事先设定研究假设，其假设可以在研究过程中逐步形成和完善，基于描述性分析，对过程发现进行提炼，并进行提升及理论建构。在定性研究中，研究者要使自身被研究对象视为自己人。

2. 关于定量研究和定性研究的说法，正确的是（　　）。(2019年真题)

A. 定量研究重在理解回答者所经历事实的含义、隐喻和象征，探索社会关系

B. 定量研究中研究者被研究对象视为自己人，这样获得的资料比较真实

C. 定性研究不一定事先建立研究假设，其假设可在研究过程中逐步形成和完善

D. 定性研究由于重在领悟事实的本质，因此其所得结论具有很好的可推论性

参考答案：C

参考解析：定性研究重在理解事实的含义、隐喻与象征，具有一定的建构性，故A选项错误；定量研究中，研究者被视为外人，其研究设计旨在排除研究者对研究对象的影响，并在过程中体现价值中立，故B选项错误。定量研究注重研究问题的普遍性、代表性及普遍指导意义；定性研究则注重研究对象、有助于发现研究问题的个别性和特殊性，以此发现问题或提出发现问题的新视角，研究结论一般不可以推论总体，故D选项错误。定性研究不一定事先设定研究假设，其假设可以在研究过程中逐步形成和完善，故C选项正确。

3. 社会工作者小方正在进行一项定性研究，探索贫困对家庭关系的影响。在开展

研究时，小方必须（　　）。（2015 年真题）

A. 从关于贫困和家庭关系的理论出发，形成研究假设

B. 在走访贫困家庭时保持价值中立，排除自身的影响

C. 随着对贫困家庭了解的加深，进一步修改和完善研究设计

D. 保证研究结果对于指导贫困家庭社会服务具有普遍意义

参考答案：C

参考解析：ABD 选项均是定量研究的特点。

第三节　社会工作研究的一般过程

【重要考点概览】

小节	主要考点	历年考查点
第三节　社会工作研究的一般过程	社会工作研究的一般逻辑	尚未考查
	社会工作研究的一般过程	尚未考查
	报告撰写及成果应用	2015、2016、2018、2020 年考查单项选择题

考点一：社会工作研究的一般逻辑

1. 社会工作研究的一般逻辑

社会工作研究有其逻辑过程，理论和研究在其中不断互动。其一，研究者观察和记录事实，并进行描述和解释，再将其上升到理论；然后，基于该理论对未知事物进行假设，再通过新的事实进行检验。其二，研究者从理论出发，产生假设，再去观察，并用基于观察的经验概括去支持、反对或修改该理论，或提出新理论。

归纳推理是从观察到的资料出发，加以概括，从而解释事物之间的联系，是由经验上升为理论的过程。

演绎推理是从某个普遍法则出发，将其运用到具体事例，是在应用中检验理论的过程。

假设演绎法（又称试错法）由归纳和演绎构成，与科学环的逻辑一致。基本思路是：(1) 根据某个具体问题，寻找某个或某些解释理论；(2) 根据上述理论提出尝试性假设并将其具体化；(3) 进行观察以检验假设；(4) 如果检验结果与前述理论不一致，就说明所引理论在说明该问题时存在不足，需要补充或修订，或者提出新的理论；(5) 根据新理论提出新假设，再次进行观察、检验和修改。

社会工作研究也常用到其他逻辑方法：解析和综合、具体和抽象、历史和逻辑等。

2. 社会工作研究的基本程序

社会研究的一般过程包括拟定研究主题、界定研究问题、进行文献回顾、完成研究设计、收集资料、整理分析资料、撰写研究报告、成果应用等内容。

考点二：社会工作研究的一般过程

1. 定量研究

定量研究是社会工作尤其宏观社会工作的重要基础，以实证主义方法论为基础，

采用与自然科学相仿的研究逻辑和研究步骤。具体包括：准备阶段（确定研究问题、建立研究假设、进行研究设计）、资料收集、研究分析、总结应用等环节。

2. 定性研究

定性研究的一般过程不同于定量研究，大致包含研究准备、资料收集、整理与分析，总结应用等阶段。

二者虽然整个过程并无明显差别，但是实际操作过程中的基本逻辑以及各自的方法论基础及研究方法都有实质性差别。

考点三：报告撰写及成果应用

撰写研究报告要与方法论和研究方法呼应。如果采用定量研究方法，那么报告结构必须依照定量研究范式展开；如果采用定性研究方法，那么报告结构必须依照定性研究范式展开；如果采用了定性研究和定量研究结合的方法，那么研究报告要体现二者结合的特性。

研究者要在社会工作伦理和社会研究伦理指引下，采用口头发表、内部书面发表、公开出版等形式，与课题委托者、同行和社会人士分享研究成果，以使研究成果发挥最大社会效应，促进社会工作专业和职业的积极发展。研究者要根据研究建议，促进形成具体干预方案，并促使相关主体积极推行。

【真题再现】

1. 社会工作者小张为机构撰写了残障人士精准救助项目总结报告。下列内容中，属于项目总结报告中服务效果的是（　　）。（2020 年真题）

A. 项目为残障人士进行家居环境改造的施工计划

B. 项目推动残障人士生活质量改善的维度和程度

C. 项目为肢体残障人士免费提供助行器的经费来源

D. 项目了解残障人士医疗保障需求的资料收集方法

参考答案：B

参考解析：项目总结报告是实务工作的总结，其内容在项目计划书基础上有所广化和深化。其基本结构包括主题、项目背景、需求评估（问题表现及基于文献或实证研究的原因分析）、项目目标、工作模式、实务内容、服务效果、讨论和建议、附录、参考文献等部分。其中，服务效果与工作目标呼应，应该在总结研究报告中进行较详尽说明。

2. 小汪负责撰写困难群众精准救助项目结项总结报告。与该项目计划书内容相比，结项总结报告需要重点增加的是（　　）。（2018 年真题）

A. 困难群众社会救助的现状　　B. 困难群众精准救助的成效

C. 困难群众精准救助的策略　　D. 困难群众精准救助的目标

参考答案：B

参考解析：本题考查项目总结报告。在项目总结报告中，研究者必须报告项目过程实际执行的任务。服务效果与工作目标呼应，应在总结研究报告中进行较详细说明。

3. “四点半课堂”项目顺利结束后，项目负责人小王撰写了项目总结评估，与需

求评估报告、项目方案书相比，下列报告内容中，仅属于项目总结报告的是（　　）。（2016 年真题）

A. “四点半课堂”项目的操作性目标

B. “四点半课堂”项目学生参与的意愿

C. “四点半课堂”项目实施的时间进度表

D. “四点半课堂”项目中学生的成绩变化

参考答案：D

参考解析：本题考查项目总结报告。需求评估报告的结构与研究报告的一般结构相似。项目方案书大致包括主题、基本背景、需求评估、项目目标、工作模式、实务内容、经费结构、时间进度、参考文献、附录等部分。项目总结报告是实务工作的总结，其内容在项目计划书的基础上有所扩展和深化。其基本结构包括主题、项目背景、需求评估、项目目标、工作模式、实务内容、服务效果、讨论和建议、参考文献、附录等部分。其中，仅属于项目总结报告的是服务效果，故正确答案为 D 选项。

4. 社会工作者小张完成贫困家庭青少年成长项目后，撰写了一份报告。其内容包括作为服务对象的贫困家庭青少年的特点、问题和需求，项目的实际执行情况、服务效果和改善建议等。小张的这份报告属于（　　）。（2015 年真题）

A. 经验总结报告　　B. 调查研究报告

C. 总结评估报告　　D. 项目进度报告

参考答案：C

参考解析：需求评估报告、项目方案书和项目总结报告是特殊的社会工作研究报告。项目总结报告是实务工作的总结，其基本结构包括主题、项目背景、需求评估、项目目标、工作模式、实务内容、服务效果、讨论和建议、附录、参考文献等部分。

第四节　社会工作研究的具体方法

【重要考点概览】

小节	主要考点	历年考查点
第四节　社会工作研究的具体方法	问卷调查	2015～2019 年考查单项选择题
	实验研究	2015、2019、2020 年考查单项选择题
	观察法	尚未考查
	访谈法	2016、2020 年考查单项选择题
	个案研究与个案拓展研究	2018 年考查单项选择题
		2017 年考查多项选择题
	非接触研究	2020 年考查多项选择题
	行动研究	2016 年考查单项选择题
		2018、2019 年考查多项选择题

考点一：问卷调查

问卷调查是定量研究的重要方法，可以用来收集开展宏观社会工作所需的基本资料。问卷调查就是依托问卷，针对取自某种社会群体的样本，收集资料，并通过统计分析来认识其特征。其形式是精心设计的问题表格，其用途是用来测量人们的行为、态度和状态特征。

问卷分为自填问卷和访问问卷两种。问卷包括标题、封面信、指导语、问题及答案、编码等部分。

表 9－1　问卷结构

问卷部分	内涵
标题	即问卷名称
封面信	即调查者写给被调查者的短信，一般应说明研究者身份、研究目的和内容、对象选择方法、保密原则、标明机构等
指导语	用来说明回答要求，如在括号里面画“√”或“×”
问题和答案	问卷的核心。问题分为态度（您对社区服务满意吗?）、行为（您过去一个月内与家人联系次数是多少?）和状态（个人经历等信息）三种类型。也可分为开放式问题和封闭式问题
编码	给问题和答案用某个字母或数字作为代码，如“1”代表男性，“2”代表女性
其他	问卷编号、访问员签名、感谢语等

【真题再现】

城市家庭调查问卷

尊敬的居民：

您好！我们正在进行一项有关家庭生活质量和社会服务方面的调查。每一个家庭都希望能幸福、美满地生活。并对社会做出贡献，您的希望也是我们的愿望。但每个家庭都会面临这样那样的困难，也需要各种帮助和支持。我们的调查正是为了征求您的意见，了解您的需求，为下一步制定相关政策和服务方案提供依据。访问结果将会绝对保密，请不必有任何顾虑。

希望得到您的支持和合作。谢谢！

某市城市调查研究中心

2015 年 4 月

1. 问卷调查是定量研究的重要方法，其设计的核心是（　　）。(2019 年真题)

A. 问题和答案　　B. 标题

C. 指导语　　D. 封面信

参考答案： A

参考解析： 问卷调查的成功以问卷设计为基础。问卷设计有其原则、步骤和要求，只有把握其实质，才能编出高质量的调查问卷。问卷包括标题、封面信、指导语、问题及答案、编码等组成部分，问题和答案是问卷设计的核心。

2. 根据问卷设计中问题的排序原则，下列正确的排列顺序是（　　）。（2018 年真题）

（1）您对社区养老服务日间照料中心的午餐满意吗？

①非常满意　　②比较满意　　③一般

④比较不满意　　⑤非常不满意

（2）对于社区养老服务日间照料中心的工作，您有什么建议？

（3）您的性别：①男性　②女性

A. （2）（1）（3）　　B. （3）（2）（1）

C. （3）（1）（2）　　D. （1）（3）（2）

参考答案： C

参考解析： 本题考查问卷的问题和答案设计。问卷设计中，个人背景一般居首；客观题在前，主观题在后；熟悉、简单、对方感兴趣、封闭式问题置于前面；行为、态度、敏感的问题放在后面。

3. 社会工作者小苏对本社区部分 70 岁以上的老年人进行了问卷调查，了解他们的生活自理状况，以此评估社区老年人对居家养老服务的需求。在需求评估报告的研究方法部分，小苏应说明的内容是（　　）。（2017 年真题）

A. 老年人生活自理状况调查对于了解居家养老服务需求的意义

B. 影响老年人生活自理状况的各个变量的统计值及其推论情况

C. 本研究的新发现及其对理解老年人居家养老服务需求的贡献

D. 参加本次调查的老年人是按照怎样的标准和程序挑选出来的

参考答案： D

参考解析： 方法就是说明本研究如何收集资料、分析资料。定量研究需要说明研究总体和调查总体、样本选择方法及样本特征、问卷或量表中具体测量指标的来源及其信度系数、资料的审核整理和变量形成及统计分析的主要技术、研究局限等。故本题 D 选项正确。

4. 某社会工作服务机构将进行一项社区综合养老服务体系建设状况的调查，拟采用问卷调查法。调查对象大多为老年人，该社会工作服务机构最适合采取的问卷填写方法是（　　）。（2017 年真题）

A. 自填问卷法　　B. 集中填写法

C. 访问问卷法　　D. 邮寄填写法

参考答案： C

参考解析： 访问问卷在收集资料时由访问员向被调查者提问并记录其回答，适合于被调查者文化水平不高、调查问题较复杂的情况，但不太适合了解敏感性问题。老年人适合采用访问问卷法。

5. 为了解社会工作专业硕士生的就业意向，某大学社会工作系设计了“社会工作

专业硕士毕业生就业意向调查问卷”。下列问题和答案的设计中，正确的是（　　）。（2017 年真题）

A. 你的年龄？

（1）25 岁及以下　（2）26～30 岁　（3）31 岁及以上

B. 你父母是否希望你回老家工作？

（1）是　（2）否

C. 你最希望到哪里就业？

（1）政府部门　（2）事业单位　（3）福利机构

（4）企业单位　（5）社会组织　（6）其他单位

D. 社会工作有利于提高综合素质，你愿意从事社会工作吗？

（1）愿意　（2）不愿意

参考答案：A

参考解析：B 选项，问题具有双重性。C 选项，狭义的社会组织是为了实现特定的目标而有意识地组合起来的社会群体，如企业、政府、学校、医院、社会团体等，故本选项没有满足互斥性。D 选项具有倾向性。

6. 某社会工作服务机构 11 位社会工作者的工作年限，分别是 10 个月、29 个月、12 个月、41 个月、24 个月、18 个月、54 个月、24 个月、46 个月、30 个月、42 个月。这些社会工作者工作年限的众数和中位数分别是（　　）。（2016 年真题）

A. 24 个月和 29 个月　　B. 30 个月和 29 个月

C. 54 个月和 24 个月　　D. 54 个月和 30 个月

参考答案：A

参考解析：本题考查众数和中位数。平均数一般计算算术平均，中位数就是最中间的指标水平，众数就是出现最多的指标值。题中数据按从小到大的顺序排列为：10、12、18、24、24、29、30、41、42、46、54。故众数为 24，中位数为 29。

7. 根据封面信内容设计要求，以上封面信缺少的是（　　）。（2015 年真题）

A. 研究机构和保密原则　　B. 调查者身份和研究机构

C. 保密原则和对象选择方法　　D. 对象选择方法和调查者身份

参考答案：D

参考解析：封面信是研究者致被调查者的短信，旨在说明研究者身份、研究目的和内容、对象选择方法、保密原则，并署明研究机构。

考点二：实验研究

实验研究是基于因果关系，把研究问题置于特定场景中，通过严格的控制和策划，使所研究变量及其关系得以体现。实验设计包含自变量和因变量、实验组和对照组（或控制组）、前测和后测三对要素。

实验研究类型划分：标准实验设计、准实验设计、实地实验等。

三种实验研究类型之间的区别在于：

（1）标准实验设计：先把对象随机分配到实验组和控制组，根据情况选择对两组进行测量（前后测标准实验设计）或者不测量（单后测实验设计），然后对实验组进行干预，此后对两组进行测量。测量结果差异就视为干预效果。其与其他实验研究的最重要的区别就在于随机分配与否。

（2）准实验设计：并不完全严格设计实验组和对照组，但同样进行一定的前测或后测。因此，相对于标准实验设计而言，其规范程度稍低。

（3）实地实验：把实验置于真实场景，受试者按照事先设计完成某些要求，再分析效果。

实验研究优点：变量清楚明白，自变量作用明显；规模有限从而节省资源；可有效控制实验场景和外在场境，排除影响自变量、因变量及实验过程的因素；测量工具较精确，误差较少。

实验研究缺点：场景是创造的，研究条件不自然从而实务推进上有困难，太精细从而难于复制；面临伦理困境。

【真题再现】

1. 某村共有30名儿童，社会工作者计划为他们开展自信心提升服务项目，拟采用标准实验设计来研究项目效果，下列做法中，符合该研究设计要求的是（　　）。（2020年真题）

A. 按方便抽样原则抽取10名儿童参加项目

B. 让有兴趣和意愿的儿童自己报名参加项目

C. 按困难程度将儿童分为两组且其中一组参加项目

D. 用抓阄方法将儿童分为两组且其中一组参加项目

参考答案：D

参考解析：标准实验设计的特点与标志是实验开始前以随机方法消除两组间的差异，并对两组分别进行前测。随后对其中一组进行实验干预，另一组不进行任何干预，然后对两组进行后测。

2. 社会工作者小魏正在探索角色扮演对于提升儿童自控能力的作用。小魏挑选了60名儿童并将他们随机分为A、B两组，每组人数均为30名。小魏对两组儿童的自控能力进行评估后，安排A组儿童参加角色扮演的提升自控小组，而B组儿童不参加任何小组，结束后又评估了A、B两组儿童自控能力。根据社会工作研究方法，上述小魏的研究属于（　　）。（2019年真题）

A. 单后测控制组设计

B. 前后测控制组设计

C. 非对等控制组设计

D. 简单时间序列设计

参考答案：B

参考解析：随机进行组别分配，并对前后都进行评估，然后对其中一组进行实验控制，另一组作为参照。这是前后测控制组设计的条件。

3. 学校社会工作者小莉，为了解“故事小演讲家”沙龙活动对于小学生阅读能力提升的效果，她选择了三年级（1）班和三年级（2）班参与研究，这两个班的阅读平均成绩分别为73分和72分。三年级（1）班的全体同学均参与“故事小演讲家”沙龙活动，三年级（2）班则不参与。经过一学期的沙龙活动，期末这两个班的阅读平均成绩分别为83分和78分。根据上述描述，小莉所采取的研究方法是（　　）。（2015年真题）

A. 非对等控制组设计　　B. 简单时间序列设计

C. 前后测控制组设计　　D. 单后测控制组设计

参考答案：A

参考解析：前后测与单后测控制组设计都属于标准实验设计。而本案例属于标准实验设计，其并不完全严格设计实验组和对照组，但同样进行一定的前测和后测。非对等控制组设计就是发现一个与实验组表面相似的既存控制组，依托实验研究的技术进行分析。

★ 考点三：观察法

观察法是利用感觉器官和其他手段，有系统地收集研究对象正在发生、发展和变化的现象资料，具体可以分为参与观察和非参与观察。而其划分标准则是观察者的参与角色，即是否参与到被观察者的生活中去。

优点：简便易行，研究者往往不用精心准备和设计就可以开始观察。

缺点：注重收集过程资料而比较费时费力，研究者难以控制具体情境，以及会出现“观察者偏差”等。

★ 考点四：访谈法

访谈法是研究者探访被研究者并通过问答获取有关资料的方法，具体分为非正式会话式访问、引导式访问和标准化开放式访问。除此之外，还有深度访谈与焦点小组等特别访谈形式。

深度访谈：通过双方的反复的面对面交往，从研究对象视角把握其用自己语言表达的生活、经历和状况。通过与被访者的互动，由浅入深，把握研究对象面临问题的状况及后果与发展等。一般用于个案研究过程中。

焦点小组：不仅是访问者和被访问者的互动过程，而且是被访问者之间的互动过程。焦点小组的规模不宜太大（10人左右），事先应告知主题、要求、时间、地点等，主持人采用语言技巧，发挥抛砖引玉、穿针引线等多元功能，激励成员自由发言，积极表达意见，“不批评”是其重要原则。

优点：适用于实地研究与个案研究。适应面广、弹性大，可获得较深入的资料。

缺点：主观作用强、规模小，不便涉及敏感性问题。

【真题再现】

1. 社会工作者小王采用深度访谈的方法，收集社会工作服务机构参与儿童保护服务的资源，小王在深度访谈时应该（　　）。（2020年真题）

A. 通过随机抽样的方法来选择被访者　　B. 实现围绕研究的问题提出研究假设

C. 根据互动情况调整需要了解的问题　　D. 严格按照实现设计的问题进行访谈

参考答案：C

参考解析：深度访问是访问的常用手段。深度访问就是研究者与研究对象间反复的面对面交往，从研究对象视角把握其用自己语言表达的生活、经历和状况。深度访问通过研究者在访问过程中与被访者的互动，由浅入深，把握研究对象面临问题的状况及后果、原因机制、核心原因、可变原因和可控原因，可较深入地搜寻对象的特定经历和动机的主观资料，体现个别化原则。

2. 当采用焦点小组的方法收集资料时，研究者适宜的做法是（　　）。（2016 年真题）

A. 不限制主题，请被访问者自由发言

B. 请被访问者轮流回答问题，无须交流

C. 运用语言技巧，鼓励被访问者之间充分互动

D. 利用群体压力，追问被访问者一些敏感问题

参考答案：C

参考解析：本题考查焦点小组。焦点小组的访问过程不仅是访问者和被访问者的互动过程，而且是被访问者之间的互动过程。焦点小组的规模不宜太大（10 人左右），事先应告知主题、要求、时间、地点等，主持人应采用语言技巧，发挥抛砖引玉、穿针引线等作用，激励成员自由发言，积极表达意见，"不批评"是其重要原则。焦点小组可以发挥团体动力，通过多层次互动启发、补充、修正与主题相关的资料；但由于存在群体压力，对敏感问题采用此法就存在不足。

考点五：个案研究与个案拓展研究

1. 个案研究

个案研究是对单个对象（如家庭、团体、机构、社区等）的某项特定行为或问题进行的整体的和深入的研究。它偏重于探讨当前的事件，强调对事件的真相、原因等方面做深入、周详、历史的考察，了解其详细状况、发展过程及与社会场景的联系，提出处理问题的方法。寻找原因、提出策略、建构理论、协助发展和提升绩效是其目标。

个案研究具有以下四个特点：凸显研究的"对象"维度、技术和资料多元化、研究步骤不甚严格、资料详尽深入。

2. 拓展个案研究

拓展个案法以反思性科学为基础，采用参与观察法，以双方互为主体性为场景假设，从宏观视角和历史情景审视个案，再从个案反剖宏观因素，从而，从"特殊"中抽象"一般"，将"微观"移动到"宏观"，并将"现在"和"过去"连接起来以预测"未来"，实现理论重构。

优点：了解研究对象各方面的状况，进而对其有全面和深入的认识，对理论建构有重要帮助。

缺点：要求资料收集、整理和分析的尽量同步，并注重在过程中动态完善研究思路，因此需要花费许多时间；由于样本很少和对象缺乏代表性，研究发现不能进行推论。

【真题再现】

1. 关于个案研究的说法，正确的是（　　）。（2018 年真题）

A. 个案研究是对单个对象的整体深入研究

B. 个案研究是对一个案件卷宗的全面查阅

C. 个案研究是对社会工作方案的策划设计

D. 个案研究是对个案辅导过程的详细记录

参考答案：A

参考解析：本题考查个案研究。个案研究是对单个对象的某项特定行为或问题进行整体和深入的研究。它偏重于探讨当前的事件，强调对事件的真相、原因等方面做深入、周详、历史的考察，并提出处理方法。

2. 社会工作者老王采用个案研究方法，与服务对象小军一起回忆戒毒的心路历程，并总结成功戒毒的经验。关于上述研究的说法，正确的有（　　）。（2017 年真题）

A. 该研究能呈现小军戒毒过程的独特性

B. 该研究收集的资料必须使用量表测量

C. 该研究过程需要遵循严格的前测后测步骤

D. 该研究过程需要注重小军的主观感受

E. 研究中老王需要回顾反思与小军的关系

参考答案：ADE

参考解析：个案研究具有以下四个特点：（1）凸显研究的“对象”维度；（2）技术和资料多元化；（3）研究步骤不甚严格；（4）资料详尽深入。

考点六：非接触研究

非接触性研究是不直接接触研究对象而把握资料本质的研究技术。工作对象不受研究过程和场景的影响是其根本特征。现存统计资料分析、比较法和内容分析法是其常用技术。

优点：无反应性，无偏差；比较节省，还便于研究无法接触的对象，并适合于纵贯分析。

缺点：有些原始资料的质量难于保证，有些原始资料难以获得，有些资料缺乏标准化，本方法研究发现的品质就受到一定影响。

【真题再现】

社会工作研究中常常会使用一些统计资料。为了保证研究质量，社会工作者必须对这些统计资料进行审核。下列研究工作中，属于统计资料审核的有（　　）。（2020 年真题）

A. 选择统计资料的分析方法　　　　B. 探究统计资料中指标转换的可能

C. 对统计资料进行逻辑检查　　　　　D. 明确统计资料中各项指标的含义

E. 了解统计资料的具体来源

参考答案： CDE

参考解析： 非接触研究需要对于初级及次级资料进行审核，以减少资料的谬误及可能的局限性。审核和校订资料一是了解其来源、目的、方法、整理和分析技术，以对其背景有全面把握。二是了解资料的指标定义、分组、统计范围等信息，从而判断其可比性。三是对可疑资料进行逻辑检查和幅度检查。

考点七： 行动研究

行动研究，就是被研究者不再简单地作为研究对象，而是与问题有关的所有其他人员一起参与研究和行动，他们将研究发现直接应用于行动，对问题情境进行全程干预，进而提高自己改变社会实践的能力。行动研究有“对行动进行研究”“为行动而研究”“在行动中研究”和“由行动者研究”等多重含义。

评价：将研究和行动进行整合，克服了其他研究理论和实践脱节的不足；将分析问题、拟订方案、开展行动和评估回馈视为循环往复的过程，强调研究者与被研究者间的伙伴式工作关系，分享彼此的感受和经验。

【真题再现】

1. 关于社会工作研究方法的说法，正确的有（　　）。(2019 年真题)

A. 实验研究中，研究者必须要采用标准实验设计方法

B. 结构式访问中，研究者事先只需设计初步访问大纲

C. 个案研究中，注重资料收集、整理和分析同步进行

D. 问卷调查中，需将研究概念操作化，并细化为具体指标

E. 行动研究中，强调研究者与被研究者之间的伙伴式工作关系

参考答案： CDE

参考解析： A 选项错误，常用的实验设计有标准实验设计、准实验设计、实地实验等类型。B 选项错误，结构式访问就是按既定访问指引向对象提问，从而获取相关资料。其对象选择、问题、提问方式、顺序、记录等都比较统一，如根据大纲了解政策制定者、原则和程序等信息。C 选项正确，个案研究由于可以采用多种研究方法，难以仅仅参照某种方法的操作步骤进行各项工作，往往资料的收集、整理和分析同步进行。D 选项正确，问卷设计需要概念操作化过程，并细化为具体指标方可以成为各问题。E 选项正确，行动研究的特点就在于研究者与被研究者之间的平等的合作式的伙伴关系。

2. 社会工作专业硕士生小芳计划采用行动研究方法，进行失独老人专业社会工作服务介入研究，并以此作为毕业论文的选题。下列小芳的做法中，属于行动研究的是（　　）。(2016 年真题)

A. 独立设计、实施、评估与完善失独老人专业社会工作服务方案

B. 在为失独老人服务过程中与他们一起不断讨论和改进服务

C. 通过已有的失独老人项目的分析讨论专业社会工作介入服务

D. 跟踪不同机构失独老人专业社会工作服务并总结其服务经验

参考答案：B

参考解析：本题考查行动研究。行动研究就是被研究者不是简单地作为研究对象，而是与问题有关的所有其他人员一起参与研究和行动，并将研究发现直接应用于行动，对问题情境进行全程干预，进而提高自己改变社会的实践能力。行动研究有“对行动进行研究”“为行动而研究”“在行动中研究”和“由行动者研究”等多重含义。

3. 关于社会工作研究具体方法的说法，正确的有（　　）。(2018 年真题)

A. 观察法容易发现研究对象未报告的隐秘资料

B. 问卷调查法有助于发现研究对象的特殊性问题

C. 访谈法有利于及时回应变化，获得深入资料

D. 个案研究可以发挥辅助理论建构的重要功能

E. 实验研究可以有效控制研究条件和外在环境

参考答案：ACDE

参考解析：本题考查社会工作研究的具体方法。问卷调查法收集了较多人士资料，有利于中和个别人士的极端回答，因此难以发现服务对象的特殊问题，B 项错误。实验研究方法可有效控制实验场景和外在环境，排除影响自变量、因变量及实验过程的因素，E 项正确。观察法容易发现对象未报告的隐秘资料，A 项正确。访谈法对变化可及时回应，因此可获得比较深入的资料。个案研究依托分析性的概括，彰显了其辅助理论建构的重要力量，D 项正确。

第五节　社会工作的项目评估

【重要考点概览】

小节	主要考点	历年考查点
第五节　社会工作的项目评估	社会工作项目评估的含义	尚未考查
	社会工作项目评估的要素与类型	尚未考查
	社会工作项目评估的步骤与程序	尚未考查

★ **考点：**社会工作项目评估的含义、要素与步骤

1. 社会工作项目评估的含义

项目评估是利用具体研究方法，对社会服务项目的实施、效果和行政等方面进行测量和评价。项目评估是组织绩效、团队绩效和员工绩效的评价基础，促进服务项目的专业性和科学性是其动机之一。

2. 社会工作项目评估的要素与类型

社会工作的项目评估既然归入社会工作系统，当然可以从主体、对象、目标、伦理和方法等要素进行解构。评估类型主要包括：过程评估与结果评估。

3. 社会工作项目评估的步骤与程序

不同项目的评估过程不尽相同，一般而言，项目评估大致分为准备、实施、总结应用三个阶段。形成问题、研究设计、分析成败原因是项目评估的关键步骤。

【本章小结】

社会工作研究是围绕社会工作实务和理论而进行的，旨在发现与社会工作相关的事实和知识以改进社会工作而开展的研究。实证主义方法论、反实证主义方法论、建构主义方法论和马克思主义方法论是其方法论基础。社会工作研究有定量研究和定性研究两种范式，它们各有收集、整理和分析资料的特殊技术并相互补充，也遵循一定的研究程序。问卷调查、实验研究是社会工作研究中定量研究的主要方法，观察法、访谈法、个案研究则是定性研究的常用技术。与前述方法都不同，非接触性研究可以进行定性研究，也可以进行定量研究，其特性是研究对象不因研究者的参与而有所改变。至于行动研究，由于其与社会工作实务的相契性而成为社会工作研究的特殊方法。

本章并不是考查频率最高的章节，但一定是丢分最多的部分，扎实全面深入的了解及掌握是必须的。

扫描二维码，获取本书勘误内容

扫码听课

图书在版编目(CIP)数据

社会工作者黄金考点. 社会工作综合能力. 中级 / 233 网校社会工作者教研组编. -- 北京 : 社会科学文献出版社, 2021.1

ISBN 978 - 7 - 5201 - 7816 - 7

Ⅰ. ①社… Ⅱ. ①2… Ⅲ. ①社会工作 - 中国 - 水平考试 - 自学参考资料 Ⅳ. ①D632

中国版本图书馆 CIP 数据核字 (2021) 第 015112 号

社会工作者黄金考点

社会工作综合能力 (中级)

编　　者 / 233 网校社会工作者教研组

出 版 人 / 王利民
组稿编辑 / 谢蕊芬
责任编辑 / 胡庆英　孟宁宁

出　　版 / 社会科学文献出版社 · 群学出版分社 (010) 59366453
地址: 北京市北三环中路甲 29 号院华龙大厦　邮编: 100029
网址: www. ssap. com. cn
发　　行 / 市场营销中心 (010) 59367081　59367083
印　　装 / 三河市龙林印务有限公司

规　　格 / 开 本: 787mm × 1092mm　1/16
本册印张: 14. 5　本册字数: 316 千字
版　　次 / 2021 年 1 月第 1 版　2021 年 1 月第 1 次印刷
书　　号 / ISBN 978 - 7 - 5201 - 7816 - 7
定　　价 / 139. 00 元

社会工作者黄金考点

（中级）社会工作实务

233 网校社会工作者教研组 编

核心考点：总结教材考点，强化重点，快速读薄教材

经典考题：配套考题分析，加速考点理解，提升做题能力

前　言

社会工作是在中国共产党领导下，为困难群众提供服务的专业力量。开展社会工作，要坚持党的领导，学习党的路线方针；要关心民生问题，从身边困难群众帮扶做起；要注重专业效能，即所学的专业知识在帮助困难群众疾苦方面，能够发挥什么作用，能够带来哪些改变。学习社会工作，要以人民为中心，关注党和国家的政策，关心困难群众疾苦，关心专业服务成效。

全国社会工作者职业水平考试，是社会工作人才队伍建设的重要环节，是以考促学和人才培养的有力举措。社会工作师考试科目分为《社会工作综合能力（中级）》、《社会工作实务（中级）》和《社会工作法规与政策》。其中，“综合能力”代表知识、技能和方法，“法规与政策”代表为困难群众服务的政策依据和正式资源；“实务”则是运用社会工作所学知识、技能和方法，按照相关政策法规为人民服务。简言之，社工做的事情，就叫实务。以下将就本书与备考事项做一些简要说明。

《社会工作实务（中级）》与其他考试科目不同，考试题型是5道主观题，包括案例分析题和方案设计题两种题型，主要考查考生的分析理解能力、总结归纳能力和文书写作能力。本书在每章真题练习部分对解题方法和步骤进行了细致直观的呈现，包括读题、读问题、列框架、分点答四个步骤，所有的练习均遵循此步骤。题目对应的知识点在教材中都可以找到，考生可以通过学习教材准确掌握答案。但有时实际情况往往是，考生很难对教材的知识点做完整准确的记忆，答题语言习惯也很难和教材完全一致，因此实际上我们可以遵循教材学习，但是答题时不能完全依赖教材，学员的答案首先应该来自对题目信息的分析和理解，而非对书本知识的简单背诵。

对于实际工作而言，做服务就是实务；对于备考而言，读书学习是理论，实际做题就是实践。就像学习驾照、学习游泳一样，练习是必不可少的。每章真题练习所给出的参考答案，都是基于知识理论学习、考生分析理解和答题语言习惯，一步一步总结提炼出来的，这样才具有案例分析和方案设计题目练习的真正价值。而这样的解题过程也更符合考生的实际情况。如果没有这个一步一步分析、总结和提炼的过程，只是从教材上将知识点照搬过来，那么答案可能很标准，但却失去了练习的价值。因为一旦学员在应试时手中没有了教材，又没有掌握分析理解的能力，就不知道如何解题了。所以，希望大家通过真题练习，掌握解题的方法与步骤，也在练习的过程中提升自己分析问题和解决问题的实务能力。

最后，祝各位考生取得满意的成绩，顺利通过考试。本书若有不足之处，恳请读者批评指正。（反馈邮箱 2372653588@ qq. com）

扫描二维码，获取本书勘误内容

扫码听课

目　录

第一章　社会工作实务的通用过程模式

学习导引

本章介绍社会工作的通用理论，也是社会工作分析问题的基本理论，即“人类行为与社会环境”理论。基本观点为，人之所以是这个样子，都是社会环境塑造的结果，要改变人就要改变环境。而什么是社会环境？社会环境是由多个因素组成的，如家庭、学校、社区、工作单位、政策、文化等。由对社会环境的认知进而发展出的多元因素理论，即影响人类行为的因素是多方面的，而不是单一的。这些因素之间的关系不是杂乱无章的，而是有规律、有章可循的。从不同的角度可将其分为：直接影响因素和间接影响因素；短期影响因素、中期影响因素和长期影响因素；微观影响因素、中观影响因素和宏观影响因素。

生态系统理论将影响因素分为微观、中观、宏观三部分。这些关于社会环境的理论也被称为社会工作分析问题的环境视角。环境视角帮助社会工作者从微观、中观、宏观三个层面分析问题。优势视角和能力视角帮助社会工作者解决问题，优势视角是相对于问题视角而言的，更关注服务对象（及其所处环境）的优势、能力和资源；能力视角是相对于直接援助而言的，更关注服务对象潜能、技能和能力的提升。本章通用理论的学习，可以使社会工作者掌握问题分析（案例分析）的分析维度和理论视角。

考点精要

第一节　通用过程模式的理论依据

考点一　通用过程模式的含义

社会工作的实务活动是一个助人的过程。社会工作实务的通用过程模式超越了单个服务对象及其问题，强调一种适用于帮助各种服务对象解决各种问题的、具有共通性的工作过程和方法。对不同人群的服务，都会遵循社会工作通用的价值、理论、方法和流程；同时也要结合不同人群的需要、问题和特征，提供不同的服务内容，发展出个别化的理论方法。“通用社会工作实务过程模式”即是对“社会工作实务的通用过程和方法”的提炼和概括，这也意味着适用于帮助各种服务对象和解决各类问题的社会工作的步骤、过程和方法是“通用的”。

考点二　通用社会工作过程模式强调整合视角的社会工作实务

社会工作的实践经验表明，社会工作的工作方法和工作过程都不是杂乱无章的，而是有章可循的，并且是一个前后相继的连续过程。这个过程在理论方面强调整体关注的视角，在程序方面强调从建立关系和需求评估开始，进而基于需求制定服务计划、实施计划及开展成效评估。

（1）强调全人服务观。个人问题与群体和社区问题高度关联，个人问题的解决依托于群体和社区问题的解决，个人被看作一个社会环境系统中的人，而不能以工作方法分割开来。

（2）强调社会工作实务是结构化的规范性实务活动。通用模式在价值、理论、方法等方面，为社会工作开展服务提供了一个整体框架，指示着助人活动的方向，是一个结构化的适用于全部社会工作领域和对象的通用实务指引。

（3）强调社会工作者的通才能力。社会工作者要具有与不同服务对象实务系统工作的能力，需要在多个领域接受实务训练和专业实践，以便能够有效地处理不同个人、家庭、小组、组织和社区所面临的问题。

★ 考点三　人类行为与社会环境理论

人类行为与社会环境关系的理论，通常也可以简称为“人在情境中”，是社会工作的基本理论。该理论基本观点为人之所以是今天这个样子，都是环境塑造的结果，要改变人就要改变环境。

★ 考点四　系统理论

环境是由多个因素组成的，如家庭、学校、社区、工作单位、政策、文化等，个体遇到的问题要与环境中的各种因素结合起来。系统理论反对将问题单独归因于个体特质或某一外在因素的简单化观点，而是要从整个相互关联的环境系统着眼，分析构成整个系统的各个要素之间存在的复杂联系和相互关系，以及存在于社会场景和外部环境中的其他相互影响的要素，进而寻找问题的根源和解决问题的资源。

★ 考点五　生态系统理论

生态系统理论把人类成长于其中的社会环境看作一个社会性的生态系统。因素之间的关系不是杂乱无章的，而是有规律可循的。可以划分为直接影响因素和间接影响因素；短期影响因素、中期影响因素和长期影响因素；微观影响因素、中观影响因素和宏观影响因素。生态系统理论将影响因素分为微观、中观、宏观三部分。微观系统是指个人层面，包括个人的生理、心理、能力等因素；中观系统通常包括家庭、朋辈、学校、单位、社区等因素；宏观系统包括政策、经济、文化、时代等因素。

★ 考点六　优势视角（或能力视角）

优势视角或称能力视角，是一种关注人的内在力量和优势资源的视角。这意味着应当把人们及其所处环境中的优势和资源作为社会工作助人过程中所关注的焦点，而非关注其问题和病理。优势视角基于这样一种信念，即个人所具备的能力及其内部资源允许他们能够有效地应对生活中的挑战。能力视角更关注人能力的提升，相对于直接物质援助或替代而言，它更关注在参与的过程中服务对象潜能、动机的激发和技能、能力的提升。

第二节　通用过程模式的特点

考点七　通用过程模式的特点

通用过程模式强调助人是一个过程，运用综合的社会工作理论和整合的社会工作实务方法提供服务，无论是个案工作、小组工作、社区工作，社会工作行政还是政策实践，都遵循着一定的程序，且有改变和助人的共通的方法。

（1）助人是一个结构化的实务过程。

社会工作帮助社会系统与个人提升社会功能，解决问题或预防问题的产生，这都需要经过一个结构化的操作实施过程，进而有计划、有步骤地达到改变的目的。

（2）通用过程模式的特点。

运用综合方法，工作过程阶段化，工作任务阶段化，整合社会工作的价值观。

（3）运用通用过程模式应考虑的因素。

助人过程各阶段的先后次序是有弹性的，工作过程是螺旋式的，模式本身只可作为实务过程的参考。

第三节　通用过程模式的四个基本系统对社会工作实务的作用

考点八　通用过程模式的四个基本系统

社会工作服务系统由社会工作者、服务对象、改变的目标和为达到目标而采取的行动四部分组成，称为四个基本系统，即“改变媒介系统”“服务对象系统”“目标系统”“行动系统”。

“改变媒介系统”是指有组织的实施社会服务的具体操作者，除了社会工作者，还包括服务对象有关的具有不同专长的助人者，如学校的老师，医院的医生等；“服务对象系统”是说明为谁服务，可以是个人、家庭、团体、组织或社区等；“目标系统”是为了达到改变服务对象系统的目的所需要改变和影响的系统，如服务对象所工作的单位、所生活的社区、与其问题直接关联的相关部门等；“行动系统”是指那些与社会工作者一起努力、实现改变目标的人，是社会工作者的合作者。

考点九　四个基本系统对社会工作实务的意义

四个基本系统可以帮助社会工作者了解改变服务对象系统所必须完成的一般任务；四个基本系统提醒社会工作者认识到需要改变的不只是服务对象系统；行动系统的规模或组成只有在确立了改变的目标系统之后才能确定；社会工作者与不同服务系统合作开展工作，需要学习掌握不同系统的知识技能；与社工一起工作的其他社会服务组织，在改变过程中常常扮演重要的角色；社会工作者需要根据服务的动态情况，不断诊断行动系统的情况。

真题练习

案例分析题（2014 年，第 1 题，20 分）

某地区经济社会发展相对滞后，领取城市最低生活保障金的家庭较多。最近社会工作者发现“等、靠、要”的思想在该地区开始蔓延，申请享受低保待遇的家庭有所增长，甚至出现有的家庭两代都申请的现象。社会工作者在该地区了解到，有人觉得自己学历低、没技术，找不到工作；有人反映周边虽有一些工作岗位，但不理想；还有人认为，如果外出工作，路远、待遇低，还不如待在家。

问题：

1. 分析该地区申请享受低保待遇家庭数量较多的原因。

2. 从提升服务对象能力的角度，社会工作者可以开展哪些方面的服务？

解析思路：

本案例对申请享受低保待遇家庭增多的原因进行分析，体现了多元因素理论，包括个人的原因，如学历低、没技术、认知不恰当；家庭的原因，如家庭的代际影响；地区文化的原因，如“等、靠、要”的思想在本地区蔓延；经济社会发展的原因，如经济发展滞后，发展机会缺乏。而用生态系统理论分析，可以包括微观、中观、宏观三个层面的因素：微观层面，即个人因素；中观层面，即家庭、社区的因素；宏观层面，即地区文化、经济社会发展的因素。

提升服务对象能力的角度，即能力视角的体现，关注服务对象的潜能、动力、技能等。本案例中即为服务对象的潜能发掘、动力激发、认知转变、技能培养等。

理论为社会工作实务（案例）分析提供了清晰的指引。对于人类行为与社会环境、多元因素理论、生态系统理论、能力视角理论的学习，将有助于本案例的分析。

解题方法：

由于目前只开始了第一章社会工作通用理论的学习，还没有开始学习第二章社会工作通用过程，即社会工作服务流程，而我们需要在学习完社会工作服务后，才能对案例分析和方案设计的流程步骤，有清晰的认知。因此，在第一章的真题练习中，暂时不对解题方法步骤进行说明，学员在本章只要能够理解和掌握运用社会通用理论分析问题的思路即可。本题的解题方法步骤，详见第十章社会救助社会工作的真题练习部分。

参考答案：

答：

1. 该地区申请低保待遇家庭数量较多的原因如下。

（1）地区经济发展滞后的原因。

（2）“等、靠、要”依赖思想和文化的原因。

（3）家庭及代际影响的原因。

（4）个人学历低、没技术、不好找工作的原因。

（5）个人工作岗位认知不恰当的原因。认为岗位不理想，即认知不恰当。

（6）个人工作动力不足的原因。认为路远、待遇低，不如待在家里，主要是动力不足。

2. 从提升服务对象能力的角度，社会工作者可以开展的服务如下。

（1）改善服务对象思想认知：改善岗位不理想的认知，树立正确观念。

（2）提升服务对象的工作动力：转变“等、靠、要”依赖思想，克服路远、待遇低的想法，积极就业改变生活现状。

（3）提升服务对象学历和技术，提高就业能力：提升学历和技能，早日找到工作。

（4）改善地区文化，使服务对象积极参与就业，改善经济状况。

（5）引进社会资源，促进地区经济发展，增加服务对象的就业岗位和机会。

学习心得

本章讲授了社会工作的通用理论，体现了社会工作分析问题的基本思路。

“人类行为与社会环境”理论是社会工作分析问题的基本理论视角，即环境视角，与多元因素理论、生态系统理论一脉相承，强调环境塑造人，要改变人就要改变环境。环境视角帮助社工分析问题，优势视角和能力视角帮助社工解决问题。

多元因素理论启发我们，在分析问题时，不能只看到一个影响因素，要看到多个因素。在实践和考试中，就表现为要把导致问题的影响因素（信息点）分析得全面，不要遗漏哪个因素（信息点）。

生态系统理论启发我们，无论有多少个影响因素，这些因素的关系都不是杂乱无章的，而是有章可循的，它们都可以分为微观因素、中观因素、宏观因素三个层面。这样分析问题的逻辑性就更强，思路也更清晰。

分析问题的框架包括：问题是什么？导致问题的原因是什么？解决问题的优势、能力、资源是什么？如分析某问题时，即可以这样思考：“这是一个什么人的什么问题？导致这个问题的原因是多方面的。从微观层面而言，和他的什么、什么（如认知、技能等）有关，由于什么、什么导致问题的发生；从中观层面而言，和什么、什么（如家庭、朋辈等）有关，由于什么、什么导致问题的发生；从宏观层面而言，和什么、什么（如政策、文化等）有关，由于什么、什么导致问题的发生。基于此，如果要解决问题，从微观层面而言，他本人需要怎样；从中观层面而言，家庭需要怎样，朋辈需要怎样；从宏观层面而言，政策需要怎样，文化需要怎样。”实际工作中，社工也是这样思考问题的。这里需要注意的是，后面提出解决问题即方案设计的目标和内容，需要与前面分析问题的原因（影响因素）一一对应，即前后要有一一对应的逻辑关系。这是社会工作分析问题的基本思路，也是完成案例分析和方案设计题目的基本思路，需要学员在一开始学习实务课程时，就形成这种清晰的认识。

扫码听课

第二章　社会工作实务的通用过程

学习导引

本章介绍社会工作实务的通用流程，即开展社会工作服务的流程步骤。不同的工作有不同的流程步骤，到医院做治疗有医疗工作的流程步骤，申请社会救助有救助工作的流程步骤，获得服务都要遵循基本流程步骤，社会工作实务流程也是同样的道理。社会工作实务通用过程包括接案、预估、计划、介入、评估、结案六个阶段，每个阶段有不同的工作任务。

通俗地讲，接案即服务对象来了，社工需要接待服务对象，了解基本情况，接案阶段需要留意收集资料的方法；预估是对服务对象问题或需求的分析评估；在分析评估完之后，基于分析评估结果，制定服务方案，即制定计划。计划部分的关键内容是服务目标，服务目标通常包括目的和目标，“目的”即总目标，“目标”即分目标或具体目标。介入是将制定的计划开展实施，也是服务内容的实施，即提供服务。提供服务通常从直接和间接两方面进行，针对服务对象本人的服务叫作直接服务，针对本人之外的他方提供的服务叫作间接服务。评估是对服务实施的结果进行评估，包括过程评估和结果评估；结案即服务的结束，需要注意结案时的任务，结束时服务对象的负面反应及处理方法。

本章节学习，需要社工对社会工作服务的流程步骤有清晰的认识，建立社会工作分析问题和解决问题的基本框架。中级实务考试的题型为主观题，通常包括案例分析和方案设计两类。接案、预估阶段主要考查建立关系和分析问题，即对应案例分析；计划、介入、评估、结案主要考查解决问题，即对应方案设计。方案设计要基于清晰的案例分析。

接案、预估、计划、介入、评估、结案

（案例分析）　　　（方案设计）

图 1　通用流程步骤与考查题型

本章学习导引部分先提出社会工作案例分析和方案设计的基本框架，让大家对此有一个整体的初步认识。

需求问题分析

问题　是什么

原因　是什么

资源　是什么

服务方案设计

· 目标：目的 + 目标

·介入：直接+间接

·评估：结果+过程

·结案：任务+注意事项

图2　案例分析与方案设计框架

案例分析，通常情况下是分析三个方面，及服务对象的需求/问题是什么，导致问题的原因是什么，解决问题的资源是什么。分析的时候，要注意把题目所给的信息分析全面，不要遗漏。基于案例分析（即需求问题分析），进行方案设计。方案设计题型考查的内容，通常包括目标、介入（内容）、评估（成效）、结案四部分。“计划”理论上是一个方案，而在题目考查中，实际上计划考查的是“服务目标”，介入考查的是“服务内容”，评估考查的是“评估方法与成效”，结案考查的是“结案任务与注意事项”。题目问到哪部分，就回答哪部分。方案设计原则上要与案例分析一一对应。

具体而言，目标包括目的和目标两部分，目的即总目标，与问题对应，服务对象的问题是什么，方案设计的目的即是解决这个问题；目标即分目标，与原因对应，导致问题的原因有几个方面，即从几个方面设定分目标。介入应该与目标对应，介入是对目标的操作化，即由谁通过什么方式去实现目标，也可以理解为服务方案的实施内容；介入包括直接介入和间接介入，针对服务对象本人开展的工作称为直接介入，针对服务对象之外的其他因素开展的工作称为间接介入。评估通常包括结果评估和过程评估，与目标和介入对应，结果评估主要看目标成效是否实现，过程评估则看介入的服务内容完成情况。结案通常考查结案的任务和注意事项。

需要特别强调的是，上述案例分析和方案设计框架导引中，社工需要看到分析与设计的前后逻辑关系，即“问题—原因—目标—介入”之间的一一对应关系，前面案例分析清晰了，后面方案设计自然水到渠成，希望大家通过后面的知识学习和习题练习，能够对社会工作分析问题、解决问题的逻辑框架逐步加深理解，做到活学活用。

考点精要

第一节　接案

考点一　接案阶段社会工作者的主要任务

“接案”是社会工作实务过程的开始。社会工作者必须了解接案工作的目的和主要任务。

1. 接案工作的目的

（1）澄清社会工作者和服务对象双方的期望和义务，建立共识。

（2）激励服务对象愿意接受服务。

（3）促进和诱导服务对象的改变。

（4）促使服务对象积极参与改变的过程。

（5）为可持续开展服务打下基础。

2. 接案阶段社会工作者的主要任务

（1）了解服务对象的来源。服务对象来源通常包括主动求助的、他人转介的、由社会工作者主动接触或外展发现的。

（2）认定服务对象的类型。服务对象类型通常包括自愿型服务对象、非自愿型服务对象、被强制接受服务的服务对象。

（3）了解服务对象的求助过程。在来寻求社会工作服务之前，服务对象做了哪些努力和尝试，有什么效果或影响。

（4）使“潜在服务对象”成为“现有服务对象”。促进暂时没有使用服务的潜在服务对象愿意、能够接受服务，成为实际的服务对象。

（5）与服务对象初步建立专业关系。双方建立信任的专业关系，激励服务对象愿意做出积极改变。

考点二 接案的步骤及核心技巧

接案需要遵循一定的步骤并使用专业的方法技巧，通常包括准备、面谈、收集资料、记录。

1. 做好面谈的准备并拟定初次面谈提纲

（1）资料准备

①提前了解服务对象的资料。

②了解服务对象之前的服务历程，是否接受过相关服务。

③了解服务对象是否有特殊事项，尤其是创伤经历或危险，是否需要紧急介入和谨慎处理。

④走访社区等。

（2）拟定面谈提纲

①社会工作者自我介绍。

②向服务对象说明面谈目的和内容以及双方角色及责任。

③介绍服务机构的功能和服务及政策，使服务对象充分了解服务，便于做出合适的选择。

④征求服务对象的意见，了解其对机构和社会工作者的期望、是否有紧急事情需要处理等。

2. 面谈

（1）面谈场所的安排。面谈时间、场所等安排需要听取服务对象的意见。

（2）面谈的主要任务。界定服务对象的需要及问题；澄清双方角色期望及责任；鼓励并帮助其进入角色；促进和引导其态度和行为方面积极改变。

（3）面谈的技巧。主要包括主动介绍自己、治疗性沟通和倾听。治疗性沟通是指带有促进服务对象积极改变目标的有计划的沟通交流。

治疗性沟通一般具有四种功能。

①提供支持。

②减轻服务对象因求助及面临境况带来的内心的焦虑。

③协助服务对象树立正确的想法和认识。

④促成服务对象为解决问题采取积极有效的行动。

（4）面谈中回应服务对象的方法

①了解服务对象的想法。

②将自己与服务对象在思想认识方面积极融合，建立共识。

③敏锐觉察服务对象的情绪态度及反应。

④明确向服务对象传达愿意协助的态度。

（5）面谈中的问题和挑战

①留意服务对象对服务的看法并进行适当处理。

②接纳服务对象的情绪。

③时刻保持对服务对象的敏感性。

④探讨共同寻找解决问题的契机。

3. 收集资料

（1）资料收集的范围和内容

包括个人资料（个人基本情况、身体情况、服务对象的特点与能力）及环境资料。

（2）收集资料的主要方法及常用的记录资料的方式

①收集资料的主要方法。包括询问、咨询、查阅档案、家访等。

②记录资料的方式。包括录像、录音和文字记录（管理式和临床式），重点理解临床式记录中的摘要式记录、过程记录、问题取向记录、观察记叙性记录的内容。

4. 初步预估

确认服务对象的问题、服务机构的服务功能及社会工作的处理能力，确定问题处理的先后顺序，做出妥善选择。

5. 建立专业关系

建立专业关系的目的在于促进双方信任，帮助服务对象与环境之间达到更适应的合作关系。专业关系能够使工作过程有组织、有亲切感，从而成为促进服务对象改变的动力。

建立专业关系要注意五个要素，包括与服务对象准确沟通想法和感受、与服务对象沟通相互之间的资料、沟通充满亲切感和关怀、与服务对象角色互补、与服务对象建立信任。

建立专业关系的技巧通常包括同感、诚恳、温暖与尊重、积极主动。

6. 决定工作进程

在接案阶段，一般有如下几种可能。

（1）终结服务。机构缺乏合适的人员，不具备服务能力时，不在机构的服务范围时，明确属于其他特定服务机构的特权范围时，服务对象不愿意接受服务，服务对象与社会工作者之间无法达成服务共识时，可以终止服务。

（2）转介其他服务。如果不适合由本机构服务，可以转介其他机构服务。转介可以是正式转介，也可以是非正式转介。

（3）进入下一个助人阶段。

7. 签订初步的服务协议

（1）与服务对象签订服务协议的内容。主要包括：对服务对象需求和问题的初步界定；机构和社会工作者可以提供哪些服务；双方角色期望及工作实践约定。服务协议包括书面协议和口头协议两种。

（2）与服务对象以外的其他相关方建立关系并订立服务协议。专业服务要取得成效，除了关注服务对象本人，还需要关注影响服务对象问题的其他重要相关方及共同行动者，形成服务约定或共识。

考点三 影响接案成功的因素

接案是将潜在服务对象变为现实服务对象的关键环节，但由于双方对问题的认识、目标的订立等方面的差异，有可能影响接案成功与否。

1. 不能建立关系的原因

（1）社会工作者和服务对象的期望不一致。

（2）社会工作者的能力不足以提供帮助。

（3）临时事件和外部障碍。

（4）服务对象不愿接受帮助。

（5）社会文化因素难以形成服务共识。

（6）不同专业间的配合出现问题。

2. 避免过早终止关系的策略

（1）增进彼此关系。

（2）订立明确的接案工作指引。

（3）订立初步协议。

（4）回应服务对象的迫切需要。

（5）运用系统网络资源。

（6）不断给予鼓励。

考点四 接案应注意的事项

（1）决定是否需要紧急介入。如果服务对象有正在面临的危险情况，则需要紧急介入。

（2）权衡是否有能力处理问题。社会工作者要衡量自己及机构是否有能力处理问题。

（3）决定解决问题的先后次序。优先解决紧急的及更有基础、更有动力，更容易形成共识的问题，

（4）保证服务对象要求的服务符合机构的工作范围。原则上社会工作者提供服务与其所在机构服务功能和服务范围相吻合。

第二节　预估

考点五　预估的目的、任务、特点及原则

预估是收集与服务对象有关的详细资料、了解服务对象问题形成的过程，是依据既定情境中的事实与特点推论出有关服务对象问题含义的暂时性结论的逻辑过程。换句话说，预估就是收集资料和认定问题的过程，是把所有有关服务对象的资料组织起来并使其具有意义的专业实践活动。

1. 预估的目的

（1）识别服务对象问题的客观因素。

（2）识别服务对象问题的主观因素。

（3）识别服务对象问题的成因及使问题延续的因素。

（4）识别服务对象及环境中的积极因素。

（5）决定提供服务的方式和内容。

2. 预估的任务

（1）了解服务对象存在的问题。

（2）了解服务对象个人的生活经历及行为特征。

（3）了解服务对象与环境的互动状况，及其对自身问题的认识和改变的动力与能力。

（4）了解服务对象所处的环境系统的状况。

3. 预估的特点

（1）持续性。

（2）社会工作者和服务对象共同参与。

（3）行动取向。

（4）有可识别的步骤。

（5）广泛深入。

（6）运用知识。

（7）渗透了专业判断。

（8）有局限性。

4. 预估的原则

主要包括个别化、合作、避免片面、避免简单归因、兼顾服务对象的弱点与长处以及不断循环往复的原则。

考点六　预估的基本步骤

1. 收集资料

（1）个人资料的收集。主要包括：个人基本资料；个人的主观经验；解决问题的动机；生理、情感和智力方面的功能发挥。

（2）环境资料的收集。包括家庭状况和社会环境，具体指家庭、亲属、邻居、学

校、工作单位以及其他资源系统。

（3）收集资料的方法

①询问，主要有三种方式：会谈、角色扮演、问卷。

②咨询。社会工作者向其他专业人士咨询意见，以求对服务对象的问题有全面、正确、科学的认识。

③观察，包括参与式观察和非参与式观察。在参与式观察中，社会工作者参与服务对象生活活动的开展，在观察过程中可以进行交流和干预；非参与式观察只作观察，避免对服务对象的生活活动进行影响和干预。

④家访，到家庭入户访问或电话访问。

⑤利用已有资料，如服务对象的服务档案等。

2. 分析和解释服务对象的资料与问题

（1）排列次序。按时间顺序和重要性对资料进行排序，尽量呈现服务对象问题发展的脉络或前后因果关联。

（2）发现问题。基于系统的资料分析，对服务对象的需求和问题有比较完整的认识和了解。

（3）识别原因。识别服务对象需求或问题的影响因素，找出问题的关键原因。

（4）对服务对象的问题与需求做出解释。在清晰认识解释的基础上，寻找方法和改变。

3. 认定问题

（1）描述服务对象的问题与需求：问题是什么，问题的范围、原因、严重程度及持续的时间。

（2）描述问题是如何发生的及发生的原因。

（3）描述服务对象的处境及其社会系统的情况。

（4）探究服务对象问题得不到解决的原因。首先，服务对象对问题的看法很可能就是影响他们解决问题的原因；其次，对问题的处理方法也会影响问题的解决；最后，政府对资源系统的政策协调也是影响问题解决的重要因素。

（5）描述服务对象系统的发展阶段。

（6）描述并鉴定服务对象系统的资源状况。包括预估服务对象参与解决问题的动机强度、学习的能力、资源和时间等情况。

4. 撰写预估报告

（1）撰写预估报告应注意的事项：①确定报告的目的和读者，报告给谁看，要达到什么目的；②确定报告应使用的资料；③将资料组织成有意义的不同部分；④将事实与判断分开；⑤语言简洁精练。

（2）预估报告的结构。第一部分：资料和事实。这部分主要是对问题的呈现，包括问题发生的时间及涉及的人和系统，以及服务对象和问题的背景（家庭背景、教育背景和学业/就业历史）等。第二部分：专业判断。这部分要阐述的内容包括：对资料的理解；对服务对象问题的评估；对形成问题原因的分析，对问题原因的理解和解释；判断改变的可能性和益处。

考点七　预估的主要方法

1. 社会历史报告方法及其运用

社会历史报告是通过对服务对象社会生活历史的梳理，将各种信息进行整理分析后的综合报告。包含如下资料：

（1）服务对象系统的资料。

（2）服务对象关心的事项、需求、与需求相关的问题，以及这些事项的发展过程。

（3）服务对象现在的能力和限制等。

2. 家庭结构图预估方法及运用

家庭结构图也称家庭树或家庭图谱，是以图形表示家庭中三代人之间关系的方法。家庭结构图的内容与功能如下：

（1）表达家庭的历史。

（2）提供有关家庭婚姻、死亡、家庭成员所处的地位和位置、家庭结构等与服务对象有关的摘要式信息。

（3）包含家庭几代的关系资料，提供服务对象的家庭关系、资源、问题与家庭间关系等资料。

3. 社会生态系统图方法

社会生态系统图也简称为生态系统图，是根据生态系统理论发展出来的。

生态系统图的绘制方法与家庭结构图类似，都是先要掌握相关的符号所代表的意义，不同的是，生态系统图多了一些代表不同系统的圆圈：家庭、学校、社区、单位等。

4. 社会网络分析

（1）社会网络的种类。社会网络分析可以评估和测量服务对象社会支持网络的种类和规模，并从服务对象主观经验的角度将其获得的支持的性质和数量呈现出来。社会网络在社会工作实务范畴里泛指社会支持系统。社会支持是指个人与社会环境的正面互动，而社会网络是由正式和非正式支持系统组成的。正式的社会系统包括社会工作者、医生、律师和其他专业的助人者，而非正式的系统包括家庭、朋友、同事、邻居等。

（2）社会网络评估工具。①社会网络评估表。具有支持性的社会网络包括家庭和家庭成员及其亲属、朋友、邻里，以及正式的社会组织。②社会网络格。社会网络格可以提供直观的信息和以下方面的绝对数字和所占比例：网络的总规模、经辨识的网络中的全部人数、网络的种类以及社会网络的总人数和各种社会支持在总体社会网络支持中所占的比例。

（3）社会网络图。具有支持性的网络包括家庭和家庭成员，扩大的家庭及其亲属、朋友、邻里以及正式的社会组织。社会网络图的绘制方法是：由服务对象找出他们支持网络的成员，然后将支持成员和支持内容按其所回应的具体问题界限分类，描述他们如何看待所获得的这些支持。

第三节 计划

★ 考点八 服务计划的构成

一份完整的服务计划由六个部分构成。

（1）目的与目标。要注意，目标要通俗易懂，积极正向，注重服务对象成长；目标要可测量；要有可操作性和现实性；服务目标的制定也要有时限性；符合机构目标和社会工作的专业伦理。

（2）关注的问题与对象。包括：个人、家庭、小组/群体、组织和社区。

（3）多层次介入策略。

（4）计划一起协同工作的合作者。主要是要理解不同系统之间的协作。

（5）社会工作者与服务对象各自的角色。

（6）计划具体的行动、工作程序及工作时间表。

★ 考点九 制订服务计划的原则

（1）有服务对象的参与。

（2）尊重服务对象的意愿。

（3）尽可能详细和具体。

（4）与工作的总目的、宗旨相符合。

（5）能够总结与度量，为评估打好基础。

★ 考点十 制订服务计划的方法

一项服务计划的制订要在社会工作者和服务对象的共同参与下完成，包括目的和目标的设定、构建行动计划以及签订服务协议。

1. 设定目的和目标

制订服务计划的第一步是在认定问题的基础上与服务对象共同设定工作的目的和目标。

（1）确定社会工作介入的目的。

（2）设定工作目标。具体程序包括：确定服务对象的需求和问题；向服务对象解释设定目标的目的；共同选择适当的目标；与服务对象讨论目标的可行性和可能的利弊；确定目标并决定目标的先后次序。

2. 构建行动计划

构建行动计划的过程实际上就是选择介入方法和介入系统的过程，是发展有效行动方案、明确任务和责任的过程，也是决策行动的过程。

（1）选择介入系统。社会工作的介入系统可以分为直接介入系统和间接介入系统两类，社会工作者要根据服务对象的需求决定介入的系统。

（2）选择行动内容。包括五种介入行动：危机介入、资源整合、经济援助、安置服务、专业咨询的具体内容和形式。

3. 签订服务协议

签订协议的目的是明确双方职责，确保计划的执行和实现。因此，协议内容要明确、实用，需要服务对象同意，还要有一定的弹性。具体来说，服务协议的内容包括：计划的目的与目标；双方各自的角色与任务；为达到目的与目标所采取的步骤、方法与技巧；期望达到的结果以及进行总结、测量和评估的方法。

考点十一　服务协议的形式

社会工作的服务协议可以是书面协议，也可以是口头协议。书面协议要列明各项工作的目标及双方的义务和责任，这样的协议对于改变过程是有积极帮助的。所以，一般来说最好是能够签订书面协议，使其起到督促双方的作用。

考点十二　服务协议的签订过程及技巧

1. 签订服务协议的过程

（1）会谈协议。

（2）界定服务对象的问题。

（3）协议介入目的和目标。

（4）协议介入策略和行动。

2. 签订服务协议的技巧

（1）认定服务对象对问题的看法。

（2）与服务对象分享对问题的看法。

（3）描述为之工作的问题。

（4）确定目的和目标并说明行动的具体策略。

（5）总结和强调协议的主要内容。

第四节　介入

考点十三　介入的含义和特点

“介入”也称社会工作的实施、干预、行动、执行和改变，是社会工作助人过程中的一个重要阶段。介入阶段是社会工作者和服务对象采取行动，按照服务协议落实社会工作计划和目标，帮助服务对象改变，解决预估中确认的问题，从而实现助人计划的重要环节。介入具有以下特点。

（1）介入是有计划、有目的的行动。

（2）“干预”是介入的核心。

（3）物质帮助和精神支持并重。

（4）介入有短期效果和长期效果。

考点十四 介入的分类

1. 直接介入

直接介入是针对服务对象自身或本人的介入，是指以个人、家庭和群体为关注对象，针对他们所采取的行动，重点在于改变服务对象家庭或群体内的人际交往，或改变个人、家庭和小群体与其环境中的个人和社会系统的关系与互动方式。

2. 间接介入

间接介入是针对服务对象自身之外环境系统的介入，指以服务对象之外更大的社会系统为关注对象，由社会工作者代表服务对象采取行动，通过介入服务对象以外的其他系统以间接帮助他们的行动。间接系统的介入通常也称为改变环境的工作，或中观和宏观社会工作实务。

3. 直接和间接综合介入

即针对服务对象自身的同时针对周围环境系统的综合介入。在开展服务过程中，既有针对服务对象所采取的改变行动，也有针对服务对象周围系统所开展的服务。

考点十五 选择介入行动的原则

（1）以人为本、服务对象自决。

（2）个别化。

（3）考虑服务对象的发展阶段和他们的特点。

（4）与服务对象相互依赖。

（5）瞄准服务目标。

（6）考虑经济效益。

考点十六 直接介入的行动及策略

1. 促使服务对象运用现有资源

（1）促使服务对象运用现有资源的策略。每个人身边都充满资源，由于不懂或者不了解可以使用的资源，使服务对象存在一些难以解决的问题，需要社会工作者从两方面采取介入策略：一是帮助服务对象运用自己的内在资源，以达到改变的目标。二是帮助服务对象运用现有的外部资源，旨在将服务对象系统与资源系统连接起来以增强服务对象的社会功能。

（2）社会工作者需具备的能力。要帮助服务对象掌握并运用现有的外部资源，社会工作者应具有的能力：了解现有资源、进行转介、资源倡导、增能。

2. 进行危机介入

危机介入是一种特殊的介入，目的在于缓解服务对象的紧张情绪，恢复其功能，使他们走出危机。帮助服务对象采取处理危机的行动，目的在于帮助他们解决危机并恢复其社会功能。危机介入的技巧包括如下几点。

（1）将焦点放在帮助服务对象恢复和发挥功能上，而不是解决整个问题。

（2）帮助服务对象宣泄由危机带来的紧张情绪，给予其支持，以防精神崩溃。

（3）介入目标要现实，要瞄准服务对象当前的需要。

（4）担任教导角色，当服务对象功能逐步恢复时就可以结束介入行动。

3. 运用活动作为介入的策略

运用活动作为介入策略时，要考虑介入目标是否与活动相符；活动是否符合服务对象的能力和特殊需要；资源和设备是否与活动相配合。

4. 调解行动

调解行动是指社会工作者帮助服务对象与环境中的系统一起找到利益共同点，从而带来改变的介入策略。调解的重点是通过服务对象与环境系统的互动，消除冲突，满足共同需要。进行调解介入时，社会工作者要做到：一是帮助服务对象与环境系统进行接触；二是协助环境系统回应服务对象的需要；三是协助双方界定共同目标。

5. 运用影响力

为有效帮助服务对象，社会工作者要有意识地运用诱导、劝导，利用关系、环境等各种能够影响服务对象改变的力量。

考点十七　间接介入的行动及策略

1. 运用和发掘社区人力资源

社会工作者代表服务对象争取社区资源时，常用的方法是让社区内“有影响力”的人物参与。

2. 协调各种服务资源与系统以达到服务的目标

在一个地区内能够为服务对象提供服务的常常不止一个机构或者组织，但它们都各有自己的助人计划。因此，社会工作者要掌握下列原则。

（1）团结不同专业的服务人员以实现共同目标。

（2）了解各方的不同观点，协助实现共同目标。

（3）识别各专业的长处和差别，划分职责。

（4）与各方沟通情况，为有效协调打下基础。

（5）协调前广泛收集资料，提高协调效率，减少协调成本。

3. 制订计划，创新资源

当发现社会有新的需要但缺乏有效服务资源时，社会工作者就要筹划发展新资源。发展创新服务和资源时要留意：（1）控制规模，使之在可以管理的范围内；（2）争取机构和社区的支持；（3）设立必要的组织承担工作；（4）社会工作者的角色依计划的性质而定。

4. 改变环境

改变环境的工作也称环境介入、环境改变术，其目的在于改变服务对象周围的环境，以促成服务对象的改变，从而达到服务的目标。

（1）环境介入和改变的人手点：空间和时间；关系。

（2）促进社会环境变迁的方法：自然助人者介入、网络促进、建立互助小组、技术训练。

5. 改变组织与机构的政策、工作程序和工作方式

当组织或机构不能满足服务对象需要、阻碍服务对象社会功能发挥时，就要尝试去改变组织的结构与功能来满足服务对象系统的需要。

第五节 评估

考点十八 评估的含义与目的

社会工作评估是指运用科学的研究方法和技术，系统地评价社会工作的介入效果，总结整个介入过程，考察社会工作的介入是否有效、是否达到了预期目的和目标的过程。评估的主要目的有以下四点。

（1）考查社会工作介入效果、服务对象进步情况及介入目标的实现程度。

（2）总结工作经验、改善工作技巧、提升服务水平。

（3）验证社会工作方法的有效性。

（4）进行社会工作研究。

考点十九 评估的作用

（1）监督介入工作进度。

（2）发展本土社会工作知识和方法，促进专业成长。

（3）巩固改变成果。

（4）社会问责。

考点二十 评估的类型

社会工作评估有不同的策略，因评估目的不同也有不同类型，比较常用的有两种类型：（1）过程评估；（2）结果评估。

考点二十一 评估的方法与技巧

进行评估的方法大体分为两类，即质性方法和量化方法。社会工作评估的目的在于找出问题、总结经验，所以，选择评估方法的原则应简单、可行和实用。

1. 基线测量方法与技巧

基线测量方法是在介入开始时对服务对象的状况进行测量，建立一个基线作为对介入行动效果进行衡量的标准基线，以评估介入前后的变化，并以此判断介入目标达到的程度。如服务对象睡眠时间测量时，以干预之前的作息时间和睡眠时间为基线，过段时间监测看干预后的作息时间调整情况及睡眠时间的变化情况，作为评价干预效果的依据。基线测量方法可以应用于对个人、家庭、小组或者社区的工作介入评估，通过对服务对象介入前、介入中和介入后的观察和研究，比较服务提供前后发生的变化。具体程序包括：建立基线、进行介入期测量、分析和比较。

2. 任务完成情况的测量方法与技巧

通常运用5个等级尺度来测量任务的完成情况：没有进展（0分）；极少实现

（1 分）；部分实现（2 分）；大体上实现（3 分）；全部实现（4 分）。将每项任务的最后得分加到一起，然后除以可能获得的最高分数，就能确定完成或者介入行动成功的百分比。

3. 目标实现程度的测量方法与技巧

（1）目标核对表。

（2）个人目标尺度测量。

4. 介入影响的测量方法与技巧

（1）服务对象满意度测量。由服务对象用口头或书面形式，包括填写问卷来表达对介入效果的看法。

（2）差别影响评分。这是一种更具结构性的评估方法。首先由服务对象对介入影响进行自我陈述，报告自己有哪些变化。其次区分哪些是介入本身带来的变化，哪些是其他因素带来的变化。与满意度测量一样，社会工作者也要注意这种方法有可能带有服务对象的主观色彩。

第六节　结案

考点二十二　结案的类型

结案是社会工作者和服务对象根据双方工作协议逐步结束工作关系而采取的行动。

结案的类型包括：（1）目标实现的结案；（2）因服务对象不愿继续接受服务而必须终止关系的结案；（3）存在不能实现目标的客观和实际原因的结案；（4）社会工作者和服务对象身份发生变化时的结案。

考点二十三　结案阶段的主要任务

结案阶段的工作主要集中在对整个助人过程的回顾和总结方面，主要任务包括总结五个方面，即工作、巩固已有改变、解除工作关系、做好结案记录、跟进服务。其中，巩固已有改变可以采取回顾工作过程、强化服务对象已有的改变、表达积极支持的态度等策略来进行。另外，在跟进服务方面，跟进服务的方法有电话跟进、个别会面、集体会面及跟进服务对象的社会支持网络等。

考点二十四　结案时服务对象的反应及处理方法

结案是一个转折性事件，意味着服务对象接受社会工作者协助工作的结束和另一种新生活经验的开始。服务对象在这个阶段可能会出现两极情感反应：一方面对即将结案而与社会工作者的分离产生失落、难过等负面情绪；另一方面也充满兴奋、成就感和对未来的希望等正面情绪。

常见负面反应有否认、倒退、依赖、抱怨、愤怒、讨价还价、忧郁等。

结案负面反应的处理方法：

（1）与服务对象一起讨论他们对结案的准备情况。

（2）提前让服务对象知道结案时间，使其早些做好心理准备。

（3）逐渐减少与服务对象的接触，提醒服务对象要学会自立。

（4）估计可能破坏改变成果的因素，预防问题的产生。

（5）必要时安排正式的结案活动，让服务对象分享各自的收获，以建设性的方式表达感受，相互鼓励，面向未来。

真题练习

案例分析题（2014 年，第 2 题，20 分）

社会工作者在一次走访中发现王老先生独自在家。对于社会工作者的到来，他很高兴。交谈中社会工作者了解到，王老先生现与儿子一家同住，儿子和儿媳外出工作时，家里只留下他一个人。社会工作者观察发现，王老先生的房间杂乱无章，身上衣服泛黄并发出异味，已经多日没有换洗。老人抱怨，退休工资都交给儿媳，身上没有任何零花钱。同时，社会工作者还注意到王老先生手臂有多处淤青，问其原因，王老先生沉默不答，表情紧张。社会工作者向社区居委会进一步了解情况，得知王老先生今年 80 岁，以前是老伴照顾他的饮食起居，老伴去世后主要由儿媳照顾，儿媳觉得老人不做家务，不讲卫生，一起生活碍事，常常为此打骂老人，有时还不让老人吃饱，儿子去外地出差时，儿媳还经常将老人反锁家中。

问题：

1. 社会工作者在本案例中运用了哪几种收集资料的方法？

2. 列举案例中老人受到虐待和疏于照顾问题的类型及行为表现。

解析思路：

本题是老年社会工作领域的题目。解题的基本思路是：先读题，读出关键信息点；再读问题，读清楚问什么；然后列答题框架，即问什么，答什么；最后分析和答题，考虑分点作答。从文书习惯方面看，分点作答的关键信息点更加鲜明；从语言组织方面看，分点作答语言更容易组织，比一个整段的描述说明更加容易写作。

解题方法：

第一步　读题，读出关键信息点

第二步　读问题，弄清楚问什么

问题：

1. 社会工作者在本案例中运用了哪几种收集资料的方法？

2. 列举案例中老人受到虐待和疏于照顾问题的类型及行为表现。

第一问，问“收集资料的方法”；第二问，问“老人受到虐待和疏于照顾问题的类型及行为表现”，第二问需要答“类型”和“行为表现”两大点，“行为表现”和“类型”应该是对应关系。

了解清楚后，即考虑答题导引部分的规范用语如下。

答：

1. 案例中社会工作者运用的收集资料的方法有：

2. 案例中老人受到虐待和疏于照顾问题的类型及行为表现如下。

第三步　列答题框架，问什么，答什么，分点答，具体框架如下。

初步框架：

1. 案例中社会工作者运用的收集资料的方法有：

(1)

(2)

(3)

(4)

(5)

2. 案例中老人受到虐待和疏于照顾问题的类型及行为表现如下。

(1)

(2)

(3)

(4)

(5)

完整框架：

答：

1. 案例中社会工作者运用收集资料的方法有如下几个方面。

(1)……：　通过……收集……

(2)……：　通过……收集……

(3)……：　通过……收集……

(4)……：　通过……收集……

(5)……：　通过……收集……

2. 案例中老人受到虐待和疏于照顾问题的类型及行为表现如下。

(1)……虐待，行为表现为……

(2)……虐待，行为表现为……

(3)……虐待，行为表现为……

(4)……虐待，行为表现为……

(5)……虐待，行为表现为……

第四步　分析答题，关键词+描述

第一问，收集资料方法，注意答题可能的信息来源，找到信息的关键词，不要遗漏信息点，把可能的收集资料方法都分析全面。

社会工作者在一次(1)走访中发现王老先生独自在家。对于社会工作者的到来，他很高兴。(2)交谈中社会工作者了解到，王老先生现与儿子一家同住，儿子和儿媳外出工作时，家里只留下他一个人。社会工作者(3)观察发现Q，王老先生的房间杂乱无章，身上衣服泛黄并发出异味，已经多日没有换洗。老人抱怨，退休工资都交给儿媳，身上没有任何零花钱。同时，社会工作者还注意到王老先生手臂有多处淤青，(4) 问其原因，王老先生沉默不答，表情紧张。社会工作者向社区居委会 (5) 进一步了解情况，得知王老先生今年 80 岁，以前是老伴照顾他的饮食起居，老伴去世后主要由儿媳照顾，儿媳觉得老人不做家务，不讲卫生，一起生活碍事，常常为此打骂老人，有时还不让老人吃饱，儿子去外地出差时，儿媳还经常将老人反锁家中。

基于分析出的五点收集资料方法的相关信息，试着总结关键词，参考答案如下。

1. 案例中社会工作者运用的收集资料的方法有如下几种。

（1）**走访**：通过走访了解到王老先生独自在家。

（2）**交谈**：通过交谈了解到王老先生与儿子同住，儿子和儿媳外出工作时，家里只留下他一个人。

（3）**观察**：通过观察发现老人家里房间杂乱无章，衣服泛黄，多日没有换洗。

（4）**询问**：通过询问了解到老人的经济、家庭关系等情况。

（5）**向社区了解情况**：通过向社区了解情况，得知王老先生更全面的情况。

第二问，案例中老人受到虐待和疏于照顾问题的类型及行为表现，整体题目所给的信息，基本都是行为表现，需要从行为表现中，总结提炼与行为表现对应的虐待和疏于照顾问题的类型，把可能的类型都分析全面。

社会工作者在一次走访中发现王老先生 **(1) 独自在家**。对于社会工作者的到来，他很高兴。交谈中社会工作者了解到，王老先生现与儿子一家同住，儿子和儿媳外出工作时，家里**只留下他一个人**。社会工作者观察发现，王老先生的 **(2) 房间杂乱无章，身上衣服泛黄并发出异味，已经多日没有换洗**。老人抱怨，**(3) 退休工资都交给儿媳，身上没有任何零花钱**。同时，社会工作者还注意到王老先生 **(4) 手臂有多处淤青**，问其原因，王老先生沉默不答，表情紧张。社会工作者向社区居委会进一步了解情况，得知王老先生今年 80 岁，以前是老伴照顾他的饮食起居，老伴去世后主要由儿媳**照顾**，儿媳觉得老人不做家务，不讲卫生，一起生活碍事，常常为此**打骂老人**，有时还**不让老人吃饱**，儿子去外地出差时，儿媳还经常**将老人反锁家中**。

基于这些行为表现，可初步提炼出行为表现的内容如下。

2. 案例中老人受到虐待和疏于照顾问题的类型及行为表现如下。

（1）……虐待，行为表现为**留老人独自在家，将老人反锁在家，老人焦虑紧张**。

（2）……虐待，行为表现为**房间杂乱无章，身上衣服泛黄并发出异味，已经多日没有换洗**。

（3）……虐待，行为表现为**退休工资都交给儿媳，身上没有任何零花钱**。

（4）……虐待，行为表现为**打骂老人，老人手臂有多处淤青**。

（5）……虐待，行为表现为**嫌弃老人，不让老人吃饱，不照顾饮食起居**。

在此基础上，提炼虐待与疏于照顾问题的类型（表现与类型应该是基本对应关系），参考答案如下：

2. 案例中老人受到虐待和疏于照顾问题的类型及行为表现如下。

（1）**心理精神**虐待，行为表现为**留老人独自在家，将老人反锁在家，老人焦虑紧张**。

（2）**疏于照顾**虐待，行为表现为**房间杂乱无章，身上衣服泛黄并发出异味，已经多日没有换洗**。

（3）**经济**虐待，行为表现为**退休工资都交给儿媳，身上没有任何零花钱**。

（4）**身体**虐待，行为表现为**打骂老人，老人手臂有多处淤青**。

（5）**生活**虐待，行为表现为**嫌弃老人，不让老人吃饱，不照顾饮食起居（也类似疏于照顾）**。

（6）**自我忽视，**行为表现为**老人不做家务，不讲卫生**。

学习心得

本章讲授了社会工作的通用过程，掌握了案例分析与方案设计的框架是本章的关键。

同时，本章开始就解题方法初步进行学习探索，通过举例，对解题步骤进行直观呈现。题目对应的知识点在教材中都可以找到，可以通过学习教材，准确掌握答案。虽然我们可以遵循教材学习，却不能完全依赖教材，因为考生的答题习惯语言，很难和教材完全一致。案例分析与方案设计的题目，会考查考生的分析理解、总结归纳和文书写作能力。因此，所给的参考答案与知识点基本对应，但不完全相同，即答案是基于教材知识，但同时基于考生的语言习惯和自主分析，而非对着书本配上的答案。这样案例分析和方案设计的解题过程才更符合考生考试的实际情况。

本章习题对应教材知识点如下。

收集资料的方法（第二章　社会工作实务的通用过程）

（1）询问：向本人询问，会谈、角色扮演、问卷等。

（2）咨询：向其他专业人士询问，如律师、医生等。

（3）观察：实地观察。

（4）家访：到家里去。

（5）利用已有资料：机构转介资料、工作报告等。

虐待和疏于照顾问题（第五章　老年社会工作）

（1）虐待老人是恶意对待老人，在身体、情感或心理、性方面或经济方面对老人构成非人道对待或剥削。

（2）疏于照顾老人包括主动以及被动地让老人得不到所需要的照顾，导致老人身体、情绪或心理方面的健康衰退。

（3）虐待与疏于照顾问题的类型：身体虐待、性虐待、情感或心理上的虐待、经济虐待、他人疏于照顾、自我忽视。

扫码听课

第三章　儿童社会工作

学习导引

本书第一章讲授了社会工作实务的通用理论，第二章讲授了社会工作实务的通用过程。自本章开始到第十五章涉及的均是社会工作实务的具体领域，按照社会工作的服务对象或服务场域划分，包括儿童、青少年、老年人、妇女、残疾人、矫正对象、优抚安置对象、社会救助对象等服务群体，及家庭、学校、社区、医务、企业等服务场域。每章讲授内容通常为三个部分，即概述、内容、方法。概述部分学习的重点是服务人群的特点、需求、问题及实务原则；内容部分学习的重点是该服务领域的服务内容，尤其是针对特殊需求与问题的服务内容；方法部分学习的重点是针对该服务领域的理论和方法。这些学习重点，在未来每章的学习导引部分，会进行具体说明。希望学员能够掌握学习规律，把握学习重点，结合前两章所学的通用理论和通用过程，在案例分析与方案设计时，能够做到活学活用。

本章学习中，需要重点掌握的知识内容是儿童的需求、儿童面临的问题、儿童社会工作的要素、儿童社会工作类型、儿童社会工作实务原则、救助和保护儿童、个案管理服务的方法。需要特别关注对儿童的保护和救助。中级实务的考查方式是案例分析与方案设计，重点考查分析与设计的能力，而非具体的知识点，即以教材知识为基础，根据题目所给的信息进行分析总结。学员（考生）的考试答案首先应该来自于对题目信息的分析，而非对书本教材知识的背诵记忆，需要正确处理做题与教材知识学习的关系。教材知识的阅读学习，可以使案例分析与方案设计思路更开阔，作答书写时用词用语更规范，但不能替代分析理解本身。解题作答过程中，应该依托教材知识，但决不能单纯依赖对教材知识的背诵记忆。从备考的意义上来讲，在教材知识学习中，可以结合自身实务工作经验和生活经历，理解书本知识，对于该知识点的规范性用语尤其是关键词（小标题）有所理解留下印象，对于专业名词了解意思。

从本章开始，在这些知识内容学习方面，需要明确理顺以上思路，以后各个章节也是如此，在此一并说明，之后各章节不再赘述。学员在做真题练习的过程中即能逐渐感受到，要进行案例分析和方案设计，解题时教材知识学习的作用是什么，是否进行知识学习的区别是什么，进而逐渐准确把握教材知识重点学习什么，真题练习重点练习什么。

考点精要

第一节　儿童社会工作概述

考点一　儿童的需要

儿童成长中主要有如下需要。

（1）生存的需要：生存的需要包括生命存在的需要和社会存在的需要两个方面。

（2）发展的需要：获得良好的家庭生活；拥有受教育的机会；获得足够的休闲和娱乐。

（3）受保护的需要：儿童受保护的需要也被称为儿童的免遭伤害需要。包括：免遭身体虐待、情感虐待、性虐待、儿童忽视（对日常生活照料与医疗照顾的忽视、对儿童发展需要的教育需要的忽视、对儿童社会化发展的忽视）、儿童剥削（童工形式的劳动剥削、让儿童从事商业性活动的剥削）。

（4）社会化需要：社会化是指儿童通过学习等途径使自己适应社会生活。包括：学习基本生活技能；自我观念发展，分清自我与非我的关系；形成良好的生活习惯；培养良好品德，适应社会规范，培养社会角色。

★ 考点二 儿童面临的问题

儿童成长中主要面临如下问题。

（1）儿童生存的问题。包括新生儿健康问题、儿童营养问题。

（2）儿童发展的问题。包括儿童贫困问题和儿童辍学问题。

（3）儿童保护的问题。包括儿童被遗弃的问题、儿童遭受体罚和肢体虐待的问题、儿童被性侵的问题、儿童被忽视的问题、儿童被拐卖的问题、儿童家庭监护的问题（包括监护不足、监护不当、监护缺失三种类型）。

★ 考点三 儿童社会工作定义的要素

儿童社会工作是现代儿童社会福利制度的重要组成部分，应该包含如下要素。

（1）儿童福利制度要素：以儿童福利制度为框架，完善福利制度。

（2）儿童权利要素：以儿童利益最大化为目标。

（3）儿童法规政策要素：了解国家儿童福利和保护的法规政策。

（4）儿童为中心的系统视角要素：从儿童需求出发，兼顾儿童及其相关的生态系统。

（5）评估要素：了解儿童的需求。

（6）方法要素：结合儿童特点使用社会工作方法。

★ 考点四 儿童社会工作的类型

从服务内容方面看，儿童社会工作可以分为两种类型。

（1）儿童福利服务：指围绕儿童安全、健康成长需要开展的服务。具体包括支持性服务和补充性服务。支持性服务是针对一般儿童家庭开展的常规性服务；补充性服务是针对面临一定困难的家庭开展的特定服务。

（2）儿童保护服务：指为保护儿童免遭权益侵害所提供的服务。具体包括预防服务、接报处置服务、康复和回归服务。

★ 考点五 儿童社会工作实务的原则

儿童社会工作实务原则如下。

（1）儿童中心原则。

（2）服务个别化原则。

（3）儿童发展原则。

（4）儿童参与原则。

第二节　儿童社会工作的主要内容

考点六　儿童社会工作的主要内容

儿童社会工作的目标是使儿童得到适当的养育和照料、身心能够健康发展以及受到保护，免遭伤害。因此，儿童社会工作的主要内容包括：促进儿童健康成长的支持性儿童服务，补充和改善家庭状况的补充性儿童服务，救助和保护受伤害儿童的替代性儿童服务。

（1）促进儿童健康成长。包括传播理念和知识、提供家庭支持服务、开展儿童支持服务。

（2）补充和改善家庭状况。包括补充和改善家庭经济状况和家庭监护状况，社会工作者可以协助强化家庭监护责任，提升家庭监护能力。

（3）救助和保护儿童。包括儿童收养服务、家庭寄养服务、机构类家庭养育服务、机构集体养育服务。机构类家庭是指在儿童福利机构内，通过招募自然夫妇充当父母角色，配置3名以上儿童，入住与社会居住小区中一样的单元房，形成一个类似家庭的儿童照料方式，增加机构照料中的家庭元素。

第三节　儿童社会工作的主要方法

考点七　评估的方法

（1）评估的流程。明确评估目的；确定评估对象；搜集评估信息；整理和分析评估信息；撰写评估报告/填写评估记录表。

（2）评估信息的收集。

评估信息的内容：儿童的信息、家长的信息、家庭（一起生活的其他人）信息、家庭环境信息、邻里评价信息。

收集信息的方法：家庭走访、查阅文档。

（3）评估信息的分析。包括对信息的分类、排序和主题聚焦。

（4）信息分析的结论。对儿童发展状况是否正常以及偏差或者正常的原因是什么进行判断和说明。

（5）分析结论的记录。形成的文档具体包括：儿童基本信息记录表、儿童服务需求评估表、社区儿童基本信息分类及服务需求记录表。

考点八　个案管理服务的方法

（1）个案管理服务流程。个案管理服务的流程与社会工作领域的通用过程模式一致。

（2）个案辅导。辅导原则：建立融洽的治疗关系原则；接纳的原则；反馈的原则；儿童中心的原则；循序渐进的原则。

（3）团体辅导。包括发展性团体辅导及治疗性团体辅导两种类型。发展性辅导以教育引导和提供资讯为主，旨在帮助儿童克服成长中的困难，促进儿童全面发展和能力提升。治疗性辅导是创伤或不良事件后的补救性服务，以针对高风险儿童提供引导干预和创伤治疗康复为主，旨在帮助儿童提升自我认同，了解自身权利及提升抗逆力。团体辅导一般有增进自我认知和了解、认识各种情绪、学会积极倾听、学会友好合作、学会抉择五个目标，各个目标的实现过程中服务对象需要对应学习的技巧分别为了解自己和他人的技巧、发展同理心技巧、沟通技巧、合作技巧、承担责任的技巧。

（4）个案管理服务模式。个案管理为应对比较复杂个案的多元需求，采取跨专业跨部门合作的方式来解决问题。社工类似于客户管理者的角色，根据个案的需求，动员多方参与共同解决问题。个案管理服务模式一般有两种呈现方式：①完整式个案管理服务模式。指按照机构的服务制度，安排机构的每一位社会工作者（或称为个案社工或主责社工）负责案主儿童的完整个案。时间上，覆盖从接案、预估、计划、介入、评估到结案的完整过程；服务活动上，包含案主需要的所有服务。②分段式个案管理服务模式。指按照机构的服务制度安排将个案服务流程划分为不同阶段，不同服务阶段由不同的社会工作者负责，案主儿童在接受服务的过程中会接触不同的社会工作者。如将案主儿童进入服务体系时的接案和预估划分为一个服务段落，预估之后的服务则按照不同类型的服务需求分配给相应的社会工作者，主责社工只负责个案管理服务程序中的某几个步骤。

考点九 儿童友好社区建设倡导

儿童友好社区是指整体环境有利于儿童身心健康发展的社区。

（1）儿童友好社区建设倡导的内容包括：完善社区基本建设；建设安全、益智的儿童游戏场所和设施；健全社区儿童和家庭服务体系；创新社区儿童参与工作机制。

（2）儿童友好社区建设倡导的方法包括：网络媒体倡导；名人效应倡导；海报宣传倡导；讲座论坛倡导；儿童和家庭问题研究与政策研究倡导等。

真题练习

案例分析题（2015年，第2题，20分）

某小学的周老师发现，女学生小红最近上学经常迟到，上课注意力不集中，学习成绩快速下降；小红过去衣着整洁，现在变得邋里邋遢；学校召开家长会，小红家里无人参加；学校联系家长，家长的电话也无人接听。周老师家访时了解到，小红家居住在老旧小区，出租房较多，人员复杂；小红父亲酗酒成性，常打骂小红母亲；小红母亲不堪忍受，最近离家出走。

学校社会工作者接到周老师的转介后发现，小红性格内向，很少与班上同学交往；在谈及家庭情况时，小红神情紧张。社会工作者还注意到小红身上有多处瘀伤，问其原因，她不愿回答。

问题：

1. 从儿童保护的角度，列出小红所面临的风险。

2. 社会工作者可采用哪些收集信息的方法，进一步评估小红的服务需求？

解析思路：

解题的基本思路是：先读题，读出关键信息点，养成习惯，看题目给出的是谁的信息、什么信息（在第二章中有详细说明）；再读问题，读清楚问什么，初步判断该问题的思考方向，即答案的关键信息来源；然后列答题框架，即问什么，答什么；最后答题，考虑分点作答，不要遗漏可能的信息点，信息点即得分点。

本题是儿童社会工作领域的题目，出现在当年考试的第 2 题，通常难度不大，属于比较中规中矩的题目类型。读完题目后，看题目给的信息点是否清晰，是否在自己把握的范围内，对于解答该类题目，心里是否有底。鼓励学员先按照之前学习的解题方法，自己尝试解题练习，体验解题作答的过程会遇到什么困难，在哪个步骤上遇到了困难。清楚在哪个步骤，会遇到什么困难，就可以有针对性地做练习。

建议学员在此处停留 20 分钟，先独立解题作答，然后再阅读学习，即带着自己做题的真实体验，进行有针对性的阅读和学习。

解题方法：

第一步　读题，读出关键信息点

读题时，注意题目给的是谁的信息（波浪线标出）、什么信息（横线标出），留意或标记出代表该信息的关键词。这样读完题，对于题目所给的关键信息，即可做到心中有底。这里要特别提醒的是，不要遗漏关键信息（关键词），重复的关键信息（关键词）标记一次即可。

某小学的周老师发现，女学生小红最近上学经常迟到，上课注意力不集中，学习成绩快速下降；小红过去衣着整洁，现在变得邋里邋遢；学校召开家长会，小红家里无人参加；学校联系家长，家长的电话也无人接听。周老师家访时了解到，小红家居住在老旧小区，出租房较多，人员复杂；小红父亲酗酒成性，常打骂小红母亲；小红母亲不堪忍受，最近离家出走。

学校社会工作者接到周老师的转介后发现，小红性格内向，很少与班上同学交往；在谈及家庭情况时，小红神情紧张。社会工作者还注意到小红身上有多处瘀伤，问其原因，她不愿回答。

初步读题如上。以本题为例，有三点需要注意：

（1）波浪线标记的是“谁的信息”，即出现的人和单位。初步了解，题目中出现了小红、父亲、母亲、老师、同学、学校、小区居民等人员和单位，这些通常是一类关键信息，题目往往是以人或单位为主体给出信息。读到这里，因为还没有读问题，学员可能不知道这些信息如何使用，但是需要先作初步了解，通常这些信息都是比较有用的。是否会用到，以及如何使用，需要根据问题确定，这里先初步了解和储备信息。

（2）横线标记的是“什么信息”，即发生的问题（需求）、原因、资源、目标、内容的信息。本题中问题信息虽然看起来多，但均为小红、父亲、母亲、小区等主体的问题。相对而言，因为只给了问题信息，这里暂时先不用分析，只作储备。初步读题即知道，给了几个主体的信息。

（3）留意标点符号，尤其是分号和句号。题目中有几处是分号，对比自己刚才读题的经验，你是否注意到，分号代表并列关系，将并列的信息点分隔开。句号则代表某类信息的结束，有几个句号往往代表几个主体或者几个类型的信息。

以上读题的过程，呈现的是通常读题的思路。在读问题之前，通过读题，先读出题目所给的基本信息，找准关键信息点（关键词），通常对接下来答题比较有用。完成这一步后，接下来进行第二步“读问题”。

第二步　读问题，弄清楚问什么

问题：

1. 从儿童保护的角度，列出小红所面临的风险。

2. 社会工作者可采用哪些收集信息的方法，进一步评估小红的服务需求？

第一问，问“小红面临的风险”；第二问，问“收集信息的方法”。读清楚问什么以后，开始思考解答的方向，即找关键信息的素材来源。

针对第一问，从儿童保护的角度，分析小红面临的风险，对应的信息应该是题目中所给的哪些“问题”的信息，这些问题的信息中，应该蕴含着小红面临的“风险”。这就是思考的基本方向，即“小红面临的风险”应该是与这些“问题”有关联，需要从每个“问题”中总结提炼出“风险”。当然，有的学员可能也会想到教材所学的知识，教材中本章应该有一个知识点，是讲儿童保护的问题，风险应该与这里的知识点有关。如果掌握了这些知识点，就有助于分析“小红面临的风险”；如果这些知识点掌握得不牢固或不准确，也需要从题目给的“问题”信息中，总结归纳出“小红面临的风险”。这就是案例分析的过程。

针对第二问，社工可以采用哪些收集资料的方法？可以来自教材对应知识的学习，也可以从题目所给的信息中寻找。刚才在读题的过程中，并没有留意“收集资料的方法”相关的信息，这时候，可以快速地浏览题目，即可找到与“收集资料方法”相关的信息，包括：“某小学的周老师发现……学校召开家长会……学校联系家长……周老师家访时了解到，小红家居住在老旧小区……社会工作者接到周老师的转介后发现……很少与班上同学交往……在谈及家庭情况时……社会工作者还注意到……问其原因……”收集资料的方法应该来自上述摘要的信息。

至此，问题读清楚了，两个问题的解答也有了比较清晰的思考方向，即答题信息来源。学员对这个题目就算心中有底了。读题目、读问题为接下来答题奠定了坚实的基础。

这些了解清楚后，即考虑答题导引部分的规范用语如下：

答：

1. 从儿童保护的角度，**小红所面临的风险**如下。

2. 为进一步评估小红的需求，社会工作者可采用的**收集信息的方法**如下。

第三步　列答题框架，问什么，答什么，分点答，具体框架如下。

初步框架：

1. 从儿童保护的角度，小红所面临的风险如下。

（1）

（2）

（3）

（4）

（5）

2. 为进一步评估小红的需求，社会工作者可采用的收集信息的方法如下。

（1）

（2）

（3）

（4）

（5）

完整框架：

答：

1. 从儿童保护的角度，小红所面临的风险如下。

（1）……的风险：表现为……

（2）……的风险：表现为……

（3）……的风险：表现为……

（4）……的风险：表现为……

（5）……的风险：表现为……

2. 为进一步评估小红的需求，社会工作者可采用的收集信息的方法如下。

（1）……的方法：了解到……

（2）……的方法：了解到……

（3）……的方法：了解到……

（4）……的方法：了解到……

（5）……的方法：了解到……

第四步　分析答题，关键词＋描述

第一问，小红面临的风险，答题时在可能的信息来源中找到信息的关键词，不要遗漏信息点，把可能的风险都分析全面。

从每个问题的信息中，总结提炼出可能面临的风险，思考和准备的过程为。

·……的风险：最近上学经常迟到，上课注意力不集中，学习成绩快速下降。

·……的风险：过去衣着整洁，现在变得邋里邋遢。

·……的风险：学校召开家长会，小红家里无人参加。

·……的风险：学校联系家长，家长的电话也无人接听。

·……的风险：小红家居住在老旧小区，出租房较多，人员复杂。

·……的风险：小红父亲酗酒成性，常打骂小红母亲；小红母亲不堪忍受，最近离家出走。

·……的风险：小红性格内向，很少与班上同学交往；在谈及家庭情况时，小红神情紧张。

·……的风险：小红身上有多处瘀伤，问其原因，她不愿回答。

基于上述思考和分析，学员（考生）可总结提炼出小红可能面临的风险，其关键词大致如下：

·学业缺失/失学辍学的风险：最近上学经常迟到，上课注意力不集中，学习成绩快速下降。

·监护缺失/无人照料的风险：过去衣着整洁，现在变得邋里邋遢。

·监护缺失的风险：学校召开家长会，小红家里无人参加。

·监护缺失的风险：学校联系家长，家长的电话也无人接听。

·安全/被拐卖/受侵害风险：小红家居住在老旧小区，出租房较多，人员复杂。

·儿童虐待/监护缺失风险：小红父亲酗酒成性，常打骂小红母亲；小红母亲不堪忍受，最近离家出走。

·交往的风险：小红性格内向，很少与班上同学交往；在谈及家庭情况时，小红神情紧张。

·儿童虐待/家庭暴力/暴力伤害/身体虐待的风险：小红身上有多处瘀伤，问其原因，她不愿回答。

基于此，第一问出现在卷面上的参考答案如下。

1. 从儿童保护的角度，小红所**面临的风险**如下。

（1）学业缺失/失学辍学的风险：表现为经常迟到，注意力不集中，成绩下降。

（2）监护缺失/无人照料的风险：表现为衣着邋里邋遢，家长联系不上。

（3）家庭暴力与人身安全的风险：表现为父亲经常酗酒，打骂母亲，可能也伤及小红。

（4）被拐卖的风险：表现为老旧小区，出租屋多，人多人杂。

（5）受侵害/被伤害的风险：表现为老旧小区，出租屋多，人多人杂。

（6）性格内向及交往的风险：表现为性格内向，很少与同学交往。

（7）儿童虐待/暴力伤害/身体虐待的风险：表现为身体有伤。

第二问，案例中关于收集信息资料的方法，学员可从可能的信息来源中总结提炼收集资料的方法。

“某小学的周老师**发现**……学校**召开家长会**……学校**联系家长**……周老师**家访**时了解到，小红家居住在老旧**小区**……社会工作者接到周老师的**转介**后发现……很少与班上**同学交往**……在**谈**及家庭情况时……社会工作者还**注意到**……**问**其原因……”

收集资料的方法，信息应该来自上面的摘要。可能的关键词已经进行标注。

基于此，第二问出现在卷面上的参考答案如下：

2. 为进一步评估小红的需求，社会工作者可采用的**收集信息的方法**如下。

（1）观察收集信息的方法：周老师观察注意到小红经常迟到，身上有伤。

（2）召开家长会收集信息的方法：学校召开家长会，了解到家长无人参加。

（3）打电话联系收集信息的方法：打电话联系家长，了解到无人接听。

（4）家访收集信息的方法：了解到小红家里父亲酗酒，经常打骂母亲，母亲离家出走。

（5）社区现场考察收集信息的方法：了解到小红居住在老旧小区，出租屋多，人员复杂。

（6）通过转介收集信息的方法：通过转介了解到小红的服务资料。

（7）向同学收集资料的方法：了解到小红很少与同学交往。

（8）交流会谈收集资料的方法：交流会谈得知小红性格内向等情况。

（9）向本人询问收集资料的方法：了解到小红不是很愿意交谈。

学习心得

本章讲授了儿童社会工作的相关知识，需要学员重点掌握儿童的需求、儿童面临的问题、儿童社会工作的要素、儿童社会工作实务的原则、儿童救助与保护的内容、儿童个案管理方法、儿童团体辅导方法。同时，从本章开始，学员要比较完整地学习解题方法与步骤。

本章在真题练习部分对解题方法与步骤进行了细致直观的呈现。题目对应的知识点在教材中都可以找到。学员可以通过学习教材，准确掌握答案。但实际情况是学员很难对教材的知识点做完整准确的记忆。正如前面学习心得和学习导引部分指出的，学员可以遵循教材学习，但是不能完全依赖教材，因为学员应考时答题的习惯语言，很难和教材完全一致。案例分析与方案设计的题目，考查的是分析理解、总结归纳以及文书写作能力。

如本章真题练习部分，对儿童面临的风险的解答，来自教材的学习，更来自对题目信息的分析和总结提炼。所以，提供给学员的参考答案与教材的知识点基本对应，但不完全相同，即答案是基于教材知识，但同时也基于考生的语言习惯和自主分析，而非对着书本配上的答案。总之，学员可以对照教材找到对应的知识点，但是在答题时，不需要答得和教材的语言完全相同。

本章所给出的参考答案是基于考生的答题习惯语言，一步一步总结提炼出来的，具有案例分析和方案设计题目真实的练习价值，更符合考生考试的实际情况，可供学员参考。如果没有这个一步一步分析、总结和提炼的过程，只是从教材上将知识点照搬过来，答案是很标准，但却失去了练习的价值。因为一旦学员在应试时手中离开了教材，又没有掌握分析理解的能力，就不知道如何解题了。所以，希望大家通过真题练习，掌握解题的方法与步骤，也在练习的过程中，提升自己分析问题和解决问题的实务能力。

本章真题练习对应的知识点是儿童面临的问题和收集资料的方法。教材中对应的知识点如下：

儿童面临的问题相关知识（第三章　儿童社会工作）

儿童成长中主要面临如下问题。

（1）儿童生存的问题。包括新生儿健康问题、儿童营养问题。

（2）儿童发展的问题。包括儿童贫困问题和儿童辍学问题。

（3）儿童保护的问题。包括儿童被遗弃的问题，儿童遭受体罚和肢体虐待的问题，儿童被性侵的问题，儿童被忽视的问题，儿童被拐卖的问题，儿童家庭监护不足，缺失或不当的问题。

收集资料的方法相关知识（第二章　社会工作实务的通用过程）

（1）询问：向本人询问，会谈、角色扮演、问卷等。

（2）咨询：向其他专业人士询问，如律师、医生等。

（3）观察：实地观察。

（4）家访：到家里去。

（5）利用已有资料：机构转介资料、工作报告等。

收集资料的方法相关知识（第三章　儿童社会工作）

评估信息的收集：

（1）评估信息的内容：儿童的信息、家长的信息、家庭（一起生活的其他人）信息、家庭环境信息、邻里评价信息。

（2）收集信息的方法：家庭走访、查阅文档。

扫码听课

第四章　青少年社会工作

学习导引

经过上一章儿童社会工作的学习，学员会逐渐熟悉第三章到第十五章的知识框架。这里重复强调一遍，从第三章开始，含本章第四章及之后的各个章节，每章讲授内容通常均为三个部分，即概述、内容、方法。概述部分学习的重点是服务人群的特点、需求、问题及实务原则；内容部分学习的重点是该服务领域的服务内容，尤其是针对特殊需求与问题的服务内容；方法部分学习的重点是针对该服务领域的理论和方法。希望学员能够掌握学习规律，把握学习重点，一方面学习本章教材对应的知识点；另一方面练习真题的解决方法与步骤，通过知识学习与方法掌握，可以较好地完成对案例分析和方案设计题目的解答，并能学以致用，转化为工作中的实务能力。

本章学习中，需要重点掌握的知识内容是青少年的需求、青少年的问题、青少年社会工作的特点、青少年社会工作的原则、社会学习理论、青少年偏差理论、青少年服务的内容、针对特定需要青少年的介入方法、青少年自我探索类服务、青少年就业辅导类服务、青少年历奇辅导服务、青少年空间、亲职教育、青少年服务项目评估。需要特别关注青少年群体的相互影响及多元因素的影响，价值观方面要对差异化比较大的青少年群体多些接纳与尊重，工作手法方面应多注意朋辈群体的影响与青少年的自我认同。需要特别说明的是，本章的理论较多，涉及社会学习理论、青少年偏差理论、标签理论、辨识自我论、职业选择配合论、增能理论、亲职教育父母效能训练模式、程序逻辑模型评估理论。学习过程中，考生需要了解这些理论的基本观点，知晓专业名词和术语的意思，对理论不感到陌生。考查时，往往不是考查理论的基本观点，而是考查该理论在实务案例中的应用。如果遇到题目中有理论观点，考生不要感到陌生。理论是帮助社工分析问题和解决问题的，理论能够告诉我们，可以从哪些方面去理解和思考某个现象和问题。

同样，如上一章所述，因为中级实务的考查方式是案例分析与方案设计，重点考查分析与设计的能力，而非具体的知识点，即以教材知识为基础，根据题目所给的信息进行分析总结。从备考的意义上来讲，在教材知识学习中，考生可以结合自身的实务工作经验和生活经历，理解书本知识，重点掌握该知识理论的基本观点和规范性用语。

考点精要

第一节　青少年社会工作概述

★ 考点一　青少年的需要

（1）接纳自己的身体与容貌，表现出符合社会规范的性别角色要求。

（2）个体与同伴发展适当的人际关系。

（3）追求个体的情绪独立自主，少依附父母及其他人。

（4）自食其力，寻求经济独立。

（5）为未来的生涯做准备。

（6）发展符合社会期望的认知技能和概念。

（7）努力表现负责任的行为，追求理想和抱负。

（8）为未来的婚姻和家庭做准备。

（9）建立个体的价值体系，符合现实世界的需求。

考点二 青少年的问题

（1）青少年正面成长面临的问题。主要包括青春期生理健康问题、心理健康问题和性健康问题。

（2）青少年权益受损方面的问题。主要包括青少年贫困问题、青少年人身权益受到侵害问题、因监护权缺失或不当导致权益受损等。

（3）青少年行为不良方面的问题。具体集中体现在性格缺陷、知识和技能不足、家庭支持系统障碍、社会交往群体不良/行为不良、信仰缺失、对教育和未来人生追求的缺失等方面。

在描述青少年问题时，要尽可能避免对于青少年的标签和排斥以及不自觉地参与青少年问题的主观建构，要更多地从社会环境和青少年个体成长的互动状态中去理解、体会、包容和倡导。

考点三 青少年社会工作的特点

（1）在价值理念上更突出对青少年群体的多元化和主体性的尊重与接纳。面对快速成长和叛逆期的青少年，社会工作者更加需要秉持和运用接纳、不批判、尊重、保密、个别化和服务对象自决等价值原则开展服务。

（2）在社会工作专业方法方面更强调在促进青少年自我认同和发挥群体示范性效应方面的整合性运用。需要多关注青少年的自我认同和朋辈群体影响。

（3）更加注重在优化社会环境方面的政策倡导。社工需要通过政策倡导促进青少年家庭、学校、社区、社会等的环境优化。

考点四 青少年社会工作的原则

按照《青少年社会工作服务指南》，青少年社会工作服务的原则有如下方面。

（1）主体性原则。尊重青少年主体地位，承认与接纳青少年的独特性与差异性，充分照顾青少年的特点和需要，开展有针对性的服务。

（2）发展性原则。坚持用发展的眼光看待和理解青少年，强调青少年自身蕴含的发展潜力和成长的内在动力，重视经济社会发展对青少年福利的影响。

（3）整体性原则。重视青少年与其家庭、学校、社区、朋辈及服务机构等因素的相互作用，全面系统地识别青少年的需要，提供整合性社会工作服务。

第二节　青少年社会工作的主要内容

考点五　青少年社会工作的理论基础

（1）青少年发展理论的主要观点

青少年发展理论主要包括生物进化理论、精神分析理论、社会学习理论、认知发展理论、社会文化理论等。重点需要理解社会学习理论的主要观点。

根据班杜拉（Bandura）的社会学习理论，青少年通过观察历程就能进行学习，并不需要个人亲身体验而直接受到奖惩。经观察学习，被观察者即示范者的行为就成为观察者的“楷模”，观察者通过“模仿”被观察者的行为表现进行学习，形成相似的行为。

班杜拉认为，青少年辅导与治疗的最终目标是“自我规划”，并提出自我规划的三种治疗技术。分别为实例楷模法，即引导青少年观看实例，学习适当的行为；认知楷模法，即改变青少年的认知结构或自我效能以提升其改变的自信心；激发自制力，即逐步增加自我控制力与对事情的掌控能力，能够面对困难，消除恐惧，进而消除不良行为。

（2）青少年偏差理论的主要观点

青少年偏差理论主要包括社会次文化理论、社会互动理论、社会联结理论和整合理论等。社会工作者需要了解青少年偏差理论的基本观点，以拓宽实务工作思路，指导实务工作开展。

社会次文化理论：某些少数团体特有的价值体系，与一般社会所能接受的价值体系不仅有异而且不相容。该理论认为部分青年人因相同利益和命运容易组成小团体，且认同他们共同能接受的价值体系，渐渐形成次级文化，并合理化其偏差行为，共同以反社会行为来应对和解决其遭遇的适应困扰问题。

社会互动理论：关注越轨者如何看待自己、怎样形成自我形象的理论。该理论认为年轻人变成犯罪者是因为他被认定为坏人，也因为人们不相信他是好人。重点掌握标签理论。标签理论认为偏差有两种：初级偏差和次级偏差。初级偏差是偶尔卷入违反社会规范的行为，并未对个人的心理形象和社会角色扮演产生持续的影响。面对这种过失，周围的人会开始根据这一标签对他做出种种反应，如歧视、轻蔑等，这样时间一长，初级偏差者就会在有意无意之中接受这一标签，形成新的自我概念，甚至对别人的看法表示认同，认定自己是偏差者，并开始做出相应的行动，表现为次级偏差。所谓次级偏差，是指卷入违反社会规范的行为，并被其他人标签为偏差而且偏差者本人也这么接受了。社会工作的一个重要任务就是要通过一种重新定义或标定的过程来使那些原来被认为是有问题的人恢复为“正常人”。

社会联结理论：该理论认为青少年在社会化的过程中需要与社会建立起强有力的社会联系，除非很强的犯罪动机将其社会联系打断，否则他便不轻易犯罪。青少年偏差或犯罪行为是个人与社会传统的联系薄弱或破裂的结果。社会联结理论的核心概念是社会联系。社会联系有四个构成部分，分别为：依附感，指个人与他人或群体的感情联系，依附感使得青少年做出某些决定时会考虑他人或群体意见，可以帮助青少年控制自己的违法行为冲动；承担感，指为设定的目标而努力，为自己的理想或期待而付出行动，承担感判断青少年是否把时间精力放在未来职业和教育方面，较少出现闲荡情况从而减少偏差行为；参与感，指青少年对传统活动的参加和投入，忙于传统的正向的活动没有时间进行越轨行为；信念，指对社会共同的价值体系的认同，用社会准则约束自己的不良行为。

整合理论：试图把社会学理论中的不同观点进行整合的理论，其目的是力图避免各个理论的缺陷。

考点六 青少年社会服务的基本内容

青少年社会工作的主要内容包括服务青少年成长发展、维护青少年合法权益、预防青少年违法犯罪。

（1）服务青少年成长发展。具体包括思想引导、习惯养成、职业指导、婚恋服务、社交指导五大方面的内容。

（2）维护青少年合法权益。主要包括困难帮扶、权益保护、法律服务、心理疏导等方面。

（3）预防青少年违法犯罪。主要包括一般预防、不良行为的干预、严重不良行为的矫治、重新犯罪的预防。在这里要注意遵循一个“最小伤害原则”，避免将青少年犯送至监狱等机构接受处置，应通过建立以社区为本的辅导体系，达到青少年的行为矫正目的。

第三节　青少年社会工作主要方法

考点七 青少年社会工作的基本方法

青少年社会工作的基本方法包括个案工作、小组工作、社区工作等社会工作直接方法，及社会工作行政、社会政策、社会工作研究等间接方法。

考点八 针对青少年特定需要的介入方法

按照《青少年社会工作服务指南》，针对青少年特定需要的介入方法有危机介入、家庭治疗、外展服务、历奇辅导、朋辈辅导、向导服务等。

考点九 青少年自我探索类服务

辨识认定论

辨识认定论认为可以从职业选择、意识形态等的“危机”与“承诺”两个变项，对自我辨识情况进行判断，根据结果，可以衍生为四个自我辨识与认定类型。

表4-1　自我辨识与认定类型

类型	危机		承诺	
	有无	特征	有无	特征
辨识有成	✓	已解决	✓	已下承诺

续表

类型	危机		承诺	
	有无	特征	有无	特征
辨识预定	×	未曾经验到	✓	已下承诺
辨识迟滞	✓	尚在经验中	?	尚未下承诺
辨识混淆	✓/×	并未经验到	×	不显著

资料来源：Marcia（1980），table 1。

辨识有成类型者指个人在成长中经历过危机事件，个人经过选择，解决了辨识上的危机，对自己有所承诺，专注地投入自己选择的事情中。他们有较好的心理调整与社会适应能力，能清楚辨识自己与认定自我，接纳自我，有稳定的自我界定，建立符合现实的人生发展目标，自我发展达到较高层次。

辨识预定者不会经历危机，但对职业、意识形态等有所承诺，这种承诺不是自己的选择和决定，而是他人的安排。辨识预定者有较高的专断度与低容忍度特质，也有较高的顺从性与循规性，应对社会环境变化的适应力较差。

辨识迟滞者面临危机时，会主动寻求各种可能的选择，却往往不能坚持，缺乏长久的人生发展承诺，导致自我混乱、不安、无方向。辨识迟滞者较少独断，在危机时焦虑度较高。

辨识混淆者既无危机也无承诺，对职业和人生发展并没有抉择，也不关心。面对外在压力时常选择逃避退缩，对他人的亲密度低，欠缺较好的社会关系，心理社会发展情况最差。

★ 考点十　青少年就业辅导类服务

生涯选择配合论

生涯选择配合论认为，职业规划的先决条件是必须先对自己有充分的认识与了解，进而探索认识外在的职业世界。在了解了自己与外面的职业环境之后，做出抉择，制订未来的发展目标和开始采取行动。

★ 考点十一　青少年历奇辅导服务

历奇辅导

历奇辅导是通过将青少年放在一个新奇的环境中，让他们跳出生理及心理的舒适区域，互相合作，解决问题。历奇辅导具体有四个训练模式：一是“历奇波浪”，主要是活动讲解、过程和解说；二是“野外挑战”，着重个人与大自然的挑战；三是“情感反思”，指学员内在反思；四是“多元创意”，包括利用音乐、戏剧、手工艺等多种方法带出重点。

★ 考点十二　青少年空间

社会参与和增能理论

社会参与理论强调青少年的参与意识和参与感；增能理论强调协助青少年在生活

过程中获得应有的权能，发挥这种权能，以及运用与行使权能的过程。

考点十三 亲职教育

父母效能训练模式

教导家长如何成为一位有效的“辅导者”，如何强化父母与子女之间的亲子关系，如何运用接纳、尊重、同理、倾听等辅导技巧与子女作有效的沟通。“父母效能训练模式”主要包括三个重点：积极倾听、使用“我—信息”、积极沟通。其训练的主要目标：一是协助父母有效地扮演好父母的角色；二是协助父母了解孩子成长过程中身心发展的特征以及发展中的阶段任务与危机；三是强化父母与子女之间的沟通技巧与沟通渠道；四是改善父母对子女的管教态度；五是了解家庭气氛对子女成长的影响；六是及早发现与辅导子女的异常行为表现。

考点十四 青少年社会工作服务项目成效评估

程序逻辑模式评估

《青少年社会工作服务指南》提出了要开展青少年社会工作服务成效评估，从测量目标达到情况、服务满意度、服务对象及环境系统的改变、服务的结束及跟进等方面开展评估。

社会工作服务成效的程序逻辑模式主要包含七个环节：资源投放、活动/服务、服务成效、处境分析、假设/理论基础、外在环境、逻辑联系。

资源投放是服务中所投放的资源，包括时间、人力、财力、活动物资和设备等。社会工作服务的投入包括服务时数、服务频次、服务模式/策略、服务介入深度等均会对服务成效有一定的影响，而检视及评估服务过程中的这类因素从而做出改善，就是十分重要的过程评估。

活动/服务是指社工向服务对象提供的活动和服务，其数量的多少则视最终想取得的成效而定。

服务成效是指活动和服务为服务对象所带来的益处和转变。其中所产生的转变可分为长期、中期、短期的成效，而这些成效所带来的转变可以是增长或减少的。

处境分析是指活动和服务推行时的状况或背景因素，也即社会工作介入时对问题的理解或需要分析，要放在服务提供的实际处境中分析理解，以提升服务的契合度。

假设/理论基础是指在推行服务时，对服务对象所持的信念、活动过程中需要持守的重要原则或取得成效的理论框架。假设/理论基础也是为服务提供的指导思想，能指引社会工作者订立整个活动和服务计划的方向。

外在环境是影响活动和服务成效的处境与外在因素，这些因素具有一定的不能控制性，对活动实施会产生一定的限制性作用，影响活动目标实现的程度。

使用程序逻辑模式开展评估时，要注重各部分的逻辑联系，要求整个服务项目必须做到“成效为本，逻辑为导向”“有根有据，环环紧扣”。

真题练习

方案设计题（2016 年，第 5 题，20 分）

某社会工作服务机构发现，社区内一些十六七岁的未成年人，由于家庭贫困等因素的影响，形成了敏感、内向等性格特点，自我认同度较低，这些未成年人正处于进一步就学、就业的抉择关口，却不知道自己想做什么，也不了解社会上有哪些职业适合自己，对未来倍感迷茫。该社会工作服务机构计划为这些未成年人提供服务，并希望通过申报政府购买服务项目获得资金支持。

要求：依据生涯选择配合论，设计一份“未成年人职业规划服务”的项目计划书（只需把需求分析、具体目标、服务活动形式和预计成效四部分答案，依据下列表中所列字母的顺序，在答题卡中填写）。

<table>
<tr><td>项目名称</td><td colspan="3">未成年人职业规划服务</td></tr>
<tr><td>需求分析</td><td colspan="3">A</td></tr>
<tr><td>理论基础</td><td colspan="3">生涯选择配合论认为，职业规划的先决条件是必须先对自己有充分的认识和了解，进而探索认识外在的职业世界。在了解了自己与外面的职业环境之后，做出抉择，制定未来的发展目标并开始采取行动。</td></tr>
<tr><td>总目标</td><td colspan="3">认识自我与职业之间的关系，提升职业规划能力。</td></tr>
<tr><td rowspan="5">项目实施</td><td>具体目标</td><td>服务活动
（只列出形式）</td><td>预期成效
（服务对象的改变）</td></tr>
<tr><td>B1</td><td>B2</td><td>B3</td></tr>
<tr><td>C1</td><td>C2</td><td>C3</td></tr>
<tr><td>D1</td><td>D2</td><td>D3</td></tr>
<tr><td>E1</td><td>E2</td><td>E3</td></tr>
<tr><td>其他</td><td colspan="3">略</td></tr>
</table>

解析思路：

解题的基本思路是：先读题，读出关键信息点，养成习惯，看题目给的是“谁的信息”、什么信息（在第二章中有详细说明）；再读问题，弄清楚问什么，初步判断该问题的思考方向，即答案的关键信息来源；然后列答题框架，即问什么，答什么；最后答题，考虑分点作答，不要遗漏可能的信息点，信息点即得分点。

本题是青少年社会工作领域的题目。题目出现在当年考试的第 5 题，属于方案设计题，题目的信息中包含着理论，加上使用表格，让考生初看起来可能有些紧张。无论是第 1 题，还是第 5 题，学员都可以遵循同样的方法步骤解题。读完题目后，看题目给的信息点是否清晰，是否在自己把握的范围内，对解答这道题，心中是否有底。鼓励学员先按照之前学习的解题方法，自己尝试解题练习，体验解题作答的过程会遇到什么困难，在哪个步骤遇到了困难。清楚在哪个步骤，会遇到什么困难，就可以有针对性地做练习。当学员在读题目、读问题、列框架、分点答的过程中遇到问题时，要坚持想办法答题。

学员遇到的困难，通常集中在两个方面：一是思路不清晰，读完题目后感觉抓不住关键信息，读完问题后感觉找不到解答方向，一旦思路、方向不清楚，解题就会有困难；二是文书语言不好组织，尤其是在做改错题时，思考了许多，到下笔时，不知如何组织文书语言。大家在遇到困难时，先想办法解答，没有思路时，告诉自己，冷静下来，不要胡思乱想，答案都在题目所给的信息中心，题目的信息只有几句话，或者一两段，那么答案要么在第一段，要么在第二段，这样冷静分析就更容易找到解题的方向和思路。有了相对明确的答题信息来源，如何组织文书语言的问题也就迎刃而解——基于分析出来的关键信息点（关键词），分点答题即可。

建议学员在此处停留 20 分钟，先按照上述方法步骤，独立解题作答，然后再阅读学习，即带着自己做题的真实体验，进行有针对性的阅读和学习。

解题方法：

第一步　读题，读出关键信息点

读题时，注意题目所给的是“谁的信息”（波浪线标出）、“什么信息”（横线标出），留意或标记出代表该信息的关键词。读完题，学员对于题目给的关键信息，即可做到心中有底。这里要特别提醒的是，不要遗漏关键信息（关键词），重复的关键信息（关键词）标记一次即可。

某社会工作服务机构发现，社区内一些十六七岁的未成年人，由于家庭贫困等因素**（原因）**的影响，**（问题 1）**形成了敏感、内向等性格特点，**（问题 2）**自我认同度较低，这些未成年人正处于进一步就学、就业的抉择关口，却**（问题 3）**不知道自己想做什么，也**（问题 4）**不了解社会上有哪些职业适合自己，**（问题 5）**对未来倍感迷茫。该社会工作服务机构计划为这些未成年人提供服务，并希望通过申报政府购买服务项目获得资金支持。

要求：依据生涯选择配合论，设计一份“未成年人职业规划服务”的项目计划书（只需把需求分析、具体目标、服务活动形式和预计成效四部分答案，依据下列表中所列字母的顺序，在答题卡中填写）。

项目名称	未成年人职业规划服务
需求分析	A
理论基础	生涯选择配合论认为，职业规划的先决条件是必须（1）先对自己有充分的认识和了解，（2）进而探索认识外在的职业世界。在（3）了解了自己与外面的职业环境之后，做出抉择，（4）制定未来的发展目标并开始采取行动。
总目标	认识自我与职业之间的关系，提升职业规划能力。

续表

项目实施	具体目标	服务活动（只列出形式）	预期成效（服务对象的改变）
	B1	B2	B3
	C1	C2	C3
	D1	D2	D3
	E1	E2	E3
其他	略		

初步读题如上。以本题为例，（1）波浪线标记的是“谁的信息”，即出现的人和单位。初步了解可知，题目中出现了未成年人、家庭、社区、社工机构这些主体，基本都在第一句话中，接下来整个的信息都围绕未成年人。（2）横线标记的是“什么信息”，即发生的问题（需求）、原因、资源、目标、内容的信息。本题中主要是未成年人需求或问题的信息。在第一段中给出了青少年五个需求或问题的信息。（3）这个题目需要学员留意的是，关于“职业选择配合论”的理论解释出现在了表格中，这段信息学员在读题目时不要遗漏，阅读显示，职业生涯选择配合论的理论基础，给了我们四点很明确的信息，即先了解自己，再了解外部职业环境，了解之后做出适合自己的选择，最后制定目标采取行动。同时学员还要看到题目给出了总目标“认识自我与职业之间的关系，提升职业规划能力”，总目标的关键词可以理解为“自我认识”“职业”“关系”“提升职业规划能力”，与上面理论部分的四点信息基本对应。（4）特别要提醒的是，这个题目的信息和问题不好完全分开，就自然地顺着读下来，尤其是表格中的信息，要先读准确。任何题目中，问题（或需求）、原因、目标、内容、理论的信息，永远都是关键信息点（关键词），要特别留意。题目中给出了**“需求分析”“理论基础”“总目标”“具体目标”“服务活动”（只列出形式）、“预期成效”（服务对象的改变）**这六个词语，在读题时学员需要看清楚这些信息。

读完题，了解清楚这些信息，你对这个题目的关键信息是否心中有了底？对比自己刚才独立读题目的情况，你对自己“读题”这一步是否满意？在“读题目”这一步还有哪些需要加强提高的？只有多读一些不同的题目，多见一些不同的题型，才能逐步积累“读题”的经验。

完成“读题”这一步后，接下来进行第二步“读问题”。

第二步　读问题，弄清楚问什么

要求：依据生涯选择配合论，设计一份“未成年人职业规划服务”的项目计划书（只需把**需求分析、具体目标、服务活动形式**和**预计成效**四部分答案，**依据下列表中所列字母的顺序，在答题卡中填写**）。

项目名称	未成年人职业规划服务
需求分析	A

续表

<table>
<tr><td>理论基础</td><td colspan="3">生涯选择配合论认为，职业规划的先决条件是必须（1）先对自己有充分的认识和了解，（2）进而探索认识外在的职业世界。在（3）了解了自己与外面的职业环境之后，做出抉择，（4）制定未来的发展目标并开始采取行动。</td></tr>
<tr><td>总目标</td><td colspan="3">认识自我与职业之间的关系，提升职业规划能力。</td></tr>
<tr><td rowspan="5">项目实施</td><td>具体目标</td><td>服务活动
（只列出形式）</td><td>预期成效
（服务对象的改变）</td></tr>
<tr><td>B1</td><td>B2</td><td>B3</td></tr>
<tr><td>C1</td><td>C2</td><td>C3</td></tr>
<tr><td>D1</td><td>D2</td><td>D3</td></tr>
<tr><td>E1</td><td>E2</td><td>E3</td></tr>
<tr><td>其他</td><td colspan="3">略</td></tr>
</table>

考试时，第 5 题的问题，通常和前四道题不太相同。前四道题通常会明确分为两个小问题，而第 5 题往往是一个大问题，包括几个方面。读问题显示，“依据生涯选择配合论”，学员就需要知道“生涯选择配合论”的信息在哪里，即想到“理论基础”的四点信息；需要清楚答案应该包含四部分内容，即“需求评估”“具体目标”“服务活动形式”“服务成效”；需要写在表格答题卡上对应字母的位置，就需要看清楚表格中字母与四部分内容的位置。

学员读清楚问什么以后，就可以开始思考解答的方向，即找关键信息的素材来源。

针对“需求评估”（A），答案的信息点应该来自第一段青少年需求（问题）的五点信息。针对“具体目标”（B1 \ C1 \ D1 \ E1），答案的信息点应该来自理论基础的四点信息，具体目标应该是四个目标，对应理论基础的四点信息，其关键词也与总目标的四个关键词基本对应。针对“服务活动”（只列出形式）（B2 \ C2 \ D2 \ E2），应该是如何实现目标的方式形式，答题的信息点题目中没有明显的信息。针对“预期成效”（服务对象的改变）（B3 \ C3 \ D3 \ E3），答题的信息点应该是与第一段青少年需求（问题）的五点信息对应，体现解决这些问题的成效和变化。

至此，问题读清楚了，四个部分的解答也有了比较清晰的思考方向及答题信息来源。学员对这个题目就算心中有底了。读题目、读问题为接下来答题奠定了坚实的基础。

第三步　列答题框架，问什么，答什么，分点答，具体框架如下。

<table>
<tr><td>需求分析</td><td colspan="3">A</td></tr>
<tr><td rowspan="5">项目实施</td><td>具体目标</td><td>服务活动
（只列出形式）</td><td>预期成效
（服务对象的改变）</td></tr>
<tr><td>B1</td><td>B2</td><td>B3</td></tr>
<tr><td>C1</td><td>C2</td><td>C3</td></tr>
<tr><td>D1</td><td>D2</td><td>D3</td></tr>
<tr><td>E1</td><td>E2</td><td>E3</td></tr>
</table>

第四步　分析答题，关键词 + 描述

<table>
<tr><td>需求分析</td><td colspan="3">A　青少年有如下需求。
（1）改变敏感内向性格的需求。
（2）提高自我认识的需求：需要知道自己想做什么。
（3）了解外部职业环境的需求：需要知道外部有哪些职业。
（4）进行职业选择规划的需求：需要知道哪些职业适合自己。
（5）提升自我认同度的需求。
（6）学业发展和职业发展的需求</td></tr>
<tr><td rowspan="5">项目实施</td><td>具体目标</td><td>服务活动
（只列出形式）</td><td>预期成效
（服务对象的改变）</td></tr>
<tr><td>B1：提高自我认识和自我价值感，改善性格</td><td>B2：通过辅导提高认识</td><td>B3：提升了自我认同感，性格不再敏感内向，更了解接纳自己，知道自己想做什么</td></tr>
<tr><td>C1：了解外部职业环境</td><td>C2：查看招聘信息</td><td>C3：知道外部有哪些职业</td></tr>
<tr><td>D1：认识自我与职业之间的关系，做出适合选择</td><td>D2：与老师交流讨论</td><td>D3：知道了哪些职业适合自己，不再迷茫</td></tr>
<tr><td>E1：制定未来发展目标，开始采取行动，提升职业规划能力</td><td>E2：外出尝试实习工作</td><td>E3：不再迷茫，已经有目标和计划，并为未来努力行动起来</td></tr>
</table>

学习心得

本章讲授了青少年社会工作的相关知识，需要学员重点掌握青少年的需求、青少年的问题、青少年社会工作的特点、青少年社会工作的原则、社会学习理论、青少年偏差理论、青少年服务的内容、针对特定需要青少年的介入方法、青少年自我探索类服务、青少年就业辅导类服务、青少年历奇辅导服务、青少年空间、亲职教育、青少年服务项目评估。同时，本章的理论比较多，在多次考试中，都曾考查本章的理论内容，所以学员需要对理论基本观点有所了解。

本章真题练习部分是当年考试的第 5 题，同时也是带着理论知识的题目。学员通过本章真题练习部分的学习，开始熟悉第 5 题的解题方法。真题练习中对第 5 题的解题方法与步骤进行了细致直观的呈现。题目对应的理论在教材中有，在题目中也有所体现。最终能够将题目答出来，一方面是对理论的掌握（题目中已经给出信息），另一方面是对解题方法的掌握。学员需要有清晰的解题思路，了解方案设计时问题（需求）、原因（理论）、目标、内容、效果之间的一一对应关系。案例分析与方案设计的题目，需要学员对知识有初步的了解和掌握，同时也考查学员分析理解、总结归纳和文书写作等实务工作能力。

本章的理论比较多，通过真题练习，大家也可以看到在题目中理论是如何呈现的。正如本章真题练习中所示，理论基础部分“生涯选择配合论认为，职业规划的先决条件是必须①先对自己有充分的认识和了解，②进而探索认识外在的职业世界。在③了

解了自己与外面的职业环境之后，做出抉择，④制定未来的发展目标并开始采取行动”。在题目中，理论的作用是帮助我们分析问题，告诉我们可以从这四个方面着手分析，相应的也要从这四个方面制定目标和服务内容，并收到相应的服务效果。这些都体现了问题（需求）、原因（理论）、目标、内容、成效之间一一对应的逻辑关系。

同样，本章所给出的参考答案是基于考生的答题习惯语言一步一步总结提炼出来的，具有案例分析和方案设计题目真实的练习价值。做练习题和练车一样，讲再多道理，想再多思路，都不如多练习几次。练车表现为实际坐在车上练习动作，练习题则表现为实际坐下来动笔做题。只有动笔练习并将理论应用于实际工作，才能将知识、方法、步骤转化为解题能力和实务技能。希望通过本章的学习，学员能够对知识、方法和步骤的学习触类旁通，活学活用。

扫码听课

第五章　老年社会工作

学习导引

本章学习中，需要重点掌握的知识内容是老年人的需求、老年人的问题、老年社会工作的内容、处理老年人认知和情绪问题、处理虐待与疏于照顾问题、处理临终关怀问题、处理丧亲问题、处理自杀问题、老年人评估、老年人小组工作方法、老年人社区照顾、老年人机构照顾。

老年社会工作者在工作中常常要面对涉及老年人经济、身心健康、家庭关系、社会支持网络、社会参与、权益维护等多方面的问题。学习时需要多关注老年人角色转变的重大生活事件，帮助老年人积极应对；注意老年个体的差异性，尊重老年人自己对生活意义的理解；注意社会隔离可能对老年人造成的致命危害；认识到改变总有可能；关注社会变迁对老年人的影响，推动社会政策的调整。同时重点学习和了解老年人特殊问题的处理。在教材知识学习中，可以结合自身实务工作经验和生活经历，理解书本知识，重点掌握处理方法和注意事项。

考点精要

第一节　老年社会工作概述

考点一　老年人的需要

（1）经济保障：养老退休金、老年社会保险金。

（2）健康维护：最为关注和渴求满足的需求，健康生活方式、适宜的生活照料并得到康复服务。

（3）社会参与：参与社会发展、维权等。

（4）就业休闲：丰富晚年生活。

（5）婚姻家庭：追求美好的婚姻家庭生活。

（6）居家安全：安全宜居的家庭氛围和社区环境。

（7）善终安排：子女生活、财产处置、墓地购置、后事操办等。

（8）一条龙照顾：需要衔接居家照顾、社区照顾、院舍照顾等。

考点二　老年人面临的主要问题

（1）疾病及与医疗有关的问题：健康方面的问题。

（2）家庭照顾问题：老龄化、城市化、家庭小型化、女性职业化、离婚率上升、人口流动等影响。

（3）宜居环境问题：安全隐患和物理障碍，限制了老年人的社会参与，需要有安全、适老化的居住环境。

（4）代际隔阂问题：信息化时代下，老年人与年轻人掌握信息的不对称，加上知识、文化、环境的快速变迁，容易造成代际隔阂。

（5）社会隔离问题：离开工作岗位，失去劳动能力，社会交往会减少，容易造成社会隔离。

考点三 老年社会工作的特点

（1）服务对象常常受到年龄歧视的影响。社会上对正常的衰老有恐惧和误解，对老年人群体抱有偏见。社工要注意反思自己的价值观，消除对老年人的错误理解和认识。

（2）社会工作者易于对服务对象产生反移情。社工容易对老年人过度保护，想要“拯救”老年人。当挽救老年人的努力失败后，社工容易把挫折感转成对老年人的愤怒和敌意，要注意反思这种反移情行为。

（3）社会工作者易于产生替代性创伤。目睹服务对象经历的死亡和丧失，可能会引发社工自己的死亡焦虑和哀伤反应。做老年人辅导工作时，社工应该审视自己对老年人以及面对垂死和死亡的感受。

（4）服务对象的问题常常需要多学科合作。老年人的问题常常错综复杂，涉及许多方面的工作，需要跨专业合作，才能取得好的效果。

第二节　老年社会工作的主要内容

考点四 老年社会工作的内容

根据《老年社会工作服务指南》（MZ/T 064—2016），老年社会工作服务包括十三个方面的工作内容。

（1）救助服务。评估老年人，特别是空巢、高龄、失能、计划生育特殊家庭老年人基本物质生活条件和经济状况；协助符合条件的老年人申请政府最低生活保障、特困人员供养、受灾人员救助、医疗救助、住房救助、临时救助等社会救助；协助有需要的老年人获得单位和个人等社会力量的捐赠、帮扶和志愿服务；提供相应的心理疏导、能力提升、社会融入等服务。

（2）照顾安排。组织开展老年人能力评估，包括日常生活活动、精神状态、感知与沟通、社会参与等方面内容，为老年人建立照顾档案；协助有需要的老年人获得居家照顾和社区日间照料等服务；协助有需要的老年人申请机构养老服务；协调老年人的长期照护安排，特别是居家照顾、社区日间照料和机构照顾之间的衔接；协助照顾者提升照顾技能。

（3）适老化环境改造。协调开展老年人居住环境安全评估；帮助老年人，特别是失能、失智等有需要的老年人及家庭申请政府与社会资助，改造室内照明、防滑措施、安装浴室扶手等，减少老年人跌倒等意外风险。

（4）家庭辅导。协助老年人处理与配偶的关系；协助老年人处理与子女等的家庭内代际关系；提供老年人婚恋咨询和辅导。

（5）精神慰藉。识别老年人的认知和情绪问题，必要时协调专业人士进行认知和情绪问题的评估或诊断；为有需要的老年人提供心理辅导、情绪疏解、认知调节，帮助老年人摆脱抑郁、焦虑、孤独感等心理问题困扰；协助老年人获得家属及亲友的尊重、关怀和理解；帮助老年人适应角色转变，重新界定老年生活价值，认识人生意义，激发生活的信心和希望。

（6）危机干预。识别并评估老年人所面临的危机，包括危机的来源、危害程度、老年人应对危机的能力、以往应对方式及效果等；统筹制订危机干预计划，包括需要干预的问题或行为、可采用的策略、可获得的社会支持、危机介入小组的建立及分工、应急演练、信息沟通等；及时处理最迫切的问题，特别是自杀、伤及他人等可能危及生命安全的行为问题，必要时协调其他专业力量的支援，对老年人进行身体约束或其他限制行为；进行危机干预的善后工作，包括对介入对象的回访、开展危机介入工作评估和小结、完善应急预案以预防同类危机的再发生等。

（7）社会支持网络建设。对老年人的社会支持网络进行评估，包括个人层面可给予支持的人数、类型、距离及所发挥的功能，以及社区层面老年人群的问题与需求、资源配置情况及需求满足情况；综合使用各种策略以强化老年人社会支持网络，包括个人增能与自助、家庭照顾者支持、邻里互助、志愿者链接、增强社区权能等；巩固社会支持网络成效，建立长效机制。

（8）社区参与。开展适合老年人的文化、体育、娱乐等各项活动，培养老年人兴趣团体，提升老年人的社会活跃度，丰富老年人的社会生活；组织老年人积极参与各项志愿服务，培育老年志愿者队伍，发展老年志愿服务团体；支持老年人参与社区协商，为社区发展出谋划策；拓展老年人沟通和社区参与的渠道；促进老年人群体的社会融合。

（9）老年教育。评估老年人兴趣爱好及教育需求；推动建立老年大学、老年学习社等多种类型的老年人学习机构和平台；开展有关健康教育、文化传统、安全防范、新兴媒介使用等方面的学习培训课程；鼓励和支持老年人组建各种学习交流组织，开展各种学习研讨活动，扩大老年人的社会交往范围；鼓励老年人将学习成果转化运用和传承，鼓励代际相互学习、增进理解。

（10）咨询服务。协调相关专业人士为老年人提供政策咨询、法律咨询、健康咨询、消费咨询等服务；完善老年人信息提供和问询解答的机制和流程。

（11）权益保障。维护和保障老年人财产处置和婚姻自由的权益；发现并及时举报老年人受虐待、遗弃、疏于照顾等权益损害事项；开展社会宣传和公众教育，防止老年人受到歧视、侮辱和其他不公平、不合理对待；协助符合条件的老年人享受社区和机构的各项养老服务，获得老年人补贴和高龄津贴等。

（12）政策倡导。研究、分析与老年人相关的法律法规及社会政策在制定和执行中的不完善与不合理内容，向相关职能部门提出政策完善建议；对社会公众进行教育、宣传，树立对老年人群体的客观、公正的社会评价。

（13）老年临终关怀。开展生命教育，帮助老年人树立理性的生死观；协调医护人员做好临终期老年人的生活照料和痛症管理；密切关注老年人的情绪变化，提供相应的心理支持；协助老年人完成未了心愿及订立遗嘱、器官捐献等法律事务；协助老年人及家属、亲友和解与告别等事宜；协调为老年人提供精神层面的支持；为有需要的老年人及家属提供哀伤辅导服务。

考点五 处理认知与情绪问题

抑郁症、认知症、谵妄和焦虑症是老年人最常见的四个认知和情绪问题。

抑郁症的辨识性特点是影响老年人的情绪和情感；而认知症的特点是影响老年人的认知和智力功能；谵妄类似认知症，但是它的辨识性特点是发病突然，并且有生理方面的原因，这些生理方面的问题往往都可以逆转；焦虑症的典型特点是过度忧虑，有非理性的恐惧，并抱怨躯体不适，但是老年人可能只有焦虑行为而不是焦虑症。

处理老人认知与情绪问题时，社工需要掌握识别老人认知与情绪问题的知识和技能，在价值观方面多注意接纳、尊重、关怀、支持老人，了解老人认知与情绪问题的病理性特征，与医学领域跨专业合作。

考点六 处理虐待和疏于照顾问题

虐待老人指的是恶意对待老人，在身体、情感或心理、性方面或经济方面对老人构成非人道对待或剥削。

疏于照顾老人既包括主动也包括被动地让老人得不到所需的照顾，导致老人的身体、情绪或心理方面健康的衰退。

恶意对待老人的主要类型有：身体虐待、性虐待、情感或心理上的虐待、经济虐待、他人疏于照顾、自我忽视。

处理虐待和疏于照顾问题老人主要介入措施有：保护老年人免受经济方面的剥夺；提供支持性辅导；发展支持性服务；改变和调整环境。

考点七 处理临终关怀问题

（1）控制疼痛和症状，包括音乐治疗、艺术治疗、宠物治疗、戏剧治疗等。按摩和做运动也常用来缓解临终者及其家庭照顾人身体上承受的压力。

（2）协助老人及其家人解决医疗费用方面的问题。

（3）提供丧亲后续服务。后续服务认为尽管照顾濒临死亡的亲人不容易，但是处理亲人离去后的哀伤也需要得到社会支持和专业协助。

考点八 处理丧亲问题

伊丽莎白·库布勒－罗斯提出，人们在接受自己不可避免的死亡或他人的死亡时会经历几个阶段，包括：

（1）否认期。刚得知信息时，人们常常在心理上拒绝接受这一信息。

（2）愤怒期。当麻木感消失后，濒临死亡的人或者其家人可能会感到非常愤怒。

（3）讨价还价期。讨价还价的特点是提出一系列的“交换条件”，有没有更多可能。

（4）抑郁期。当不能改变死亡的事实时，人们常常会抑郁，变得绝望或退缩，有抑郁症的临床症状。

（5）接受期。濒临死亡或者丧亲的人进入能“安静地期待”死亡来临的状态，他们尽管没有绝望或者屈从死亡，但是不再与不可避免的死亡苦苦抗争。

社工在处理丧亲问题时要做的重要工作如下：

（1）提供情感支持。协助老人及其家人处理伴随临近死亡而来的多种复杂的情绪，敞开心扉，处理未了的事宜。

（2）代表老人及其家人争取合理权益。社会工作者可以代表老年人及其家人跟其他专业人员打交道，确保医护人员能敏锐地体察和理解老人及其家人的需要。

（3）提供相关信息。帮助老人及其家人得到有关病情、备选处置方案、预留治疗指示、临终关怀和支持性服务的信息。如一个家庭正在考虑临终关怀服务，那么社会工作者就可以为其提供本地临终关怀组织的相关信息，并细化做出这一选择的步骤。

（4）做丧亲辅导。帮助老人及其家人把丧亲视为一个长期的系列调整过程，促使他们在生活方式和态度上有所改变。社会工作者提供一些支持性服务，包括个人或家庭辅导、家务服务、技能培训、开办支持性小组、组织社会和娱乐性活动等。

★ 考点九　处理自杀问题

自杀评估

社工需要意识到与老人自杀有关的风险因素，并通过直接的、间接的和行为上的线索加以评估。

（1）直接线索。老人若说要结束自己的生命便是直接的线索，表明他正在考虑终止自己的生命。如老人说“我不想活了”。如果老人有直接表达，就需要进一步筛查自杀倾向，包括老人是否有具体的计划和实施的途径，如果有的话，要马上采取干预行动。

（2）间接线索。老人比较间接地表明打算自杀，没有直接说，但表示厌倦或绝望。如老人说“我这样活着真没什么意思了”“没有我你们会过得好一些”。此时应该予以重视。

（3）行为线索。如储存药物，出人意料地留遗嘱或修改遗嘱，突然开始筹划葬礼安排等。

自杀干预

社工处理自杀问题的干预措施包括如下方面。

（1）设定一个极短时间内能够实现的目标，帮助老人缓解感受到的压力。

（2）清除眼前的危险，如储存的药物。

（3）找人陪着老人，或者联络医护人员让老人住院接受进一步评估。

（4）同老人做安全约定，让老人答应在社会工作者下次来探望前不要自杀，并在每次联络老人时重新确认老人的这一承诺。

（5）做简短的缅怀往事治疗，积极地与老人一起回忆其曾经的辉煌与贡献。

（6）动员老人外部环境的资源，诸如家人和朋友帮助老人一起想办法度过困难。

第三节　老年社会工作的主要方法

★ 考点十　老年人评估的目的

（1）识别老人的优势和不足。

（2）识别支持和维护现有功能的方法。

（3）识别恢复丧失功能的干预措施。

（4）识别替代丧失功能的支持性措施。

★ 考点十一　老年人评估的方法

（1）实施评估的物理环境。理想的评估场所是在老人家里。

（2）选择最佳时机做评估。尽量在老人身心状态较好的时候进行。

（3）解释评估的目的。让老人尽可能清楚谁要求做评估（如果不是老人自己的话），以及最终的评估结果会用来做什么。评估必须获得老人在知情情况下的授权。社工应当尽一切可能保护老人的权利和尊严。

（4）注意保密问题。社会工作者有责任告知老人都采取了什么措施保密，让老人知道只有在绝对必要的情况下才会把资料披露给有权过问老人福祉的服务提供者和家人。社会工作者有义务据实向老人解释保密的相关事宜。

（5）通过观察收集评估信息。评估信息既需要通过与老人的沟通交流来获得，也需要通过观察来补充和验证。观察到的东西能成为询问身体健康方面的问题的重要补充。

★ 考点十二　老年人评估的工具

（1）身体健康评估。

（2）心理和情绪评估。

（3）社会功能评估。评估的重点是社会参与和社会支持。

（4）日常活动能力评估。

（5）经济状况和环境安全评估。

★ 考点十三　老年人评估的注意事项

（1）平衡好老人自立与依赖他人的需要。防止老人为保持自立而让生活充满风险，生存、生活受到损害，或者是另一极端，不恰当地过于依赖他人。

（2）关注最初提议做评估的人。在老年社会工作中，最早提议做评估和干预的人往往不是老人自己，而是与他有接触的身边的人。因而，评估时要特别注意最初提议做评估的人的看法和老人自己对待评估的态度，明确相关方的角色，有助于厘清各方关系，及遵循服务对象自决原则。

（3）通过评估为老年人充权。被动接受评估容易使老年人陷入无助、无权的境地，产生无力感，所以在评估过程中既要评估不足，也要评估优势。

（4）重视老年人群体的异质性。老年人群体的异质性非常强，社会工作者在做评估的时候应当把每个老人都当成独特的个体来对待。

（5）尊重老年人的隐私权。在评估过程中要维护服务对象的尊严，注意保护服务对象的个人信息和隐私信息。

★ 考点十四　缅怀往事疗法

缅怀往事疗法是通过回忆一生的成就，使老年人增强进入老年后的自尊，从而避免其陷入绝望。包括整合性缅怀往事、工具性缅怀往事、传递性缅怀往事、叙事性缅怀往事、规避现实型缅怀往事、强迫性缅怀往事六种类型。缅怀往事疗法对老年人的抑郁症、自尊和社会化有积极的作用。

人生回顾疗法所用的时间可以根据老年人做人生回顾的目的、老年人的健康状况、个人的偏好等决定，让老年人逐步识别自己拥有的力量。一般每个重要的人生阶段会用两节的时间来讨论，也可以和老年人设计制作具体的成果来总结和结束人生回顾。需要注意的是，采用此种方法必须做的是对整个工作做后测，对比前测，评估介入的效果。

★ 考点十五　老年人小组工作方法

（1）老年人小组工作的特点。兼顾老年人的身体限制，要考虑相关辅助器具的应用；关注老年人的状态，调动老年人的积极性；要放慢节奏等。

（2）专门适用于老年人的小组。根据老年人的生理和心理的特殊性，社会工作者要考虑到小组实施的可行性。针对具有轻度到中度认知混乱的老年人开展现实辨识小组，一般每天活动1~2次，每次30分钟，以日常生活时事内容为主，使老人尽量保持时间感、方位感和辨识人的能力。针对减少社会接触的老年人开展动机激发小组，老人由于长期缺少社会接触会容易导致交往能力受损，有退缩倾向，没有活力，动机激发小组的目的就是要帮助老年人重新与他人建立联结，激发个人兴趣与活力。

★ 考点十六　老年人社区照顾

社会工作者在老年人社区照顾中的工作重点是社会性照顾，主要处理：

（1）日常生活的实际协助。

（2）为老年人应对日常问题提供实际的建议和帮助。

（3）具体教授和指导老年人掌握新技能，或者强化现有的技能。

（4）专门的社会照顾评估、处置和康复方案，目的是改善个人的社会功能，让老年人能生活得更自由、更独立。

（5）保护老年人中的高风险人群。

★ 考点十七　老年机构照顾

社工在机构照顾中的主要工作有：需求评估，入住引导，协助入住者及其家庭运用社区资源，解决由入住机构带来的经济、法律、精神健康和其他方面的问题，制订机构的社会工作服务计划，协调各项社会服务方案，落实社会支持、个案管理、转介等。

社工在其中的角色主要是照顾者、中介者、倡导者、资源联系人等角色，并致力于老人入院前的评估、入院适应协助、计划的制订、各方资源的整合、服务的提供、出院跟踪等工作。

真题练习

案例分析题（2018 年，第 1 题，20 分）

社会工作者小罗在对李爷爷家进行评估时发现李爷爷家房屋老旧，物品摆放杂乱，室内照明不足，李爷爷和老伴王奶奶以前经常参加社区活动，李爷爷的儿子每周会来探望一次，李爷爷二人的退休工资可以满足日常开销。

前段时间李爷爷因不慎跌倒导致骨折，生活暂时不能自理，全靠王奶奶照顾，李爷爷担心不能康复，情绪十分低落。

针对评估中发现的问题，小罗采取了一系列行动：动员志愿者骨干定期探望李爷爷；邀请医护人员一同进行深入评估，制订上门照顾和康复计划；介绍王奶奶加入照顾互助小组；协调相关部门对李爷爷家进行居家安全改造。此外为更好地满足此类服务对象的需要，小罗总结服务经验，对机构的服务流程提出了改进建议。

问题：

1. 小罗对李爷爷家进行了哪些基础性评估？

2. 在本案例中，小罗运用了哪些间接介入策略？

解析思路：

解题的基本思路是：先读题，读出关键信息点，养成习惯，看题目给的是“谁的信息”“什么信息”（在第二章中有详细说明）；再读问题，弄清楚问什么，初步判断该问题的思考方向，即答案的关键信息来源；然后列答题框架，即问什么，答什么；最后答题，考虑分点作答，不要遗漏可能的信息点，信息点即得分点。

本题是老年社会工作领域的题目。题目出现在当年考试的第 1 题，属于案例分析题，题目的信息比较中规中矩。无论是第 1 题，还是第 5 题，学员都可以遵循同样的方法与步骤解题。读完题目后，看题目给的信息点是否清晰，是否在自己熟悉的有把握的范围内，对解答这道题，心中是否有底。

需要说明的是，通常第 1 题、第 2 题，如果信息点比较清晰，应该可以得到高分，分数应该在 16～18 分之间。需要特别强调的是，这样信息点比较清晰的题目，要做到把关键信息点找全答全，不要遗漏关键信息点。遗漏了关键信息点，即遗漏了得分点。

建议学员在此处停留 20 分钟，按照之前学习的解题方法，自己尝试解题练习。按照 16～18 分要求自己，先试试看。

解题方法：

第一步　读题，读出关键信息点

读题时，注意题目给的是“谁的信息”（波浪线标出）、“什么信息”（横线标出），留意或标记出代表该信息的关键词。读完题，学员对题目所给的关键信息，即可做到心中有底。

社会工作者小罗在对李爷爷家进行评估时发现李爷爷家房屋老旧，物品摆放杂乱，室内照明不足，李爷爷和老伴王奶奶以前经常参加社区活动，李爷爷的儿子每周会来探望一次，李爷爷二人的退休工资可以满足日常开销。

前段时间李爷爷因不慎跌倒导致骨折，生活暂时不能自理，全靠王奶奶照顾，李爷爷担心不能康复，情绪十分低落。

针对评估中发现的问题，小罗采取了一系列行动：动员志愿者骨干定期探望李爷爷；邀请医护人员一同进行深入评估，制订上门照顾和康复计划；介绍王奶奶加入照顾互助小组；协调相关部门对李爷爷家进行居家安全改造。此外为更好地满足此类服务对象的需要，小罗总结服务经验，对机构的服务流程提出了改进建议。

初步读题如上。波浪线标记的是“谁的信息”，即出现的人和单位。横线标记的是“什么信息”，主要是问题（需求）的信息和内容。同时，读完题后，可以发现信息大致分为三部分（三段），第一部分（第一段）是李爷爷家的基本情况，具体包括四点信息；第二部分（第二段）是李爷爷跌倒骨折的情况，包括 3～4 点信息；第三部分（第三段）是小罗采取的一系列行动，包括 5～6 点信息。题目所给的信息点非常清晰，“读题”这一步难度不大，这样的题目就比较有信心。

如果学员能够读出上述比较清晰的几部分信息，对于“读题”这一步，就可以给自己高分。如果这个步骤没有读出上述思路和方向，就对比一下，有哪些需要提高的地方，重点加强训练。

完成“读题”这一步后，接下来进行第二步“读问题”。

第二步　读问题，弄清楚问什么

问题：

1. 小罗对李爷爷家进行了哪些基础性评估？

2. 在本案例中，小罗运用了哪些间接介入策略？

这是试卷中前四道题常用的问法，也是相对比较中规中矩的问法。第一问“小罗对李爷爷家进行了哪些基础性评估”，关键词是“哪些基础性评估”。第二问“小罗运用了哪些间接介入策略”，介入即所实施的内容。这里需要理解的是，直接介入是针对服务对象本人，间接介入是针对服务对象之外的其他人或单位。

弄清楚问什么以后，学员就可以开始思考解答的方向，即找关键信息的素材来源。

优先考虑第一问的答案来自前面的信息，即第一部分和第二部分。同时第一问的题干也提到“小罗对李爷爷家进行了哪些基础性评估”，与题目中第一句话“小罗在对李爷爷家进行评估时发现……”都提醒学员，第一问的答案来自前半部分。第二问的答案更有可能来自后半部分，即“针对评估中发现的问题”之后的部分。

至此，如果学员“读问题”能够读出上述比较清晰的思路和方向，对于“读问题”这一步，就可以给自己高分。如果这个步骤没读出上述思路和方向，就对比一下，有哪些需要提高的地方，重点加强训练。

第三步　列答题框架，问什么，答什么，分点答，具体框架如下。

初步框架：

答：

1. 小罗对李爷爷家进行的基础性评估如下。

（1）

（2）

（3）

（4）

（5）

2. 在本案例中，小罗运用的间接介入策略如下。

（1）

（2）

（3）

（4）

（5）

完整框架：

答：

1. 小罗对李爷爷家进行的**基础性评估**如下。

（1）……评估：……（前面总结提炼评估类型的关键词，后面描述该评估发现的情况）

（2）……评估：……（前面总结提炼评估类型的关键词，后面描述该评估发现的情况）

（3）……评估：……（前面总结提炼评估类型的关键词，后面描述该评估发现的情况）

（4）……评估：……（前面总结提炼评估类型的关键词，后面描述该评估发现的情况）

（5）……评估：……（前面总结提炼评估类型的关键词，后面描述该评估发现的情况）

2. 在本案例中，小罗运用的**间接介入策略**如下：

（1）……介入：……（前面总结提炼介入的关键词，后面描述该类介入的情况）

（2）……介入：……（前面总结提炼介入的关键词，后面描述该类介入的情况）

（3）……介入：……（前面总结提炼介入的关键词，后面描述该类介入的情况）

（4）……介入：……（前面总结提炼介入的关键词，后面描述该类介入的情况）

（5）……介入：……（前面总结提炼介入的关键词，后面描述该类介入的情况）

第四步　分析答题，关键词＋描述

这部分直观呈现答题的真实过程，明确第一问的答案来自前半部分后，就需要从前半部分的信息中总结提炼评估类型或关键词。当然，解答第一问，答案不但需要来自对教材的学习和记忆，更需要来自对题目信息的提炼和分析，不要遗漏关键信息，把可能总结提炼出来的信息都总结提炼出来。直观呈现如下。

第一问答题

思考1：要知道解答本问题的信息来源方向。

信息来源：

社会工作者小罗在对李爷爷家进行评估时发现李爷爷家房屋老旧，物品摆放杂乱，室内照明不足，李爷爷和老伴王奶奶以前经常参加社区活动，李爷爷的儿子每周会来探望一次，李爷爷二人的退休工资可以满足日常开销。

前段时间李爷爷因不慎跌倒导致骨折，生活暂时不能自理，全靠王奶奶照顾，李爷爷担心不能康复，情绪十分低落。

思考2：这些信息的背后，应该代表了一些基础性评估的类型。

从每个信息点中提炼出基础性评估的类型或关键词，不要遗漏。有时候一个信息点中有可能会提炼出几个关键词，不确定是哪个关键词时，可以考虑都写上，这样就会出现一个信息点（一句话）中可能提炼出几个关键信息。关键词尽量使用书面化的语言，对应教材中关于基础性评估知识点的小标题。如果从一个信息点（一句话）中总结不出关键词或者书面化词语，也不要轻易放过，可以考虑使用该句话中最能代表核心意思的原文关键词作为这句话的关键词。即如果信息点清楚，不能因为不清楚书面化的语言，而不去作答，或者“主动忽视”该信息点。

答：

1. 小罗对李爷爷家进行的基础性评估如下。

（1）……评估：家房屋老旧，物品摆放杂乱，室内照明不足。

（2）……评估：李爷爷和老伴王奶奶以前经常参加社区活动。

（3）……评估：李爷爷的儿子每周会来探望一次。

（4）……评估：李爷爷二人的退休工资可以满足日常开销。

（5）……评估：前段时间李爷爷因不慎跌倒导致骨折，生活暂时不能自理，全靠王奶奶照顾，李爷爷担心不能康复，情绪十分低落。

思考3：提炼出可能的关键信息。

答案均来自题目所给的信息，学员需进行分析、总结、提炼，把可能的关键词信息都提炼出来。

答：

1. 小罗对李爷爷家进行的基础性评估如下。

（1）居家环境安全评估：李爷爷家房屋老旧，物品摆放杂乱，室内照明不足。

（2）社区参与评估：李爷爷和老伴王奶奶以前经常参加社区活动。

（3）家庭关系评估：李爷爷的儿子每周会来探望一次。

（4）经济状况评估：李爷爷二人的退休工资可以满足日常开销。

这个信息点（这句话）："前段时间李爷爷因不慎**跌倒导致骨折，生活**暂时不能**自理，**全靠王奶奶**照顾，**李爷爷**担心**不能**康复，情绪**十分**低落**"，可能提炼出多个关键词，如下。

（5）身体功能评估：……

（6）日常生活自理能力评估：……

（7）照顾情况评估：……

（8）健康情况评估：……

（9）心理情绪评估：……

基于上述真实的答题思考过程，第一问最终出现在卷面上的参考答案如下。

1. 小罗对李爷爷家进行的基础性评估如下。

（1）居家环境安全评估：李爷爷家房屋老旧，物品摆放杂乱，室内照明不足。

（2）社区参与评估：李爷爷和老伴王奶奶以前经常参加社区活动。

（3）家庭关系评估：李爷爷的儿子每周会来探望一次。

（4）经济状况评估：李爷爷二人的退休工资可以满足日常开销。

（5）身体功能评估：李爷爷因不慎跌倒导致骨折，生活暂时不能自理。

（6）日常生活自理能力评估：李爷爷生活不能自理。

（7）照顾情况评估：全靠王奶奶照顾。

（8）健康情况评估：李爷爷跌倒骨折不能自理。

（9）心理情绪评估：李爷爷担心不能康复，情绪低落。

第二问答题

基本思考过程如第一问，不再赘述，具体如下。

思考1：明确解答本问题的信息方向来源。

信息来源：

针对评估中发现的问题，小罗采取了一系列行动：动员志愿者骨干定期探望李爷爷；邀请医护人员一同进行深入评估，制订上门照顾和康复计划；介绍王奶奶加入照顾互助小组；协调相关部门对李爷爷家进行居家安全改造。此外为更好地满足此类服务对象的需要，小罗总结服务经验，对机构的服务流程提出了改进建议。

思考2：找准该部分信息点的关键词，不要遗漏关键信息。

该部分的关键词应该是不同相关方的介入，有5～6个关键词，用波浪线部分标注如下，介入应该来自这些关键信息（关键词）。如果判断出这些关键信息（关键词）

就是得分点，则应优先把这些关键信息（关键词）写在答案最醒目的位置。示例如下：

2. 在本案例中，小罗运用的间接介入策略如下：

（1）动员志愿者骨干介入：……

（2）邀请医护人员介入：……

（3）加入照顾互助小组介入：……

（4）协调相关部门介入：……

（5）针对此类对象总结服务经验介入：……

（6）针对此类对象改正服务流程介入：……

信息来源：

针对评估中发现的问题，小罗采取了一系列行动：动员志愿者骨干定期探望李爷爷；邀请医护人员一同进行深入评估，制订上门照顾和康复计划；介绍王奶奶加入照顾互助小组；协调相关部门对李爷爷家进行居家安全改造。此外为更好地满足此类服务对象的需要，小罗总结服务经验，对机构的服务流程提出了改进建议。

思考3：解答本问题可能面临的其他疑问。

有学员可能提出，“动员志愿者骨干定期探望李爷爷”，是直接介入还是间接介入？通常，社工针对服务对象本人的介入，应该是直接介入；社工针对服务对象之外的其他人或单位的介入，应该是间接介入。基于此，如果是社工去动员志愿者，则应该是间接介入；如果是社工直接联系李爷爷做工作，则是直接介入。因此，这个信息点应该是间接介入。假如部分考生犹豫，或者遇到实在判断不清楚的情况，优先的建议是答上去。

基于上述真实的答题思考过程，第二问最终出现在卷面上的参考答案如下。

2. 在本案例中，小罗运用的间接介入策略如下。

（1）动员志愿者骨干介入：动员志愿者定期探望李爷爷。

（2）邀请医护人员介入：开展深入评估，制订上门照顾和康复计划。

（3）通过照顾互助小组介入：介绍王奶奶参加照顾小组。

（4）协调相关部门介入：对李爷爷家进行居家安全改造。

（5）针对类似情况总结经验介入：为更好地满足此类服务对象的需要，小罗总结服务经验。

（6）提供服务流程改正建议介入：针对此类情况，对机构的服务流程提出了改进建议。

学习心得

本章讲授了老年社会工作的相关知识，需要学员重点掌握老年人的需求、老年人的问题、老年社会工作的内容、处理老年人认知和情绪问题、处理虐待与疏于照顾问题、处理临终关怀问题、处理丧亲问题、处理自杀问题、老年人评估、老年人小组工作方法、老年人社区照顾、老年人机构照顾的相关知识。

本章真题练习部分是当年考试的第 1 题，题目所给的信息中规中矩，明确分为几部分信息；问题中规中矩，两个问题都很直接。这样的题目应该可以取得高分。在真题练习的解题中，比较详细地呈现了解题的思考过程，希望学员能够对此类型题目触类旁通。

这里也要提醒一下，中级实务考试时，学员需要有明确的认识——问题的答案都在题目所给的信息中。如何在题目所给的信息中寻找答案？基本的思路就是“答案要么在第一段，要么在第二段，要么在第三段”。尤其如果题目是像本题这样一整块一整块地给信息，即几个部分区分得很清晰，这种思路在分析问题及思考答题信息的来源方向时，就会非常有效。以本章的真题练习为例，第一问的答案优先考虑在第一段和第二段，第二问的答案优先考虑在第三段。这样的解题思路，在未来处理更复杂的题目（往往是第 4 题和第 5 题）信息时同样适用，且效果更加明显。在此先以本题为例，提出这种（怎么在题目中找答案——答案或者在第一段，或者在第二段）解题思路，供学员参考。希望学员在未来能够活学活用，用于分析更复杂的题目。

扫码听课

第六章　妇女社会工作

学习导引

本章学习中，需要重点掌握的知识内容是妇女的需求和问题、妇女社会工作的特点、妇女社会工作的目标、妇女社会工作的原则、社会性别理论、处理婚姻与家庭关系的工作策略（在性别视角下的家庭工作原则）、针对妇女暴力的干预原则和策略、推进性别平等的工作、性别分析方法、妇女赋权的方法、性别视角的妇女社会工作方法。

本章的特点非常鲜明，基本观点是维护妇女权益，关注妇女的声音和经验，了解、理解、接纳妇女的现实处境，强调妇女个人问题的社会原因。需要特别注意干预原则或策略方面，通常分为多个层面，即个人层面、人际层面和环境层面。个人层面强调解决具体困难，帮助妇女进行意识觉醒，感觉到自己是有能力解决问题的；人际层面强调增加个人与他人合作解决问题的经验，社工与服务对象是互惠协作关系，鼓励建立妇女支持小组来改善人际层面关系，获得人际网络支持；环境层面强调通过集体行动，提升妇女改变政策的能力，建立性别公正的社会制度和文化。这也是妇女赋权的基本观点。从妇女社会工作目标的角度看，基本对应初始目标、中间目标和最终目标。学员需要对各个层面的要点进行重点掌握，在中级实务的考试题型中，往往会给出多个层面的影响因素，注意分析全面，这样提出解决策略时，才能够与各个层面一一对应。

考点精要

第一节　妇女社会工作概述

考点一　妇女的需要及问题

（1）妇女的需要

妇女的需要主要包括：维护妇女权益和保障妇女全面发展的需要；落实男女平等基本国策、将性别平等纳入决策主流的需要。

（2）妇女面临的问题

针对女性的需求和角色责任，妇女面临的问题包括：婚姻与家庭问题；针对妇女的暴力问题；妇女的生殖健康问题；留守妇女和流动妇女问题；妇女就业问题；妇女的贫困化问题；拐卖妇女问题；妇女土地权益保障问题以及妇女参政问题。

考点二　妇女社会工作的主要特点

（1）关注妇女的多样性。

（2）关注妇女的声音和经验。

（3）了解、理解和接纳妇女的现实处境。

（4）两性差异不等于女性次于男性。

（5）强调妇女个人问题的社会原因，“个人的即政治的”。

（6）注重本土妇女工作经验的总结和提炼。

考点三　妇女社会工作的目标

妇女社会工作有三个层面的目标。

初始目标

（1）缓解压力和宣泄情绪。

（2）提升妇女对自我的认识，帮助她们重塑自我。

（3）解决妇女的实际困难和需要。

中间目标

（1）协助妇女重新界定妇女问题，认识到“个人的即政治的”。

（2）增强妇女性别平等意识，促进自省、自信和自我认同。

（3）建立妇女的支持小组，减少服务对象的孤独感。

最终目标

（1）重新建构性别权利关系。

（2）建立妇女网络与社会网络之间的连接。

（3）倡导和建立全社会的性别公正和公平的意识和制度。

考点四　妇女社会工作的原则

（1）承认妇女的多样性以及工作视角的多样性。

（2）尊重妇女作为独立的个体，而不只是家庭角色的扮演者。

（3）了解、理解和接纳妇女的现实处境和她们的生存选择。

（4）认识到妇女本身的丰富资源，她们有能力处理自己的问题。

（5）妇女是发展的主体，不是客体。

（6）增加和增强妇女的资源和选择的多样性。

（7）将个体与群体联结起来，促进妇女之间的互助，特别是具有类似经历的妇女。

（8）妇女问题的解决需要多视角结合、多机构合作。

（9）社会工作者与服务对象之间是平等的救助与被救助关系。

考点五　社会性别理论

社会性别是与生理性别相对的一个概念。社会性别是指在一个特定社会中，由社会形成的男性和女性的群体特征、角色、分工、活动及责任。它由后天社会建构而成，在个人社会化以及社会制度中得到传递和巩固。

社会性别的主要观点有如下方面。

（1）制度因素和文化因素是造成男性和女性的角色及行为差异的原因，两性差异不等于女性次于男性。

（2）现有的社会性别观念是社会化的产物。

（3）对妇女角色和行为的预期，往往是对妇女生物角色的延伸。

（4）社会性别的角色是后天学习来的，可以改变。

（5）社会结构有利于男性，女性易受歧视和排斥。

（6）性别既存在于私人生活领域，也存在于公共生活领域。

（7）社会性别概念是对传统社会性别关系不平等的不认可和挑战。

（8）社会性别是一种社会身份，它与其他社会身份（如阶层、民族等）交织在一起。

（9）个人的问题也是政治的问题。

第二节　妇女社会工作的主要内容

★ 考点六　婚姻和家庭关系的调适

（1）婚姻和家庭关系调适。主要包括夫妻关系的调适、婆媳关系的调适、亲子关系的调适三个方面。

（2）针对单亲母亲家庭的服务。单亲母亲家庭面临的主要问题有：单亲子女教育难，单亲母亲贫困化，就业、再婚困难，社会对单亲母亲的歧视和偏见使她们的生存环境恶劣，缺乏针对单亲母亲家庭的社会保障等。

（3）针对失独家庭的服务。面对近年来逐步增多的失独家庭及问题，社会工作者应从社会层面倡导政策的制度性保障、社区层面的互助关怀氛围以及家庭层面的辅导与支持等方面来开展服务。

★ 考点七　婚姻与家庭关系的工作策略（与家庭一起工作的视角）

（1）家庭为本和妇女为本的视角。家庭为本的服务理念强调：第一，协助家庭最好的方法是加强和提高家庭的自主能力；第二，强调以人格平等为原则的现代家庭关系。妇女为本的实践原则强调：第一，要求尊重家庭中妇女作为独立的人的需要和情感，不仅把她们视为家庭角色的扮演者，更强调不能为了所谓的家庭利益而忽视或者牺牲妇女的利益；第二，家庭问题不只是家庭内部成员之间的关系问题，更是深受社会政治、经济和文化影响的问题。

（2）性别视角的家庭工作原则。包括：尊重和接纳现实中家庭形式和婚姻形式的多样性；重新调整家庭权力，避免家庭暴力、冲突与资源分配不均；夫妻双方工作和家庭生活的协调与平衡；做好父母不仅是一种责任，更需要学习，父和母的责任同等重要。

★ 考点八　针对妇女暴力的干预原则

（1）关注受害妇女的生命安全。

（2）接受受害妇女描述的问题而不是责怪受害者。

（3）尊重受害妇女的人格独立，提升她们的自信心。

（4）与受害妇女建立信任、真诚的专业关系。

★ 考点九 针对妇女暴力的干预策略

（1）促进相关立法及法律完善，建立救助机制，创造良好社会环境。（宏观）

（2）开展反对针对妇女暴力的综合干预行动，多机构合作的服务。（中观）

（3）建立受暴妇女支持小组，成员发展意识、建立对施暴人的干预机制。（中观）

（4）为受暴妇女提供各种形式的服务，心理辅导、咨询，个案辅导等。（微观）

★ 考点十 针对流动妇女和留守妇女的服务

（1）针对流动妇女的服务。完善社会保障制度，使其能够平等地享受国家教育、医疗、就业、养老等社会保障资源，优化她们的生活和工作环境；社会工作者可以开展个性化服务，鼓励她们参与社区公益活动，对她们进行职业培训，给她们的孩子开办各种活动，建立支持小组促进联结。

（2）针对留守妇女的服务。社会工作者可以从多方面介入，服务可以包括政策方面关注农业女性化带来的农业问题；提供农业技术的培训，提高其农业技术水平；用政策和资源改善留守妇女的精神生活，提供安全的生活环境；减轻生活负担，增加资源以减少她们的压力和困难；建立妇女组织，增强互助意识。

★ 考点十一 妇女贫困的影响因素及脱贫工作

导致妇女贫困的因素是多方面的，通常包括环境因素、社会结构因素及个人主观因素。

（1）环境因素。女性贫困与自然环境、制度环境、社会经济环境等因素有关。

（2）社会结构因素。劳动力市场、社会分配体制、社会保障制度等因素不利于女性的选择和发展，具体表现为土地政策、户籍制度、婚姻制度等社会制度缺乏对女性的保护，造成女性的被边缘化而陷入贫困。

（3）个人主观因素。女性在生理、心理以及思想认识方面的局限也是致贫因素之一。

第三节 妇女社会工作的主要方法

★ 考点十二 性别分析方法

（1）实用性社会性别需求：人类生存的实际需求，如对食物、健康、就业等的需求，体现在生活问题的具体解决，不具有对社会性别的挑战性。

（2）战略性社会性别需求：关于平等权利和社会公正的需求，改变女性不平等从属地位而产生的需求，让妇女获得更多的平等权利，改变现存社会分工模式和角色，体现的是妇女问题的社会根源。

★ 考点十三 妇女赋权的干预目标

赋权是指一个人感觉有一种自我控制的能力、尊重自己、内心充满自信，并且相信自己有能力改变现状。其干预目标分为三个层次。

（1）个人层次，包括个人感觉到自己有能力去影响或者解决问题。

（2）人际层次，指的是增长个人和他人合作促成问题解决的经验。

（3）环境层次，是指促进改善社会政策的能力。

考点十四　评估妇女赋权的层次指标

（1）福利的平等得到层面主要评估女性是否得到和男性一样的福利资源。

（2）资源使用层面。在与男人平等的基础上，女性使用生产资料的权利，如平等地使用土地和劳动、获得贷款、培训和所有公共服务的权益。

（3）意识层面。需要有社会性别意识，让女性了解和意识到因为性别歧视导致机会缺失、资源分配不公等的现状，将意识增强作为迈向两性平等的基础工作。

（4）参与层面。女性平等参与家庭、社区和社会方面的支配和决策，增强在计划、决策、组织、管理、开展活动以及与周围他人和机构打交道等方面的能力。

（5）资源的支配层面。通过意识增强和决策参与，平等地支配生产资料和分配利益。

考点十五　妇女赋权的方法

（1）意识觉醒。主要在个人层面，通过鼓励、肯定、教育，增进女性的自信和能力，提升价值感；通过阅读、小组讨论、经验分享等方式观察和了解女性社会地位，建立改变的思想基础；和服务对象一起讨论个人问题和社会制度之间的关系，分析讨论两性之间、家庭以及日常生活中的权利关系，使其认识到存在的问题大多与权利有关。

（2）建立协同关系。主要在人际层面，彼此相互教育，共同学习成长，社会工作者和服务对象是互利互惠、患难与共的协同伙伴关系。

（3）借助集体行动，倡导政策改变。主要在社会层面，通过培训、座谈、排练等方式，创造真诚、畅通的交流环境，展现女性的智慧和创造力，实现自我教育和教育他人，并发出女性声音，促进社会变革。

考点十六　性别视角的妇女社会工作方法

（1）建立关系。建立关系的技巧有：①具有性别敏感性的倾听、反映感受和表达同感；②接受和协助妇女厘清责任归属，而不是责怪她们；③鼓励妇女表达个人化的故事和经验；④肯定妇女在家庭中所承担责任的价值；⑤尊重妇女的语言表达逻辑、帮助妇女接纳自己的情绪；⑥社会工作者和服务对象的平等关系。

（2）协助妇女重新界定问题，增强意识。

（3）挖掘自身潜能，联络周围资源，解决所面对的问题。

（4）协助类似处境的妇女建立支持小组。兼顾两种性别需求，要有性别敏感意识。

（5）社区层面：要加强宣传与教育，运用参与式方法，注重倡导、资源链接、多部门合作。

真题练习

方案设计题（2019 年，第 5 题，20 分）

近年来，职场性骚扰事件频频爆出，其中大部分受骚扰者是女性，这引起了社会广泛关注。某地工会联合社会工作服务机构计划在 H 企业中开展反职场性骚扰服务，服务前期的抽样调查显示，大部分企业员工对职场性骚扰问题有比较正确的认识，但也有少部分人认为受害女性“衣着暴露，是自找的”，“男人难免有点不良习气”，甚至有人认为那些投诉上司有性骚扰行为的女性是“别有用心”。在对受害女性的深度访谈中发现，有的受害女性希望惩戒骚扰者，却不知如何投诉；有的受害女性因为担心遭到打击报复、被人嘲讽后失去工作而选择了忍气吞声；有的受害女性甚至出现了自卑、罪恶感、恐惧和自我封闭等较为严重的心理问题。

要求：

依据社会性别理论，设计一份反职场性骚扰的社会工作服务方案。需说明理论，并分别运用个人发展模式和社群权益模式，列出具体目标和干预策略。

解析思路：

解题的基本思路是：先读题，读出关键信息点，养成习惯，看题目给的是“谁的信息”“什么信息”；再读问题，弄清楚问什么，初步判断该问题的思考方向，即答案的关键信息来源；然后列答题框架，即问什么，答什么；最后答题，考虑分点作答，不要遗漏可能的信息点，信息点即得分点。

本题是妇女社会工作领域和企业社会领域的题目。题目出现在当年考试的第 5 题，属于方案设计题，题目的信息中包含着对社会性别理论的考查，以及对个人发展模式和社群权益模式（第十五章企业社会工作中的内容）的考查，让考生初看起来可能有些紧张。类似的真题练习，在第三章儿童社会工作中进行过讲解，学员对第 5 题的题型应该开始有一定的认识。无论是第 1 题，还是第 5 题，学员都可以遵循同样的方法步骤解题。读完题目后，看题目给的信息点是否清晰，是否在自己把握的范围内，对解答这道题，心中是否有底。

学员在学习和练习的过程中，一定要珍惜这样的习题。不要轻易去看答案。一旦看了答案，就失去了真题练习的价值了。因为练习是一步一步经过分析最终解答出来的过程，在哪个环节，会遇到什么困难，一定要有这个体验的过程。只有知道会遇到什么困难，才可能学习如何克服困难解决问题。如果一遇到思路不清楚，或者有些难度的题目，就直接去看参考答案，连困难是什么都不清楚，就更没有办法学会克服困难解决问题的方法技能了。所以，学员先按照之前学习的解题方法，结合第三章真题练习部分的学习和练习经验，自己尝试作答，做好准备，时间严格控制在 30 分钟之内，体验解题作答的过程会遇到什么困难，在哪个步骤遇到了困难。清楚在哪个步骤，会遇到什么困难，就可以有针对性地做练习。一旦决定开始真题练习，就要做好克服困难的准备，在读题、读问题、列框架、分点答的过程中遇到问题时，要坚持想办法答题。如果没做好准备，可以先暂时不开始练习。

在此，再次提醒，学员通常遇到的困难相对集中在两个方面：一是思路方面不清楚，读完题目后感觉抓不住关键信息，读完问题后感觉找不到解答方向，一旦思路、方向不清楚，解题就会有困难；二是文书语言组织不好，尤其是在做改错题时，思考了许多，到下笔时，依然不知该如何组织文书语言。鼓励大家遇到困难时，先想办法解答，没有思路时，告诉自己，冷静下来，不要胡思乱想，答案都在题目所给的信息中，题目的信息只有几句话，或者一两段，那么答案要么在第一段，要么在第二段，这样就更容易找到解题的方向和思路。有了相对明确的答题信息来源，如何组织文书语言的问题也就迎刃而解——基于分析出来的关键信息点（关键词），分点答题即可。

建议学员在此处停留30分钟，先按照上述方法与步骤，独立解题作答，然后再阅读学习，即带着自己做题的真实体验，进行有针对性的阅读和学习。

解题方法：

第一步　读题，读出关键信息点

读题时，注意题目所给的是“谁的信息”（波浪线标出）和“什么信息”（横线标出），留意或标记出代表该信息的关键词。读完题，对于题目所给的关键信息，即可做到心中有底。

近年来，职场性骚扰事件频频爆出，其中大部分受骚扰者是女性，这引起了社会广泛关注。某地工会联合社会工作服务机构计划在H企业中开展反职场性骚扰服务，服务前期的抽样调查显示，大部分企业员工对职场性骚扰问题有比较正确的认识，但也有少部分人认为受害女性“衣着暴露，是自找的”，“男人难免有点不良习气”，甚至有人认为那些投诉上司有性骚扰行为的女性是“别有用心”。在对受害女性的深度访谈中发现，有的受害女性希望惩戒骚扰者，却不知如何投诉；有的受害女性因为担心遭到打击报复、被人嘲讽后失去工作而选择了忍气吞声；有的受害女性甚至出现了自卑、罪恶感、恐惧和自我封闭等较为严重的心理问题。

初步读题如上。波浪线标记的是“谁的信息”，即出现的人和单位，大致包括“社会”“工会”“企业”“大部分企业员工”“少部分人”“有人”“受害女性”（包括三类情况）等。横线标记的是“什么信息”，主要是不同信息主体认知或做法的信息。

题目的信息大致可以分为两大部分，以“在对受害女性的深度访谈中发现”为分界点。前面的部分是“其他人”的信息，主要包括三类人即“大部分企业员工”“少部分人”“有人”，对应三个观点；后面的部分是“受害女性”的信息，包括三个“有的受害女性”，对应三种情况的信息。这样的信息划分，你是否也观察留意到？或者是否认同？

题目所给的信息点总体比较清晰，第5题给出的信息点通常是清晰的，学员基本都可以从题目所给的关键信息中分析提炼出对应信息的关键词。

如果你能够读出上述比较清晰的几部分信息，对“读题”这一步，就可以给自己高分。如果这个步骤没读出上述思路和方向，就对比一下，有哪些需要提高的地方，重点加强训练。

完成“读题”这一步后，接下来进行第二步“读问题”。

第二步　读问题，弄清楚问什么

要求：依据社会性别理论，设计一份反职场性骚扰的社会工作服务方案。需说明理论，并分别运用个人发展模式和社群权益模式，列出具体目标和干预策略。

这是试卷中第5题的典型问法。要读清楚问题。

要求“依据社会性别理论”，意味着“社会性别理论”是解决上述问题的理论。“设计一份反职场性骚扰的社会工作服务方案”，在中级实务的考查中，不需要考虑方案的结构组成部分，也不用考虑方案是否要写标题、背景、目标、内容、流程、人员安排、进程安排、评估方法、经费预算、风险控制等部分，而是问什么答什么。“需说明理论，并分别运用个人发展模式和社群权益模式，列出具体目标和干预策略”，即答案应该包含三大点，或者三个方面。第一部分应该答关于社会性别理论的基本观点，第二部分答个人发展模式，第三部分答社群权益模式。个人发展模式下应该包含具体目标和干预策略两小点，社群权益模式下也应该包含具体目标和干预策略两小点。

弄清楚问什么以后，学员就可以开始思考解答的方向，即找关键信息的素材来源。

社会性别理论应该是解决上述问题的理论依据，理论的观点应该与受害女性面临的问题表现对应起来。如果对理论掌握熟练，可以结合理论知识和受害女性面临的问题来作答；如果理论掌握不熟练，也可以对照题目中受害女性面临的问题总结提炼观点。

既然问题所给的信息是“分别运用个人发展模式和社群权益模式”，那就想想哪些信息是“个人发展模式”的信息，哪些信息是“社群权益模式”的信息。初步比较可得出，“其他人”的三个信息应该是“社群权益模式”的信息，具体目标和干预策略应该各包含三小点；“受害女性”的三个信息则应该是“个人发展模式”的信息，具体目标和干预策略也应该各包含三小点。

这样回到三部分问题，就有了相对明朗的信息素材来源，为解题奠定了坚实的基础。

至此，如果你“读问题”能够读出上述比较清晰的思路和方向，对于“读问题”这一步，就可以给自己高分。如果这个步骤没读出上述思路和方向，就对比一下，有哪些需要提高的地方，重点加强训练。

第三步　列答题框架，问什么，答什么，分点答，具体框架如下。

答：

1. 社会性别理论说明如下。

（1）

（2）

（3）

2. 个人发展模式

（1）具体目标：

①

②

③

（2）干预策略：

①

②

③

3. 社群权益模式

（1）具体目标：

①

②

③

（2）干预策略：

①

②

③

第四步　分析答题，关键词+描述

三个部分的答题信息大致区分开后，就有了基本清楚的答题信息素材来源。答题的语言组织，尽量来自题目提供的信息素材，这样可以降低语言组织的困难程度。同时，可能让学员犯难的是，每个方面需要写上三点信息。

关于理论说明，学员可以基于理论学习，或在理论掌握不熟练的情况下，也要总结提炼，至少按照3~4点信息回答。后两部分两个模式中，“具体目标”“干预策略”应该与信息主体对应的认知或做法对应，语言组织方面，关键词要保持高度的统一，即三点信息之间是前后一一对应的逻辑关系（详见第二章案例分析与方案设计的逻辑框架），只要保持关键词的高度统一，即可用关键词将三点信息串联起来，书写起来就相对比较容易，只需针对问题提炼关键词即可。

理论说明参考答案：

答：

1. 社会性别理论说明如下。

（1）女性面临的问题与社会各方面因素有关，需要引起社会关注。

（2）女性的问题不是女性自身的问题，更不是自找的问题，而是与男性有关。

（3）女性面临着受歧视、不平等的社会文化环境，遭遇不公正对待。

（4）两性差别不等于女性次于男性。

（5）需要理解女性的处境，倾听女性的声音，相信女性能力。

（6）需要通过建立公正的制度和文化，支持女性维护身心健康和个人权益。

信息来源：

近年来，职场性骚扰事件频频爆出，其中大部分受骚扰者是女性，这引起了**社会广泛关注**。某地工会联合社会工作服务机构计划在H企业中开展反职场性骚扰服务，服务前期的抽样调查显示，大部分企业员工对职场性骚扰问题有比较正确的认识，但也有少部分人认为受害女性**"衣着暴露，是自找的"，"男人难免有点不良习气"**，甚至有人认为那些投诉上司有性骚扰行为的女性是**"别有用心"**。在对受害女性的深度访谈中发现，有的受害女性**希望惩戒骚扰者**，却不知如何投诉；有的受害女性因为**担心遭到打击报复、被人嘲讽后失去工作而选择了忍气吞声**；有的受害女性甚至出现了**自卑、罪恶感、恐惧和自我封闭等较为严重的心理问题**。

个人发展模式参考答案：

答：

2. 个人发展模式

（1）具体目标

①教授受害女性维护权益的渠道，提升维权能力，惩戒骚扰者。

②消除受害女性的担心顾虑，使她们不再忍气吞声，增强维权信心。

③关注女性心理问题，保护身心健康，消除自卑、罪恶感、恐惧，走出自我封闭。

（2）干预策略

①通过法律权益知识和维权渠道学习，提升女性维权能力，通过维权惩戒骚扰者。

②通过女性支持小组及工会系统支持，消除受害女性的担心顾虑，使其不再忍气吞声，增强维权信心。

③通过心理情绪支持和社会参与，缓解受害女性压力，保护其身心健康，消除自卑、罪恶感、恐惧，走出自我封闭。

信息来源：

近年来，职场性骚扰事件频频爆出，其中大部分受骚扰者是女性，这引起了社会广泛关注。某地工会联合社会工作服务机构计划在H企业中开展反职场性骚扰服务，服务前期的抽样调查显示，大部分企业员工对职场性骚扰问题有比较正确的认识，但也有少部分人认为受害女性"衣着暴露，是自找的"，"男人难免有点不良习气"，甚至有人认为那些投诉上司有性骚扰行为的女性是"别有用心"。在对受害女性的深度访谈中发现，有的受害女性**希望惩戒骚扰者，却不知如何投诉**；有的受害女性因为**担心遭到打击报复、被人嘲讽后失去工作而选择了忍气吞声**；有的受害女性甚至出现了**自卑、罪恶感、恐惧和自我封闭等较为严重的心理问题**。

社群权益模式参考答案：

答：

3. 社群权益模式

（1）具体目标

①引导社会各界对性骚扰问题树立正确认识，关注支持女性维权。

②消除对女性的歧视偏见，改变“性骚扰是自找的”“男人难免有点不良习气”“别有用心”的错误认知和偏见。

③建立平等的性别文化和公正的政策制度，保障女性的合法权益。

（2）干预策略

①通过性别教育和员工教育，引导社会各界对性骚扰问题树立正确认识，关注支持女性维权。

②通过工会与企业开展反职场性骚扰宣传活动，消除对女性的歧视偏见和错误认知。

③建立实施调查研究与政策倡导，推动平等的性别文化和公正的政策制度，保障女性的合法权益。

信息来源：

近年来，职场性骚扰事件频频爆出，其中大部分受骚扰者是女性，这引起了**社会广泛关注**。某地工会联合社会工作服务机构计划在**H企业**中开展反职场性骚扰服务，服务前期的抽样调查显示，**大部分企业员工**对职场性骚扰问题**有比较正确的认识**，但也有**少部分人**认为受害女性**“衣着暴露，是自找的”，“男人难免有点不良习气”**，甚至**有人**认为那些**投诉上司**有性骚扰行为的女性是**“别有用心”**。在对受害女性的深度访谈中发现，有的受害女性希望惩戒骚扰者，却不知如何投诉；有的受害女性因为担心遭到打击报复、被人嘲讽后失去工作而选择了忍气吞声；有的受害女性甚至出现了自卑、罪恶感、恐惧和自我封闭等较为严重的心理问题。

最终出现在卷面上的参考答案如下。

1. 社会性别理论说明如下。

（1）女性面临的问题与社会各方面因素有关，需要引起社会关注。

（2）女性的问题不是女性自身的问题，更不是自找的问题，而是与男性有关。

（3）女性面临着受歧视、不平等的社会文化环境，遭遇不公正对待。

（4）两性差别不等于女性次于男性。

（5）需要理解女性的处境，倾听女性的声音，相信女性能力。

（6）需要通过建立公正的制度和文化，支持女性维护身心健康和个人权益。

2. 个人发展模式

（1）具体目标

①教授受害女性维护权益的渠道，提升维权能力，惩戒骚扰者。

②消除受害女性的担心顾虑，使她们不再忍气吞声，增强维权信心。

③关注女性心理问题，保护身心健康，消除自卑、罪恶感、恐惧，走出自我封闭。

（2）干预策略

①通过法律权益知识和维权渠道学习，提升女性维权能力，通过维权惩戒骚扰者。

②通过女性支持小组及工会系统支持，消除受害女性的担心顾虑，使其不再忍气吞声，增强维权信心。

③通过心理情绪支持和社会参与，缓解受害女性压力，保护其身心健康，消除自卑、罪恶感、恐惧，走出自我封闭。

3. 社群权益模式

（1）具体目标

①引导社会各界对性骚扰问题树立正确认识，关注支持女性维权。

②消除对女性的歧视偏见，改变“性骚扰是自找的”“男人难免有点不良习气”“别有用心”的错误认知和偏见。

③建立平等的性别文化和公正的政策制度，保障女性的合法权益。

（2）干预策略

①通过性别教育和劳资纠纷介入，引导社会各界对性骚扰问题树立正确认识，关注支持女性维权。

②通过工会与企业开展反职场性骚扰宣传活动，消除对女性的歧视偏见和错误认知。

③建立实施调查研究与政策倡导，推动平等的性别文化和公正的政策制度，保障女性的合法权益。

上述答案仅供参考。

学习心得

本章讲授了妇女社会工作的相关知识，需要学员重点掌握妇女的需求和问题、妇女社会工作的特点、妇女社会工作的目标、妇女社会工作的原则、社会性别理论、处理婚姻与家庭关系的工作策略（在性别视角下的家庭工作原则）、针对妇女暴力的干预原则和策略、推进性别平等的工作、性别分析方法、妇女赋权的方法、性别视角的妇女社会工作方法。本章的理论比较多，对妇女问题的分析，强调多元因素，注重多个层面的综合干预。

本章真题练习部分是当年考试的第 5 题，是带着理论知识的题目。通过第四章青少年社会工作及本章的真题练习，大家开始熟悉第 5 题的解题方法，也能明显感受到这类题目需要花费更大的精力。学员一方面应尽量熟悉相关理论知识，另一方面也需要有清晰的分析理解思路。最终能够将题目答出来，依靠的一方面是对理论的掌握（题目中已经给出的信息），另一方面是对解题方法的掌握。需要有清晰的解题思路，了解方案设计时问题（需求）、原因（理论）、目标、内容、效果之间的一一对应关系。案例分析与方案设计的题目，需要对知识有初步的了解和掌握，同时也考查学员分析理解、总结归纳、文书写作等实务工作能力。

同时，对比试卷中的第 1 题和第 2 题，第 5 题的难度通常会明显增加，很难得到高分。需要特别提醒的是，遇到困难的时候，一定要保持冷静的头脑和清晰的思路及坚韧的毅力，决不放弃，只要做到思路清晰、中规中矩地完成解答，通常也可以得到 12 ~ 14 分，保证本题基本顺利过关，或者至少得到 10 ~ 12 分，一道题不至于落下许多分数。第 5 题不仅仅是知识的学习和分析理解能力的体现，也是学员在考场的压力环境下，面对更复杂的情况和困难时，知识、思维、勇气、心态等综合素质的集中体现，需要勤加练习，体验这个真实的过程，再提高练习的质量，才能活学活用，自如应对。

对比教材知识点如下。

社会性别理论（第六章）

社会性别是与生理性别相对的一个概念。社会性别是指在一个特定社会中，由社会形成的男性和女性的群体特征、角色、分工、活动及责任。它由后天社会建构而成，在个人社会化以及社会制度中得到传递和巩固。

社会性别的主要观点有：

（1）制度因素和文化因素是造成男性和女性的角色及行为差异的原因，两性差异不等于女性次于男性。

（2）现有的社会性别观念是社会化的产物。

（3）对妇女角色和行为的预期，往往是对妇女生物角色的延伸。

（4）社会性别的角色是后天学习来的，可以改变。

（5）社会结构有利于男性，女性易受歧视和排斥。

（6）性别既存在于私人生活领域，也存在于公共生活领域。

（7）社会性别概念是对传统社会性别关系不平等的不认可和挑战。

（8）社会性别是一种社会身份，它与其他社会身份（如阶层、民族等）交织在一起。

（9）个人的问题也是政治的问题。

企业社会工作的个人权益模式和社群权益模式（第十五章）

（1）个人发展模式。是与工作生活相关的心理 - 社会服务模式，如劳动者支持小组、压力舒缓课程、人际关系训练、职业培训或再培训、就业相关的服务等。

（2）社群权益模式。针对社会政策与社会环境的服务模式，其内容主要是劳动法律方面的咨询与宣传教育、劳资纠纷的介入、劳工权益政策方面的倡导与帮助等。

需要说明的是，本题参考答案并不是完美的答案，与知识理论相比，还有一定的差距，但这样的参考答案是学员通过分析理解和总结归纳，可以自己得出的答案。学员能做到分析思路基本清晰，理论观点基本明确，个人发展模式和社会权益模式方向基本正确。在第 5 题的作答中，由于时间紧张及考场现场的压力，能够达到上述标准已经难能可贵。在作答中，应避免不断精益求精而不敢下笔。如果第 5 题有标准的 30 分钟来作答，读题通常需要 5 分钟，分析思考及列答题框架，大约需要 5 分钟，框架和答题素材清晰后，接下来边思考边写作，20 分钟写出三个大点十多个小点的答案，中规中矩地完成第 5 题的作答，已属不易。这不仅仅是对专业能力的考查，也是对考生综合素质的考查。只有自己经过真实的写作答题练习，才能体会这个从思考到写作的真实过程，才会知道这个过程中会遇到什么问题，进而通过练习解决这些问题。

扫码听课

第七章　残疾人社会工作

学习导引

本章学习中，需要重点掌握的知识内容是残疾人权利和基本需求、残疾人面临的主要问题、残疾人社会工作的理论视角、残疾人社会工作发挥作用的功能层面、残疾人社会工作服务模式发展、残疾人教育康复、残疾人职业康复、残疾人社区康复、残疾人社会康复。

本章的特点比较鲜明，基本观点是残疾不仅仅是个人问题，更是社会问题，个体问题的背后都有社会性根源，需要看到的不仅仅是个人责任，更是社会责任。残疾人工作模式从个体模型向社会模型转型。残疾人群体往往残疾或患病，要注重照护服务和康复服务；残疾人群体的问题往往有多方面的影响因素，涉及照护、教育、康复、就业、养老等多个领域，需要更加注重社会资源的整合，强调多部门合作、跨专业合作解决问题，即个案管理方法的运用；残疾人社会工作应注重挖掘服务对象的优势和能力，强调个人及家庭潜能的发挥。

残疾社会建构模型（社会模式）的观点很能代表对残疾人社会工作的基本认知："残疾人问题是一种社会的客观存在，应该将这个问题归于社会，残疾问题不是由残疾人的个人无能造成的，而是社会本身无法为残疾人提供充分有效的服务，也无法确保残疾人的需要在社会组织中得到足够的重视。"因此，根据社会建构的理论框架，"残疾完全是社会强加给残疾人的，这种强加包括从个体的偏见到制度性的歧视，从公共建筑的障碍到交通系统的限制，从隔离式的教育到排斥性的工作安排"。残疾人社会工作的总目标是尊重残疾人的公民权利，消除对残疾人的社会歧视和不友好的政策制度，促进残疾人平等参与社会生活，获得公正的发展机会。

考点精要

第一节　残疾人社会工作概述

考点一　残疾人社会工作服务理念变迁

残疾人社会工作经历了由个体模型到社会模型的变迁。

（1）个体模型。传统的个体模型把残疾界定为残疾者个人的问题，与社会无关，相应的责任都归属个体，个体应该为了社会的整体利益而改变。医学理论主导下的个体模型，将残疾看作"功能丧失"，即无法独立和有效地完成他人所能完成的活动。这种来自医学模型的残疾标签具有消极的负面影响，从而导致残疾人（尤其是精神残疾人）的自尊丧失。

（2）社会模型。社会模型强调在多元化的社会中，“标准和隔离”是丧失“人性”的表现，不是个体患有残疾，而是社会环境的歧视、排斥、偏见、不公正导致了残疾和残疾人社会参与的障碍，社会制度和文化应为了适应个体的需要而改变。

考点二 残疾人的权利和基本需求

根据《中华人民共和国残疾人保障法》和《关于加快推进残疾人社会保障体系和社会服务体系建设的指导意见》规定，残疾人的权利和基本需求主要包括康复权、教育权、劳动权、文化生活权、社会福利权和环境友好权。

考点三 残疾人面临的主要问题

（1）物质层面的困难。包括经济困难、住房困难、医疗困难等。

（2）精神层面的困难。主要是指残疾人在心理上的压力感。因为污名化、社会歧视、排斥、偏见等文化、教育及康复实际困难导致。

（3）社会交往的困难。在物质层面和精神层面的弱势直接导致残疾人社会交往的困境，社会参与机会少，甚至有时候不得不放弃参与，如婚恋困难。

考点四 残疾人社会工作功能作用发挥的三个层面

（1）微观层面，主要是针对残疾人个体的微观服务。包括：为残疾人提供直接的物质性帮助；提供能力建设的支持服务。

（2）中观层面，主要涉及残疾人社会工作的组织发展层面。包括：推动残疾人组织和为残疾人服务的社会组织的发育；推动社区性残疾人社会支持系统的发育。

（3）宏观层面，涉及政府政策和社会文化的变迁。包括：推进残疾人社会政策的变迁；增加社会资本，形成“亲和力”的残疾人文化。

第二节　残疾人社会工作的主要内容

考点五 残疾人社会工作服务模式变迁

残疾人社会工作的发展正在经历从“医学治疗模式”向“社会康复模式”的转变。

（1）残疾人社会工作理论层面的转型。在致残原因的理论分析上，从个人责任理论转向社会责任理论；在残疾现象的理论分析上，从社会标签理论向社会照顾理论转变。

（2）残疾人社会工作方法层面的转型。在工作方法的理念分析上，残疾人社会工作正在实现由供养理论向回归社会理论转变；在直接介入模式的理论分析上，由单一的个案模式向综合服务模式转变。

考点六 残疾人社会工作的主要内容

残疾人社会工作的主要内容包含两大方面：努力维护残疾人的合法权益及积极改善残疾人的生活质量。

（1）本土化视野下的残疾人社会工作服务：确立残疾人社会工作的新理念；进一步完善残疾人社会工作的法律地位和法律框架；实现残疾人工作机制的创新，构建网格化的服务模式；加强对残疾人社会工作专业服务组织和人才队伍建设；构建全社会“友善”的残疾人价值观。

（2）政策层面：保障残疾人合法权益的政策体系。一是残疾人社会保护政策体系建设。二是残疾人的民生权利和人身权利的法律确认和保障。三是实施发展残疾人事业的国家规划。

（3）服务层面：残疾人康复服务。残疾人社会工作主要包括教育康复、职业康复、社区康复三个方面。要重点掌握理解残疾人社会工作中职业康复、增能及社区康复三部分的内容。

第三节　残疾人社会工作的主要方法

考点七　残疾人教育康复

教育康复是针对残疾的婴幼儿、学龄前儿童和学龄期的青少年以及部分成年人，提供早期教育干预，以及义务教育阶段后的与职业康复和就业安置等相关的教育工作。教育康复的对象有：（1）残疾人群体；（2）残疾人父母、监护人或家属；（3）社会组织、残疾人服务组织和各类爱心人士。

考点八　残疾人职业康复

职业康复是通过一系列措施，促进残疾人职业能力提升和职业机会增加，最终实现残疾人职业发展，参与劳动生产，更好改善经济状况和实现自我价值。职业康复通常有四个流程步骤：

（1）职业咨询。面对“就业难”的困境，开展本领域的职业咨询。

（2）职业评估。评定残疾人的工作能力和适应职业的可能性，重点进行身体、心理和职业适应性三个方面的评估，为残疾人职业生涯规划提供依据。

（3）职业培训。包括就业前和上岗前的针对性培训，使残疾人接受即将从事的工作岗位的必备知识和技能的培训，以便适应实际的工作环境。

（4）就业指导。根据实际情况，提供劳动市场、就业方向等信息以及具体就业指导意见和建议，根据残疾人进入职业工作领域中所出现的问题提供跟踪性指导服务。

考点九　残疾人社区康复

社区康复依托于城乡社区，利用社区资源，在医疗、职业、教育和社会等康复领域为残疾人提供“全方面康复”服务，促进残疾人在社会生活和家庭生活中重塑自我，积极参与社区公共事务，并建立“平等、参与、共享”的残疾人社区文化。开展社区康复应该遵循社会化、低成本广覆盖、因地制宜、因陋就简、因势利导、康复对象及其家庭积极参与的原则。社区康复主要包括三方面内容。

（1）开展残疾的预防工作。我国初步建立了三级预防体系：一级预防是指预防致残性伤害和残疾的发生，如通过免疫接种、孕产期保健、预防性咨询及保健、减少暴力、预防交通意外、加强公共场所安全、避免引发伤病的危险因素或危险源、指导健康的生活方式、提倡合理行为及精神卫生、安全防护照顾等措施。二级预防是指防止伤害后出现残疾，如通过残疾早期筛查、定期健康检查、控制危险因素、改变不良生活方式、预防并发症、早期医疗干预、早期康复治疗等措施。三级预防是指防治残疾后出现残障，如通过康复功能训练、假肢矫形器及辅助功能用品用具、康复咨询、支持性医疗及护理、必要的矫形替代性及补偿性手术等措施。

（2）开展康复评定和建档工作。评定的方法主要有：肌力评定、运动功能评定、日常生活能力评定、认知功能评定、心理功能评定、社会交往功能评定、职业技能评定等。

（3）开展全面康复服务。要整合社区中的各种资源，通过物理治疗、运动疗法、作业疗法、言语康复治疗、心理康复疗法，同时开展康复护理、康复工程、职业康复和社会康复等服务，最大限度地恢复残疾人所丧失的功能。

★ 考点十　残疾人社会康复

从社会的角度，采取各种有效措施为残疾人创造一种适合其生存、创造、发展、实现自身价值的环境，并使残疾人享受与健全人同等的权利，达到最终全面参与社会生活的目的。

（1）主要内容：协助康复医师正确地诊断、有效地医治；考虑残疾人康复后应有的基本医疗设施；家庭照顾方案的实施；与有关机构协调开展社会服务项目；提供专业的社会工作服务。

（2）主要措施：协助制定相应的政策法规；保障残疾人的生存权利；为残疾人自身发展提供帮助，使其有接受教育和培训的机会；消除物理性障碍；消除社会歧视，创造良好的社会环境；组织残疾人和健全人一起参加活动；帮助残疾人经济自立；鼓励残疾人参与社会政治生活。

表7－1　残疾人社会工作的主要方法

社区康复模式	有利条件	社区建设工作已成为我国社会主义建设事业的组成部分；社区中有配置较为合理的资源；在社区中残疾人可以得到方便、及时的康复服务；在社区中可因地制宜地为残疾人提供各种康复服务
	原则	社会化；低成本、广覆盖；因地制宜；因陋就简；因势利导；康复对象及其家庭积极参与
	内容	残疾的预防：三级预防；康复评定；全面康复服务
社会康复模式	内容	协助康复医师正确地诊断、有效地医治；考虑残疾人康复后应有的基本医疗设施；家庭照顾方案的实施；与有关机构协调，开展社会服务项目；提供专业服务（权益维护、职业培训、特殊教育及社会适应问题）
	措施	协助政府机构制定相关法律、法规和各种政策来保护残疾人的合法权益；保障残疾人生存的权利；为残疾人自身的发展提供帮助（教育、培训）；消除环境中的物理性保障；消除歧视和偏见，建立和谐社会生活环境；组织参与社会团体活动；帮助残疾人实现经济自立；促进残疾人参与社会的政治生活，保障其政治权利

续表

职业康复模式	流程	咨询：考虑残疾与障碍对个体职业活动的影响和限制
		评估：评定残疾人的作业水平和适应职业的可能性
		培训：就业前培训和上岗前培训
		就业指导：目的在于帮助残障者选择职业、选择职业课程、介绍就业、提高职业效率
教育康复模式	介入点	对残疾人：开展个案工作、小组工作或咨询、辅导服务
		对残疾儿童父母、家属：使他们正确认识和对待残疾人，矫正不当行为和进行心理疏导工作
		对社会组织、服务机构和其他残疾人康复工作者：促进知识、技能不断提高

真题练习

案例分析题（2014 年，第 4 题，20 分）

大学毕业生小梅因车祸导致瘫痪，整天躺在床上无所事事，情绪低落。社会工作者小张介入后，对小梅进行了情绪疏导，并与她一起分析讨论，最后决定开一家网上工艺品店。一年来，在小张的协助下，网店发展走上了正轨，小梅也掌握了所有业务流程，情绪也恢复了正常，在此情况下，小张觉得可以结案了。一天，小张在家访中对小梅说，自己的任务已经完成了，从明天开始不再来小梅家了。小梅感到十分震惊，情绪又回到服务前的状态，没有心思打理网店的业务了。

问题：

1. 分析导致小梅在结案时情绪回到以前状态的原因。

2. 结合案例，说明为避免小梅的负面反应，小张在结案时应该采取的处理方法。

解析思路：

解题的基本思路是：先读题，读出关键信息点，养成习惯，看题目给的是“谁的信息”“什么信息”；再读问题，弄清楚问什么，初步判断该问题的思考方向，即答案的关键信息来源；然后列答题框架，即问什么，答什么；最后答题，考虑分点作答，不要遗漏可能的信息点，信息点即得分点。

本题是残疾人社会工作领域的题目。题目出现在当年考试的第 4 题，属于案例分析题中的改错题。读完题目后，看题目所给的信息点是否清晰，是否在自己把握的范围内，对解答这道题，心中是否有底。

学员一定要珍惜这样的题目和练习机会，不要轻易看答案。一旦看了答案，就失去了真题练习的价值了。因为练习是一步一步经过分析最终解答出来的过程，在哪个环节，会遇到什么困难，一定要有这个体验的过程。学员只有知道会遇到什么困难，才能学习如何克服困难解决问题。

学员可以先自己尽最大努力作答，时间严格控制在 30 分钟之内，体验解题作答的过程会遇到什么困难，在哪个步骤遇到了困难。清楚在哪个步骤，会遇到什么困难，就可以有针对性地做练习。学员一旦决定开始这道真题练习，就要做好克服困难的准备，在读题、读问题、列框架、分点答的过程中遇到问题时，要坚持想办法答题。如果没做好准备，可以暂时不开始练习。

建议学员在此处停留30分钟，先按照上述方法与步骤，独立解题作答，然后再阅读学习，即带着自己做题的真实体验，进行有针对性的阅读和学习。

解题方法：

第一步　读题，读出关键信息点

读题时，注意题目所给的是"谁的信息"（波浪线标出）和"什么信息"（横线标出），留意或标记出代表该信息的关键词。读完题，对题目所给的关键信息，即可做到心中有底。

大学毕业生小梅因车祸导致瘫痪，整天躺在床上无所事事，情绪低落。社会工作者小张介入后，对小梅进行了情绪疏导，并与她一起分析讨论，最后决定开一家网上工艺品店。一年来，在小张的协助下，网店发展走上了正轨，小梅也掌握了所有业务流程，情绪也恢复了正常，在此情况下，小张觉得可以结案了。一天，小张在家访中对小梅说，自己的任务已经完成了，从明天开始不再来小梅家了。小梅感到十分震惊，情绪又回到服务前的状态，没有心思打理网店的业务了。

初步读题如上。波浪线标记的是"谁的信息"，即出现的人和单位，只有小梅和小张。横线标记的是"什么信息"，主要是问题的信息和内容的信息。给信息的方式是按照事情发生的流程顺序，按照标点符号的句号看，就是五句话，讲了事情的发展过程。这种给信息的方式似乎很难明确地区分出几个大类，也不属于分号隔开的并列性质信息。大家需要慢慢熟悉这种信息的给法，即似乎每一个大句就是一部分信息。如何抓住关键信息，提取关键词，对学员来说是一种挑战。针对这种情况，读题的基本的方法就是抓住每句话中的关键词语。如上读题所示，已经用横线标出。这样一来，似乎每一句话都是一个信息点，大概包括13~14个关键词，这就是答题的信息素材。

对于这样给信息的方式，大家应开始熟悉。这样的信息点相对比较散，在考试的过程中，就较难得到16~18分的高分，但是只要中规中矩地分析作答，得到14~16分还是有较大把握的。如果这个步骤没读出上述思路和方向，就对比一下，有哪些需要提高的地方，重点加强训练。

完成"读题"这一步后，接下来进行第二步"读问题"。

第二步　读问题，弄清楚问什么

问题：

1. 分析导致小梅在结案时情绪回到以前状态的原因。

2. 结合案例，说明为避免小梅的负面反应，小张在结案时应该采取的处理方法。

第一问，"情绪回到以前状态的原因"，是比较中规中矩的问法，原因分析是学员（考生）相对熟悉的范畴。导致问题的原因应该是多方面的，题目所给的信息主体只有两个：小梅和小张，原因应该是和两人都有关，因此可以从每句话的关键词中，总结提炼出各自的原因或不妥的做法。

至此，第一问读清楚了，解答的方向即答题的关键信息素材来源也基本清楚了。

第二问，“结案时负面反应的处理方法”，在教材中有对应的知识点，如果学员有比较清楚的掌握，可以结合知识点来思考解答；如果对教材中的知识点掌握得不够清楚熟练，也需要从题目中分析出来。处理结案负面反应，即介入的内容。介入的内容应该和目标、原因、问题一一对应，这样就有答题的思路和方向了。如果这样的思路还不具备的话，至少要做到，处理的方法应对应题目中出现的负面反应问题及导致负面反应的原因，抓住每句话的关键词，逐条处理。

至此，如果你“读问题”能够读出上述比较清晰的思路和方向，对于“读问题”这一步，就可以给自己高分。如果这个步骤没读出上述思路和方向，就对比一下，有哪些需要提高的地方，重点加强训练。

第三步　列答题框架，问什么，答什么，分点答，具体框架如下。

答：

1. 导致小梅在结案时情绪回到以前状态的原因是：

(1)

(2)

(3)

(4)

(5)

2. 为避免负面反应，小张在结案时应该采取的处理方法是：

(1)

(2)

(3)

(4)

(5)

语言组织方面，尽量不要用一大段话，或者创造许多概述性的语言，应多使用分点答题，分析出每句话的关键信息或关键词，就是一点答案，这样比较容易组织语言。只要判断出几点关键信息，几点答案就自然清楚了。

第四步　分析答题，关键词+描述

最终出现在卷面上的参考答案如下。

答：

1. 导致小梅在结案时情绪回到以前状态的原因如下。

(1) 小梅自身曾因车祸导致瘫痪，躺在床上无所事事，有情绪问题。

(2) 小梅没做好心理准备，很震惊。

(3) 小梅对未来很担心，有顾虑，对小张有依赖。

（4）小张没有和小梅一起协商讨论，小张单方面做了结案决定。

（5）小张没有提前告知，突然说明天不来。

（6）小张是在日常家访中对小梅说结案，不够正式。

（7）小张没有及时处理小梅对未来的担心顾虑，没有做好后续相关任务的安排。

2. 为避免负面反应，小张在结案时应该采取如下方法处理。

（1）提前告知，让小梅做好准备。

（2）与小梅一起商量分析讨论，达成共识。

（3）打消小梅的顾虑，做好后续服务跟进。

（4）降低小梅的依赖，循序渐进慢慢结案。

（5）应该总结工作，进行正式结案，不能随意。

学习心得

本章讲授了残疾人社会工作的相关知识，需要学员重点掌握的知识内容是残疾人的权利和基本需求、残疾人面临的主要问题、残疾人社会工作的理论视角、残疾人社会工作发挥作用的功能层面、残疾人社会工作服务模式发展、残疾人教育康复、残疾人职业康复、残疾人社区康复、残疾人社会康复。

本章真题练习部分是当年考试的第 4 题。虽然题目的字数不多，但学员初次接触，容易觉得抓不住信息重点，对于这种按照流程给信息的方式需要熟悉。针对这种情况，处理的方法是抓住每句话的关键信息或关键词，引用关键信息或关键词，分点答题。所给出的参考答案，是基于学员的用语习惯，更完整的答案，可以参考教材对应知识点的内容。

学员应加强教材知识内容的学习，理论知识的学习有助于分析理解思路的开阔及实务能力的提升。本章真题练习在结案反应处理方面，对应的知识点为教材第二章通用流程中关于结案的相关内容，具体如下。

结案的主要任务：

（1）总结工作。

（2）巩固已有改变：回顾工作过程；强化服务对象已有的改变；表达积极支持的态度。

（3）解除工作关系。

（4）做好结案记录。

（5）跟进服务。

结案负面反应处理：

（1）与服务对象一起讨论他们对结案的准备情况。

（2）提前让服务对象知道结案时间，使其早些做好心理准备。

（3）在结案阶段，社会工作者要逐渐减少与服务对象的接触。

（4）社会工作者也要估计一些可能会破坏改变成果的因素，预防问题的产生。

（5）必要时安排正式的结案活动，让服务对象分享各自的收获。

扫码听课

第八章　矫正社会工作

学习导引

本章学习中，需要重点掌握的知识内容是矫正社会工作的功能、矫正服务对象的需求、矫正服务对象的问题、针对成年人犯罪的服务内容、针对涉毒人员的社会工作介入、矫正社会工作的理论视角、行为治疗法、理性情绪治疗模式、同伴教育、个案管理等。

矫正社会工作主要为犯罪人员（或具有犯罪危险性的人员）及其家人，在审判、监禁、社区矫正期间及刑满释放后提供思想教育、心理辅导、行为矫正、信息咨询、就业培训、生活照顾及社会环境改善等方面的服务。矫正社会工作具有监管、矫正、服务等多项功能。矫正社会工作在我国最主要的适用领域是社区矫正。

考点精要

第一节　矫正社会工作概述

考点一　矫正社会工作的功能

（1）针对违法犯罪人员的功能与作用。具有监管功能、矫正功能和服务功能。

（2）针对社会环境的功能与作用。可以营造有利于更新改造的家庭和社区环境，促进刑罚制度朝人性化、科学化方向发展。

考点二　矫正服务对象的需要

（1）基本生存条件的保障需要。具体包括：维持基本生活所需的经济收入或最低生活保障救助；维持基本生活所需的住房条件；维持身体健康的卫生医疗待遇；等等。

（2）教育、就业权益的保障需要。通过帮助服务对象接受较好的教育来实现其有效就业，同时帮助其实现自信、自强、自立的目标。

（3）正常家庭生活的需要。鼓励和协助服务对象构建和恢复正常的家庭生活，这既是为了满足服务对象对于正常家庭生活的需求，也是为了创造良好家庭环境促进服务对象更顺利地转变。

（4）再社会化的服务需要。矫正社会工作的又一目标是通过矫正计划措施的实施，促进服务对象恢复和重建其严重缺失的社会功能，成为社会正常的成员。

考点三　矫正服务对象的问题

服务对象的问题

（1）加害社会与加害他人的行为使其较难取得社会公众的同情。矫正社会工作的服务对象是罪犯或具有犯罪倾向的违法人员，社会一般的民众鄙视和厌恶他们，不会像对待社会工作其他领域的服务对象（如儿童、老人、残疾人等）一样给予其同情与帮助。

（2）社会功能缺失的严重程度增加其功能恢复与重建的难度。服务对象社会功能的缺失程度，决定了矫正社会工作的艰难程度，社会工作者要从生理、心理、思想、行为、生活方式、社会交往等多方面给予服务对象矫正服务，才能使其达到恢复和重建的目的。

（3）受刑者的身份使其处于社会资源网络的边缘地位。受刑者的身份使矫正对象处于社会资源网络的边缘地位，使他们无法得到或很少得到一般社会民众可以得到的经济、物质、社会保障资源，在生活、教育、就业、卫生、住房、婚姻家庭、社会交往等方面面临更大压力。

第二节　矫正社会工作的主要内容

考点四　矫正社会工作对于涉罪成年人的服务内容

对于涉罪成年人的服务内容

（1）司法判决前的社会工作。司法判决前社会工作的服务对象主要包括犯罪嫌疑人及其亲友。

①针对犯罪嫌疑人的社会工作介入。在此阶段，社会工作者的主要工作职责是通过与受助者（犯罪嫌疑人）及其家属和周围社区的接触，撰写关于其个人及案件背景的调查报告，提交法庭作为审判参考。通常调查报告应包括犯罪事实的记录、前科、本人的生活史三部分。

②针对犯罪嫌疑人亲友的社会工作介入。在这里，社会工作者的主要职责是针对这些陷入困境的犯罪嫌疑人的家人提供帮助，包括：家庭关系协调及家庭成员心理、情绪辅导；社区资源链接以应对生活困难；为失去依靠的家庭成员提供生活照料。

（2）监禁场所中的社会工作。监禁场所包括戒毒所、看管所及监狱等。事实上，这里所说的监禁场所主要是指监狱。社会工作者为在监狱服刑人员提供的服务主要是调动违法犯罪人员自身的潜能以及社会资源，引导其向积极的方向转化，以达到改过自新、回归社会的目的。在监禁场所中，矫正社会工作者所能提供的专业服务主要包括以下几个方面。

①协助服刑人员适应监禁场所生活。

②为在监服刑人员提供人际交往及职业技能等专业咨询服务。

③帮助在监服刑人员加强与社会的联系，构建支持性社会网络。

（3）社区矫正中的社会工作。

①缓刑、假释、监外执行人员的监督管理和教育帮扶。主要包括：保持良好品行，不得与品行不端者来往；服从司法行政机关、社区矫正机构的命令；接受社会工作者辅导；及时汇报工作、生活和居住状况，不经批准不得离开居住地等。

②院舍训练的组织管理。社会工作者向受助者提供住院或寄宿等训练机会，使受

助者掌握正常生活的技能，从而顺利回归社会。主要形式有中途家庭、寄养家庭、教养院、感化院等。

③社会服务计划的执行。社会服务是通过判定罪犯在社区中的社会福利机构从事规定时间的无偿劳动或服务，以此赎罪悔过的刑罚措施。

④为社区服刑人员提供社会服务。包括促进就业、帮助接受教育、做好基本生活救助、落实社会保险等。

（4）刑满释放后的社会工作。刑满释放人员往往缺乏社会适应能力，又受到社会歧视、家庭拒绝、同伴疏远、就业困难、学习中断等多重压力和困扰。在为他们提供服务时，社会工作者更多是要帮助他们度过释放后的最初阶段，协助他们顺利进入往后的生活。主要服务内容包括：提供住宿场所；提供就业、就学辅导；提供生活辅导和医疗保健转介服务；提供物质援助。

考点五 矫正社会工作对于涉毒人员的服务内容

针对涉毒人员的社会工作介入

针对涉毒人员的社会工作介入也称禁毒社会工作，它是指社会工作者通过社会工作方法，包括个案辅导、家庭辅导、小组工作、学校活动和社区活动等，充分利用社区资源，协调各方力量帮助涉毒人员戒毒和康复，并教育动员社会民众远离毒品、健康生活。

（1）提供戒毒康复服务。调查了解、心理需求评估、心理咨询和心理疏导、认知行为治疗、家庭关系辅导、自我管理能力和社会交往能力提升、社会关系建设与环境营造等专业服务。

（2）开展帮扶救助服务。链接生活、就学、就业、医疗和戒毒药物维持治疗等方面的政府资源与社会资源；组织其他专业力量和志愿者为戒毒康复人员及其家庭提供服务，协助解决困难、建立支持网络，促进社会融入。

（3）参与禁毒宣传教育。参与组织禁毒宣传活动，倡导禁毒社会工作理念，降低并消除社会歧视与排斥。

（4）协助开展有关禁毒管理事务。协助开展吸毒人员排查摸底工作，协助对戒毒康复人员的建档、定期评估、督促、沟通等。

第三节　矫正社会工作的主要方法

考点六 矫正社会工作方法的理论视角

行为主义理论、认知理论、标签理论、优势视角、“社会－心理”视角等理论对矫正社会工作发展产生了一定的影响。

（1）标签理论。标签理论认为，一个人被认为是“有问题的人”，是与周围环境中其他人对其定义的过程密切相关的。社会和他人是否把一个人视作越轨者，对一个人是否产生越轨行为起关键作用，个人被社会上的重要他人贴上标签，进而对这种坏标签产生消极认同，就会引发进一步的偏差行为或犯罪。社会工作者需要帮助服务对象

“去标签”，恢复为“正常人”。

（2）优势视角。优势视角是与问题视角对应的理论视角。在矫正社会工作领域，传统的观念是将矫正对象看作“有问题”的一群人。优势视角是一种关注人的内在力量和优势资源的视角。这意味着应当把人们及其环境中的优势和资源作为社会工作助人过程中所关注的焦点，而非关注其问题和病理。优势视角基于这样一种信念，即个人所具备的能力及其内部资源允许他们能够有效地应对生活中的挑战。从这一视角出发，社会工作者更多地将精力放在发现、发挥和发展矫正对象的“优势”方面。

（3）“社会－心理”视角。“社会－心理”视角一方面关注个人心理发展，一方面关注心理与社会环境的关系，强调每个人都受到个人心理和社会环境的影响。需要将人作为一个整体去认识，即“人在情境中”。开展矫正社会工作时，需要从个人和环境两方面着手服务。

★ 考点七　行为治疗法

行为治疗法注重以下几个方面的问题。

（1）评估方案。评估时更注重人的具体可见的、可以度量的外在问题行为，不重视人的内在心理机制。

（2）治疗的策略与技巧。包括反应性治疗技巧、操作性治疗技巧、综合性治疗技巧。

常用的反应性治疗技巧有三个方面。①反制约，即用一种新的制约反应取代原有的不理想的制约反应。②系统脱敏疗法，诱导求治者缓慢地暴露导致神经症焦虑的情境，并通过心理的放松状态来对抗这种焦虑情绪，从而达到消除神经症焦虑习惯的目的。系统脱敏疗法通常包括三个步骤：第一步，建立恐怖或焦虑的等级层次；第二步，进行放松训练；第三步，要求求治者在放松的情况下按某一恐怖或焦虑的等级层次进行脱敏治疗。③厌恶疗法，用惩罚的厌恶性刺激，消除或减少不良行为。

常用的操作性治疗技巧有：①正增强，在某种行为之后给予奖励性刺激，以增强或维持理想的行为；②负增强，在出现某种行为之后远离厌恶性或不愉快的刺激，以增强或维持理想的行为；③削减，当某种行为出现之后便扣除增强物，以减弱或消除不理想的行为；④塑形，当出现近似目标的行为时给予奖励，以建立新的目标行为；⑤连扣，以按部就班的方法，把所需要完成的目标行为分解成一连串的程序和步骤，使服务对象能够循序渐进地达到目标；⑥惩罚，在出现不理想行为时给予厌恶刺激，以减弱或消除不理想的行为。

常用的综合性治疗技巧有：①由规则管理行为，按照法律、习俗等规则管理自身行为；②模仿，通过观察别人受到奖励的行为而模仿此行为；③敢于自我训练，运用指导、回馈、模仿、角色扮演、奖励、家庭联系等方法使当事人勇于表达自己的感受和想法；④松弛训练，通过让肌肉松弛的训练方法达到消除紧张的目的。

（3）增强物的使用。包括初级奖励品和次级增强物。前者指可以满足人们基本需要的东西，如食物、饮料、睡眠等，适用于年纪较小、智力较低的人；后者指可以满足人们精神、社会和心理需要的东西，如金钱、名誉、赞赏、自由、快乐等，适用于年纪较大、智力较高的人。

（4）强化程序。根据指定行为出现次数或时间距离来奖励。理想行为出现便给予奖励是连续强化，凡理想行为出现后只作不规则奖励的是间歇性强化。前者适用于治疗的初期，后者较适用于治疗的中、后期。

考点八　理性情绪治疗模式

（1）理性情绪治疗模式的内容

理性情绪治疗模式以人本主义作为自己理论的基础。理性情绪治疗模式对人的心理失调的原因和机制进行了深入的分析，提出了比较有影响的 ABC 理论：

A 代表引发事件，是指服务对象遇到的当前发生的事件。

B 代表服务对象的信念系统，是指服务对象对当前所遭遇事件的认识和评价。

C 代表引发事件之后出现的各种认知、情绪和行为。

理性情绪治疗模式指出，服务对象的认知、情绪和行为的反应受到其信念系统的影响，如果服务对象用一些非理性的信念看待引发事件，这种非理性信念就会使服务对象情绪和行为上出现困扰。所谓非理性信念，是指那些把特定场景中的经验绝对、普遍、抽象化之后与实际情况不符的想法和观点。

（2）理性情绪治疗模式的治疗技巧

包括非理性信念的检查技巧、辩论技巧。

非理性信念的检查技巧：对非理性信念进行探寻识别的具体方法，包括反映感受、角色扮演、冒险（从事担心的事情从而呈现出行为背后的非理性信念）、识别。

非理性信念的辩论技巧：对非理性信念进行质疑和辨析的具体方法，包括辩论（通过质疑动摇非理性信念的基础）、理性功课（建立科学的理性信念系统）、放弃自我评价（放弃用外在的标准评价自己）、自我表露（表露自己的感受）、示范（社会工作者行为示范）、替代性选择（借助替代性方法克服极端化选择）、去灾难化（设想最坏结果直接面对从而显现出行为背后的非理性信念）、想象（想象处于困境中学习克服不良情绪和行为的方法）。

考点九　同伴教育

同伴教育在矫正服务中的运用

（1）同伴。具有相似年龄、背景、生理、经历、社会、社会经济地位、相同性别等具有共同语言的人一起分享信息、观念或行为技能，同伴教育者易唤起同伴的心灵共鸣，以实现教育的目标。

（2）同伴教育的功能。改善自我认同、获得价值感；明确自身定位，获得使命感和责任感；增强同伴动力，提升生活意义；增强抵御毒品诱惑的能力；树立弃恶从善、改过自新的榜样。

（3）同伴教育的方法。同伴教育辅导员能力提升小组，招募同伴教育辅导员，并通过小组提升能力；同伴教育主题活动；同伴信箱、星火计划、同伴之音、同伴演讲等。

考点十　个案管理

对于一些社会功能缺失严重的工作对象，需要多部门、多专业、长时间提供服务。然而，单一部门或机构独自提供服务的方式不能满足其多样化需求，多部门提供服务又可能造成服务的重复使用和资源的浪费。于是，以协调整合的方式为服务使用者建构一套完整的服务输送网络，并以需求导向的方式提供给需要照顾者，便成为社会工作发展的新方向。个案管理就是在这种新的发展趋势中逐渐发展，甚至取代传统个案工作的模式，而成为实施社会服务不可或缺的新技术和新方法。

（1）个案管理的实施原则：服务对象参与、服务评估、服务协调、资源整合、包裹式服务与专业合作、服务监督。

（2）个案管理的工作过程：个案发掘与转介、评估与选择、个案管理服务计划与执行、监督与评估、结案。

（3）个案管理运用在矫正工作中需要注意的问题。包括：要重视和善于与矫正对象建立良好的专业关系；要有重点、分步骤地制订矫正工作计划；要善于协调多部门、多机构提供整合性的服务；要着眼于矫正对象的潜能发掘和自己解决问题，切忌包办代替。

真题练习

案例分析题（2016 年，第 4 题，20 分）

服刑人员李某假释回到社区后，感到难以适应，总觉得自己低人一等，被人瞧不起。面对他人的不接纳以及自己无房住、无经济来源、无工作的窘境，李某十分悲观，觉得这辈子再也没有希望了。一天，李某在办理低保申请时，工作人员要求其补齐材料再来办理。李某为此很生气，与工作人员大吵大闹，并当场撕掉了申请材料。

社会工作者及时介入，为李某开展了个案服务。社会工作者运用理性情绪治疗模式（ABC 治疗模式），协助李某调整非理性信念；协调多方资源缓解李某的生计困难；并协调李某与家人的关系。在社会工作者的协助下，李某找到了工作和临时住房，家人也重新接纳了李某。李某生活状态有了明显好转。

问题：

1. 社会工作者为李某提供了哪些促进其社会适应的服务？

2. 运用理性情绪治疗模式，对李某申请低保时的 A、B、C 作具体说明，并分析其相互关系。

解析思路：

解题的基本思路是：先读题，读出关键信息点，养成习惯，看题目给的是“谁的信息”“什么信息”；再读问题，弄清楚问什么，初步判断该问题的思考方向，即答案的关键信息来源；然后列答题框架，即问什么，答什么；最后答题，考虑分点作答，不要遗漏可能的信息点，信息点即得分点。

本题是矫正社会工作领域的题目。题目出现在当年考试的第 4 题，属于案例分析题，带有对理论知识的考查。读完题目后，看题目所给的信息点是否清晰，是否在自己把握的范围内，对解答这道题，心中是否有底。

有了之前章节第 4 题、第 5 题的解题经验。学员再遇到这样的题目，就不会感到很陌生。建议学员在此处停留 30 分钟，先按照上述方法与步骤，独立解题作答，然后再阅读学习，即带着自己做题的真实体验，进行有针对性的阅读和学习。

解题方法：

第一步　读题，读出关键信息点

读题时，注意题目给的是“谁的信息”（波浪线标出）和“什么信息”（横线标出），留意或标记出代表该信息的关键词。读完题，对题目给的关键信息，即可做到心中有底。

> 服刑人员**李某**假释回到社区后，**感到难以适应，总觉得自己低人一等，被人瞧不起**。面对**他人**的**不接纳**以及自己**无房住、无经济来源、无工作的窘境**，李某**十分悲观**，觉得这辈子再也**没有希望**了。一天，李某**在办理低保申请时**，**工作人员要求其补齐材料再来**办理。李某为此**很生气**，与工作人员**大吵大闹**，并**当场撕掉了申请材料**。
>
> 社会工作者及时介入，为李某开展了个案服务。社会工作者**运用理性情绪治疗模式（ABC 治疗模式）**，协助李某**调整非理性信念；协调多方资源缓解李某的生计困难**；并**协调李某与家人的关系**。在社会工作者的协助下，李某**找到了工作和临时住房**，家人也**重新接纳**了李某。李某**生活状态有了明显好转**。

初步读题如上。波浪线标记的是“谁的信息”，即出现的人和单位，大致包括李某、工作人员、家人、他人，其他多方。横线标记的是“什么信息”，主要是问题、原因、内容的信息。问题和原因的信息中，主要给出了李某的认知。

通过读题学员可以发现，这是比较清晰的两段信息。第一段讲了李某回到社区后的困难和认知，以及办理低保时发生的情况，总共 4 句话。发生这种情况，问题应该不在于工作人员故意刁难或看不起，而是因为李某不恰当的认知，导致了后面的结果。理性情绪疗法的观点应该是需要改变李某非理性的认知，以改变行为的治疗方法。第二段给出了社工的一些做法及取得的效果。总体来说，信息非常清晰。面对这样比较清晰的信息，学员应该有信心获得较高的分数。

如果你能够读出上述比较清晰的几部分信息，抓住每部分信息的关键词，对“读题”这一步，就可以给自己高分。如果这个步骤没读出上述思路和方向，就对比一下，有哪些需要提高的地方，重点加强训练。

完成“读题”这一步后，接下来进行第二步“读问题”。

第二步　读问题，弄清楚问什么

问题：

1. 社会工作者为李某提供了哪些促进其社会适应的服务？

2. 运用理性情绪治疗模式，对李某申请低保时的 A、B、C 作具体说明，并分析其相互关系。

第一问，“提供了哪些促进其社会适应的服务”，属于常规问法。答案的信息素材来源方向，应该优先考虑第二段，即社工的一些做法及取得的效果。

第二问比较长，前面有铺垫，不能着急，一句一句读清楚，“运用理性情绪治疗模式”，“对李某申请低保时”“的 A、B、C 作具体说明”，“并分析其相互关系”。

理性情绪治疗模式的基本观点是：问题不是事情本身导致的，而是服务对象非理性的认知导致的结果。要改变结果（不恰当的行为），就要改变非理性的认知。题目所给的信息，也传递了类似的意思。

“对李某申请低保时”，要看清楚李某申请低保时的信息在哪里。这段信息应该是关键信息，在第一段：“一天，李某在办理低保申请时，工作人员要求其补齐材料再来办理。李某为此很生气，与工作人员大吵大闹，并当场撕掉了申请材料。”

“对李某申请低保时的 A、B、C 作具体说明”，应该分别答出 A、B、C 是什么，分三点答。信息来源应该是上面的信息。优先考虑第一段作为解答这一问的主要素材信息。

“并分析其相互关系”，这一点也要明确回答，不能遗漏。关系应该和基本观点一致，结合第一段的信息进行说明。

至此，题目问什么，解答的方向即答题的关键信息素材来源就基本清楚了。如果你“读问题”能够读出上述比较清晰的思路和方向，对于“读问题”这一步，就可以给自己高分。如果这个步骤没读出上述思路和方向，就对比一下，有哪些需要提高的地方，重点加强训练。

第三步　列答题框架，问什么，答什么，分点答，具体框架如下。

答：

1. 社会工作者为李某提供促进其社会适应的服务如下。

(1)

(2)

(3)

(4)

(5)

2. 理性情绪治疗是……

李某申请低保时的 A、B、C 具体说明如下。

A：

B：

C：

相互关系为：

对比自己的答题框架，是否类似。需要提醒的是，在第二问的答题框架中，如果问了两个小问题，要明确按照两个小问题回答，做到问什么答什么。第一小问包含A、B、C三点信息，第二小问要明确说明相互关系。

第四步　分析答题，关键词+描述

第一问答题思路和信息来源于第二段，信息点就是得分点，需要提醒的是，不要遗漏关键信息点。

答：

1. 社会工作者为李某提供促进其社会适应的服务如下。

（1）协助李某调整非理性信念的服务。

（2）协调多方资源缓解李某的生计困难的服务。

（3）协调李某与家人的关系的服务。

（4）协助寻找工作和临时住房的服务。

（5）通过个案工作调整李某生活状态的服务。

（6）通过理性情绪治疗，全面促进李某生活适应。

信息来源：

> 社会工作者及时介入，为李某开展了个案服务。社会工作者运用理性情绪治疗模式（ABC治疗模式），协助李某调整非理性信念；协调多方资源缓解李某的生计困难；并协调李某与家人的关系。在社会工作者的协助下，李某找到了工作和临时住房，家人也重新接纳了李某。李某生活状态有了明显好转。

第二问答题思路及信息来源主要是第一段，问什么答什么，不要遗漏。

答：

2. 李某申请低保时的A、B、C具体说明如下。

A是引发事件，即“李某在办理低保申请时，工作人员要求其补齐材料再来办理”。

B是对事件的看法、态度与评价，即李某“总觉得自己低人一等，被人瞧不起”，“十分悲观，觉得这辈子再也没有希望了”，“为此很生气”。

C是行为后果，即“与工作人员大吵大闹，并当场撕掉了申请材料”。

相互关系：李某大吵大闹这个行为结果（C），不是由于工作人员让他补齐资料再来办理这件事情（A）导致的，而是由于李某对这件事情（A）的不恰当的认知（B）导致的，要改变结果，就要改变认知。

信息来源：

> 服刑人员李某假释回到社区后，感到难以适应，总觉得自己低人一等，被人瞧不起。面对他人的不接纳以及自己无房住、无经济来源、无工作的窘境，李某十分悲观，觉得这辈子再也没有希望了。一天，李某在办理低保申请时，工作人

员要求其补齐材料再来办理。李某为此很生气，与工作人员大吵大闹，并当场撕掉了申请材料。

最终出现在卷面上的参考答案如下。

答：

1. 社会工作者为李某提供促进其社会适应的服务如下。

（1）协助李某调整非理性信念的服务。

（2）协调多方资源缓解李某的生计困难的服务。

（3）协调李某与家人的关系的服务。

（4）协助寻找工作和临时住房的服务。

（5）通过个案工作调整李某生活状态的服务。

（6）通过理性情绪治疗，全面促进李某生活适应。

2. 李某申请低保时的 A、B、C 及相互关系说明如下。

（1）A 是引发事件，即“李某在办理低保申请时，工作人员要求其补齐材料再来办理”。

（2）B 是对事件的看法、态度与评价，即李某“总觉得自己低人一等，被人瞧不起”，“十分悲观，觉得这辈子再也没有希望了”，“为此很生气”。

（3）C 是行为后果，即“与工作人员大吵大闹，并当场撕掉了申请材料”。

（4）相互关系：A 不直接影响 C，而是通过 B 影响了 C。案例中提到的李某在办理低保时与工作人员产生了冲突，实际上是非理性信念导致的结果，是由 A 引发事件发生之后，由于李某对目前的状况受到了各种情绪和态度的影响，即 B 的影响，所以导致了 C 的结果出现，所以通过理性情绪治疗分析，导致 C 出现的原因是 B，也就是李某的非理性信念，而不是 A 申请低保的事件，所以事情的解决要从 B 着手，而不是 A，即要解决李某的非理性信念问题。

学习心得

本章讲授了矫正社会工作的相关知识，需要学员重点掌握的知识内容是矫正社会工作的功能、矫正服务对象的需求、矫正服务对象的问题、针对成年人犯罪的服务内容、针对涉毒人员的社会工作介入、矫正社会工作的理论视角、行为治疗法、理性情绪治疗模式、同伴教育、个案管理。

本章真题练习部分是当年考试的第 4 题，典型的两段式题目信息，即两段信息很分明，应该是学员很有信心和把握的题型。只是这个题目中也考查理论的应用，学员初次接触，可能会心里没底。但实际上，题目所给的信息是非常清晰的，问法也比较直接，这个时候，学员一定要保持清醒的头脑和冷静的思考，不要因为出现理论就自乱阵脚。同时，在答题框架方面，本章真题练习部分，直观呈现了思考和解答的过程，注意学习第二问的读问题时对应的答题框架及如何将题目信息转化为答题语言。

通过本章的真题练习，希望大家对两段式及带有理论的题型更加熟悉。在这个题目解题的过程中，也向大家直观呈现了答题语言如何组织。不是通过总结概括写一大段话，而是找准素材信息的来源方向，抓住素材信息中的关键词，一个信息点或一个关键词，即成为一点答案，这样语言组织的难度就会降低。希望大家能够从本章真题练习中获得启发，勤加练习，触类旁通，活学活用。

扫码听课

第九章　优抚安置社会工作

学习导引

本章学习中，需要重点掌握的知识内容是优抚安置社会工作对象的需要、优抚安置社会工作对象的问题、优抚安置社会工作的内容、理性情绪行为治疗模式、处理认知情绪问题的社会融合模式、临终关怀与哀伤辅导、人生回顾介入的步骤、危机干预的方法、任务中心模式、社会支持网络理论、增强权能理论。

优抚安置领域主要是指退役军人事务相关服务，包括退役军人事务部门、退役军人服务中心（站）、优抚医院、光荣院、烈士纪念建筑物保护单位、军供站、军队离退休干部休养所等单位开展的服务。优抚安置领域的许多服务对象同时也是老年人和残疾人，具有老年人和残疾人同样的需求或问题。根据服务载体和实施场所不同，优抚安置社会工作具体包括优抚医院社会工作、光荣院社会工作、军转复退军人安置社会工作、军休社会工作、烈士褒扬社会工作和军供社会工作。

考点精要

考点一　优抚医院服务对象的需求、问题及服务内容

（1）服务对象：伤病残军人、带病回乡复员退伍军人、患严重精神病的复员退伍军人。

（2）主要需要：治疗康复、基本生存、家庭生活、社会交往、社会尊重。

（3）主要问题：生活适应困难、心理障碍严重、生活保障问题、家庭婚姻障碍、社会隔离问题。

（4）服务内容：协助处置服务对象及其家庭的问题、协助增强服务对象对医院环境的适应、协助处理服务对象与医疗系统的关系、出院及跟进服务。特别服务内容：复员军人慢性病医院社会工作、荣誉军人康复医院社会工作与康复社会工作、复原退伍军人精神病院社会工作。

考点二　光荣院服务对象的需求、问题及服务内容

（1）服务对象：老年、残疾或者未满 16 周岁的烈士遗属、因公牺牲军人遗属、病故军人遗属和进入老年的残疾军人、复员军人、退伍军人，大多为孤老优抚对象。

（2）服务需要：婚姻家庭、健康维护、社会参与、社会尊重。

（3）主要问题：心理失衡、社会地位下降、社会隔离、老年慢性病增加与生活质量受损、老化问题。

（4）服务内容：做好入住前的评估和准备工作、协助适应新环境及发展积极的人际交往、提供心理辅导、策划组织活动、提升自我管理能力发挥个人潜能、鼓励参与

院舍活动、减轻焦虑、整合资源、推动志愿服务、改善专业质量、影响社会及环境决策等。特别服务内容：疏于照顾问题（服务对象丧失基本日常活动的选择权、隔离、“贴标签”）、药物滥用与药物依赖问题的解决和预防、性与亲密关系。

考点三 军转复退军人服务对象的需求、问题及服务内容

（1）服务对象：军队转业干部、复员干部、退役士兵。

（2）主要需要：就业创业权益保障、社会再适应的心理调适。

（3）主要问题：就业创业难、隐性失业、延迟上岗。

（4）服务内容：协助适应新工作和新生活、协助利用和发掘正式与非正式社会支持网络、加强协调沟通、协助做好思想政治和信访工作、协助搭建信息咨询平台、积极推进社会政策的良性改变。特别服务内容：“再适应”社会。

考点四 军休所服务对象的需求、问题及服务内容

（1）服务对象：移交政府安置的军休干部。

（2）主要需要：军队情结、社会尊重、健康维护、多元养老、社会参与。

（3）主要问题：角色失调、心理失衡、行为失范。

（4）服务内容：接收安置前，收集分析材料，做好需求问题的评估和诊断，协助了解政策；接收安置中，做好交接中的思想工作及遗留问题处理，审核档案，开展个案工作，做好政策解答和心理疏导，协调相关部门办手续；接收安置后，主要提供服务管理：进行“平民化”角色转换，实现“老有所养”“老有所乐”“老有所医”“老有所教”“老有所为”“老有所学”，推进军休社区建设，做好临终关怀，培训工作人员，促进专业服务的发展和服务质量的提高，推动志愿服务，协助促进社会政策的良性改变。

考点五 烈士褒扬社会工作的内容

八个主要内容：

（1）引导讲解员和参观群众，加强阵地宣传，开展群体性的心理辅导。

（2）策划有针对性的宣传纪念活动。

（3）协助烈士遗物、史料的收集。

（4）协调烈属与陵园的纠纷。

（5）协助做好前来扫墓的烈属及亲朋的精神抚慰工作。

（6）协助完善解说词，针对不同人群凸显宣传教育重点。

（7）推动志愿服务并对志愿服务进行督导。

（8）推动相关政策完善，协助做好宣传解释。

三个主要功能：

（1）协助烈属做好悲伤辅导和心理疏导。

（2）倡导完善相关政策，协调落实相关待遇，舒缓相关矛盾纠纷。

（3）策划有针对性的社会宣传，扩大社会影响。

考点六　军供社会工作的内容

四个主要内容：

（1）及时发现过往部队中存在的生理、心理问题，配合部队做好预防、解决和转介等。

（2）动员社会力量，整合社会资源，完成好军供保障任务。

（3）协调组建工作人员的支援网络，加强工作人员的心理辅导及沟通技巧，协助工作人员进行压力释放、情绪疏导和问题解决。

（4）开展研究工作，提供军供站管理和发展方面的政策建议。

两个主要功能：

（1）及时发现、预防、舒缓和解决过往部队以及军供保障单位内部职工的社会问题。

（2）协调社会关系、整合社会资源，落实好军供保障任务。

考点七　理性情绪行为疗法 ABCDE 理论

（1）基本观点：第一，A（Activating Events）是指发生的先导事件；第二，B（Beliefs）是对这一事件的非理性信念；第三，C（Consequences）是指情绪和行为反应的结果；第四，D（Disputing）是指用合理的信念驳斥不合理信念的过程，借以改变原有信念；第五，E（Effect）是指驳斥成功，在认知、情绪和行动上有所改善。

（2）实施步骤：在治疗过程中，社会工作者充当引导者的角色，其实质是要引导服务对象树立一种豁达的人生态度。可按如下步骤实施：一是情境分析；二是认知干预；三是认知重建；四是行为改变。

考点八　处理认知和情绪问题的社会融合模式

要积极推进军民融合、军地融合。

（1）基于微观层面，推进军休老人与社会老人融合。

（2）基于中观层面，推进军休社区与住地社区融合。

（3）基于宏观层面，推进军队保障与地方保障融合。

考点九　人生回顾在哀伤辅导和临终关怀中的应用

人生回顾介入通常包括三个具体步骤。

（1）与服务对象建立良好的信任关系。遵循尊重、接纳、同理、保密等价值理念，鼓励服务对象表达感受和情绪。

（2）与服务对象一起回顾人生主要经历。通常采用逆序回顾干预方式进行人生回顾：一是引导服务对象珍惜现在的生活；二是引导服务对象找到往事的意义，重温美好时光，肯定积极意义；三是引导服务对象直面自己的局限，接纳自己；四是引导服务对象重新激活疏离的人际关系，恢复人际交往；五是引导服务对象拓展个人的圈子，力所能及地进行社会活动。

（3）制作人生回顾手册。社会工作者可将谈话记录整理，结合老照片、精彩时刻、祝福传递等内容汇编成册，协助服务对象留下个人精神遗产，传递生命经历的意义和价值。

★ 考点十 危机干预方法

（1）危机干预的相关理论：人本主义相信人的理性和潜能，认为人可以自主地选择行动、控制命运；存在主义强调个人生命的意义和个人内在的价值，认为苦难的经历都有意义和价值。两者适用于面对危机和苦难时，相信服务对象的潜能和价值，鼓励其积极面对挑战。危机干预和任务中心都是结构化的短期模式，强调在有限的时间内为服务对象提供及时服务，适合处理紧急而非长期问题。危机干预着眼于调动服务对象的优势、资源和应对机制以克服危机，适用于人格稳定和面临暂时困境或挫折的人，以及家庭、婚姻、儿童问题、蓄意自伤、自杀或意外伤害等情况；任务中心着眼于解决服务对象的具体问题，主张与个体、家庭、组织和社区共同努力，适用于解决人际冲突、社会关系不良、情感压力及社会适应等问题。

（2）危机干预模式。危机一般包括三个相互联系的因素：一是压力性或危险性事件；二是个体对事件的认识；三是个体的应对机制和克服危机的能力。危机干预主要包括七个相互关联的阶段：开展评估、建立关系、聚焦问题、稳定情绪、制订方案、实施计划、后续跟进。

（3）危机介入的注意事项：①输入希望，在危机面前要积极鼓励，不能放弃希望；②提供支持，加强资源链接，利用所在地现场资源及时解决当下的问题；③恢复自尊，了解服务对象想法，重塑自信心；④培养自主能力，帮助服务对象恢复和发展功能，减少依赖性，增强自主性。

（4）任务中心模式的程序和步骤：准备或进入，探索问题，限定目标和时间，规划和制订任务，结束任务。

★ 考点十一 社会支持理论

（1）正式网络的建构：部门联动，政策倡导，资源链接。

（2）非正式网络的建构：开展小组辅导、开展个案辅导。

★ 考点十二 增强权能理论

（1）基本观点：个人需要不足和问题的出现是由于环境对个人的排挤和压迫造成的，社会工作者为服务对象提供的帮助并不是“赋予”服务对象权利，而是挖掘和激发他们的潜能，以对抗外在环境的压力。该理论看重服务对象的长处、主体地位和个人价值，焦点在于消除服务对象的无力感。

（2）将增强权能视角引入督导的实施步骤：辨识无力感，包括辨识受督导者内心的无力感和督导关系中的无力感；增强权能，包括增强受督导者权利意识、受督导者能力感，发展受督导者能力；效果评估，包括过程取向和结果取向的评估。

真题练习

案例分析题（2017年，第3题，20分）

新入职的社会工作者小范有积极为居民提供专业服务的意愿，但工作一段时间后，渐渐表现得有些消极，存在着较严重的无力感。在接受机构主管督导时，小范表示：最近的个案服务没有显著成效，虽然服务对象表示可以理解，但他还是非常自责，认为主要是自身的专业能力不足；个别服务对象的情况出现了反复，自己也会觉得可能是当时预估不够充分和全面。此外，由于自己是新入职的员工，缺乏经验，没有表达自己意见的资格，所以只好听从督导者的意见。

问题：

1. 导致社会工作者小范产生无力感的主要原因是什么？

2. 基于增强权能视角，督导者应对社会工作者小范开展哪些方面的督导服务？

解析思路：

解题的基本思路是：先读题，读出关键信息点，养成习惯，看题目给的是“谁的信息”“什么信息”；再读问题，读清楚问什么，初步判断该问题的思考方向，即答案的关键信息来源；然后列答题框架，即问什么，答什么；最后答题，考虑分点作答，不要遗漏可能的信息点，信息点即得分点。

本题目是优抚安置社会工作中关于增强权能的题目。题目出现在当年考试的第3题，属于案例分析题，带有理论的题型。学员读完题目后，要看题目给的信息点是否清晰，是否在自己把握的范围内，对解答这道题，心中是否有底。

有了之前章节第4题、第5题的解题经验。学员再遇到这样的题目，就不会感到很陌生。建议学员在此处花30分钟的时间，先按照上述方法步骤，独立解题作答，然后再阅读学习，即带着自己做题的真实体验，进行有针对性的阅读和学习。

解题方法：

第一步　读题，读出关键信息点

读题时，注意题目给的是“谁的信息”（波浪线标注）和“什么信息”（横线标注），留意或标记出代表该信息的关键词。学员读完题，对题目给的关键信息，即可做到心中有底。

新入职的社会工作者小范有积极为居民提供专业服务的意愿，但工作一段时间后，渐渐表现得有些消极，存在着较严重的无力感。在接受机构主管督导时，小范表示：（1）最近的个案服务没有显著成效，虽然服务对象表示可以理解，但他还是非常自责，认为主要是自身的专业能力不足；（2）个别服务对象的情况出现了反复，自己也会觉得可能是当时预估不够充分和全面。此外，（3）由于自己是新入职的员工，缺乏经验，没有表达自己意见的资格，所以只好听从督导者的意见。

初步读题如上。波浪线标记的是“谁的信息”，即出现的人和单位，大致包括小范、服务对象、机构主管、督导者、居民。横线标记的是“什么信息”，主要是问题的信息、原因的信息。原因大致有比较明显的三个方面。

完成“读题”这一步后，接下来进行第二步“读问题”。

第二步　读问题，弄清楚问什么

问题：

1. 导致社会工作者小范产生无力感的主要原因是什么？

2. 基于增强权能视角，督导者应对社会工作者小范开展哪些方面的督导服务？

第一问，“导致小范产生无力感的主要原因”，属于常规问法。答案的信息素材来源方向，应该优先考虑后半部分，即读题步骤标注出来的（1）（2）（3）。

第二问，问题比较长，前面有铺垫，不能着急，要一句一句读清楚，“基于增强权能视角”，“开展哪些方面的督导服务”。

对于增能视角的知识点，有的学员清晰，有的学员可能不够清晰。但是至少应该都清楚，增能视角强调服务对象能力的提升，基于无力感的原因，从挖掘潜能、能力提升等方面，以应对无力感。提供督导服务，属于介入的内容，服务内容应该与原因对应，即答案的信息素材来源的方向，应该与第一问无力感的原因基本对应，同时与潜能挖掘和能力提升等相关。

至此，题目问什么，解答的方向即答题的关键信息素材来源就基本清楚了。如果你“读问题”能够读出上述比较清晰的思路和方向，对“读问题”这一步，就可以给自己高分。如果这个步骤没读出上述思路和方向，就对比下，看自己有哪些需要提高的地方，重点加强训练。

第三步　列答题框架，问什么，答什么，分点答，具体框架如下：

答：

1. 小范产生无力感的主要原因如下。

（1）

（2）

（3）

（4）

（5）

2. 基于增强权能视角，督导者应对社会工作者小范开展督导服务如下。

（1）

（2）

（3）

（4）

（5）

第四步　分析答题，关键词＋描述

第一问答题思路及信息来源于题目的后半部分，信息点就是得分点，需要提醒的是，不要遗漏关键信息点。

答：

1. 小范产生无力感的主要原因如下。

（1）

（2）

（3）

（4）

（5）

信息来源：

在接受机构主管督导时，小范表示：最近的个案服务没有显著成效，虽然服务对象表示可以理解，但他还是非常自责，认为主要是自身的专业能力不足；个别服务对象的情况出现了反复，自己也会觉得可能是当时预估不够充分和全面。此外，由于自己是新入职的员工，缺乏经验，没有表达自己意见的资格，所以只好听从督导者的意见。

关键信息来自题目后面，基于关键词，第一问将关键词信息转换为答题语言方式如下。

1. 小范产生无力感的主要原因如下。

（1）服务没有显著成效的原因，遇到挫折。

（2）小范自身认知的原因，感到自责，认为主要是自身的专业能力不足。

（3）小范专业能力不足的原因，可能预估不够充分全面，服务对象情况反复，不知道怎么处理。

（4）小范缺乏服务经验的原因，是新入职的员工，缺乏经验。

（5）与督导者关系方面的原因，新入职员工没有表达意见的资格，只能听从。

信息来源：

在接受机构主管督导时，小范表示：最近的个案服务没有显著成效，虽然服务对象表示可以理解，但他还是非常自责，认为主要是自身的专业能力不足；个别服务对象的情况出现了反复，自己也会觉得可能是当时预估不够充分和全面。此外，由于自己是新入职的员工，缺乏经验，没有表达自己意见的资格，所以只好听从督导者的意见。

第二问答题思路及信息来源如下，提供的服务即介入的内容，应该与上面原因基本对应，同时注意从潜能挖掘和能力提升方面介入。

答：

2. 基于增强权能视角，督导者应对社会工作者小范开展督导服务如下。

（1）激发小范的潜能，肯定其积极为居民服务的意愿和动机。

（2）帮助小范认识消极表现和严重无力感，是多方面因素造成的，不完全是自身的专业能力不足，也有服务对象及督导的原因。

（3）降低缓解小范的自责，增强小范的自信和自我价值感。

（4）提升小范专业预估和分析能力，使分析评估更加充分全面。

（5）提升处理个案情况反复问题的经验和能力，争取个案取得较好成效。

（6）改善新入职员工与督导者的不平等关系，鼓励新员工维护自己的权益，敢于表达自己的意见。

信息来源：

新入职的社会工作者小范有积极为居民提供专业服务的意愿，但工作一段时间后，渐渐表现得有些消极，存在着较严重的无力感。在接受机构主管督导时，小范表示：最近的个案服务没有显著成效，虽然服务对象表示可以理解，但他还是非常自责，认为主要是自身的专业能力不足；个别服务对象的情况出现了反复，自己也会觉得可能是当时预估不够充分和全面。此外，由于自己是新入职的员工，缺乏经验，没有表达自己意见的资格，所以只好听从督导者的意见。

最终出现在卷面上的参考答案如下。

答：

1. 小范产生无力感的主要原因如下。

（1）服务没有显著成效的原因，遇到挫折。

（2）小范自身认知的原因，感到自责，认为主要是自身的专业能力不足。

（3）小范专业能力不足的原因，可能预估不够充分全面，服务对象情况反复，不知道怎么处理。

（4）小范缺乏服务经验的原因，是新入职的员工，缺乏经验。

（5）与督导者关系方面的原因，新入职员工没有表达意见的资格，只能听从。

2. 基于增强权能视角，督导者应对社会工作者小范开展督导服务如下。

（1）激发小范的潜能，肯定其积极为居民服务的意愿和动机。

（2）帮助小范认识消极表现和严重无力感，是多方面因素造成的，不完全是自身的专业能力不足，也有服务对象及督导的原因。

（3）降低缓解小范的自责，增强小范的自信和自我价值感。

（4）提升小范专业预估和分析能力，使分析评估更加充分全面。

（5）提升处理个案情况反复问题的经验和能力，争取个案取得较好成效。

（6）改善新入职员工与督导者的不平等关系，鼓励新员工维护自己的权益，敢于表达自己的意见。

学习心得

本章讲授了优抚安置社会工作的相关知识，需要学员重点掌握的知识内容是优抚安置社会工作对象的需要、优抚安置社会工作对象的问题、优抚安置社会工作的内容、理性情绪行为治疗模式、处理认知情绪问题的社会融合模式、临终关怀与哀伤辅导、人生回顾介入的步骤、危机干预的方法、任务中心模式、支持网络理论、增强权能理论。

本章真题练习部分是当年考试的第 3 题，带有理论的题目。学员如果对理论有清晰的掌握，有助于清晰地分析问题、解答问题；如果对理论缺乏清晰的掌握，也应该大概知道其基本观点，理论是用来解决这个问题的，应该基于题目分析进行解答。如需要清楚督导的内容应该与无力感的原因对应，与题目给的关键信息点对应起来，增能理论应该是这样的观点。同时，在答题框架方面，本章真题练习部分，直观地呈现了思考和解答的过程，及如何将题目信息转化为答题语言。

真题练习部分的参考答案不是基于对该理论的背诵记忆，而是基于对其基本观点的理解，及对题目的分析，用题目的信息及学员习惯的语言进行答题，并不是照着教材对应知识点一条一条对照下来答题。因为在考场上，绝大多数考生很难特别严谨地将理论的观点和步骤，非常完整地记忆和默写，所以，对比知识点一条一条提供的参考答案，没有充分的参考价值。但绝大多数考生对该理论的基本关键点是有所理解的，同时如果考生具备较好的分析理解能力，就能答出如上真题练习部分参考答案类似的答案，如此即可。增能理论对于督导问题分析的相关知识点（供参考）如下。

增强权能理论

（1）基本观点：个人需要不足和问题的出现是由于环境对个人的排挤和压迫造成的，社会工作者为服务对象提供的帮助并不是“赋予”服务对象权利，而是挖掘和激发他们的潜能，以对抗外在环境的压力。该理论看重服务对象的长处、主体地位和个人价值，焦点在于消除服务对象的无力感。

（2）将增强权能视角引入督导的实施步骤：辨识无力感，包括辨识受督导者内心的无力感和督导关系中的无力感；增强权能，包括增强受督导者权利意识、受督导者能力感，发展受督导者能力；效果评估，包括过程取向和结果取向的评估。

扫码听课

第十章　社会救助社会工作

学习导引

本章学习中，需要重点掌握的知识内容是社会救助的内容、社会救助的工作原则、社会救助对象的主要需求、社会救助社会工作的作用、社会救助社会工作的主要内容、社会支持网络理论、个案管理及其应用策略。

社会救助的工作原则是兜底线、保基本、救急难、促发展。社会救助体系主要包括最低生活保障、特困人员供养、受灾人员救助、医疗救助、教育救助、住房救助、就业救助、临时救助八项救助制度。社会救助社会工作的内容也与八项救助制度基本对应。由于救助对象问题（需求）的复杂性和多样性，社会救助社会工作的方法主要是通过个案管理，帮助其强化和修复社会支持网络，为社会救助对象提供资源链接、社会融入、能力提升以及心理疏导等多元服务，改善社会救助的效果，提高社会救助对象的生活质量。服务型救助是社会救助发展的重要方向。

考点精要

第一节　社会救助社会工作概述

考点一　社会救助的内容

（1）最低生活保障。国家对共同生活的家庭成员人均收入低于当地最低生活保障标准，且符合当地最低生活保障家庭财产状况规定的家庭，给予最低生活保障。

（2）特困人员供养。国家对无劳动能力、无生活来源且无法定赡养、抚养/扶养义务人，或者其法定赡养、抚养/扶养义务人为无赡养、抚养/扶养能力的老年人、残疾人以及未满16周岁的未成年人，给予特困人员供养。

（3）受灾人员救助。国家对遇到自然灾害致使基本生活受到严重影响的社会成员提供一定的物质帮助，使之维持基本生活水平，并逐步恢复和提高生产、生活能力。

（4）医疗救助。国家通过提供资金、政策上的支持，帮助贫困人群获得基本医疗卫生服务、改善健康状况。

（5）教育救助。国家对在义务教育阶段就学的最低生活保障家庭成员、特困供养人员，给予教育救助；对在高中教育（含中等职业教育）、普通高等教育阶段就学的最低生活保障家庭成员、特困供养人员，以及不能入学接受义务教育的残疾儿童，根据实际情况给予适当教育救助。

（6）住房救助。国家对符合规定标准的住房困难的最低生活保障家庭、分散供养的特困人员、农村建档立卡贫困户给予住房方面的帮助，满足其基本住房需求。

（7）就业救助。国家对最低生活保障家庭中有劳动能力但处于失业状态的成员，通过贷款贴息、社会保险补贴、岗位补贴、培训补贴、费用减免、公益岗位安置等办法，帮助其实现就业。

（8）临时救助。国家对遭遇突发事件、意外伤害、重大疾病或其他特殊原因导致基本生活陷入困境，其他社会救助制度暂时无法覆盖或救助之后基本生活暂时仍有严重困难的家庭或个人给予的应急性、过渡性救助。

考点二　社会救助的工作原则

（1）兜底线。社会救助是最后一道民生兜底保障安全网，要兜住、兜牢困难群众基本民生保障底线。

（2）保基本。对于陷入困境的社会成员，政府在充满风险和变动的社会环境中，保障其基本生活条件。

（3）救急难。当一个人的生命和生活处于危急时刻，社会救助要在第一时间给予最直接、最有效的物质帮助，保全生命，救急救难。

（4）促发展。注重激发救助对象摆脱贫困的内生动力，促进其自我发展能力，帮助其更好融入社会生活。

考点三　社会救助社会工作服务对象的主要需求

按照马斯洛的需求理论，社会救助社会工作服务对象的需求在五个方面均有体现。

（1）生理需求。救助对象最基本、最迫切的需求，包括救助对象生存所需的基本食品、饮用水、衣被、医疗、住宿等方面的需求。

（2）安全需求。包括救助对象的人身安全、健康保障、财产安全等方面的需求。

（3）社交需求。救助对象爱和归属感的情感需求。

（4）尊重需求。包括来自内部的自我尊重需求和来自外部社会环境的尊重和认可的需求。

（5）自我实现需求。进一步发挥个人潜能，追求更高人生境界的高层次需求。

考点四　社会救助社会工作的主要作用

（1）协助服务对象申请适合的救助项目。

（2）协助服务对象提升反贫困的能力。

（3）促进服务对象的社会融合与社会支持。

（4）疏导和解决服务对象的心理困扰。

第二节　社会救助社会工作的主要内容

考点五　最低生活保障中的服务内容

（1）服务对象识别：社工通过家庭经济状况调查的方式了解家庭情况。

（2）帮助申请低保：协助了解申请程序和申请方法等。

（3）提供心理支持：给予心理疏导和支持，帮助舒缓压力，宣泄情绪。

（4）调节家庭关系：改善家庭关系以及家庭生态环境。

（5）开展能力建设：增强学习能力、专业技能以及社会能力等。

（6）促进社会融入：帮助建立邻里互助小组、与困难家庭结对子等。

考点六 特困人员供养中的服务内容

（1）提供基本生活条件。

（2）提供日常生活照料。

（3）提供疾病治疗。

（4）办理丧葬事宜。

考点七 医疗救助中的服务内容

（1）协助申请医疗救助。

（2）改善救治环境。

（3）协调医疗资源。

（4）强化社会支持。

考点八 住房救助中的服务内容

（1）协助申请住房救助。

（2）宣传讲解政策。

考点九 教育救助中的服务内容

（1）提供教育机会。

（2）提供教育补助。

（3）心理能力建设。

考点十 就业救助中的服务内容

（1）转变就业观念。

（2）自我认知调整。

（3）职业技能培训。

（4）链接就业资源。

考点十一 临时救助中的服务内容

（1）危机干预。及时处理可能的危机事件。

（2）外展服务。到服务对象经常活动的场所，主动发现寻找服务对象。

（3）机构救助。引导服务对象接受机构的救助服务。

考点十二 受灾人员救助中的服务内容

（1）介入灾害救助的不同阶段。包括紧急救援阶段、临时安置阶段、恢复重建阶段。

（2）灾害社会工作者的主要功能。支持受灾个人及其家属，协助个人与资源的链接，防止灾民出现更严重的身心健康问题，预防个人、家庭、团体和社区的瓦解。

（3）社会工作介入灾害救助的服务内容：协助安置受灾人员，及时开展危机干预，修复社会支持系统，社区重建与发展。

（4）灾后社区重建的主要内容：开展社区人居环境重建，恢复社会生活秩序，复苏社区的经济秩序。

第三节　社会救助社会工作的主要方法

★ 考点十三　社会支持网络的理论基础及其应用

社会支持包含正式的和非正式的社会支持系统。

社会支持网络的建构途径包括丰富社会支持网络的成员、整合社会支持网络的资源、发挥社会支持网络的功能（物质援助、精神慰藉、心理疏导、关系支持）。

社会支持网络的应用策略包括四个方面：一是政府层面，参与政策倡导；二是社会层面，发挥组织影响；三是社区层面，提供专业服务；四是个人层面，强化网络效益。

★ 考点十四　个案管理的特点

个案管理通常针对服务对象遭遇多重问题，通常问题比较复杂，需多名专业人员服务解决，获得和使用助人资源有困难；注重为面临多重问题的案主寻找所需服务网络，协调网络中各项服务，让其彼此配合；个案管理强调经过各项服务协调实现服务的合理配置，强调服务效率，在成本效益原则下运用社会资源与提供相关服务。基于此认识，个案管理有如下特点：

（1）以双方的信任关系为基础。

（2）运用“人在情境中”的理论，协助陷入危机的服务对象摆脱困境。

（3）对复杂、具有多重问题以及失能的服务对象提供持续照顾。

（4）通过临床干预缓解疾病和失能带来的情绪问题。

（5）注重运用转介和倡导技巧，实施跨领域的服务传输。

（6）回应服务对象多元化的长期照顾服务需求。

（7）根据功能性能力和支持网络评估提供服务。

（8）肯定服务对象自决、个人价值和尊严，注重服务对象参与。

★ 考点十五　个案管理的程序及应用

（1）个案管理的程序。进入机构、接案、评估、设定目标、介入、链接资源、检查和评估是开展个案管理应该掌握的几个程序。

（2）个案管理应用于社会救助的具体方法：评估服务对象、确定服务方式、撰写服务报告、制订服务计划、实施服务计划。

真题练习

案例分析题（2012年，第2题，20分）

社工在社区调研中，发现该社区部分低保家庭中，有些因病致贫，家庭照顾负担较重；有些虽有较强的就业动机，但因缺乏技能，找不到工作；有些则产生了福利依赖思想，缺乏就业动机；有些眼高手低无法顺利就业。

同时，社工还发现社区存在大量资源，例如，该社区位于中心城区，社区内有不少的企业和社会组织，社会福利中心经常开展政策咨询、就业培训、心理疏导等服务活动，平时，居民关系融洽，邻里之间会相互关照，沟通各种信息。据此，社工计划整合社区资源，为低保家庭提供服务。

问题：

1. 该社区内有哪些正式的和非正式的社区资源？

2. 为向低保家庭提供有效服务，社工该如何整合社区资源？

解析思路：

解题的基本思路是：先读题，读出关键信息点，养成习惯，看题目给的是谁的信息和什么信息；再读问题，读清楚问什么，初步判断该问题的思考方向，即答案的关键信息来源；然后列答题框架，即问什么，答什么；最后答题，考虑分点作答，不要遗漏可能的信息点，信息点即得分点。

本题是社会救助社会工作中关于社会救助对象支持网络的题目。题目出现在当年考试的第 2 题，属于案例分析题，带有一定的理论知识，如“正式资源”和“非正式资源”。学员读完题目后，要看题目给的信息点是否清晰，是否在自己把握的范围内，对解答这道题，心中是否有底。

有了之前章节第 4 题、第 5 题的解题经验，再看到出现在试卷中的第 1 题、第 2 题时，是不是觉得轻松或容易许多。第 1 题、第 2 题通常情况下给的信息点更加清晰和简单，在解题思路上一般不会遇到问题，但不能疏忽大意，不要遗漏信息点。建议学员在此处花 30 分钟的时间，先按照上述方法与步骤，独立解题作答，然后再阅读学习，即带着自己做题的真实体验，进行有针对性的阅读和学习。

解题方法：

第一步　读题，读出关键信息点

读题时，注意题目给的是谁的信息（波浪线标注）和什么信息（横线标注），留意或标记出代表该信息的关键词。读完题，对题目给的关键信息，即可做到心中有底。

社工在社区调研中，发现该社区部分低保家庭中，有些因病致贫，家庭照顾负担较重；有些虽有较强的就业动机，但因缺乏技能，找不到工作；有些则产生了福利依赖思想，缺乏就业动机；有些眼高手低无法顺利就业。

同时，社工还发现社区存在大量资源。例如，该社区位于中心城区，社区内有不少的企业和社会组织，社会福利中心经常开展政策咨询、就业培训、心理疏导等服务活动；平时，居民关系融洽，邻里之间会相互关照，沟通各种信息。据此，社工计划整合社区资源，为低保家庭提供服务。

初步读题如上。波浪线标记的是“谁的信息”，即出现的人和单位，大致包括社区和低保家庭，第1段清晰地显示了四类低保家庭的信息，即四个“有些”。横线标记的是“什么信息”，主要是社区资源的信息。以分号为分界线，前后大概可分为两大类资源。初步印象，这属于典型的两段式的信息，第1段给的是四类低保家庭的需求和问题，第2段给了解决问题、提供服务可以使用的两类资源。

完成“读题”这一步后，接下来进行第二步“读问题”。

第二步　读问题，弄清楚问什么

问题：

1. 该社区内有哪些正式的和非正式的社区资源？

2. 为向低保家庭提供有效服务，社工该如何整合社区资源？

第一问，“该社区内有哪些正式的和非正式的社区资源？”答案的信息素材来源方向，应该优先考虑第2段的资源信息。

问题明确问到“正式的和非正式的社区资源”，第一问就需要明确分两大点作答，即“正式社区资源”和“非正式社区资源”，不要不区分，或混合在一起答。

进一步的答题信息素材方面，可以考虑以分号为分界点，应该一部分是正式资源，另一部分是非正式资源。如果学员（考生）的知识基础扎实，应该清楚正式资源是指工作人员基于政策和相关规定所提供的资源，非正式资源是亲友和志愿者等基于道义情感所提供的资源。即使知识掌握得不够扎实系统，也应该可以判断出，分号前的“企业”“社会组织”“社会福利中心”是正式资源，分号后的“邻里”等是非正式资源。

针对这样的问题，需要特别提醒的是，题目明确问了“正式的和非正式的社区资源”，学员在作答的时候就需要明确分为“正式社区资源”和“非正式社区资源”两大点来答，不能因为担心自己区分不清楚答错了而故意不区分。

第二问，“为向低保家庭提供有效服务，社工该如何整合社区资源？”这个问题，你的思路是否清晰？你的关注点在哪里？部分学员第一时间的关注点是“如何整合资源”，然后就开始思考，不断问自己，“如何整合资源？”“如何整合资源？”“到底如何整合资源？”绞尽脑汁去想，发现很难想出答案。因为书本知识可能学得不牢，记不清楚了，然后就往自己的工作经验上靠，基于工作经验答出了几点想法。学员可以对比自己刚才的答题经验，有没有遇到类似的情况。如果是这样，在解题思路和答题方向上就出了偏差，答的全是学员个人的工作经验。答案不是从题目中分析出来的，而是从自己的工作经验中总结出来的，这样就是脱离了题目答题，答案自然出现偏差。题目答完了，自己可能都没有意识到，整个第1段信息都没有用上。如果是这样，学员就要明确告诉自己，一定答偏了，不然，怎么会出现两个问题都回答完了，而题目给的第1段信息根本没有用上的问题，题目给的四个“有些”，即四类低保家庭的需求和问题根本没有使用。如果学员有类似的经验，就需要明确告诉自己——答案主要是从题目给的信息中分析出来的，而不是脱离题目的信息，从自己的工作经验中总结出来的。

正确的思考方式是：第二问的答案来源应该优先考虑第 1 段的信息，应该与四个“有些”相关，应该基于服务对象的需求和问题，与 4 类低保家庭的需求和问题对应起来，整合资源提供服务。这样，是不是有了更清晰明确的思考方向？答题的关键信息素材应该来自四个“有些”。

至此，题目问什么，解答的方向即答题的关键信息素材来源就基本清楚了。如果你“读问题”能够读出上述比较清晰的思路和方向，对于“读问题”这一步，就可以给自己高分。如果这个步骤没读出上述思路和方向，就对比下，看有哪些需要提高的地方，重点加强训练。

第三步　列答题框架，问什么，答什么，分点答，具体框架如下。

答：

1. 正式社区资源如下：

(1)

(2)

……

非正式社区资源如下：

(1)

(2)

……

2. 为向低保家庭提供有效服务，社工整合社区资源如下。

(1)

(2)

(3)

(4)

(5)

第四步　分析答题，关键词 + 描述

第一问答题思路及信息来源于题目的第 2 段，信息点就是得分点，需要提醒的是，不要遗漏关键信息点。

答：

1. 正式社区资源如下：

(1)

(2)

……

非正式社区资源如下：

(1)

(2)

……

信息来源：

同时，社工还发现社区存在大量资源。例如，该社区位于中心城区，社区内有不少的企业和社会组织，社会福利中心经常开展政策咨询、就业培训、心理疏导等服务活动；平时，居民关系融洽，邻里之间会相互关照，沟通各种信息。据此，社工计划整合社区资源，为低保家庭提供服务。

基于关键词，第一问将关键词信息转换为答题语言方式如下：

答：

1. 正式社区资源如下：

（1）社区处于中心城区。

（2）企业资源。

（3）社会组织资源。

（4）社会福利中心资源，开展政策咨询、就业培训、心理疏导服务。

非正式社区资源如下：

（1）居民关系融洽。

（2）邻里之间相互关照。

（3）各种信息沟通顺畅。

信息来源：

同时，社工还发现社区存在大量资源。例如，该社区位于中心城区，社区内有不少的企业和社会组织，社会福利中心经常开展政策咨询、就业培训、心理疏导等服务活动；平时，居民关系融洽，邻里之间会相互关照，沟通各种信息。据此，社工计划整合社区资源，为低保家庭提供服务。

第二问答题思路及信息来源如下，向低保家庭提供服务即介入，服务提供应该与需求和问题对应，服务提供时整合的资源，也应该与需求和问题对应，与四个“有些”对应提供服务，整合资源。

答：

2. 为向低保家庭提供有效服务，社工整合社区资源如下。

（1）针对……，整合/联系……提供服务。

（2）针对……，整合/联系……提供服务。

（3）针对……，整合/联系……提供服务。

（4）针对……，整合/联系……提供服务。

（5）针对……，整合/联系……提供服务。

主要信息来源如下，同时适当使用第 2 段的资源，对应解决第 1 段的问题：

社工在社区调研中，发现该社区部分低保家庭中，（1）有些因病致贫，家庭照顾负担较重；（2）有些虽有较强的就业动机，但因缺乏技能，找不到工作；（3）有些则产生了福利依赖思想，缺乏就业动机；（4）有些眼高手低无法顺利就业。

基于关键词，第二问将关键词信息转换为答题语言方式如下：

答：

2. 为向低保家庭提供有效服务，社工整合社区资源如下。

（1）针对因病致贫家庭照顾负担较重的低保家庭，整合邻里关系融洽、邻里相互关照的资源提供服务，加强邻里信息互通，相互照护。

（2）针对有较强的就业动机但缺乏技能找不到工作的低保家庭，联系社会福利中心资源，开展政策咨询和就业培训服务，联系企业提供就业支持和岗位信息服务。

（3）针对产生福利依赖思想缺乏就业动机的低保家庭，联系社会福利中心和社会组织资源，提供激发潜能动机、降低依赖思想的服务，促进早日就业。

（4）针对眼高手低无法顺利就业的低保家庭，联系社会福利中心和社会组织资源，提供心理疏导和调整认知的服务，改变眼高手低的情况，实现顺利就业。

信息来源：

社工在社区调研中，发现该社区部分低保家庭中，（1）有些因病致贫，家庭照顾负担较重；（2）有些虽有较强的就业动机，但因缺乏技能，找不到工作；（3）有些则产生了福利依赖思想，缺乏就业动机；（4）有些眼高手低无法顺利就业。

最终出现在卷面上的参考答案如下：

答：

1. 正式社区资源如下：

（1）社区处于中心城区。

（2）企业资源。

（3）社会组织资源。

（4）社会福利中心资源，开展政策咨询、就业培训、心理疏导服务。

非正式社区资源如下：

（1）居民关系融洽。

（2）邻里之间相互关照。

（3）各种信息沟通顺畅。

2. 为向低保家庭提供有效服务，社工整合社区资源如下。

（1）针对因病致贫家庭照顾负担较重的低保家庭，整合邻里关系融洽、邻里相互关照的资源提供服务，加强邻里信息互通，相互照护。

（2）针对有较强的就业动机但缺乏技能找不到工作的低保家庭，联系社会福利中心资源，开展政策咨询和就业培训服务，联系企业提供就业支持和岗位信息服务。

（3）针对产生福利依赖思想缺乏就业动机的低保家庭，联系社会福利中心和社会组织资源，提供激发潜能动机、降低依赖思想的服务，促进早日就业。

（4）针对眼高手低无法顺利就业的低保家庭，联系社会福利中心和社会组织资源，提供心理疏导和调整认知的服务，改变眼高手低的情况，实现顺利就业。

学习心得

本章讲授了社会救助社会工作的相关知识，需要学员重点掌握的知识内容是社会救助的内容、社会救助的工作原则、社会救助对象的主要需求、社会救助社会工作的作用、社会救助社会工作的主要内容、社会支持网络理论、个案管理及其应用策略。

本章真题练习部分是当年考试的第2题，问题中包含着“正式资源”和“非正式资源”这样的专业名词或专业术语，即社会支持网格的相关知识理论。学员如果对理论有清晰的掌握，有助于清晰地分析问题、解答问题；如果对理论缺乏清晰的掌握，也应该大概知道其基本意思。基于两段式的思维，即这些资源要么是“正式资源”，要么是“非正式资源”，在题目中分析答案素材的优先方向。

在题目解析的第二步“读问题”中，呈现了可能出现的思考方向的误区，避免绞尽脑汁地在“误区”里“空想”，而是基于题目给出的信息进行分析判断，案例分析题型的答案都来自题目所给的信息点中。无论是第1题、第2题这样相对简单的信息点，还是第4题、第5题这样相对复杂的信息点，解题的四个步骤都是高度统一的。同时，需要特别提醒的是，第1题、第2题即使信息点清晰、问法比较直接，也不能疏忽大意，而要把分析出来的可能的信息点、关键词都完整地回答出来，不要遗漏可能的关键信息点、关键词。

扫码听课

第十一章　家庭社会工作

学习导引

本章学习中，需要重点掌握的知识内容是家庭社会工作的基本特征、家庭系统理论、家庭生命周期理论、家庭治疗模式、家庭抗逆力、家庭社会工作的基本内容、家庭社会工作的基本原则、家庭社会工作的实施步骤、家庭评估的常用方法、家庭干预的常用技巧。家庭社会工作常用的评估方法有绘制家庭结构图和家庭生态图，常用的干预技巧有观察、聚焦、例子使用、再标签等。家庭社会工作是指运用社会工作的专业理论和方法帮助家庭解决面临的困难，更好地发挥家庭的社会功能，以满足所有家庭成员的发展和情感需要的专业服务活动。

考点精要

第一节　家庭社会工作概述

考点一　家庭社会工作的基本特征

家庭社会工作有三个基本特征：

（1）针对家庭的日常生活和沟通交流方式进行干预：直接在受助家庭中开展专业服务，能够保证社会工作者接近家庭的自然生活环境，进行及时介入和干预。

（2）协助家庭成员改善家庭困扰产生的环境因素：直接接触家庭生活环境，可以直接面对家庭困扰产生的生活环境以及家庭成员改变的生活条件，协助家庭成员寻找积极有效的措施。

（3）为家庭成员提供直接、具体的支持和帮助：根据家庭成员的实际需要设计服务活动计划，根据受助家庭成员需要的变化随时调整服务计划。

第二节　家庭社会工作的主要内容

考点二　家庭系统理论

家庭系统理论有三个基本观点：

（1）家庭成员的问题是整个家庭不良的沟通交流方式导致的。

（2）家庭所面临的危机既是机会，也是挑战。

（3）因“问题”而导致的家庭功能的失调能够得到有效解决。

家庭系统概念的六个核心要素：

（1）家庭作为一个整体大于各部分之和。

（2）家庭系统努力维持改变与稳定之间的平衡。

（3）家庭系统中每一名成员的改变都会影响所有其他家庭成员。

（4）家庭成员的行为遵循相互影响的循环因果原则。

（5）每个家庭系统既包含很多次系统，又归属于更大的社会系统。

（6）家庭系统依据已经建立的规则运行。

考点三　家庭生命周期理论

家庭生命周期理论认为，家庭也像人一样有一个成长、发展的自然变化过程。根据家庭成员之间的互动关系和面临的任务，家庭生命周期通常分为八个阶段：

（1）家庭组成阶段：脱离原生家庭；组建新的家庭；形成夫妻的角色分工和规则。

（2）学龄前子女家庭阶段：学习父亲和母亲的角色；调整夫妻的角色。

（3）学龄子女家庭阶段：培养子女的独立性；对学校等新的机构和社会成员保持更大的开放性；接纳家庭角色的变化。

（4）青少年家庭阶段：调整家庭界限以满足青少年的独立要求；适应家庭成员对个人自主性的新的要求。

（5）子女独立家庭阶段：为子女独立生活作准备；接纳和促进子女的自立要求。

（6）家庭调整阶段：重新调整夫妻的角色；学习把子女作为成人对待。

（7）中年夫妇家庭阶段：适应新的、不以子女为中心的角色要求。

（8）老年人家庭阶段：学习与成年子女沟通；学习与孙子（女）交流；学习应对衰老带来的困难；维持晚年生活的尊严、意义和独立。

考点四　结构式家庭治疗模式

结构式家庭治疗模式的基本假设和观点：

（1）假设家庭的动力和组织方式与家庭成员的问题密切相关，通过家庭动力和组织方式的改变来解决家庭成员的问题。

（2）其核心概念包括：家庭系统、家庭结构、病态家庭结构、家庭生命周期。

（3）要求社会工作者进入受助家庭后，关注家庭结构的认识和把握，通过病态家庭结构的调适，恢复家庭的正常功能。

考点五　萨提亚家庭治疗模式

萨提亚家庭治疗模式的基本假设和观点如下：

（1）其基本假设包括对人的理解、对困难的理解和对家庭的理解三部分。

（2）对人和困难的理解方面，相信人人拥有自主生活的能力和资源，导致人出现困难问题的原因是其面对生活事件时不恰当的应对方式。

（3）对家庭的理解方面，萨提亚家庭治疗过程中不关注家庭成员的病症表现，而是注重考察家庭成员应对困难的方式。

（4）通过改善家庭成员的沟通方式和家庭规则，增强家庭成员的自尊和自我价值感，达到治疗的效果。

★ 考点六　家庭抗逆力

抗逆力可以理解为抵抗逆境的能力。家庭抗逆力理论的基本观点如下：

（1）家庭成员面对的逆境并不必然成为“问题”，逆境可能是成长的契机。

（2）任何家庭在“问题”面前都拥有应对的能力，并在克服逆境中寻求新的发展。

（3）所有家庭都要面对困难、压力和挑战，健康家庭不是没有“问题”，而是拥有能力应付“问题”。

（4）家庭抗逆力包括家庭信仰系统、家庭组织方式和家庭沟通过程三个部分，每个部分又包括三个影响因素。其中家庭信仰系统包括寻找逆境的意义、看待逆境的积极态度以及超越和灵性的感受；家庭组织方式包括家庭的弹性、连接性以及家庭的社会和经济资源；家庭沟通过程包括家庭沟通的清晰性、情感的公开表达以及合作解决问题等。

★ 考点七　家庭社会工作的基本内容

（1）改善亲子关系的服务。以父母亲和子女关系的改善为服务焦点，以增进亲子之间的沟通交流和家庭社会功能为目标。常用方法有家庭行为学习、家庭照顾技巧训练以及家庭心理健康教育等。家庭行为学习强调与父母亲之间的沟通交流，是影响孩子行为学习的重要因素。家庭照护技巧方面，首先，明确父母亲在与孩子沟通交流中存在的具体问题，把问题变成可以观察、测量的行为表现；其次，设计和尝试新的行为，测试其带来的效果，并根据行为的效果坚持或者调整新的行为。家庭心理健康教育是包括家庭教育、技能训练和社会支持等多方面内容的综合性活动，旨在为服务对象提供必要的知识，增强家庭成员沟通交流与解决问题的能力，提升其社会支持。

（2）改善夫妻关系的服务。需要将注意力集中在家庭夫妻关系的改善上，常见的服务包括婚姻辅导、家庭暴力干预及改善亲子关系等。婚姻辅导中常运用行为学习、家庭系统、性别视角等理论，辅导家庭成员进行夫妻角色的学习，沟通方式的改善，平等关系的建立。家庭暴力干预针对暴力现象和行为开展干预，保护妇女儿童权益，增强性别平等意识，同时对施暴者进行心理辅导和行为干预，改善冲突处理的行为方式。改善亲子关系服务的重点是改善父母与子女的纵向关系，而非夫妻间的横向关系。

第三节　家庭社会工作的主要方法

★ 考点八　家庭社会工作的基本原则

（1）家庭处境化原则。相信家庭是家庭成员自然生活的场景。它要求社会工作者在观察和评估家庭成员的需要时，把家庭成员放在家庭的日常生活环境中，观察和了解家庭成员之间以及家庭成员与周围环境之间的互动关系，对现状做出准确的分析评估，把握最真实的需求，以提供最合适的服务方案。

（2）帮助家庭成员增能原则。相信家庭成员都有自己克服困难的能力，有效帮助家庭成员克服困难的方式是增强他们自己克服困难的能力。只有关注和提升家庭成员能力，才能帮助家庭成员更好地应对未来生活中的挑战。

（3）家庭个别化原则。相信每个家庭都是独特的，都有自己的生活环境和沟通交流的方式，社会工作者只有以适合的方式从受助家庭所处的特殊处境着手，才能把握家庭成员的真实需要，提供适合的服务。

（4）满足家庭成员需要原则。社会工作者既要关注受助家庭成员的目前需要，也要关注中长期需求及动态变化的需求，将解决问题和预防问题结合起来。

考点九　家庭社会工作的实施步骤

（1）接触阶段：与受助家庭约定初次会谈的时间和安排；为初次家庭会谈做好准备；安排第一次家庭会谈等。

（2）开始阶段：与受助家庭成员建立稳定、信任的合作关系；全面评估受助家庭成员的问题；明确服务介入的目标和基本要求。

（3）介入阶段：制订服务介入计划（总目标和阶段目标）、明确专业角色（多重角色）、运用专业技巧影响受助者家庭成员解决问题。常见角色包括支持（促进积极改变）者、教育（提供知识技能）者、咨询（提供咨询判断）者、使能（增强能力）者、资源调动（资源链接）者。

（4）结束阶段：与受助家庭成员协商服务结束事项；总结和巩固整个服务活动的成果。

考点十　家庭评估的常用方法

（1）家庭结构图。“□”表示男性，“○”表示女性，“———”表示婚姻关系，“—//—”表示离婚关系，“—/——”表示分居关系，“--------”表示同居关系。家庭结构图表示家庭的结构、家庭成员之间的关系以及家庭的一些重要事件等，可以帮助社会工作者迅速、形象地了解和掌握受助家庭成员的结构、成员关系以及其他一些家庭情况。家庭结构图绘制遵循三项基本原则：①长辈在上，晚辈在下；②同辈关系中，年长的在左，年幼的在右；③夫妻关系中，男性在左，女性在右。

□表示男性，○表示女性

———表示婚姻

—//—表示离婚

—/——表示分居

--------表示同居

（2）家庭生态图。家庭生态图由不同的圆圈组成，中间的圆圈代表家庭，圆圈内家庭成员的关系按照家庭结构图的要求表示，家庭外的圆圈代表与家庭有关系的个人和组织。在家庭生态图中，“⟷”表示强关系，“--------”表示弱关系，“〰〰”表示紧张关系。家庭生态图用于表示家庭成员与家庭外部环境之间的互动交流关系，帮助社会工作者了解受助家庭成员与家庭外部环境互动交流的状况以及家庭拥有的资源和面临的困难（见图 11－1）。

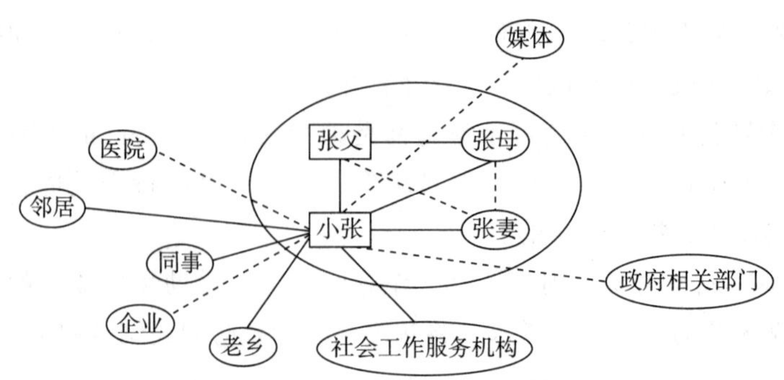

图 11－1　家庭成员与家庭外部环境互动交流关系

考点十一　家庭干预的常用技巧

（1）观察技巧：通过系统记录实际行为表现的方式让受助家庭成员了解自己面临的问题以及改变的状况，从而帮助受助家庭成员随时调整自己的行为，增强行为的有效性。

（2）聚焦技巧：将受助家庭成员的注意力集中在需要解决的问题上，以便对问题进行深入的探索，保证服务介入活动的效率。

（3）例子使用技巧：通过列举类似情况的例子，让受助家庭成员了解困难解决的不同途径和经验，并且舒缓受助家庭成员的压力。

（4）再标签技巧：帮助受助家庭成员从更为积极的角度界定问题，改变家庭成员以往的消极态度和认识，从而促使受助家庭成员产生新的、积极的行为。

真题练习

案例分析题（2018 年，第 3 题，20 分）

李女士，三年前从农村嫁到城里全职在家照顾儿子。半年前，儿子发高烧被误诊，智力发展受到了影响，丈夫对此颇有怨言，指责李女士不负责任，连个孩子都照顾不好，认为李女士没有文化，难以沟通。李女士则埋怨丈夫每天早出晚归对自己极为冷淡，觉得城里没有人可以倾诉，常感到自卑和无助，害怕被丈夫抛弃，夫妻间常为些小事争吵，婚姻关系出现了危机。

李女士向社会工作者小郭求助，小郭了解到李女士的情况后，决定对其进行家庭干预。小郭为夫妻双方提供咨询，帮助其分析面临的困难，引导双方将注意力集中在需要解决的婚姻问题上；改变对彼此的消极态度和看法，让夫妻双方从相互指责转化为共同努力，解决面临的困难。同时，小郭注重挖掘李女士的优势和能力，引导她参与社区志愿服务，帮助其拓展支持网络。经过一段时间的努力，李女士的压力得到了缓解，夫妻关系得到了改善。

问题：

1. 本案例中小郭扮演了哪些专业角色？

2. 小郭运用了哪些家庭干预技巧，并写出对应的具体做法。

解析思路：

解题的基本思路是：先读题，读出关键信息点，养成习惯，看题目给的是谁的信息和什么信息；再读问题，读清楚问什么，初步判断该问题的思考方向，即答案的关键信息来源；然后列答题框架，即问什么，答什么；最后答题，考虑分点作答，不要遗漏可能的信息点，信息点即得分点。

本题是家庭社会工作中关于家庭社会工作者角色和家庭干预技巧的题目。题目出现在当年考试的第3题，属于案例分析题，带有一定的理论知识考查。学员读完题目后，要看题目给的信息点是否清晰，是否在自己把握的范围内，对于解答这道题目，心中是否有底。

对于角色部分，学员相对比较熟悉，在社会工作综合能力科目中，出现在第一章，其中关于角色的讲授相对较多，学员印象比较深刻，这也是对社会工作实务基础的考查。而关于家庭干预技巧的考查，学员则相对不够熟悉。学员如果对书本知识掌握得熟练，可以利用来自书本的理论知识作答；如果对书本知识掌握得不熟练，或者对于技巧的名称记得不够牢靠时，学员要大胆去分析总结。总结技巧，就类似于总结什么需求、什么问题、什么原则一样，要敢于总结，相信这些做法的背后也运用了家庭干预的技巧。无论记忆或总结的词语是否准确，都要敢于总结，将可能的技巧都总结提炼出来，不要遗漏信息点。建议学员在此处花30分钟的时间，先按照上述方法步骤，独立解题作答，然后再阅读学习，即带着自己做题的真实体验，进行有针对性的阅读和学习。

解题方法：

第一步　读题，读出关键信息点

读题时，注意题目第1段给出的问题的信息（波浪线标注），第2段给出的家庭干预做法的信息（横线标注），留意或标记出代表该信息的关键词。读完题，不能只知道题目的意思，一定要抓住题目给的关键信息点，有了信息点，心中才有底。

> 李女士，三年前从农村嫁到城里全职在家照顾儿子。半年前，儿子发高烧被误诊，智力发展受到了影响，丈夫对此颇有怨言，指责李女士不负责任，连个孩子都照顾不好，认为李女士没有文化，难以沟通。李女士则埋怨丈夫每天早出晚归对自己极为冷淡，觉得城里没有人可以倾诉，常感到自卑和无助，害怕被丈夫抛弃，夫妻间常为些小事争吵，婚姻关系出现了危机。
>
> 李女士向社会工作者小郭求助，小郭了解到李女士的情况后，决定对其进行家庭干预。小郭为夫妻双方提供咨询，帮助其分析面临的困难，引导双方将注意力集中在需要解决的婚姻问题上；改变对彼此的消极态度和看法，让夫妻双方从相互指责转化为共同努力，解决面临的困难。同时，小郭注重挖掘李女士的优势和能力，引导她参与社区志愿服务，帮助其拓展支持网络。经过一段时间的努力，李女士的压力得到了缓解，夫妻关系得到了改善。

初步读题如上，波浪线标记的是问题的信息（波浪线标注），在第1段，具体而言有儿子、丈夫、李女士、夫妻间的信息，每个人的信息点和信息的关键词都比较清晰。

第 2 段主要是社工家庭干预做法的信息，总体也比较清晰。初步印象，这属于典型的两段式的信息，第 1 段给了家庭的现状即需求和问题，第 2 段给了解决问题提供服务的做法和取得的效果。

完成“读题”这一步后，接下来进行第二步“读问题”。

第二步　读问题，弄清楚问什么

问题：

1. 本案例中小郭扮演了哪些专业角色？

2. 小郭运用了哪些家庭干预技巧，并写出对应的具体做法。

第一问，“哪些专业角色”答案的信息素材来源方向，角色应该与李女士面临的需求、问题及做法的效果相关联。题目问“角色”，要将信息点总结为“……的角色”。

学员如果对书本上关于角色的知识比较熟悉，可以依据书本知识并结合题目信息作答；如果掌握得不够熟练，可以结合题目信息和实际工作进行作答。

第二问，“小郭运用了哪些家庭干预技巧，并写出对应的具体做法”这个问题，你的思路是否清晰。明确是两小问，就需要分两小点作答。同时需要清楚地认识到，“干预技巧”和“具体做法”应该是对应起来的。题目的第 2 段应该都是具体做法，相信这些做法中一定隐含着相应的技巧。这是基本的答题思考方向，同时注意答题框架清晰，把关键词写在相对醒目的位置。

第三步　列答题框架，问什么，答什么，分点答，具体框架如下：

答：

1. 本案例中小郭扮演的专业角色如下：

（1）……角色：……

（2）……角色：……

（3）……角色：……

（4）……角色：……

（5）……角色：……

2. 小郭运用的家庭干预技巧及对应的具体做法如下：

（1）……技巧。对应具体做法为……

（2）……技巧。对应具体做法为……

（3）……技巧。对应具体做法为……

（4）……技巧。对应具体做法为……

（5）……技巧。对应具体做法为……

第四步　分析答题，关键词 + 描述

第一问答题思路的信息来源于题目关于需求、问题和做法的信息，信息的背后应该隐含着角色。

通过第 1 段的信息，可以提炼出如下基本角色：

答：

1. 本案例中小郭扮演的专业角色如下：

（1）支持者角色：……

（2）倾听者角色：……

（3）关系调解者角色：……

（4）……角色：……

（5）……角色：……

信息来源：

李女士，三年前从农村嫁到城里全职在家照顾儿子。半年前，儿子发高烧被误诊，智力发展受到了影响，丈夫对此颇有怨言，指责李女士不负责任，连个孩子都照顾不好，认为李女士没有文化，难以沟通。李女士则埋怨丈夫每天早出晚归对自己极为冷淡，觉得城里没有人可以倾诉，常感到自卑和无助，害怕被丈夫抛弃，夫妻间常为些小事争吵，婚姻关系出现了危机。

两段信息结合在一起，可以提炼出如下八个角色。

答：

1. 本案例中小郭扮演的专业角色如下：

（1）支持者角色：李女士农村进城生活不顺，自卑无助，小郭为其建立支持网络。

（2）倾听者角色：李女士觉得没有人可以倾诉，需要倾听。

（3）关系调解者角色：李女士和丈夫有矛盾，婚姻关系出现危机，需要关系调解。

（4）咨询者角色：小郭为李女士提供咨询。

（5）使能者角色：小郭注重挖掘李女士的优势和能力促进其改变。

（6）服务提供者角色：小郭引导李女士参与社区志愿服务。

（7）资源链接者角色：小郭帮助李女士拓展支持网络。

（8）教育者角色：小郭教授李女士如何处理夫妻关系，将指责转化为共同努力。

信息来源：

李女士，三年前从农村嫁到城里全职在家照顾儿子。半年前，儿子发高烧被误诊，智力发展受到了影响，丈夫对此颇有怨言，指责李女士不负责任，连个孩子都照顾不好，认为李女士没有文化，难以沟通。李女士则埋怨丈夫每天早出晚归对自己极为冷淡，觉得城里没有人可以倾诉，常感到自卑和无助，害怕被丈夫抛弃，夫妻间常为些小事争吵，婚姻关系出现了危机。

李女士向社会工作者小郭求助，小郭了解到李女士的情况后，决定对其进行家庭干预。小郭为夫妻双方提供咨询，帮助其分析面临的困难，引导双方将注意力集中在需要解决的婚姻问题上；改变对彼此的消极态度和看法，让夫妻双方从相互指责转化为共同努力，解决面临的困难。同时，小郭注重挖掘李女士的优势和能力，引导她参与社区志愿服务，帮助其拓展支持网络。经过一段时间的努力，李女士的压力得到了缓解，夫妻关系得到了改善。

第二问答题思路及信息来源如下，应该答“干预技巧”和“具体做法”两部分，在答题的过程中，通过答题框架，尽量清楚地将两部分分别体现。“干预技巧”和“具体做法”之间是对应关系。“具体做法”为小郭所做的事情，“干预技巧”隐含在“具体做法”中。

答：

2. 小郭运用的家庭干预技巧及对应的具体做法如下：

（1）……技巧。对应具体做法为……

（2）……技巧。对应具体做法为……

（3）……技巧。对应具体做法为……

（4）……技巧。对应具体做法为……

（5）……技巧。对应具体做法为……

信息来源：

李女士向社会工作者小郭求助，小郭了解到李女士的情况后，决定对其进行家庭干预。小郭为夫妻双方提供咨询，帮助其分析面临的困难，引导双方将注意力集中在需要解决的婚姻问题上；改变对彼此的消极态度和看法，让夫妻双方从相互指责转化为共同努力，解决面临的困难。同时，小郭注重挖掘李女士的优势和能力，引导她参与社区志愿服务，帮助其拓展支持网络。经过一段时间的努力，李女士的压力得到了缓解，夫妻关系得到了改善。

按照题目意思及标点符号，可以看出，小郭进行家庭干预的信息可分为两点，最后加上一个结果。即（1）a 小郭为夫妻双方提供咨询，帮助其分析面临的困难，引导双方将注意力集中在需要解决的婚姻问题上；（1）b 改变对彼此的消极态度和看法，让夫妻双方从相互指责转化为共同努力，解决面临的困难；（2）同时，小郭注重挖掘李女士的优势和能力，引导她参与社区志愿服务，帮助其拓展支持网络。这两点信息对应包含了三个干预技巧。

两点信息中，每点的关键信息分别为：（1）a 为夫妻双方提供咨询，分析面临的困难，引导将注意力集中在需要解决的问题上；（1）b 改变消极态度和看法，从相互指责转化为共同努力，解决面临的困难；（2）挖掘优势和能力，引导参与社区志愿服务，拓展支持网络。这样，干预技巧的关键词应该就包含在这些信息中，如果对干预技巧的名称使用不够准确，或者把握不准，就把可能的技巧都总结出来。

基于此，答题参考答案如下：

答：

2. 小郭运用的家庭干预技巧及对应的具体做法如下：

（1）双方咨询共同努力的技巧。对应具体做法为小郭为夫妻双方提供咨询，帮助其分析面临的困难，使其共同努力。

（2）集中注意力的技巧（聚焦技巧）。对应具体做法为小郭引导双方将注意力集中在需要解决的婚姻问题上。

（3）改变消极态度及转化的技巧（再标签技巧）。对应具体做法为小郭引导双方改变对彼此的消极态度和看法。

（4）从指责转变为共同努力的技巧（再标签技巧）。对应具体做法为小郭让夫妻双方从相互指责转化为共同努力，解决面临的困难。

（5）挖掘优势潜能的技巧。对应具体做法为小郭注重挖掘李女士的优势和能力。

（6）引导社区参与的技巧。对应具体做法为小郭引导李女士参与社区志愿服务。

（7）拓展支持网络的技巧。对应具体做法为小郭帮助李女士拓展支持网络。

（8）缓解压力改善夫妻关系的技巧。对应具体做法为小郭使李女士的压力得到了缓解，夫妻关系得到了改善。

上述信息均来自书本知识学习及对题目的关键点的分析和总结提炼，不要遗漏可能的关键信息点。书本中关于家庭干预的常用技巧详见考点十一，有四点内容。

（1）观察技巧：通过系统记录实际行为表现的方式让受助家庭成员了解自己面临的问题以及改变的状况，从而帮助受助家庭成员随时调整自己的行为，增强行为的有效性。

（2）聚焦技巧：将受助家庭成员的注意力集中在需要解决的问题上，以便对问题进行深入的探索，保证服务介入活动的效率。

（3）例子使用技巧：通过列举类似情况的例子，让受助家庭成员了解困难解决的不同途径和经验，并且舒缓受助家庭成员的压力。

（4）再标签技巧：帮助受助家庭成员从更为积极的角度界定问题，改变家庭成员以往的消极态度和认识，从而促使受助家庭成员产生新的、积极的行为。

学员（考生）对书本知识可能掌握得清楚，也可能掌握得不够清楚。所以要结合书本知识及题目的具体信息，进行答题。基于书本知识，又不能只依赖书本知识。要将书本知识与分析理解结合起来答题。

最终出现在卷面上的参考答案如下：

答：

1. 本案例中小郭扮演的专业角色如下：

（1）支持者角色：李女士农村进城生活不顺，自卑无助，小郭为其建立支持网络。

（2）倾听者角色：李女士觉得没有人可以倾诉，需要倾听。

（3）关系调解者角色：李女士和丈夫有矛盾，婚姻关系出现危机，需要关系调解。

（4）咨询者角色：小郭为李女士提供咨询。

（5）使能者角色：小郭注重挖掘李女士的优势和能力促进其改变。

（6）服务提供者角色：小郭引导李女士参与社区志愿服务。

（7）资源链接者角色：小郭帮助李女士拓展支持网络。

（8）教育者角色：小郭教授李女士如何处理夫妻关系，将指责转化为共同努力。

2. 小郭运用的家庭干预技巧及对应的具体做法如下：

（1）双方咨询共同努力的技巧。对应具体做法为小郭为夫妻双方提供咨询，帮助其分析面临的困难，使其共同努力。

（2）集中注意力的技巧（聚焦技巧）。对应具体做法为小郭引导双方将注意力集中在需要解决的婚姻问题上。

（3）改变消极态度及转化的技巧（再标签技巧）。对应具体做法为小郭引导双方改变对彼此的消极态度和看法。

（4）从指责转变为共同努力的技巧（再标签技巧）。对应具体做法为小郭让夫妻双方从相互指责转化为共同努力，解决面临的困难。

（5）挖掘优势潜能的技巧。对应具体做法为小郭注重挖掘李女士的优势和能力。

（6）引导社区参与的技巧。对应具体做法为小郭引导李女士参与社区志愿服务。

（7）拓展支持网络的技巧。对应具体做法为小郭帮助李女士拓展支持网络。

（8）缓解压力改善夫妻关系的技巧。对应具体做法为小郭使李女士的压力得到了缓解，夫妻关系得到了改善。

学习心得

本章讲授了家庭社会工作的相关知识，需要学员重点掌握的知识内容是家庭社会工作的基本特征、家庭系统理论、家庭生命周期理论、家庭治疗模式、家庭抗逆力、家庭社会工作的内容、家庭社会工作的原则、家庭评估的常用方法、家庭干预的常用技巧。知识学习部分，需要特别注意家庭社会工作常用的评估方法有绘制家庭结构图和家庭生态图，需要看得懂，同时能够绘图。常用的干预技巧有观察、聚焦、例子使用、再标签等，需要理解。

本章真题练习部分是当年考试的第3题，问题中包含着“家庭社会工作角色”和“家庭干预技巧”这样的理论知识。学员如果对理论有清晰的掌握，有助于清晰地分析问题、解答问题；如果对理论缺乏清晰的掌握，也应该大概知道其基本意思，应该基于题目分析。学员应重点理解本章真题的分析解题思路和步骤，结合书本知识及题目信息点，进行分析理解，做到触类旁通和活学活用。

需要特别提醒的是，题目解析要基于书本知识，但不能依赖书本知识。学员要加强书本知识学习，同时注意从题目给的信息中总结提炼，将信息点和关键词分析清楚，不要遗漏，尽可能地使用书面语言或专业术语解答。

扫码听课

第十二章　学校社会工作

学习导引

本章学习中，需要重点掌握的知识内容是学校社会工作的基本特征、学校社会工作的功能、面对困境学生的改善性服务、面对遭遇伤害学生的保护性服务、面对全体学生的发展性服务、人在情境中理论、标签理论、自我同一性理论、抗逆力理论、系统脱敏理论、行为契约法。学校社会工作是社会工作者遵循社会工作的价值理念，运用社会工作的专业理论知识和方法，整合政府及社会资源，为学校全体学生，特别是处境不利的学生提供的专业性服务。其目的在于协调学校、家庭及社区之间的关系并促进其教育功能，满足学生学业及成长需要，增强社会适应能力。

考点精要

第一节　学校社会工作概述

考点一　学校社会工作的基本特征

（1）服务对象特征：服务对象的生理、心理及社会发展方面均尚未成熟。面向学生服务，尤其是贫困学生、残疾学生、受到欺凌的学生、家庭变故等处境不利的学生，关注其学业困境、成长困境，提供关怀、保护、支持。

（2）服务理念特征：特别强调优势视角、需要为本及潜能挖掘的服务理念。优势视角相信学生具有成长转变的优势和潜能，相信任何学生和环境都有资源和优势；相信困难的经历可能带来伤害，也可能成为挑战和成长的机遇。需要为本的理念将学生的问题理解为学生的需要，认为学生有其特殊的、改善性的、发展性的需要，反对问题化和标签化。潜能挖掘理念相信学生的潜能与创造力，强调不仅仅关注当下情况，同时关注学生潜能激发和创造力培养。

（3）服务行动特征：学校社会工作服务强调团队合作与资源整合行动。团队合作需要社工、老师、咨询师、医生等专业人士共同参与，需要教育局、共青团等多部门协作；资源整合需要家庭、学校、社区共同提供支持。

考点二　学校社会工作的功能

（1）改善学生困境的功能。通过个案辅导等方式改善学生异常或偏差行为；通过父母效能训练及家庭治疗帮助改善家庭环境；通过教师支持和完善管理等方法改善学校环境；通过社区营造方法改善社会环境。

（2）保障学生权益的功能。维护学生权益，避免学生遭遇伤害。提供必要的资源链接和关怀照顾，促进环境改善与教育的公平公正。

（3）促进学生成长发展的功能。强调优势视角，相信服务对象的潜能与优势，关注学生优势、潜能及动力激发。

第二节　学校社会工作的主要内容

考点三　面对困境学生的改善性服务

（1）学校社会工作对学生心理困境的介入。学生的心理困境主要表现为认知障碍、情绪困扰、意志力薄弱、人格障碍、网络成瘾五种情况。

（2）学校社会工作对学生学业困境的介入。针对认知障碍、情绪情感困扰、学习动力不足及学习能力不足等学生个人因素导致的学业困境与社会工作介入；针对学校教学理念及教学管理、学校环境及教师教学方法等学校因素导致的学业困境与社会工作介入；针对家庭学习环境、父母婚姻关系、父母教养方式等家庭因素导致的学业困境与社会工作介入；针对社区环境、学生社会交往等社区因素导致的学业困境与社会工作介入。

（3）学校社会工作对学生人际关系困境的介入。包括针对纠缠与疏离的亲子关系、父母过高期望的亲子关系困境与社会工作介入；朋辈关系困境与社会工作介入；师生关系困境与社会工作介入。

（4）学校社会工作对学生偏差行为困境的介入。主要针对学生的违法行为，违纪、失德行为，失仪行为进行的社会工作介入。

（5）学校社会工作对学生家庭困境的介入。学校社会工作者可以从提供情感支持、发展支持系统、链接社会资源三个方面入手。

考点四　面对遭遇伤害学生的保护性服务

（1）学校社会工作对学生虐待的介入。开展个案评估，及时发现遭遇虐待的学生，进行专业的评估和及时救治；与老师沟通了解情况，一起进行家访，与学生父母进行会谈，了解施虐行为的发生频率、严重程度及以往的处理方式；约谈施虐者并实施个案辅导，使施虐者认识到虐待侵权行为的严重性，及其对孩子身心发展造成的危害性，要求必须停止对孩子施暴，必要时可向法律机关提起诉讼；为孩子提供个案辅导与陪伴服务，解决性格、心理伤害等问题；提供小组服务，设计实施班级群体活动，帮助孩子融入班集体，改善与同学的关系，链接班级资源，增强安全感；为母亲提供个案辅导服务；提供家庭治疗服务，评估家庭结构与家庭动力，帮助改变病态的家庭结构，在引导家庭文化创建的过程中建立具有约束力的家庭规范，增强家庭凝聚力。

（2）学校社会工作对教师体罚学生的介入。对教师体罚学生现象必须保持高度的警觉，及时发现及时介入。其服务内容包括：链接医疗服务资源，对有需要的学生及时进行医疗救治，并及时联系家长；对相关教师进行个案辅导，从认知及行为层面介入，情形严重者提请学校甚至公安部门处置；对受伤害学生进行个案辅导与陪伴服务，提供情感支持及创伤辅导；针对体罚学生的现象向学校提出建议，预防体罚伤害行为发生；组织教师书写杜绝伤害学生行为的“承诺宣言书”，形成集体认识。

（3）学校社会工作对学生遭遇性侵害的介入。学校社会工作可以从预防和干预两个层面提供服务，包括提供青春期性教育服务，帮助学生学习关于性的科学知识；对性侵害事件介入，进行危机介入，提供情感支持，情绪疏导、认知澄清，处置侵害者，关注受害学生的心理行为状态，如有需要，提供长期辅导与陪伴服务。

考点五 面对全体学生的发展性服务

（1）学校社会工作对引导和培养学生价值观的介入。包括引导学生践行社会主义核心价值观，引导学生树立正确的人生观。

（2）学校社会工作对学生情感培养及情绪管理的介入。包括培养学生健康的情感，培养学生健康的亲情、友情、爱情观，培养学生对社会的关怀情怀、家国情怀、大爱精神；帮助学生科学管理情绪，帮助学生学习关于情绪的知识，帮助学生管理紧张、焦虑及愤怒的情绪，警惕抑郁情绪，注意悲伤情绪。

（3）学校社会工作对培养学生人际交往能力的介入。包括培养学生建立并维持良好的人际关系、与人合作、良性竞争的能力。

（4）学校社会工作对培养学生劳动意识和劳动能力的介入。包括培养学生的劳动意识和热爱劳动的品质，培养学生家务劳动习惯和家务劳动能力。

（5）学校社会工作对培养学生科学抉择能力与生涯规划能力的介入。包括帮助学生学会科学抉择，帮助学生培养职业、人际关系、闲暇时间的生涯规划能力。

（6）学校社会工作对培养学生行动力的介入。包括引导学生主动领受任务、培养立即行动的习惯、训练动手操作能力、培养冒险精神。

第三节　学校社会工作的主要方法

考点六 人在情境中理论

（1）注重在情境中理解学生的行为。

（2）注重学生的心理及社会因素。

（3）注重对学生问题的个人与环境的双重归因。

（4）注重人与环境的交互作用。

考点七 标签理论

（1）该理论认为，每个人都有“初级越轨”的可能，但如果被贴上越轨的“标签”，就有可能导致越轨者走上“越轨生涯”。

（2）该理论启示社工、教师、家长及其他成年人需要谨慎给学生贴“标签”，负“标签”的风险在于把学生引导走向“标签”的人生。

（3）要重新定义“标签”，以此使那些原来被认为是有问题的学生恢复为“正常学生”，将问题“标签”转变成优势“标签”，激发学生的潜能资源，形成良性循环。

考点八 自我同一性理论

（1）本意是成为一个被自己认同的整体的自我。

（2）可以理解为个体对自己“是什么样的人”以及“想成为什么样的人”有明确

稳定的认知。

（3）协助学生自我成长；注重培养学生的社会归属感；帮助学生树立集体意识；注重帮助学生探索生命历程。

考点九 抗逆力理论

（1）指一个人身处困难、挫折、失败等逆境时的心理协调和适应能力。

（2）抗逆力理论最为核心的部分是风险因素及保护因素的构建。

（3）对学校社会工作的启示：注重帮助学生挖掘个人优势和效能；创造外在保护因素；注意学生非常规抗逆力行为。

（4）创造外在保护因素，可以从五个方面做起：①与朋辈、老师、家长等建立积极正面连接关系；②创造支持的环境；③建立合理期望；④界定清晰的规范，帮助学生树立规范意识；⑤提升社会参与，要为学生创造参与有意义的集体生活和社会活动的机会，并能在其中发挥作用，感受价值观，增强自信心。

考点十 学校社会工作传统方法创新

（1）个案工作方法在学校社会工作中的特点与创新。个案工作是发展最早的最基础的社会工作专业方法，为学生提供服务需要经常运用个案工作方法。学校社会工作者应遵循个案工作的原则，选择契合的个案工作模式，通过需求评估、制订服务计划、实施会谈、评估效果、跟进服务等服务环节为学生提供服务。由于学校社会工作服务的场域及对象的特殊性，在运用个案工作方法时需要社会工作者灵活运用与创新。包括师生联合会谈法、“结对子”朋辈助力法、社工信箱。

（2）小组工作方法在学校社会工作中的特点与创新。包括主题班会、社工课堂、家长互助会。

（3）社区工作方法在学校社会工作中的创新。学校社会工作要坚持“家校社”联动的理念，兼顾校园社区及校外社区，兼顾为学生服务及学生服务社区。

考点十一 预防校园欺凌三级介入

（1）初级介入：面向全员——营造友善环境。包括友善校园环境营造，友善社区环境营造，友善家庭环境营造。

（2）二级介入：面对高关怀人群——避免复发、消除可能性。服务对象主要是高风险高关怀人群，即曾有过欺凌经验和被欺凌经验的学生。可开设平行小组，进行个案辅导，帮助学生转变认知，发展亲社会行为。

（3）三级介入：欺凌事件发生后，针对被欺凌者、欺凌者、情境中人的介入。服务被欺凌者危机介入，使其及时获得保护与支持；服务欺凌者，使其得到惩罚和矫正；服务情境中的学生群体，营造友好关爱的氛围；服务老师，使其更好发挥作用。

考点十二 系统脱敏——帮助学生克服考试恐惧情绪

系统脱敏疗法的基本原理是诱导服务对象缓慢地暴露出导致神经症焦虑和恐惧的情境，并通过身心放松状态来对抗这种焦虑情绪，从而达到消除焦虑或恐惧的目的。

如果一个刺激所引起的焦虑或恐怖状态在服务对象所能忍受的范围之内，经过多次反复的呈现，他便不会再对该刺激感到焦虑和恐怖，就达到治疗目标了。

系统脱敏疗法有三个操作环节：

（1）放松训练：深呼吸和放松肌肉可以带来情绪的放松，让学生学习体验深呼吸和肌肉放松。

（2）等级建构：帮助学生建立对考试恐怖或焦虑的等级层次，让学生记录不同考试步骤的环境和感受，按紧张程度不同分成由弱到强的顺序。

（3）脱敏训练：脱敏训练分为想象脱敏和现实脱敏。想象脱敏是在想象的环境中进行，现实脱敏是在现实的环境中进行。

考点十三 行为契约法——帮助学生形成良好的行为习惯

（1）“行为契约法”的主要原理是通过行为契约的商定、执行过程中的“强化”训练而改善行为。行为契约是指服务者与被服务者经过双方共同协商后签订的对双方都具有约束力的书面协定。

（2）行为契约由五个基本部分组成：确定目标行为、规定如何测量目标行为、确定该行为必须执行的时间即行为有效期、确定强化与惩罚条件、契约双方签字。

（3）“行为契约法”的基本工作程序：确定目标行为、商定奖惩清单、书写行为契约、签字承诺、填写“执行记录表”。

考点十四 学校社会工作的其他方法和技巧

（1）亲子运动会——引导家长与孩子建立良好的亲子关系。需要做的工作包括：需求评估与服务创意提出；撰写“亲子运动会”计划书；发布邀请，招募组员；亲子运动会进行时——讲解—带领—解说。

（2）拍卖会——引导学生树立正确的人生价值观。引导学生人生价值观的“拍卖法”，即以拍卖会的活动形式帮助学生体验、澄清并思考自己的人生价值观念及其影响，发现问题并及时纠正方向。具体的工作程序包括：物资准备、现场讲解、实施活动、讨论分享、社会工作者总结。

（3）做名片——帮助低自我概念的学生提升自信。人本心理学关于心理健康的十条标准将“安全感”排在首位，自信与信任是安全感的两大支柱，因此培养学生的自信力和信任力对帮助学生建立安全感意义重大。

（4）小背摔——学校社会工作者可以通过“小背摔”游戏活动训练学生消除恐惧、培养信任力。

真题练习

案例分析题（2012年，第5题，20分）

社工发现某子弟学校学生存在不同程度的健康问题，其中许多问题与日常生活习惯有关，如能早发现、早治疗，便能防止某些疾病的发生。尽管该市在2009年就对该市中小学生开展免费体检，但该项政策并未惠及打工子弟学校。

社工通过进一步走访社区发现，这些学生大多居住在城乡结合部，社区环境卫生很差，垃圾遍地，缺少公共卫生设施，社区周围也只有一家正规医院，外来人口很少去。一些家庭没有良好的卫生习惯，不少家长存在不同程度的健康问题，还有部分家庭因病陷入困境。

针对上述情况，社工计划开展社区卫生健康服务项目。

问题：分别以“直接介入”和“间接介入”的角度，为该项目设计服务方案（只需说明介入目标和重要介入策略）。

解析思路：

解题的基本思路是：先读题，读出关键信息点，养成习惯，看题目给的是谁的信息和什么信息；再读问题，读清楚问什么，初步判断该问题的思考方向，即答案的关键信息来源；然后列答题框架，即问什么，答什么；最后答题，考虑分点作答，不要遗漏可能的信息点，信息点即得分点。

本题是学校社会工作服务方案设计的题目。题目出现在当年考试的第 5 题，属于方案设计题，带有一定的理论知识考查，即“直接介入”和“间接介入”。学员读完题目后，要看题目给的信息点是否清晰，是否在自己把握的范围内，对解答这道题，心中是否有底。

之前学习过部分第 5 题，学员对此是否已经比较熟悉？第 5 题通常给的信息点比较多，但总体比较清晰。多是因为给的“谁的信息”的信息主体比较多元，但是信息本身往往很清晰。信息主体后通常有关于该主体信息的关键词，把握住了“谁”及信息的“关键词”，即把握住了分析理解的关键信息点。

同时，需要留意的是，第 5 题的问法与对应的答题框架。本题的问题中，要求从“直接介入”和“间接介入”两个方面回答，问什么答什么，因此应该分为两大点答。需要把“谁的信息”，按照信息主体，分为直接和间接两部分。通常，服务对象本人为直接，其他环境主体为间接。基于此，可得知，“学生”“家长”“居民”应为直接，“学校”“社区”“政策”应为间接。

还需要注意的是，题目告知“只需说明介入目标和重要介入策略”，即“直接介入”下分为两小点，即“介入目标”和“介入策略”；“间接介入”下分为两小点，即“介入目标”和“介入策略”。这样第 5 题的答题思路就比较清晰了。

学员需要把题目给的关键信息点，按照问题的问法，分为两部分或三部分回答；介入策略（内容）与介入目标、原因分析（理论）应该是一一对应关系。这是第 5 题的通用分析思路，希望学员能够理解，触类旁通。

至此，建议学员暂停阅读，用 30 分钟时间先试着自己解答。

解题方法：

第一步　读题，读出关键信息点

读题时，注意题目给出了“谁的信息”（波浪线标注）和“什么信息”（横线标注），留意或标记出代表该信息的关键词。读完题，不能只知道题目的意思，一定要抓住题目给的关键信息点，有了信息点，心中才有底。

社工发现某打工子弟学校学生存在不同程度的健康问题，其中许多问题与日常生活习惯有关，如能早发现、早治疗，便能防止某些疾病的发生。尽管该市在2009年就对该市中小学生开展免费体检，但该项政策并未惠及打工子弟学校。

社工通过进一步走访社区发现，这些学生大多居住在城乡接合部，社区环境卫生很差，垃圾遍地，缺少公共卫生设施，社区周围也只有一家正规医院，外来人口很少去。一些家庭没有良好的卫生习惯，不少家长存在不同程度的健康问题，还有部分家庭因病陷入困境。

针对上述情况，社工计划开展社区卫生健康服务项目。

初步读题如上，波浪线标记的是“谁的信息”，大致有“学生”“家长”“外来人口”“家庭”“打工子弟学校”“社区”“医院”“政策”等八个信息主体；横线部分为“什么信息”，即该信息主体面临的情况。总体而言，信息点比较清晰。

完成“读题”这一步后，接下来进行第二步“读问题”。

第二步　读问题，弄清楚问什么

问题：分别以“直接介入”和“间接介入”的角度，为该项目设计服务方案（只需说明介入目标和重要介入策略）。

第5题的问法，通常大致如此，学员应该逐渐熟悉这样的问法。如解题思路部分已经介绍的经验，问题中明确要求从直接和间接的角度，回答就应该是两大点。“只需说明介入目标和重要介入策略”，即两大点下各有两小点。

直接介入是针对服务对象的介入，间接介入是针对服务对象之外相关方的介入。这样一来，即可知“学生”“家长”“外来人口”“家庭”应该是直接介入的范畴，“打工子弟学校”“社区”“医院”“政策”应该是间接介入的范畴。把各自的关键信息，按照一一对应的逻辑关系，写入各自的范畴内。

这是基本的答题思考方向，同时需要注意答题框架清晰，把关键词写在相对醒目的位置。

第三步　列答题框架，问什么，答什么，分点答，具体框架如下：

答：

1. 直接介入：

（1）介入目标：

（2）介入策略：

2. 间接介入：

（1）介入目标：

（2）介入策略：

接下来的第十三章社区社会工作中，也有一道类似的第5题，问题如下。学员可

以比较下有何不同。

问题：要求依据增能理论，分别从个人层次、人际层次、环境层次三个方面设计一份项目方案，只需罗列出理论要点、主要目标、实施策略。

答：

1. 个人层次：

（1）理论要点：……

（2）主要目标：……

（3）实施策略：……

2. 人际层次：

（1）理论要点：……

（2）主要目标：……

（3）实施策略：……

3. 环境层次：

（1）理论要点：……

（2）主要目标：……

（3）实施策略：……

对比本章的真题练习，“社区社会工作”这一章的真题练习难度是不是有所增加？难度增加主要体现在三个方面：（1）本章的练习题问题是从“直接介入”“间接介入”两个方面两大点出发，而“社区社会工作”那一章的题目是从“个人层次”“人际层次”“环境层次”三个方面三大点出发，增加了一个分析层面即一大点。（2）本章的练习题问题是“只需说明介入目标和重要介入策略”，即“介入目标”和“介入策略”两小点；而“社区社会工作”那一章则是“只需罗列出理论要点、主要目标、实施策略”，即“理论要点”“主要目标”“介入策略”三小点，增加了一小点。（3）“社区社会工作”那一章练习题明确要求“依据增能理论”，增加了对理论观点的考查。大家比较下就能看出，近几年中级实务考试中，增加了对理论观点的考查，因此需要我们加强对理论观点部分的学习。在本辅导教材的最后附录部分，专门附加了理论强化学习。

需要提醒的是“介入策略”“介入目标”“原因（理论观点）”之间的“关键词”，应该保持高度统一，体现前后一一对应的逻辑关系，即基于“原因（理论观点）”确定“介入目标”，基于“介入目标”确定“介入策略”。

通过比较发现，虽然题目难度增加了，但是逻辑是相同的。无论是答点数多的题，还是答点数少的题，都要保持统一的思路和清醒的认识。

第四步　分析答题，关键词＋描述

第一问，“直接介入”答题思路的信息来源于题目中关于“学生”“家长”“外来人口”和“家庭”的信息，将这些信息答在直接介入的范畴、目标和内容中。

答：

1. 直接介入：

（1）介入目标：

①培养学生日常生活习惯，解决学生健康问题。

②培养家长良好卫生习惯，解决家长健康问题。

③引导外来人口及时就医，改善居民健康状况。

④帮助因病致贫家庭走出困境，链接情感和经济援助资源。

（2）介入策略：

①通过学校教育和筛选培养学生的良好习惯，早发现早预防早治疗。

②通过社区教育培养家长卫生习惯，解决家长健康问题，改善家庭状况。

③通过社区教育引导外来人口到正规医院就医，及时到正规医院就诊。

④通过经济援助和情感支持，帮助家庭走出因病致贫的困境。

信息来源：

社工发现某打工子弟学校学生存在不同程度的健康问题，其中许多问题与日常生活习惯有关，如能早发现、早治疗，便能防止某些疾病的发生。尽管该市在2009年就对本市中小学生开展免费体检，但该项政策并未惠及打工子弟学校。

社工通过进一步走访社区发现，这些学生大多居住在城乡接合部，社区环境卫生很差，垃圾遍地，缺少公共卫生设施，社区周围也只有一家正规医院，外来人口很少去。一些家庭没有良好的卫生习惯，不少家长存在不同程度的健康问题，还有部分家庭因病陷入困境。

针对上述情况，社工计划开展社区卫生健康服务项目。

第二问，“间接介入”答题思路的信息来源于题目中关于“打工子弟学校”“社区”“医院”“政策”的信息，将这些信息答在间接介入的范畴、目标和内容中。

答：

2. 间接介入：

（1）介入目标：

①引导学校加强健康教育，使其具备健康教育意识和能力。

②改善社区卫生环境设施，预防社区疾病的发生和传播。

③促进医院开展定期体检，早发现早治疗，预防疾病发生。

④扩大免费体检政策范围，将打工子弟学校纳入政策保障范围，惠及学生。

⑤完善医疗及救助政策，提升外来人口医疗与救助保障水平。

（2）介入策略：

①通过对学校老师培养，提升健康教育水平，使其具备健康教育意识和能力。

②实施社区卫生环境改造，改变城乡接合部社区环境卫生很差、垃圾遍地的现状。

③增加正规医院建设及就医引导服务，使外来人口就医多些选择，获得正规服务。

④市政府扩大免费体检政策范围，早日将打工子弟学校纳入政策范畴惠及学生。

⑤倡导政府完善医疗及救助政策，提升医疗与救助保障水平，降低因病致贫发生率。

信息来源：

社工发现某打工子弟学校学生存在不同程度的健康问题，其中许多问题与日常生活习惯有关，如能早发现、早治疗，便能防止某些疾病的发生。尽管该市在2009年就对本市中小学生开展免费体检，但该项政策并未惠及打工子弟学校。

社工通过进一步走访社区发现，这些学生大多居住在城乡接合部，社区环境卫生很差，垃圾遍地，缺少公共卫生设施，社区周围也只有一家正规医院，外来人口很少去。一些家庭没有良好的卫生习惯，不少家长存在不同程度的健康问题，还有部分家庭因病陷入困境。

针对上述情况，社工计划开展社区卫生健康服务项目。

最终出现在卷面上的参考答案如下：

答：

1. 直接介入：

（1）介入目标

①培养学生日常生活习惯，解决学生健康问题。

②培养家长良好卫生习惯，解决家长健康问题。

③引导外来人口及时就医，改善居民健康状况。

④帮助因病致贫家庭走出困境，链接情感和经济援助资源。

（2）介入策略

①通过学校教育和筛选培养学生的良好习惯，早发现早预防早治疗。

②通过社区教育培养家长卫生习惯，解决家长健康问题，改善家庭状况。

③通过社区教育引导外来人口到正规医院就医，及时到正规医院就诊。

④通过经济援助和情感支持，帮助家庭走出因病致贫的困境。

2. 间接介入：

（1）介入目标

①引导学校加强健康教育，使其具备健康教育意识和能力。

②改善社区卫生环境设施，预防社区疾病的发生和传播。

③促进医院开展定期体检，早发现早治疗，预防疾病发生。

④扩大免费体检政策范围，将打工子弟学校纳入政策保障范围，惠及学生。

⑤完善医疗及救助政策，提升外来人口医疗与救助保障水平。

（2）介入策略

①通过对学校老师培养，提升健康教育水平，使其具备健康教育意识和能力。

②实施社区卫生环境改造，改变城乡接合部社区环境卫生很差、垃圾遍地的现状。

③增加正规医院建设及就医引导服务，使外来人口就医多些选择，获得正规服务。

④市政府扩大免费体检政策范围，早日将打工子弟学校纳入政策范畴惠及学生。

⑤倡导政府完善医疗及救助政策，提升医疗与救助保障水平，降低因病致贫发生率。

学习心得

本章讲授了学校社会工作的相关知识，需要学员重点掌握的知识内容是学校社会工作的基本特征、学校社会工作的功能、面对困境学生的改善性服务、面对遭遇伤害学生的保护性服务、面对全体学生的发展性服务、人在情境中理论、标签理论、自我同一性理论、抗逆力理论、系统脱敏理论、行为契约法。

本章真题练习部分是当年考试的第5题。关于第5题的特点，大家可以看到信息主体比较多，但信息类型也很清晰，注意在读题的时候把关键信息点读出来、画出来，读完题目，心中就对关键信息点有底了。问题的部分，一定要看清楚问什么，将关键信息点基于问题进行分类。在明确对应问题的主要信息来源后，列出清晰的答题框架，将“策略”“目标”“原因”（理论）或“（问题）”需求的关键信息一一对应，尤其是保持信息点关键词的高度统一。这样从案例分析到方案设计的逻辑关系就很清晰了。

真题练习部分，也将考查不同章节的第5题进行了比较，希望大家能够对上述方法和思路触类旁通，并勤加练习。正如之前和大家交流的，能够将题目答出来，一方面是对理论的掌握（题目中已经给出的信息），另一方面是对解题方法的掌握，需要学员有清晰的解题思路，把握方案设计时问题（需求）、原因（理论）、目标、内容及效果之间的一一对应关系。

通常第5题信息主体比较多，答题点数比较多，遇到困难时更需要学员保持冷静的头脑。在信息分析和答题的过程中，从读题目、读问题、列框架到最后分点答，每一步都要扎扎实实，不要省略步骤跳着答，避免自乱阵脚。相信只要这样一步一步分析，就一定能够较好地解答出第5题。这不仅仅是知识学习和分析理解能力的体现，也是学员在考场的压力环境下，面对更复杂的情况和困难时，知识、思维、勇气、心态等综合素质的集中体现，需要学员勤加练习，体验这个真实的过程，提高练习的质量，做到活学活用。

扫码听课

第十三章　社区社会工作

学习导引

本章学习中，需要重点掌握的知识内容是社区社会工作的目标、社区社会工作的特点、社区社会工作的主要内容、社区需求分析、社区优势劣势分析、社区服务方案策划、资源的类型及资源链接的方式、社区参与的层次和形式、影响居民参与的因素、推动居民社区参与的策略、居民能力建设、社区支持网络建设。社区社会工作是社会工作的一个实务领域，强调在社区场域内面向居民开展服务；社区社会工作也是社会工作的一种专业方法，强调综合运用实践模式（如地区发展、社会策划、社区照顾），通过资源链接、推动居民参与、居民能力建设、建立社区支持网络和推动多方联动等社区社会工作常用方法，处理社区问题，推进社区发展。

考点精要

第一节　社区社会工作概述

考点一　社区社会工作的目标

（1）促进居民参与，解决社区问题。社区工作强调应依靠社区居民解决社区问题，相信居民有能力处理社区生活中的问题。重要任务是帮助居民建立参与解决社区问题的信念，传授解决社区问题的知识和技巧，培育居民骨干能力，鼓励居民参与集体行动。在通过居民参与协商议事解决社区问题的过程中，发现居民潜能，提升居民能力，培养居民独立自主的精神。

（2）改善社区关系，增强社区意识。社区关系包括对外关系和对内关系。社区工作者致力于推动社区居民之间的交流、沟通、协商和合作，促进社区居民之间的互惠、互助，培养相互关怀的社区美德，促进社区归属感的建立。

（3）挖掘社区资源，满足社区需求。社区的重要工作是挖掘社区的人力、财力和物力资源，并通过资源的合理配置，来满足社区居民的需求。

考点二　社区社会工作的特点

（1）以社区为对象。以社区为对象，即为居住在社区中的个人、家庭提供服务，服务整个社区公共利益。

（2）重点解决社区居民面临的集体性问题。从与居民切身利益高度相关的问题入手，鼓励居民交流、沟通、协商、互谅达成共识，共同参与解决问题，保障居民的日常生活秩序，维护居民的共同利益，促进社区的团结和凝聚。

（3）采用宏观结构的视角分析和介入问题。社区问题的产生不完全是居民个人，而是与社区周围的环境、相关政策和制度有密切的关系。

（4）强调社区参与，关注人的发展。让居民参与与其自身利益相关的社区事务，在参与中培养社区责任和集体意识，增强社区认同感。

（5）重视社区资源的挖掘和运用。社区资源包括了社区的人力、物力、财力、组织和文化等资源。

第二节　社区社会工作的主要内容

考点三　统筹社区照顾

（1）社区工作以社区中的老年人、残疾人、优抚对象等特殊群体，以及低收入家庭、特殊计生困难家庭和其他特殊家庭等为社区服务的重点对象。

（2）统筹推进社区社会救助人员服务、社区老年人服务、社区儿童服务、社区妇女服务、社区残疾人服务、社区矫正对象服务、社区困难居民及其他特殊群体服务，以及社区居民医疗健康服务、家庭暴力救助服务等。

（3）协助社会服务机构开展专业特色鲜明的社会工作服务，合力回应社区居民的服务需求，共同解决社区问题，改善居民生活环境，提高生活质量。

考点四　扩大社区参与

（1）参与社区需求调查与社区服务项目。

（2）促进社区协商。

（3）提高社区居民参与水平。

（4）培育社区社会组织和社区骨干。

（5）组织社区志愿服务项目。

考点五　促进社区融合

（1）社区社会组织共建服务。

（2）社区居民自助与互助服务。

（3）外来人口社区融入与发展服务。

（4）新社区安置居民的服务。

（5）社区矛盾化解服务。

考点六　推动社区发展

（1）协助制定实施社区发展规划。

（2）培育社区归属感与认同感。

（3）开展通用性培训。

（4）完善城乡基础社区布局规划。

（5）积极参与农村扶贫开发。

考点七　参与社区矫正

（1）疏导社区服刑人员心理。

（2）修复家庭和社区关系。

（3）促进社区服刑人员就业。

（4）社区服刑人员教育。

（5）配合司法行政机关对拟适用社区矫正的被告人、罪犯进行社区影响调查及家庭和社会关系评估等工作。

（6）帮扶生活困难的社区服刑人员。

考点八　参与社区戒毒与康复和其他服务

（1）协助社区禁毒工作机构组织开展毒品预防教育。

（2）为社区戒毒康复人员提供心理辅导、行为矫正、社会支持等服务。

（3）为社区戒毒康复人员链接就业资源。

（4）协助社区居民自治组织帮助生活困难、符合条件的社区戒毒康复人员及其家庭纳入最低生活保障范围或依法接受其他社会救助。

（5）提供其他服务。

考点九　农村社区建设

（1）农村社区公益性服务、市场化服务有较快发展。

（2）农村社区文化认同得到一定强化。

（3）农村社区人居环境得到较大改善。

考点十　精准扶贫与农村扶贫开发

（1）社会工作参与贫困群众救助帮扶。

（2）社会工作参与贫困群众脱贫能力建设。

（3）社会工作促进易地搬迁贫困群众融合适应。

（4）社会工作参与贫困地区留守儿童关爱保护。

（5）针对其他特殊困难人群开展关爱服务。

考点十一　农村留守儿童社会服务

（1）留守儿童成长服务。包括学业辅导、心理咨询、人际交往技巧训练、生活技能训练、青春期健康教育、安全教育等方面的服务，提升留守儿童学习、生活适应能力。

（2）留守儿童家庭服务。为监护人、照顾者提供培训，增进对儿童青少年身心发展特点的理解，提高教养技巧，增强监护和照顾能力；为家长提供培训，增进家长与儿童交流沟通，改善亲子关系，加强家庭对留守儿童的情感支持等。

（3）青少年犯罪预防与行为偏差青少年矫治服务。预防留守儿童违法犯罪行为发生，及时发现潜在影响因素进行干预。对出现偏差行为的留守儿童提供矫治服务，纠正偏差行为，建立良好学习、生活习惯。

（4）留守儿童社区托管服务。动员农村社区的正式和非正式组织，整合资源开办农村留守儿童社区托管服务，配合学校教育和家庭照顾，为青少年提供良好成长环境。

考点十二　农村留守老人社会服务

（1）广泛开展关爱农村留守老年人志愿服务。组建志愿者队伍，探索建立志愿服务互助循环机制。

（2）探索推动社会工作专业力量参与留守老年人关爱服务。为留守老年人提供心理疏导、情绪疏解、精神慰藉、代际沟通、家庭关系调适、社会融入等服务。

（3）支持社会组织为留守老年人提供关爱服务。开展农村留守老年人安全防护、生活照料、紧急援助、康复护理等专业服务。鼓励农村社会力量参与关爱留守老年人服务。

考点十三　农村留守妇女社会服务

（1）协助开展保健服务。定期开展义诊、免费健康检查等活动，增强留守妇女的健康意识。

（2）心理健康服务。开展情绪疏导和心理咨询，成立互助小组，促进留守妇女之间的交流，减轻精神压力，维护心理健康。

（3）技能训练和创业支持服务。传授实用技术、法律维权、医疗健康、家庭教育等方面的知识，提升留守妇女的综合素质，支持其因地制宜发展劳动生产与就业创业。

（4）文化娱乐活动。开展各种文化娱乐活动，丰富其文化娱乐生活，促进妇女之间、家庭成员之间的相互交流，培养留守妇女的多种兴趣、爱好。

考点十四　农村灾害社会工作服务

（1）灾后心理社会援助服务。

（2）灾区儿童抗逆成长关爱服务。

（3）灾区老年群体社会照顾服务。

（4）因灾致残人群社区康复服务。

（5）临时安置点和新建社区服务。

（6）协助开展防灾减灾宣传教育服务。

第三节　社区社会工作的主要方法

考点十五　社区需求分析

社区需求分析较为常用的方法是布雷德绍（J. Bradshaw）1972 年提出的四种需要类型。

（1）感觉性需求。社区居民感受到或意识到，并用言语表述出来的需求。

（2）表达性需求。社区居民把自身的感觉通过行动表达出来的需求。

（3）规范性需求。由专家学者、专业人士、政府行政官员评估而决定的需求。

（4）比较性需求。社区居民将所得到的服务与其他类似社区进行比较，而认为有所不同的需求。

考点十六　社区优势和劣势分析

（1）罗列社区的优势和劣势、可能的机会与风险。优势、劣势是内部的，机会和风险是外部的。

（2）将优势、劣势与机会、风险组合，形成社区工作的SO、ST、WO、WT策略。

表13-1　社区优势和劣势（SWOT）分析

	优势（S）	劣势（W）
机会（O）	SO战略（发展型策略）	WO战略（改进型策略）
风险（T）	ST战略（控制型策略）	WT战略（防御型策略）

（3）对不同策略进行甄别和选择，确定目前应该采取的具体战略与策略。

考点十七　社区服务（活动）方案策划、执行、评估

（1）方案策划阶段：①确定社区需求，包括规范性需求、感受性需求、表达性需求和比较性需求；②了解社区居民或服务对象的特征，包括兴趣、特点、能力、生活习惯和方式、休闲时间、社群关系等；③订立工作目标，包括清楚表达服务对象、服务内容和预期服务成效；④评估自身的能力，包括机构的人、财、物配置能力与合理性，工作人员的专业知识、技能等；⑤制定工作进度表，可分为开始、推行和评估三个进程阶段，明确任务、期限及优先次序；⑥程序编排，将服务内容制定程序编排表，便于活动执行和管理。

（2）方案执行阶段：①筹备阶段的主要任务包括人、财、物的配置以及服务的宣传推广工作；②实施阶段的主要工作包括预算管理、时间进度管理、服务品质管理、团队士气激励；③结束阶段的主要工作包括经费报销、资料归档、表彰激励、成效评估。

（3）方案评估阶段：评估方法包括定量评估法和定性评估法。定量评估通常可用量化数字表现结果，预设答案由服务对象进行选择，问卷法是常用的定量评估法。定性评估通常用文字描述评估结果，通常不预设答案，重在听取服务对象的意见和看法，然后再进行归纳和总结，访谈法、观察法、文件档案整理分析法等是常用的定性评估法。

考点十八　社区资源链接

（1）社区资源的含义。社区资源是指可以被社区运用为社区居民服务的一切人力、物力、财力、文化和组织等资源。

（2）社区资源的链接方式。包括资源整合（功能上的互补与互依）、资源共享（共有公用）、资源配置（发挥最大效率）的方式。

考点十九　推动居民参与

（1）社区参与的层次和形式。包括告知（事后告知结果）、咨询（听取居民意见）、协商（在与居民协商中居民具有一定的决策权）、共同行动（参与决策分配任务，共同分担责任）、社区居民自治（全程居民自主决策）五个参与层次。

（2）影响社区居民参与的因素。包括参与价值、参与意愿和参与能力。其中，时

间和金钱、知识与技巧是影响参与能力的重要因素。

（3）推动社区居民参与的策略。包括促进社区居民对参与价值的肯定、增强社区居民的参与意愿、提高社区居民的参与能力。参与能力包括提供知识和技巧的培训，解决时间和资源缺乏的问题。

★ 考点二十　居民能力建设

（1）认知和思维能力的培养。通常表现在四个方面：①能够掌握社区生活和共同问题的知识和资料；②能够理解资料的相互关系，批判地分析问题；③能够引申和推理；④能够进行分析和评价，并提出创新的建议。

（2）行为和技巧能力的培养。包括与基层居民沟通的技巧，善于表达对他人的关怀和爱护，能理解文件和有关资料，懂得行政和会议技巧，拥有基层动员的能力，具备谈判、游说、公共关系和与大众传媒合作的能力等。可以通过模仿学习、个别训练与督导、示范引导等方法，让居民掌握行为和技巧。

（3）情感和价值观的培养提升。居民对社区事务的参与态度都有所不同，面对对社区不关心、态度冷漠的居民，需要从感受、兴趣、态度取向和价值观四个方面着手，改变他们对参与、社会正义、居民权益的感观和价值取向；澄清价值观，分享个人经历和感受，引起居民的共鸣，巩固“服务社区”的精神。

★ 考点二十一　建立社区支持网络

（1）个人网络。针对有较好人际关系和发展潜力的居民，通过建立联系和提升助人能力，动员与服务对象关系密切的重要人物提供支援，维持和扩大服务对象的社交关系和联系。

（2）志愿者联系网络。针对与他人联系较少的居民，将他们与可以提供帮助的志愿者联系起来，建立一对一的帮助关系，让志愿者和服务对象建立联系，提供帮助和支持。

（3）互助网络。把面对相同问题或具有相似兴趣或能力的人聚合在一起，帮助他们建立联系，促进他们互相帮助和互相支援，促进信息分享和经验交流，增强解决问题的能力。

（4）邻里协助网络。通过举办各种活动召集和推动邻里了解服务对象，强化邻里和服务对象之间的联系，发展互助性支持。

★ 考点二十二　推动多方联动

（1）基本内容：①了解社区状况，熟悉社区资源；②与多方力量积极沟通，建立协同合作关系；③组织和引导有关多方力量、推动社区居民参与，共同为社区建设和社会治理创新、实现社区共建共享而积极努力。

（2）组织实施：①对社区内外的相关组织机构和有关力量清楚了解；②要有全局意识和整体意识，力求实现互惠共赢；③抓住社区参与这条主线，培养社区居民骨干，培育社区社会组织，增强社区参与意识，构建多方联动的工作机制。

真题练习

案例分析题（2018 年，第 5 题，20 分）

某社会工作服务机构进驻贫困山村开展对口帮扶，社会工作者经过深入调查发现，当地的生产生活基础条件几年间有了很大改善，不仅实现了通路通水通电通网络，而且相关金融机构也给了特惠政策，然而还有部分村民仍然种植经济效益低的传统农作物，不愿加入经济合作社，也不愿申请特惠贷款，生活依然贫困。究其原因，一是长期的没米送米、没油送油、逢年过节送点钱的输血式物质帮扶，使部分村民产生了依赖思想。二是一些扶贫工作人员认为村民文化素质低，干什么都不行，长期对村民采取命令式工作方法，导致村民缺乏自信，存在无力感。针对上述情况，该社会工作服务机构计划在当地开展扶持增能农村精准扶贫项目。

问题：要求依据增能理论，分别从个人层次、人际层次、环境层次三个方面设计一份项目方案，只需罗列出理论要点、主要目标、实施策略。

解析思路：

解题的基本思路是：先读题，读出关键信息点，养成习惯，看题目给的是谁的信息和什么信息；再读问题，读清楚问什么，初步判断该问题的思考方向，即答案的关键信息来源；然后列答案框架，即问什么，答什么；最后答题，考虑分点作答，不要遗漏可能的信息点，信息点即得分点。

本题是社区社会工作领域的题目。题目出现在当年考试的第 5 题，属于方案设计题，增能理论是在第六章妇女社会工作中学习的理论。学员初看到考查理论的题目，可能会有些紧张。类似的真题练习，在第四章青少年社会工作中、第六章妇女社会工作中、第十二章学校社会工作中均进行过讲解，因此学员对第 5 题的题型，应该比较熟悉了。无论是第 1 题，还是第 5 题，学员都可以遵循同样的方法与步骤来解题。

再次强调，学员在学习和练习的过程中，一定要珍惜真题。不要轻易去看答案。一旦看了答案，就失去了真题练习的价值了。如之前的思路中多次提到的——练习是一步一步经过分析最终解答出来的，在哪个环节，会遇到什么情况，遇到什么困难，一定要有这个体验的过程。只有知道会遇到什么困难、问题，才能学习如何克服困难、解决问题。如果一遇到思路不清楚，或者有些难度的题目，就直接去看参考答案，连困难、问题是什么都不清楚，就不要谈学会克服困难、解决问题的方法技能了。

所以，建议学员先按照之前学习的解题方法尝试作答，时间严格控制在 30 分钟之内，体验解题作答的过程会遇到什么困难、问题，在哪个步骤遇到了困难、问题。清楚在哪个步骤，会遇到什么困难、问题，就可以有针对性地做练习。一旦决定开始真题练习，就要做好克服困难的准备，在读题目、读问题、列框架、分点答的过程中遇到问题时，要坚持想办法答题。如果没做好准备，可以暂时先不练习。

学员通常遇到的困难，相对集中在两个方面：一是思路方面不清楚，读完题目后感觉抓不住关键信息，读完问题后感觉找不到解答方向，一旦思路、方向不清楚，解题就会有困难；二是文书语言不好组织，尤其是在做改错题时，思考了许多，可到下笔时，不知如何组织文书语言。鼓励大家遇到困难时，先想办法解答，没有思路时，告诉自己，冷静下来，不要胡思乱想，答案都在题目给的信息中，信息点（关键词）就是得分点，这样就更容易找到解题的方向和思路。有了相对明确的答题信息来源，组织文书语言的问题也就迎刃而解——基于分析出来的关键信息点（关键词），分点答题即可。

建议学员在此处花 30 分钟的时间，先按照上述方法与步骤，独立解题作答，然后再阅读学习，即带着自己做题的真实体验，进行有针对性的阅读和学习。

解题方法：

第一步　读题，读出关键信息点

读题时，注意题目给的是谁的信息（波浪线标注）和什么信息（横线标注），留意或标记出代表该信息的关键词。学员读完题，对题目给的关键信息，即可做到心中有底。

某社会工作服务机构进驻贫困山村开展对口帮扶，社会工作者经过深入调查发现，当地的生产生活基础条件几年间有了很大改善，不仅实现了通路通水通电通网络，而且相关金融机构也给了特惠政策，然而还有部分村民仍然种植经济效益低的传统农作物，不愿加入经济合作社，也不愿申请特惠贷款，生活依然贫困。究其原因，一是长期的没米送米、没油送油、逢年过节送点钱的输血式物质帮扶，使部分村民产生了依赖思想。二是一些扶贫工作人员认为村民文化素质低，干什么都不行，长期对村民采取命令式工作方法，导致村民缺乏自信，存在无力感。针对上述情况，该社会工作服务机构计划在当地开展扶持增能农村精准扶贫项目。

初步读题如上，波浪线标记的是“谁的信息”，即出现的人和单位，大致包括贫困山村、社工机构、金融机构、经济合作社、部分村民、村民、扶贫工作队员等。横线标记的是“什么信息”，主要是资源的信息、问题的信息和内容的信息。

题目的信息大致可以分为两大部分，以“究其原因”为分界点。前面的部分是山村的现状，给了已有资源的两类资源和部分村民存在的五六个问题；后面的部分是分析原因，给了两大点原因，与工作人员和村民都有关系。这样的信息划分，你是否也观察留意到了？或者是否认同？

具体而言，资源和大环境的信息主要有两部分，即贫困山村“通路通水通电通网络”等基础设施改善，“相关金融机构也给了特惠政策”及这里有“经济合作社”；问题的信息有“部分村民”（或“村民”）的五六个问题及“扶贫工作人员”的两三个问题。村民的问题包括“仍然种植经济效益低的传统农作物”“不愿加入”“不愿申请”“依赖思想”“缺乏自信，存在无力感”“生活依然贫困”；扶贫工作人员的问题包括“长期输血式物质帮扶”“认为村民文化素质低，干什么都不行”“长期采取命令式工作方法”。

基于此，可以初步看到部分村民的问题的关键词是“认知观念”“依赖思想”“缺乏自信”“存在无力感”；扶贫工作人员的问题的关键词是“输血式物质帮扶”“认知观念”“不尊重不接纳不相信村民”“看不到村民能力”“命令式工作方法”“缺乏参与协商”。这些关键词，学员基本都可以从题目给的关键信息中分析提炼出来。

如果你能够读出上述比较清晰的几部分信息，对“读题”这一步，就可以给自己高分。如果这个步骤没读出上述思路和方向，就对比下，有哪些需要提高的地方，重点加强训练。

完成“读题”这一步后，接下来进行第二步“读问题”。

第二步　读问题，弄清楚问什么

问题：要求依据增能理论，分别从个人层次、人际层次、环境层次三个方面设计一份项目方案，只需罗列出理论要点、主要目标、实施策略。

这是试卷中第5题很典型的问法。学员要读清楚问题。

“要求依据增能理论”，意味着“增能理论”是解决上述问题的理论，即解决“村民”“扶贫工作人员”“贫困山村”存在的问题；“分别从个人层次、人际层次、环境层次三个方面”，即让我们从三个方面作答，答案应该包含三大点，或者三个方面，也意味着题目给的信息，应该可以分为这三个方面；“只需罗列出理论要点、主要目标、实施策略”，即告诉我们，上述三个方面，每方面下又分为三小点，分别是“理论要点、主要目标、实施策略”。这一步你是否已经读清楚？即问了三大点，每大点下应该包含三小点。

清楚问什么以后，开始思考解答的方向，即找关键信息的素材来源。

既然题目给的信息是“个人层次、人际层次、环境层次三个方面”，就想想哪些信息是“个人层次”的信息，哪些信息是“人际层次”的信息，哪些信息是“环境层次”的信息。初步考虑即得知，“村民”“部分村民”的信息，应该是个人层次的信息；“扶贫工作人员”“经济合作社”“村民之间”的信息，应该是人际层次的信息；“通路通水通电通网络”等基础设施改善和“相关金融机构给了特惠政策”，应该是更宏观的环境层次的信息，“依赖思想”如果是一种文化，也可以同时算作宏观环境层次的信息。

这样回到三个方面的问题，就有了相对明朗的信息素材来源，为解题奠定了坚实的基础。

至此，如果你“读问题”能够读出上述比较清晰的思路和方向，对“读问题”这一步，就可以给自己高分。如果这个步骤没读出上述思路和方向，就对比下，看有哪些需要提高的地方，重点加强训练。

第三步　列答题框架，问什么，答什么，分点答，具体框架如下：

有三种答题参考框架：

参考框架1

答：

1. 个人层次：

（1）理论要点：……

（2）主要目标：……

（3）实施策略：……

2. 人际层次：

（1）理论要点：……

（2）主要目标：……

（3）实施策略：……

3. 环境层次：

（1）理论要点：……

（2）主要目标：……

（3）实施策略：……

参考框架2

个人层次	理论观点	
	主要目标	
	实施策略	
人际层次	理论观点	
	主要目标	
	实施策略	
环境层次	理论观点	
	主要目标	
	实施策略	

参考框架3

	理论观点	主要目标	实施策略
个人层次			
人际层次			
环境层次			

在考试的过程中，因为是手写方式而非电脑操作，表格的大小受字数影响较大，一旦划定，不好调整，所以优先建议采用框架1的方式列答题框架，该框架不受字数限制，书写时更加自如。

第四步　分析答题，关键词+描述

三个方面的信息大致区分开了，就有了基本清楚的答题信息素材来源。学员组织答题的语言，尽量使用题目提供的信息素材，这样可以降低语言组织的困难。同时，让学员容易犯难的是，每个方面需要写三点信息，即“理论要点”“服务目标”“实施策略”，语言组织方面难度较大。对此，学员需要有清楚明确的认识，“理论要点”“服务目标”“实施策略”三点信息的关键词要保持高度的统一，即三点信息之间是前后一一对应的逻辑关系（详见第二章的案例分析与方案设计的逻辑框架），只要保持关键词的高度统一，即可用关键词将三点信息串联起来，书写起来就比较容易，针对问题提炼关键词即可。

村民的问题的关键词大致是“认知观念”“依赖思想”“缺乏自信”“存在无力感”；扶贫工作人员的问题的关键词大致是“输血式物质帮扶”“认知观念”“不尊重不接纳不相信村民”“看不到村民能力”“命令式工作方法”“缺乏参与协商”“缺乏合作经验”；环境层次的关键词大致是“运用资源”“加入经济合作社”“完善政策制度”。

至此，这些储备均来自题目提供的信息做出的分析判断。如果学员对教材中关于增能（赋权）理论有清晰的理解，对本章所学的干预层面有一定认识，就更有助于做出准确的判断。

个人层次参考答案：

答：

1. 个人层次

（1）理论要点：强调意识觉醒，认知转变，动力潜能激发，相信自己可以解决问题。

（2）主要目标：转变村民思想认知，降低依赖思想和无力感，提升自信。

（3）实施策略：通过培训、交流等方式，使村民愿意种植经济效益高的农作物，愿意加入经济合作社，愿意申请特惠贷款，降低依赖思想，更有信心解决问题，改善贫困现状。

信息来源：

某社会工作服务机构进驻贫困山村开展对口帮扶，社会工作者经过深入调查发现，当地的生产生活基础条件几年间有了很大改善，不仅实现了通路通水通电通网络，而且相关金融机构也给了特惠政策，然而还有部分村民仍然种植经济效益低的传统农作物，不愿加入经济合作社，也不愿申请特惠贷款，生活依然贫困。究其原因，一是长期的没米送米、没油送油、逢年过节送点钱的输血式物质帮扶，使部分村民产生了依赖思想。二是一些扶贫工作人员认为村民文化素质低，干什么都不行，长期对村民采取命令式工作方法，导致村民缺乏自信存在无力感。针对上述情况，该社会工作服务机构计划在当地开展扶持增能农村精准扶贫项目。

人际层次参考答案：

答：

2. 人际层次

（1）理论要点：强调协商参与解决问题，强调互助支持，增加合作解决问题的经验。

（2）主要目标：促进村民互助，转变工作人员命令式方法，通过协商参与解决问题。

（3）实施策略：通过培训教育、协商会议、合作小组等方式，转变工作人员输血式物质帮扶和命令式工作方法，使其相信村民，组织村民加入合作社，与村民共同协商解决问题。

信息来源：

某社会工作服务机构进驻贫困山村开展对口帮扶，社会工作者经过深入调查发现，当地的生产生活基础条件几年间有了很大改善，不仅实现了通路通水通电通网络，而且相关金融机构也给了特惠政策，然而还有部分村民仍然种植经济效益低的传统农作物，不愿加入经济合作社，也不愿申请特惠贷款，生活依然贫困。究其原因，一是长期的没米送米、没油送油、逢年过节送点钱的输血式物质帮扶，使部分村民产生了依赖思想。二是一些扶贫工作人员认为村民文化素质低，干什么都不行，长期对村民采取命令式工作方法，导致村民缺乏自信存在无力感。针对上述情况，该社会工作服务机构计划在当地开展扶持增能农村精准扶贫项目。

环境层次参考答案：

答：

3. 环境层次

（1）理论要点：强调通过集体行动改变不合理的政策制度，建立公正的政策、制度和文化。

（2）主要目标：建立促进资源使用的政策制度，建立平等、信任、互助的社会文化氛围。

（3）实施策略：通过协商议事、政策倡导、文化宣传等方式建立合理的政策制度，使村民能够充分使用通路通水通电通网络的基础设施资源，及特惠政策资源，并形成平等、信任、互助的文化氛围。

信息来源：

某社会工作服务机构进驻贫困山村开展对口帮扶，社会工作者经过深入调查发现，当地的生产生活基础条件几年间有了很大改善，不仅实现了通路通水通电通网络，而且相关金融机构也给了特惠政策，然而还有部分村民仍然种植经济效益低的传统农作物，不愿加入经济合作社，也不愿申请特惠贷款，生活依然贫困。究其原因，一是长期的没米送米、没油送油、逢年过节送点钱的输血式物质帮扶，使部分村民产生了依赖思想。二是一些扶贫工作人员认为村民文化素质低，干什么都不行，长期对村民采取命令式工作方法，导致村民缺乏自信存在无力感。针对上述情况，该社会工作服务机构计划在当地开展扶持增能农村精准扶贫项目。

最终出现在卷面上的参考答案如下：

答：

1. 个人层次

（1）理论要点：强调意识觉醒，认知转变，动力潜能激发，相信自己可以解决问题。

（2）主要目标：转变村民思想认知，降低依赖思想和无力感，提升自信。

（3）实施策略：通过培训、交流等方式，使村民愿意种植经济效益高的农作物，愿意加入经济合作社，愿意申请特惠贷款，降低依赖思想，更有信心解决问题，改善贫困现状。

2. 人际层次

（1）理论要点：强调协商参与解决问题，强调互助支持，提升合作解决问题的经验。

（2）主要目标：促进村民互助，转变工作人员命令式方法，通过协商参与解决问题。

（3）实施策略：通过培训教育、协商会议、合作小组等方式，转变工作人员输血式物质帮扶和命令式工作方法，使其相信村民，组织村民加入合作社，与村民共同协商解决问题。

3. 环境层次

（1）理论要点：强调改变不合理的文化和制度，建立公正的政策、制度和文化。

（2）主要目标：建立促进资源使用的政策制度，建立平等、信任、互助的社会文化氛围。

（3）实施策略：通过协商议事、政策倡导、文化宣传等方式建立合理的政策制度，使村民能够充分使用通路通水通电通网络的基础设施资源，及特惠政策资源，并形成平等、信任、互助的文化氛围。

学习心得

本章讲授了社区社会工作的相关知识，需要学员重点掌握社区社会工作的目标、社区社会工作的特点、社区社会工作的主要内容、社区需求分析、社区优势劣势分析、社区服务方案策划、资源的类型及资源链接的方式、社区参与的层次和形式、影响居民参与的因素、推动居民社区参与的策略、居民能力建设、社区支持网络建设。建议学员重点阅读本章的知识理论，不同人群的服务均可能出现在社区的场域中，应用到社区社会工作一些通用的知识理论，尤其是关于资源链接、社区参与、居民骨干能力建设、支持网络建设的内容，需要学员熟悉掌握。

本章真题练习部分是当年考试的第5题，方案设计中考查理论知识的题目。通过第四章青少年社会工作、第六章妇女社会工作、第十二章学校社会工作及本章的真题练习，大家应该已经熟悉第5题的解题方法，也可能明显感受到第5题需要花费更大的精力。一方面学员要尽量熟悉相关理论知识，另一方面需要有清晰的分析理解思路。最终能够将题目答出来，一方面需要对理论的掌握（题目中已经给出的信息），另一方面需要对解题方法的掌握，学员需要有清晰的解题思路，即方案设计时问题（需求）、原因（理论）、目标、内容、效果之间的一一对应关系。案例分析与方案设计的题目，基于对知识的初步了解和掌握，考查分析理解、总结归纳、文书写作等实务工作能力。

同时，对比试卷中的第1题和第2题，第5题的难度通常会明显增加，学员很难得到高分。需要特别提醒的是，遇到困难的时候，大家一定要保持冷静的头脑、清晰的思路及坚韧的毅力，决不放弃，虽然很难得高分，但只要能够思路清晰，中规中矩地完成解答，通常也可以得到12～14分，保证本题基本顺利过关，或者至少得到10～12分，一道题不至于落下许多分数。第5题，不仅仅是知识学习和分析理解能力的体现，也是学员在考场的压力环境下，面对更复杂的情况和困难时，知识、思维、勇气、心态等综合素质的集中体现，需要学员勤加练习，体验这个真实的过程，提高练习的质量，做到活学活用、自如应对。

扫码听课

第十四章　医务社会工作

学习导引

本章学习中，需要重点掌握的知识内容是医务社会工作的作用和功能、医务社会工作的特点、医务社会工作特殊伦理议题、公共卫生领域社会工作的内容、公共卫生社会工作者的角色、慢性疾病与长期照护的社会工作服务、妇女儿童医务社会工作服务、急诊室的社会工作服务、肿瘤治疗康复（舒缓疗护及临终关怀）社会工作服务、精神卫生领域社会工作服务、公共卫生领域社会工作方法、针对慢性疾病患者与长期照顾者的服务方法、肿瘤与舒缓疗护社会工作方法、精神卫生服务对象需求评估、精神患者家庭干预流程、认知行为疗法。

医务社会工作是指综合运用医务社会工作专业知识和方法，为有需要的个人、家庭机构和社区提供专业医务社会服务，帮助其舒缓、解决和预防医务社会问题，恢复和发展社会功能的职业活动。医务社会工作者在公共卫生领域、精神健康领域、医院服务领域，协助患者和家属处理因疾病带来的家庭、情绪、经济、出院安置及其他适应问题，使医疗过程顺利进行，增强患者和家属重新适应社会的能力。

考点精要

第一节　医务社会工作概述

考点一　医务社会工作的内涵外延

（1）院内服务。社会工作者与医生及涉及面非常广的各类专家合作，包括医生、护士、营养师、理疗师、药剂师、语言听力专家等，改善医疗服务效果。

（2）院外服务。社会工作者与政府官员、公共卫生和健康教育专家等一起工作，改善医疗卫生制度。

（3）医务社会工作受到心理学、社会学、社会医学、经济学等多学科影响，服务对象逐渐由个人、社区和组织扩大到社会环境与制度，服务内容由单纯的医院服务扩大到所有与生理、心理、社会健康有关的领域。

考点二　医疗对社会工作的需求

（1）社会变革和发展给医疗卫生领域带来挑战。

（2）人们日益增长的健康需求对卫生领域提出更高要求。

（3）医疗保障制度和健康照顾体系还须健全和完善。

（4）推进医务社会工作需要本土化。

考点三 医务社会工作的功能与意义

（1）全面介入医疗过程，提高医疗工作效果。

（2）扩展专业性服务，积极倡导人性化医疗服务。

（3）动员社会资源为患者和医院服务。

（4）协助医疗机构发展公共关系，提升社会声誉。

（5）积极引导医疗服务向社区延伸，发展医疗机构的社区关系，让社会大众更充分地利用医疗资源，得到预防疾病的知识与服务。

（6）处理患者与医疗体系之间的关系，协助患者处理情绪上的困扰、协助患者对病情及疗程的了解、协助病患适应医院的环境，及时处理医疗过程中医患之间的不良人际关系。

（7）完善医疗机构的社会功能，实施对晚期患者的关怀、艾滋病的预防和干预等社会服务。

考点四 医务社会工作的特点

（1）服务领域广泛。社会工作服务贯穿于疾病预防、疾病治疗、回归康复、家庭、社区和人群健康。

（2）社会需求宏大。医疗社会工作与医疗保障制度、国家卫生政策和体系建设密切相关，将社会福利和社会公平的价值观念和价值理念引入医疗服务领域，促进医疗资源公平分配，服务病患者及家庭。

（3）遵从证据为本。社会工作者需要具备相应的医疗基础知识，熟悉相关福利政策和医疗流程，社会工作只有融入医疗服务团队中，才能发挥应有的效果。

考点五 医务社会工作的特殊伦理议题

（1）隐私保护，如疾病咨询、病历记录和调阅等。

（2）有限资源的合理分配与有效利用，特别是在协助服务对象决定治疗方案或放弃治疗时。

（3）安乐死议题的妥善处理，我国目前还没有相关明确法律规定。

（4）药物或临床干预研究，必须遵守相关不伤害和告知原则，包括“知情同意书”也必须通过相关伦理委员会讨论通过。

考点六 医务社会工作的价值理念

（1）遵循专业社会工作的尊严与价值、潜能发展、服务对象自决、资源运用和社会正义等普遍价值理念。

（2）注重服务对象的医疗权利、生活质量、医疗适应、意愿表达、恢复功能和资源支持等特殊价值的运用。

第二节 医务社会工作的主要内容

考点七 公共卫生领域社会工作服务

（1）公共卫生领域社会工作的主要内容。通过健康宣传、居民动员等方式，强调初级预防层面的干预；强化社区、家庭及个人的健康水平，提高健康、福祉和社会心理功能，减少残疾的发生和院舍化的照顾；与其他专业人员合作，确保目标人群都能获取健康照顾和社会服务，确保相关社会福利政策的有效执行。

（2）公共卫生社会工作者的角色：直接服务提供者、研究者、咨询者、管理者、项目计划者、评估者和政策制定者等。

考点八　医院社会工作实务

（1）慢性疾病与长期照护的社会工作。慢性病主要包括糖尿病、心脏病、终末期肾病、获得性免疫缺陷综合征（艾滋病）等。①常见慢性疾病患者的服务需求包括疾病的适应、心理情绪支援、家庭支援网络、舒缓治疗及临终关怀等。②常见慢性疾病社会工作服务内容包括协助适应、健康指导、心理支援、提供资源、协助患者自我管理等。

（2）妇女儿童医务社会工作。①妇女儿童病患者的常见需求包括疾病适应、心理调适、经济问题、情绪问题、家庭问题、社会连接等；②常见的服务内容包括协助了解病情及选择治疗计划、疏导情绪缓解焦虑、提供转介服务、提供病友团体支持、提供照顾者支持、提供志愿服务、链接和申请合适的医疗资源。

（3）急诊室的社会工作。①在急诊室开展社会工作专业服务，主要是针对患者及其家属的心理危机干预、医疗团队及其成员支持以及开展急诊管理的需要；②社会工作者在其中担任支持者、协助者及协调者的角色，提供患者及其家庭支持服务，配合医护人员急诊救治服务，协调急诊管理服务。

（4）肿瘤治疗康复、舒缓疗护及临终关怀社会工作。①舒缓团队包括医生、护士、医务社会工作者、灵性照顾者、志愿者、药剂师、心理学家与精神病学家、物理治疗师及营养师等。②病患者及其家庭的主要心理社会需求，包含经济、情绪、医患关系、家庭关系、社会福利政策咨询、出院安置、喘息服务、临终关怀等方面。③医务社会工作者主要提供的服务内容包括经济协助、情绪辅导、医患协调、福利咨询、出院计划及哀伤辅导等。

考点九　社会工作在精神卫生领域的作用

（1）工作角色：①微观层面指在精神科医疗机构和社区中从事精神卫生临床社会工作服务的社会工作者，其角色是诊断者、辅导者、教育者、倡导者、转介者和协调者。②宏观层面主要指更多在政策服务方面的角色，包括行政者、推动者和研究者。

（2）服务内容：①针对患者的服务，包括住院适应、心理支持、各类治疗方法整合等；②针对家属的服务，包括减轻照护者压力、获得精神疾病知识辅导和支持等；③针对社区的服务，包括普及精神健康知识、开展社区康复训练、社区资源链接、提供专业咨询、开展转介工作等。

第三节　医务社会工作的主要方法

考点十　强调小组工作和社区工作的应用

（1）小组经常开设的是健康教育小组，注重培养良好的健康生活习惯，协助应对压力、处理情绪的能力，介入步骤通常包括需求评估、小组设计、小组实施、成效评估。

（2）社区工作主要开展健康教育、预防接种、健康管理、社区宣传、突发公共事件报告和处理以及卫生监督协管等服务。

考点十一 个案管理方法在慢性病照护中的应用

（1）为受多重问题困扰、需要跨专业团队多层面介入的服务对象提供的服务，注意对病患者、照护者不同层面的支持，及其他照护力量的链接。

（2）从三个方面对慢性疾病患者进行个案管理工作：社会心理评估、治疗依从性管理、压力管理。社会心理评估指对患者的社会心理状况、医疗适应、家庭社会支持系统及其经济状况等做全面的评估，发掘患者各方面的需求及优势，基于此提供适合的服务。压力管理主要通过帮助患者梳理社会支持网络，明确可支配的资源，缓解当前无人陪护的困境。治疗依从性管理是要求患者及家属能够及时配合医生治疗，以取得良好的治疗效果。

考点十二 急诊室社会工作常见问题与处理方法

（1）常见问题。急诊室的患者和家属因病症出现紧急情况而需要医务社会工作者的协助，常见问题有应激障碍症（对重大突发情况表现出茫然、恐慌、愤怒的情绪反应）、心理－社会反应、哀伤等。

（2）处理方法。常见的处理方法有社会心理评估、信息咨询服务、危机干预、出院安置、转介等。

考点十三 肿瘤与舒缓疗护社会工作方法

（1）强调助人者应当作为服务对象的“同行者”，即时支持，营造一个安全、真诚、开放的氛围以利于服务对象挖掘自身潜能，进而更好地适应现状并建立积极的自我概念。

（2）可以从心理情绪反应、人际关系的状况、角色功能转变、经济资源系统、生命意义的探求五个方面评估肿瘤/癌症患者的社会心理状况。

（3）舒缓疗护的主要做法。包括：协助病人及其家庭参与服务计划，提出问题，做出决策；获取信息和资源；调解家庭问题并提供支持，协助家庭满足需求、处理想法和感受；协调组织个案会议，让家庭成员一起表达需求、关注点和愿望；提供转介服务，帮助患者和家庭获得社会支持和帮助，同时协助照护者得到休息的机会。

考点十四 医患纠纷的处理方法

社会工作者在协调医患关系、预防与处理医疗纠纷的过程中所运用的主要方法有：

（1）通过调查提出完善医院的规章制度及流程管理规范的建议，以提升医疗服务品质。

（2）完善医疗纠纷的预防机制，定期开展沟通技巧的工作坊，邀请家属参加患者医疗决策讨论会等。

（3）协助患者及其家属情绪心理的适应。

（4）及时向医疗团队提供必要的与患者相关的社会心理评估信息。

（5）在纠纷发生后，积极促进医患双方有效通畅的沟通。

考点十五　服务对象需求评估方法

通常从生理、心理、社会三个方面开展患者需求评估：

（1）生理方面。通过询问患者的营养、运动、睡眠和药物使用情况评估服务对象的健康情况。

（2）心理方面。了解患者症状和心理，其中蕴含着个人态度或积极的应对机制。

（3）社会方面。包括家庭、社会支持、社会环境三个方面。①家庭。评估家庭构成、家庭关系、互动方式及敏感问题。②社会支持。为患者提供情感支持的社会关系及相关服务。③社会环境。评估患者压力环境，个人与社会系统冲突情况，环境改变或角色转变中导致的压力等。

考点十六　认知行为治疗

（1）认知行为治疗的一般步骤：详细简述问题行为，收集情绪发生的征兆等数据，设定行为改变的目标，行为介入（制定帮助患者达到行为改变的方案）、家庭作业（技能巩固练习）、行为改变强化（正向强化）、行为改变的认同（赞许自己而非归功别人）、防止故态发生（行为发生时可通过强化、社会技能训练、放松训练等去处理）。

（2）ABC 理论的基本观点：A（事件本身）、B（认知）、C（结果），结果不是由事件本身导致，而是由不恰当的认知导致，要改变结果，就要改变认知。

（3）认知行为治疗理论指导下的患者或家属教育小组工作，一般总体目标是通过相互支持，让组员意识到自身现有能力和优势，建立一定的自信心，提升其缓解压力和应对困难的能力。具体目标是分享和缓解组员不良情绪；辨识非理性信念，了解 ABC 理论；发现组员的优点并巩固建立信心；制订康复计划并监督巩固等。

表 14－1　理性情绪疗法 ABC 理论的实践技巧

A（事件本身）		C（后果）	
不健康的负面情绪：焦虑、羞耻、伤害感等		主要的不健康的负面情绪	
Bs（非理性信念）	D（辩驳非理性信念）	RBs（理性信念）	E（新效果）

真题练习

案例分析题（2014 年，第 4 题，20 分）

某基金会为先心病患儿提供资金支持，指定医院手术。住院期间，大多数家长对以后手术康复及以后的升学、就业心存忧虑，心理压力大。

针对上述情况，医院社工部安排实习社工拟定一份“患儿家长互助小组”的活动方案，以协助家长更好地应对压力。第三次活动方案如下：

目标：帮助患儿家长学习和掌握自我减压的方法和技巧	具体内容和过程： 1. 暖身活动； 2. 对上次活动内容进行回顾； 3. 将组员分两组，讨论压力给生活带来的负面影响； 4. 观看患儿护理知识片，教授家长护理知识； 5. 进行角色扮演，模拟家庭中照顾患儿的情景，告知夫妻要协调合作共同完成； 6. 回顾本次活动，布置家庭作业。

要求：

1. 根据活动目标，指出具体内容和过程中存在的问题，并说明理由。

2. 完善该方案。

解析思路：

解题的基本思路是：先读题，读出关键信息点，养成习惯，看题目给的是谁的信息和什么信息；再读问题，读清楚问什么，初步判断该问题的思考方向，即答案的关键信息来源；然后列答题框架，即问什么，答什么；最后答题，考虑分点作答，不要遗漏可能的信息点，信息点即得分点。

本题是医务社会工作领域的题目。题目出现在当年考试的第 4 题，属于方案设计题，改错题。学员读完题目后，要看题目给的信息点是否清晰，是否在自己把握的范围内，对解答这道题，心中是否有底，是不是在读题方面就遇到了困难。

学员一定要珍惜真题的练习机会。不要轻易看答案，一旦看了答案，就失去了真题练习的价值了。因为练习是一步一步经过分析最终解答出来的，在哪个环节，会遇到什么情况，遇到什么困难，一定要有这个体验的过程。只有知道会遇到什么困难、问题，学员才能学习如何克服困难、解决问题。

学员可以先自己尽最大努力作答，时间严格控制在 30 分钟之内，体验解题作答的过程会遇到什么困难、问题，在哪个步骤上遇到了困难、问题。清楚在哪个步骤，会遇到什么困难、问题，就可以有针对性地做练习。一旦决定开始这道真题练习，就要做好克服困难的准备，在读题目、读问题、列框架、分点答的过程中遇到问题时，要坚持想办法答题。如果没做好准备，可以暂时先不练习。

有了之前章节第 4 题、第 5 题的解题经验，学员再遇到这样的题目，就不会感到很陌生。需要再次提醒，学员通常遇到的困难，相对集中在两个方面：一是思路方面不清楚，读完题目后感觉抓不住关键信息，读完问题后感觉找不到解答方向，一旦思路、方向不清楚，解题就会有困难；二是文书语言不好组织，尤其是在做改错题时，思考了许多，可到下笔时，不知如何组织文书语言。鼓励大家遇到困难时，先想办法解答，没有思路时，告诉自己，冷静下来，不要胡思乱想，答案都在题目给的信息中，题目的信息只有这几句话，或者这一两段，那么答案要么在第一段，要么在第二段，这样就更容易找到解题的方向和思路。有了相对明确的答题信息来源，在组织文书语言时，就可以引用或提炼信息中的关键词，分点答题。

建议学员在此处花 30 分钟的时间，先按照上述方法与步骤，独立解题作答，然后再阅读学习，即带着自己做题的真实体验，进行有针对性的阅读和学习。

解题方法：

第一步　读题，读出关键信息点

读题时，注意题目给的是谁的信息（波浪线标注）和什么信息（横线标注），留意或标记出代表该信息的关键词。学员读完题，对题目给的关键信息，即可做到心中有底。

（1）某基金会为先心病患儿提供资金支持，指定医院手术。住院期间，大多数家长对以后手术康复及以后的升学、就业心存忧虑，心理压力大。

（2）针对上述情况，医院社工部安排实习社工拟定一份“患儿家长互助小组”的活动方案，以协助家长更好地应对压力。第三次活动方案如下：

（3）目标：帮助患儿家长学习和掌握自我减压的方法和技巧	（4）具体内容和过程： 1. 暖身活动； 2. 对上次活动内容进行回顾； 3. 将组员分两组，讨论压力给生活带来的负面影响； 4. 观看患儿护理知识片，教授家长护理知识； 5. 进行角色扮演，模拟家庭中照顾患儿的情景，告知夫妻要协调合作共同完成； 6. 回顾本次活动，布置家庭作业。

初步读题如上，波浪线标记的是“谁的信息”，即出现的人和单位，大致包括基金会、患儿、医院、家长，后面的信息主要围绕家长展开。横线标记的是“什么信息”，主要是问题的信息、原因的信息、目标的信息、内容和过程的信息。同时，学员需要意识到，方案设计题目中，内容、目标、原因、问题之间应该是一一对应的关系。

题目的信息大致可以分为四部分，如上已经标注出的（1）（2）（3）（4），也可以理解为4段信息。第1段，给了资源、问题、原因的信息。这是一个让家长有压力的问题，压力原因是家长对“康复”“升学”“就业”心存忧虑，压力大，对应的关键词是“康复”“升学”“就业”。第2段最可能的关键信息（关键词）是“家长互助小组”“协助应对压力”“第三次”。第3段给了目标的信息，关键词是“减压的方法和技巧”。第4段给了内容和过程的信息，给了六点信息。

案例分析和方案设计题目中，问题（需求）的信息、原因（理论）的信息、目标的信息、内容的信息，都是最重要、最有用的信息，也可以理解为属于得分点的信息。抓住了关键信息（关键词），即为解题答题做好了知识素材的准备。无论问什么问题，答案都应该在你所读出来的这些关键信息中。

如果你能够读出上述比较清晰的几部分信息，抓住每部分信息的关键词，对“读题”这一步，就可以给自己高分。如果这个步骤没读出上述思路和方向，就对比下，看有哪些需要提高的地方，重点加强训练。

完成“读题”这一步后，接下来进行第二步“读问题”。

第二步 读问题，弄清楚问什么

要求：

1. 根据活动目标，指出具体内容和过程中存在的问题，并说明理由。

2. 完善该方案。

第一问，读清楚了吗？

（1）根据目标，（2）指出内容和过程（3）存在的问题，（4）并说明理由。

目标在哪里，读清楚了吗？目标在第3段中。

内容和过程在哪里，读清楚了吗？内容和过程在第4段中。

存在的问题——内容和过程存在问题，即第4段存在问题，“存在的问题”答案信息来源应该是第4段，即第4段的六点信息中。

并说明理由——“说明理由”的答案信息不应该再来自第4段，而应该来自第1、2、3段，即第1、2、3段的关键信息（关键词）。

至此，第一问读清楚了，解答的方向即答题的关键信息素材来源也清楚了。

第二问，完善该方案。那应该针对错误的地方，进行改进。上面理由中指出了几点错误的原因，在改进的时候，应该就这几个方面改过来。改进之后的内容应该和目标、原因、问题对应。

至此，如果你“读问题”能够读出上述比较清晰的思路和方向，对“读问题”这一步，就可以给自己高分。如果这个步骤没读出上述思路和方向，就对比下，看有哪些需要提高的地方，重点加强训练。

第三步 列答题框架，问什么，答什么，分点答，具体框架如下：

答：

1. 根据活动目标，内容和过程中存在的问题如下：

（1）

（2）

（3）

……

理由如下：

（1）

（2）

（3）

……

2. 完善该方案如下：

（1）

（2）

（3）

（4）

（5）

对比下自己的答题框架，看是否类似。需要提醒的是，第一问的答题框架中，不要把“指出存在的问题”和“说明理由”混在一起答。“指出存在的问题”有一定的分值，“说明理由”有一定的分值，明确是分为两大点来作答，不要合在一起答。合在一起容易给人感觉是不是遗漏了哪部分，也增加了答题的难度，容易混淆不清。

改错题的答题文书语言组织，是学员（考生）遇到的另一个难点。在语言组织方面，学员尽量不要用一大段话，或者创造许多概述性的语言，多使用分点答题，每个关键信息或关键词，就是一点答案，这样就不存在组织语言的问题了。只要判断出几点关键信息，关键词清楚了，几点答案自然就清楚了。

第四步　分点答题，关键词 + 描述

这里重点呈现如何转换信息和组织语言的过程，希望学员能够领会理解。

针对第一问的第 1 点，解答思路及语言组织参考如下：

答：

1. 根据活动目标，内容和过程中存在的问题如下：

（1）

（2）

（3）

……

信息来源：

（4）具体内容和过程：

1. 暖身活动；
2. 对上次活动内容进行回顾；
3. 将组员分两组，讨论压力给生活带来的负面影响；
4. 观看患儿护理知识片，教授家长护理知识；
5. 进行角色扮演，模拟家庭中照顾患儿的情景，告知夫妻要协调合作共同完成；
6. 回顾本次活动，布置家庭作业。

语言组织即把第 4 段进行转述如下：

第 3 点，“3. 将组员分两组，讨论压力给生活带来的负面影响”存在问题。

第 4 点，“4. 观看患儿护理知识片，教授家长护理知识”存在问题。

第 5 点，“5. 进行角色扮演，模拟家庭中照顾患儿的情景，告知夫妻要协调合作共同完成”存在问题。

这是最简单的组织语言的方式。

针对第一问的第 2 点，解答思路及语言组织参考如下：

理由如下：

（1）

（2）

（3）

……

信息来源：

（1）某基金会为先心病患儿提供资金支持，指定医院手术。住院期间，大多数家长对以后手术康复及以后的升学、就业心存忧虑，心理压力大。

（2）针对上述情况，医院社工部安排实习社工拟定一份“患儿家长互助小组”的活动方案，以协助家长更好地应对压力。第三次活动方案如下：

（3）目标：帮助患儿家长学习和掌握自我减压的方法和技巧

这3段信息的关键很清晰，即横线部分标注的文字，这是最可能的关键信息或关键词。基于此，答题的书面语言从这3段信息中转述组织如下：

（1）大多数家长对以后手术康复及以后的升学、就业心存忧虑，心理压力大，内容和过程与此压力来源不符。

（2）这是一份“患儿家长互助小组”的活动方案，协助家长更好地应对压力的第三次活动，内容和过程与此不符。

（3）本次活动的目标是帮助患儿家长学习和掌握自我减压的方法和技巧，内容和过程与此不符。

针对第二问，解答思路及语言组织参考如下：

回答第二问时，有两点需要特别提醒：首先，是关键信息或者关键词，从上述三点原因中，应该至少有五个关键词非常清楚，即“康复”“升学”“就业”“家长互助”“自我减压的方法和技巧”，这五个关键词需要在完善的方案中明确体现；然后，在语言组织方面，应该是将这五个关键词作为修改后的五点内容来体现，这样完善方案的思路就很清楚了。至少，最低要求是组织出如下语言：

（1）内容和过程应该体现对应压力来源，应该回应手术康复、生活、就业等带来的忧虑。

（2）内容和过程应该体现家长互助的内容，增强家长互助以更好地应对压力。

（3）内容和过程应该与目标对应，有体现让家长学习自我减压方法和技巧的内容。

最终出现在卷面上的参考答案如下：

答：

1. 根据活动目标，内容和过程中存在的问题如下：

（1）第3点，“3. 将组员分两组，讨论压力给生活带来的负面影响”存在问题。

（2）第4点，“4. 观看患儿护理知识片，教授家长护理知识”存在问题。

（3）第5点，“5. 进行角色扮演，模拟家庭中照顾患儿的情景，告知夫妻要协调合作共同完成”存在问题。

理由如下：

（1）内容和过程与压力来源不吻合：没有体现大多数家长对以后手术康复及以后的升学、就业心存忧虑，心理压力大的原因。

（2）内容和过程与小组性质不吻合：没有体现“患儿家长互助小组”以应对压力的特点。

（3）内容和过程与第三次活动不吻合：第三次应该是开始解决压力问题，不是分析压力来源。

（4）内容和过程与目标不吻合：没有对应帮助患儿家长学习和掌握自我减压的方法和技巧。

2. 完善方案如下：

（1）暖身活动。

（2）对上次活动内容进行回顾。

（3）应对家长对**手术康复**的压力来源，请医生或家长介绍手术康复方面的经验。

（4）应对家长对**升学**的压力来源，请医生或家长介绍升学方面的经验。

（5）应对家长对**就业**的压力来源，请医生或家长介绍就业方面的经验。

（6）加强**家长之间的互助**，通过家长相互支持帮助，缓解压力。

（7）教授患儿家长**学习和掌握自我减压的方法和技巧**，观看自我减压方法技巧的短片。

（8）进行**自我减压方法和技巧**的模拟练习，缓解压力。

（9）回顾本次活动，布置家庭作业，回去后**练习自我减压的方法和技巧。**

学习心得

本章讲授了医务社会工作的相关知识，需要学员重点掌握的知识内容是医务社会工作的作用和功能、医务社会工作的特点、医务社会工作特殊伦理议题、公共卫生领域社会工作的内容、公共卫生社会工作者的角色、慢性疾病与长期照护的社会工作服务、妇女儿童医务社会工作服务、急诊室的社会工作服务、肿瘤治疗康复（舒缓疗护及临终关怀）社会工作服务、精神卫生领域社会工作服务、公共卫生领域社会工作方法、针对慢性疾病患者与长期照顾者的服务方法、肿瘤与舒缓疗护社会工作方法、精神卫生服务对象需求评估、精神患者家庭干预流程、认知行为疗法。关于需求、问题、理论、干预方法的内容较多，学员需要特别留意理论与干预方法的相关知识学习。

本章真题练习部分是当年考试的第4题。虽然题目的字数不多，但考生初次接触起来，会感觉信息量比较多。题目给的“什么信息”，涉及了问题、原因、目标、内容四类信息，而且是道改错题，信息又出现在表格中，相对而言，这就会让学员（考生）觉得比较复杂。越是如此，读题目这一步越显得至关重要。这种给信息的方式是用了一个表格，希望大家能够熟悉这种给信息的方式。同时，在提问方式方面，前面做了铺垫，不够直接，因此信息显得比较多。“1. 根据活动目标，指出具体内容和过程中存在的问题，并说明理由。”在这样的情况下，更要把问题读清楚，读问题这一步的作用就体现得很明显了。读清楚“（1）根据目标，（2）指出内容和过程（3）存在的问题，（4）并说明理由”。学员就很清楚地知道目标在哪里，内容和过程在哪里，存在的问题的信息素材在哪里，说明理由的信息素材在哪里。

对解题方法的掌握，学员需要有清晰的解题思路，即方案设计时问题（需求）、原因（理论）、目标、内容、效果之间的一一对应关系。

另外，通过本章的真题练习，学员会了解到对于改错题的题型，语言组织是难点。这个题目解题的过程也向大家直观地呈现了答题语言如何组织，不是通过总结概括写一大段话，而是找准素材信息的来源方向，抓住素材信息中的关键词，一个信息点或一个关键词，即成为一点答案，这样语言组织的难度就会降低。希望大家能够从本章真题练习中获得启发，勤加练习，掌握分析问题的思路和方法，形成自己答题组织语言的经验和心得。

扫码听课

第十五章　企业社会工作

学习导引

本章学习中，需要重点掌握的内容是企业社会工作的特点、企业社会工作的功能、企业社会工作的取向、企业社会工作的对象、企业社会工作的内容、农民工的社会工作服务、农民工子女社会工作服务、企业社会工作中的个案工作分类及过程、企业中的小组工作分类及过程、社区工作方法在企业社会工作中的应用。

企业社会工作是围绕企业组织和企业职工开展的社会工作，主要服务内容包括职工权益保护、劳动关系协调、职业生涯辅导、社会责任履行等，旨在促进企业内外环境和谐及国家、企业、职工多方利益共赢。

考点精要

第一节　企业社会工作概述

考点一　企业社会工作的特点

（1）争取职工的职业福利是企业社会工作的核心内容。

（2）监督企业落实涉及职工权益的法律、法规是企业社会工作的重要手段。

（3）因地制宜开展和设计有特色的服务项目是企业社会工作的主要任务。

（4）兼顾公共性、公益性与多方共赢的统一是企业社会工作的主要策略。

考点二　企业社会工作的功能

（1）提供物质帮助，协助困难职工摆脱困境。

（2）为企业职工提供心理疏导和支持。

（3）协调内外关系，增强企业组织的凝聚力。

（4）维护职工合法权益，体现社会主义公平正义。

（5）预防问题产生，促进社会和谐稳定。

考点三　企业社会工作的取向

（1）在服务对象价值判断上存在问题视角与优势视角。问题视角强调将关注点聚焦在服务对象所面临的问题上，基于对服务对象的需求和问题，制订服务计划；优势视角强调关注服务对象本身，尽可能发挥其自身能力优势，实现其自助和发展。

（2）在与雇主关系上存在抗争取向与共赢取向。抗争取向认为问题的根源在于社会和雇主对职工的不平等对待与劳动剥削，主张职工通过组织化团结抗争的模式进行群体权益维护；共赢取向则主张可以与雇主合作，通过协商实现双赢。

（3）在服务提供上存在人力资源取向和工会取向。人力资源取向强调关注企业需要拥有一支高素质和具有归属感的员工队伍，员工是否忠诚于企业取决于人力资源的服务质量；工会取向强调通过工会争取职工权益和职工整体地位，一般采取与雇主合作的方式来提升职工素质，加大员工福利，稳定员工队伍。

（4）在服务模式上存在个人发展模式和社群权益模式。个人发展模式在相对微观层面，强调个人能力提升与发展，如劳动者支持小组、压力舒缓课程、人际关系训练、职业培训或再培训、就业相关的服务等。社群权益模式是从相对宏观层面，针对社会政策与社会环境进行改良，主要是劳动法律方面的咨询与宣传教育、劳资纠纷的介入、劳工权益政策方面的倡导与帮助等。

第二节　企业社会工作的主要对象和内容

★ 考点四　企业社会工作的对象

（1）以企业内的职工个体及职工家属为工作对象，关注职工个人及家属的需求和问题。

（2）以企业内的职工群体为工作对象，关注职工群体相对共性的需求。

（3）以一个企业整体或企业内的管理部门为工作对象，关注企业管理效率和职工福利。

（4）以一个行业或一个社区为工作对象，促进企业和职工的沟通和协商，协调劳动关系。

★ 考点五　企业社会工作服务内容

（1）职工职业生涯规划。

（2）职工心理健康辅导与情绪管理。

（3）职工素质提升，包括权益教育、技能教育、素质提升。

（4）职业安全与健康。

（5）组织职工参与企业管理，包括日常工作层次、运行管理层次、企业发展层次的参与。

（6）职工的工作生活平衡与家庭辅导。

（7）劳动关系协调。

（8）企业文化和职工文化建设。

（9）困难群体关怀。

（10）企业履行社会责任。

★ 考点六　农民工融入城市生活服务

农民工工作流动性强、不稳定，职业地位低、收入少，基本权益很难得到保障，可以从以下方面帮助农民工融入城市生活：

（1）提供职业信息，加强职业培训，拓宽农民工的就业渠道。

（2）帮助农民工建立支持网络。

（3）协助农民工改善生活环境。

（4）丰富农民工的业余生活。

考点七　完善服务农民工的政策制度

（1）链接相关资源，搭建沟通桥梁。通过组织开展相关活动，链接相关资源，协助农民工了解并熟知自己的合法权益有哪些，利益诉求的渠道有哪些，增强农民工的社会参与意识，为农民工和相关机构间搭建沟通桥梁。

（2）增强和提升农民工自我保护意识和能力。定期开展小组活动或外延拓展活动，以知识讲座和发放宣传单的形式，积极鼓励农民工学习基本的法律知识，学会运用法律武器，维护自己权益，关心自身利益，全面增强和提升其自我保护的意识和能力。

考点八　针对农民工子女的社会工作服务

（1）农民工子女的问题与需求：生活问题、学习问题、家庭问题、社会交往问题。

（2）社会工作服务介入的目的：解决学习问题，改善家庭互动方式，增强改变能力和自信心，营造社会氛围，完善有利于农民工子女生活学习条件改善的政策法规。

（3）社会工作服务介入的目标：生活方面，有一个满意合适的生活场所；学习方面，匹配适合的接收学校和班级；家庭方面，增强父母与子女积极良性沟通；社会层面，加强社会成员对农民工子女的关注与接纳。

第三节　企业社会工作的主要方法

考点九　企业社会工作中的个案工作分类及过程

（1）个案工作分类。包括针对咨询问题、针对人际交往和感情问题、针对家庭问题、针对适应问题、针对情绪问题、针对权益维护与资源支持的个案工作。

（2）个案工作流程步骤：接案（双方建立真诚信任的关系）、预估、计划、介入、评估与结案。

考点十　企业中的小组工作分类及过程

（1）企业中的小组类型：兴趣、娱乐小组，丰富职工的休闲生活、增加职工生活乐趣、陶冶职工性情；成长小组，让职工有了解自己及他人思想、行为的机会，通过小组体验，充分发挥潜能，洞察问题，寻求解决问题并促进个人成长，促进正向改变；支持小组，应对充满压力的生活事件，恢复和提高应对能力；教育小组，学习新的知识与技巧，补充相关知识，促使成员改变原来对自身问题的不正确看法及解决方式；治疗小组，改善个人问题，修复生理、心理和情绪上的创伤。

（2）小组工作过程：需求评估、确定目标、招募组员、制订并实施计划、评估。

考点十一　社区工作方法在企业社会工作中的应用

（1）以企业和职工所在社区为服务范围，与职工建立专业服务关系。

（2）对职工和企业相关状况进行调查研究，了解其需求，获取相关资源。

（3）针对职工需求，制订可行的社区服务计划，促进职工社区参与。

（4）采取社区行动实施计划，在计划与组织实施过程中还要合理安排预算和资源配置。

（5）做好监督、控制及评估等管理工作。

真题练习

案例分析题（2015 年，第 5 题，20 分）

社会工作者在某工业区开展企业社会工作服务时了解到：有的工厂没有提供足够的安全防护用品；有的员工受伤后才意识到工作岗位存在危险因素；有的员工虽然对职业安全与健康知识有所了解，但是心存侥幸，觉得自己不会那么倒霉；有些企业管理者则抱怨员工缺少安全生产意识，不愿意佩戴防护用品。

针对上述情况，社会工作者计划在员工中开展职业安全与健康教育小组服务，学习了解相关知识，提升自我保护的意识和能力。

要求：

设计一份职业安全与健康教育小组方案（只需把需求评估、小组目标、招募组员和小组活动内容填入专用答题卡的相应表格内）。

职业安全与健康教育小组方案	
需求评估	
小组目标	
理论基础（略）	
招募组员（只列出招募渠道）	
小组活动内容	
其他（评估、困难与应对、预算等）（略）	

解析思路：

解题的基本思路是：先读题，读出关键信息点，养成习惯，看题目给的是谁的信息和什么信息；再读问题，读清楚问什么，初步判断该问题的思考方向，即答案的关键信息来源；然后列答题框架，即问什么，答什么；最后答题，考虑分点作答，不要遗漏可能的信息点，信息点即得分点。

本题是企业社会工作领域的题目。题目出现在当年考试的第 5 题，属于方案设计题、改错题。学员读完题目后，看题目给的信息点是否清晰，是否在自己把握的范围内，对解答这道题，心中是否有底，是不是在读题方面就遇到了困难。

建议学员在此处花 30 分钟的时间，先按照上述方法与步骤，独立解题作答，然后再阅读学习，即带着自己做题的真实体验，进行有针对性的阅读和学习。

解题方法：

第一步　读题，读出关键信息点

读题时，注意题目给的是谁的信息（波浪线标注）和什么信息（横线标注），留意或标记出代表该信息的关键词。学员读完题，对于题目给的关键信息，即可做到心中有底。

社会工作者在某工业区开展企业社会工作服务时了解到：有的工厂没有提供足够的安全防护用品；有的员工受伤后才意识到工作岗位存在危险因素；有的员工虽然对职业安全与健康知识有所了解，但是心存侥幸，觉得自己不会那么倒霉；有些企业管理者则抱怨员工缺少安全生产意识，不愿意佩戴防护用品。

针对上述情况，社会工作者计划在员工中开展职业安全与健康教育小组服务，学习了解相关知识，提升自我保护的意识和能力。

初步读题如上，波浪线标记的是“谁的信息”，即出现的人和单位，单位为工业区和工厂，人的方面，可以比较清晰地看到三个“有的”，一个“有些”，明确分为四点信息。横线标记的是“什么信息”，主要是问题的信息，与信息主体对应，也应该是四点信息。“针对上述情况”这一小段，横线标记的信息，优先考虑是小组目标的信息。读题目发现，通常第5题给的信息都是比较清晰的。同时，学员需要意识到，方案设计题目中，内容、目标、原因、问题之间应该是一一对应的关系。

案例分析和方案设计题目中，问题（需求）的信息、原因（理论）的信息、目标的信息、内容的信息，都是最重要、最有用的信息，也可以理解为属于得分点的信息。抓住了关键信息（关键词），即为解题答题做好了知识素材的准备。无论问什么问题，答案都应该在你所读出来的这些关键信息中。

如果你能够读出上述比较清晰的几部分信息，抓住每部分信息的关键词，对“读题”这一步，就可以给自己高分。如果这个步骤没读出上述思路和方向，就对比下，看有哪些需要提高的地方，重点加强训练。

完成“读题”这一步后，接下来进行第二步“读问题”。

第二步　读问题，弄清楚问什么

要求：

设计一份职业安全与健康教育小组方案（只需把需求评估、小组目标、招募组员和小组活动内容填入专用答题卡的相应表格内）。

要求设计一份小组方案，只需把需求评估、小组目标、招募组员和小组活动内容填入专用答题卡的相应表格内。即告诉考生，只需要答需求评估、小组目标、招募组员和小组活动内容四点内容。要求填写在答题卡中，就一定要把答题卡看清楚，需求评估、小组目标、招募组员和小组活动内容的信息，分别在答题卡的什么位置，把要求和位置看清楚。

职业安全与健康教育小组方案	
需求评估	
小组目标	
理论基础（略）	
招募组员（只列出招募渠道）	
小组活动内容	
其他（评估、困难与应对、预算等）（略）	

看清楚题目要求在答题卡中相应的位置（已经用横线做了标记）之后，开始思考答题的素材方向。需求的信息应该来自三个“有的”，一个“有些”，应该是有四点需求；小组目标的信息应该是来自“针对上述情况”这一小段，同时考虑提出总目标和具体目标，总目标的信息应该是与“针对上述情况”这一小段的信息对应，具体目标的信息应该是与需求/问题对应；理论基础后面写了个“略”，即这个部分略去，不用作答，问题中也没有要求作答，就不需要作答；招募组员部分，题目只要求列出招募渠道，考虑到该部分可能会有2~4分的分值，学员需要考虑是否多列几种招募方式渠道；小组活动内容应该与目标、需求对应，因此应该也是四点内容。

至此，如果你“读问题”能够读出上述比较清晰的思路和方向，对于“读问题”这一步，就可以给自己高分。如果这个步骤没读出上述思路和方向，就对比下，看有哪些需要提高的地方，重点加强训练。

第三步　列答题框架，问什么，答什么，分点答，具体框架如下：

1. 如果题目的答题卡中没有表格，可以列框架如下。

答：

职业安全与健康教育小组方案

需求评估

（1）……需求

（2）……需求

（3）……需求

（4）……需求

小组目标：

目的：……

目标：（1）……

（2）……

（3）……

（4）……

理论基础（略）：

招募组员（只列出招募渠道）：

（1）……

（2）……

（3）……

小组活动内容：

（1）……

（2）……

（3）……

（4）……

其他（评估、困难与应对、预算等）（略）：

2. 如果题目给了表格，则可以列在表格中，框架如下：

职业安全与健康教育小组方案	
需求评估	（1）……需求 （2）……需求 （3）……需求 （4）……需求
小组目标	目的：…… 目标：（1）…… （2）…… （3）…… （4）……
理论基础（略）	
招募组员（只列出招募渠道）	（1）…… （2）…… （3）……
小组活动内容	（1）…… （2）…… （3）…… （4）……
其他（评估、困难与应对、预算等）（略）	

对比下自己的答题框架，是否类似。答题框架要清晰，写作出来才能比较清晰。

第四步　分析答题，关键词 + 描述

这里重点呈现如何转换信息和组织语言的过程，希望学员（考生）能够领会理解。

第 1 小问的解析如下，均用需求结尾，需求前面为概括提炼出来的关键词，后面用题目的信息进行描述，与三个“有的”，一个“有些”对应，避免遗漏关键信息，分别对应“用品”“知识”“意识”“能力”，体现在相对突出的位置。具体如下。

1. 需求评估

（1）安全防护**用品**的需求，协调工场提供足够的防护用品。

（2）学习职业安全和健康**知识**的需求，了解岗位的危险因素。

（3）增强职业安全和自我保护**意识**的需求，不能心存侥幸。

（4）提升职业安全和自我保护**能力**的需求，遵守严格佩戴防护用品的规定。

信息来源：

社会工作者在某工业区开展企业社会工作服务时了解到：有的工厂没有提供足够的安全防护用品；有的员工受伤后才意识到工作岗位存在危险因素；有的员工虽然对职业安全与健康知识有所了解，但是心存侥幸，觉得自己不会那么倒霉；有些企业管理者则抱怨员工缺少安全生产意识，不愿意佩戴防护用品。

针对上述情况，社会工作者计划在员工中开展职业安全与健康教育小组服务，学习了解相关知识，提升自我保护的意识和能力。

针对第2小问，注意比较以下两种答法的区别。答法一实际上只答了目的（总目标），漏答了目标（分目标）。如果题目只让答目标，建议将目标分为目的和目标来回答，同时目标与需求/问题的关键词保持统一。

2. 小组目标

答法一：面向员工开展职业安全与健康教育，学习了解相关知识，增强和提升自我保护的意识和能力。

答法二：

目的：通过**职业安全与健康教育和知识学习，增强和提升自我防护的意识和能力**。

目标：（1）开展职业安全与健康教育，沟通配置防护**用品**。

（2）学习了解职业安全与健康**知识**，知道工作中的风险，提前预防。

（3）增强职业安全、健康及自我保护**意识**，不能心存侥幸。

（4）提升职业安全、健康及自我保护**能力**，严格遵守安全规定。

信息来源：

社会工作者在某工业区开展企业社会工作服务时了解到：有的工厂没有提供足够的安全防护用品；有的员工受伤后才意识到工作岗位存在危险因素；有的员工虽然对职业安全与健康知识有所了解，但是心存侥幸，觉得自己不会那么倒霉；有些企业管理者则抱怨员工缺少安全生产意识，不愿意佩戴防护用品。

针对上述情况，社会工作者计划在员工中开展职业安全与健康教育小组服务，学习了解相关知识，提升自我保护的意识和能力。

第3小问，只需要列出组员的招募渠道。

3. 招募组员（只列出招募渠道）

（1）通过张贴海报宣传招募渠道。

（2）通过召开会议宣传招募渠道。

（3）通过发微信、进宿舍、在食堂等其他招募渠道。

第4小问，小组服务内容中，内容的关键词与目标、需求/问题的关键词保持统一，体现前后一致的逻辑关系。

4. 小组活动内容

（1）组员认识及小组**开始**：认识组员，了解小组的目标，建立小组规则。

（2）自我保护**意识**讨论：交流发生过的安全生产事故，增强意识，避免侥幸。

（3）防护**用品**提供情况排查交流：排查身边的防护用品是否充分。

（4）开展职业安全与健康**知识**学习：了解工作岗位存在的因素及防护用品使用。

（5）遵守安全生产规则学习与自我保护**能力**建设：严格遵守防护规范自我保护。

信息来源：

社会工作者在某工业区开展企业社会工作服务时了解到：有的工厂没有提供足够的安全防护用品；有的员工受伤后才意识到工作岗位存在危险因素；有的员工虽然对职业安全与健康知识有所了解，但是心存侥幸，觉得自己不会那么倒霉；有些企业管理者则抱怨员工缺少安全生产意识，不愿意佩戴防护用品。

针对上述情况，社会工作者计划在员工中开展职业安全与健康教育小组服务，学习了解相关知识，提升自我保护的意识和能力。

最终出现在卷面上的参考答案如下：

形式一

答：

职业安全与健康教育小组方案

1. 需求评估

（1）安全防护**用品**的需求，协调工场提供足够的防护用品。

（2）学习职业安全和健康**知识**的需求，了解岗位的危险因素。

（3）增强职业安全和自我保护**意识**的需求，不能心存侥幸。

（4）提升职业安全和自我保护**能力**的需求，遵守严格佩戴防护用品的规定。

2. 小组目标

目的：通过职业安全与健康教育和知识学习，增强和提升自我防护的意识和能力。

目标：（1）开展职业安全与健康教育，沟通配置防护**用品**。

（2）学习了解职业安全与健康**知识**，知道工作中的风险，提前预防。

（3）增强职业安全、健康及自我保护**意识**，不能心存侥幸。

（4）提升职业安全、健康及自我保护**能力**，严格遵守安全规定。

理论基础（略）。

3. 招募组员（只列出招募渠道）

（1）通过张贴海报宣传招募渠道。

（2）通过召开会议宣传招募渠道。

（3）通过发微信、进宿舍、在食堂等其他招募渠道。

4. 小组活动内容

（1）组员认识及小组**开始**：认识组员，了解小组的目标，建立小组规则。

（2）自我保护**意识**讨论：交流发生过的安全生产事故，增强意识，避免侥幸。

（3）防护**用品**提供情况排查交流：排查身边的防护用品是否充分。

（4）开展职业安全与健康**知识**学习：了解工作岗位存在的因素及防护用品使用。

（5）遵守安全生产规则学习与自我保护**能力**建设：严格遵守防护规范自我保护。

其他（评估、困难与应对、预算等）（略）。

形式二

职业安全与健康教育小组方案	
需求评估	（1）安全防护**用品**的需求，协调工场提供足够的防护用品。 （2）学习职业安全和健康**知识**的需求，了解岗位的危险因素。 （3）增强职业安全和自我保护**意识**的需求，不能心存侥幸。 （4）提升职业安全和自我保护**能力**的需求，遵守严格佩戴防护用品的规定。
小组目标	目的：通过职业安全与健康教育和知识学习，增强和提升自我防护的意识和能力。 目标：（1）开展职业安全与健康教育，沟通配置防护**用品**。 （2）学习了解职业安全与健康**知识**，知道工作中的风险，提前预防。 （3）增强职业安全、健康及自我保护**意识**，不能心存侥幸。 （4）提升职业安全、健康及自我保护**能力**，严格遵守安全规定。
理论基础（略）	
招募组员（只列出招募渠道）	（1）通过张贴海报宣传招募渠道。 （2）通过召开会议宣传招募渠道。 （3）通过发微信、进宿舍、在食堂等其他招募渠道。
小组活动内容	（1）组员认识及小组**开始**：认识组员，了解小组的目标，建立小组规则。 （2）自我保护**意识**讨论：交流发生过的安全生产事故，增强意识，避免侥幸。 （3）防护**用品**提供情况排查交流：排查身边的防护用品是否充分。 （4）开展职业安全与健康**知识**学习：了解岗位存在的因素及防护用品使用。 （5）遵守安全生产规则学习自我保护**能力**：严格遵守防护规范自我保护。
其他（评估、困难与应对、预算等）（略）	

学习心得

本章讲授了企业社会工作的相关知识，重点掌握企业社会工作的特点、企业社会工作的功能、企业社会工作的取向、企业社会工作的对象、企业社会工作的内容、农民工的社会工作服务、农民工子女社会工作服务、企业社会工作中的个案工作分类及过程、企业中的小组工作分类及过程、社区工作方法在企业社会工作中的应用。

本章真题练习部分是当年考试的第 5 题。第 5 题的特点相信大家已经越来越熟悉了，信息点比较多，但信息类型通常比较清晰。信息主体即“谁的信息”很明确，题目给的“什么信息”，通常涉及问题、原因、目标、内容四类信息。本章练习的解题过程，清晰直观地呈现了读题目、读问题、列框架、分点答的过程。

希望考生能够掌握分析理解与方案设计的方法，拥有清晰的解题思路，即方案设计时问题（需求）、原因（理论）、目标、内容、效果之间的一一对应关系，关键词之间保持高度统一。具体书写方面，不是通过总结概括写一大段话，而是找准素材信息的来源方向，抓住素材信息中的关键词，一个信息点或一个关键词，即成为一点答案，这样语言组织的难度就会降低。希望大家能够从本章真题练习中获得启发，勤加练习，掌握分析问题的思路和方法，形成自己答题组织语言的经验和心得。

扫码听课

附　录

本部分涉及中级社会工作实务过程中常用的41个方法、原则、技巧，以及28个常用理论。全国社会工作者职业水平考试中，通常第1题、第2题、第3题涉及关于社会工作实务方法、原则、技巧的考查，第4题、第5题会较多涉及理论知识的考查。这些是学习的重点，也是难点所在。这两部分附录，旨在让学员进一步巩固所学常用方法、原则、技巧及理论知识，促进专题学习和强化学习。

附录1：社会工作实务常用方法、原则、技巧（41个）

1. 社会工作者的角色

（1）直接角色：服务提供者、治疗者、支持者、关系协调者、倡导者。

（2）间接角色：行政管理者、资源筹措者、政策影响者。

2. 收集资料的方法

（1）询问：向本人了解情况。

（2）咨询：向其他专业人士咨询了解。

（3）查阅档案：通过查阅档案收集资料。

（4）家访。

3. 建立关系的技巧

（1）同感。

（2）诚恳。

（3）温暖与尊重。

（4）积极主动。

4. 建立关系的影响因素

（1）与服务对象准确沟通想法和感受。

（2）与服务对象沟通相互之间的资料。

（3）沟通充满亲切感和关怀。

（4）与服务对象角色互补。

（5）与服务对象建立信任。

5. 面谈的任务

（1）界定服务对象的需要及问题。社工需要了解服务对象求助的原因，对自己的问题的看法，及期待达到什么目标。

（2）澄清双方角色期望及责任。包括：服务对象对自己和对社工的期望；社工对自己和对服务对象的期望；双方的角色与各自的责任。

（3）鼓励并帮助服务对象进入受助角色。

（4）促进和引导服务对象态度和行为的改变。

6. 面谈的技巧

（1）主动介绍自己。

（2）治疗性沟通，即促进服务对象改变以实现助人目的的沟通。治疗性沟通有四个功能：①提供支持；②减轻服务对象因求助而带来的内心的焦虑；③协助服务对象建立对自己和解决自己问题的正确想法；④促成服务对象为解决问题采取有效的行动。

（3）倾听。

7. 预估的目的

（1）识别服务对象问题的客观因素。

（2）识别服务对象问题的主观因素。

（3）识别服务对象问题的成因及使问题延续的因素。

（4）识别服务对象及环境中的积极因素。

（5）决定提供服务的方式和内容。

8. 预估的任务

（1）了解服务对象存在的问题。

（2）了解服务对象个人的生活经历及行为特征。

（3）了解服务对象与环境的互动状况，及其对自身问题的认识和改变的动力与能力。

（4）了解服务对象所处的环境系统的状况。

9. 预估的原则

（1）个别化。

（2）合作。

（3）避免片面。

（4）避免简单归因。

（5）兼顾服务对象的弱点与长处。

（6）不断循环往复的原则。

10. 家庭结构图预估方法及运用

家庭结构图也称家庭树或家庭图谱，是以图形表示家庭中三代人之间关系的方法。家庭结构图的内容与功能如下。

（1）表达家庭的历史。

（2）提供有关家庭婚姻、死亡、家庭成员所处的地位和位置、家庭结构等与服务对象有关的摘要式信息。

（3）包含家庭几代的关系资料，提供服务对象的家庭关系、资源、问题与家庭间关系等资料。

11. 社会生态系统图方法

社会生态系统图也简称为生态系统图，是根据生态系统理论发展出来的。

生态系统图的绘制方法与家庭结构图类似，都是先要掌握相关的符号所代表的意义，不同的是，生态系统图多了一些代表不同的系统圆圈：家庭、学校、社区、单位等。

12. 社会支持网络

（1）社会支持是指个人与社会环境的正面互动。

（2）由正式支持网络和非正式支持网络组成。

（3）正式社会支持网络是基于政策或工作人员职责而形成的，如社会工作者、医生、律师和其他专业的助人者提供的支持；非正式支持网络是基于道义、情感、习俗而形成的，如家庭、朋友、同事、邻居、志愿者的支持。

13. 介入策略

（1）直接介入。指以个人、家庭和群体为关注对象，针对他们所采取的行动，重点在于改变服务对象家庭或群体内的人际交往，或改变个人、家庭和小群体与其环境中的个人和社会系统的关系与互动方式。

（2）间接介入。指以个人、家庭、小组、组织和社区以至更大的社会系统为关注对象，由社会工作者代表服务对象采取行动，通过介入服务对象以外的其他系统以间接帮助他们的行动。间接系统的介入通常也称为改变环境的工作，或中观和宏观社会工作实务。

（3）综合介入。在开展服务过程中，既有针对服务对象所采取的改变行动，也有针对服务对象周围系统所开展的服务。也就是说，专业服务常常是直接介入和间接介入两种形式综合运用的。

14. 成效评估中基线测量的方法与技巧

（1）基线测量方法是在介入开始时对服务对象的状况进行测量，建立一个基线作为对介入行动效果进行衡量的标准基线，以评估介入前后的变化，并以此判断介入目标达到的程度。

（2）基线测量方法可以应用于对个人、家庭、小组或者社区的工作介入评估，通过对服务对象介入前、介入中和介入后的观察和研究，比较服务提供前后发生的变化。

（3）基线测量方法具体程序包括：建立基线、进行介入期测量、分析和比较。

15. 结案的主要任务

（1）总结工作。

（2）巩固已有改变。

（3）解除工作关系。

（4）做好结案记录。

（5）跟进服务。

16. 处理结案负面反应的方法

常见负面反应有否认、倒退、依赖、抱怨、愤怒、讨价还价、忧郁等。

结案负面反应的处理方法如下。

（1）与服务对象一起讨论他们对结案的准备情况。

（2）提前让服务对象知道结案时间，使其早些做好心理准备。

（3）逐渐减少与服务对象的接触，提醒服务对象要学会自立。

（4）估计可能破坏改变成果的因素，预防问题的产生。

（5）必要时安排正式的结案活动，让服务对象分享各自的收获，以建设性的方式表达感受，相互鼓励，面向未来。

17. 社会工作督导的类型

（1）行政性督导：以机构运行管理内容为主提供综合行政支持的督导。

（2）教育性督导：以教授知识、技能、方法以提升胜任能力为目标的督导。

（3）支持性督导：应对心理、情绪、压力问题提升动力和信心为目标的督导。

18. 儿童社会工作实务的原则

（1）儿童中心原则。

（2）服务个别化原则。

（3）儿童发展原则。

（4）儿童参与原则。

19. 青少年社会工作的原则

按照《青少年社会工作服务指南》，青少年社会工作服务的原则有如下方面。

（1）主体性原则。尊重青少年主体地位，承认与接纳青少年的独特性与差异性，充分照顾青少年的特点和需要，开展有针对性的服务。

（2）发展性原则。坚持用发展的眼光看待和理解青少年，强调青少年自身蕴含的发展潜力和成长的内在动力，重视经济社会发展对青少年福利的影响。

（3）整体性原则。重视青少年与其家庭、学校、社区、朋辈及服务机构等因素的相互作用，全面系统地识别青少年的需要，提供整合性社会工作服务。

20. 妇女社会工作的主要特点

（1）关注妇女的多样性。

（2）关注妇女的声音和经验。

（3）了解、理解和接纳妇女的现实处境。

（4）两性差异不等于女性次于男性。

（5）强调妇女个人问题的社会原因，“个人的即政治的”。

（6）注重本土妇女工作经验的总结和提炼。

21. 妇女社会工作的目标

初始目标：

（1）缓解压力和宣泄情绪。

（2）提升妇女对自我的认识，帮助她们重塑自我。

（3）解决和满足妇女的实际困难和需要。

中间目标：

（1）协助妇女重新界定妇女问题，认识到“个人的即政治的”。

（2）增强妇女性别平等意识，促进自省、自信和自我认同。

（3）建立妇女的支持小组，减少服务对象的孤独感。

最终目标：

（1）重新建构性别权利关系。

（2）建立妇女网络与社会网络之间的连接。

（3）倡导和建立全社会的性别公正和公平的意识和制度。

22. 妇女社会工作的原则

（1）承认妇女的多样性以及工作视角的多样性。

（2）尊重妇女作为独立的个体，而不只是家庭角色的扮演者。

（3）了解、理解和接纳妇女的现实处境和她们的生存选择。

（4）认识到妇女本身的丰富资源，她们有能力处理自己的问题。

（5）妇女是发展的主体，不是客体。

（6）增加和增强妇女的资源和选择的多样性。

（7）将个体与群体联结起来，促进妇女之间的互助，特别是具有类似经历的妇女。

（8）妇女问题的解决需要多视角结合、多机构合作。

（9）社会工作者与服务对象之间是平等的救助关系。

23. 针对妇女暴力的干预策略

（1）促进相关立法及法律完善，建立救助机制，创造良好社会环境。（宏观）

（2）开展反对针对妇女暴力的综合干预行动，多机构合作的服务。（中观）

（3）建立受暴妇女支持小组，成员发展意识、建立对施暴人的干预机制。（中观）

（4）为受暴妇女提供各种形式的服务，心理辅导、咨询，个案辅导等。（微观）

24. 性别分析方法

（1）实用性社会性别需求：人类生存的实际需求，如对食物、健康、就业等的需求，体现生活问题的具体解决，不具有对社会性别的挑战。

（2）战略性社会性别需求：关于平等权利和社会公正的需求，改变女性不平等从属地位而产生的需求，让妇女获得更多的平等权利，改变现存社会分工模式和角色，体现妇女问题的社会根源。

25. 妇女赋权的干预目标

赋权是指一个人感觉有一种自我控制的能力、尊重自己、内心充满自信，并且相信自己有能力改变现状。其干预目标分为三个层次。

（1）个人层次，包括个人感觉到自己有能力去影响或者解决问题。

（2）人际层次，指的是增长个人和他人合作促成问题解决的经验。

（3）环境层次，指的是促进改善社会政策的能力。

26. 评估妇女赋权的层次指标

（1）福利的平等得到层面。看女性是否得到和男性一样的福利资源。

（2）资源使用层面。在与男人平等的基础上，女性使用生产资料的权利，以及平等地使用土地和劳动、获得贷款、培训和所有公共服务的权益。

（3）意识层面。需要有社会性别意识，让女性了解和意识到因为性别歧视导致机会缺失、资源分配不公等的现状，把它作为迈向两性平等的基础工作。

（4）参与层面。女性平等参与家庭、社区和社会方面的支配和决策，增强在计划、决策、组织、管理、开展活动以及与周围他人和机构打交道等方面的能力。

（5）资源的支配层面。通过意识增强和决策参与，平等地支配生产资料和利益分配。

27. 妇女赋权方法

（1）意识觉醒。通过鼓励、肯定、教育，增进女性的自信和能力，增强价值感；通过阅读、小组讨论、经验分享等方式观察和了解女性社会地位，建立改变的思想基础；和服务对象一起讨论个人问题和社会制度之间的关系，分析讨论两性之间、家庭以及日常生活中的权利关系，使其认识到存在的问题大多与权利有关。

（2）建立协同关系。彼此相互教育，共同学习成长，社会工作者和服务对象是互利互惠、患难与共的协同伙伴关系。

（3）借助集体行动，倡导政策改变。通过培训、座谈、排练等方式，创造真诚、畅通的交流环境，展现女性的智慧和创造力，实现自我教育和教育他人，并发出女性声音，促进社会变革。

28. 残疾人社会工作功能作用发挥的三个层面

（1）微观层面，主要是针对残疾人个体的微观服务。包括：为残疾人提供直接的物质性帮助；提供能力建设的支持服务。

（2）中观层面，主要涉及残疾人社会工作的组织发展层面。包括：推动残疾人组织和为残疾人服务的社会组织的发育；推动社区性残疾人社会支持系统的发育。

（3）宏观层面，涉及政府政策和社会文化的变迁。包括：推进残疾人社会政策的变迁；增加社会资本，形成“亲和力”的残疾人文化。

29. 社会救助的工作原则

（1）兜底线。社会救助是最后一道民生兜底保障安全网，要兜住、兜牢困难群众基本民生保障底线。

（2）保基本。对于陷入困境的社会成员，政府在充满风险和变动的社会环境中，保障其基本生活条件。

（3）救急难。当一个人的生命和生活处于危急时刻，社会救助要在第一时间给予最直接、最有效的物质帮助，保全生命，救急救难。

（4）促发展。注重激发救助对象摆脱贫困的内生动力，促进其自我发展能力，帮助其更好融入社会生活。

30. 个案管理的特点

个案管理通常针对服务对象遭遇多重问题，通常问题比较复杂，需多名专业人员服务解决，获得和使用助人资源有困难；注重为面临多重问题的案主寻找所需服务网络，协调网络中各项服务，让其彼此配合；个案管理强调经过各项服务协调实现服务的合理配置，强调服务效率，在成本效益原则下运用社会资源与提供相关服务。基于此认识，个案管理有如下特点：

（1）以双方的信任关系为基础。

（2）运用“人在情境中”的理论，协助陷入危机的服务对象摆脱困境。

（3）对复杂、具有多重问题以及失能的服务对象提供持续照顾。

（4）通过临床干预缓解疾病和失能带来的情绪问题。

（5）注重运用转介和倡导技巧，实施跨领域的服务传输。

（6）回应服务对象多元化的长期照顾服务需求。

（7）根据功能性能力和支持网络评估提供服务。

（8）肯定服务对象自决、个人价值和尊严，注重服务对象参与。

31. 家庭社会工作的基本原则

（1）家庭处境化原则。相信家庭是家庭成员自然生活的场景。它要求社会工作者在观察和评估家庭成员的需要时，把家庭成员放在家庭的日常生活环境中，观察和了解家庭成员之间以及家庭成员与周围环境之间的互动关系，对现状做出准确的分析评估，把握最真实的需求，以提供最合适的服务方案。

（2）帮助家庭成员增能原则。相信家庭成员都有自己解决困难的能力，有效帮助家庭成员克服困难的方式是增强他们自己克服困难的能力。只有关注和提升家庭成员能力，才能帮助家庭成员更好地应对未来生活中的挑战。

（3）家庭个别化原则。相信每个家庭都是独特的，都有自己的生活环境和沟通交流的方式，社会工作者只有从受助家庭所处的特殊处境和方式着手，才能把握家庭成员的真实需要，提供适合的服务。

（4）满足家庭成员需要原则。社会工作者既要关注受助家庭成员的目前需要，也要关注中长期需求及动态变化的需求，将解决问题和预防问题结合起来。

32. 家庭评估的常用方法

（1）家庭结构图。“□”表示男性，“○”表示女性，“———”表示婚姻关系，“—//—”表示离婚关系，“—/—”表示分居关系，“-------”表示同居关系。家庭结构图表示家庭的结构、家庭成员之间的关系以及家庭的一些重要事件等，可以帮助社会工作者迅速、形象地了解和掌握受助家庭成员的结构、成员关系以及其他一些家庭情况。家庭结构图绘制遵循三项基本原则：①长辈在上，晚辈在下；②同辈关系中，年长的在左，年幼的在右；③夫妻关系中，男性在左，女性在右。

□表示男性，○表示女性

———表示婚姻

—//—表示离婚

—/—表示分居

--------表示同居

（2）家庭生态图。家庭生态图由不同的圆圈组成，中间的圆圈代表家庭，圆圈内家庭成员的关系按照家庭结构图的要求表示，家庭外的圆圈代表与家庭有关系的个人和组织。在家庭生态图中，“←→”表示强关系，“--------”表示弱关系，“～～～”表示紧张关系。家庭生态图用于表示家庭成员与家庭外部环境之间的互动交流关系，帮助社会工作者了解受助家庭成员与家庭外部环境互动交流的状况以及家庭拥有的资源和面临的困难（见图1）。

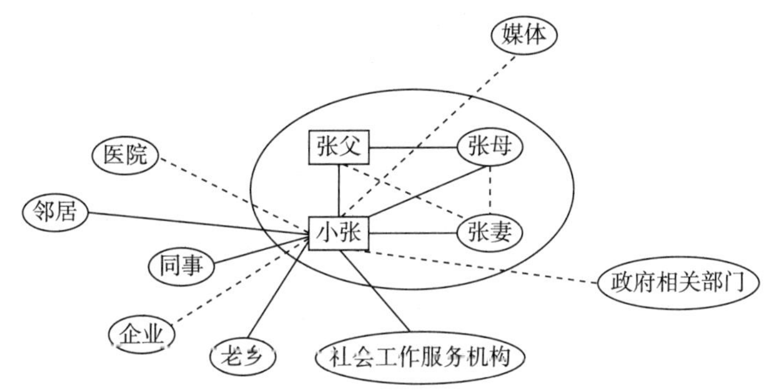

图1　家庭成员与家庭外部环境互动交流关系

33. 家庭干预的常用技巧

（1）观察技巧：通过系统记录实际行为表现的方式让受助家庭成员了解自己面临的问题以及改变的状况，从而帮助受助家庭成员随时调整自己的行为，增强行为的有效性。

（2）聚焦技巧：将受助家庭成员的注意力集中在需要解决的问题上，以便对问题进行深入的探索，保证服务介入活动的效率。

（3）例子使用技巧：通过列举类似情况的例子，让受助家庭成员了解困难解决的不同途径和经验，并且舒缓受助家庭成员的压力。

（4）再标签技巧：帮助受助家庭成员从更为积极的角度界定问题，改变家庭成员以往的消极态度和认识，从而促使受助家庭成员产生新的、积极的行为。

34. 预防校园欺凌三级介入

（1）初级介入：面向全员——营造友善环境。包括友善校园环境营造，友善社区环境营造，友善家庭环境营造。

（2）二级介入：面对高关怀人群——避免复发、消除可能性。服务对象主要是高风险高关怀人群，即曾有过欺凌经验和被欺凌经验的学生。可开设平行小组进行个案辅导，帮助学生转变认知，发展亲社会行为。

（3）三级介入：欺凌事件发生后，针对被欺凌者、欺凌者、情境中人的介入。服务被欺凌者危机介入，使其及时获得保护与支持；服务欺凌者，使其得到惩罚和矫正，服务情境中的学生群体，营造友好关爱的氛围；服务老师，使其更好发挥作用。

35. 行为契约法——帮助学生形成良好的行为习惯

（1）“行为契约法”的主要原理是通过行为契约的商定、执行过程中的“强化”训练而改善行为。行为契约是指服务者与被服务者经过双方协商后签订的对双方都具有约束力的书面协定。

（2）行为契约由五个基本部分组成：确定目标行为、规定如何测量目标行为、确定该行为必须执行的时间即行为有效期、确定强化与惩罚条件、契约双方签字。

（3）“行为契约法”的基本工作程序：确定目标行为、商定奖惩清单、书写行为契约、签字承诺、填写“执行记录表”。

36. 社区需求分析

社区需求分析较为常用的方法是布雷德绍（J. Bradshaw）1972 年提出的四种需要类型。

（1）感觉性需求。社区居民感受到或意识到，并用言语表述出来的需要。

（2）表达性需求。社区居民把自身的感觉通过行动表达出来的需要。

（3）规范性需求。由专家学者、专业人士、政府行政官员评估而决定的需求。

（4）比较性需求。社区居民将所得到的服务与其他类似社区进行比较，而认为有所不同的需求。

37. 社区优势和劣势分析

（1）罗列社区的优势和劣势、可能的机会与风险。优势、劣势是内部的，机会和风险是外部的。

（2）将优势、劣势与机会、风险组合，形成社区工作的 SO、ST、WO、WT 策略。

表 1　社区优势和劣势（SWOT）分析

	优势（S）	劣势（W）
机会（O）	SO 战略（发展型策略）	WO 战略（改进型策略）
风险（T）	ST 战略（控制型策略）	WT 战略（防御型策略）

（3）对不同策略进行甄别和选择，确定目前应该采取的具体战略与策略。

38. 推动居民参与

（1）社区参与的层次和形式。包括告知（事后告知结果）、咨询（听取居民意见）、协商（在与居民协商中居民具有一定的决策权）、共同行动（参与决策分配任务，共同分担责任）、社区居民自治（全程居民自主决策）五个参与层次。

（2）影响社区居民参与的因素。包括参与价值、参与意愿和参与能力。其中，时间和金钱、知识与技巧是影响参与能力的重要因素。

（3）推动社区居民参与的策略。包括促进社区居民对参与价值的肯定、提升社区居民的参与意愿、提高社区居民的参与能力。参与能力包括提供知识和技巧的培训，解决时间和资源缺乏的问题。

39. 居民能力建设

（1）认知和思维能力的培养。通常表现在四个方面：①能够掌握社区生活和共同问题的知识和资料；②能够理解资料的相互关系，批判地分析问题；③能够引申和推理；④能够进行分析和评价，并提出创新的建议。

（2）行为和技巧能力的培养。包括与基层居民沟通的技巧，善于表达对他人的关怀和爱护，能理解文件和有关资料，懂得行政和会议技巧，拥有基层动员的能力，具备谈判、游说、公共关系和与大众传媒合作的能力等。可以通过模仿学习、个别训练与督导、示范引导等方法，让居民掌握行为和技巧。

（3）情感和价值观的培养提升。居民对社区事务的参与态度都有所不同，面对对社区不关心、态度冷漠的居民，需要从感受、兴趣、态度取向和价值观四个方面着手，改变他们对参与、社会正义、居民权益的感观和价值取向；澄清价值观，分享个人经历和感受，引起居民的共鸣，巩固“服务社区”的精神。

40. 建立社区支持网络

（1）个人网络。针对有较好人际关系和发展潜力的居民，通过建立联系和提升助人能力，动员与服务对象关系密切的重要人物提供支援，维持和扩大服务对象的社交关系和联系。

（2）志愿者联系网络。针对与他人联系较少的居民，将他们与可以提供帮助的志愿者联系起来，建立一对一的帮助关系，让志愿者和服务对象建立联系，提供帮助和支持。

（3）互助网络。把面对相同问题或具有相似兴趣或能力的人聚合在一起，帮助他们建立联系，促进他们互相帮助和互相支援，促进信息分享和经验交流，增强解决问题的能力。

（4）邻里协助网络。通过举办各种活动召集和推动邻里了解服务对象，强化邻里和服务对象之间的联系，发展互助性支持。

41. 企业社会工作的个人权益模式和社群权益模式

（1）个人发展模式。针对与工作生活相关的心理 - 社会服务模式，如劳动者支持小组、压力舒缓课程、人际关系训练、职业培训或再培训、就业相关的服务等。

（2）社群权益模式。针对社会政策与社会环境的服务模式，其内容主要是劳动法律方面的咨询与宣传教育、劳资纠纷的介入、劳工权益政策方面的倡导与帮助等。

附录2：社会工作实务常用理论（28个）

1. 人类行为与社会环境理论

人类行为与社会环境关系的理论，通常也可以简称为“人在情境中”，是社会工作的基本理论。该理论基本观点为人之所以是今天这个样子，都是环境塑造的结果，要改变人就要改变环境。

2. 系统理论

环境是由多个因素组成的，如家庭、学校、社区、工作单位、政策、文化等，个体遇到的问题要与环境中的各种因素结合起来，反对将问题单独归因于个体特质或某一外在因素的简单化观点。而是要从整个相互关联的环境系统着眼，分析构成整个系统的各要素间存在的复杂联系和相互关系，以及存在于社会场景和外部环境中的其他相互影响的要素，进而寻找问题的根源和解决问题的资源。

3. 生态系统理论

把人类成长于其中的社会环境看作一个社会性的生态系统。因素之间的关系不是杂乱无章的，而是有规律可循的。包括：直接影响因素和间接影响因素；短期影响因素、中期影响因素和长期影响因素；微观影响因素、中观影响因素和宏观影响因素。生态系统理论将影响因素分为微观、中观、宏观三部分。微观系统是指个人层面，如个人的生理、心理、能力等因素；中观通常包括家庭、朋辈、学校、单位、社区等因素；宏观系统包括政策、经济、文化、时代等因素。

4. 优势视角

优势视角是一种关注人的内在力量和优势资源的视角。这意味着应当把人们及其所处环境中的优势资源作为社会工作助人过程中关注的焦点，而不要关注其问题和病理。优势视角基于这样一种信念，即个人所具备的能力及其内部资源允许他们能够有效地应对生活中的挑战。

5. 能力视角

能力视角是关注人能力提升的视角，相对于直接物质援助或替代而言，它更关注在参与的过程中服务对象的潜能、动机的激发以及技能、能力的提升。

6. 通用过程模式的四个基本系统

社会工作服务系统由社会工作者、服务对象、改变的目标和为达到目标而采取的行动四部分组成，称为四个基本系统，即“改变媒介系统”“服务对象系统”“目标系统”“行动系统”。

（1）“改变媒介系统”并不只是社会工作者，还包括与服务对象有关的具有不同专长的助人者。

（2）“服务对象系统”可以是个人、家庭、团体、组织或社区等。

（3）“目标系统”是为了达到改变服务对象系统的目的所需要改变和影响的系统。

（4）“行动系统”是指那些与社会工作者一起努力、实现改变目标的人，是社会工作者的合作者。

7. 社会次文化理论

某些少数团体特有的价值体系，与价值体系不仅有异而且不相容。该理论认为部分青年人因相同利益和命运容易组成小团体，且认同他们共同能接受的价值体系，渐渐形成次级文化，并合理化其偏差行为，共同以反社会行为来应对和解决其遭遇的适应困扰问题。

8. 社会互动理论

关注越轨者如何看待自己行为及自我形象的理论。该理论认为年轻人变成犯罪者是因为他被认定为坏人，也因为人们不相信他是好人。重点掌握标签理论。标签理论认为偏差有两种：初级偏差和次级偏差。初级偏差是偶尔卷入违反社会规范的行为，并未对个人的心理形象和社会角色扮演产生持续的影响。面对这种过失，周围的人会开始根据这一标签对他做出种种反应，如歧视、轻蔑等，这样时间一长，初级偏差者就会在有意无意之中接受这一标签，形成新的自我概念，甚至对别人的看法表示认同，认定自己是偏差者，并开始做出相应的行动，表现为次级偏差。所谓次级偏差，是指卷入违反社会规范的行为，并被其他人标签为偏差而且偏差者本人也这么接受了。社会工作的一个重要任务就是要通过一种重新定义或标定的过程来使那些原来被认为是有问题的人恢复为“正常人”。

9. 社会联结理论

由四部分组成，分别为：依附感，指个人与他人或群体的感情联系；承担感，指为设定的目标而努力；参与感，指对传统活动的参加和投入；信念，指社会共同的价值体系的认同。

10. 辨识认定论

辨识认定论认为可以从职业选择、意识形态等的“危机”与“承诺”两个变项，对自我辨识情况进行判断，根据结果，可以衍生为四个自我辨识与认定类型。

表 2　自我辨识与认定类型

类型	危机		承诺	
	有无	特征	有无	特征
辨识有成	✓	已解决	✓	已下承诺
辨识预定	×	未曾经验到	✓	已下承诺
辨识迟滞	✓	尚在经验中	?	尚未下承诺
辨识混淆	✓/×	并未经验到	×	不显著

资料来源：Marcia（1980），table 1。

辨识有成类型者指个人在成长中经历过危机事件，个人经过选择，解决了辨识上的危机，对自己有所承诺，专注地投入到自己选择的事情中。他们有较好的心理调整与社会适应能力，能清楚辨识自己与认定自我，接纳自我，有稳定的自我界定，建立符合现实的人生发展目标，自我发展达到较高层次。

辨识预定者暂时没有经历危机，但对职业、意识形态等有所承诺，这种承诺不是自己的选择和决定，而是他人的安排。辨识预定者有较高的专断度与低容忍度特质，也有较高的顺从性与循规性，应对社会环境变化的适应力较差。

辨识迟滞者面临危机时，会主动寻求各种可能的选择，却往往不能坚持，缺乏长久的人生发展承诺，导致自我混乱、不安、无方向。辨识迟滞者较少独断，在危机时焦虑度较高。

辨识混淆者既无危机也无承诺，对职业和人生发展并没有抉择，也不关心。面对外在压力时常选择逃避退缩，对他人的亲密度低，欠缺较好的社会关系，心理社会发展情况最差。

11. 生涯选择配合论

生涯选择配合论认为，职业规划的先决条件是必须先对自己有充分的认识与了解，进而探索认识外在的职业世界。在了解了自己与外面的职业环境之后，做出抉择，制订未来的发展目标和开始采取行动。

12. 父母效能训练模式

教导家长如何能成为一位有效的“辅导者”，如何强化父母与子女之间的亲子关系，如何运用接纳、尊重、同理、倾听等辅导技巧与子女做有效的沟通。“父母效能训练模式”主要包括三个重点：积极倾听、使用“我—信息”、积极沟通。其训练的主要目标：一是协助父母有效地扮演好父母的角色；二是协助父母了解孩子成长过程中身心发展的特征以及发展中的阶段任务与危机；三是强化父母与子女之间的沟通技巧与沟通渠道；四是改善父母对子女的管教态度；五是了解家庭气氛对子女成长的影响；六是如何及早发现与辅导子女的异常行为表现。

13. 程序逻辑模式评估

《青少年社会工作服务指南》提出了要开展青少年社会工作服务成效评估，从测量目标达到情况、服务满意度、服务对象及环境系统的改变、服务的结束及跟进等方面开展评估。

社会工作服务成效的程序逻辑模式主要包含七个环节：资源投放、活动/服务、服务成效、处境分析、假设/理论基础、外在环境、逻辑联系。

资源投放是服务中所投放的资源，包括时间、人力、财力、活动物资和设备等。社会工作服务的投入包括服务时数、服务频次、服务模式/策略、服务介入深度等均会对服务成效有一定的影响，而检视及评估服务过程中的这类因素从而做出改善，就是十分重要的过程评估。

活动/服务是指社工向服务对象提供的活动和服务，其数量的多少则视最终想达到的成效而定。

服务成效是指活动和服务为服务对象所带来的益处和转变。其中所产生的转变可分为长期、中期、短期的成效，而这些成效所带来的转变可以是增长或减少的。

处境分析是指活动和服务推行时的状况或背景因素，也即社会工作介入时对问题的理解或需要分析，要放在服务提供的实际处境中分析理解，以提升服务的契合度。

假设/理论基础是指在推行服务时，对服务对象所持的信念、活动过程中需要持守的重要原则或达到成效的理论框架。假设/理论基础也是为服务提供的指导思想，能指引社会工作者订立整个活动和服务计划的方向。

外在环境因素是指影响活动和服务成效的处境与外在因素，这些因素具有一定的不能控制性，对活动实施会产生一定的限制性作用，影响活动目标实现的程度。

使用程序逻辑模式开展评估时，要注重各部分的逻辑联系，要求整个服务项目必须做到“成效为本，逻辑为导向”“有根有据，环环紧扣”。

14. 社会性别理论

社会性别是与生理性别相对的一个概念。社会性别是指在一个特定社会中，由社会形成的男性和女性的群体特征、角色、分工、活动及责任。它由后天社会建构而成，在个人社会化以及社会制度中得到传递和巩固。

社会性别的主要观点有：

（1）制度因素和文化因素是造成男性和女性的角色及行为差异的原因，两性差异不等于女性次于男性。

（2）现有的社会性别观念是社会化的产物。

（3）对妇女角色和行为的预期，往往是对妇女生物角色的延伸。

（4）社会性别的角色是后天学习来的，可以改变。

（5）社会结构有利于男性，女性易受歧视和排斥。

（6）性别既存在于私人生活领域，也存在于公共生活领域。

（7）社会性别概念是对传统社会性别关系不平等的不认可和挑战。

（8）社会性别是一种社会身份，它与其他社会身份（如阶层、民族等）交织在一起。

（9）个人的问题也是政治的问题。

15. 增强权能理论

（1）基本观点：个人需要不足和问题的出现是由于环境对个人的排挤和压迫造成的，社会工作者为服务对象提供的帮助并不是“赋予”服务对象权利，而是挖掘和激发他们的潜能，以对抗外在环境的压力。该理论看重服务对象的长处、主体地位和个人价值，焦点在于消除服务对象的无力感。

（2）将增强权能视角引入督导的实施步骤：辨识无力感，包括辨识受督导者内心的无力感和督导关系中的无力感；增强权能，包括增强受督导者权利意识、受督导者能力感，发展受督导者能力；效果评估，包括过程取向和结果取向的评估。

16. 理性情绪行为疗法 ABCDE 理论

（1）基本观点：第一，A（Activating Events）是指发生的先导事件；第二，B（Beliefs）是对这一事件的非理性信念；第三，C（Consequences）是指情绪和行为反应的结果；第四，D（Disputing）是指用合理的信念驳斥不合理信念的过程，借以改变原有信念；第五，E（Effect）是指驳斥成功，在认知、情绪和行动上有所改善。

（2）实施步骤：在治疗过程中，社会工作者充当引导者的角色，其实质是要引导服务对象树立一种豁达的人生态度。可按如下步骤实施：一是情境分析；二是认知干预；三是认知重建；四是行为改变。

17. 认知行为治疗

（1）认知行为治疗的一般步骤：详细简述问题行为，收集情绪发生的征兆数据，设定行为改变的目标，行为介入（制订帮助患者达到行为改变的技能）、家庭作业（技能巩固练习）、行为改变强化（正向强化）、行为改变的认同（赞许自己而非归功别人）、防止故态发生（行为发生时可通过强化、社会技能训练、放松训练等去处理）。

（2）ABC 理论的基本观点：A（事件本身）、B（认知）、C（结果），结果不是由事件本身导致，而是由不恰当的认知导致，要改变结果，就要改变认知。

（3）认知行为治疗理论指导下的患者或家属教育小组工作，一般总体目标是通过相互支持，让组员意识到自身现有能力和优势，建立一定的自信心，提升其缓解压力和应对困难的能力。具体目标是分享和缓解组员不良情绪；辨识非理性信念，了解 ABC 理论；发现组员的优点并巩固建立信心；制订康复计划并监督巩固等。

理性情绪疗法 ABC 理论的实践技巧示意图

A（事件本身）		C（后果）	
不健康的负面情绪：焦虑、羞耻、伤害感等		主要的不健康的负面情绪	
Bs（非理性信念）	D（辩驳非理性信念）	RBs（理性信念）	E（新效果）

18. 人生回顾介入的具体步骤

（1）建立良好的信任关系。本着尊重、接纳、同理、保密的理念，鼓励服务对象表达想法和情绪。

（2）回顾人生经历。采用逆序回顾干预方式进行人生整合：一是引导服务对象珍惜现在的生活；二是引导服务对象找到往事的意义，重温旧时欢乐时光，肯定人生中的积极经历；三是引导服务对象直面自己的局限，坦然放下、接纳生活中好的一面和不好的一面，接受自己独特的人生；四是引导服务对象重新激活疏离的人际关系，寻求与自己、与他人的和解；五是引导服务对象拓展个人的圈子，力所能及地关怀他人、服务社会。

（3）制作人生回顾手册。社会工作者可将谈话记录整理成册，并通过设置老照片、精彩片段回顾、心灵空间、祝福传递等版块，协助服务对象留下个人精神遗产，帮助传承生命的价值。

19. 危机干预模式

（1）危机干预模式。危机一般包括三个相互联系的因素：一是压力性或危险性事件；二是个体对事件的认识；三是个体的应对机制和克服危机的能力。危机干预主要包括七个相互关联的阶段：开展评估、建立关系、聚焦问题、稳定情绪、制订方案、实施计划、后续跟进。

（2）危机介入的注意事项：①输入希望，提供精神支持与宣泄渠道，让迷茫、无助的服务对象重燃对生活的渴望、人生的希望。②提供支持，加强资源链接，积极联络亲属，充分利用其自身拥有的资源，协助解决当前问题，共同努力克服危机。③恢复自尊，了解服务对象对自己的看法，协助其重塑自信、自我增强权能，并在其改变的过程中给予适度激励，以乐观的精神感染服务对象，传递正能量。④培养自主能力，帮助服务对象恢复和发展功能、减少依赖、增强自主、克服危机。

20. 社会支持理论

（1）正式网络的建构：部门联动、政策倡导、资源链接。

（2）非正式网络的建构：开展小组辅导、开展个案辅导。

21. 家庭系统理论

家庭系统理论的三个基本观点如下。

（1）家庭成员的问题是整个家庭不良的沟通交流方式导致的。

（2）家庭所面临的危机既是机会，也是挑战。

（3）因“问题”而导致的家庭功能的失调能够得到有效解决。

家庭系统概念的六个核心要素如下。

（1）家庭作为一个整体大于各部分之和。

（2）家庭系统努力维持改变与稳定之间的平衡。

（3）家庭系统中每一名成员的改变都会影响所有其他家庭成员。

（4）家庭成员的行为遵循相互影响的循环因果原则。

（5）每个家庭系统既包含很多次系统，又归属于更大的社会系统。

（6）家庭系统依据已经建立的规则运行。

22. 萨提亚家庭治疗模式

萨提亚家庭治疗模式的基本假设和观点如下。

（1）假设主要包括对人的理解、对困难的理解和对家庭的理解。

（2）相信人是拥有快乐生活的各种能力和资源的，导致人出现问题的原因是其错误的应对方式，对每个人来说家庭都是非常重要的。

（3）要求社会工作者在治疗过程中不是关注家庭成员的病症表现，而是注重考察家庭成员的困难应对方式，通过改善家庭成员的沟通方式和家庭规则，增强家庭成员的自尊和自我价值感。

23. 家庭抗逆力

家庭抗逆力的基本观点如下。

（1）家庭成员在逆境中并不一定必然成为“问题”。

（2）任何家庭在“问题”面前都拥有应对困难的能力，并且通过克服逆境的过程寻求新的发展。

（3）没有家庭不面对困难、压力和挑战，所谓健康家庭，并不是说没有“问题”，而是拥有能力应付“问题”。

（4）家庭抗逆力包括家庭信仰系统、家庭组织方式和家庭沟通过程三个方面，每个方面又包括三个因素。其中家庭信仰系统包括逆境的意义、看待逆境的积极态度以及超越和灵性的感受；家庭组织方式包括家庭的弹性、连接性以及家庭的社会和经济资源；家庭沟通过程包括家庭沟通的清晰性、情感的公开表达以及合作解决问题等。

24. 人在情境中理论

（1）注重在情境中理解人的行为。

（2）注重心理及社会因素。

（3）注重问题的个人与环境的双重归因。

（4）注重人与环境的交互作用。

25. 标签理论

（1）该理论认为每个人都有“初级越轨”的可能，但如果被贴上越轨的“标签”，就有可能导致越轨者走上“越轨生涯”。

（2）该理论启示社工、教师、家长及其他成年人需要谨慎给学生贴“标签”，负“标签”的风险在于把学生引导走向“标签”的人生。

（3）要重新定义“标签”，以此使那些原来被认为是有问题的学生恢复为“正常学生”，将问题“标签”转变成优势“标签”，激发学生的潜能资源，形成良性循环。

26. 自我同一性理论

（1）本意是成为一个被自己认同的整体的自我。

（2）可以理解为个体对自己“是什么样的人”以及“想成为什么样的人”有明确稳定的认知。

（3）协助学生自我成长；注重培养学生的社会归属感；帮助学生树立集体意识；注重帮助学生探索生命历程。

27. 抗逆力理论

（1）指一个人身处困难、挫折、失败等逆境时的心理协调和适应能力。

（2）抗逆力理论最为核心的部分是风险因素及保护因素的构建。

（3）对学校社会工作的启示：注重帮助学生挖掘个人优势和效能；创造外在保护因素；注意学生非常规抗逆力行为。

（4）创造外在保护因素，可以从五个方面做起：①与朋辈、老师、家长等建立积极正面连接关系；②创造支持的环境；③建立合理期望；④界定清晰的规范，帮助学生树立规范意识；⑤提升社会参与，要为学生创造参与有意义的集体生活和社会活动的机会，并能在其中发挥作用，感受价值观，提升自信心。

28. 系统脱敏——帮助学生克服考试恐惧情绪

系统脱敏疗法的基本原理是诱导服务对象缓慢地暴露出导致神经症焦虑和恐惧的情境，并通过身心放松状态来对抗这种焦虑情绪，从而达到消除焦虑或恐惧的目的。

如果一个刺激所引起的焦虑或恐怖状态在服务对象所能忍受的范围之内，经过多次反复的呈现，他便不会再对该刺激感到焦虑和恐怖，就达到治疗目标了。

系统脱敏疗法的三个操作环节如下。

（1）放松训练：深呼吸和放松肌肉可以带来情绪的放松，让学生学习体验深呼吸和肌肉放松。

（2）等级建构：帮助学生建立对考试恐怖或焦虑的等级层次，让学生记录不同考试步骤的环境和感受；按紧张程度不同分成由弱到强的顺序。

（3）脱敏训练：脱敏训练分为想象脱敏和现实脱敏。想象脱敏是在想象的环境中进行，现实脱敏是在现实的环境中进行。

扫描二维码，获取本书勘误内容

扫码听课

图书在版编目(CIP)数据

社会工作者黄金考点. 社会工作实务. 中级 / 233 网校社会工作者教研组编. -- 北京 : 社会科学文献出版社, 2021.1

ISBN 978-7-5201-7816-7

Ⅰ. ①社… Ⅱ. ①2… Ⅲ. ①社会工作-中国-水平考试-自学参考资料 Ⅳ. ①D632

中国版本图书馆 CIP 数据核字(2021)第 017003 号

社会工作者黄金考点
社会工作实务(中级)

编　　者 / 233 网校社会工作者教研组

出 版 人 / 王利民
组稿编辑 / 谢蕊芬
责任编辑 / 胡庆英　孟宁宁

出　　版 / 社会科学文献出版社 · 群学出版分社 (010) 59366453
地址: 北京市北三环中路甲 29 号院华龙大厦　邮编: 100029
网址: www.ssap.com.cn
发　　行 / 市场营销中心 (010) 59367081　59367083
印　　装 / 三河市龙林印务有限公司

规　　格 / 开 本: 787mm × 1092mm　1/16
本册印张: 12.5　本册字数: 275 千字
版　　次 / 2021 年 1 月第 1 版　2021 年 1 月第 1 次印刷
书　　号 / ISBN 978-7-5201-7816-7
定　　价 / 139.00 元

本书如有印装质量问题, 请与读者服务中心 (010-59367028) 联系